79,90

Daniella Perez
BIOGRAFIA, CRIME E JUSTIÇA

Bernardo Braga Pasqualette

Daniella Perez
BIOGRAFIA, CRIME E JUSTIÇA

Bernardo Braga Pasqualette

1ª edição

EDITORA RECORD
RIO DE JANEIRO • SÃO PAULO
2022

CIP-BRASIL. CATALOGAÇÃO NA PUBLICAÇÃO
SINDICATO NACIONAL DOS EDITORES DE LIVROS, RJ

P296d   Pasqualette, Bernardo Braga
    Daniella Perez : biografia, crime e justiça / Bernardo Braga Pasqualette. - 1. ed. - Rio de Janeiro : Record, 2022.

    Inclui bibliografia
    ISBN 978-65-5587-553-9

    1. Perez, Daniella, 1970-1992 - Assassinato. 2. Reportagens e repórteres. 3. Atores e atrizes de televisão - Biografia - Brasil. I. Título.

22-78649   CDD: 791.45028092
                        CDU: 929:791.43.097

Meri Gleice Rodrigues de Souza – Bibliotecária – CRB-7/6439

Copyright © Bernardo Braga Pasqualette, 2022

Pesquisa iconográfica: Victor Ramos Ribeiro

Todos os direitos reservados. Proibida a reprodução, armazenamento ou transmissão de partes deste livro, através de quaisquer meios, sem prévia autorização por escrito.

Texto revisado segundo o novo Acordo Ortográfico da Língua Portuguesa.

Direitos exclusivos desta edição reservados pela
EDITORA RECORD LTDA.
Rua Argentina, 171 – Rio de Janeiro, RJ – 20921-380 – Tel.: (21) 2585-2000

Impresso no Brasil

ISBN 978-65-5587-553-9

Seja um leitor preferencial Record.
Cadastre-se no site www.record.com.br e
receba informações sobre nossos lançamentos
e nossas promoções.

Atendimento e venda direta ao leitor:
sac@record.com.br

À luta de uma mãe.

À memória de uma filha.

"Quem não pode obter do mundo o que realmente deseja deve ensinar a si mesmo a não querer."

FILÓSOFO EPICURISTA

Este livro é fruto de extensa pesquisa, feita ao longo de uma vida. Escrito sob a forma de uma reportagem literária, é composto de um perfil biográfico de Daniella e uma minuciosa análise do crime que a vitimou. O trabalho se valeu majoritariamente de fontes primárias. Dessa forma, ouvi a todos que se dispuseram a comigo conversar, desde que com educação e serenidade — valores caros à minha vida e que norteiam o trabalho. Além disso, na elaboração desta obra foram analisadas inúmeras reportagens sobre a investigação criminal, o julgamento e a execução das penas dos condenados pelo crime. Entre o material pesquisado, destacam-se, entre outros, os jornais *Folha de S.Paulo* (Folha online), *O Estado de S. Paulo*, *O Globo* (Revista da TV), *Jornal do Brasil* (Revista de Domingo e TV Programa), *O Dia*, *Extra*, *Estado de Minas* e as revistas *Veja*, *IstoÉ*, *Contigo*, *Interview*, *Amiga* e *Manchete*. Também foram objeto de pesquisa o processo que condenou os réus pelo crime de homicídio duplamente qualificado, o processo que os inocentou do crime de furto e a bibliografia existente sobre o assunto. Todas as indicações de quaisquer fatos, bem como todas as declarações atribuídas a quaisquer pessoas, contam com plena rastreabilidade, e as respectivas fontes podem ser facilmente localizadas por meio das notas de rodapé. Por fim, apesar de a Constituição garantir o sigilo da fonte, por minha exclusiva decisão não utilizei neste trabalho declarações concedidas "em off".

Sumário

Prefácio: As nuances da história, por Gustavo Maultasch   17
Prólogo: Ela só queria viver   21

Livro I – A primavera de uma flor

1. Primeiros passos   31
Nasce uma estrela   31
Uma infância feliz   34
O chamado que vem de dentro   36

2. Saindo do casulo   38
Uma casa sempre alegre   38
Do CEAT para o mundo   39
Morreu violentada porque quis (caso Mônica Granuzzo)   41
Dores e amores   49

3. Uma vida a dançar   52
Vacilou Dançou   52
Poetas, escritores, bailarinos... sonhadores   56
Amor à primeira fotografia   57
A grande aventura   62

4. A borboleta ganha asas   65
A dor e a delícia de ser o que é   65
Filha de peixe   68
Barriga de Aluguel   70
A arte imita a vida   72
Um gaúcho em Copacabana   77
Precoce adeus   78

5. Vivendo a mil   82
A escolha mais difícil   82
O Dono do Mundo   85
Terra de gigantes   86
Viver em tempos de cólera   94
O ano que não deveria ter terminado   98

6. Último ato   102
De Corpo e Alma   102
Yasmin   105
Quadrilátero amoroso   109
Namoradinha do Brasil   115
Poema   118
Sucesso em terras tupiniquins   124
Papel de santa   129
Quero mais da vida   131

Livro II – Uma tragédia que abalou o Brasil

7. A pior das tramas   137
A última segunda-feira de 1992   137
A hora mais escura   147
Enxugando lágrimas   152
Tchau, Yasmin   157
Feliz ano velho   159
"Wishing on a star"   163

8. A repercussão   167
O show tem que continuar?   167

Sensacionalismo 173
Ficção e realidade 180
TV sob ataque 185
Mais do que a morte (pena capital) 188
A revista que virou notícia 195
Polêmica no mercado editorial 197
A homenagem que faltou 201

9. O desvendar de um crime 207
A testemunha-chave 207
Indícios de um crime premeditado 211
Lágrimas de crocodilo 218
Flagrante delito 224
Pretensa confissão 228
O álibi do BarraShopping 234
Obstrução de Justiça 239
Bestas-feras (caso Denise Benoliel) 245

10. Os acusados 249
Debutante na Globo 249
Passado 256
Olhos que falam 260
Ciúme e manipulação 265
Estranhos rituais 270
Tatuagens íntimas 277
A preconceituosa década de 1990 280

11. Uma longa jornada por justiça 288
O que é um crime hediondo? 288
A luta de uma mãe 291
Missão de justiça 294
O outro lado 302
Segundo assassinato 308
Quem ama não mata (caso Doca Street) 311

12. Tortuosa espera 322
Prisão preventiva   322
Braços aos céus   324
Era ela!   328
Namoro no banco dos réus   332
Fim de caso   335
Cada um por si (caso Van-Lou)   341
A vida atrás das grades   347
Memórias do cárcere   359
No reino de Deus   362
Presa política (A infiltrada)   364
Pequeno príncipe   375
Podia ser a sua filha   380

13. O livro proibido 385
"Nem no *TV Pirata*"   385
Doca Street, Guilherme de Pádua e O.J. Simpson   389
A Globo × *O Globo*   391
Descansar em paz   394

14. O julgamento 396
Fantasmas   396
Três versões para um crime   398
Júri popular   414
A última polêmica   424
A hora da verdade   427
O povo contra Paulo Ramalho   433
Onde foi que eu errei?   437

Livro III – Posteridade

15. (Des)Caminhos para a liberdade 451
Sem sangue nas mãos   451
Bom comportamento?   454
No cabo da vassoura   457
Nem por um decreto   460

16. A justiça possível 463
Impunidade (caso Aracelli) 463
Crime e castigo? 467
Condenação moral 472
Mãe não se engana 473
Terceiro elemento 476

17. Feminicídio às avessas 479
"Mulher qualquer" 479
Daniella tem nome 481
Passionalidade, premeditação e feminicídio 484

18. Concordamos em discordar 489
O pedido de Paula 489
Justiça cega 495
A defesa tem a palavra (publicidade opressiva) 497
Mídia em foco 501
Assim é se lhe parece 505
Legistas em "guerra" 511

19. O que a vida fez das nossas vidas? 515
A caloura da discórdia 515
Na capa da revista 520
Fiz bobagem 524
De volta ao horário nobre 527

20. Filho não se conjuga no passado 532
Uma dor que não acaba 532
Daqui a cem anos 535
Atropelada 537
Quem é essa mulher? (caso Zuzu Angel) 539
Lágrimas eternas 542

Epílogo: A culpa nunca é da vítima 544
Agradecimentos 549
Bibliografia 555
Notas 559

Prefácio
As nuances da história

POR GUSTAVO MAULTASCH*

Trinta anos se passaram desde o brutal assassinato da atriz Daniella Perez, mas o tema ainda repercute no nosso imaginário popular; o tema ainda é capaz de causar empatia, tristeza, indignação, revolta. Ao ler esta biografia, o leitor se sentirá transportado para a atmosfera viva da década de 1990. É impossível não se emocionar com a breve trajetória de vida de Daniella Perez, assim como é igualmente impossível não se solidarizar com a dor de sua família.

O tema também é capaz de causar muita discussão e polêmica, em especial quanto à forma como o caso deve ser tratado e contado para o grande público.

---

* Diplomata e escritor, autor do livro *Contra toda censura: pequeno tratado sobre a liberdade de expressão*. Formado em Direito pela UERJ, mestre em Diplomacia pelo Instituto Rio Branco e doutor em Administração Pública pela Universidade de Illinois-Chicago, foi Network Fellow do Edmond J. Safra Center for Ethics, da Universidade de Harvard (2013-2014).

Há autores que buscam ditar aquilo que o leitor deve saber, pensar e até sentir; eles tratam seus leitores como pessoas incapazes de lidar com a realidade, e que assim precisam de um curador onisciente que deverá filtrar a informação e sonegar ao leitor tudo o que for inconveniente, polêmico, controverso. Esses autores são condescendentes e paternalistas, e acreditam que informação e verdade demais são prejudiciais; vai que o leitor chega às conclusões "erradas"? Melhor não; melhor é dar só a versão "oficial" dos fatos mesmo.

E por outro lado há autores como Bernardo Pasqualette, que encaram a realidade com deferência e que tratam os seus leitores com dignidade e respeito; são autores que respiram a ética da pesquisa incansável, profunda e meticulosa, e que buscam oferecer todas as evidências, as nuances e os ângulos de uma história, confiando na maturidade e na capacidade do leitor para interpretar os fatos e chegar às suas próprias conclusões.

Superando a premissa de que um único ponto de vista é suficiente para descrever uma história que chocou o Brasil, a obra oferece uma narrativa sem maniqueísmos, baseada no processo judicial e nas matérias jornalísticas que se esmeraram em entender o caso. Embora o seu autor não seja jornalista por formação, o certo é que Bernardo Pasqualette atuou como se jornalista profissional fosse — sempre no intuito de apurar os fatos de forma isenta, deixando ao leitor a nobre e, ao mesmo tempo, dificílima missão de os julgar.

Confesso que eu nem sei o que sentiria em relação ao assassino de um parente meu; provavelmente eu me indignaria com a sua mera existência, e jamais iria querer ver ou ouvir qualquer coisa que ele tenha a dizer; é a resposta natural de alguém que sofreu diretamente a dor da tragédia.

Mas o jornalista e o historiador — e todos aqueles que buscam contar e explicar a realidade de maneira profissional — precisam ouvir e entender todos os lados. Não se trata apenas de algo recomendável ou oportuno, nem mesmo de algo opcional: o jornalista

PREFÁCIO

e o historiador têm o dever profissional, a responsabilidade moral, a obrigação ética de ouvir e entender todos os lados de qualquer fato que buscam relatar e interpretar.

Quando a filósofa Hannah Arendt acompanhou o julgamento do carrasco nazista Adolf Eichmann, e buscou ouvir e entender o seu ponto de vista, isso foi algo errado?[1] Quando grandes historiadores do Holocausto como Christopher Browning e Daniel Goldhagen analisaram depoimentos de assassinos nazistas para entender os seus sentimentos e as suas motivações, isso foi algo errado?[2] Muito embora eu entenda o quão doloroso seja o tema do Holocausto — como judeu e neto de sobreviventes dos campos de concentração nazistas —, parece-me evidente que o relato profissional de fatos envolve, muitas vezes, a leitura e a análise detida da versão de criminosos e pessoas vis.

Ouvir, entender e publicar a versão de alguém não significam, evidentemente, endossar, avalizar ou justificar os seus atos; podem-se entender as escolhas do perpetrador enquanto, ao mesmo tempo, condenamos moralmente essas mesmas escolhas. Mas a verdade é que entender o perpetrador nos ajuda a entender a história e a natureza do crime, o que pode inclusive nos ajudar a prevenir tragédias similares no futuro.

Nesse ponto reside, provavelmente, o maior mérito da obra: em uma pesquisa minuciosa, feita ao longo de muitos anos, o autor teve tempo para ser profundo e absorver todas as nuances da história. Todas as versões — incluindo suas incoerências e debilidades — são tratadas de forma sóbria e objetiva neste livro.

Simplificar a realidade e apresentar uma única versão tornariam o trabalho (e a vida) de Bernardo muito mais fácil: ele enfrentaria menos horas de pesquisas, assim como menos angústias causadas por discussões sobre quais versões deveriam ou não deveriam ser analisadas. Mas simplificar a história não a tornaria simples; apenas faria com que nosso conhecimento fosse filtrado, incompleto, sem as nuances intrínsecas a toda e qualquer história.

Felizmente para nós leitores, Bernardo Pasqualette não escolheu o caminho mais fácil; ele escolheu o caminho da responsabilidade profissional e do respeito aos seus leitores, que assim poderão encontrar, nas páginas seguintes, uma leitura honesta e instigante sobre um tema tão sensível, doloroso e emocionante.

Prólogo
Ela só queria viver

A manhã de 11 de agosto de 1970 começou tensa em todo o Brasil. Aloísio Gomide, cônsul brasileiro no Uruguai, encontrava-se em poder de guerrilheiros Tupamaros que exigiam a libertação imediata de mais de uma centena de presos políticos em troca da liberdade do diplomata.[1] Para tornar ainda mais angustiante aquele martírio, o prazo concedido pelos sequestradores para o governo uruguaio cumprir as exigências terminara no dia anterior e, naquela data, havia a real possibilidade de execução sumária do diplomata brasileiro, tal qual ocorrera a um funcionário da Embaixada norte-americana.

Em meio a tamanha violência que dominou o noticiário daquele dia, vinha ao mundo, no Rio de Janeiro, uma menininha meiga que vinte anos depois cativaria todo o Brasil: Daniella Ferrante Perez, filha de Luis Carlos Saupiquet Perez e Glória Ferrante Perez.

"Danda", como Daniella carinhosamente era chamada na intimidade familiar, começou no balé ainda na primeira infância. O que inicialmente era uma atividade recreativa foi adquirindo cada vez mais importância na vida da pequena Daniella, até chegar ao ponto de tornar-se a sua grande paixão.

Após o início em tenra idade, Daniella nunca mais parou de dançar. Era um chamado que vinha de dentro. Durante a adolescência, praticou vários estilos de dança, como o jazz e o sapateado, o que mais adiante lhe daria uma enorme versatilidade como dançarina. Apaixonada por samba, sua vontade sempre foi ser bailarina. Dedicada ao extremo, chegava a praticar até oito horas por dia. Assídua, jamais faltava às aulas, àquela altura a sua grande razão de viver. Aos 18 anos, a paixão virou profissão: Daniella se profissionalizou em uma das mais importantes companhias de dança do Rio de Janeiro, especializando-se em dança de salão.

Era apenas o início de uma carreira artística curta e intensa.

Leonina, não tinha medo de desafios. Pelo contrário, Daniella agarrava com afinco todas as oportunidades que a vida lhe franqueava e, dessa intensa paixão por viver, viria o grande salto em sua carreira: a menina que encantava a todos por meio da dança passaria a se expressar também por meio de outra forma de arte: a dramaturgia.

Por um desses golpes da sorte, Daniella tornou-se atriz. O convite para que sua companhia de dança fizesse uma pequena participação na novela *Barriga de Aluguel* a levou a um papel coadjuvante na trama. Seria a sua estreia na televisão, em um campo que jamais havia se arriscado e no qual não tinha qualquer experiência anterior. Reconhecida como uma dançarina talentosa, Daniella poderia ter optado por permanecer no meio no qual já estava estabelecida e em que tudo indicava que teria uma longa e promissora carreira.

Definitivamente, essa não era a Daniella Perez.

Diante do novo desafio, não esmoreceu. Pelo contrário, se entregou por completo à nova "aventura" à qual optara por se dedicar. Dali por diante, no entanto, contaria apenas consigo mesma. Filha da renomada novelista Glória Perez, sabia que a notoriedade de sua

PRÓLOGO

mãe acabaria por se tornar mais um obstáculo nesse novo meio em que se arriscava. Como geralmente acontece com filhos de famosos, sobretudo quando tentam a sorte no ambiente profissional em que seus pais já são consagrados, teria de vencer a desconfiança natural da crítica e provar o seu talento com ainda mais afinco.

Foi o que ela fez.

No competitivo meio artístico, Daniella não seria conhecida apenas como a filha de Glória Perez. Seria isso também, e desse fato muito se orgulhava. No entanto, tinha luz própria. Ela era a Daniella Perez, atriz que encantava o público por seu carisma e, principalmente, pela naturalidade com que dava vida às suas personagens.

Seu talento em estado bruto ia sendo gradativamente lapidado com muito esforço e dedicação, palavras que sempre foram uma constante em sua vida. Sob o olhar de um país que não cansava de admirar sua beleza, a jovem atriz se impôs por sua capacidade, prontamente reconhecida pela crítica.

Precocemente alçada à condição de principal candidata a se tornar a nova "namoradinha do Brasil", Daniella caminhava a passos largos para conquistar um lugar cativo no coração do público. Sob os holofotes, a bailarina recém-alçada à categoria de atriz logo despertou a atenção da mídia, que rapidamente passou a se interessar por aquela menina doce que cativava a audiência. Diante da fama repentina, a jovem jamais se deslumbrou e, discretamente, optava por não encarnar o papel de musa. Embora se sentisse lisonjeada com os inúmeros elogios que recebia, preferia ser reconhecida por sua performance.

Com imensa maturidade para uma jovem de pouco mais de 20 anos, Daniella tinha consciência de que a fama poderia ser passageira, assim como parecia entender perfeitamente os perigos da vaidade. Por esses motivos, preferia a segurança do aprimoramento constante ao deleite do sucesso transitório. Assim, alicerçaria a sua carreira em bases sólidas, o que a levaria a obter gradativamente mais espaço nas telenovelas de que participava e, sobretudo, ganhar a afeição da plateia que cada vez mais a admirava.

Depois da breve passagem por *Barriga de Aluguel*, a atriz assumiria um papel de maior destaque em *O Dono do Mundo*. Emendando um trabalho no outro quase que consecutivamente, a próxima parada seria *De Corpo e Alma*, novela escrita por Glória Perez, na qual Daniella interpretaria a irmã da protagonista da trama.

Com muito esforço e uma aptidão artística inata, a atriz rapidamente conquistou uma legião fiel de fãs. Despontava, assim, como uma das principais promessas da televisão brasileira no início da década de 1990 e, na visão de boa parte da crítica, em breve seria alçada ao protagonismo nas telenovelas da Rede Globo, emissora de maior audiência do país.

Em 1992, Daniella Perez personificava o sucesso. Realizada em seu casamento, compartilhava com o marido, o também ator Raul Gazolla, a paixão pela dança, e juntos pareciam formar um casal ideal: apaixonados, talentosos, bem-sucedidos (Gazolla, na mesma época, protagonizava uma novela na Globo) e com a intenção de em breve ter um filho, provavelmente o primeiro fruto da família que pretendiam constituir.

Àquela altura, não poderiam querer mais nada da vida. Mas queriam. Talvez o último grande plano de Daniella tenha sido estrelar um musical que já havia começado a ensaiar no final de 1992. Visivelmente empolgada com o projeto, a atriz não escondia o motivo de tamanha animação: na peça *Dança comigo*, cuja estreia estava prevista para o início de 1993, além de contracenar com o marido, pela primeira vez conseguiria conciliar a dança e as artes cênicas, suas duas grandes paixões.

Naquele momento, tudo indicava que brilharia intensamente nos próximos anos, como pressentia o repórter Joaquim Ferreira dos Santos, ao descrevê-la brevemente em uma reportagem que acabou por marcar o que seria uma de suas últimas entrevistas. O texto, escrito pelo jornalista para descrever a ascensão de uma estrela, acabou por se tornar um epitáfio — um enaltecimento póstumo que, em verdade, fora escrito para ser uma ode à vida: "O

PRÓLOGO

Brasil rende-se. Bonita, educada, de bem com a vida, bem-casada, disposta a trabalhar, carreira aprumando, tudo politicamente correto e dentro dos novos padrões de modernidade e bom gosto."[2] Daniella era tudo isso e ainda um pouco mais. O estrelato parecia uma questão de tempo.

Viria para durar.

No entanto, um crime atroz e de difícil explicação interrompeu sua trajetória em 28 de dezembro de 1992. A brutalidade da ação — a atriz foi morta a sangue-frio, com dezoito golpes desferidos por arma branca — maximizou o interesse do público pelo caso. O sensacionalismo a que parte da mídia se dedica potencializou versões e teorias que aumentaram a desinformação em torno do triste episódio. A desfaçatez dos autores do crime, que chegaram a comparecer juntos à delegacia poucas horas após o assassinato e, em especial, a conduta estarrecedora de Guilherme de Pádua, que teve a audaciosa frieza de consolar a família da vítima antes que fosse descoberta a autoria do crime, chocaram um país já assombrado por tamanha violência e crueldade.

Aparentava ser tudo, mas ainda era só o início. Nas semanas que se sucederam ao crime, a imprensa foi gradativamente revelando detalhes obscuros da tragédia: bizarras tatuagens que aparentavam formar um medonho pacto de fidelidade, especulações sobre macabros rituais de magia e suposta adoração de entidades malignas, ciúme doentio aliado à manipulação calculista, fartos indícios de premeditação e uma postura interesseira associada à ambição desmedida formavam um espectro dantesco jamais reunido em torno de um único crime.

Parecia ficção, mas não era. Era demasiado até para a ficção.

Todos esses fatores em conjunto fizeram explodir o interesse pelo caso. Somados à exposição pública que a vítima e o réu confesso tinham à época dos fatos, transformaram o homicídio da jovem atriz em um crime de repercussão mundial, que chegou a ser noticiado com algum destaque no jornal mais influente do mundo, o *New York Times*.

Mesmo passados tantos anos, o crime até hoje reverbera no imaginário popular. Diante da inevitável repercussão do caso e de todos os seus desdobramentos, acaba sendo quase impossível dissociar a imagem da atriz do infortúnio que se abateu sobre a sua vida.

Esse fenômeno ocorre com alguma frequência com personalidades que são vítimas de alguma tragédia. Bernardo Amaral, um dos filhos da atriz Yara Amaral, vítima do naufrágio do *Bateau Mouche IV* ocorrido no réveillon de 1988, certa vez declarou que uma das coisas que mais o incomodavam era ver a memória de sua mãe ser constantemente associada à catástrofe: "Até ela perdeu a identidade. Ela não é mais a atriz que ganhou três prêmios Molière, que fez 28 peças. Não é mais. É a atriz que morreu no *Bateau Mouche*. Quem é a Yara Amaral? É a atriz que morreu no *Bateau Mouche*."[3]

Yara, a "Operária do Teatro", como a sua bela biografia a intitula,[4] foi uma das mais talentosas atrizes brasileiras do século passado e, injustamente, acaba recorrentemente associada à tragédia que interrompeu sua vida, muito em função da enorme repercussão que o caso teve à época.

Daniella e sua imensa vontade de viver transcendem a tragédia. Se as noções de tempo e espaço são relativas e dependem do ponto de vista do observador, para que se possa compreender a vida da atriz deve-se desconsiderar o paradigma do tempo, pelo menos como a maioria o compreende. Na teoria desenvolvida por Albert Einstein, o tempo pode passar mais rápido ou mais devagar, a depender do movimento em relação ao espaço. Para um corpo em movimento, o tempo passa mais lentamente em comparação a um corpo estático.

Daniella estava sempre a dançar em um ritmo e cadência próprios, como se uma força metafísica a guiasse. Para a atriz, estar em movimento era a própria essência da vida. Intuitiva, tinha o seu próprio tempo. Provavelmente, disso sabia: "Gosto de mexer os músculos, queimar energias, sentir que estou viva."[5] Assim, parecia

PRÓLOGO

ter o dom da ubiquidade, e onde chegava contagiava a todos com a sua espontânea alegria. Aparentando estar em vários lugares ao mesmo tempo, Daniella abraçava o mundo a partir de sua flamejante vontade de viver — o movimento constante que, em verdade, vinha de dentro para fora.

A dançar, sempre.

Aqui vai contada a trajetória de Daniella Perez nos 22 anos em que pôde estar entre nós. A criança carinhosa, a adolescente aplicada e a jovem talentosa que com sua graça conquistou o Brasil serão enfocadas neste livro sob a ótica de quem celebra a vida — por mais que, à primeira vista, essa mesma vida venha a parecer curta demais. Pode até parecer pouco, mas definitivamente não é. A intensidade e o vigor com os quais a atriz viveu os 8.175 dias de sua existência desmentem a noção de que uma vida bem vivida precisa ser necessariamente longa.

Novamente, tudo depende do ponto de vista do observador.

Também busco remontar o que me parece fundamental para que esta obra possa ser compreendida da sua essência aos seus detalhes: o espírito do tempo, entrelaçado à história do Rio de Janeiro — cidade que se mobilizou diante do horror da tragédia. Ceifara-se a vida de uma de suas filhas mais queridas. Nada a fazer ante o fato consumado? Pelo contrário. Era hora de a cidade pôr mãos à obra. Mais ainda: "podia ser a sua filha", como se chegou a panfletar nas ruas do Rio, em slogan que intuitivamente relembrava a traumática morte do secundarista Edson Luís, ocorrida na mesma cidade cerca de 25 anos antes, durante o regime militar.

Daniella era muitas em uma só. Era a Dany, a Danda, a Dandica e a Petruskinha na intimidade do ambiente familiar. Era também a Clô, a Yara e a Yasmin no mundo da teledramaturgia. Era filha, neta, irmã, prima, esposa e amiga. Admirava e era admirada. Ensinava e aprendia. Era mulher, brasileira, corajosa e guerreira. Fez muito no pouco tempo que lhe foi permitido estar entre nós.

Era, sobretudo, Daniella Perez. Única.

Infelizmente, quis o destino que a violência que marcou a data de sua chegada ao mundo também tenha sido a principal manchete dos jornais nos dias subsequentes à sua partida. Ao contrário do diplomata brasileiro Aloísio Gomide que, após longos 205 dias, acabou libertado por seus sequestradores, a atriz não teve um final feliz.

Apesar de todo o sucesso de sua trajetória e dos inúmeros planos que ainda estavam por ser realizados, na trágica noite de 28 de dezembro de 1992, Daniella talvez tivesse apenas um único desejo em seus momentos derradeiros.

Ela só queria viver.

LIVRO I
A PRIMAVERA DE UMA FLOR

1.
Primeiros passos

Nasce uma estrela

"Nasce uma estrela — Daniela Perez"[1]

Essa era uma das manchetes da edição especial da revista *Corpo a Corpo*, publicada em novembro de 1992 e que comemorava o quinquênio da publicação. Trazia a ascensão de Daniella Perez — com o nome na manchete escrito errado, com apenas um "l"[2] — como uma de suas principais reportagens. Se em 1992 nascia a estrela, em 11 de agosto de 1970 viria ao mundo, na Clínica São José, zona sul carioca, a pequena Daniella Ferrante Perez.

Analisando a árvore genealógica de Daniella, talvez se consiga entender as múltiplas facetas de sua personalidade. A começar por seu bisavô por parte de mãe, um operário que participou do movimento anarquista de São Paulo quando essa opção política representava um risco à própria vida daquele que se propunha a militar pelo utópico ideal. Já seu outro bisavô, também do lado materno, integrou o exército de Plácido de Castro na campanha pela conquista do estado do Acre, tendo participado de batalhas que fizeram com que o Acre chegasse a se tornar um estado independente (Plácido de Castro foi o seu primeiro presidente) até que o tratado de Petrópolis reintegrasse o território ao Brasil, o que ocorreria somente em 1903.

Ambos lutaram por um ideal, cada qual à sua maneira. É provável que Daniella tenha herdado de seus dois bisavôs o gênio forte e idealista que marcou sua personalidade.

Glória Perez, mãe de Daniella, nascera no Acre no fim da década de 1940. Nas recordações da novelista, o estado, naquela época, era "uma clareira em meio à Floresta Amazônica".[3] Glória teve uma infância livre, em meio à natureza e à biblioteca do pai. Assim, pôde conhecer de perto a selvagem fauna amazônica ao mesmo tempo que tinha acesso a obras que iam de Machado de Assis a Dostoievski, passando pelas clássicas tragédias gregas. Dessa rara combinação entre liberdade, vida selvagem e literatura diversificada sairia a imaginação fértil que décadas depois a consagraria como uma das escritoras de apelo popular mais admiradas da teledramaturgia brasileira.

Assim como Daniella experimentaria uma inclinação muito forte para a dança ainda na primeira infância, sua mãe teve experiência semelhante em relação à escrita, conforme a própria autora revelara em uma entrevista em 2009:[4]

> Desde que tenho consciência de mim, a escrita está presente. Enchia cadernos com pequenos contos sobre as coisas que via ou imaginava. A floresta, o isolamento, tudo isso faz a gente exercitar muito a imaginação. O mundo chegava através da literatura ou das histórias de vida. O Acre era uma terra de aventuras, os mais velhos tinham vindo de longe e deixado uma vida para trás. Conhecíamos gente que apanhou do caboclinho da mata, que era filho de boto, que reencontrava

parentes depois de uma vida inteira separados. Tudo isso, que numa cidade maior é o excepcional, ali era o comum, o cotidiano.

Das doces recordações da infância à inflexível realidade dos fatos, a verdade era que a bucólica Rio Branco da década de 1950 não propiciava possibilidade de instrução a jovens que completavam o ciclo ginasial como em outras cidades mais desenvolvidas do país. Por esse motivo, a família Ferrante rumou para Brasília no início da década de 1960, a fim de propiciar educação de qualidade à jovem Glória, bem como ao seu irmão, Saulo.

Na capital federal, Glória iniciaria o curso de Direito enquanto o irmão optou por medicina. Aqueles foram tempos estranhos para o Brasil, em que uma ditadura militar tomaria o lugar do poder civil pouco mais de um ano após Glória ter chegado a Brasília.

O pouco entusiasmo pelo Direito e o autoritarismo predominante na atmosfera daquele momento fizeram com que Glória gradativamente perdesse o interesse pela faculdade. Estudando na Universidade de Brasília (UnB), o estopim para que a futura escritora abandonasse a carreira jurídica foi a invasão da universidade em 1968 pelos militares. O recrudescimento do ambiente político acabou por se tornar um divisor de águas na vida da novelista, que jamais retornaria ao mundo jurídico.

Decidida a dar um novo rumo a sua vida, Glória largou tudo e foi para o Rio de Janeiro, já de casamento marcado com o pai de Daniella, o engenheiro Luis Carlos Saupiquet Perez. Retomaria o ensino superior alguns anos depois, somente após ter tido seus filhos, para se formar em história, desde sempre sua verdadeira vocação em termos acadêmicos.

Além de Daniella, o casal Glória e Luis Carlos ainda teve mais dois filhos: Rodrigo e Daniel. Seria com eles que Daniella compartilharia uma infância lúdica, repleta de brincadeiras, cuidados e, principalmente, muito amor.

Uma infância feliz

Desde a notícia da gravidez de Glória, Daniella foi aguardada com enorme expectativa, tanto pela família materna quanto paterna. Por ter sido a primeira criança de uma nova geração que florescia no clã Ferrante Perez, sua chegada foi ansiosamente aguardada pelos avós, tios e, logicamente, por seus pais.

Era o fluxo natural da vida que renascia por meio da pequenina Daniella.

Nas lembranças de seu pai, Daniella teria sido a "primeira filha e primeira neta",[5] e sua mãe posteriormente adicionaria o posto de "primeira sobrinha".[6] Pioneira de uma geração que floresceria nos dois ramos familiares, rapidamente Daniella teve a companhia de primos e irmãos que tornariam ainda mais doces as lembranças de sua infância.

Desde pequena era tida como a mais bonita da família, sem se parecer especificamente com ninguém.[7] Traços finos, rosto meigo e um sorriso doce, características que carregaria até a idade adulta. Esguia desde criança, também conservou a excelente forma física por toda a vida.

Sua criação foi cercada de cuidados e proteções, muito em função de toda a expectativa em torno de sua chegada. Acabou sendo muito mimada e, segundo seu pai, tinha todos os defeitos de crianças cuidadas com zelos em demasia. Nada, porém, que a tornasse uma criança que desconhecesse limites. Muito pelo contrário. A personalidade tranquila e o senso de responsabilidade que Daniella apresentou em toda a sua vida foram moldados ainda na primeira infância. Os cuidados e o carinho que seus pais sempre lhe dispensaram jamais foram transformados em permissividade, e a pequena Daniella cresceu tendo noção de que todas as pessoas à sua volta tinham direitos e deveres.

Guardaria essas lições para o resto da vida, como o futuro viria a comprovar.

PRIMEIROS PASSOS

A vocação para as artes se revelaria desde cedo. Muito pequena, Daniella já apresentava um apurado gosto musical e não se furtava a soltar a voz em companhia de seu avô materno que sempre a estimulou a cantarolar canções oriundas da música popular brasileira. Aos 4 anos já conseguia cantar músicas inteiras de Maria Bethânia,[8] sendo a sua preferida "Sonho impossível". Da cantora baiana, a pequena Daniella conhecia várias canções e, em fitas cassetes até hoje preservadas por sua mãe, talvez esteja o maior tesouro de sua infância: uma série de gravações onde uma pequenina Daniella cantarola várias outras músicas de Bethânia.[9]

Além de vivenciar todo esse rico ambiente musical, Daniella desde muito cedo também teve contato com a poesia. Por várias vezes, a pequena acompanhou sua mãe em saraus, recitais e até na boêmia da noite carioca. Glória fazia suas performances e aproveitava para vender os seus livretos de poesia, impressos em um mimeógrafo. A cultura em estado puro, como se vê, sempre fez parte da vida de Daniella.

Uma de suas melhores amigas, que a acompanhou desde a primeira infância, era Helena Buarque de Holanda, filha da atriz Marieta Severo e do compositor Chico Buarque. Ambas se conheceram quando ainda mal sabiam falar, na convivência do jardim de infância. Empatia que não se explica, daquele momento em diante surgiria uma amizade sincera e verdadeira.

Carinhosamente chamadas pelos pais de "Lêlê" e "Dany", as duas ainda se tratavam pelos diminutos apelidos mesmo na idade adulta. Amigas que se consideravam irmãs, mantiveram a amizade fraterna até o final da vida de Daniella.

Na primeira infância, a brincadeira predileta quando estavam juntas era aquilo que denominavam "escolinha", quando reuniam as bonecas enfileiradas para dar aulas.[10] Outra mania da dupla era recolher joaninhas, preferencialmente quando iam à praia juntas. Passatempos lúdicos de duas crianças que compartilharam uma infância saudável e, sobretudo, muito feliz.

O chamado que vem de dentro

Em 1971, a coreógrafa Dalal Achcar abria as portas de sua academia de dança no Rio de Janeiro. Situada na pacata rua dos Oitis, uma das mais calmas do tranquilo bairro da Gávea, a escola de balé em pouco tempo se tornaria uma das principais referências da dança no Brasil, sendo reconhecida pela excelência com a qual ensinara a técnica do balé clássico a gerações de crianças cariocas.

Daniella seria uma dessas crianças. Apenas quatro anos depois de a academia ter sido aberta, ela entraria pela porta principal da escola e daria seus primeiros passos no mundo da dança.

Nunca mais deixaria aquele ambiente.

Com apenas 5 anos de idade,[11] Daniella descobriria um universo que a encantaria e que acabaria por se tornar sua principal razão de viver. Já adulta, a bailarina revelaria que aquele havia sido um encontro consigo mesma: "Minha mãe me colocou [no balé] e eu me apaixonei. Comecei a me dedicar muito. Eu tinha dom mesmo, sempre me dediquei muito desde pequena, gostava daquilo que fazia."[12]

Em verdade, era um chamado que vinha de dentro.

Aos 10 anos veio uma mudança de ares que marcaria em definitivo sua trajetória na dança: Daniella trocaria o balé clássico, que despertou seu gosto pela dança e lhe moldou a técnica, pelo jazz. Partiria, assim, para o passo fundamental em sua trajetória como bailarina, quando passaria a estudar sapateado.[13]

Sua aptidão se revelaria ainda mais intensa nessa nova fase.

Mais do que uma mudança de ares ou de estilo, era o encontro de uma bailarina por vocação com a arte a que parecia estar predestinada. Jamais se saberá precisamente o quanto a mão invisível do destino se fez presente naquele momento, mas o certo é que, a partir daquela escolha, Daniella encontraria um novo lar: a academia de dança da coreógrafa Carlota Portella.

Em nenhum outro lugar em toda a sua vida, Daniella se sentiu tão à vontade como dentro daquela escola de dança. Talvez nem em sua própria casa, por mais que adorasse a convivência com os pais e irmãos. Parecia que estar naquele ambiente revigorava sua alma, e a jovem dançarina fazia aulas por horas a fio, participando de todas as atividades e classes que lhe eram permitidas. A própria coreógrafa lembrava da imensa dedicação de sua aluna: "Teve época em 1987-1988 de ela [Daniella Perez] fazer até seis horas de aula. Ela vivia aqui dentro."[14]

Dois anos depois de ter descoberto sua aptidão para o jazz, a jovem bailarina descobriria o gosto pelo palco. Na precocidade de seus 12 anos de idade, Daniella fez suas primeiras apresentações em público, o que lhe deu a certeza de que era aquilo que realmente queria para sua vida. Se a escola de dança era uma espécie de segundo lar, o palco era definitivamente o seu lugar no mundo.

Aquele período ainda foi marcado por outra importante revelação na essência da jovem dançarina: além de descobrir o genuíno gosto pelo jazz, Daniella também desenvolveria a predileção pelas coreografias mais lentas e sofridas.[15] Por ser bastante expressiva e demonstrar muita emoção ao dançar, aquele passaria a ser o seu estilo preferido, por meio do qual se sobressaía de forma ainda mais contundente.

Aplicada e estudando com afinco, Daniella definira que seu principal objetivo seria se profissionalizar como dançarina, se possível fazendo parte da prestigiada companhia de dança da coreógrafa Carlota Portella, a aclamada Vacilou Dançou. Esse era o seu maior desejo, e todo o seu empenho era dirigido nesse sentido.

Segundo a própria Carlota, Daniella traçara aquele objetivo e o perseguira desde os seus primeiros tempos na academia, ainda como aluna novata dando os passos iniciais no sapateado, após uma bem-sucedida experiência no balé: "A loucura dela era entrar no Vacilou Dançou."[16]

Seria questão de tempo.

2.
Saindo do casulo

Uma casa sempre alegre

"Era sempre assim a nossa casa, cheia de risos e alegria."[1]

Dessa forma nostálgica e um tanto quanto sentida, Glória Perez descreve um dos períodos mais intensos da breve trajetória de Daniella: sua adolescência.

Além das amizades, Daniella levaria vida afora alguns traços daquela época, como o gosto por noites de luar[2] e a espontaneidade que lhe marcaria o temperamento durante a vida adulta. Daquele período restaria também uma frustração, talvez a única que explicitamente reconhecera à imprensa: Daniella gostaria de ter aprendido a tocar piano.[3]

A paixão pela dança, que se manifestara na precocidade de sua infância, se acentuou durante a adolescência. Dançando entusiasticamente, apesar de sozinha, na ampla sala da casa de sua mãe, no bairro do Jardim Botânico, zona sul carioca, a jovem demonstrava toda a verve artística que marcaria sua intensa trajetória. A música "Altos e baixos", de Elis Regina, era uma de suas prediletas naquele período.[4]

Aquela fase de descobertas ainda deixaria recordações saborosas de suas viagens com as amigas. Em um dos passeios que deixou mais saudades, Daniella fora com um grupo a Búzios, cidade litorânea do Rio de Janeiro. O verão estava tão bom que as amigas "se esqueceram" de voltar para casa. Como o dinheiro estava curto, a solução foi trabalhar nos bares à beira-mar, a fim de poderem curtir um pouco mais aquela experiência que se tornaria uma doce lembrança para a jovem Daniella.

Já no final da adolescência, Daniella se aventurou brevemente na carreira de modelo fotográfica. No segundo semestre de 1988, a jovem estampou duas campanhas para a extinta revista *Mulher de Hoje*: a primeira delas era sobre exercícios físicos, onde posara demonstrando várias posições de alongamento, e a segunda era um editorial de moda comemorativo pelos 60 anos do personagem Mickey. A passagem pelo mundo da moda seria efêmera — limitando-se a esses dois trabalhos e a algumas outras inserções pontuais.

Todavia, muito ainda estava por acontecer na trajetória de Daniella.

Do CEAT para o mundo

Aluna aplicada, Daniella estudara a maior parte de sua vida no Centro Educacional Anísio Teixeira (CEAT), escola que iniciou suas atividades no Rio de Janeiro no final da década de 1960, ainda como a filial carioca do tradicional colégio paulista Pueri Domus.

A sociedade com a matriz se desfez no final da década seguinte e a escola trocou o pacato bairro do Jardim Botânico pelo igualmente sossegado bairro de Santa Teresa a fim de atender a alta procura, passando a se estabelecer em instalações mais amplas e, principalmente, ganhando identidade própria. Em pouco tempo, o CEAT se tornaria um reduto da vanguarda do ensino no Rio de Janeiro.

A escola sempre se notabilizou por apresentar uma proposta pedagógica inovadora, priorizando a construção do conhecimento de forma crítica e a formação de valores éticos na consciência dos jovens estudantes.[5] A maior parte dos alunos que frequenta a instituição acaba por construir um sólido laço afetivo com a escola, muito em função da relação próxima e pautada pela confiança existente entre corpo docente, discente e funcionários.

Daniella não fugiria a essa regra. Já na idade adulta, em entrevistas, a atriz se recordava com muito carinho, e até com certa dose de nostalgia, dos tempos em que frequentara a instituição. O CEAT da década de 1980, para ela, era uma escola "maneiríssima, moderna, cheia de novidades",[6] bem ao gosto da adolescente curiosa e participativa. Líder de turma, bagunceira — sem excessos — e bastante comunicativa, Daniella fez no CEAT um grupo de amigos que a acompanharia para além dos muros da escola. Segundo a diretora da instituição, professora Emília Augusto, a então estudante era "uma menina apaixonante e amiga de todos".[7]

Em uma de suas entrevistas, a atriz revelou que tinha saudade daquele tempo, uma época um tanto quanto descompromissada, em que tudo era novidade e a vida trazia a cada dia uma nova descoberta. Tempos bons que ficariam marcados em suas lembranças como doces recordações de um período que, ao que tudo indica, fora muito bem aproveitado: "[Tenho saudade] da minha época de colégio, quando a gente fazia mil passeios com a turma."[8]

Enganam-se, porém, aqueles que imaginam que a vida da jovem estudante se resumia apenas aos passeios do colégio e às bagunças com a turma. Em meio à satisfação de estudar em uma escola experimental,[9] Daniella vivia uma rotina repleta de horários e compromissos, que incluía, além das aulas no colégio, o rigoroso estudo de dança e o aprendizado de idiomas estrangeiros. Em diferentes momentos de sua adolescência, Daniella estudou inglês no curso Britannia e francês na Aliança Francesa,[10] duas das escolas de idiomas mais tradicionais e exigentes do Rio de Janeiro.

Estudiosa, jamais ficara em recuperação durante o período em que frequentou os bancos escolares do CEAT.[11] Dali sairia com uma base acadêmica sólida, mas não apenas isso. Em verdade, sairia preparada para a vida e, principalmente, apta a enfrentar o mundo fora da proteção dos muros da escola.

Morreu violentada porque quis (caso Mônica Granuzzo)

Rio de Janeiro, junho de 1985. Mônica Granuzzo, uma jovem estudante carioca, começava a descobrir alguns dos encantos típicos da adolescência da década de 1980: frequentava matinês, ia ao cinema com as amigas e ensaiava os primeiros passos fora da companhia dos pais. Em uma fase de muitas descobertas e novidades, Mônica estava prestes a sair pela primeira vez acompanhada por um rapaz, algo até então inédito em seus 14 anos de vida.

Tudo havia se passado dentro dos parâmetros característicos que guiavam o comportamento daquela geração: Mônica, acompanhada por uma amiga, havia conhecido o jovem Ricardo Peixoto na porta da boate Mamão com Açúcar, point descolado na zona sul do Rio. Após uma breve conversa, o encantamento recíproco evoluiu para uma troca de telefones. Ambos se despediram com inocentes beijos no rosto e a promessa de que logo se veriam novamente.

Se até aquele momento tudo se passara conforme o esperado, rapidamente a situação mudaria. Após receber um telefonema de Ricardo convidando-a para tomar um sorvete, Mônica relatou à mãe que aceitara o convite do rapaz, e recebeu dela inúmeras recomendações. Seria a última vez que a farmacêutica Marieta Granuzzo veria a filha com vida.

Daquele momento em diante, a sequência exata de fatos se torna confusa, muito em função de Ricardo ter buscado apagar provas do crime e, junto a dois cúmplices,[12] também ter agido para ocultar o corpo da jovem.[13] O que se sabe com certeza é que Mônica saiu de casa com Ricardo e juntos foram até o seu endereço, provavelmente com a desculpa de que o rapaz buscaria um casaco que havia esquecido em casa. Ela relutara em subir, mas fora convencida pelo argumento de que os pais dele estavam no apartamento, conforme uma testemunha posteriormente afirmaria.[14]

Dentro do apartamento, Mônica teria sido agredida e forçada a manter relações sexuais com ele. Segundo o laudo pericial, a adolescente fora "vítima de assalto sexual, precedido de forte espancamento".[15] Durante as investigações foi revelado que vizinhos ouviram gritos da adolescente antes de sua queda pela sacada do apartamento,[16] no que provavelmente foi o derradeiro pedido de socorro da vítima. Acuada, mas se recusando a praticar qualquer ato contrário à própria vontade, a jovem buscou refúgio na varanda e, em um gesto de desespero, possivelmente tentou pular para o apartamento vizinho quando acabou despencando do sétimo andar do edifício, vindo a cair no playground. Também não se pode descartar a possibilidade de a jovem ter sido atirada de lá.

O impacto da queda foi tremendo: Mônica teve a cabeça e o pescoço quebrados, e órgãos vitais como coração, estômago e pulmões rompidos.[17] Por ter caído de pé, teve os pés dilacerados e as vísceras esmagadas, mas mesmo assim ainda sobreviveu por alguns instantes antes de falecer.

Seu corpo foi encontrado um dia depois, no fundo de uma ribanceira no Horto florestal do Rio de Janeiro, tendo sido transportado até o ermo local por Ricardo e seus dois amigos na própria noite do crime. A polícia ainda constatara — e depois a perícia também iria confirmar[18] — que no corpo de Mônica Granuzzo havia vestígios de violência que não foram causados pela queda,[19] sendo fruto de agressões. Mônica, no entanto, morrera virgem, e em seu corpo não havia marcas de violência sexual, o que reforça a tese de que as agressões que sofrera ocorreram em virtude de sua recusa em ceder aos apelos libidinosos de seu algoz.

SAINDO DO CASULO

O acusado narrou à polícia uma versão tão descabida para o crime que até os mais crédulos tinham muita dificuldade em acreditar nele. Afirmando que não tivera qualquer participação na morte da jovem e que apenas testemunhara aqueles terríveis acontecimentos, Ricardo descrevera de forma lacônica os momentos de agonia de Mônica: "Ela me beijou, me lambuzou todo. Fiquei com nojo; perguntei se era um travesti, ela disse que sim e pulou da janela."[20]

Os detetives, com base em laudos periciais, tinham uma opinião completamente diferente sobre a morte da estudante, como descrevia a revista *Manchete* após o avanço das investigações:

> A polícia considerou absurda a história de Ricardo e desmontou a sua versão. Segundo os peritos, Ricardo tentou violentar Mônica e terminou jogando-a do sétimo andar. Havia sangue no sofá, vestígio de maconha no tapete e sinais de luta: a cortina da sala tinha três elos rompidos e uma peça do trilho estava arrancada. Algumas marcas no corpo da menina foram identificadas como sinais de pancada, possivelmente pontapés.[21]

Praticante de jiu-jitsu, Ricardo era descrito como um tipo violento, havendo narrativas de que já agredira a própria mãe e também de que havia se portado de maneira agressiva com outras jovens anteriormente. Criado no subúrbio, mas àquela altura morando na zona sul, Ricardo tinha vergonha de suas origens e não contava aos novos amigos que seu pai era dono de uma pequena barbearia no bairro do Méier. O jovem não trabalhava, salvo por alguns bicos como modelo, e em seu último emprego, em uma loja de roupas, acabara demitido por suspeita de furto.[22]

Não tardou muito para que outra vítima de Ricardo procurasse a polícia para narrar os momentos de agonia que vivera no mesmo apartamento em que Mônica despencara para a morte. A jovem, cuja idade era quase a mesma da vítima (sua identidade foi preservada porque era menor de idade), contou que também fora agredida por Ricardo e, assim como Mônica, tentou buscar refúgio na varanda, de onde foi puxada de volta para o interior do apartamento sob socos e pontapés.[23]

O *Jornal do Brasil* ainda noticiava que, de acordo com revelações de pessoas próximas ao acusado, ele tinha "a mania de espancar meninas em seu apartamento".[24] Tudo indica que aquele comportamento patológico que resultou na morte da estudante não era um fato isolado.

O cerco se fechava em torno de Ricardo Peixoto.

O crime naturalmente causou imensa comoção no Brasil e, em especial, no Rio de Janeiro. Manifestações se multiplicaram pela cidade, principalmente após as primeiras declarações públicas do implicado, que atribuía a culpa à vítima, descrevendo o caso como se fosse um suicídio. Não era a primeira vez que algo desse tipo acontecia.

Infelizmente não seria a última.

Vítima de extrema violência, Mônica era uma menina dócil e bastante querida pelos colegas do Colégio Princesa Isabel, onde passara a estudar desde o ano anterior ao crime. Rapidamente, uma rede de solidariedade começou a se formar entre meninas que tinham a mesma idade da vítima.

Daniella, que fora colega de Mônica no CEAT, prontamente aderiu ao movimento que clamava por justiça para o caso. Em termos de idade, menos de oito meses as separavam. Eram vizinhas de bairro e, embora não fossem amigas íntimas, integravam turmas que se conheciam. Além disso, a escritora Glória Perez foi uma das primeiras pessoas a se engajar na luta para que o caso não ficasse impune.[25]

Abalada pelo traumático acontecimento, Daniella foi uma das adolescentes que se postaram diante da delegacia de polícia do bairro de Botafogo para cobrar justiça das autoridades. Consciente da importância da participação individual em causas coletivas, a jovem

SAINDO DO CASULO

Daniella aparece empunhando, junto a outras adolescentes, uma faixa que exigia "Justiça para Mônica", em uma foto que estampou as páginas da revista *Manchete*.[26]

O crime também motivou um amplo debate social de forte cunho machista. À época, chegou-se a questionar o fato de Mônica ter aceitado o convite de um rapaz que mal conhecia para subir até o apartamento em que ele vivia. Subjacente à discussão estava a percepção de que haveria um excesso de liberdade na forma como aquela geração de meninas era educada pelos pais e, por óbvio, implicitamente também havia uma boa dose de sexismo.

Àquela altura, não era apenas o acusado que imputava à vítima a culpa pelo crime, mas parte da sociedade aparentava pensar de maneira semelhante. A situação chegou a tal ponto que Nilson Lopes, pai de Mônica Granuzzo, se manifestou à imprensa sobre o tema: "Não acho que haja um excesso de liberdade. A juventude de hoje tem cabeça e o direito de se divertir. O que acontece é que temos que tirar do meio da sociedade elementos como os que mataram a minha filha."[27]

Preconceito, aliás, era algo que sempre esteve presente no caso, apresentando-se das mais diversas formas. Em entrevista à imprensa, Alfredo Patti, um dos rapazes que confessara ter participado da ocultação do cadáver de Mônica, mostrava-se arrependido e relatara que, ao aceitar o pedido de ajuda de um amigo, não imaginava que a queda pudesse ter sido fruto de um crime. Afirmava ainda que, caso tivesse oportunidade, gostaria de pedir desculpas aos familiares da estudante. Suas justificativas, no entanto, não deixavam de causar assombro pela sinceridade: "Para mim, tratava-se de um travesti."[28]

Para deteriorar ainda mais um ambiente já bastante conturbado, o delegado Jayme Petra, responsável pelas investigações, resolveu estabelecer uma ligação entre o crime e o fato de os pais de Mônica serem divorciados, o que gerou um clima ainda maior de indignação:

"Os filhos devem ir para o recesso de seus lares e suplicar que os desquites e separações não ocorram, pois prejudicam a sua formação, causando traumas para toda a vida. Pode levá-los ao vício e cair em armadilhas funestas, como no caso da Mônica."[29]

A inversão de valores saltava aos olhos. A compositora Angela Ro Ro verbalizaria toda aquela flagrante injustiça em uma canção intitulada simplesmente "Mônica", composta em homenagem à estudante pouco depois do crime. Em sua passagem de maior inspiração, a letra dizia que Mônica "morreu violentada porque quis", em uma irônica referência à covarde inversão que à época se tentava fazer.

Poucas vezes foi possível dizer tanto em tão poucas palavras.

Angela Ro Ro posteriormente declarara que o que mais lhe despertara empatia em relação ao caso era a ingenuidade da vítima,[30] atraída para uma cilada sem de nada desconfiar. Em verdade, "a inocência desse teu olhar" sensibilizara a cantora e a motivara a escrever uma sensível canção que refletia o espírito daquele tempo, precisamente capturado por Angela em seus versos:

> Garota, não vá se distrair
> E acreditar que o mundo vive
> A inocência desse teu olhar
> Você se engana e se dá mal
> Com um tipinho anormal
> E a sociedade vai te condenar
>
> Morreu violentada porque quis
> Saía, falava, dançava
> Podia estar quieta e ser feliz[31]

A sensibilidade da letra escancarava o preconceito intrínseco ao assassinato da jovem. A culpa pelo crime ora era imputada à vítima, ora atribuída à Lei nº 6.515/1977, popularmente conhecida como Lei do Divórcio, aprovada pelo Congresso Nacional menos de uma década antes, faltando apenas outorgar ao criminoso o papel de vítima. Da injustiça se passara ao desvario, a ponto de se considerar excesso de liberdade o fato de uma jovem sair com suas amigas para se divertir, ou apontar como possível causa para um crime de homicídio o fato de a vítima ser filha de pais separados.

Levado a júri popular apenas em 1990, Ricardo foi inicialmente condenado a dezessete anos e meio de prisão, pena que foi reformada pouco tempo depois, sendo majorada em mais três anos, totalizando vinte anos de prisão.[32] O mais importante, no entanto, fora o resgate da verdade. Por unanimidade, diante de duas versões absolutamente conflitantes, o tribunal do júri estabeleceu o veredito definitivo: "A história da morte de Mônica, que durante cinco anos ficou obscura, teve ontem no julgamento a sua conclusão oficial: Ricardo agrediu a menor moral e fisicamente com socos, levando-a à morte, já que Mônica tentou fugir pela varanda porque todas as portas do apartamento do réu estavam fechadas."[33]

Em função do bom comportamento apresentado durante o período em que esteve na prisão (o réu aguardou o julgamento, na maior parte do tempo, preso preventivamente), o condenado teve direito à progressão do regime de cumprimento da pena[34] e, já em 1991, fazia jus ao regime semiaberto, sendo recolhido à prisão apenas no período noturno. No total, Ricardo Peixoto cumpriu oito anos e três meses de cadeia.[35]

Em janeiro de 1994, o condenado pela morte de Mônica Granuzzo obteve o livramento condicional e readquiriu a liberdade, não tendo mais que se submeter ao recolhimento prisional noturno. Seu último constrangimento público foi ter sido conduzido algemado, na companhia de outro detento, para assinar o termo de soltura. Ele teve que caminhar pela rua Senador Dantas, no centro do Rio de Janeiro, dessa maneira um tanto quanto vexatória, enquanto diversos repórteres faziam o registro fotográfico daquela insólita cena.[36]

Naquela oportunidade, o condenado afirmou que havia sido condenado antes mesmo de seu julgamento ter ocorrido.[37] À imprensa,

Ricardo declarou que não tinha medo de ficar marcado pelo crime, permitindo-se ainda tecer um comentário no mínimo curioso: "A juventude hoje é outra."[38]

Era a mais pura expressão da verdade. Àquela altura — meados da década de 1990 —, os jovens que cresceram durante os anos 1980 ingressavam na idade adulta repletos de planos e sonhos para o futuro. O próprio Ricardo, à época com 31 anos, trabalhava em uma papelaria no Méier e planejava retomar os estudos — tinha a intenção de cursar a faculdade de educação física.

A juventude, de fato, era outra. Ricardo Peixoto deixou para trás aquele sinistro episódio e o passar dos anos distanciou-o cada vez mais daquela juventude dos anos 1980. Cada qual seguiu sua vida. Ricardo, após se formar como professor de educação física, passou a dar aulas na orla carioca. Procurado pela imprensa em 2005[39] e 2012,[40] o condenado pelo crime preferiu não se manifestar, afirmando secamente que buscava seguir sua vida incógnito, dissociando-se ao máximo de seu tenebroso passado.

Mônica Granuzzo, todavia, não teve direito a nada disso. Aluna aplicada, criada em meio a uma família carinhosa que tanto investira em sua formação, a jovem também tinha seus planos e projetos de vida, mas para ela não houve um amanhã. Tampouco um futuro. Sua trajetória fora abruptamente encerrada naquele trágico domingo, 16 de junho de 1985.

Já Daniella seguiu adiante com a sua vida, apesar de o caso ter marcado sua adolescência. O crime ocorreu cerca de dois meses antes de Daniella completar 15 anos, e pela primeira vez a adolescente se vira de maneira tão próxima à violência cotidiana das grandes cidades. Da mesma forma que o crime que futuramente a vitimaria marcaria a juventude dos anos 1990, o assassinato de Mônica Granuzzo marcou aquela geração que cresceu durante a década anterior.

Um último fato chama a atenção: não deixa de ser paradoxal o fato de que em uma quinta-feira de junho de 1985 a jovem Daniella tenha comparecido diante de uma delegacia de polícia a empunhar uma faixa para exigir justiça, solidarizando-se com uma jovem covardemente assassinada. Menos de uma década depois, outras jovens empunhariam faixas semelhantes a exigir justiça — dessa vez para a própria Daniella.

Parecia que nada havia mudado no Brasil, apesar do passar dos anos.

Dores e amores

Embora tenha sido apresentada de forma nua e crua à realidade da violência contra mulheres por meio do crime que vitimou sua colega Mônica, a verdade é que Daniella teve uma adolescência tranquila, despida de grandes infortúnios ou desgostos mais significativos.

Talvez o maior dissabor experimentado tenha sido a separação de seus pais, quando Daniella tinha 14 anos. A experiência naturalmente a deixou abatida,[41] porém nada que viesse a se transformar em uma frustração com sequelas futuras ou que tivesse deixado a adolescente traumatizada. Provavelmente sua maior tristeza em relação ao episódio se devesse ao fato de deixar de viver na mesma casa que seu pai, como havia ocorrido por toda a sua vida até então.

A relação entre pai e filha, contudo, manteve-se forte, mesmo que passassem a habitar lares diferentes. Daniella — chamada carinhosamente de Petruskinha por Luis Carlos[42] — tinha a chave da casa dele e aparecia quando lhe dava saudade, sem ser necessário qualquer aviso. Continuaram cúmplices e mantiveram a ligação afetuosa dos tempos em que moravam juntos.

Ao se recordar de sua adolescência, Daniella afirmara em entrevista que nunca havia sido namoradeira, simplesmente pelo fato de achar "perda de tempo" entreter-se com namoros. Preferia se dedicar à sua rotina já atribulada, que conjugava o dia a dia da escola, infindáveis aulas de dança e ainda o estudo de idiomas estrangeiros.

Certamente, o ócio jamais fez parte de seu cotidiano.

Se tudo tem seu tempo e sua hora, o primeiro amor viria de forma suave, como uma brisa que chega repentinamente, trazendo ares ainda desconhecidos a um jovem coração. O também ator Duda Ribeiro foi o primeiro namorado sério que Daniella apresentaria à família.

Seria o primeiro amor da vida da atriz.

Assim como chegou repentinamente, o amor do casal acabou por se esvair sem qualquer aviso prévio. Tornou-se, porém, algo maior. Daquele enlace restariam bens preciosos, como o respeito mútuo, o carinho sincero e, principalmente, uma grande admiração recíproca. Foi um namoro breve, mas que marcaria a trajetória de ambos, e que fez surgir uma amizade que os acompanharia para sempre, como o pai da atriz confidenciou em uma de suas raras entrevistas: "Eles terminaram o namoro e se tornaram muito amigos. Acho bonito isso de conseguir transformar um namoro em amizade. É muito difícil."[43]

Se o primeiro amor havia sido terno e delicado, no relacionamento seguinte a chama da paixão viria de forma pujante. O chamado de seu coração apareceria sem avisar, de forma avassaladora, concretizando-se em uma grande paixão, quase ao final de sua adolescência. Um amor ardente por um rapaz dois anos mais velho que encantaria a jovem Daniella, levando-a a se sentir como nunca havia se sentido em sua vida.

A adolescente enamorada sofria as dores daquela paixão intensa, acabando por se tornar presa fácil diante de alguém mais experimentado nos intrincados e nem sempre coerentes caminhos do coração. Seu namorado, mais acostumado à dinâmica de relacionamentos amorosos, e percebendo-a apaixonada, "aprontava horrores",[44] fazendo a adolescente sofrer com suas primeiras dores de amor.

Nada melhor do que um dia após o outro, no entanto. Sempre aprendendo com as lições diárias que a vida lhe ensinava, Daniella foi progressivamente se desencantando daquele namoro, a ponto de a situação acabar por se inverter. O namorado outrora desdenhoso tomou a iniciativa de ir até Daniella para confessar todo o seu amor represado.

Tarde demais. A própria Daniella, rememorando os fatos alguns anos depois, relembrava a forma insólita como terminou aquele grande amor: "Foi engraçado. Eu esperei muito essa hora, esse momento da declaração de amor. Mas chegou tarde e ficou um vazio terrível entre nós."[45] Há coisas na vida que, depois que se despedaçam, não voltam à forma anterior.

Em meio a dores, amores e muita vontade de viver, Daniella deixaria para trás sua adolescência. Guardaria com carinho e até com alguma dose de nostalgia a doce lembrança daquela fase de sua vida. Naquele momento, contudo, uma certeza maior povoava seu íntimo: um grande amor ainda estava por vir.

Seu coração não se enganaria.

3.
Uma vida a dançar

Vacilou Dançou

Toda a dedicação e todo o esforço empreendidos por Daniella nos inúmeros ensaios e aulas de dança ao longo de sua trajetória não foram em vão. A criança que ingressara no balé durante a primeira infância havia muito já se transformara em uma jovem promissora, com uma grande aspiração em mente: tornar-se bailarina profissional.

Viver de arte no Brasil, contudo, nunca foi tarefa fácil, nem algo que pudesse ser considerado trivial. Com abundância de talentos e poucas oportunidades, a profissionalização artística sempre foi considerada um funil bastante estreito, sobretudo naquele final da década de 1980, em um país cuja economia permitia cada vez menos investimentos na área da cultura.

No entanto, para Daniella, aquela não era propriamente uma escolha, tampouco uma opção a que pudesse simplesmente renunciar. Em verdade, a decisão de tentar profissionalizar-se na dança fazia parte indissociável de seu destino, algo que inconscientemente a guiava. Mesmo fora dos ensaios, a atriz estava sempre a bailar, como se uma força invisível intuitivamente lhe dissesse aonde deveria chegar.

Havia muito tempo que a dança adquirira importância fundamental na rotina da jovem, e todo o empenho demonstrado ao longo de uma vida seria recompensado quando Daniella estivesse próxima de seus 19 anos, idade em que finalmente conseguiria realizar um dos desejos que mais acalentara: ser admitida na respeitada companhia Vacilou Dançou, composta por um seleto grupo de apenas treze bailarinos, o que acabou por ocorrer em meados de 1989.[1] Embora já fizesse parte da academia de dança da coreógrafa Carlota Portella como aluna, ingressar na concorrida companhia era o sonho de muitas bailarinas. O rigor na admissão de seus componentes tornava o feito ainda maior, pois o grupo era reconhecido no mundo da dança pelo alto grau de exigência requerido dos candidatos que buscavam uma vaga em seus disputados quadros.

Não era pouca coisa. A descrição do que a exigente coreógrafa esperava de seus bailarinos dava a exata dimensão da conquista de Daniella:

> Um bom bailarino deve ter o físico adequado, um corpo alongado, magro, flexível, com bastante elasticidade e abertura. É preciso ter técnica, bom nível artístico interpretativo e musicalidade, aspectos fundamentais no dançarino. Tudo isso somado a muita vontade de dançar, pois a profissão é miserável, representa um grande investimento, sem retorno material.[2]

Ao mesmo tempo que possuía todos os atributos, Daniella conhecia as agruras da profissão descritas pela coreógrafa em seu relato, que mais soavam como um alerta realista direcionado a todos aqueles que pretendessem se dedicar ao ofício. Daniella, todavia, seguiria adiante.

Sem titubear.

A escritora Glória Perez se recordava de toda a dedicação empenhada por sua filha até conseguir alcançar o tão sonhado objetivo: "Muito cedo [Daniella] se decidiu pela dança, que começou a estudar aos 4 anos de idade, e se preparou durante anos a fio, com uma dedicação e uma força de vontade impressionantes, para realizar o sonho de se profissionalizar."[3]

Essa era a realização de uma filha que em muito regozijava a sua mãe. Glória era uma excelente dançarina de gafieira e chegou a acalentar em sua juventude o sonho de se tornar bailarina, como Daniella confidenciara em uma de suas primeiras entrevistas: "Minha mãe sempre quis ser bailarina, mas na época não foi possível."[4] Além de explorar o universo da dança em suas obras, a partir daquele momento Glória teria uma filha em posição de destaque em um ambiente que chegou a almejar para si própria.

Diante da nova perspectiva, Daniella se revelou ainda mais aplicada. Dedicando-se com afinco e mantendo a disciplina que sempre definiu o seu modo de viver, a jovem não demorou a se firmar como uma das principais bailarinas do corpo de dança da companhia Vacilou Dançou. Naquele ambiente, afeiçoara-se, em especial, a duas colegas: Adriana Raed e Mariana Salomon — de tão unidas, foram apelidadas de "trio ternura".[5]

Após conseguir o almejado ingresso no grupo, Daniella parecia viver uma doce realidade. Só parecia. A rotina da jovem bailarina nada tinha de pompa ou glamour. Era ensaio atrás de ensaio, em uma estafante rotina em busca da perfeição. Daniella não reclamava, pois optara conscientemente por aquele caminho. Fazia simplesmente aquilo de que gostava.

Carlota Portella fora testemunha da evolução da jovem bailarina, cada vez mais à vontade no corpo de dança de sua companhia. Como a própria coreógrafa revelara, além da dose inata de aptidão artística, Daniella tinha muita facilidade para aprender, o que fazia dela uma profissional ímpar: "Ficava admirada com a sua dedicação e profissionalismo. Certa vez, uma das bailarinas se machucou durante uma apresentação, Daniella aprendeu os passos da colega durante o intervalo e entrou em cena em seu lugar com a maior segurança."[6]

Mais do que facilidade em aprender ou disciplina para ensaiar, Daniella tinha o dom para a expressão artística, que àquela altura se manifestava por meio da dança. Algo que fluía do recôndito mais profundo de sua alma. Fazia graciosamente os movimentos mais complexos e ritmados, como se toda a leveza de seu espírito se transferisse para o corpo enquanto dançava. Como descrita em um livro sobre o crime que a vitimou, a bailarina era singular em sua arte: "Daniela (*sic*) Perez tem graça e a sensualidade das dançarinas que fizeram fama no cinema. Dançando, faz lembrar as estrelas dos antigos musicais de Hollywood. Como nelas, percebe-se em Daniela (*sic*) o prazer da dança na expressão não só do rosto, mas de todo o corpo."[7]

Daniella chegava a ensaiar oito horas por dia em épocas de espetáculo. Tamanha exigência, em verdade, não causava a ela qualquer contrariedade, mas, ao revés, parecia revigorar sua alma sempre em busca da excelência. Assumidamente perfeccionista, a bailarina era virtuosa simplesmente por prezar a virtude e, assim, a busca pelo sublime parecia fazer parte da natureza de seu próprio ser — como se por alguns breves momentos sua própria essência se misturasse à arte que primorosamente executava.

Encantada por aquilo que fazia, dedicada ao extremo e, principalmente, dotada de uma inspiração que parecia emanar de sua alma, Daniella estrelaria sua primeira temporada como dançarina profissional em um espetáculo de grande porte.

Seria um enorme sucesso.

Poetas, escritores, bailarinos... sonhadores

Fundada em 1981, a companhia Vacilou Dançou apresentava, desde a sua criação, um espetáculo anual de dança. Porém, devido à forte retração econômica causada pelo confisco das aplicações financeiras dos brasileiros em função do plano econômico Brasil Novo (que acabou famigeradamente conhecido como Plano Collor), em 1990 a companhia não conseguiu patrocínio para realizar a tradicional encenação.

A saída para que o espetáculo não viesse a ser cancelado foi utilizar recursos próprios para levar a iniciativa adiante, o que não seria tão simples em um contexto de acentuada estagnação econômica. Assim, em função das dificuldades financeiras, naquele ano a coreógrafa Carlota Portella optou por apresentar ao público uma mistura de suas coreografias encenadas nos cinco anos anteriores, uma forma de a temporada de 1990 não passar em branco.[8]

A retrospectiva que a companhia levaria aos palcos, no entanto, prometia um espetáculo intenso e bem estruturado, apesar do aperto financeiro em que se encontrava o país de uma maneira geral, e a cultura em particular. O espetáculo homenagearia Carlos Drummond de Andrade e Nelson Rodrigues, contando ainda com canções de Caetano Veloso e composições de Piazzola, Chopin e Paco de Lucía.[9]

Embora as circunstâncias tenham levado o espetáculo a fazer o que no jargão da dança se denomina "colagem", tendo como sua principal marca a variedade, isso não fazia da montagem algo desconexo entre as distintas partes que perfaziam um todo harmônico. Às vésperas do início de mais uma temporada do espetáculo, Carlota Portella revelava à imprensa a verdadeira inspiração de sua criação artística: "Uma visão amorosa dos relacionamentos humanos."[10]

O espetáculo ainda contaria com a presença de Áurea Hammerli, primeira bailarina do corpo de baile do Theatro Municipal do Rio de Janeiro,[11] que aceitou o convite para participar da encenação, estrelando alguns números solos. A participação da renomada profissional não deixava de demonstrar a dimensão da relevância que a companhia de dança adquiriu ao longo de quase uma década nos palcos. Suas montagens tinham tal importância que uma das principais bailarinas do país aceitava juntar-se ao grupo para uma temporada, mesmo que, para tanto, tivesse até que recusar convites para apresentações internacionais.

Junto à renomada bailarina, fariam parte do espetáculo outros treze profissionais da própria companhia, entre eles Daniella Perez. A foto de Daniella, estampada na Coluna do Swann, exibindo um largo e genuíno sorriso de felicidade no dia da estreia do espetáculo,[12] dava a exata dimensão de sua imensa satisfação em estar nos palcos.

Vivendo o destino que tanto almejara para si, parecia que a dança havia brindado a Daniella tudo com que sempre sonhara. Talvez, àquela altura, ela pensasse que nada mais deveria esperar da arte que lhe dava sentido à vida. Não era verdade. O destino ainda lhe reservava outra grata surpresa. Mais do que uma perspectiva profissional, a dança lhe traria algo muito mais significativo: o amor de sua vida.

Viria ao ritmo de um tango argentino.

Amor à primeira fotografia

Um amor que parecia ter sido escrito nas estrelas. Pode parecer um tanto clichê — e, de fato, é —, mas essa é a melhor definição para descrever a arrebatadora paixão que uniu Daniella Perez e Raul Gazolla.

Tudo começou em uma despretensiosa visita do ator à mãe da bailarina. Na casa de sua futura sogra, Gazolla se deparou com a foto de uma jovem em um porta-retratos que se destacava em cima de um aparador: era Daniella. O ator instantaneamente se deixou enfeitiçar por aquela menina cativante e, por alguns instantes, não conseguiu sequer se fixar na conversa com Glória Perez, tamanha a impressão que a fotografia o havia causado.

Naquele momento, o destino se encarregou de dar o próximo passo. E que passo. Raul Gazolla atuava à época em *Kananga do Japão*, novela exibida pela Rede Manchete que tinha como pano de fundo o Rio de Janeiro da década de 1930. Gazolla, protagonista da trama, interpretava o personagem Alex, um típico malandro carioca daquele tempo, com gosto pela boêmia e exímio dançarino. Uma das cenas de seu personagem ambientada no clube homônimo à novela teria uma performance de tango, estilo que o ator dominava à perfeição.

Era o início não apenas de mais uma cena na ficção, mas, também, de uma linda história de amor que se desenrolaria na vida real. Justamente Daniella Perez — por essas coincidências que não têm uma explicação lógica — foi convidada para contracenar com Raul, que já havia caído de amores por "seus lábios carnudos",[13] como o próprio confessara algum tempo depois.

A primeira troca de olhares do casal ocorreria ao ritmo de um tango ambientado na década de 1930 e executado no final dos anos 1980. A data precisa: 2 de dezembro de 1989.[14] A partir daquele dia, nada mais seria como antes na vida de Gazolla e Daniella.

A cena foi deslumbrante, com performances que mesclavam a técnica apurada à vivacidade que ambos transmitiam enquanto dançavam. Para completar com primor a magia daquele momento, um dos tangos mais famosos de todos os tempos — "El día que me quieras", de Carlos Gardel[15] — deu o tom daquela dança.

Sublime.

Expressivos e exalando a tensão do encontro que desencadeara uma forte emoção em ambos, Gazolla e Daniella fizeram daquela dança em *Kananga do Japão* uma das cenas "mais belas de toda a novela".[16] Naquele momento, uniam-se dois corações apaixonados. De fato, foi uma paixão avassaladora, mas ia um pouco além disso. Dançando aquele ritmado tango, ambos pareciam ter inconscientemente percebido que haviam encontrado o verdadeiro amor de suas vidas.

Em novembro de 1992, Daniella descrevera à revista *Corpo a Corpo* a história de amor do casal:

> O Raul é um homem maravilhoso e a nossa história é muito bonita. Você acredita que foi amor à primeira vista? Ou melhor, à primeira fotografia. No dia em que começamos a ensaiar já pintou uma chama entre a gente. Na hora do vamos ver mesmo, gravando a cena do tango, não desgrudamos o olhar um do outro. Gamei e ele gamou. Foi apenas uma participação especial [em *Kananga do Japão*], nada mais. Mas valeu e muito.[17]

O ator Raul Gazolla, que havia ficado "alucinado"[18] pela atriz após o tango, confirmava exatamente a mesma dinâmica: "Foi coisa do destino. Eu tinha visto uma foto de Daniela (*sic*) na casa de Glória Perez e fiquei balançado. Quando ensaiamos a cena da novela vi que tinha tudo a ver."[19]

O encontro seguinte do casal seria em uma "despretensiosa" sessão de cinema. Dali por diante, não se desgrudariam mais. Menos de um ano depois, já estariam casados, mesmo que, para isso, Daniella tivesse que ser emancipada — a atriz ainda não havia completado 21 anos na data do casamento e, para efeitos civis, naquela época ainda não tinha capacidade para contrair núpcias de forma autônoma, a não ser que optasse pela emancipação.

Assim ela o fez. Para viver aquele amor, valia todo e qualquer esforço. A atriz ainda acalentava o desejo de também casar-se no religioso; contudo, como Gazolla já havia sido casado na Igreja, não foi possível. Casaram-se em maio de 1990, mas celebravam de fato a união no dia 2 de dezembro,[20] data em que se conheceram em *Kananga do Japão*.

O amor foi tão avassalador que o casamento poderia ter saído até um pouco antes, não fosse uma greve do Judiciário fluminense que acabou por retardar os trâmites junto ao cartório. Os avós de Daniella, no entanto, ficaram um pouco receosos ante a rapidez com que a união do casal evoluiu.[21] Tratava-se apenas de uma preocupação inicial, rapidamente desfeita após o casamento.

Em realidade, ambos tinham a sensação de terem se conhecido em outras vidas, e a oficialização da relação foi mera formalidade, como Daniella explicava à *Revista da TV*: "Confesso que sentimos a sensação estranha de que a gente já se encontrara em outros lugares, há muito mais tempo, e somente não tivera a oportunidade de ficar juntos, revelar um ao outro seus sonhos, seus segredos, coisas assim."[22]

Se a essência do sentimento era metafísica, a repercussão daquele ato era essencialmente mundana e mudaria a rotina de todos, já que Daniella ainda vivia junto à mãe e aos irmãos. Ao comunicar a sua mãe sobre sua decisão, Daniella a surpreendeu por completo, como a própria Glória revelara algum tempo depois:

> A gente toma um susto quando os filhos crescem. Tomei um susto quando a Dany me disse que ia casar. Eu disse: "Mas você é só uma criança." Ela respondeu: "Mãe, eu já tenho 19 anos." Aí que me dei conta: ela tinha crescido, era uma moça. Vi que ela estava apaixonada pelo Raul e que ele estava apaixonado por ela. Dei todo o apoio e não me arrependo. O Raul fez minha filha muito feliz e eu tenho o maior carinho por ele por causa disso.[23]

Daniella era muito próxima à mãe, que, entre todas as pessoas no mundo, era a que melhor a entendia. Mesmo tendo ido morar com o marido, Daniella a visitava quase diariamente. Quando por algum motivo não podia estar ao lado dela, a jovem bailarina confessava morrer de saudades, em sincera declaração que dava a exata medida do imenso amor que as unia: "Eu sou apaixonada pela minha mãe. Tenho uma admiração muito grande por ela, é a minha melhor amiga. Quando fico alguns dias sem visitá-la, morro de saudades."[24]

A convivência com o marido remodelou alguns hábitos da então bailarina, especialmente em relação à alimentação. Apreciadora de um bom churrasco, Daniella passou a cuidar melhor de sua dieta por orientação de Raul, adepto de um estilo de vida e de uma alimentação bastante saudáveis. A dançarina foi gradativamente deixando de comer carne vermelha e substituindo o antigo hábito por uma dieta baseada em frutas e verduras.

Tendo a sorte de ter encontrado sua alma gêmea, Daniella era completamente apaixonada pelo marido, e a união do casal era tão forte que sobrepujava quaisquer diferenças. Quando questionada sobre a diferença de idade entre ambos — Raul era quinze anos mais velho —, a atriz tinha a resposta na ponta da língua: "Ele é tão alto-astral, tão bonito, tão parecido comigo em algumas coisas que nem percebo essa década que nos separa."[25]

A bailarina, que se autodeclarava uma "romântica incorrigível",[26] afirmava que sua história de amor com o marido era um sonho que havia se tornado realidade: "Por mais que se sonhe, a gente sempre espera que o sonhado se torne realidade. Já me peguei várias vezes fantasiando namorados e, no final, acabava decepcionada. Agora, com o Raul, é que consegui unir sonho e realidade."[27]

O apaixonado casal pretendia ter um filho, provavelmente ao final de 1993. Daniella não escondia de ninguém que o seu maior desejo era formar uma família ao lado do marido.[28] Em suas próprias palavras, ambos tinham "loucura" para ter um bebê, mas, no início da década de 1990, priorizavam a carreira, à espera do momento adequado para a realização do desejo que ambos compartilhavam.

Seguros do sentimento que reciprocamente nutriam, a rotina do casal se traduzia em uma permanente lua de mel. Estavam sempre juntos e aparentavam ter verdadeiro prazer em estar na companhia um do outro, fato evidenciado pelas efusivas demonstrações de carinho a que se permitiam em público. Daniella definia de maneira singela o amor pungente que existia entre eles: "Nosso amor é tão intenso que a gente conta todas as datas e tudo o que aconteceu desde o dia que começou."[29]

Já sobre a possibilidade de trilhar uma carreira na televisão, Daniella não aparentava a mesma segurança que exibia em sua vida pessoal. Logo após estrelar sua primeira cena na Rede Manchete, a bailarina ainda demonstrava muita reticência sobre o seu futuro como atriz: "Minha paixão é mesmo a dança. Como esta é uma profissão muito difícil no Brasil, pode até ser que eu faça alguns trabalhos como atriz, mas sempre como um complemento à dança."[30]

O tempo se encarregaria de revelar todo o desengano dessa previsão.

A grande aventura

Bem-casada, realizada artística e profissionalmente, nada parecia faltar à vida de Daniella Perez. Consolidada como bailarina em uma das principais companhias de dança do país, que desde o início da década de 1980 ditava a tendência do que de melhor poderia existir em termos de jazz dance no Brasil,[31] Daniella parecia ter encontrado um lugar perfeitamente moldado para que pudesse atingir o máximo de suas potencialidades.

Ao mesmo tempo que se estabilizava profissionalmente, Daniella aparentava ter alcançado — ainda que muito precocemente — a maturidade. Distante dos modismos musicais passageiros, a jovem bailarina se declarava fã dos cantores Caetano Veloso e Marina Lima, além de revelar uma personalidade predominantemente caseira, algo um tanto incomum para uma jovem que, havia pouquíssimo tempo, atingira os 20 anos. No início da vida em comum, passara a dividir um apart-hotel com Raul, e desfrutar da companhia do marido parecia ser o suficiente para fazê-la feliz.

Dona de duas gatas siamesas, Daniella apreciava tudo aquilo que era bom — começando pelo restaurante Ettore, expoente da boa mesa italiana no Rio de Janeiro. Desfrutando os prazeres legítimos que a vida poderia lhe proporcionar — de chocolate suíço em barra a filmes de Federico Fellini[32] —, Daniella se mostrava antenada com o seu tempo e, embora revelasse predileção por autores como Nelson Rodrigues e Simone de Beauvoir, não se furtou a ler (por curiosidade, como posteriormente revelaria em uma entrevista)[33] o polêmico livro *Zélia, uma paixão*, da autoria de Fernando Sabino, que retratava um dos maiores escândalos amorosos da seara política brasileira daquele início da década de 1990 — o romance proibido entre os ministros Bernardo Cabral e Zélia Cardoso de Mello, dois dos principais colaboradores do então presidente Fernando Collor.

Apesar de adorar a obra de Fellini — principalmente o premiado *Noites de Cabíria* —, o filme predileto de Daniella era mesmo *O amante*, de Jean-Jacques Annaud.[34] Com personalidade forte e opinião formada, fazia análise com Eduardo Mascarenhas, renomado psicanalista carioca.[35] Autoconhecimento fazia parte da sua essência, apesar de reconhecer que por vezes agia de forma impulsiva, além de admitir ser um pouco geniosa.

Tudo no lugar, vocacionada naquilo que fazia, a atriz chegou até a cursar alguns períodos de Direito na Universidade Candido Mendes (UCAM), o que acabou se tornando uma forma de homenagear seu avô, ministro do antigo Tribunal Federal de Recursos. Não era a sua praia, mas mesmo assim Daniella insistiu um pouco naquele ambiente pouco afeito à espontaneidade de sua personalidade artística, até para ter certeza de que fazia a coisa certa ao renunciar ao diploma de bacharel na arte das leis.

A sua arte era mesmo outra.

Ao atingir a idade adulta, confessava certa saudade dos tempos do CEAT, começando pela bagunça com os colegas de classe, passando pelas boas risadas que não tinham hora certa para terminar e, principalmente, da leveza de uma vida ainda sem grandes obrigações. Predestinada para aquilo que fazia, seu coração provavelmente lhe dizia que devia continuar firme em seu caminho, sem, no entanto, se permitir fechar os olhos às oportunidades que a vida eventualmente lhe trouxesse.

E, mais uma vez, a vida lhe traria algo de inesperado, absolutamente novo em sua caminhada. Em uma verdadeira transmutação, o núcleo da vida da jovem bailarina novamente teria o seu eixo deslocado por uma surpresa que se apresentaria diante de si. Novamente, a dança seria a responsável por mudar o rumo de sua direção. A bailarina se transformaria em atriz.

Naquele momento, começava a maior aventura de sua vida.

4.
A borboleta ganha asas

A dor e a delícia de ser o que é

Corria o ano de 1984 e a escritora Glória Perez sugerira à direção da Rede Globo um projeto ousado, sobretudo se for levado em consideração o contexto da época: uma trama que abordaria o delicado tema da "maternidade por substituição". O nome pomposo buscava identificar a situação na qual uma mulher aceita gerar em seu próprio útero um filho de outro casal. Sob o sugestivo título *Barriga de Aluguel*, a trama não foi aprovada pela emissora à época, por ser considerada muito distante da realidade da maioria dos espectadores.

Sem ter a sinopse de sua nova trama aprovada, a autora acabou por deixar a Globo, partindo para outra emissora carioca, a Rede Manchete. Na nova casa, Glória Perez marcou época com o folhetim *Carmen*, em que abordou de forma pioneira na televisão brasileira a questão da transmissão do vírus HIV. Alguns anos mais tarde, a autora retornaria à Globo, onde desenvolveria o projeto outrora engavetado.

Em 1990, Glória enfim conseguiu convencer a direção da emissora de que o polêmico tema sobre gestação em um útero "emprestado" despertaria curiosidade, pois ainda era desconhecido do grande público. Aposta certeira. A novela *Barriga de Aluguel* seria um estrondoso sucesso de crítica e, até hoje, é lembrada como uma das telenovelas mais emblemáticas já produzidas pela Globo.

Mais do que o sucesso da trama pôde significar em termos de reconhecimento de seu trabalho, naquela oportunidade a autora demonstrou um aguçado senso para antecipar aquilo que seria capaz de sensibilizar o âmago popular. Predizendo o futuro, a novelista parecia saber, em meados da década de 1980, o que o início da década de 1990 comprovaria: temas polêmicos, quando abordados de maneira cuidadosa e explicados ao telespectador de forma acessível, são capazes de emocionar as pessoas comuns que passam a se interessar genuinamente por aquilo que nem sequer sabiam que existia.

De fato, aquele início de década de 1990 começaria bastante polêmico, tanto para a emissora como para a novelista. Surpreendentemente, a maior polêmica envolvendo a autora em seu retorno à Globo não se daria em função do ineditismo do argumento de *Barriga de Aluguel* — com estreia prevista para meados de 1990 —, mas, antes, pela possibilidade de sofrer censura em pleno regime democrático em função de outro trabalho que apresentara à emissora carioca naquele mesmo ano.

Tratava-se da minissérie *Desejo*, baseada em fatos reais, inspirada na tragédia que levou à morte de Euclides da Cunha, um dos maiores escritores brasileiros, autor de *Os sertões*. Glória Perez escreveu a obra tomando por base o processo judicial relativo ao caso e as notícias publicadas pela imprensa à época dos fatos. A novelista — que também é historiadora — realizou um minucioso trabalho de pesquisa cujo objetivo era reconstituir a história da forma mais acurada possível. *Desejo*, no entanto, não ficou imune à polêmica. Parte da família de Anna de Assis, viúva de Euclides e pivô do crime que o vitimou, não gostou da trama quando a minissérie foi ao ar. Judith de Assis, filha de Anna e Dilermando de Assis, chegou a obter uma liminar na Justiça para que os capítulos da minissérie fossem submetidos ao seu crivo antes da exibição.[1]

Estando alguns passos à frente em termos de argumento para a teledramaturgia, Glória Perez por vezes pagava um preço alto por se situar na vanguarda da ficção. Curiosamente, parecia que a polêmica era um verdadeiro fardo na trajetória profissional da escritora — mesmo quando o enredo era baseado em fatos reais, ela não conseguia escapar da controvérsia em torno de sua obra.

Parecia ser essa a sua sina.

Já para Daniella, que debutaria na televisão em uma trama escrita por sua mãe, todo o sucesso de Glória Perez inevitavelmente geraria uma carga adicional sobre seus ombros. Se, como compôs Caetano Veloso, cada um sabe a dor e a delícia de ser o que é, naquele momento ser a filha de uma escritora famosa traria uma dificuldade adicional à bailarina que pretendia se tornar atriz.

Para um desavisado, poderia até parecer algo positivo. A realidade, no entanto, era totalmente diferente. Talvez apenas a própria Daniella conseguisse dimensionar o peso que carregara no início de sua trajetória na televisão. Enquanto a maioria dos atores jovens debuta sem grandes expectativas, o que torna o seu início mais suave e os possibilita desenvolver com maior naturalidade suas potencialidades em um momento de insegurança, com Daniella ocorreria exatamente o oposto: o começo de sua carreira televisiva se daria cercado de expectativas e, consequentemente, envolto em uma enorme pressão.

Não seria um início fácil.

Filha de peixe

"Filho de peixe, peixinho é."[2]

Dessa forma o *Jornal do Brasil* anunciava a contratação de Daniella Perez pela Rede Globo no início da década de 1990. O primeiro trabalho da atriz na emissora seria uma pequena participação na nova trama a ser exibida no horário das 18h. *Barriga de Aluguel* seria a nova "novela das seis" — maneira pela qual a atração apresentada naquele horário era conhecida pelo público — e começaria a ser exibida em agosto de 1990.

Daniella estrearia na televisão em meio ao imenso sucesso — e às polêmicas — das obras de sua mãe. Diante desse contexto, era natural que ela despertasse a curiosidade da imprensa. Para aumentar ainda mais a pressão, seu primeiro trabalho ainda se daria em uma obra de autoria da própria mãe, o que acabaria por levantar questionamentos sobre um suposto favorecimento em relação à forma com que a jovem foi selecionada para participar do elenco.

Em verdade, Daniella inicialmente estava cotada apenas para fazer uma ponta em *Barriga de Aluguel*. Ela interpretaria uma bailarina e suas cenas remeteriam ao universo da dança. Assim, a porta de entrada para que a atriz ingressasse na novela foi uma participação episódica do grupo Vacilou Dançou na trama, como a própria Daniella explicava em uma de suas últimas entrevistas: "Entrei em *Barriga de Aluguel* com o Grupo Vacilou Dançou. Se ganhei falas e um personagem, foi por escolha do diretor Wolf Maya."[3]

Esse seria o início de uma carreira meteórica. Daniella inicialmente estava escalada junto à bailarina Marianne Ebert (também integrante do Vacilou Dançou) para, ao que tudo indicava, fazer parte do elenco de apoio nas cenas ambientadas em um clube noturno.[4]

No entanto, havia a necessidade de mais uma atriz para integrar o núcleo de dançarinas no fictício Copacabana Café. Já sendo conhecida no meio artístico pela desenvoltura na cena em que se apresentara em *Kananga do Japão*, o convite acabou sendo feito à atriz e, segundo Glória Perez, tinha sua razão de ser, como a própria autora explicou à *Revista da TV*: "Havia um papel de bailarina. Se eu tenho em casa uma filha bailarina, que já provou ter talento dançando e interpretando em *Kananga do Japão*, por que não dar o papel a ela?"[5]

O parentesco invariavelmente acabava por ser lembrado pela imprensa. Em matéria publicada sob o sugestivo título "Daniela (*sic*), o talento antes do nome", a atriz abordava o tema de maneira franca, não se furtando em abordar diretamente o cerne da questão. Sem se permitir tergiversar, Daniella não se omitia e expressava o que pensava sobre o assunto:

> Eu não gostaria de qualquer ligação com o fato da minha mãe ser a autora da novela. Ela me deu a oportunidade inicial, mas daqui em diante a responsabilidade será toda minha. (...) Temia que as pessoas associassem o meu trabalho a uma influência de minha mãe. Só com o tempo compreendi que a indagação teria que ser "tem ou não tem talento" e jamais "é filha de quem". Se confio em mim, é ir em frente. Nunca esquecendo que a minha mãe é a fiscal mais rigorosa do meu trabalho. Vemos os capítulos juntas e ela observa, comenta e critica, sem levar em conta qualquer relação familiar. Se eu não estivesse bem, ela buscaria logo um jeito de dar um fim à minha personagem...[6]

Dotada de um sentimento inato de justiça que guiava seu modo de viver, a atriz acabava por se sentir "contrafeita com tamanha facilidade para entrar no elenco de *Barriga de Aluguel*",[7] como uma declaração posterior sua fazia supor: "No começo (...) me incomodava muito, eu que nunca tinha feito nada como atriz achava que estava tirando o lugar de alguém que realmente tivesse talento."[8]

O tipo de objeção de consciência que povoava o íntimo da atriz involuntariamente demonstra toda a nobreza de seu caráter. Nada, no entanto, é melhor que um dia após o outro. Logo Daniella provaria à crítica, ao público e, principalmente, a si própria todo o dom para a representação que guardava escondido dentro de si.

Um pouco mais adiante, o Brasil se renderia ao seu talento.

Barriga de Aluguel

Em agosto de 1990, estrearia na Globo a novela *Barriga de Aluguel* em substituição à trama *Gente Fina*, que não agradou ao público e acabou por ter a sua duração diminuída.[9] Tendo como argumento principal a polêmica sobre a gestação em um útero "emprestado", a trama seria ancorada em um triângulo formado pelos personagens Clara (Cláudia Abreu), Zeca (Victor Fasano) e Ana (Cássia Kiss).

À época havia pouca informação sobre reprodução assistida e a novidade instigou o público. A discussão tomou as ruas do Brasil, a ponto de algumas mulheres começarem a se oferecer como "mães de aluguel" nos classificados dos grandes jornais, algumas delas admitindo até manter relações sexuais com o pai biológico se necessário fosse.[10]

Com o nítido intuito de esclarecer o grande público e evitar qualquer tipo de desinformação (como a descabida hipótese do anúncio bem exemplificava), a novela abordava a questão de diferentes perspectivas e assim propiciava aos telespectadores uma visão abrangente sobre o tema, possibilitando que cada um formasse o próprio juízo de valor.

E, de fato, a discussão sobre os bebês de proveta despertou o interesse do público, não apenas em seus aspectos médicos ou biológicos, mas, também, em relação à valoração ética subjacente à questão. Àquela altura, o mundo já tinha visto o primeiro bebê de proveta nascer no Reino Unido, em 1978, e o Brasil foi pioneiro na América Latina ao trazer ao mundo uma criança a partir da técnica de inseminação artificial, em 1984. No entanto, apesar da existência de casos anteriores noticiados pela imprensa, ainda se tratava de um tema estranho para a grande maioria das pessoas, em especial no Brasil.

Talvez o esclarecimento público acerca da inseminação artificial tenha sido um dos maiores méritos de *Barriga de Aluguel* e, sem dúvida, o seu maior legado. Apenas após o tema ter sido abordado em rede nacional por meio de uma telenovela é que a questão de fato se popularizou, tornando-se acessível.

Era a ficção inspirando a vida real.

* * *

Barriga de Aluguel representou a afirmação de atores em início de carreira, como Cláudia Abreu e Eri Johnson, que interpretara o coreógrafo Lulu. Também lançou alguns nomes que em breve se destacariam na televisão ou teriam atuação destacada no meio artístico, como Caio Junqueira (ainda criança), Tereza Seiblitz e Marianne Ebert.

Entre os iniciantes que despontaram em *Barriga de Aluguel* estava Daniella Perez. Sua estreia ocorrera em um sábado, quando foi exibido o último capítulo da segunda semana da novela. Precisamente, 1º de setembro de 1990.

Naquele sábado perdido em um dos cinco finais de semana de setembro de 1990, ainda não era possível saber, mas, exatamente naquele dia aparentemente comum, a televisão brasileira ganhava uma cara nova — predestinada a brilhar.

Daniella entrava em cena.

A arte imita a vida

A personagem de Daniella em *Barriga de Aluguel* seria a bailarina Clotilde, que na trama seria chamada apenas pelo apelido Clô. Uma diminuta nota na imprensa dava uma amostra da personagem: "Daniela (*sic*) Perez vive a 'pestinha' Clô em *Barriga de Aluguel*."[11]

O pequeno resumo poderia ser considerado grandioso se for levado em consideração que, nas tradicionais matérias publicadas pela imprensa dias antes do início de qualquer telenovela, a personagem Clô quase não havia sido mencionada. Naquela época, era comum que jornais e revistas publicassem uma pequena descrição do argumento da trama seguido por um brevíssimo perfil de cada personagem, geralmente alguns dias antes da estreia da novela. No entanto, a personagem de Daniella não foi mencionada em quase nenhuma das publicações, sendo a *Revista da TV* a exceção.[12]

Isso pode ser explicado, em parte, em função de Clô só ter ingressado em *Barriga de Aluguel* no décimo segundo capítulo da novela,[13] e até mesmo pelo fato de a princípio não estarem bem definidos os contornos de sua participação — que poderia se limitar a apenas uma personagem de apoio. Tanto que, inicialmente, parte da imprensa mencionava a participação dos "bailarinos de Carlota Portella",[14] sem qualquer menção a *Clô* ou a Daniella.

Posteriormente, a própria Daniella revelara que a sua primeira investida na televisão — o tango com Gazolla em *Kananga do Japão* — não a havia entusiasmado tanto,[15] e que a princípio não pretendia investir na carreira de atriz. Assim, sua participação em *Barriga de Aluguel* seria apenas para "fazer parte do cenário do Copacabana Café",[16] dando a impressão de que inicialmente a atriz imaginara que faria parte somente do elenco de apoio da novela junto ao seu grupo de dança.

No entanto, tudo se precipitaria repentinamente e nada sairia como o imaginado por Daniella. Dessa vez, ao contrário do ditado popular, era a arte que imitava a vida e, interpretando uma personagem que muito tinha a ver com a sua realidade, Daniella logo se sobressairia. O *Jornal do Brasil* parecia predizer o futuro e, em agosto de 1990, pouco antes da estreia de Daniella, publicou um pequeno perfil da atriz em seção intitulada "Olho neles — Gente que vai dar o que falar".[17]

O futuro mostraria que o periódico acertaria em sua previsão.

O experiente diretor Wolf Maya foi o grande responsável por reconhecer o talento em estado bruto da atriz. Segundo Maia, ele e Daniella se entendiam "apenas no olhar"[18] e rapidamente ele percebeu todo o potencial da novata. Daniella, por sua vez, sempre retribuiu a atenção que dele recebera e, em entrevistas, afirmara categoricamente que havia aprendido bastante durante a convivência com o diretor.[19] Mais do que isso, a atriz atribuía a ele a sua guinada rumo à dramaturgia: "Simplesmente eu fui descoberta pelo Wolf Maya, que nem sabia quem eu era."[20]

A sintonia da dupla saltava aos olhos. Como o diretor também participava da trama com um personagem diminuto, Maia acabou por gravar algumas cenas ambientadas no Copacabana Café. Em uma das mais expressivas, ele contracenou com Daniella em um número de tango na festa de reabertura do Café. Capaz de acompanhar a ritmada performance da atriz, Maia mostrou ao grande público seus dotes de dançarino, além de demonstrar toda a afinidade que tinha com Daniella.

O capítulo em que a cena foi ao ar certamente foi um dos mais divertidos de toda a novela. A começar pelos convidados que compareceriam à reinauguração do Café interpretando a si próprios. Tratava-se de personalidades das mais distintas áreas, como os futebolistas Roberto Dinamite, Carlos Alberto Torres, Waldir Espinoza e Bebeto, os cantores Sidney Magal, José Augusto e Tânia Alves, o colunista social Ibrahim Sued, o carnavalesco Joãozinho Trinta, entre outros. A cena ainda contaria com uma personagem de outra novela (Sulamita Miranda, interpretada por Marilu Bueno em *Partido Alto*) e com a presença da própria Glória Perez por trás das câmeras.[21]

Apesar do início despretensioso, em pouco tempo a personagem Clô decolaria. Não sem antes Daniella confessar certo desconforto em função do enquadramento da câmera: a atriz teve alguma dificuldade para se adaptar ao raio de ação mais restrito exigido pela atuação diante das câmeras, tendo que aprender a limitar sua natural tendência expansiva adquirida ao longo de anos praticando dança. Nada, contudo, que não conseguisse logo assimilar. Ciente da necessidade de remodelar seu gestual, Daniella rapidamente substituiu os gestos amplos por uma forma mais suave de se expressar, mantendo consigo a delicadeza da bailarina. A própria atriz explicava em entrevista: "Encontrei algumas dificuldades no início, porque em teatro, e principalmente na dança, costuma-se gesticular muito. Era complicado o meu entendimento com a câmera, mas devagarinho consegui adequar-me ao veículo e hoje sinto uma certa naturalidade, fico mais à vontade, menos tensa."[22]

Dotada de grande capacidade de observação e interessada em assimilar o maior *know-how* no menor tempo possível, a jovem atriz sabia que naquele momento a palavra-chave era simplesmente aprendizado. Ciente de que estava começando uma nova jornada, Daniella — embora iniciante — demonstrava a maturidade característica de alguém muito mais experiente: "Quero me aperfeiçoar, tenho muitas coisas a aprender."[23]

Naquele momento inicial, a atriz ainda contaria com um apoio valioso, que mais tarde ela própria afirmaria ter sido fundamental em seu início na televisão: os conselhos dados pelos operadores de câmeras do estúdio. Estranhando a interação com a câmera, a atriz se valia do conselho desses profissionais para acelerar o seu aprendizado: "[Os câmeras] me ensinaram mil truques."[24]

Com a cabeça totalmente voltada para o aprendizado, a atriz debutaria na telinha dando vida a uma geniosa bailarina. Clô faria parte do círculo de amigos da personagem Clara, ambientados no

Copacabana Café, um clube noturno no qual as bailarinas se apresentariam e onde parte das cenas da protagonista se desenrolaria.

Como entrou na novela ainda em sua fase inicial, mas já com a trama em curso, a personagem Clô foi apresentada como a nova dançarina do Copacabana Café e a princípio despertou um pouco de ciúmes nas demais bailarinas. Até com Clara, de quem no decorrer da trama se tornaria amiga, Clô teve um leve desentendimento em função da primeira cena da personagem na novela. Nesse momento, a aptidão de Daniella para a dança pôde ser conhecida pela audiência pela primeira vez.

Em uma cena memorável, Clô é apresentada no Copacabana Café e precisa fazer um número solo para que Lulu (Eri Johnson) a avalie. Nesse momento, a dançarina despe o agasalho branco que está vestindo e fica apenas com uma espécie de macacão vermelho com o qual dá um verdadeiro show, bem à feição das performances de Daniella, repletas de expressividade e movimentos ritmados. Tadeu (Jairo Mattos), namorado de Clara, presente ao ensaio, lança olhares lascivos para Clô, o que desperta a fúria de sua parceira, que chega a dar um leve empurrão na nova bailarina.

Apesar do início conturbado, Clô logo ganharia a confiança e despertaria a amizade das demais personagens ambientadas no Café. Como era de se esperar, também despertaria paixões, passando a ser cortejada por Duarte (Marcelo Saback), um jovem médico que faria de tudo para ganhar o coração da bailarina e teria o próprio coração partido ao perceber que o romance não seria viável, e até por Tadeu, que a princípio era namorado de Clara, mas que em dado momento da trama também se deixou seduzir pelos encantos de Clô.

Se a personagem Clô logo conseguiria ganhar a amizade das demais personagens, o mesmo aconteceria com Daniella na vida real. Nos bastidores da novela a atriz faria inúmeros amigos e encantaria a todos com o seu jeito simples de ser. Apesar de toda a pressão por ser filha da autora da trama, parecia que Daniella se divertia bastante em seu debute na televisão e levava o trabalho com leveza e simpatia, o que lhe valia angariar novas amizades — como a atriz Cláudia Abreu.

De fato, as gravações eram divertidas e a jovem atriz aprendia muito naquela primeira experiência na televisão, mas, ao mesmo tempo, seus dias eram bastante intensos. Nada, no entanto, capaz de alterar a sua constante positividade. Mesmo sobrecarregada pela estafante rotina que muito lhe exigia em termos profissionais, Daniella jamais deixou de ser atenciosa com todos a sua volta, fazendo com que as pessoas que com ela conviviam se sentissem prestigiadas, independentemente das funções que desempenhavam. Tratava a todos com enorme distinção, desde o pessoal de apoio até os diretores e principais artistas do elenco.

Essa era a sua forma de ver e interpretar o mundo a sua volta.

Em meio à atribulada rotina de gravações mesclada com os ensaios de seu grupo de dança, pequenas situações cotidianas involuntariamente acabavam revelando sua faceta mais carinhosa. Em encontro fortuito com Bruno Gagliasso — então uma criança de 8 anos de idade — nos bastidores de *Barriga de Aluguel*, Daniella se impressionou com a vivacidade do menino, em visita à emissora apenas para acompanhar a mãe, representante comercial de anunciantes.

Naquele dia, o futuro ator não era mais uma criança a tentar uma ponta na televisão, mas um filho acompanhando a mãe a fim de conhecer seu ambiente de trabalho. Contudo, o encontro com a atriz mudou aquela história. Ambos tiveram uma empatia tão grande que Daniella o convidou para fazer uma pequena participação em uma de suas cenas na novela. Começava, exatamente naquele instante e de forma totalmente casual, a trajetória de Bruno Gagliasso diante das câmeras de televisão.

Se o aguçado sexto sentido da atriz se fez presente naquele momento, é algo que jamais se saberá com certeza, mas o fato não deixa de ser um tanto quanto curioso. Em meio a inúmeras crianças que todos os dias acediam ao set de gravações pelos mais variados motivos, é intrigante o fato de Daniella ter convidado justamente Bruno — futuro ator de enorme sucesso na própria Rede Globo — para atuar em sua primeira cena de novela.

Um gaúcho em Copacabana

Desde os anos 1980 o ponta-direita Renato Gaúcho certamente era um dos mais importantes — e também um dos mais polêmicos — jogadores de futebol do Brasil. Tendo feito parte da frustrante campanha brasileira na Copa do Mundo realizada na Itália em 1990, naquele início de década o polêmico craque trocaria o Flamengo — clube em que jogara por vários anos e pelo qual acabara se afeiçoando — pelo Botafogo, tradicional rival do rubro-negro carioca.

Em meio a uma transferência que incendiou os bastidores do futebol carioca, Renato Gaúcho — naquele momento de casa nova — foi convidado para fazer uma pequena participação em *Barriga de Aluguel*, em cena que seria ambientada no Copacabana Café.

A cena em questão foi bastante bem-humorada e refletiria o espírito do futebol do Rio de Janeiro daquele momento. Representando a si próprio, Renato visitaria o fictício Café acompanhado pelo assistente técnico "Búfalo" Gil, também do Botafogo. Os dois futebolistas entraram ao som da música romântica "I'll never fall in love again" (faixa presente na trilha sonora internacional da novela e música tema das protagonistas Clara e Ana) e foram recepcionados pelas bailarinas do Café, entre elas Clô.

O romantismo, no entanto, parou por aí. Os diálogos começaram com as tradicionais brincadeiras sobre futebol, com Lulu provocando Renato sobre o fato de ele ter "esquecido o Flamengo", enquanto o craque em tom de galhofa respondia que era melhor "esquecer o futebol".[25] O contragolpe, porém, viria a galope. No início de 1991,

Eri Johnson havia participado de um treino durante a pré-temporada do Botafogo realizada em Nova Friburgo[26] e, por essa razão, tanto Renato quanto Gil não se furtaram a provocar o ator, dizendo em cena que conheciam uma pessoa parecida com ele e afirmando que já o tinham visto com a camisa do Botafogo.

A partir desse momento, a cena evolui para amenidades que remetiam de forma sutil à beleza das dançarinas. Ao ser perguntado como estava se sentindo, Renato — fiel ao seu estilo galanteador — reponde: "Agora? Melhor ainda!", após olhar bem para Clô, que estava ao seu lado direito. De pronto, o atacante ainda emendou uma indagação repleta de segundas intenções a Lulu: "Por que você não me convidou antes para vir aqui?", e afirmava que gostaria de ter uma carteirinha de sócio do clube noturno, para alegria das dançarinas, que ficaram exultantes com a notícia.

À época, Renato era considerado um dos principais símbolos sexuais do país, e a cena que misturou o *sex appeal* do jogador a provocações clubistas acabou por cair no agrado do público, dando ainda mais visibilidade à personagem de Daniella, que durante toda a cena, de cerca de um minuto e meio, se manteve próxima ao atacante.

Aquele foi um dos melhores momentos de Daniella em *Barriga de Aluguel*.

Precoce adeus

A cena com o jogador Renato Gaúcho foi um dos últimos grandes momentos de Clô na novela. Exibida no final de fevereiro de 1991, naquele momento já era possível perceber que a diminuta personagem tinha ficado aquém do talento apresentado pela atriz, àquela altura contando quase seis meses no ar.

Muito em breve, Daniella alçaria voos maiores.

A BORBOLETA GANHA ASAS

Sua última cena na novela foi, sem dúvida, o seu grande momento naquela obra. Após uma apresentação com o grupo de bailarinas do Copacabana Café, Clô faria uma apresentação solo de dança. Foi a oportunidade para que Daniella demonstrasse ao público toda a sua apurada técnica. Em uma performance que em muito lembrava os grandes musicais de Hollywood, ela se apresentou com um vestido negro, dançando em torno de uma cadeira, misturando expressividade e sensualidade, em uma combinação perfeita. A atriz parecia bailar dando vazão à vivacidade de seu espírito, como se flutuasse sobre o chão. O número terminava com sua vasta cabeleira negra sendo sacudida no ar e um close da câmera no rosto de Daniella, que não conseguia esconder a emoção.

Naquele momento, uma etapa importante de sua vida fora concluída. Foi o seu último ato em *Barriga de Aluguel*.

A cena também chamou atenção pela emoção da atriz Marianne Ebert ao lado de Daniella naquele momento de despedida. Próximas desde os tempos em que dançavam juntas na academia da coreógrafa Carlota Portella, aquela despedida de certa forma representava uma separação de duas grandes amigas, após muito tempo compartilhando o mesmo camarim (fosse nos espetáculos de dança, fosse nas gravações da novela). O semblante de Marianne não conseguia esconder a genuína emoção que sentia, e seu abraço final em Daniella imortalizou aquele momento.[27]

Se no início da novela a própria Daniella afirmava ter dúvidas sobre o seu desempenho como atriz, bastaram nove meses para que o panorama mudasse totalmente. Naquele curto período, a exímia bailarina conseguiu demonstrar que a sua aptidão artística não se limitava à dança. Com muita naturalidade, Clô foi adquirindo gradativamente espaço na trama, a ponto de Daniella ser convidada, em abril de 1991, para participar da novela *O Dono do Mundo*, apresentada no horário mais nobre da grade da Rede Globo.

A atriz reconhecia a ascensão de sua personagem: "A princípio era um papel pequeno, mas foi ganhando importância."[28] E ainda se permitia um toque de ironia ao recordar o seu primeiro papel na televisão: "Até cheguei a falar frases inteiras."[29] Falou mesmo, e muitas. Mais importante ainda, a jovem atriz passou a ser notada por aqueles que entendiam de teledramaturgia. O reconhecimento pelo desempenho não veio a tardar, materializado no convite para participar da nova novela das oito.

A solução apresentada ao público para explicar a repentina saída da personagem da trama foi a concessão de uma bolsa de estudos para que Clô pudesse se aperfeiçoar em Nova York, cidade conhecida pela grandiosidade de seus musicais. Assim, a personagem deixaria imediatamente a novela, e Duarte ficaria desolado após ser abandonado pela amada. A última cena de Clô e Duarte juntos, enquanto a bailarina arrumava as malas para partir rumo aos Estados Unidos, foi ao som de "Lonely is the night", na icônica interpretação da dupla australiana Air Supply.[30]

A despedida precoce de *Barriga de Aluguel*, no entanto, não impediu que Daniella realizasse seu maior desejo ao participar da novela, que era divulgar a dança em um meio de comunicação de massa como é a televisão. Assim, ao interpretar uma bailarina, a atriz pretendia reforçar a ideia de que a cultura e a própria dança precisavam de maiores incentivos: "É excelente experimentar esse lado [ser atriz] e ao mesmo tempo mostrar a arte da dança, tão desvalorizada no país."[31]

Em verdade, o convite para integrar o elenco da nova trama das oito, além de representar um reconhecimento pelo desempenho da atriz em *Barriga de Aluguel*, também coroava toda a dedicação de Daniella ao se entregar por inteiro à nova empreitada artística em meados de 1990. A própria atriz confirmara em entrevista que sentia que todo o seu empenho "começava a dar frutos",[32] como também admitia que aquele convite representava um avanço em sua carreira: "Outro autor [Gilberto Braga] me tirou de *Barriga de Aluguel* para fazer um papel no horário nobre da casa [Globo], um papel bom."[33]

A BORBOLETA GANHA ASAS

Já na vida real, Daniella partiria para o segundo e decisivo passo da grande aventura que se propôs a trilhar quando ingressou no mundo da televisão. Aos 20 anos a atriz teria que tomar a decisão mais importante de sua carreira até aquele momento. Em função da precipitação do próprio sucesso, Daniella teria seu instante de dúvida, vendo-se forçada — diante de circunstâncias até certo ponto inesperadas — a fazer uma escolha que acabaria por se tornar um verdadeiro divisor de águas em sua vida.

Não seria uma decisão fácil.

5.
Vivendo a mil

A escolha mais difícil

"Sou uma profissional da dança."[1]

Dessa forma aparentemente decidida, Daniella Perez definia a si própria no início de sua trajetória como atriz. Em realidade, a dança — mais do que uma profissão — representava uma verdadeira vocação na vida de Daniella, que não se furtava a frequentar diariamente as aulas mesmo em seus primeiros tempos como atriz da Globo.[2] Ao *Jornal do Brasil*, em outra oportunidade, ela reiterara o desejo de viver exclusivamente da dança,[3] mesmo sabendo das dificuldades que essa escolha representava em um país como o Brasil, onde a cultura nunca foi valorizada como deveria.

O tempo, no entanto, abalaria suas pretensas certezas.

Enquanto lhe foi possível, Daniella manteve as duas carreiras de forma paralela. Seu dia parecia ter mais de 24 horas e a atriz se desdobrava para conciliar suas atividades, principalmente em função dos cada vez mais apertados horários das gravações, que acabavam por limitar os ensaios e aulas de dança.

Todavia, a performance cada vez mais aclamada pelo público de *Barriga de Aluguel* cobraria seu preço, até porque a indústria da ficção sempre exigiu dedicação integral daqueles que se dispõem a concorrer a uma vaga no seleto elenco da Globo.

Com Daniella, não seria diferente.

Considerada uma das principais promessas "da nova safra de atores televisivos"[4], Daniella possivelmente intuía que em algum momento de sua vida teria que optar entre as duas carreiras, mas provavelmente não imaginava que tudo ocorreria de forma tão rápida, até porque sua carreira de atriz fora iniciada havia pouco tempo.

Seguindo o caminho que a sua intuição lhe dizia ser o certo a tomar, Daniella aceitou o convite para participar da nova novela das oito da Rede Globo, mas não sem uma grande dose de angústia durante o breve período em que amadureceu o tema em seu íntimo.

Pessoas próximas relatam que Daniella sofreu muito quando teve de deixar o grupo para se dedicar à carreira de atriz.[5] Afinal, foram quase dois anos intensos em uma das mais aclamadas companhias de dança do Brasil. Daniella experimentara momentos um tanto aflitivos até estar segura de sua decisão, como revelou a coreógrafa Carlota Portella: "Ela teve muita dificuldade em aceitar o convite. Seu receio era que não sobrasse tempo para os ensaios, o que acabou acontecendo."[6]

O chamado foi feito por Dennis Carvalho (diretor de *O Dono do Mundo*) sem qualquer aviso — a própria Glória Perez foi pega de surpresa com a notícia.[7] E, no sobressalto do convite, Daniella o aceitou, sem ter muito tempo para refletir: "Na verdade, não cheguei a decidir que queria ser atriz, mas as oportunidades pintaram e eu agarrei no susto e com toda a força."[8] Algum tempo depois, Daniella atribuiria ao diretor o fato de ter abdicado da carreira de bailarina para se dedicar à dramaturgia,[9] naquilo que seria o passo mais decisivo de toda a sua carreira artística.

Embora fisicamente distante, a verdade é que Daniella jamais se esqueceu de seu grupo de dança. Prova maior disso ocorreu quando a atriz participou do quadro "Sexolândia" no programa *Domingão do Faustão*. Apesar de não fazer mais parte do Vacilou Dançou, ao ser entrevistada pelo apresentador Daniella pediu para mandar uma breve mensagem aos telespectadores: "Faustão, eu queria dar uma dica para as pessoas, porque o grupo Vacilou Dançou, com direção da Carlota Portella, o meu ex-grupo de dança, estreará no próximo dia 23 no Teatro Ziembinski na Tijuca. A partir das 19h, é um espetáculo maravilhoso, vale a pena."[10]

O certo mesmo é que a atriz havia deixado o grupo, mas o Vacilou Dançou jamais sairia de dentro da bailarina que Daniella havia sido um dia e que, em realidade, jamais deixara de ser. Embora saudosa do mundo da dança, também se mostrava realizada como atriz. Cerca de dois anos após se autodeclarar uma "profissional da dança", ela ponderava que na vida existem fatos um tanto quanto inesperados capazes de alterar por completo os rumos anteriormente traçados: "Meu sonho foi sempre ser bailarina e nada mais. De repente, virei atriz e estou completamente apaixonada pela nova profissão."[11]

O romantismo idealista de outrora fora substituído por um autêntico pragmatismo, como a atriz confessara à revista *Moda Moldes*:

> **E o que fez você desistir da dança?**
> Continuo dançando, mas não profissionalmente. A dança exige prioridade, dedicação em tempo integral, por isso tive que optar. Já que a carreira de bailarina é curta e financeiramente difícil, fiquei com a de atriz. Além de gostar, tenho a minha independência financeira, maior reconhecimento e ainda posso me realizar dançando em musicais.[12]

Já a família da atriz também parecia estar apreciando ao máximo a nova fase profissional de Daniella. Glória Perez se declarava publicamente "tiete"[13] da filha. Já o irmão Rodrigo fazia questão de deixar claro o orgulho que sentia de sua irmã famosa: "A gente [Rodrigo e Rafael, os dois irmãos germanos da atriz] não perde um capítulo e eu sempre elogio muito a Daniela (*sic*). Gosto muito dela como atriz. Igual ao que gosto dela como irmã."[14]

Àquela altura, Daniella dava início à jornada que a alçaria ao sucesso. Naturalmente dividida ao ter que se decidir ainda tão jovem sobre que rumo tomar — e, principalmente, por ter que renunciar à carreira de bailarina —, o suporte da família e o reconhecimento do público tornaram as coisas um pouco mais fáceis para que ela pudesse seguir em frente e acabasse por priorizar a carreira de atriz.

Se o mundo da dança perdia uma bailarina de muito talento, a televisão ganhava uma nova estrela. Na vida, cada escolha também significa uma renúncia.

Daniella bem sabia disso.

O Dono do Mundo

Em meados de maio de 1991 estrearia a novela *O Dono do Mundo* em substituição a *Meu Bem, Meu Mal*. Escrita pelo autor Gilberto Braga,[15] consagrado nacionalmente após o sucesso de *Vale Tudo*, a trama buscaria retomar os altos índices de audiência do horário das 21h, um pouco abalados em função da "morna" novela antecessora que não chegou a ser um grande sucesso de público.

Cercada de expectativas e levando ao ar um primeiro capítulo especial com duração de uma hora, ao tempo de sua estreia, *O Dono do Mundo* era apontada como "a nova candidata a mania nacional".[16]

A novela foi marcada por polêmicas em relação à sinopse original, uma enorme expectativa pela volta de Gilberto Braga após o êxito de sua trama anterior, um elenco "All Star",[17] que mesclava ícones da dramaturgia brasileira, como Fernanda Montenegro, Odete

Lara, Hugo Carvana, Nathalia Timberg e Paulo Goulart, a atores em grande evidência naquele momento, como Antônio Fagundes, Malu Mader e Glória Pires, além de a trama ter tido um começo bastante turbulento junto ao público.

Em meio a tudo isso, Daniella Perez daria vida à personagem Yara Maciel, seu primeiro papel relevante em uma telenovela e, embora não se tratasse propriamente de sua estreia na televisão, diante das circunstâncias daquele trabalho e, principalmente, das dificuldades iniciais de audiência da novela, a jovem atriz estaria diante de um enorme desafio.

Em realidade, seria uma verdadeira prova de fogo capaz de credenciá-la a voos mais altos, mas também poderia liquidar sua recém-iniciada carreira na televisão. Tudo dependeria do desempenho de Daniella em meio a uma enorme pressão.

Naquele momento, era tudo ou nada.

Terra de gigantes

"Pedi socorro."[18]

Dessa forma direta e sem rodeios, Daniella expressou a natural insegurança que sentiu em suas primeiras cenas em *O Dono do Mundo*. Não era para menos. Em constante evolução, ela tinha a consciência de que era uma novata atuando na principal telenovela do país e, ainda por cima, em meio a um núcleo de atores experientes e consagrados.

O convite para integrar o elenco, feito por Dennis Carvalho, principal diretor da trama, acabou por se tornar um divisor de águas na vida de Daniella. Realizado por meio de uma abordagem direta, o chamado tinha a virtude de avisar à principiante atriz a real dimensão do desafio que estava por vir: "Olha, você vai ser irmã da Glória Pires, filha do Stênio Garcia, vai contracenar com a Natália Thimberg (*sic*) e com o Paulo Goulart e morar na casa do Antônio Fagundes."[19]

Desavisada Daniella não estava. Sabedora do tamanho da responsabilidade que se propunha a enfrentar, a atriz não titubeou. No seu íntimo, entretanto, Daniella acalentava dúvidas sobre se estaria à altura do desafio, e chegou a avisar ao diretor que não era atriz por formação no exato momento em que dele recebera o convite. A resposta teria sido breve: "Eu quero você."[20]

A própria atriz explicou como se via diante daquela pouco confortável situação, dando uma mostra de que sabia que sua trajetória na teledramaturgia dependeria da forma como conseguiria aproveitar aquela oportunidade ímpar em sua vida profissional: "É tudo ainda muito novo para mim. Mas tenho aprendido bastante. No começo foi barra. (...) Nas reuniões de elenco, eu me perguntava: 'O que é que eu estou fazendo aqui no meio dessas feras?' Mas são todos maravilhosos e me dão muitos toques. Estou aprendendo muito."[21]

A sensação de ser uma estranha no ninho não tinha necessariamente a ver com o ambiente de uma telenovela, pois a atriz já tinha intimidade com os bastidores de uma produção televisiva. A diferença era o peso de seu novo papel e o próprio ambiente de sua personagem. Enquanto, na trama anterior, Daniella interpretara uma dançarina (fato que aproximava a ficção de sua realidade) e atuava no mesmo núcleo em que também havia outras atrizes jovens e iniciantes, em *O Dono do Mundo* a atriz atuaria em um ambiente ficcional completamente descolado do mundo da dança e repleto de atores muito mais experientes.

Contando à época com apenas 21 anos e ainda com um semblante de adolescente, Daniella viveria a romântica Yara, uma jovem "meiga e sensual"[22] que saíra do interior de São Paulo para morar no Rio de Janeiro. A personagem faria parte do núcleo abastado da novela, sendo filha do milionário Herculano, irmã de Stella e cunhada do vilão Felipe Barreto (Antônio Fagundes).

A relação de Yara com o pai era marcada por altos e baixos, fruto do estilo controlador de Herculano e também de certo conflito geracional. Um tanto quanto rude, Herculano havia ascendido em sua vida à custa de muito sacrifício e tinha em Yara sua filha predileta, fazendo de tudo para protegê-la. A impetuosa Yara, no entanto, não baixava a crista para o pai, e volta e meia teimava em enfrentá-lo, o que acabava gerando desentendimentos entre os personagens.

Já com a irmã a relação era bastante afetuosa e, em alguns momentos da trama, Stella parecia até mesmo desempenhar o papel de segunda mãe da irmã, já que a genitora de ambas falecera quando Yara era apenas uma criança. Daniella revelaria posteriormente que a cumplicidade com Glória Pires, a quem em entrevistas chegava a se referir carinhosamente como "Glorinha", foi fundamental para que pudesse se firmar naquele momento-chave de sua trajetória profissional: "Com o apoio dos colegas e principalmente de Glória Pires, que fazia a minha irmã na novela, eu deslanchei."[23]

Se recebia o incentivo de artistas mais experientes, por outro lado Daniella era bastante atenciosa com o elenco de apoio. A roteirista Fernanda Young, que em *O Dono do Mundo* interpretara um papel coadjuvante, com participação diminuta na trama, relembrou a postura empática de Daniella: "Sou grata por tê-la conhecido. Ela pegava as minhas gravações — eu não fazia nada, era elenco de apoio —, me dizia quando e que horas eu devia estar na Globo. Uma gentileza única. Dançava o tempo todo. Linda."[24]

Em verdade, esse tipo de comportamento acabou por tornar Daniella muito popular nos bastidores da novela. Como Fernanda Young bem observara, a atriz estava sempre a dançar, e volta e meia relembrava seus tempos de bailarina tirando alguém para bailar com ela nos intervalos entre as cenas de sua personagem.[25]

Hiperativa, nem mesmo a falta de companhia era motivo para que Daniella deixasse de dançar durante os intervalos. Em 1991, a atriz havia incorporado ao visual um aparelho que fazia muito sucesso à época: um walkman.[26] Passando a contar com música portátil, Daniella não se furtaria a arriscar alguns passos de dança sempre que lhe fosse possível. Em certa oportunidade, a atriz revelou que bastava um pouco de música para que fosse possível se exercitar: "Algo que me dá muito prazer é ouvir música e dançar. Chego a fazer aulas de dança sozinha mesmo."[27]

De volta à trama, a personagem interpretada por Daniella era realmente desafiadora. A começar pela leve atração que Yara sentia pelo grande vilão da história, o cirurgião Felipe Barreto. Como o mau-caráter era também seu cunhado e ambos viviam sob o mesmo teto, Yara tem que bloquear aquele impulso, já que o infiel marido de sua irmã não deixava passar qualquer oportunidade de manter relações extraconjugais.

O fato de não viver sequer um affair com o principal vilão da trama não significava que Yara teria uma vida sentimental pouco agitada. Pelo contrário. A personagem inicia a trama namorando Xará (Jorge Pontual), um garçom que era cunhado de Márcia (Malu Mader) e integrava o núcleo popular da novela.

O abismo financeiro que separava os personagens logo começa a gerar dificuldades no relacionamento do casal. Xará, receoso de ser rejeitado pela abastada família da amada, inventa uma mentira sobre as suas origens, afirmando ser filho de um importante funcionário da Câmara Municipal. Assim como ocorre na vida real, na ficção mentira também tem pernas curtas e Yara acaba por desmascarar o namorado, descobrindo que ele vivia em Madureira e que sua condição financeira era limitada.

Para a sorte do rapaz, a meiga Yara não é preconceituosa e pouco se importa com as origens modestas do namorado, ficando chateada apenas por ele ter ocultado a verdade. A sorte que teve ao ser flagrado na mentira lhe faltou após uma discussão boba com a namorada, causada pelo excesso de bebidas alcoólicas, um dos pontos fracos do rapaz. Ao deixar o namorado em casa, um pneu do carro de Yara fura, e quem surge para ajudá-la é o pianista Umberto (Marcelo Serrado), outro personagem do núcleo popular da trama.

A partir daquele momento Umberto e Yara começam a viver um intenso romance e, em pouco tempo, Xará seria jogado para escanteio. Umberto também leva uma vida simples em Madureira e sobrevive dando aulas de piano, enquanto sonha em se tornar pianista profissional.

Como o enredo de *O Dono do Mundo* foi repaginado em função da reação adversa do público, alguns personagens entraram na trama durante o desenrolar da novela. Um deles seria Otávio (Paulo Gorgulho), um médico de boa índole, preocupado com as pessoas e que faria uma espécie de contraponto ao vilão Felipe Barreto.

Otávio a princípio viveria um triângulo amoroso com Márcia e Stella, mas essa ideia não prosperou. Após um romance frustrado com Márcia, o personagem passa a se interessar por Yara em um momento já próximo ao final da trama. Apenas a partir daí os contornos do destino amoroso de Yara se definem, e o coração da jovem passaria a ser disputado por Umberto e Otávio.

Embalada por belas canções da trilha sonora da novela, Yara passa a dividir a sua atenção entre os dois pretendentes. Ao som de "Eu sei", na voz de Marisa Monte, e de "Unconditional love", sucesso gravado por Suzanna Hoffs, ex-líder da banda The Bangles, Yara se revela indecisa sobre que rumo tomar.

De forma proposital, os autores mantiveram a dúvida sobre o verdadeiro destino amoroso da personagem, embora Umberto aparentemente levasse vantagem sobre o concorrente. Em função do namoro na ficção, Daniella Perez e Marcelo Serrado chegaram até a estampar a capa da revista *Amiga* no segundo semestre de 1991,[28] tamanho o destaque que o romance do casal havia adquirido em *O Dono do Mundo*.

Se os autores da novela mantinham a atenção do público fazendo suspense sobre o desenlace de Yara, na vida real Daniella se mostrava bastante surpresa em relação a uma possível reviravolta de sua personagem na trama: "Eu não sabia desse novo relacionamento da

Yara, fiquei surpresa. Se fosse com o Xará que ela já namorou... Acho que essa novidade é uma forma de movimentar a trama. A partir da ligação dela com o Otávio, pode haver reavaliações de sentimentos de vários personagens. A perda mexe com a cabeça das pessoas."[29]

Também em momento próximo ao final da novela, Daniella revelara que, se a trama se passasse na vida real, ela escolheria ficar com Umberto.[30] Essa parecia ser também a sua torcida para o desenlace da ficção: "Ela [Yara] poderia ceder aos encantos de Otávio, mas é temporário. Acredito que, no final, a Yara vai ficar mesmo com o Umberto. Um amor tão bonito resiste a essas provas."[31]

Àquela altura, Otávio parecia um azarão. Só parecia. Em função das pretensões profissionais de Umberto, que buscava desenvolver sua carreira de pianista no exterior e acaba por ganhar uma bolsa de estudos na Áustria, seu romance com Yara se tornou inviável. Em uma cena tocante de cerca de sete minutos,[32] Yara e Umberto chegam à conclusão de que o destino de ambos era mesmo incompatível e, sob forte emoção, colocam um ponto final na relação. Tendo ao fundo a canção "Unconditional love", Yara vai aos prantos ao ver o amado sair pela porta de sua casa, no que parecia ser o derradeiro adeus do casal.

Contudo, ainda haveria uma última cena entre ambos. Sem final feliz, mas adequada às circunstâncias que inspiraram o rompimento do casal, Yara aparece de surpresa no aeroporto no momento de despedida de Umberto. Um último e emocionado abraço entre ambos marca o desfecho do personagem Umberto em *O Dono do Mundo*, quando o pianista embarca para a Europa. Em interpretação expressiva, os dois atores fizeram daquela cena uma das mais emocionantes de toda a novela. Novamente embalados pelo tema internacional de Yara, o casal tem a sua derradeira despedida e, ao adentrar a área de embarque, Umberto olha uma última vez para trás e avista Yara derramando lágrimas, bastante emocionada.

Aquela foi a última cena do casal, mas a conexão entre Yara e Umberto era tão marcante que, nos créditos finais exibidos no último capítulo da novela, quando aparecia uma sequência de fotos dos personagens seguida pelo nome dos atores e embalada pelo som da canção "Querida", Daniella e Marcelo dividem o mesmo quadro, tendo suas fotos colocadas lado a lado.[33]

Com a viagem de Umberto, o caminho para o coração de Yara fica livre para Otávio, com quem acaba tendo um final feliz. A cena em que os dois personagens trocam o primeiro beijo foi outro grande momento de *O Dono do Mundo*. Embalada pela canção "Cry for help" (sucesso musical da novela e um dos maiores hits de 1991), a cena acabou por marcar o fim do suspense acerca do desenlace amoroso de Yara na trama.

Na derradeira cena de Yara na novela, a jovem ajuda Otávio a desmascarar o vilão Felipe Barreto em um plano arquitetado por Márcia. O último capítulo do folhetim foi exibido na primeira sexta-feira de 1992, sendo o último capítulo reprisado no dia seguinte. Era o fim de *O Dono do Mundo*. Foi em um sábado, 4 de janeiro de 1992. Aquele dia teria uma conotação simbólica na carreira de Daniella Perez: *O Dono do Mundo* seria a única telenovela em que a atriz interpretaria uma personagem do início ao fim da trama.

* * *

Durante a trama, o sucesso da personagem já demonstrava que a aposta do diretor Dennis Carvalho havia sido certeira. Daniella correspondera à expectativa nela depositada. Pequenos fatos do cotidiano artístico apontavam nessa direção. Em uma enquete informal realizada por fotógrafos e outros profissionais do ramo, Daniella Perez havia sido escolhida a nova "ninfeta das novelas",[34] em disputa que envolvera a nata da nova geração de atrizes, incluindo as promissoras Adriana Esteves, Letícia Sabatella, Mylla Christie, entre outras. Em outra enquete do mesmo tipo, os maquiadores da Globo elegeriam a atriz como a dona da "boca mais sensual das novelas".[35]

Àquela altura, havia poucas dúvidas de que Daniella começava a se sobressair no meio televisivo, tal qual já ocorrera anteriormente no mundo da dança. A atriz parecia destinada ao sucesso, e a novela a credenciara a sonhar com voos ainda mais altos, como ela própria reconhecera: "[*O Dono do Mundo*] Foi uma escola onde fui apresentada ao público no horário nobre."[36]

Muito mais ainda estaria por vir.

No entanto, há algo ainda mais significativo do que o sucesso de Yara na novela, capaz de transcender o êxito momentâneo da personagem. Pelo fato de ter sido a única novela em que Daniella Perez participou do desfecho da trama, *O Dono do Mundo* proporcionou os dois melhores momentos da atriz na televisão.

O mais decisivo deles foi a cena derradeira da trama, quando é revelado que Felipe Barreto jamais mudaria a sua personalidade vil. Em meio aos principais atores da novela — e da televisão brasileira —, Daniella atuou com enorme segurança, sendo a responsável por falas expressivas que em muito contribuíram para que o vilão fosse desmascarado. Embora novata, a atriz se saíra muito bem, atuando em meio às feras da Globo como se fosse uma veterana.

A prova de fogo havia sido superada. Com louvor.

Outro expressivo momento de Daniella na televisão também foi em *O Dono do Mundo*. A despedida do personagem interpretado por Marcelo Serrado foi uma amostra da alta carga dramática que a atriz conseguia dar às personagens que vivia. As falas com a voz embargada de emoção e o pranto incontido quando Umberto acenava pela última vez — revelado por dois closes em seu rosto — deram um bonito contorno estético àquela cena. Mais importante do que isso, aquele momento representou a principal cena dramática de Daniella em toda a sua breve carreira na televisão, na qual a atriz conseguiu transmitir ao público todo o pesar de sua personagem por meio de seu semblante sofrido e de sua expressão consternada.

Alçada ao primeiro time da Globo, verdadeira terra de gigantes em termos de teledramaturgia, Daniella não decepcionara. Pelo contrário. Ao final de *O Dono do Mundo,* a certeza que havia no meio televisivo era outra: o elenco da Globo havia ganhado uma nova estrela.

Chamava-se Daniella Perez.

Viver em tempos de cólera

Aquele final de 1991 não foi um período fácil para o Brasil e, em especial, para o Rio de Janeiro. Quase trinta anos antes de a pandemia da Covid-19 se alastrar pelo mundo causando mortes, pânico e um estrago na economia global, um surto de cólera rapidamente se proliferou por diversos países, afetando principalmente a América Latina e a África.

A doença ressurgiu no Peru no início de 1991 e a cidade do Rio de Janeiro registrou o primeiro caso em novembro daquele mesmo ano. À época, infectologistas calculavam que apenas a região metropolitana fluminense poderia ter cerca de 200 mil infectados em função das péssimas condições sanitárias existentes em diversas comunidades.

A doença contabilizou cerca de 250 mil casos na América Latina e 45 mil na África. O Brasil, apesar das sombrias previsões iniciais, não sofreu tanto com a epidemia quanto inicialmente chegou a se supor. Mesmo assim, o biênio 1991-1992 foi um período bastante complicado para a cidade, sobretudo pelo enorme temor em função da possibilidade de rápida disseminação da doença.

Transmitida por um vibrião, principalmente pela água (embora o contágio também pudesse ocorrer por meio de alimentos ou pelo próprio contato entre seres humanos), a doença afetara o cotidiano da população, reforçando a importância de hábitos simples de higiene pessoal, como lavar as mãos com bastante frequência. A epidemia também reforçou a necessidade de atenção em relação à manipulação de alimentos, que passaram a ser muito bem limpos antes do consumo — hábitos simples negligenciados pela maioria das pessoas, o que fez com que o cólera se espalhasse rapidamente por várias partes do mundo.

A epidemia, além de mobilizar a cidade do Rio de Janeiro na prevenção do contágio, trazia alguns embaraços específicos à alimentação cotidiana de Daniella, que acabou forçada a remodelar seus hábitos. Adepta de um estilo de vida saudável, a atriz consumia diversas frutas e pratos de salada compostos por muitas folhas e hortaliças,[37] alimentos que proporcionavam grande exposição à doença. Para piorar, Daniella adorava comida japonesa e sempre que podia frequentava restaurantes especializados.

Como a culinária japonesa geralmente é composta por muitos alimentos servidos crus, à época seu consumo também era considerado um risco em potencial. Segundo a imprensa, Daniella era fã de comida japonesa "mesmo em tempos de cólera",[38] o que fornece a dimensão de como a preocupação relativa à epidemia estava na ordem do dia no início da década de 1990.

Natural do Rio de Janeiro, Daniella afirmava gostar de viver na cidade, apesar de todas as mazelas que a assolavam. O único contratempo que desagradava bastante à atriz era o pesado trânsito carioca, que confessava não suportar.[39]

Se o cólera e o trânsito atrapalhavam seu dia a dia, aquele, no entanto, era um momento de afirmação profissional. Após optar por se dedicar integralmente à carreira de atriz, Daniella colhia os merecidos frutos de sua intensa dedicação à profissão. Tendo abraçado a teledramaturgia com todas as suas forças, após o sucesso de sua personagem em *O Dono do Mundo*, a atriz passara a ter o reconhecimento do público, e seu nome era constantemente cogitado para campanhas comerciais, sobretudo aquelas exibidas pela televisão. Assim, Daniella estrelou ao lado de Marcelo Serrado o comercial da marca de toalhas Buettner, e participou das chamadas televisivas que convocavam o público a participar da Bienal do Livro de 1991. Ao lado do ator Fábio Assunção, recitou versos de Carlos Drummond de Andrade e Manuel Bandeira para estimular as pessoas a comparecerem à feira literária.[40]

Aberta a todas as oportunidades que seu recente sucesso lhe trazia, a atriz olhava a vida como se fosse uma janela, através da qual pudesse colocar a cabeça para o lado de fora, e não como um espelho, a refletir a si própria. Essa era a essência de sua forma de ver e interpretar o mundo a sua volta. Assim, tinha sonhos um tanto utópicos para a dura realidade da cultura brasileira daquela época, mas que em muito refletiam a sua própria capacidade de sonhar: a despeito de todas as dificuldades conjunturais, Daniella nutria o genuíno desejo de fazer cinema no Brasil.

Admiradora de personalidades como Marilyn Monroe e Marcello Mastroianni, um de seus sonhos era um dia interpretar o clássico *Madame Bovary*, de Gustave Flaubert: "A história é linda, e a personagem principal, fascinante. Gostaria de interpretá-la, pois é um tipo que consegue ser forte e sonhador ao mesmo tempo."[41] Ávida leitora de romances, seus preferidos eram *O morro dos ventos uivantes*, de Emily Brontë, e *O pai Goriot*, de Honoré de Balzac. Dos sonhos mais distantes às aspirações mais factíveis, um de seus maiores desejos era um dia fazer uma viagem pelas ilhas gregas.[42]

Sobre sonhos, aliás, a atriz afirmava ser a própria essência da vida. Em passagem inspirada por uma das famosas citações do escritor norte-americano Mark Twain (autor de *Tom Sawyer*, além de outras obras relevantes), Daniella revelou qual era a real importância que atribuía à capacidade de sonhar: "Nunca se desfaça dos seus sonhos. Sem eles você continuará a existir, mas terá deixado de viver."[43]

Até por ter abraçado com imenso vigor sua nova profissão, Daniella ia constantemente ao teatro e ao cinema, oportunidades em que gostava de observar a atuação dos demais atores com o intuito de se aprimorar.[44] Por ser casada com um ator famoso que à época também vivia uma excelente fase profissional, Daniella teve de se acostumar com o constante assédio que o marido recebia nas ruas de inúmeras fãs, e também com o fato de ele contracenar em cenas românticas com outras atrizes, embora a recíproca fosse verdadeira — já que naquele momento Daniella também vivia um cotidiano bem assemelhado àquele de seu marido, comum a artistas de televisão.

À imprensa, ambos garantiam lidar bem com o ciúme, até porque, como atores, muitas vezes tinham que contracenar em cenas consideradas "quentes" com outros colegas de profissão. Tanto Raul quanto Daniella não escondiam que o sentimento realmente existia de lado a lado, mas o consideravam natural.

Sobre cenas mais ousadas na ficção, os dois também pareciam compreender bem esse aspecto que acabava por fazer parte da profissão que escolheram, como o próprio Raul Gazolla explicou à *Revista da TV*:

> Às vezes tem uma cena mais forte e prefiro não ver. Mas, se visse, não ia criticar. Dou força, mas o ciúme é natural do ser humano. Não é porque sou ator que não posso ter. A gente separa o emocional do profissional, mas os ciúmes continuam existindo. Quem diz que não tem ciúmes não está mentindo, só acho que não gosta tanto do outro como diz.[45]

Independentemente de ciúmes ou das pequenas intrigas por vezes veiculadas pela imprensa, a verdade é que nada parecia abalar a permanente positividade de Daniella. Nem a epidemia que se abatera sobre a cidade do Rio de Janeiro, tampouco os recorrentes escândalos de corrupção que assolavam o país eram capazes de arrefecer o seu ânimo em relação ao futuro. Esperançosa e confiante no porvir, Daniella estava certa de que dias melhores certamente chegariam: "Se vivo no Brasil, é porque ainda tenho alguma esperança."[46]

Sua inabalável fé na humanidade parecia advir da própria concepção acerca da essência da vida, em que o aprendizado em relação às experiências vividas anteriormente era a chave para que fosse possível entender sua permanente confiança no futuro: "Acho que aprendemos com tudo. A arte da vida não é controlar o que acontece com a gente: é usar o que acontece com a gente."[47]

Naquele momento, nada parecia estar fora de controle na vida da atriz.

O ano que não deveria ter terminado

Se há um ano na vida de Daniella Perez que foi vivido de forma especialmente intensa, sem dúvida foi 1991. Por mais que um pouco adiante a atriz viesse a atingir o auge de sua curta carreira, e a sua rotina desde a adolescência sempre estivesse equilibrada em inúmeros compromissos, o certo é que naquele ano a atriz demonstrou toda a capacidade ubíqua que marcou a sua forma de viver.

Em verdade, esse período de intensa atribulação na vida de Daniella se iniciou em agosto de 1990, quando a jovem aceitou o desafio de dar vida à personagem Clô em *Barriga de Aluguel*. No mesmo período, paralelamente, seria iniciada a temporada do espetáculo *Poetas, escritores, bailarinos... sonhadores*, com apresentações no Teatro Nelson Rodrigues. Logo em seguida, partiu para uma temporada popular nos teatros João Caetano, Cacilda Becker e no auditório da Aliança Francesa no bairro da Tijuca.

O sucesso era tão grande que a companhia chegou a se apresentar em uma estação do metrô no centro do Rio de Janeiro,[48] como uma forma de levar a arte para mais perto do cotidiano das pessoas comuns.

VIVENDO A MIL

Tudo isso no mesmo tempo em que Daniella começava uma nova etapa de sua vida profissional, em um ambiente que lhe era totalmente estranho. Haja fôlego. Em meio às inúmeras apresentações do grupo Vacilou Dançou, o desempenho surpreendentemente satisfatório de Daniella logo em sua primeira novela a levou a ser convidada para seu papel seguinte, de maior destaque, em *O Dono do Mundo*. Por ter emendado um trabalho no outro, ela atuou de forma ininterrupta de agosto de 1990 até quase o final do mês de dezembro de 1991.

Era uma rotina por demais estafante, com gravações e ensaios que se sucediam ao longo dos dias — inclusive aos finais de semana —, uma jornada que pouco permitia à atriz cuidar de si própria. Para se ter uma ideia, em uma das temporadas de *Poetas, escritores, bailarinos... sonhadores*, encenada em janeiro de 1991, havia espetáculos de quinta a sábado às 21h, com uma sessão extra aos domingos pela manhã.[49] Isso se somava à intensa jornada de gravações, bastante comuns em telenovelas da Globo, que por vezes se iniciavam pela manhã e se estendiam até o avançado da noite.

A atriz era apaixonada por aquilo que fazia, e a agenda repleta de compromissos não parecia ser um empecilho para que permanecesse exatamente a mesma pessoa que sempre fora antes do sucesso repentino bater à sua porta. Daniella continuava — no pouco tempo livre de que dispunha — a ser a filha amorosa e a amiga atenciosa, características que moldaram sua forma de viver e de se relacionar com o próximo, aproveitando toda e qualquer brecha em sua agenda para estar próxima daqueles que amava.

Ao final de 1991, após o término das gravações de *O Dono do Mundo*, a atriz se mostrava bastante cansada e prometia dar um tempo da televisão; afinal, foram dezessete meses consecutivos no ar. Uma matéria sobre a rotina estafante dos atores que emendavam trabalhos ressaltava que Daniella Perez havia engatado duas novelas sem qualquer intervalo entre ambas. A sugestiva manchete jornalística retratava bem a realidade da atriz naquele momento: "Muito trabalho e pouco descanso."[50]

Contudo, em se tratando de Daniella Perez e de sua forma radiante de viver, o excesso de trabalho não significaria o início de um período sabático ou de uma temporada mais longa de férias. Pelo contrário. Embora pretendesse deixar por um tempo a televisão, a atriz já fazia planos imediatos para sua estreia no teatro.

Se tudo desse certo, Daniella estrearia nos palcos um musical infantil logo no início de 1992. Convidada para encenar a personagem Lady Marian no clássico *Robin Hood,* musical de Marcelo Caridade dirigido pela experiente diretora Cininha de Paula, Daniella demonstrava enorme expectativa para debutar nos palcos como atriz.[51]

Assim, terminava aquele exaustivo e bem-sucedido ano de 1991. A jovem bailarina com ares de menina inocente havia se transformado em uma mulher determinada que seria reconhecida pelo seu excelente desempenho em *O Dono do Mundo*. O rápido crescimento profissional da atriz era consenso no meio artístico e não havia dúvidas de que Daniella se credenciara a voos ainda maiores.

Antes das merecidas férias, porém, ainda haveria um último compromisso: a festa anual de encerramento da companhia Vacilou Dançou, que aconteceria no Hotel Nacional, em São Conrado. A companhia encerraria suas atividades daquele ano apresentando o espetáculo *Nota 10*, que levaria ao público uma montagem inovadora e bastante expressiva. Daniella e Gazolla foram convidados para apresentar a programação do evento, que teve até um inesperado beijo do casal de cerimonialistas levando o público ao delírio. Como não negava as próprias origens, Daniella não resistiu e aproveitou para relembrar os seus momentos como bailarina, participando da apresentação principal da noite.[52]

Aquela seria a última vez que a bailarina se apresentaria junto ao grupo que tanto estimava e que foi parte importante de sua vida. Aproveitando o merecido período de descanso, Daniella viajaria com o marido para uma pequena temporada nos Estados Unidos, onde visitariam três das mais importantes cidades norte-americanas: Los Angeles, Miami e Nova York. Um detalhe intrigante chama a atenção: a data de 29 de dezembro de 1991 registrada em um dos vídeos gravados durante a viagem. Poucas horas antes de se completar um ano exato daquela gravação, o crime que tragicamente vitimaria a atriz seria consumado.

Definitivamente, teria sido melhor que 1991 não houvesse terminado.

6.
Último ato

De Corpo e Alma

O sucesso de *Barriga de Aluguel* elevou a carreira de Glória Perez a outro patamar. Considerada a sucessora natural de Janete Clair, com quem havia colaborado — tendo, inclusive, concluído a última novela da escritora, em função de sua morte —, Glória se revelara uma autora autêntica, cuja característica marcante era trazer ao cotidiano de suas tramas temas polêmicos e pouco usuais.

Assim, no início de 1992, havia muita expectativa para a próxima trama da novelista, prevista para meados daquele ano. Em função do adiamento da novela *Renascer*,[1] *De Corpo e Alma* substituiria *Pedra Sobre Pedra* na disputada faixa das 20h, o que deveria ocorrer em meados de 1992.

Ansiosamente aguardada pelo público, estrearia em 3 de agosto de 1992 a novela *De Corpo e Alma*, que seria alvo da inevitável comparação com a trama anterior da escritora. Aqueles que esperavam algo de impactante certamente não se decepcionaram, pois a trama principal giraria em torno de um assunto delicado e, àquela altura, pouco conhecido no Brasil: a doação de órgãos.

Abordando o tema sob a perspectiva de pessoas que necessitavam desesperadamente de um transplante para continuar a viver, a novelista soube tratar a questão com sensibilidade e uma boa dose de originalidade, por meio de uma relação amorosa surpreendentemente construída, na qual o amante de uma doadora de coração, que não teve coragem de abandonar a família para viver intensamente a paixão por sua amada, acaba se envolvendo em um inesperado relacionamento amoroso com a receptora do órgão.

Subjacente à trama amorosa, havia uma questão muito mais profunda a ser decifrada: "O amor pode ser transplantado de uma pessoa para outra junto com o coração?",[2] perguntava provocativamente o jornal *O Globo* em sua chamada de capa no domingo que antecedera a estreia da novela.

Confessando se emocionar com reportagens sobre o tema, Glória Perez prometia uma abordagem técnica e detalhista, fruto de cerca de seis meses de pesquisa sobre o assunto.[3] Tendo essa questão como trama principal, a novela despertaria fortes emoções nos telespectadores e ajudaria a estimular os laços de solidariedade a partir da perspectiva da doação de órgãos não apenas como o ponto final da existência de uma pessoa, mas, antes, como a chance de uma nova vida para aqueles que aguardavam por um transplante.

Essa hipótese de fato se confirmou: a central de doação de órgãos do estado de São Paulo, que costumava receber cerca de quarenta ligações mensais de pessoas interessadas em se cadastrar como doadoras, passou a receber expressivas cinquenta chamadas diárias com o mesmo intuito após o início da exibição da novela.[4]

Parecia suficiente, mas *De Corpo e Alma* ainda reservava outras surpresas. Além da trama principal, havia tramas paralelas que se distanciavam bastante das trivialidades comumente abordadas em telenovelas. A começar pela discussão sobre a cultura gótica, movimento urbano surgido no início da década de 1980 no Reino Unido e cujos seguidores adotavam comportamentos pouco usuais, que iam desde o visual sombrio até o hábito um tanto quanto mórbido de frequentar cemitérios, geralmente à noite e em grupo.

Com a caracterização de um personagem gótico na trama, aliada à escolha certeira de sua música tema ("Fora da ordem", sucesso na voz de Caetano Veloso), a cultura gótica passou a ser mais conhecida no Brasil, além de desmitificar uma série de estereótipos negativos geralmente associados ao tema por falta de informação adequada.

A complexidade dos assuntos abordados parecia suficiente para uma novela inteira, mas, por incrível que pareça, ainda haveria mais temas instigantes. A novela discutiria também o universo do "Clube das Mulheres", boates voltadas para o público feminino, em que jovens musculosos faziam striptease. Nesses ambientes, as mulheres tinham ampla liberdade e detinham a iniciativa das ações, podendo até mesmo subir a uma espécie de tablado para interagir com modelos praticamente desnudos.

Mesmo em pleno início a década de 1990, a abordagem direta de um tema tão espinhoso suscitaria enorme polêmica, o que, afinal, ajudaria a despertar ainda mais o interesse da audiência pela trama. Como afirmara uma reportagem na segunda-feira em que a novela estrearia, *De Corpo e Alma* traria uma verdadeira "reviravolta nos costumes".[5]

Por fim, mais um tema sensível seria tratado na trama. *De Corpo e Alma* ainda abordaria a questão de bebês trocados na maternidade, explorando a questão sob a ótica das diferenças entre classes sociais: as crianças trocadas viveriam em realidades completamente distintas. Uma das personagens teria suas cenas ambientadas em uma ampla e confortável mansão, enquanto a outra passaria longos períodos no transporte público, o que daria ao drama humano uma dimensão social.

Além de trazer inúmeras polêmicas, *De Corpo e Alma* traria também um elenco muito qualificado, mesclando atores consagrados com jovens promessas da teledramaturgia brasileira. No primeiro time, renomados atores como Tarcísio Meira, Mário Lago, Betty Faria, Beatriz Segall, Nathalia Timberg, Stênio Garcia, José Mayer, Carlos Vereza, Hugo Carvana, Maria Zilda, Vera Holtz, além da atriz Bruna Lombardi, que estava afastada da televisão havia seis anos (sua última novela fora *Roda de Fogo*, em 1987) e, embora vivesse em Los Angeles, retornaria ao Brasil para uma participação especial nos dez primeiros capítulos da trama.[6]

O elenco ainda trazia alguns atores jovens, considerados promessas que estavam sendo lapidadas, e que no futuro poderiam alcançar o estrelato, como Fábio Assunção, Cristiana Oliveira, Daniella Perez, Hugo Gross, Lisandra Souto, Guilherme Leme, Marcelo Faria, Melise Maia e Eri Johnson.

Glória Perez, na semana anterior à estreia, mostrava-se otimista quanto à novela e até esperançosa em relação ao futuro de uma maneira geral: "Escrevi essa história para mostrar que ainda é possível sonhar. (...) Mesmo em tempos difíceis, em tempos que a vida parece mais crua. Aliás, há de ser sempre possível sonhar. (...) Ao menos enquanto existirem seres humanos nesse mundo."[7]

Ao final de 1992 seria muito difícil continuar acreditando no ser humano.

Yasmin

A novela *De Corpo e Alma* foi estruturada em pequenos núcleos familiares. As famílias eram compostas de no máximo seis personagens e toda a dinâmica da trama girava em torno das relações estabelecidas entre tais núcleos, inserida no contexto do argumento da novela.

A atriz Daniella Perez interpretaria a personagem Yasmin, irmã de Paloma (Cristiana Oliveira), umas das protagonistas da trama, que receberia um transplante de coração no decorrer da novela.

Yasmin era da família Bianchi e, assim como Paloma, era filha de Domingos (Stênio Gacia) e Lacy (Marilu Bueno).

Uma curiosidade quase desconhecida do grande público é que por muito pouco Daniella não deixou de interpretar a personagem Yasmin. Naquele mesmo segundo semestre de 1992, a Rede Globo lançou a minissérie *Anos Rebeldes*, marco da teledramaturgia brasileira e que retratava o idealismo da juventude que se contrapôs, de armas em punho, à ditadura militar. Muito próxima à atriz Cláudia Abreu, que teria um papel de destaque na minissérie, Daniella chegou a ser instigada pela amiga para que participasse de *Anos Rebeldes* — além de contracenar com a própria Cláudia, também teria a oportunidade de atuar com Malu Mader, outra grande amiga sua.

Em suas reminiscências sobre aquela época, Cláudia Abreu chegou a confidenciar que de fato tentara convencer Daniella a aceitar um papel em *Anos Rebeldes*, mesmo que a atriz ingressasse um pouco depois em *De Corpo e Alma*, já com a trama em andamento. Como a minissérie teria uma duração mais curta do que a novela, isso seria possível.

O senso de profissionalismo de Daniella, no entanto, a levou a rechaçar essa possibilidade. Uma lástima, como a própria Cláudia Abreu recordaria em meados de 1996: "Não ter conseguido convencer a Dani a trabalhar na minissérie comigo e com a Malu Mader, duas grandes amigas dela, é uma coisa que não sai da minha cabeça. Ainda disse a ela para gravar com a gente e entrar no meio da novela. Como ela era muito profissional, não topou. Que pena que ela não me ouviu."[8]

Tendo optado por encarar o desafio de atuar na principal telenovela da Rede Globo, Daniella daria vida a Yasmin. A inspiração de sua personagem curiosamente viria de um despretensioso diálogo entre Daniella e a própria Cláudia Abreu, atrizes que haviam se conhecido nos bastidores de *Barriga de Aluguel*. A partir do momento em que se encontraram pela primeira vez, surgira instantaneamente uma espontânea empatia entre as duas, inexplicável até certo ponto.

ÚLTIMO ATO

A forte identificação evoluiu para uma grande amizade e as atrizes não se desgrudavam nos intervalos das gravações. Daniella, brincalhona e afetuosa com todos os seus colegas, costumava imitar uma menina que se comunicava com uma fala repleta de gírias, travando diálogos inusitados e engraçados com Cláudia, que embarcava nos gracejos da amiga. Um desses diálogos, uma brincadeira entre duas grandes amigas, acabou sendo presenciado por Glória Perez e se tornou a fonte de inspiração para a criação da personagem Yasmin.[9]

Naquele início de década de 1990, a vida parecia incessantemente sorrir para Daniella. Estrelando sua terceira telenovela, a atriz aparentava estar completamente à vontade no papel de Yasmin, dando à personagem um misto de sensualidade e delicadeza que encantava o público. A personagem de Daniella, assim como a sua família fictícia, experimentaria um grande revés ao longo da trama. Sonhadora, Yasmin acalentava o desejo de ser madrinha de bateria de uma escola de samba, mas a realidade acabaria por se impor ante as pretensões da jovem, que se veria forçada a trabalhar para ajudar a família.

Em realidade, o desafio por trás da personagem Yasmin era maior do que à primeira vista poderia se supor. Daniella teria de dar vida a uma personagem que amadureceria no decorrer da trama, transformando a menina em mulher. Não era uma tarefa que pudesse ser considerada trivial, visto que a atriz teria de convencer o público de que a jovem Yasmin — um tanto imatura e sonhadora no início da trama — aprendera com os reveses sofridos pela família Bianchi, tornando-se uma pessoa mais responsável.

Em setembro de 1992, Daniella mostra-se satisfeita por protagonizar a metamorfose da personagem: "É bom fazer esse trabalho de transformar a menina em mulher."[10] Desse modo, ela acreditava que poderia demonstrar a própria evolução como atriz: "Ela [Yasmin] é muito impulsiva, ela não tem medo das coisas, entendeu? Eu acho que desde o começo da novela ela vem sofrendo uma série de modificações. O que eu acho superlegal para mim, para poder mostrar o meu trabalho de atriz... mas acho que ela não tem medo de passar por nada, passa muita força... Ela é uma pessoa que tem muita garra."[11]

Para tornar aquele processo um pouco menos complicado, Daniella contaria com uma coincidência que a ajudaria: pela segunda vez o ator Stênio Garcia interpretaria seu pai na ficção. O experiente ator chegava até a gracejar diante da situação, afirmando que deveria começar a lhe dar uma mesada em função da coincidência, além de revelar que tal fato facilitava o trabalho de ambos: "Somos pai e filha pela segunda vez, o que é agradabilíssimo, porque em um contato de gravação de novela é muito difícil você não conhecer a colega."[12]

Daniella, por sua vez, retribuía os elogios afirmando considerar um privilégio poder trabalhar ao seu lado novamente, o que encarava como uma verdadeira oportunidade profissional: "No início da novela muita coisa trágica acontece na vida de Yasmin. Ela quase perde a irmã, perde o namorado, vê o pai na falência. Por sorte, eu já conhecia meu 'pai'. Já tinha trabalhado com o Stênio e ele é fantástico. Só de olhar para ele sei como agir. Foi e é uma mão na roda."[13]

Outro ponto importante na caracterização da personagem era o fato de Yasmin ter verdadeira paixão pela dança, tal qual ocorria com Daniella na vida real. Assim, a atriz pôde demonstrar todo o dom que tinha para dançar enquanto dava vida a sua personagem, o que ajudou a aumentar o encantamento do público.

O ponto alto desse processo ocorreu quando Yasmin aparece em cena contracenando com Carlinhos de Jesus em um concurso de dança realizado na gafieira Estudantina Musical, tradicional reduto de dança de salão carioca. Na trama, a personagem pretendia ajudar financeiramente sua família ao se inscrever na disputa. A aposta seria certeira. Yasmin, com uma performance deslumbrante, venceria a acirrada disputa na gafieira e ganharia o primeiro lugar no concurso, o que lhe valeu um bom prêmio em dinheiro, que seria revertido na compra de um ônibus novo para seu pai.

ÚLTIMO ATO

As cenas se transformaram em um verdadeiro espetáculo. Trajando um elegante vestido vermelho, Daniella bailou ao ritmo de diferentes estilos musicais ao lado de Carlinhos de Jesus, que interpretaria a si próprio na novela. Rodopiando e desfilando intrépidos passos milimetricamente calculados, a dupla deu à cena um inesperado contorno realístico, como se fossem velhos parceiros de dança a se apresentar em mais um ritmado show.

Foi o melhor momento de Daniella em *De Corpo e Alma* e, certamente, um dos momentos mais marcantes da carreira da atriz.

No entanto, embora a dança caracterizasse fortemente a personagem, o que mais atraía o público era a dúvida sobre quem conseguiria fisgar o coração de Yasmin. Com várias possibilidades de desfecho — três pretendentes muito diferentes entre si estariam na disputa —, essa trama paralela acabou ganhando grande destaque em *De Corpo e Alma*.

Quadrilátero amoroso

A personagem interpretada por Daniella inicialmente era apaixonada por Caio (Fábio Assunção), mas por conta da desistência de sua irmã Paloma em se casar com Tavinho (Hugo Gross), irmão de Caio na trama, as famílias rompem relações e o romance da Yasmin com o seu "ex-futuro cunhado" é interrompido.

No entanto, os desentendimentos não se restringiam ao rompimento de Caio e Yasmin. A personagem Nágila (Nathalia Timberg), mãe de Tavinho e Caio, não se conformava com a crise depressiva que seu filho atravessava após ser abandonado no altar por Paloma e, por essa razão, decide perseguir a família Bianchi. Utilizando-se de seu poderio financeiro, Nágila consegue tomar a casa da família de Yasmin e a transportadora que pertencia ao seu pai, deixando-os em sérias dificuldades financeiras.

Ao perder tudo que tinha, a família Bianchi se vê obrigada a se mudar para o Méier, bairro situado na zona norte do Rio de Janeiro, e passa a viver sob condições mais modestas, tendo que readequar seus hábitos ao novo padrão de vida.

Ao ir morar no subúrbio, Yasmin conhece Bira, personagem interpretado por Guilherme de Pádua. Bira era um tipo "rude e honesto",[14] que ajuda a família Bianchi a recomeçar a empresa de transportes que Domingos havia perdido. Bira e Paloma colocam um ônibus ilegal para circular nas ruas do subúrbio do Rio de Janeiro, e a princípio Paloma trabalharia como trocadora em parceria com Bira, o motorista do ônibus.

Contudo, a descoberta de uma grave doença fez com que Paloma precisasse de um transplante de coração, impossibilitando que ela continuasse a trabalhar com Bira no ônibus. Para ajudar a família, emocionalmente abalada pelo drama de Paloma e constantemente acossada por problemas financeiros, Yasmin decide assumir o lugar da irmã, e assim se dá o início de sua relação com Bira.

Os personagens Bira e Caio passariam a disputar o coração da cativante Yasmin, mas não eram apenas os dois que estavam apaixonados por ela. Na disputa pelo amor da jovem ainda havia o gótico Reginaldo (Eri Johnson), um personagem que chamava atenção do público pela adoção de um modo de vida bastante exótico para os padrões considerados usuais.

Seriam três romances distintos, cada qual com uma dinâmica própria e imerso em suas próprias contradições e peculiaridades. Os quatro atores formariam um "quadrilátero amoroso" que cairia no gosto do público.

O romance com Caio aparentava ser aquele que mais chance tinha de dar certo. Apesar das desavenças entre as famílias dos personagens, desde o início da trama Caio e Yasmin demonstravam um amor recíproco e verdadeiro. Ao ser interrompido por questões familiares, o romance tinha tudo para retornar ainda mais forte no futuro, tendo a chama daquele sentimento se fortalecido durante o período de separação forçada. Assim, era provável que houvesse um final feliz para o casal, em um nada surpreendente desfecho no qual personagens fictícios têm que superar barreiras familiares para conseguir viver seu incontido amor.

Se a relação entre Caio e Yasmim seguia o usual roteiro romântico das telenovelas, a relação entre Bira e Yasmim, por sua vez, sempre foi tempestuosa e repleta de altos e baixos. Bira era um tipo machista, que por vezes vivia na trama a negação do próprio sentimento, pois temia ser rejeitado pela bela Yasmin.[15] O comportamento da jovem, que esbanjava sensualidade, despertava forte ciúme em Bira, que adotava uma postura ainda mais machista. Paradoxalmente, o romance entre os personagens se fortalecia nas próprias diferenças existentes entre os dois. O relacionamento tinha um caráter mais passional, "à italiana", como descrevia o *Jornal do Brasil* em matéria que analisava o perfil dos pretendentes de Yasmin.[16]

Já o gótico Reginaldo cultivava um amor platônico. O personagem não se declarava diretamente à amada, preferindo idealizar o sentimento e vivê-lo a distância. Amava-a à sua maneira. Reginaldo estava sempre à espreita de Yasmin e costumava até pegar objetos que ela jogava fora, como uma rosa e até mesmo um papel de bala. Com visual inspirado no filme *Edward Mãos de Tesoura*,[17] grande sucesso no Brasil em 1991, seu principal bordão marcou época no segundo semestre de 1992, caindo rapidamente no gosto do público. Em resposta a questionamentos sobre uma suposta namorada, Reginaldo rebatia sem titubear: "Gótico não tem namorada! Tem musa."[18]

Se seu contexto afetivo era sinuoso, por outro lado as características da personagem eram marcantes e bem-definidas. Yasmin era ao mesmo tempo meiga e forte, o que despertava a simpatia dos telespectadores que se dividiam na torcida pelos três personagens que despontavam como candidatos ao coração da musa.

Embora fosse uma trama paralela e não fizesse parte do argumento principal da novela, o destino amoroso de Yasmin era uma das questões que mais sensibilizavam o público e, por esse motivo, repercutia bastante na imprensa — sobretudo em publicações especializadas em telenovelas.

Para se ter uma ideia do quão popular Yasmin havia se tornado, basta recordar que, mesmo interpretando uma personagem coadjuvante, Daniella Perez estamparia nada menos que três capas da revista *Amiga* naquele segundo semestre de 1992, ultrapassando atores com maior espaço na própria trama e até artistas com maior destaque em outras telenovelas. A atriz também estaria presente na capa da revista *Contigo*, em foto gigante, cuja manchete dava uma dimensão do magnetismo de sua personagem: "Ela [Daniella Perez] é a gatinha mais cobiçada da novela das oito."[19]

Com todas as possibilidades teoricamente em aberto e o quadrilátero amoroso cada vez mais apreciado pelo público, era natural que a imprensa começasse a especular sobre o desfecho amoroso de Yasmin na trama. Assim, os atores que interpretavam seus pretendentes eram frequentemente entrevistados sobre o tema, e de forma esperada confessavam que torciam por um final feliz entre os seus personagens e a bela Yasmin.

O ator Guilherme de Pádua era, entre os três atores, aquele que se manifestava de forma mais contundente: "O Caio está no seu limite e, se ficar com Yasmin, não tem mais o que acrescentar. O Reginaldo, coitado, com aquela cabeça cheia de ideias, não vai muito longe. Resta o Bira, meu personagem, que pode surpreender, transformando-se no gato dos sonhos de Yasmin, estudando e ganhando dinheiro só para conquistar a menina."[20]

Durante os meses finais do ano de 1992, Guilherme havia se deixado envolver sobremaneira com seu personagem e, em especial, com o relacionamento fictício de Bira e Yasmin. No dia em que gravaria sua primeira cena beijando a personagem de Daniella, Guilherme aparentava nervosismo e se mostrava bastante agitado, chegando a afirmar a uma das camareiras da novela que "finalmente beijaria Daniella de verdade".[21] Já em suas memórias,[22] Guilherme descrevera com riqueza de detalhes a cena na qual o personagem Bira dá o primeiro beijo em Yasmin, deixando escapar uma inconfidência: gostaria de estar a sós com a atriz.[23]

Ainda naquele dia, após a cena do primeiro beijo do casal ter sido repetida algumas vezes para que pudesse ser filmada de vários ângulos, Guilherme fez um comentário aparentemente inofensivo, mas que no futuro ajudaria a explicar muito do que realmente se passava em seu íntimo naquele momento: "Podem mandar repetir o quanto quiser. Para mim é um prazer."[24]

Em realidade — embora àquela altura isso propositalmente não ficasse claro para manter a expectativa no desenrolar da trama —, o personagem Bira desempenhava o "elemento atrapalhador"[25] do romance entre Caio e Yasmin. De posse dessa revelação, posteriormente confirmada pela autora da novela, fica fácil compreender o desfecho da cena do beijo entre Bira e Yasmin: perdidos na selva, foram localizados por um helicóptero no qual estavam Caio e Domingos, que conseguem avistá-los. Ao perceber a presença do resgate, Yasmin rapidamente se desvencilha de Bira e, ao ser questionada pelo apaixonado personagem acerca do abrupto ato, se apressa em desconversar: "Você me beijou? Sabe que eu nem lembro?",[26] afirmara a jovem, em tom debochado, segundos após o ter beijado.

O desenlace da cena deixa claro que o romance tinha um viés muito mais relacionado ao humor do que propriamente ao sentimento romântico. O surpreendente desfecho inegavelmente apresenta um toque de graça, um tanto jocoso.

Em outra cena protagonizada por Bira e Yasmin, o motorista flagra a bela aos beijos com Caio e, em um ato impulsivo, a traz de volta para casa arrastada, carregando-a em seus próprios ombros, e sendo aplaudido por populares, que imaginavam se tratar de um marido traído.[27] Mais uma vez fica nítido que o humor fazia parte do enredo dos personagens, diferentemente do que ocorria em relação a Caio, cujo contexto das cenas com Yasmin trazia uma conotação mais romântica e sentimental.

Assim, não é correto afirmar — como volta e meia ocorre — que Guilherme e Daniella viveram propriamente um par romântico em *De Corpo e Alma*. As cenas de natureza romântica da personagem Yasmin eram encenadas com maior frequência junto ao personagem Caio; com Reginaldo, o enredo evoluía para uma paixão platônica; e, em relação ao personagem Bira, as cenas tinham uma conotação bem-humorada, mais propensas a gerar boas gargalhadas no público que assistia à novela.

Daniella, por sua vez, não buscava decifrar o coração de Yasmin, deixando ao público a tarefa de desatar o intrincado nó. No entanto, a atriz afirmava que lhe parecia que sua personagem gostava mesmo era do personagem Caio,[28] ideia que revistas especializadas em novelas corroboravam.[29] Em suas sempre ponderadas declarações, Daniella falou como via a complexa situação que a personagem enfrentava:

> **Como é essa história da Yasmin ser disputada por três homens?**
> Na verdade, a Yasmin ama o Caio (Fábio Assunção), mas não pode aceitá-lo pelo que a família dele fez com ela. Mas ela sente uma atração pelo Bira (Guilherme de Pádua), mas ele é um grosseirão, diferente de tudo o que ela sonhou. E o Reginaldo é a coisa do sonho que é vivida por ele e não por ela. Muitos torcem para a Yasmin ficar com o Reginaldo.
>
> **O público quer que você acabe com qual dos três?**
> Eu às vezes me pergunto para quem as pessoas torcem, mas é tão dividido. E eu não tenho noção de como vai acabar. Eu sinto apenas que ela gosta do Caio.[30]

Por fim, outra curiosidade é que por pouco o ator Guilherme Leme, que em *De Corpo e Alma* interpretara o stripper Gino, não deu vida ao personagem Bira. Guilherme de Pádua estava inicialmente escalado para atuar como Gino, mas, em virtude de sua pouca idade e da aparência por demais jovial — Gino teria um caso com Simone, uma mulher mais velha interpretada por Vera Holtz —, acabou trocando de papel com Guilherme Leme, oito anos mais velho que seu homônimo colega.[31]

Aparentemente um ato sem maiores repercussões que, visto com os olhos do futuro, não deixa de suscitar compreensíveis ilações: se a troca de personagens não tivesse ocorrido, será que uma tragédia teria deixado de acontecer?[32]

Jamais se conhecerá a resposta para essa pergunta, porém muitos poderiam defender essa hipótese amparados por uma lógica por demais cartesiana. Entretanto, essa possibilidade deixa no ar outra questão, que o próprio ator Guilherme Leme indagava de forma um tanto macabra à *Revista da Folha*:[33] se a troca dos atores fosse efetivada, será que realmente o crime teria sido evitado, ou será que a vítima teria sido outra?

Namoradinha do Brasil

O Brasil da primeira metade da década de 1970 se encontrava profundamente influenciado pela retórica ufanista do regime militar. Era a época do "milagre brasileiro", período em que o vertiginoso crescimento econômico comandado pelo todo-poderoso ministro Delfim Netto vinha acompanhado de slogans oficiais que buscavam despertar um sentimento cívico na população, como "Brasil, ame-o ou deixe-o" e "Ninguém segura este país".

Viviam-se os tempos do governo do general Emílio Garrastazu Médici, com forte repressão aos opositores do regime em um período que acabou entrando para a história nacional como os anos de chumbo. Na esteira do crescimento econômico, as telenovelas ganhavam cada vez mais espaço na vida cotidiana dos brasileiros, já que os televisores a cada dia chegavam a novos lares do país, sendo considerados àquela altura um bem de consumo acessível à classe média. Enquanto jovens politizados morriam no Araguaia na vã tentativa de derrubar a ditadura e iniciar uma revolução socialista no Brasil, a maior parte da população assistia tranquilamente às novelas no conforto de suas casas.

Com esse pano de fundo, a atriz Regina Duarte estrelaria seu décimo segundo folhetim, intitulado *Minha Doce Namorada*. Nesse trabalho, sua interpretação da órfã Patrícia renderia a Regina — já muito identificada pelo público por interpretações marcantes de heroínas — a alcunha de "namoradinha do Brasil", *status* que a acompanharia por alguns anos de sua carreira.

A denominação continha alguns atributos que Regina encarnava com perfeição por meio de suas personagens, como a docilidade e a meiguice. Entretanto, ao ser rotulada com o estereótipo de heroína, Regina Duarte ficou associada a personagens que coubessem naquela roupagem preconcebida, o que de certa forma a impedia de demonstrar toda a sua versatilidade, direcionando os papéis que interpretava na televisão.

A atriz confessava se sentir insatisfeita com o status de namoradinha do Brasil e, a partir de meados da década de 1970, após um período dedicando-se exclusivamente ao teatro, Regina passou a buscar na televisão personagens que diferiam de suas protagonistas anteriores. No final daquela década, deu vida à personagem Malu, uma mulher divorciada e totalmente independente que fez grande sucesso no seriado *Malu Mulher*.

Corria o ano de 1979 e, a partir daquele momento, o posto de namoradinha do Brasil passara a estar vago. Regina Duarte conseguira se desvincular da conservadora imagem de outrora, passando a encarnar na vida real uma mulher forte e vibrante, capaz de interpretar na ficção quaisquer personagens que lhe interessassem, independentemente de perfis preconcebidos. Transcorreria mais de uma década para que alguma atriz voltasse a ao menos ser cogitada para ocupar o posto deixado vago por Regina Duarte.

ÚLTIMO ATO

Daniella Perez ocuparia esse lugar. Não há dúvidas de que os meses finais de 1992 representaram o auge de sua curta carreira. Muito querida pelo público, Daniella começou a ser apontada pela imprensa como a principal promessa da televisão brasileira, tais eram seu carisma e sua naturalidade para dar vida a suas personagens.

Daí para receber a alcunha de namoradinha do Brasil foi um pulo. Coube à revista *Contigo*, em sua edição de 13 de outubro de 1992, vincular a ideia de forma pioneira, a partir de uma capa contendo uma enorme foto de Daniella seguida da inscrição "A nova namoradinha do Brasil".[34] A partir daquele instante, os mais diversos veículos de comunicação — do telejornal de maior audiência do país, *Jornal Nacional*, até uma revista especializada em fotonovelas, *Sétimo Céu* —, em algum momento, denominariam Daniella daquela forma. Como a reportagem da *Contigo* afirmava, naquele final de 1992, Daniella havia ganhado o "status de mais nova grande revelação da televisão tupiniquim e, hoje, já é cantada em verso e prosa como uma fortíssima candidata ao título vago de 'Namoradinha do Brasil'".[35]

Nesse contexto, parecia ser questão de tempo para que Daniella Perez passasse de coadjuvante a protagonista nas próximas novelas em que viesse a atuar. Naquele segundo semestre de 1992, já se afirmava que Yasmin, embora coadjuvante em *De Corpo e Alma*, na verdade começara a roubar a cena, ofuscando até mesmo Paloma, a personagem principal da trama.

Despontando rapidamente para o estrelato, àquela altura a atriz desfrutava do enorme reconhecimento de sua personagem junto ao público, e tudo indicava que os primeiros degraus rumo ao sucesso haviam sido ultrapassados com louvor.

O porvir era bastante animador.

Poema

"Essa menina era um poema."[36]

Dessa maneira concisa e lírica, Fábio Sabag, um dos diretores da novela *De Corpo e Alma*, definia a atriz Daniella Perez. Em depoimento comovido no qual a emoção chegou a lhe tomar as palavras, ele ainda foi capaz de afirmar que "não havia quem não se encantasse com ela".[37] O breve relato traduzia a forma como Daniella se relacionava com todos a sua volta.

Contudo, ainda havia mais do que isso. Muito mais.

Por trás do rótulo de nova namoradinha do Brasil — e de todos os demais elogios que recebia —, havia uma bailarina por vocação que havia pouco se tornara uma atriz. Mais do que isso, existia uma profissional dedicada e que, com muita obstinação, perseverava em sua jornada de constante aprimoramento. Não tendo sido formada nas tradicionais escolas de atores do Rio de Janeiro, Daniella adotava uma postura humilde, em que evolução e aprendizado eram as palavras-chave.

O ator Stênio Garcia confirmava toda a aptidão que Daniella demonstrava para as artes cênicas: "A Daniella Perez é perfeita, pois o seu interesse no trabalho é profundo, não deixa passar nada e está sempre atenta ao resultado final das cenas."[38] A escritora Glória Perez, provavelmente a maior admiradora de Daniella, mas também sua crítica mais exigente, endossava o enaltecimento: "Admiro muito a perseverança dela. Acho-a muito séria e responsável em tudo o que faz, seja no dia a dia, seja na vida profissional."[39]

A atriz, por sua vez, recebia os numerosos elogios com serenidade: "Fico muito feliz com o sucesso. Mas não me deixo ir às nuvens. Sei que ainda preciso aprender e trabalhar muito para me firmar na carreira."[40]

Confessando-se vaidosa sem ser exagerada, Daniella mantinha a excelente forma física graças a uma rotina intensa de exercícios na academia de ginástica de Enid Sauer, onde chegava a fazer cerca de 2 mil abdominais por dia, além de aulas de ginástica localizada.

Também gostava de pedalar e, se não tivesse tempo de ir à academia, a atriz malhava em casa mesmo.[41]

Nos meses finais de 1992, em virtude da agenda cada vez mais atribulada, Daniella também se matriculou na recém-inaugurada academia Rio Sport Center,[42] localizada a cinco minutos do estúdio onde a novela era gravada. Assim, sempre que possível, escapava para fazer seus exercícios físicos diários, evitando que a rotina repleta de compromissos comprometesse a sua forma física.

Quanto à maquiagem, Daniella não gostava de produções muito carregadas, optando por realçar os traços naturais de sua beleza. Muitas vezes, principalmente em seu dia a dia, saía de casa de cara lavada ou com pouquíssima maquiagem. Um dos poucos cuidados estéticos que se permitia com alguma assiduidade eram hidratações de tutano nos cabelos, cuidado que adotara durante o período em que fez uma escova permanente.[43]

Embora se sentisse lisonjeada por esses constantes elogios, Daniella sempre frisava que não trabalhava com o intuito de se tornar musa, muito menos tinha a intenção de virar símbolo sexual ou coisa que o valha. Segundo a *Revista da TV*, a atriz "vivia se desvencilhando do rótulo de símbolo sexual".[44] Intrínseco a esse tipo de comportamento havia o desejo de vencer — e, principalmente, de ser reconhecida — pelo próprio talento, algo que, em verdade, já estava acontecendo naturalmente.

Para a atriz, as cenas mais complicadas de sua carreira foram as que teve de gravar no *Clube das Mulheres*, onde sua personagem deu um flagra no personagem Juca, interpretado pelo ator Victor Fasano: "Foi a cena mais difícil da minha vida."[45] Em entrevista, Daniella também admitia certo desconforto em relação ao figurino de sua personagem, principalmente em função das roupas curtas usadas por Yasmin, embora, na mesma oportunidade, também afirmasse considerar natural aquela caracterização.[46] A atriz afirmava, ainda, que, embora não tivesse qualquer preconceito, não encararia cenas de nudez na televisão.[47]

Aparentemente, não havia motivos religiosos ou ideológicos subjacentes a essa decisão. "Católica 'não praticante'",[48] Daniella não cultivava preconceitos nem propagandeava valores conservadores ou que se contrapunham à exibição de cenas mais ousadas na televisão. Disso não se tratava. Tampouco se tratava de falso recato. Em entrevistas, assumia-se como era de fato, expondo seus pontos de vista e suas predileções reais. O fato de não querer exibir-se em cenas de nudez nem se sentir completamente à vontade ao vestir um figurino mais sensual era algo inerente à personalidade da atriz.

A despeito de sua falta de interesse em se tornar musa, àquela altura Daniella já era considerada uma das mulheres mais atraentes do Brasil e, como era bastante comum na época, a imprensa passou a cogitar a possibilidade de a atriz ser convidada para posar nua para revistas masculinas.[49] As especulações davam conta de que a revista *Playboy* poderia fazer uma proposta irrecusável para que Daniella estampasse a capa de uma de suas edições em 1993. Se isso fosse verdade, os editores da publicação simplesmente perderiam tempo — quando indagada sobre o assunto, a atriz era assertiva: "nem morta."[50]

Algumas publicações em redes sociais até hoje afirmam que ela realmente chegara a recusar uma proposta da revista,[51] e periódicos do início de 1993 garantiam que o convite de fato havia sido feito.[52] No entanto, em outubro de 1992, a atriz abordara o assunto de forma direta à revista *Contigo*: "Jamais posaria nua! Até hoje não recebi nenhum convite, mas, se receber, não aceito."[53]

Embora apaixonada pelo carnaval, a atriz não se sentia confortável em vestir-se de forma mais ousada, nem sequer durante os desfiles do mais famoso carnaval do Brasil, onde a falta de pano nas indumentárias femininas é uma tradição mundialmente conhecida. Daniella dominava por completo o ritmo genuinamente brasileiro. Com muita ginga e samba no pé, a atriz já havia desfilado pela Grande Rio em uma ala destinada aos artistas[54] e declarava uma discreta simpatia pela Mangueira. No carnaval de 1993, Daniella seria madrinha de bateria da Caprichosos de Pilares, além de des-

ÚLTIMO ATO

filar em frente a um carro alegórico da tradicionalíssima Portela.[55] Apenas uma condição em relação a todos os convites para desfilar na Marquês de Sapucaí: a atriz não aceitava desfilar de biquíni, muito menos de tapa-sexo, algo muito em voga na avenida à época.

Obstinada, perfeccionista e extremamente disciplinada, Daniella tinha uma rotina rígida que parecia ser a chave para o seu sucesso, como a própria atriz descrevera ao jornal *O Estado de S. Paulo*:

> **Qual é a rotina da Daniella?**
> Eu acordo às 9 horas, tomo café em casa, vou malhar, tomo banho na academia, gravo das 11 horas às 8 da noite, e depois vou ensaiar a coreografia do musical no teatro até as duas da madrugada. Se a gravação acaba às 10 da noite, vou ensaiar da mesma forma.
>
> **E no domingo, você descansa?**
> Descanso nada. Ensaio o musical do meio-dia às 20 horas.[56]

O que para muitos pode parecer um fardo — trabalhar aos domingos — em verdade significava um prazer para Daniella. Os ensaios do musical *Dança comigo* haviam começado no início do segundo semestre de 1992 e a atriz se mostrava bastante satisfeita com a evolução do trabalho, o que lhe permitia conciliar a dança à dramaturgia.

Com texto de Rodrigo Brandão e coreografia de Sandra Regina, o musical contaria o desenrolar de uma envolvente história de amor por meio de diferentes gêneros musicais. Daniella Perez e Raul Gazolla protagonizariam o espetáculo planejado em nada menos que doze coreografias diferentes,[57] sendo que ele interpretaria um gângster, e ela, uma garota de programa.[58] O ator Duda Ribeiro, ex-namorado e, posteriormente, melhor amigo da atriz, também participaria da trama, mas na condição de coadjuvante, e à altura dos ensaios seu papel ainda estava por ser definido.

Daniella se encarregou pessoalmente de boa parte da escolha das músicas e das coreografias do futuro espetáculo. Havia o seu toque pessoal em quase tudo que dizia respeito ao musical, como o próprio Duda detalhou à época: "Ela selecionou as músicas, escolheu as coreografias, assistiu a inúmeros filmes como *Isto é Hollywood*, *West Side Story* e *Mambo*."[59]

A previsão era de que o musical excursionasse por diversas capitais do Brasil logo no início de 1993, estreando em Juiz de Fora, passando por Manaus e seguindo turnê por várias cidades até chegar ao Rio de Janeiro, o que deveria ocorrer em abril daquele mesmo ano.

Contracenando pela primeira vez com o marido após ter optado pela carreira de atriz, Daniella se valia da dança como uma forma de exprimir toda a paixão que unia o casal, dividindo com Gazolla um projeto profissional que também era uma realização pessoal havia muito ansiada por ambos, como a própria atriz não se furtava em revelar à imprensa: "Estamos realizando um trabalho que começamos a planejar quando nos conhecemos, há quase três anos."[60]

Naquele momento, tanto Daniella quanto Raul viviam um excepcional momento profissional. Interpretando "personagens apaixonados e apaixonantes"[61] em duas das principais telenovelas do país à época — Raul interpretava o personagem Paco em *Deus nos Acuda*, também exibida pela Rede Globo —, o musical seria o grande desafio do casal no ano vindouro.

Teria sido a concretização de um sonho.

Crítica da superexposição da vida sexual dos famosos no início da década de 1990,[62] em um momento em que era comum artistas revelarem a revistas especializadas no universo da televisão suas predileções sexuais e outras confidências de caráter íntimo, Daniella optava pela sobriedade. Contando com uma formação sólida e despida de preconceitos, a atriz encantava o Brasil simplesmente por ser ela mesma. Empática, disposta a ajudar ao próximo e atenciosa com quem quer que fosse, Daniella era muito querida por todos a sua volta.

ÚLTIMO ATO

Dona de ideias próprias, a atriz não se eximia em exprimir as suas opiniões até mesmo quando se tratava de assuntos estranhos ao meio artístico, como ocorrera em relação à possibilidade de impeachment do presidente Fernando Collor. Colocando o dedo diretamente na ferida, a atriz expunha o que pensava sobre o controvertido tema: "Acho ótimo tudo isso [engajamento popular no processo de impeachment]. Só acho que devemos atacar a raiz da crise para que não ocorram outras iguais ou parecidas daqui a um tempo."[63]

Por meio de suas entrevistas, Daniella transmitia ao público um retrato fiel de sua personalidade serena e despida de vaidades excessivas ou extravagâncias típicas daqueles que despontam abruptamente para a fama. Sua simplicidade também se revelava por meio de seu guarda-roupa. Vestia-se sem sofisticação, mas com a elegância típica dos jovens de sua geração: usava preferencialmente jeans, e sua cor predileta era a preta. Costumava se sair bem com o básico e frequentemente optava por camisetas lisas. Suas marcas preferidas eram exatamente aquelas que faziam a cabeça da juventude carioca na época: Fabricatto e Yes Brasil.[64] O único hábito que escapava à regra da sobriedade um tanto espartana que a atriz parecia se autoimpor era a paixão declarada por blusas de seda.[65]

Apontada como um "misto de Sílvia Pfeifer com garota de Ipanema",[66] suas declarações também deixavam claro que o sucesso não lhe havia subido à cabeça, apesar dos elogios agudos que chegavam a compará-la a uma das principais atrizes em atividade à época misturada à imortal garota carioca que docemente balança a caminho do mar.

Embora desfrutasse de enorme sucesso em sua terceira novela como atriz e soubesse que as portas estariam abertas caso desejasse voltar a trilhar o caminho da dança no grupo Vacilou Dançou, Daniella ainda acalentava o desejo de retomar o ensino superior. Tendo trancado a faculdade de Direito no final da década de 1980, a atriz acreditava ser importante uma formação acadêmica paralela à carreira artística: "Não escolhi qual [curso superior pretendia cursar], mas sei que ficar só com a dança e com a TV acaba alienando muito."[67]

Em realidade, Daniella era um diamante em estado bruto, sendo lapidado diante dos olhos do público. Estabelecida no meio artístico após uma meteórica carreira de três anos, a atriz "tinha chegado para ficar",[68] como afirmava a revista *Sétimo Céu*, especializada no mundo da televisão. Seus planos de fato caminhavam nessa direção. A atriz pretendia fazer cinema em um futuro não muito distante, e àquela altura direcionava toda a sua atenção à carreira artística.

Única em sua singularidade, no segundo semestre de 1992 a promessa começava a virar realidade. Destacando-se pelo talento, todos que a rodeavam sabiam que — embora fosse linda — a verdadeira beleza da atriz não residia em qualquer atributo físico, mas, antes, em sua essência e em seu caráter.

Mais do que bonita por fora, Daniella era mesmo bela por dentro.

Sucesso em terras tupiniquins

Em seu terceiro trabalho na televisão, além de gradativamente conquistar mais espaço para as suas personagens, Daniella também já havia adquirido maior segurança diante das câmeras e, embora jovem, não era mais considerada uma atriz novata, tendo ultrapassado com êxito a fase de afirmação na TV.

Por outro lado, ainda não havia conseguido se livrar completamente do estigma de ser filha de uma escritora famosa, autora de novelas em que a própria Daniella atuava. De fato, quando estreou em *Barriga de Aluguel*, a mordacidade de alguns comentários publicados pela imprensa chegava a incomodar bastante a atriz, que volta e meia argumentava em entrevistas que seu início na televisão se devia mais ao "olho clínico"[69] do diretor Wolf Maya e até ao próprio acaso do que a qualquer intervenção por parte de sua mãe.

ÚLTIMO ATO

Embora tenha sido escolhida para participar da novela *De Corpo e Alma* pelo diretor Roberto Talma,[70] Daniella não escaparia da maledicência de parte da mídia, com comentários tendenciosos voltando à baila. E não eram mais tão velados como ocorreram outrora. Agora era fogo cerrado, como demonstrava uma reportagem publicada pela revista *Corpo a Corpo* em novembro de 1992:

> Muita gente não acredita, mas Daniela (*sic*) Perez jura que é a pura verdade. O fato de ela ser filha da autora de novelas Glória Perez não a ajudou em nada a atingir o estrelato. É mesmo duro de engolir. Afinal, das três novelas em que participou, duas — *Barriga de Aluguel* e agora *De Corpo e Alma* — são da autoria da mãe.[71]

No mesmo período, a revista *Amiga* estamparia uma foto de Daniella na capa e abordaria a questão sob a perspectiva de que poderia existir certo favorecimento pelo fato de a atriz ser filha da autora da novela.[72] A pressão naquele momento não dava sinais de que arrefeceria. Em vez disso, a sensação era de que a espiral de comentários tendenciosos se acentuaria.

E, de fato, foi isso que aconteceu. Em outra entrevista, a abordagem da imprensa tornara-se ainda mais maliciosa, beirando a agressividade. Dessa vez, a pergunta da jornalista veio seca e direta, como se fosse um petardo. Diante de uma indagação que mais se assemelhava a uma acusação, Daniella novamente se via obrigada a se manifestar de maneira incisiva para defender a si própria:

> **Agora você está de volta ao horário nobre, uma novela assinada por Glória Perez. Isso quer dizer que a Yasmin é um presente de mãe para filha?**
> Trabalhar com a minha mãe é sempre um presente, porque antes de tudo sou superfã do seu trabalho. Mas a Yasmin

não foi escrita para mim, embora tenha sido a personagem
que ela quis que eu fizesse.[73]

A autora Glória Perez tampouco era poupada. Pelo contrário. Em certa oportunidade, a escritora chegou a ser apontada como a "mãe do ano",[74] em uma expressão pejorativa que de maneira subliminar insinuava que o sucesso de Daniella poderia ser influenciado por uma suposta proteção por parte da novelista.

O pior, no entanto, ainda estava por vir. Uma notícia publicada no periódico curitibano *Correio de Notícias* dava conta de que Daniella era favorecida em cenas da novela em que era possível aos atores fazer merchandising — e, consequentemente, faturar um ganho extra por conta disso. Sob o apelativo título "Uma bomba nos bastidores da Globo", o jornal trazia a declaração de um ator da novela que não poupava Daniella de um ataque mordaz: "A Dani vai trabalhar numa fábrica de produtos de vidro só para faturar um merchandising contínuo. A Glória já escreveu textos para isso."[75]

Jogo bruto.

O autor do ferino comentário preferiu não se identificar, alegando receio de que seu personagem viesse a sofrer retaliações na trama. Em mais uma oportunidade, Daniella teve que vir a público para se defender de uma crítica disparada em sua direção. Demonstrando serenidade — sobretudo diante da difamação de que fora alvo —, a atriz afirmara que jamais pedira à mãe qualquer privilégio na trama e que, em realidade, fora o núcleo em que atuava que, àquela altura, ganhara destaque na novela em função da preferência dos telespectadores.[76]

Frequentemente questionada por jornalistas, Daniella parecia ter se acostumado a abordar o tema de maneira cuidadosa, demonstrando não ter qualquer receio de revelar sua origem, ao mesmo tempo que se mantinha resoluta ao enfatizar que seu maior desejo era justamente ser reconhecida pelo próprio trabalho. Por vezes, no entanto, a atriz se permitia ser um pouco mais incisiva: "Ela [Glória Perez] jamais foi meu pistolão."[77]

ÚLTIMO ATO

Em realidade, Daniella sempre fez questão de deixar claro o orgulho que sentia pelo sucesso de sua mãe — de quem publicamente se declarava grande admiradora —, mas também frisava que buscava o seu espaço com muita perseverança e que não pretendia ser conhecida apenas como a filha de Glória Perez.

Em seu íntimo, a atriz parecia acreditar que os comentários negativos seriam esquecidos à medida que a sua carreira fosse ganhando envergadura e, em duas oportunidades distintas, citou que havia ocorrido algo semelhante no início das trajetórias artísticas de Cássio Gabus Mendes[78] e Tato Gabus Mendes,[79] filhos do escritor de novelas Cassiano Gabus Mendes. Embora os atores tenham sofrido com insinuações semelhantes no início da carreira, algum tempo depois poucos lembravam de sua filiação, e ambos passaram a ser avaliados exclusivamente por suas performances diante das câmeras.

Daniella, àquela altura farta de responder perguntas tendenciosas, parecia ter a resposta pronta para todo tipo de questionamento relacionado ao tema. Quando indagada sobre o fato de não ter realizado qualquer curso de formação de atores, a resposta estava na ponta da língua: "Minha escola foi a própria televisão."[80] A atriz se permitia abordar o tema sem receios e, com bastante perspicácia, conseguia até transformar em virtude aquilo que a imprensa insinuava ser uma fragilidade: "Eu não tenho nenhuma técnica de atriz, mas ouço os meus colegas mais experientes, aceito críticas e observo muito. Acho que acabei inventando um método próprio de interpretação."[81]

Naquele mesmo segundo semestre de 1992, ao mais uma vez abordar o incômodo assunto com o qual vinha se deparando com frequência, Daniella involuntariamente fez uma espécie de balanço de sua curta carreira. De maneira franca e sem hesitar, a atriz explicou como encarava a questão de começar a ser reconhecida no meio em que sua mãe já fazia sucesso:

> Não tenho mais o menor problema com isso, porque há muito tempo deixei de ser só a filha da Glória Perez para mostrar o meu trabalho. Entrei em *Barriga de Aluguel* porque fazia parte do grupo Vacilou Dançou, e o diretor Wolf Maia [sic] nos convidou para participar da novela. Logo depois, o Dennis Carvalho me chamou para viver a Yara em *O Dono do Mundo* e essa imagem de filha da autora acabou.[82]

Daniella estava certa. Àquela altura, o sucesso da personagem Yasmim deveria ter colocado um ponto final nas dúvidas sobre o talento da atriz, bem como afastado quaisquer resquícios de desconfiança acerca de uma suposta influência materna a favorecer a sua carreira. Ela havia conquistado seu espaço com muito esforço, e o justo reconhecimento de que desfrutava era a maior prova de que a desconfiança por ser filha da autora Glória Perez deveria ser definitivamente abandonada.

No entanto, nem tudo se passava da forma como deveria. A campanha na imprensa era por vezes cruel, até mesmo explorando os fatos de maneira sensacionalista. Em algumas oportunidades, a atriz se mostrava contrariada em relação a determinadas publicações, especialmente em relação à revista *Contigo*, que em sua visão publicava "coisas absurdas" e, por vezes, deturpava declarações dadas pelos atores.[83]

Em meio ao fogo cruzado, a atriz ocasionalmente deixava de lado a sua personalidade serena para expressar de forma franca aquilo que se passava em seu íntimo, revelando assim sua faceta menos comedida: "O sucesso incomoda."[84]

Era verdade. Até quando não adotava uma postura totalmente moderada, Daniella se mantinha cortês e, sem responder de forma mais contundente à parte da mídia que não lhe dava trégua, a atriz deixara sua mensagem de forma polida e elegante. Classe parecia fazer mesmo parte de sua essência, como esse verdadeiro tapa com luva de pelica demonstrava.

Alguns anos antes, Tom Jobim declarara publicamente aquilo que a atriz apenas conseguiria constatar no início da década de 1990: "No Brasil, sucesso é uma ofensa pessoal."
Daniella parecia saber exatamente do que o maestro falava.

Papel de santa

O especial de Natal do cantor Roberto Carlos pode ser considerado uma das atrações mais aguardadas pelo público ao final de cada ano. Exibido pela Globo de forma quase ininterrupta desde 1974, o programa marca a proximidade das festas de fim de ano, trazendo sempre uma mensagem de esperança e renovação.

Em 1992, o próprio cantor cogitou a possibilidade de o programa não ir ao ar, em função do falecimento, no final daquele mesmo ano, do diretor Augusto César Vannucci. Em comum acordo com a Rede Globo, contudo, o especial foi exibido e, naquele ano, foi denominado *Roberto Carlos Especial — Amigo*,[85] em homenagem ao diretor que por muitos anos foi o responsável pela direção do programa.

Conhecido por sua fé, Roberto normalmente dedicava parte do espetáculo à religiosidade cristã. Assim, o especial de 1992 não fugiria à regra e contaria com encenações que representariam o nascimento e o calvário de Cristo, cujos personagens seriam interpretados por atores da própria Globo.

A atriz Daniella Perez interpretou a Virgem Maria, mãe de Jesus Cristo. Em evidência em *De Corpo e Alma*, o convite representou um verdadeiro presente para a atriz, que já havia confidenciado que tinha o desejo de um dia interpretar "o papel de uma santa".[86]

Pouco se divulgou à época que a participação de Daniella na atração se deveu a uma estranha casualidade. Originalmente, as cenas gravadas pela atriz seriam exibidas no programa *Fantástico*, mas em função da morte de Vannucci o quadro "Histórias Fantásticas" deixou de ser apresentado durante a atração dominical. Por esse motivo, as cenas em que Daniella interpretava a Virgem Maria foram aproveitadas no especial de Natal do cantor Roberto Carlos, o que proporcionou à atriz uma visibilidade ainda maior.[87]

Embora esbanjasse sensualidade na pele de Yasmin, no especial a atriz pôde demonstrar toda a sua versatilidade, deixando nítido como havia evoluído desde que começara a atuar, pouco menos de três anos antes. Em cenas marcantes embaladas pela canção "Divina luz", Daniella deu vida — com emoção e naturalidade — a Maria, mãe de Jesus. Encenando o nascimento de Cristo, a personagem indagava aos céus: "Como pode alguém tão pobre abrigar no seio o filho do criador?"[88]

Embora breve, a encenação marcou a curta carreira da atriz. Aquele momento sensibilizaria principalmente o seu pai, que confidenciara que era aquela a imagem derradeira que guardava de sua filha: "Hoje, eu guardo duas imagens da minha filha. Na primeira, ela está vestida de Nossa Senhora, no especial de fim de ano do Roberto Carlos. Há quarenta anos eu só sei uma oração, que é a oração de Nossa Senhora. Hoje, quando eu penso em Nossa Senhora, eu penso na minha filha."[89]

Representando a mãe de Deus em um dos programas favoritos da audiência televisiva em todos os finais de ano, Daniella brindaria os telespectadores com a lembrança de uma imagem diferente sua, distinta das personagens que havia interpretado anteriormente. O caráter religioso da encenação conferiu um contorno etéreo ao final de sua carreira, que ocorreria abrupta e inesperadamente apenas três dias depois da exibição do programa.

Assim como marcou o pai da atriz, o especial propiciou ao público a oportunidade de guardar uma lembrança transcendente da figura de Daniella.

Por fim, não deixa de causar certo espanto o fato de Daniella, em sua última entrevista, ter afirmado que um dia gostaria de fazer o "papel de santa".[90] Embora o comentário não aparentasse ter uma

ÚLTIMO ATO

conotação religiosa (a pergunta que provocou a resposta versava sobre o vestuário da personagem Yasmin), é no mínimo curioso que o último papel de Daniella na televisão tenha sido justamente uma das figuras mais conhecidas e populares da Igreja católica.

Ainda que por via oblíqua, Daniella acabou por satisfazer um de seus últimos desejos.

Quero mais da vida

A última semana de 1992 começaria com um ar preguiçoso, ainda por conta do recesso das festas de final de ano. O Natal daquele ano caíra em uma sexta-feira. Como no Brasil a véspera do feriado católico já é bastante celebrada, aquele havia sido um feriado prolongado que para muitos se iniciara na quinta-feira e se estendera até o final do domingo.

Daniella celebrou as festividades natalinas na casa de seu tio Saulo, rodeada de amor e em meio a todos aqueles que tanto amava.[91] A confraternização acabaria por se transformar em uma derradeira despedida entre a atriz e parte de sua família, embora àquela altura ninguém pudesse minimamente desconfiar disso.

Naquele Natal, Daniella ainda ganhara de sua mãe um presente que havia muito ansiava e que cairia como uma luva em sua rotina repleta de compromissos: um telefone celular. Artigo pouco acessível no início da década de 1990, um aparelho de telefonia móvel era um luxo que raríssimas pessoas possuíam à época. Para a atriz, desde sempre melindrada com a violência carioca, seria de extrema utilidade para avisar à família sobre seus passos cotidianos sem depender dos telefones públicos, os famigerados "orelhões", que à época ainda funcionavam à base de fichas e que recorrentemente apresentavam defeitos.

Adquirido o presente, faltava ainda escolher o modelo do aparelho e definir o número da linha telefônica. Tais objetivos seriam cumpridos na terça-feira seguinte ao Natal, 29 de dezembro de 1992. Daniella combinara com um amigo de ir ao BarraShopping às 11h daquele dia para fazer as escolhas que lhe cabiam na loja onde sua mãe havia comprado o celular.[92]

Jamais cumpriria o desejo.

Aquele curto recesso de final de ano servira também para que a atriz pudesse renovar as energias, preparando-se física e espiritualmente para o ano vindouro. Descansar, afinal, era preciso, embora o ato de repousar muitas vezes acabasse por se tornar algo secundário em sua intensa rotina.

Em meio ao imenso sucesso de sua personagem, naqueles dias finais de 1992 Daniella certamente mirava o futuro. A atriz sabia que a aclamada performance em *De Corpo e Alma* a credenciara a voos mais altos. A curva ascendente acabara de se iniciar. Daniella tinha plena consciência disso e não se furtara a afirmar tal anseio em uma de suas últimas entrevistas: "Sei que ainda não estou pronta. Quero mais da vida."[93]

Àquela altura, tudo indicava que a curta declaração em muito vaticinava o futuro. Dada a aplicação às atividades a que se dedicava e à recém-descoberta vocação para as artes cênicas, era natural que muito estivesse por acontecer em sua trajetória artística. Ainda naquele final de 1992, a atriz Marilu Bueno asseverava que o sucesso de Daniella Perez não se tratava de algo efêmero. Pelo contrário. Baseando-se em sua aguçada sensibilidade artística, própria daqueles que já estavam na estrada havia tempo, a atriz garantira à imprensa: "Ela [Daniella Perez] é séria, tem talento e vai longe."[94]

Tendo registrado seus inúmeros planos e suas legítimas expectativas, Daniella legou ao futuro uma mostra daquilo que estava por vir. Sua flamejante forma de encarar a vida certamente se fortaleceria diante dos inúmeros desafios que viriam. Àquela altura, não era mais uma questão de se questionar se a atriz chegaria ao estrelato, mas quando isso de fato aconteceria. Para a maioria dos analistas que acompanhavam sua carreira, seria muito em breve.

ÚLTIMO ATO

O primeiro passo desse novo ciclo ocorreria em 1993, quando teatro e televisão se equilibrariam em uma agenda em que tempo não era propriamente um problema, mas, antes, uma solução. Desafiando os ponteiros do relógio e permitindo-se prescindir até do sono — dormir, para Daniella, não era uma necessidade tão premente quanto dançar — para dar conta da atribulada rotina de ensaios e gravações, ela já estava com as atenções voltadas para o porvir naqueles dias finais do ano. Um fato corriqueiro evidenciava isso: nos últimos dias de 1992, a atriz já começara a utilizar a agenda do ano seguinte,[95] numa demonstração cabal de que seu horizonte era o futuro. Em uma de suas últimas declarações, Daniella deixou consignada toda a sua imensa ânsia de viver:

> Estou num momento muito feliz da minha vida. A Yasmin é bem mais do que eu esperava. É diferente de tudo o que eu já fiz, embora tenha trabalhado em apenas três novelas. É um personagem que deu certo. Ela é bem povão, alegre, para cima, como eu. Nós duas temos vontade de viver. Alguns críticos dizem que a Yasmin está roubando a cena, outros metem o pau, mas não importa. Sinto-me realizada por estar fazendo um papel que o público gosta. Eu, sinceramente, não esperava que fosse ser isso tudo, mas o sucesso não me sobe à cabeça. Quero mais é aprender, para melhorar sempre. (...) Quando *De Corpo e Alma* acabar, quero fazer aulas de canto, dança, inglês e, principalmente, ter tempo para mim. Sou muito nova (22 anos) e tem muita coisa que quero fazer ainda. Mas meu grande projeto é continuar a ser feliz.[96]

Lamentavelmente, no entanto, 1993 jamais nasceria para a atriz.

LIVRO II
Uma tragédia que abalou o Brasil

7.
A pior das tramas

A última segunda-feira de 1992

Segunda-feira, 28 de dezembro de 1992. A cidade do Rio de Janeiro amanheceria nublada e a temperatura máxima prevista para aquele dia não ultrapassaria os 28 graus, o que pode ser considerado ameno, dadas as altas temperaturas registradas em mais um calorento verão carioca. Para tornar o clima ainda mais fresco, estavam previstas pancadas de chuvas esparsas por toda a cidade.

Salvo a temperatura agradável, nada apontava que aquela última segunda-feira do ano guardasse algo de anormal. O clima de celebração pelo réveillon já havia tomado conta da zona sul, normalmente invadida por turistas nessa época do ano. Aquela última semana começava preguiçosa, como se a cidade já estivesse em contagem regressiva para a grande festa de ano-novo programada para acontecer em Copacabana.

No entanto, apesar de toda a aparente normalidade, aquela segunda-feira ficaria marcada como o dia em que foi cometido um dos crimes mais bárbaros de que se tem notícia no Brasil.

O noticiário daquele fatídico dia começava dominado pelo impeachment do presidente Fernando Collor de Mello, já afastado da Presidência da República e aguardando julgamento definitivo pelo Senado. A defesa de Collor tentara, sem sucesso, adiar o derradeiro julgamento, o que acabara por ser negado pelo ministro Sepúlveda Pertence, que se encontrava no plantão do Supremo Tribunal Federal (STF) durante o recesso de fim de ano do Judiciário.

Imaginava-se, então, que Brasília monopolizaria o noticiário, dada a alta-tensão do mundo político naquele momento. Ledo engano. Essa impressão seria impiedosamente atropelada pelos fatos que se sucederiam no Rio de Janeiro na noite daquela segunda-feira, capazes até de suplantar em interesse o afastamento do primeiro presidente eleito pela via direta no Brasil em quase trinta anos.

Naquela manhã nublada, a atriz Daniella Perez cumpriria a sua rotina habitual, no que também parecia ser apenas mais um dia comum em seu agitado cotidiano. Acordou por volta das 9h30 e, após uma chuveirada, fez uma refeição leve ao lado do marido, Raul Gazolla. Naquele momento, exatamente quando Daniella despertava para o que imaginava ser mais um dia atribulado, o avião de seu algoz pousava no aeroporto Santos Dumont, no Rio de Janeiro.

Guilherme de Pádua havia passado o final de semana em São Paulo. Participara de uma série de eventos promocionais em boates da capital paulista. Valendo-se da repercussão de seu personagem, Guilherme aproveitava o tempo livre para faturar uma renda extra, fazendo o que à época se denominava "presença" em danceterias frequentadas por jovens. Após um final de semana repleto de compromissos, ele retornara ao Rio de Janeiro naquela manhã de segunda-feira.

Enquanto isso, a agenda de Daniella prosseguia normalmente. Saíra de casa trajando seu vestuário preferido: calça jeans, blusa preta e o seu tênis Reebok branco com detalhes em rosa. Ainda pela manhã, fora a uma agência de veículos para tratar da documentação de um jipe da marca japonesa Suzuki que pretendia adquirir. Em seguida, ela passou rapidamente por uma agência bancária para resolver um problema com o cartão de crédito, e depois dirigiu-se à casa de sua mãe, onde almoçou filé de frango acompanhado de legumes e salada.

Daniella aproveitou para escolher algumas músicas para o musical que estava ensaiando e teve uma leve indisposição estomacal, rapidamente amenizada por um comprimido. Refeita do incômodo, seguiria para a Barra da Tijuca, onde gravaria suas cenas no estúdio Tycoon.

Aquele almoço marcou a última oportunidade em que a novelista Glória Perez veria sua única filha com vida.

Do outro lado da cidade, Guilherme também se preparava para seguir para o estúdio a fim de gravar suas cenas. Antes, ainda pretendia acompanhar a esposa Paula Thomaz, grávida do primeiro filho do casal, em uma consulta médica. Contudo, atrasados para a consulta, fato comum na rotina do casal, Guilherme e Paula desistiram do compromisso e decidiram ir até o BarraShopping, onde pretendiam almoçar no McDonald's. Na lanchonete, o assédio a Guilherme era intenso. Três fãs que conseguiram tirar fotos com o ator contaram ao jornal *O Dia* que ele aparentava estar nervoso naquela tarde.[1]

Após conseguir comprar alguns sanduíches e pedaços de frango empanado, o casal optou por se retirar do shopping — em meio a uma cena de ciúme protagonizada por Paula[2] — e parar perto de um trailer na praia do Recreio dos Bandeirantes, não muito distante, onde enfim puderam comer em paz.[3]

Ao deixar o BarraShopping, o controle eletrônico do complexo registrou os horários de entrada e saída do Santana GLS 2000, ano 1989, que Guilherme dirigia e que pertencia ao pai de Paula: o casal havia entrado às 14h19 e saído às 15h22.[4] Após o veículo deixar o shopping naquela tarde, não haveria mais qualquer registro de entrada ou saída do Santana no BarraShopping no dia 28 de dezembro de 1992.

Daniella e Guilherme chegaram ao estúdio à tarde, mas não se encontraram logo. Ela foi para o camarim feminino trocar de roupa; ele se dirigiu ao setor de maquiagem para aplicar um rápido corretivo, principalmente nas olheiras que ostentava, em virtude do cansaço do final de semana de trabalho em São Paulo.

Como de hábito, em todas as segundas-feiras eram distribuídos os textos para os atores, com suas participações nos capítulos que seriam gravados naquela semana. Ao se dirigir à mecanografia para retirar as cópias que lhe cabiam, Guilherme levou um susto: sua participação na novela, pelo menos em relação ao script definido para aquela semana, havia sido reduzida.

O ator ficara visivelmente decepcionado com aquela notícia.

Se o dia para Guilherme não começara bem, ficaria ainda pior com o decorrer das gravações. Mais tarde seria gravada a cena do rompimento entre os personagens Bira e Yasmin. Em uma cena típica de novela, Bira levaria para Yasmin um anel de compromisso, mas suas expectativas seriam duplamente frustradas: a personagem de Daniella não apenas recusaria a aliança, como ainda colocaria fim ao romance.

A cena do término do relacionamento do casal em nada diferia de outras tantas cenas do gênero, tão habituais em telenovelas. A derradeira cena entre os atores, cuja exibição estava prevista para o capítulo que seria apresentado no dia 13 de janeiro de 1993,[5] jamais foi ao ar, por determinação da direção da emissora. Curiosamente, o diretor Fábio Sabag considerou o desempenho de Guilherme "surpreendentemente bom" e chegou até a indagá-lo sobre os motivos pelos quais não atuava sempre daquela forma realista.[6]

Para aqueles acostumados ao ambiente ficcional, a cena que colocava um ponto final no romance dos personagens nada tinha de anormal. No entanto, para Guilherme de Pádua o desdobramento da cena parecia não ter se limitado à ficção.

A PIOR DAS TRAMAS

O ator torcia abertamente para que Bira e Yasmin ficassem juntos na trama, intuindo que seu desempenho na ficção poderia influenciar os rumos da novela. Dessa forma, aparentava levar a dramaturgia para um terreno perigosamente pessoal, como o próprio ator confessou em suas memórias narradas em terceira pessoa:

> Em suma, [Guilherme de Pádua] pretendia comover o público com o amor de Bira por Yasmin, mais do que Daniella comovesse com o amor de Yasmin por Caio. Sempre esta foi uma difícil "guerra" para Guilherme, mas ele não se dava por vencido e elaborava as cenas de seu personagem visando obter o melhor resultado possível.[7]

Ainda nas memórias do ator, é possível verificar que Guilherme acreditava que havia um verdadeiro complô a direcionar o destino dos personagens na trama, desconsiderando por completo o fato de que reviravoltas amorosas são extremamente comuns em telenovelas, pois consistem em uma forma de alavancar ou manter a audiência em patamares altos. Em seus devaneios, Guilherme confessava não ter dúvidas de que "só mesmo um jogo político para tomar Yasmin de Bira".[8]

Aparentando não temer o ridículo de suas atitudes, Guilherme desconhecia limites em sua fixação pelo desfecho do enlace de Bira e Yasmin. Relatos de seus colegas dão conta de que ele teria chegado ao ponto de realizar uma espécie de enquete informal com alguns atores da trama para verificar a opinião deles acerca do desfecho amoroso dos personagens. O experiente Stênio Garcia chegou a alertá-lo para que não procedesse daquela maneira, deixando-se envolver sobremaneira com a ficção.[9]

Em meio a esse tipo de desvario, não é de se estranhar a reação de Guilherme após a gravação da cena de rompimento dos personagens: o ator teve uma forte crise de choro, testemunhada por várias pessoas que se encontravam no estúdio naquele dia. Contudo, sua reação destemperada não se limitaria ao choro compulsivo. Ainda houve testemunhos de que o ator esmurrara violentamente o cenário,[10] em um verdadeiro acesso de fúria que dava a real dimensão do seu estado de espírito naquele momento.

Na verdade, aquele desatino comportamental era apenas a ponta do iceberg. Envolvido de tal maneira com seu personagem, havia relatos de que aquela não era a primeira vez que Guilherme chegava a chorar quando algo magoava Bira, e o defendia "com unhas e dentes".[11] Seria natural que esse tipo de comportamento começasse a chamar atenção dos atores e de parte da produção. Assim, não era de se estranhar que considerações acerca de tal postura começassem a extrapolar os limites do estúdio de gravações.

Desde o final de novembro de 1992, alguns comentários velados começaram a aparecer na mídia e levam a crer que o extravagante comportamento de Guilherme poderia estar vazando do set de gravações para a imprensa, a ponto de se especular que, àquela altura, havia atores insatisfeitos com os rumos da trama.

A última entrevista concedida por Daniella Perez talvez seja o melhor exemplo disso. Em resposta a duas perguntas do jornal *O Estado de S. Paulo*, a atriz deixou de lado o seu usual comedimento. Em realidade, suas respostas pareciam ser um recado dirigido a determinado destinatário, embora àquela altura ninguém, além da própria Daniella, pudesse saber disso:

> **Alguns atores do elenco de *De Corpo e Alma* estão insatisfeitos com o rumo dado aos personagens. E você?**
> Às vezes os atores reclamam mesmo e isso acontece em qualquer novela.
>
> **Mas você anda insatisfeita com os rumos dados ao seu personagem?**
> Isso não é função minha. Não tenho de escolher o caminho do meu personagem. É até um recado que eu dou para quem

reclama. Não é função do ator decidir o rumo do personagem. Tem uma pessoa paga para escrever. Não é porque é novela da minha mãe, digo isso em relação a qualquer autor.[12]

Se realmente era um recado, não houve tempo de chegar ao destinatário, e jamais se poderá ter certeza sobre esse fato. Naturalmente, a entrevista foi realizada antes de o crime ter sido cometido, porém o jornal *O Estado de S. Paulo* só a publicaria na edição de 30 de dezembro de 1992, dois dias após o assassinato da atriz. Seja como for, sua posição pública estava demarcada. Daniella fazia seu trabalho com temperança, educação e, principalmente, seriedade.

Não pretendia mudar.

Em paralelo, alguns articulistas já farejavam algo de estranho no ar. Provavelmente informada por fontes que tinham acesso aos bastidores da novela, a Coluna do Chacrinha publicara uma insólita nota que se tornaria ainda mais enigmática pouco tempo depois: "Daniela (*sic*) Perez merece toda a proteção do mundo. Glória Perez não faz mais do que a sua obrigação... Como tem gente invejosa no mundo."[13]

De fato, havia relatos de que Guilherme pressionava Daniella para que interviesse junto à mãe em favor do personagem Bira. Pessoas próximas chegaram a pressentir o risco iminente que rondava a atriz. Justamente no dia em que o crime foi praticado, o ator Sandro Siqueira percebera que a situação havia passado dos limites: "Você [Daniela] vai contar isso [o assédio] hoje para a sua mãe! Se não contar, amanhã eu conto."[14]

Não houve tempo para um amanhã.

Em seus cada vez mais perigosos desvarios, Guilherme não encontrava quaisquer limites. Imaginava à época que o relacionamento dos personagens e, principalmente, que um final feliz para Bira e Yasmin poderia propiciar a associação de sua imagem à de Daniella de forma perene, a ponto de no futuro chegarem a ser conhecidos como "namoradinhos do Brasil".

Ainda naquele dezembro de 1992, Daniella delimitara com precisão os limites que se autoimpunha em sua relação profissional com Glória Perez, deixando claro que, naquela dinâmica, quem estava ali não era a sua mãe, mas sim a autora da novela:

> **Dani, ser filha da Glória Perez (...) ajuda ou atrapalha?**
> Não faz diferença. Eu e a minha mãe temos uma relação extremamente profissional. Se nunca telefonei para o Gilberto Braga para pedir alguma coisa para o meu personagem, não vou fazer isso com a Glória só porque é a minha mãe.[15]

Novo recado claro no sentido de que não se curvaria a qualquer tipo de pressão. Ao colega de elenco, o ator Sandro Siqueira, contudo, Daniella confessara sentir medo de Guilherme e admitira ainda sentir "repugnância" ao contracenar com o ator.[16]

Embora algumas fontes tenham afirmado que Daniella não relatara à mãe o assédio que sofria com receio de prejudicar Guilherme profissionalmente,[17] a atriz chegou a revelar a embaraçosa situação à novelista, como a própria Glória Perez declarou à imprensa: "Todos sabem que era Guilherme que vivia assediando a Dani. Ela chegou a se queixar até para mim."[18] À série da HBO, Glória ainda declarou: "Ele [Guilherme de Pádua] foi longe demais nessa pressão sobre ela [Daniella Perez] e teve medo que ela contasse para mim e para o marido."[19] Não é possível afirmar o quão detalhadamente a novelista sabia sobre o assédio, mas é provável que àquela altura Guilherme pudesse desconfiar de que a redução de suas cenas fosse uma espécie de retaliação por parte da autora da trama.

A própria Glória, no entanto, atribuiu a redução a uma questão circunstancial — surgiu a necessidade de uma mudança abrupta no script da novela justamente naquela semana, pois cenas que dramatizariam um sequestro tiveram que ser cortadas, a pedido da Polícia Civil do Rio de Janeiro. Vinte anos após o crime, a novelista ainda relacionava tal fato à motivação do assassinato: "[Guilherme] matou por medo de perder os holofotes. Por vingança, pois sua personagem deixou de aparecer em um bloco e ele achou que estava sendo excluído da novela."[20]

Diante desse intrincado contexto, a morte de Daniella pode ter sido interpretada por Guilherme como a solução de seus problemas, como especulava o jornal *O Globo* ao rememorar o crime:

O ator, por sua vez, incomodado com a redução das suas cenas na novela, pensava que a morte de seu par romântico no folhetim traria dois benefícios: botaria um ponto final nas reclamações da mulher (...) e faria todos os holofotes brilharem em sua direção. Seria coroado como último parceiro da atriz.[21]

Por esse raciocínio, uma das possíveis motivações do homicídio seria a ambição desmedida do ator. O crime teria sido cometido para que a cena de rompimento entre Bira e Yasmin jamais fosse ao ar — como de fato aconteceu. Assim, diante da inevitável reviravolta que a trama sofreria, dificilmente o personagem Bira teria a participação diminuída na novela, já que não seria possível gravar novo desfecho para Yasmin, sendo ele, portanto, o último ator a ter contracenado com Daniella Perez.

Ao que tudo indica, o raciocínio distorcido de Guilherme o levou a concluir que, pela via oblíqua da tragédia, seu declarado desejo de que os personagens acabassem juntos acabaria por se concretizar. Além disso, ele não perderia os holofotes — como imaginava estar acontecendo naquele momento.

Naquela segunda-feira, parecia que a fixação de Guilherme por Daniella atingira o ápice. Aparentando bastante nervosismo, ele cercava a atriz pelo set de gravações e chegou a lhe entregar três bilhetes escritos de próprio punho, cujo conteúdo não foi revelado por Daniella a ninguém, salvo por breves comentários dito a uma das camareiras: "Como alguém pode distorcer tanto uma coisa?"[22] Por outro relato, Daniella teria sido ainda mais explícita: "Como as pessoas podem ser assim!? Querem levar o caso para um lado que não pode ser."[23] Já a uma das maquiadoras, a atriz demonstrava estar próxima do seu limite: "Não aguento mais."[24]

Tais relatos deixam claro que Daniella ficou bastante incomodada diante do conteúdo das mensagens, a ponto de deixar escapar sua preocupação por meio de breves comentários. Se até aquele momento apenas Guilherme e Daniella sabiam o que estava escrito nos bilhetes, no dia seguinte o conteúdo das mensagens se transformou em um segredo apenas dele, uma vez que os papéis jamais foram localizados.

Segundo relatos de colegas de elenco, ainda naquela segunda-feira Guilherme teve um incontido acesso de ciúmes quando soube que Daniella recebera um recado do marido.[25] Era outro prenúncio de que as coisas não iam bem. À atriz Carla Daniel, o ator revelara que não dormia direito havia três meses,[26] o que possivelmente deteriorava ainda mais o seu já conturbado estado psicológico.

Na primeira vez em que esteve no estúdio Tycoon naquele dia, Guilherme gravara duas cenas em seis minutos e, como havia um intervalo de onze cenas até sua próxima gravação, o ator teria tempo de ir até sua casa, em Copacabana, para buscar Paula Thomaz.[27] Retornou ao estúdio e ficou à espera de Daniella, uma das últimas atrizes a gravar naquela noite. Daniella deixou o estúdio por volta de 21h10, ao lado de Marilu Bueno, e também acompanhada por Guilherme de Pádua.

Já na portaria, ao serem informados sobre a presença de jovens fãs aguardando a saída dos atores, Guilherme e Daniella se dirigiram até o local onde eram ansiosamente aguardados por alguns adolescentes. Efusivamente recepcionados, deram autógrafos e tiraram fotos. Aquelas foram as últimas fotos do ator Guilherme de Pádua ao lado de fãs, bem como os últimos autógrafos dados por ele. Lamentavelmente, também foram os últimos autógrafos dados por Daniella Perez, embora naquele instante ela sequer pudesse imaginar isso.

Aquelas também seriam as últimas imagens da atriz com vida.

* * *

É forçoso registrar que — em declarações registradas pela imprensa à época bem como nos depoimentos prestados à polícia — era senso comum que Daniella estava sendo assediada nos bastidores da novela: atores, produção e a própria autora da trama confirmaram este fato.

Não se trata de culpabilizar ninguém pelo trágico desfecho, até porque seria injusto e, sobretudo, leviano fazê-lo, tendo em vista que uma tragédia desse quilate era algo completamente inimaginável. Por outro lado, é impossível deixar de notar que uma mulher fora assediada por um homem em seu ambiente de trabalho, tal fato era recorrente e notório, e nada — absolutamente nada — foi feito para impedir que o assédio continuasse. A cultura tóxica de normalizar ou relativizar o assédio sofrido por uma mulher, comportamento não de todo incomum em nossa sociedade, não deixa de ser algo digno de registro e que merece uma profunda reflexão.

Trinta anos depois dos fatos, será que alguma coisa mudou?

A hora mais escura[28]

Após se despedirem dos fãs, os atores se dirigiram ao estacionamento, onde cada um pegaria seu carro. Marilu Bueno, que os acompanhava, despediu-se e tomou seu rumo em direção ao micro-ônibus que transportava atores e funcionários da emissora até alguns pontos nas proximidades do estúdio. Daniella ainda se deslocou até a guarita do estacionamento, de onde realizou uma última chamada telefônica.

Guilherme e Daniella foram vistos no estacionamento pelo assistente de câmera Gilmar Marinho. Segundo o relato dessa testemunha, cada um dos atores deixou as imediações do estúdio em seu próprio veículo; Guilherme precedeu Daniella. Gilmar ainda relatou um fato que lhe chamou a atenção: ao passar perto do Santana guiado por Guilherme de Pádua naquela noite, foi possível enxergar um estranho volume, completamente coberto por um lençol branco, que ocupava toda a extensão do banco traseiro.

Tudo indica que Paula Thomaz estava escondida dentro do carro, coberta pelo lençol cuja finalidade seria ocultar sua presença no veículo. O próprio Guilherme de Pádua, em suas memórias, reconhece que o casal realmente levou um lençol naquele dia, bem como confirma a presença sorrateira de Paula.

Os registros do estúdio Tycoon apontavam os seguintes horários de entrada e saída dos veículos dirigidos pelos atores naquela segunda-feira: o Santana de Guilherme entrou no estacionamento às 16h59 e saiu às 19h35; o Escort de Daniella ingressou às 15h20, deixando o local pontualmente às 21h10.[29]

Contudo, tais registros não refletiam todos os horários de entrada e de saída do Santana no estacionamento naquele dia. Apurações posteriores demonstraram que as anotações se referiam apenas à primeira vez que Guilherme ingressou com o carro no estacionamento. O ator ainda retornaria mais uma vez ao estúdio Tycoon naquela mesma segunda-feira. No entanto, essa segunda passagem estranhamente não foi registrada pelos responsáveis pelo controle do estacionamento, o que dá margem à dúvida se o carro realmente foi estacionado no interior do estúdio. Segundo o vigia Fernando Batista, Guilherme retornou ao estúdio por volta das 21h.[30]

A reconstituição acurada dos fatos se torna ainda mais difícil após a saída dos dois veículos, comportando narrativas díspares por parte de Guilherme de Pádua e Paula Thomaz, geralmente contraditórias entre si e em relação à sequência de eventos ocorrida a partir daquele momento. O que se tem de certeza é que todos os indícios apontam para uma emboscada. A ocultação de uma pessoa no banco traseiro do Santana percebida por uma testemunha, o fato de Guilherme ter adulterado a placa do veículo com uma fita adesiva preta (comprovado posteriormente pela perícia e admitido pelo próprio ator) e o relato de frentistas de um posto de gasolina próximo, que presenciaram o Santana de Guilherme fechando o Escort dirigido por Daniella na saída do posto, tudo isso aponta para uma ação meticulosamente planejada com antecedência.

As versões sobre o que ocorreu naquela noite foram sendo modificadas ao longo do tempo. Uma primeira narrativa apresentada por Guilherme afirmava que ele e Daniella estavam sozinhos no local do crime (um terreno ermo e pouco iluminado próximo à produtora na qual a novela era gravada) e que ambos teriam entrado em luta corporal. Por essa inverossímil versão, Daniella teria apanhado uma tesoura no porta-luvas do carro do ator para atacá-lo.[31] Ato contínuo, Guilherme teria desarmado a atriz, que desfaleceu ao ser asfixiada após ter recebido uma "gravata" do ator. Ainda segundo esse relato inicial, Paula Thomaz não estaria na cena do crime, e o ator teria sido quem desferiu os golpes que perfuraram o corpo de Daniella, por imaginar que ela havia morrido em função da asfixia provocada pelo golpe anteriormente aplicado.[32]

As justificativas para essa versão também variaram: em uma delas, ao imaginar que Daniella Perez havia sido morta por asfixia, os golpes teriam sido desferidos para simular um assalto; em outra versão, o objetivo teria sido tentar salvar a vida da atriz por meio de uma traqueostomia.[33]

Posteriormente, Guilherme mudou radicalmente essa versão. Na nova narrativa, Paula Thomaz não apenas esteve presente no local do assassinato como também teria desferido os golpes que mataram Daniella. Paula teria se escondido no carro e exigido presenciar, de forma oculta, um diálogo em que Guilherme comprovasse que não mantinha um relacionamento extraconjugal com Daniella. Durante o suposto diálogo, Paula teria tido um surto de ira e saído do veículo para atacar Daniella, enquanto Guilherme assistia atônito à brutal cena que se seguiu.[34]

Em relato similar, mas com algumas diferenças em relação à própria participação, Guilherme voltou a narrar que foi Paula quem realmente desferiu os golpes de tesoura, mas nessa nova versão ele teria tentado separar uma suposta briga entre Paula e Daniella. Ele também acrescentou que os golpes só foram consumados após o casal imaginar que Daniella já estava morta por asfixia em função da "gravata" aplicada por Guilherme quando tentava apartar as duas mulheres, que supostamente se engalfinhavam.

Em entrevista no ano de 1996, Guilherme de Pádua talvez tenha dado a sua declaração mais incisiva sobre a forma como Daniella Perez foi morta: "Acho que nós [Guilherme e Paula] matamos. Sem a minha presença, Paula não conseguiria matar Daniella. Eu inclusive pensava que ela estava morta, depois que dei a gravata para imobilizá-la e evitar a briga com Paula. Uma coisa complementou a outra — segurei com brutalidade e Paula deu as tesouradas."[35]

Já Paula Tomaz, em uma controversa confissão, supostamente realizada na presença de alguns policiais, afirmou ter sido responsável pelo ataque a Daniella, que fora iniciado com uma chave de fenda,[36] depois consumado com o uso de uma tesoura. Pelos relatos de Guilherme, Paula também teria confessado o crime para a mãe dele[37] e para a própria mãe,[38] além de ter confirmado a Guilherme que realmente havia confessado a sua participação no assassinato à polícia.[39]

No entanto, Paula nunca reconheceu formalmente a própria confissão, e em todos os depoimentos oficiais que prestou à Justiça (a acusada se reservou o direito de só dar declarações em juízo) negou que tenha estado na cena do crime ou confessado a participação no assassinato de Daniella Perez. Ela apenas afirmou que teria passado toda a tarde e parte substancial da noite daquela segunda--feira (aproximadamente oito horas) passeando despretensiosamente em um shopping próximo ao estúdio Tycoon sem que ninguém a tivesse notado, e sem comprovar a realização de qualquer compra.

Um dos pontos mais controversos do crime é a forma como a atriz chegou ao local onde seu corpo foi encontrado. Pela versão da acusação, Daniella foi nocauteada com um violento soco no rosto após o seu veículo ter sido interceptado na saída de um posto de gasolina. A potência do golpe a fez desfalecer e, ato contínuo, a atriz teria sido colocada desmaiada dentro de seu próprio carro, com Guilherme assumindo a direção do Escort enquanto Paula assumia a direção do Santana. Assim, a atriz possivelmente teria sido levada inconsciente até o local em que foi assassinada.

Contudo, nem isso pode ser afirmado com segurança. Partindo-se da premissa de que a atriz foi colocada inconsciente dentro do Escort, jamais se poderá ter certeza se Daniella já chegou morta ao local do crime ou se o atentado contra a sua vida foi consumado no terreno onde o seu corpo foi encontrado. Há relatos de que Daniella jamais esteve de pé no local do crime, pois não havia marcas de seus pés naquele lugar.[40]

Pelo relato autobiográfico de Guilherme de Pádua, Daniella, já desfalecida, teria sido arrastada para dentro do matagal pelos braços. O ator a puxara por um dos braços, enquanto Paula Thomaz a puxara pelo outro.[41] A perícia das roupas utilizadas pela vítima é um forte indício de que de fato houve o arrasto. Seu tênis branco apresentava marcas de que fora arrastado, e na sua calça jeans foram encontrados resquícios de barro.[42] Segundo a acusação, a hipótese mais provável, diante dessas evidências, é de que a atriz tenha sido morta em algum ponto localizado entre o posto de combustível onde o seu carro foi interceptado e o local em que seu corpo foi abandonado.[43]

Embora haja inúmeras evidências acerca da premeditação do crime, é impossível precisar a dinâmica exata de como os fatos realmente ocorreram. O que se sabe com segurança é que Daniella foi impiedosamente assassinada com dezoito golpes de um instrumento perfurocortante, provavelmente um punhal, embora o réu confesso tenha afirmado que o crime foi consumado com uma tesoura.

Em meio a inúmeras dúvidas e versões pouco críveis apresentadas pelos acusados, restou uma única certeza: apenas Paula Thomaz e Guilherme de Pádua sabem exatamente o que aconteceu naquela noite de horror.

Enxugando lágrimas

Imediatamente após o crime, o casal buscou se comportar dentro do mais absoluto padrão de normalidade, claramente no intuito de não atrair suspeitas sobre si. Assim, Guilherme foi visto por duas pessoas na praia de Copacabana realizando *cooper* na noite do assassinato.[44]

O ator aparentava tranquilidade e provavelmente deve ter aproveitado essa oportunidade para se desfazer da arma do crime,[45] sendo a prática de corrida um pretexto para não levantar suspeitas. Outra versão, atribuída a Paula Thomaz, afirma que a arma do crime e a bolsa pertencente a Daniella foram descartadas no mar imediatamente após a ação criminosa.[46]

Seja como for, a arma com a qual o crime foi praticado jamais foi encontrada.

Ao retornar à sua casa, Guilherme recebeu um primeiro telefonema de uma angustiada Glória Perez, que intuíra que algo de grave pudesse ter acontecido à filha. Esboçando naturalidade, o ator afirmou que Daniella saíra do estúdio Tycoon sozinha.[47] Glória estranhou a segurança na resposta, já que Guilherme havia deixado o estúdio antes da atriz.[48] O ator ainda cogitou de forma vaga a possibilidade de a atriz ter ido fazer uma visita a algum amigo, sem indicar, no entanto, que Daniella tivesse feito qualquer comentário nesse sentido. A falta de nexo da resposta fez com que Glória a considerasse "cretina".[49] A novelista achou a postura de Guilherme confusa, o que fez aflorar em seu íntimo a semente da desconfiança.[50]

Como o tempo continuava a passar e não chegava notícia alguma sobre o paradeiro da atriz, sua família se alvoroçou. Daniella não era dada a atrasos e, receosa da crescente violência urbana, sempre avisava sobre os lugares aonde iria e a que horas chegaria em casa. Por isso era muito estranho que ninguém soubesse do seu paradeiro. Enquanto o avô de Daniella tentava algum contato com a polícia, Raul Gazolla procuraria a esposa nas imediações do estúdio Tycoon e pela orla da praia da Barra da Tijuca. Ao retornar à sua residência,

A PIOR DAS TRAMAS

Gazolla foi informado de que policiais estiveram à sua procura, o que o levou a imaginar que um contratempo menor poderia ser a causa do sumiço de sua esposa: "Pensei que ela [Daniella] poderia ter desacatado uma autoridade e fiquei aliviado."[51]

Ledo engano.

Pouco depois, Raul foi informado de que o carro da atriz havia sido localizado em um local ermo. A princípio, se imaginava que poderia ter sido um sequestro. A ilusão, no entanto, não duraria muito. Não tardaria a chegar a notícia de que um cadáver, cuja descrição era compatível com as características físicas de Daniella, havia sido encontrado próximo ao carro abandonado.

A ocorrência foi registrada por dois policiais militares, o cabo Nuenes e o soldado Geraldo, primeiras pessoas a chegarem ao local, exatamente às 23h46 daquela segunda-feira. Pouco depois, às 0h15, o corpo da atriz foi encontrado.[52] Posteriormente, o soldado descreveria à imprensa como foi aquele momento: "Caminhei uns 10 metros e vi as pernas de uma pessoa esticadas no mato. Gritei para o cabo e, com uma lanterna, examinamos o corpo, que, a princípio, parecia o de uma menina. Depois vimos que era uma moça, de 20 a 22 anos."[53] O cadáver foi encontrado com os cabelos cobrindo parcialmente o rosto e, segundo o jornalista Cláudio Vieira, "alguns fios balançavam ao sabor da brisa daquela madrugada, movimento único de um corpo sem vida".[54]

Iluminado pelos faróis das viaturas policiais, jazia o corpo inerte de Daniella Perez quando sua família chegou ao local do crime. O estupor se apoderara de todos aqueles que presenciaram a cena. Como os pertences da atriz haviam sumido, naquele momento presumia-se que Daniella teria sido mais uma vítima da criminalidade que havia muitos anos assolava a cidade do Rio de Janeiro.

Aquela, porém, era mais uma ilusão que não resistiria ao raiar do dia.

Pouco depois, o telefone soaria de novo na residência de Guilherme de Pádua. A nova chamada foi feita pelo também ator

Duda Ribeiro, colega de Guilherme na novela. Duda informou ao ator que o corpo de Daniella havia sido encontrado em um matagal perto do estúdio, e Guilherme reagiu à notícia com fingido espanto.

Ato contínuo, Duda pediu a ele que comparecesse à delegacia da Barra da Tijuca, onde os demais atores já estavam se reunindo a pedido da autoridade policial que começava a investigar o caso. Premido pelo cálculo de que sua ausência poderia despertar alguma suspeita, o ator prontamente concordou. Ao chegar à delegacia, à qual se dirigiu com o mesmo veículo utilizado no crime, Guilherme se juntou aos seus colegas de elenco, além de prestar solidariedade aos familiares da vítima.

Naquele momento, contudo, já se sabia que Guilherme havia sido um dos últimos atores a estar com Daniella na saída do estúdio. Assim, muitos de seus colegas se aproximaram dele na ânsia de saber se tinha notado algo de estranho ao se despedir de Daniella naquela noite.

Embora tivesse cometido um crime bárbaro apenas algumas horas antes, Guilherme não apresentava qualquer traço mínimo de culpa, esboçando naturalidade nas conversas com os demais atores, a ponto de chegar a perguntar se sabiam como ficaria a questão das gravações já agendadas para o dia seguinte.[55] Segundo o jornal *O Globo*, o ator "desempenhou com maestria o papel de um colega em estado de choque".[56]

Ao perceber a chegada de Guilherme, Gazolla imediatamente se dirigiu a ele em busca de informações, possivelmente por já ter tomado conhecimento de que o ator havia sido a última pessoa a ver Daniella com vida. Extremamente abalado pelos fatos, Raul foi consolado pelo algoz de sua esposa, que chegou a sentir as lágrimas do marido de Daniella escorrerem por seus ombros.[57]

Com inacreditável desfaçatez, Guilherme chegou a dar um forte abraço em Gazolla, e ainda teria se permitido dizer algumas palavras de conforto: "Força, cara. Força."[58] Sua audácia parecia ter atingido o seu nível máximo. Falso. Guilherme de Pádua ainda se permitiu citar explicitamente uma "vontade superior" para explicar o terrível acontecimento que sabia ser obra exclusiva da ação humana: "Deus sabe o que faz."[59] Naturalmente abalado pelos acontecimentos e comovido pela solidariedade que recebia, Gazolla retribuiu o fingido apoio que recebera do algoz de sua esposa: "Você é um grande amigo."[60]

Apenas algumas horas depois, o tempo revelaria justamente o contrário.

Se Guilherme se empenhava em demonstrar naturalidade e, sobretudo, solidariedade, o mesmo não se pode dizer de Paula Thomaz. Relatos dão conta de que a então esposa do ator parecia estar enfadada e a todo momento repetia que queria ir para casa, não se atentando à gravidade daquele momento.[61]

Em suas memórias, Guilherme recordou aqueles instantes angustiantes afirmando que, no caminho até a delegacia, seus pensamentos se concentravam "nas consequências que a tragédia poderia trazer para eles [Guilherme e Paula]",[62] o que demonstra que o sofrimento dos parentes das vítimas jamais estivera entre as suas preocupações. Como o próprio ator afirma no livro que escreveu, seu pensamento era dominado por um só sentimento: "Queriam [Guilherme e Paula] se livrar das responsabilidades que tinham sobre o crime."[63]

A audácia do casal, que logo após cometer o crime se dirigiu ao local onde se concentravam amigos e familiares de Daniella Perez, foi certamente um dos traços mais chocantes do assassinato da atriz. O relato de Glória Perez a um semanário talvez seja o retrato mais fiel daquele tormentoso momento:

> Guilherme de Pádua me tranquilizou pelo telefone duas horas depois de ter trucidado a Daniella. Paula Thomaz falou com uma pessoa da minha casa, mostrando-se muito preocupada com o desaparecimento da Dani e pedindo que ligassem para ela assim que a Dani chegasse em casa.

> Mas que ligassem mesmo! Depois, quando se descobriu o assassinato, foram os dois para a delegacia, no carro do crime, para prestar solidariedade à família. O abraço que o assassino teve coragem de dar no Raul diz mais do seu caráter do que qualquer declaração que alguém possa fazer contra ele. O Raul chorava, atordoado, dizendo: "Mataram a Dani, mataram a Dani!" E o assassino batia no ombro dele, solidário: "força cara... calma... tamos aí... conta comigo." Depois disso, os criminosos foram para casa e dormiram. Mataram, abraçaram a família e foram dormir.[64]

Junto aos demais atores, Guilherme deixou a delegacia da Barra da Tijuca ao ser informado de que não seriam tomados depoimentos naquela madrugada. Antes de ir embora, porém, o ator cometeria um último ato falho. Indiretamente, tal ação acabaria por antecipar os surpreendentes acontecimentos da manhã seguinte. Ao se despedir da produtora Marcela Honigman, Guilherme pediu que ligassem para ele à hora que fosse caso viesse a ser descoberta alguma pista sobre os responsáveis pelo crime, denominados em suas próprias palavras como "os assassinos".[65]

Apenas quatro horas depois, Guilherme estaria de volta exatamente à mesma delegacia para confessar a autoria do bárbaro crime e, dessa forma, sua última frase, dita na noite anterior, começaria a fazer sentido.

Em comentário sobre aquele pesadelo, Glória Perez dimensionava o tamanho do despudor do algoz de sua filha: "(...) assim como ele abraçou o Raul na delegacia, eu te afirmo que esse homem estaria aqui enxugando as minhas lágrimas."[66] Segundo Fabiana de Sá, que conversou com o ator na prisão, pouco depois do crime, Guilherme "não esperava ser descoberto".[67] Cerca de dois anos anos após a declaração, o próprio acusado revelaria em suas memórias que, se não houvesse sido descoberto logo após o assassinato, possivelmente teria sido capaz de continuar a mentir, ocultando indefinidamente sua participação na ação homicida.[68] Tudo leva a crer que o criminoso se supunha muito mais esperto do que todos que o cercavam — acreditando ter realizado "o crime perfeito".

Tchau, Yasmin

O ano de 1992 assistiu à ascensão de um movimento jovem que foi à luta por um Brasil melhor, mais justo e livre da corrupção. Eram os caras-pintadas, jovens que saíam às ruas com as cores da bandeira brasileira estampadas no rosto a clamar pelo impeachment do presidente Fernando Collor, cujo governo estava abalado por uma série de denúncias de corrupção feitas pelo próprio irmão do presidente, Pedro Collor.

Paradoxalmente, em um ano em que a voz da juventude se fez presente nas ruas de todo o país, o Brasil perdia uma de suas figuras jovens mais queridas. Daniella havia se manifestado publicamente a favor do impeachment e não deixava de ser um símbolo da renovada juventude brasileira, que, após anos tendo cerceado o seu direito de livre manifestação, retornava com todo o vigor às ruas do país. Quem melhor compreendeu esse paradoxo foi a atriz Vera Holtz: "Numa época que o jovem mexeu com o país, pedindo uma vida melhor, de repente a gente vê uma voz tão jovem se calar neste final de ano."[69]

Em um clima que misturava consternação e perplexidade, o corpo de Daniella Perez começou a ser velado no cemitério São João Batista, situado na zona sul da cidade do Rio de Janeiro. As pessoas que conviviam com a atriz pareciam não acreditar no que estava acontecendo. A situação piorou drasticamente quando chegou ao velório uma notícia que chocaria não apenas os presentes ao cemitério, mas também todo o Brasil: Guilherme de Pádua acabara de confessar o crime.

Essa notícia explodiu como uma bomba, aumentando ainda mais o clima de consternação que imperava naquele melancólico ambiente. Àquela altura, apenas Glória sabia que suspeitas recaíam sobre Guilherme, pois havia sido avisada pela polícia ainda de madrugada, no Instituto Médico Legal (IML).[70] Como o corpo começou a ser velado logo cedo, pela manhã não havia sequer a desconfiança por parte dos demais presentes ao velório de que o parceiro de cena de Daniella pudesse ter qualquer envolvimento com o crime.

Desde o início da tarde era intenso o fluxo de pessoas nas imediações do cemitério São João Batista, o que causou grande impacto no já complicado trânsito do bairro de Botafogo. Estimativas da época davam conta de que entre 3 e 4 mil pessoas compareceram para testemunhar a derradeira despedida de Daniella Perez em uma tarde de muito calor no Rio de Janeiro.

Após oito horas de velório, o caixão coberto pela bandeira azul e branca da escola de samba Caprichosos de Pilares saiu da capela 1 rumo ao jazigo perpétuo da família Saupiquet Perez. Contrariando o fluxo natural da vida, Daniella seria sepultada no túmulo em que estavam os restos mortais de seu avô e bisavô paternos.[71] Em meio à multidão que se espremia nas acanhadas vielas do cemitério, os cerca de cinquenta seguranças contratados pela Rede Globo, com o reforço de alguns policiais do batalhão de Botafogo, tiveram bastante trabalho para conter o público, mas não conseguiram evitar o grande tumulto que se instalou enquanto o caixão era transportado até a sepultura.

Em meio às superlotadas aleias, algumas lápides foram danificadas em função de muitas pessoas terem se postado em cima delas em busca de um lugar privilegiado para acompanhar o sepultamento. O ator José Mayer chegou a pedir que aqueles que não fossem parentes ou amigos se afastassem para a despedida final, mas seus apelos não surtiram efeitos.

Àquela altura, qualquer pedido soaria inócuo.

A PIOR DAS TRAMAS

Em um dos poucos momentos em que foi possível conter a algazarra, familiares, amigos e admiradores rezaram um pai-nosso e uma ave-maria, acompanhados pelas centenas de pessoas que conseguiram se aproximar naquele momento de despedida.

Pontualmente às 16h30, sob aplausos e inflamados gritos por justiça, baixava à sepultura número 14.276 do cemitério São João Batista o caixão contendo o corpo da atriz. Uma fã bastante emocionada balbuciou um último adeus que, de forma involuntária, revelava a medida em que ficção e realidade se confundiam naquela inimaginavelmente trágica cena final: "Tchau, Yasmin."[72]

Em realidade, Daniella é que se fora.

Feliz ano velho

"Acordei assustada. 1993 entrou. Sem a Dany."[73]

Três frases curtas, anotadas por Glória Perez em sua agenda. Escritas na página destinada ao dia 1º de janeiro de 1993, exatamente na linha que identificava o horário de 7 horas da manhã, as melancólicas anotações anunciavam a chegada de um novo dia em um novo ano. *Feliz ano velho*,[74] pareciam querer dizer em seu significado subliminar.

Nos dias que se seguiram à tragédia, a escritora passara a dormir no quarto de Daniella, mantido intacto mesmo após a atriz ter deixado o antigo lar para se casar. Era uma forma de amenizar a saudade imensa que a partir daqueles dias se tornaria uma constante em sua vida.

Naquela primeira madrugada de 1993, um novo gesto de despedida marcava a passagem da atriz. Raul Gazolla, momentos antes de o caixão com o corpo de Daniella baixar à sepultura, havia recolhido uma rosa branca de suas mãos. Por três dias seguidos, o viúvo regou metodicamente a flor e, apesar do forte calor do verão carioca, a frágil flor sobreviveu. Na melancólica primeira madrugada do ano, a delicada flor foi jogada ao mar.[75]

Era, em verdade, uma derradeira despedida.

O ano de 1993 começou sobre o signo do crime. Em uma pequena crônica, o jornalista Affonso Romano abordara o caso valendo-se de uma linguagem sensível, apropriada a circunstâncias tão delicadas:

> Dizem, os que acreditam na harmonia do universo, que o bater das asas de uma borboleta no Japão tem reflexo deste lado do mundo. O que dizer, então, do reflexo em nosso corpo e alma, do monstruoso assassinato de Daniella Perez? Um vendaval se desencadeou na alma de todos os brasileiros e está dando volta no universo. É como se houvessem detonado na atmosfera vários megatons de ódio e malignidade. Uma jovem e linda borboleta foi esganada e apunhalada e o bater de suas frágeis asas, expirando, repercute em cada ser e objeto do nosso cotidiano.[76]

Exaltada nos jornais, a memória da jovem atriz era evocada por uma legião de fãs, comovidos com a tragédia ocorrida naqueles últimos dias de 1992. No Rio de Janeiro, a comoção era ainda maior. Yasmin era uma personagem tipicamente suburbana — bem "povão" —, como a própria Daniella a definira em uma de suas últimas entrevistas. Popular e fortemente identificada com meninas da mesma faixa etária, Yasmin personificava tudo aquilo que muitas jovens cariocas gostariam de ser. Nas rádios da cidade, diversas meninas deram testemunhos da enorme tristeza que a morte de Daniella lhes infligira, a maioria afirmando se identificar com sua personagem.

Entre tantas, uma chamou mais a atenção: era a adolescente Ana Cláudia Araújo, a "Yasmin de Campo Grande", apelido que associava a personagem da novela ao populoso bairro onde a jovem morava, na zona oeste do Rio de Janeiro. O jornal *O Dia* chegou a publicar uma foto da jovem a segurar um pôster de Daniella, em expressiva imagem que emocionou muitos leitores. O texto da reportagem era preciso ao refletir a dor que aquelas meninas sentiam; órfãs, ao mesmo tempo, de Daniella e Yasmin:

> Ela tem um quê de Daniella Perez. Não é propriamente sósia de Yasmin, da novela *De Corpo e Alma*, mas é assim que a chamam quando a estudante Ana Cláudia Araújo passa pelas ruas do Conjunto BNH, em Inhoaíba, Campo Grande. Bonita, sensual, meiga e cheia de vida, Ana Cláudia chora toda vez que fala de Daniella Perez: "Eu queria ser como ela, me vejo nela", diz, com lágrimas nos olhos. Ana é estudante da Escola Municipal Jardim Guararapes, onde começou a ser chamada de Yasmin tão logo a novela começou.[77]

A atriz Suzana Werner, que morava justamente no bairro onde o crime fora cometido, confessou, anos depois da tragédia, que o tormentoso evento marcara a sua adolescência: "Até hoje sei de cor o *Rap da Daniela* (sic) *Perez*, que dura uns sete minutos."[78] Não eram apenas as meninas cariocas, contudo, que se compadeciam ante o infortúnio de Daniella. A apresentadora e ativista Luisa Mell, à época uma adolescente que vivia em São Paulo, revelou em suas memórias ser uma fã ardorosa da atriz, em outro relato que dimensiona a admiração que Daniella despertava em meninas espalhadas por todo o Brasil:

> (...) minha paixão era Daniella Perez. Eu a acompanhava em tudo. Imitava a maquiagem, as roupas, o jeito de sambar de sua personagem Yasmin (...). Como naquela época ainda não havia internet e eu nunca tive muito dinheiro, mas sempre fui de fazer amigos, conseguia que o jornaleiro me deixasse ficar na banca lendo todas as reportagens que saíam sobre Daniella. Lembro de sair da escola e correr para ler as revistas nas quais ela estava na capa. Aguardava ansiosamente a estreia do espetáculo que ela faria junto com seu então ma-

rido, Raul Gazola (*sic*), que misturaria dança e teatro. Sim, eu já guardava moedas para conseguir ter o meu ingresso garantido para quando fossem a São Paulo (...) não lembro de outra perda — sem ser de alguém próximo — que tenha mexido tanto comigo.[79]

Já o local onde o crime ocorreu logo virou alvo da curiosidade pública, tornando-se uma espécie de santuário. Assim, aquele trecho da rua Cândido Portinari passou a ser objeto de romarias por parte de pessoas dispostas a rezar. Algumas delas chegavam inclusive a se ajoelhar diante da pequena árvore junto à qual o corpo de Daniella foi encontrado, além de acender velas em intenção de sua alma.

O túmulo da atriz no cemitério São João Batista foi outro ponto que passou a ser alvo de peregrinação. Fãs e curiosos se avolumavam em torno da lápide de Daniella, principalmente aos finais de semana. Mesmo um ano após o crime, o interesse em torno do jazigo permanecia intenso. Começaram a circular boatos de que o espírito da atriz era capaz de realizar milagres e, por esse motivo, pessoas passaram a se prostrar de joelhos diante de sua lápide em busca de que suas súplicas fossem atendidas.

E não tardou a aparecer uma pessoa que garantia ter recebido um milagre por graça do espírito de Daniella. Em função de sua devoção à alma da atriz, o taxista Carlos Lemelle afirmava ter obtido a cura de um traumatismo ósseo que acometera seu pé esquerdo. Desenganado pelos médicos, o taxista suplicou com muita fé à alma da atriz, de quem garantia ser admirador mesmo antes do crime. No auge da agonia, o enfermo pedira ao espírito de Daniella a sua cura e, de acordo com o seu testemunho, foi plenamente atendido: "Recebi a maior graça de minha vida. Hoje já não sinto mais nada e, ao contrário do que previam os médicos, estou andando, dirigindo, e fazendo tudo como antes."[80]

Independentemente das convicções pessoais de cada um acerca da presença do espírito da atriz em uma esfera superior ou sobre sua capacidade de operar milagres no plano terreno, o fato é que a sua morte precoce abalou o Brasil. A romaria ao local do crime, a peregrinação ao seu túmulo e a atribuição de poderes sobrenaturais à sua alma eram sintomas de como a perda mexeu com todo o país, e também demonstravam como a atriz era querida não apenas pelas pessoas que com ela conviveram, mas pelo público de uma forma geral.

Apesar de todas as demonstrações de carinho, nada seria capaz de aliviar a dor da família e dos amigos de Daniella. Como expressava o título do conhecido livro de Marcelo Rubens Paiva, seria melhor que o tempo tivesse parado naquele final de 1992: feliz ano velho. Infelizmente, não era possível.

Restava, assim, a luta por justiça.

"Wishing on a star"

Em 1977, em meio à febre da música disco que se alastrou pelos Estados Unidos e que posteriormente tomaria conta de meio mundo, surgia nas rádios norte-americanas a balada romântica "Wishing on a star", algo como "Pedindo a uma estrela", em tradução livre.

A música, composta por Billie Rae Calvin,[81] sem dúvida foi o maior sucesso de toda a carreira da compositora californiana. A gravação original foi feita pelo grupo Rose Royce e incluída no segundo álbum da banda, intitulado *Rose Royce II: In Full Bloom*.

Na agitada década de 1970, a balada não chegou a fazer muito sucesso nos Estados Unidos. Nas paradas de sucesso norte-americanas, a canção alcançou tão somente a modesta 52ª posição na famosa lista de músicas mais tocadas naquele país. No Brasil, ocorreria algo semelhante, e a canção passou quase despercebida, acabando relegada apenas àqueles que no país admiravam a música soul norte-americana. Curiosamente, a balada acabou por fazer mais sucesso no Reino Unido, onde entraria na lista do disputado top 10 dos hits mais tocados, alcançando um surpreendente terceiro lugar na lista das canções mais reproduzidas nas rádios, principalmente na Inglaterra.

Sucessivamente regravada, a canção conta atualmente com cerca de quarenta versões gravadas por artistas dos mais diversos estilos. Em 1992, o grupo nova-iorquino The Cover Girls regravou a música que fez parte do seu álbum *Here it is*. Na melodiosa voz da vocalista Michelle Valentine, a balada adquiriria um toque triste e passaria a soar um tanto quanto melancólica.

A canção, que fez parte da trilha sonora internacional da novela *De Corpo e Alma*, foi escolhida como a música tema da personagem Yasmin. Assim, "Wishing on a star" embalaria as idas e vindas dos romances vividos por Yasmin, já que durante a trama a personagem despertaria a paixão de pelo menos três potenciais pretendentes.

A canção fazia grande sucesso no Brasil, muito em função da grande popularidade de Yasmin. Após a tragédia, a música imediatamente se descolou da personagem e acabou sendo associada à imagem da própria Daniella. A melodia, triste e melosa, e a sonoridade emotiva remetiam involuntariamente à tragédia.

Rapidamente, a música passou a ser ainda mais tocada pelas rádios de todo o Brasil, sempre com manifestações de profundo pesar por parte dos ouvintes — à época, era muito comum a interação entre as rádios e sua audiência, geralmente em programas durante os quais era possível aos ouvintes escolher uma música e dedicá-la a alguém. Durante todo o ano de 1993 ainda existiam diversas narrativas de pessoas que chegavam às lágrimas quando a canção era tocada em reuniões, festas de aniversários ou simplesmente quando a ouviam na rádio.

Em função da forte comoção que tomou conta de todo o país, uma das consequências da tragédia foi impulsionar as vendas da trilha sonora internacional da novela, disponível em LP, fita cassete e CD. Para que se possa ter a exata noção de quanto o crime aguçou o interesse pela trilha sonora da novela, basta dizer que, antes da tragédia, o LP internacional da novela ocupava um modesto 21º lugar na lista dos discos mais vendidos no Brasil. Não é de se surpreender, porém, que após o crime o disco acabasse catapultado para a 4ª posição do mesmo ranking.[82]

O LP, cuja emblemática capa trazia o personagem Reginaldo fortemente caracterizado com a indumentária gótica, acabou atingindo a significativa marca de 500 mil cópias vendidas, o que pode ser considerado um expressivo sucesso, tendo em vista a crise que a indústria fonográfica atravessava no início da década de 1990, em especial em 1992.[83] Na esteira do sucesso das vendas do disco, a balada "Wishing on a star" acabou por se tornar a segunda música mais tocada nas rádios FM do Rio de Janeiro.[84]

Por todos esses motivos, a canção foi transformada em sinônimo de nostalgia e saudade de Daniella Perez. Apesar de sua letra abordar os encontros e desencontros amorosos de um casal apaixonado, não deixa de ser um fenômeno curioso a possibilidade de relacionar alguns de seus trechos ao infortúnio que se abateu sobre a vida da atriz.

Além da sonoridade melancólica, a música traz, em alguns de seus versos, situações que involuntariamente remetem à tragédia, a começar pela própria introdução. Em uma tradução livre, a canção diz o seguinte em sua estrofe inicial: "Estou pedindo a uma estrela / para seguir até onde você está / estou pedindo a um sonho / para entender o que isso significa."

Esses versos chamam a atenção, sobretudo na parte que expressamente se refere a "entender o que isso significa", já que o mais difícil em relação àquele trágico episódio é compreender o seu significado e as razões que levaram a que tudo aquilo acontecesse.

Há, ainda, outra estrofe que em muito se relaciona com a situação. Os versos "Nunca pensei que eu veria / um tempo em que você estaria / tão longe de casa / tão longe de mim" não deixam de soar um tanto proféticos, já que jamais poderia se imaginar que a atriz, tão perto do público por meio de sua personagem Yasmin, pudesse repentinamente ficar tão distante de todas as pessoas que haviam se habituado a acompanhá-la diariamente pela novela.

Em meio a versos tão suscetíveis a um olhar mais transcendente, algumas narrativas sobre o sexto sentido de Daniella tornam esse processo ainda mais intrigante. Segundo uma amiga íntima da atriz, ela manifestava o receio de morrer jovem, antes de realizar tudo aquilo com o que sonhava para sua vida. Certa vez, Daniella confidenciou essa inquietude em seu diário: "A morte é o meu maior medo. Quero ter todos ao meu lado para ser para sempre feliz."[85]

Some-se a esse temor o desenho que Daniella fez no mesmo diário, exatamente na página que inauguraria o ano de 1993. Em vez dos tradicionais coraçõezinhos que geralmente enchiam as páginas de sua agenda pessoal, a atriz desenhou uma série de estrelas na primeira página do ano vindouro. Se ainda lembrarmos que o título de sua música tema na novela *De Corpo e Alma* era algo como "Pedindo a uma estrela", temos uma combinação de coincidências e presságios que desafia até os mais incrédulos.

Como a revista *Contigo* conjecturava, talvez Daniella — em seu íntimo — realmente soubesse que não viveria para ver o ano de 1993.[86]

Será?

8.
A repercussão

O show tem que continuar?

Superada a fase mais aguda da dor pela perda de Daniella, surgiria a primeira questão que naturalmente defluía daquele crime horrendo: a novela *De Corpo e Alma* deveria continuar a ser exibida? Desse questionamento nascia uma outra indagação que comportava igual dificuldade: no caso de se optar pela continuidade da novela, quais deveriam ser os destinos dos personagens Bira e Yasmin?

Nas dramáticas horas que se seguiram ao crime, tais decisões tiveram que ser tomadas pela direção da Rede Globo, já que chegou a ser especulada a possibilidade de retirada imediata dos personagens da trama, e algumas vozes isoladas defendiam até a abreviação da novela, encurtando-a o quanto fosse possível. Precedente nesse sentido havia. Em fevereiro de 1983, o ator Jardel Filho sofreu um enfarte fulminante, vindo a falecer subitamente enquanto gravava a novela *Sol de Verão*. A trama, que já estava em sua reta final, acabou abreviada, até porque o autor Manoel Carlos não teve condições psicológicas de continuar escrevendo a sinopse e acabou substituído às pressas por Lauro César Muniz e Gianfrancesco Guarnieri, a quem coube escrever os dezessete capítulos finais da trama.[1]

Em meio a especulações, a emissora decidiu, em conjunto com a autora da obra, manter a exibição dos capítulos da novela nos quais a personagem Yasmin aparecia. Essa decisão foi anunciada já no dia seguinte ao crime. Em comunicado divulgado ao final do *Jornal Nacional*, noticiário que precedia a exibição da novela, a decisão foi informada ao público por meio de uma nota lida pelo apresentador Sérgio Chapelin:

> Imaginem a dor de Glória, a mãe. E o dilema de Glória, a autora. Seria natural, compreensível que a dor prevalecesse sobre a ficção... e Yasmin também morresse hoje. Mas Glória Perez, em exemplo de força, determinação e senso profissional, decidiu preservar a obra de ficção. Por mais que doa cada palavra, cada cena imaginada para Yasmin, ela vai continuar viva na fantasia do seu sorriso, sua juventude, sua sensualidade, até as últimas cenas gravadas por Daniella Perez. A vida interrompida hoje de maneira tão brutal continuará por mais algum tempo na novela e por muito, muito tempo na lembrança de todos aqueles que riram e choraram com a alegre Yasmin que a jovem Daniella soube viver tão bem.[2]

A despeito do comunicado oficial, também foi noticiado que a direção da emissora estava estudando a melhor forma de retirar os dois personagens da novela, mas naquele momento não se sabia como nem quando isso seria feito. No dia seguinte ao crime iria ao ar o capítulo de número 129, e Daniella havia gravado a sua participação por cerca de mais quinze capítulos.

Compreensivelmente, a autora Glória Perez foi substituída por Leonor Bassères e Gilberto Braga. A escritora, no entanto, ficou apenas sete dias afastada da novela. Depois desse curto período, voltou a escrever a trama, afirmando que naquele momento a concentração em seu trabalho era algo que ajudaria a mantê-la de pé. O único pedido feito aos seus substitutos era que não tivesse que decidir sobre o destino de Yasmin. Pouco depois, a direção da emissora esclareceu que não colocaria no ar cenas em que Guilherme e Daniella contracenassem juntos. No entanto, seriam mantidas as cenas em que os personagens aparecessem contracenando com outros atores ou nas quais estivessem sozinhos.

Não foi uma decisão fácil, tampouco livre de polêmicas. Um juiz de menores chegou a proibir a exibição de cenas do personagem Bira em algumas cidades mineiras.[3] A manutenção do personagem também desagradou o elenco da novela, fortemente impactado pela tragédia. Em um clima de consternação, os atores voltaram às gravações dois dias após o crime, e o sentimento generalizado era de que não deveriam mais ser exibidas cenas nas quais Bira aparecesse.[4]

Contudo, a despeito da vontade do elenco, a última cena de Bira foi exibida mais de uma semana após o crime,[5] e a última referência ao personagem foi ao ar no capítulo 144, mais de duas semanas depois.[6] Na última cena em que o personagem foi mencionado, os atores do núcleo no qual Bira estava inserido se recusaram a citar seu nome, como relatava a imprensa: "Apesar de não terem feito qualquer acordo, os atores evitaram pronunciar dois nomes: Guilherme e Bira, mesmo sendo o dia da gravação da cena em que o personagem interpretado por Guilherme de Pádua sai da história."[7]

Depois desse capítulo, o personagem Bira simplesmente desapareceu da trama, deixando de existir. A solução adotada não era propriamente inédita. Na novela *O Sexo dos Anjos,* exibida pela Globo entre os anos 1989 e 1990, o ator Lutero Luiz também faleceu durante as gravações, e seu personagem — o jardineiro Bastião — simplesmente saiu de cena sem maiores explicações.[8]

Já Yasmin ainda continuou a aparecer por mais quinze dias na trama. Para explicar a saída repentina da personagem foi criado um pequeno enredo que de certa forma era mais uma justa homenagem tanto a Yasmin (que na novela adorava dançar) como também à própria Daniella (que na vida real tinha a dança como sua grande paixão): a personagem teria viajado para os Estados Unidos, onde trilharia a carreira de dançarina.

A derradeira cena foi também uma das últimas gravadas por Daniella Perez, poucas horas antes de sua morte. Yasmin, solitária em seu quarto e com lágrimas nos olhos, segurava uma foto do personagem Caio com um ar melancólico, o que deu à cena um profundo contorno estético. A imagem de Daniella foi congelada para que fosse apresentado um clipe contendo momentos marcantes de sua breve carreira, combinados com depoimentos de alguns de seus colegas de cena.

A cena foi exibida em 19 de janeiro de 1993, pontualmente às 21h30, e teve a exata duração de 2 minutos e 22 segundos. Acompanhada em parte pela canção "Wishing on a star", a cena ainda foi intercalada com cenários bucólicos que remetiam à ideia de transcendência (como a imagem do mar ao entardecer ou da luz do sol a refletir seus raios sobre a copa das árvores).

As frases de despedida foram curtas, de modo que o maior número de atores da novela pudesse participar da homenagem sem que a cena acabasse por se tornar cansativa para o público. Além de não se alongar em suas mensagens, os atores também foram orientados a gravar a despedida descaracterizados, ou seja, sem trajar o figurino da novela — quem estava ali eram as pessoas reais, não os personagens. Alguns atores mal conseguiram falar, tamanha a emoção naquele momento, como ocorreu em relação às atrizes Lizandra Souto e Cristiana Oliveira.

Após as homenagens, se seguiu um close final na imagem de Daniella.

Aquela provavelmente foi uma das cenas que mais emocionaram o público em toda a história da teledramaturgia brasileira. Um final tocante e sóbrio, à altura da carreira que a atriz teve na televisão nos breves três anos em que esteve no ar. A escritora Glória Perez, que assistiu à cena em sua casa, confidenciou a amigos próximos que aquela data "era o dia do enterro de Daniella".[9]

Embora a homenagem tenha sido adequada às circunstâncias, a decisão de continuar a exibir cenas dos personagens Bira e Yasmin, bem como a opção da emissora em manter no ar a novela *De Corpo e Alma* não conseguiriam escapar ilesas das críticas.

Em realidade, a decisão de dar continuidade à trama foi influenciada por uma série de condicionantes de natureza contratual, e também havia alguns empecilhos concretos que impediam a retirada imediata da novela do ar. A primeira dificuldade era de ordem estritamente legal. A novela *De Corpo e Alma* era uma coprodução da Globo e da emissora portuguesa Sociedade Independente de Comunicação (SIC) e a trama estava sendo exibida simultaneamente no Brasil e em Portugal.[10] Assim, *a priori*, não seria possível que uma decisão unilateral da emissora brasileira retirasse a novela do ar, tendo em vista que a televisão portuguesa era corresponsável pela obra.

Ademais, existiam contratos de merchandising vinculados à trama que deveriam ser cumpridos, de forma que qualquer ação precipitada por parte da Rede Globo poderia ensejar a quebra de acordos anteriormente firmados e, consequentemente, gerar a necessidade de reparação civil.

Por outro lado, independentemente de questões jurídicas e comerciais porventura existentes, havia também um natural dilema ético subjacente à decisão de manter a exibição da novela após um crime tão chocante. Obviamente, essa questão foi muito explorada pela mídia, por vezes contaminada por certa dose de sensacionalismo.

A crítica mais incisiva viria de Walter Clark, antigo diretor da emissora carioca. Em uma entrevista à revista *Contigo*, Clark não se furtou a falar abertamente o que pensava, sem direito a meias palavras:

> Eliminaria os personagens no mesmo dia! (...) esse caso da Daniella Perez depõe contra o veículo. Continuar com os personagens de *De Corpo e Alma* é de um extremo mau gosto. Não é como no cinema onde "o espetáculo tem que continuar". A TV promiscui o personagem.[11]

Não se resumiria a isso. À Agência Estado, o ex-diretor afirmara que, embora Daniella "talvez tivesse talento", Glória Perez "exerceu nepotismo" e que a atriz fora "vítima de sua novela".[12]

Fogo cerrado.

De Corpo e Alma foi exibida até a primeira semana de março de 1993. O último capítulo foi ao ar em uma sexta-feira, e reprisado no sábado seguinte, como era o costume da emissora à época. Mais do que o fim de uma das várias telenovelas exibidas pela Globo, o desfecho da trama representava o fim de uma agonia. Em função da tragédia, o término da novela significou um alívio para os atores, para a emissora e até para o público. Naquela data, se encerraria um "sofrimento coletivo",[13] como o *Jornal do Brasil* bem pontuava.

No último capítulo da novela, naturalmente houve nova homenagem. Um vídeo de cerca de 1 minuto e 30 segundos intercalava cenas da atriz atuando com imagens de arquivo pessoal. A voz em off do ator Stênio Garcia acompanhava as imagens em uma emocionante leitura de um pequeno texto escrito pela mãe da atriz (que havia declinado do convite para ler pessoalmente a homenagem).[14]

A aguçada sensibilidade de Glória Perez soube dar um toque de leveza à cena, amenizando um pouco a dor inevitável daquele momento:

> Dani, um escritor já disse que a gente não morre, fica encantado. Eu e os seus irmãos queremos acreditar que seja assim, quando olhamos a casa vazia, a vida vazia de você, da sua dança, da sua alegria! Só nos resta acreditar que, em

A REPERCUSSÃO

algum lugar do tempo e do espaço, nós vamos nos encontrar de novo... e dançar juntos... e sermos felizes outras vez![15]

Aquela seria a derradeira cena da novela *De Corpo e Alma*.

Sensacionalismo

O assassinato da atriz Daniella Perez foi marcado por uma grande cobertura midiática, que pode ser considerada natural em função da magnitude da tragédia e da enorme exposição que o autor do crime e a vítima tinham à época dos fatos.

Nunca deixaram de existir, porém, menções ao sensacionalismo com que o caso foi tratado pela mídia ou, ao menos, por parte dela. Tudo começava pelas publicações especializadas no universo da televisão, que publicavam fotos da tragédia nos mais diversos ângulos, parecendo buscar tirar proveito do choque emocional que a brutalidade da ação causou ao público.

No viés editorial em que os fatos são noticiados de forma alarmista na tentativa de aumentar a todo custo o número de leitores, também valia apelar para o sentimentalismo. Assim, nas semanas que se seguiram ao crime, uma revista ilustrada trouxe um encarte especial contendo "um pôster recordação de Daniela (*sic*) Perez"[16] e até uma fotonovela inspirada no crime foi levada ao público,[17] explorando ao máximo aquele drama transposto da vida real para a ficção.

Certamente, a fotonovela foi aquilo que de pior se seguiu ao crime, pelo menos em termos de sensacionalismo. Publicada em edição especial da revista *Sétimo Céu* (especializada em fotonovelas), tudo era de um profundo mau gosto aliado a uma falta de sensibilidade ímpar.

A começar pela capa, que estampava Guilherme e Daniella juntos em uma foto colorida onde também era possível ler a seguinte manchete: "Daniela (*sic*) Perez: tragédia de uma vida", seguida por "Fotonovela exclusiva — A história do pacto de sangue".[18] Após uma breve reportagem que resumia os fatos de forma bastante açodada, seguia-se uma narrativa confusa que apresentava quatro versões possíveis para o desenrolar do crime. A trama era baseada em um roteiro que conjugava suspense e terror de maneira frívola e que, ao misturar aspectos da ficção e da realidade sem uma lógica muito clara, tornava o conjunto da obra um completo desastre.

Para terminar de forma catastrófica o que já parecia ser suficientemente ruim, a conclusão da obra era a seguinte: "Apesar do (*sic*) assassino insistir que cometeu o crime sozinho, a polícia está convencida de que ele apenas encobriu os atos de sua mulher, fazendo valer, assim, o pacto de sangue. Mas a única certeza que se tem é que apenas os dois sabem exatamente o que se passou naquele momento terrível. Eles e... sua vítima."[19]

O jornal *O Dia*, por sua vez, explorou a tragédia de diversas formas. Em manchetes de capa, fez diversas enquetes, indagando aos leitores questionamentos do tipo "Quem deu os golpes em Daniella?", ou "Você acha que houve magia negra (sic) no caso?". Cerca de duas semanas após o crime, o jornal publicou um caderno especial contendo um resumo da trajetória de vida da atriz e trazendo um encarte com um pôster dela. Foi um enorme sucesso e toda a tiragem do jornal — 490 mil exemplares — se esgotou antes do meio-dia do domingo em que fora publicada.[20]

Contudo, não ficaria nisso. Em 1996, o periódico reavivou a memória da tragédia ao publicar uma espécie de folhetim sobre o caso. Denominado de *O Beijo da Traição* — título sensacionalista que nada tinha a ver com o crime —, tratava-se de uma narrativa de não ficção dividida em oito capítulos, resumindo os principais pontos da tragédia até o julgamento.

Realmente, no início de 1993, nada parecia ser capaz de resistir ao afã comercial desenfreado das editoras, cujas estratégias de marketing se revelavam cada vez mais agressivas. Até os anúncios que visavam a incrementar as vendas das revistas se renderiam ao "apelo apelativo". O pleonasmo realmente se mostra a figura de linguagem mais adequada para descrever o fato, como comprova o anúncio da edição especial da revista *Manchete*, poucos dias após a tragédia:

> MANCHETE
> URGENTE
>
> ## JÁ NAS BANCAS
>
> Grande cobertura especial
>
> DANIELLA PEREZ
> O assassinato que comove o Brasil. Pacto de
> Sangue e magia negra.
>
> YASMIN E BIRA
> Ficção e realidade de uma tragédia[21]

A publicação de fotos de Daniella ao lado de seu algoz também foi uma tendência após o crime, fato que chegou a incomodar bastante o público, que se sentia ultrajado pela exibição reiterada de tais imagens. Uma carta endereçada ao *Jornal do Brasil* dava a tônica desse sentimento:

> Infeliz, para dizer o mínimo, a reprodução da foto do assassino Guilherme de Pádua e de sua vítima Daniela (*sic*) Perez na capa da *Revista da TV* que circulou sábado, junto à edição do JB. A realidade tirou a razão de ser dos personagens que ali estão representados. Evocá-los em cena de amor agride a sensibilidade de todos os que se revoltaram com a barbaridade do crime.[22]

Em depoimento à jornalista Mônica Bergamo, trinta anos depois do trágico episódio, Glória Perez revelou como percebia aquele intrincado contexto: "É óbvio que você fica magoada: A tua filha acaba de sofrer uma violência horrorosa, e eu andava na rua e estava estampado nas capas de revista, em todas as bancas, as fotos das cenas de novela. Aquelas imagens ali alimentavam a confusão de que o crime havia sido uma continuidade da trama."[23] De fato, tal postura da impresa contribuiu bastante para aumentar a desinformação sobre o caso, principalmente em relação ao inverossímil caso extraconjugal mantido pelos atores, fato alegado por Guilherme, mas jamais confirmado por quaisquer indícios, provas ou testemunhas.

Se a demasiada exposição da imagem de Daniella começava a incomodar parte do público e a família da vítima, por outro lado as vendas de publicações especializadas realmente deram um salto enorme logo após o crime. Como o mercado se curva às tendências, a dramatização da cobertura acabou por sair das páginas das revistas e chegou a contagiar os próprios telejornais, em fenômeno que à época se denominou de "novelização" dos noticiários, como descrevia a revista *IstoÉ*: "A Rede Manchete, por exemplo, apresentou em diversas edições do *Jornal da Manchete* o noticiário sobre o assunto em forma de telenovela. 'Daniella', como foi chamada a novelização do crime dentro do telejornal, tinha logotipo, abertura, divisão por capítulos e um resumo dos episódios anteriores."[24]

Como era de se esperar, não demorou muito para surgirem diversas reportagens que buscavam desvendar as razões por trás da tragédia, muitas valendo-se de abordagens de caráter paranormal. A maioria dessas matérias atribuía ao crime causas sobrenaturais, citando de tudo um pouco: ilações sobre supostas vidas anteriores dos envolvidos, conjecturas mirabolantes envolvendo mapas astrais e toda sorte de pais de santo e videntes que se possa imaginar. Até o padre Quevedo, conhecido parapsicólogo que se dedicava a desbaratar falsos fenômenos de paranormalidade, dessa vez se apressou a declarar à imprensa que acreditava que "uma entidade do baixo espiritismo" poderia estar envolvida no caso.[25]

A REPERCUSSÃO

Na outra ponta, havia matérias jornalísticas de gosto extremamente duvidoso. Uma das reportagens cujo conteúdo mais se aproximava do que poderia ser conceituado como um sensacionalismo acrítico foi publicada pelo *Jornal do Brasil*. Embora o periódico tenha feito uma cobertura jornalística do crime de forma séria e isenta, a ideia de reunir um time de escritores para imaginar desfechos inusitados para o caso era descabida e de profundo mau gosto.

Isso não parecia sensibilizar muito o jornal, que anunciava a matéria despido de qualquer constrangimento:

> A realidade acabou deixando a ficção muito para trás. O assassinato de Daniela (*sic*) Perez apanhou os especialistas desta área — o ramo ficcional — de surpresa. Mas escritores, cineastas, dramaturgos e roteiristas ainda assim foram capazes de imaginar, convidados pelo JORNAL DO BRASIL, desfechos completamente inusitados para o caso. Houve quem visse um romance entre Gazolla e Paula, outro um golpe da TV, e um terceiro sonhou em transformar tudo em musical.[26]

Assim, os escritores convidados pelo jornal para criar um desfecho para o caso não economizaram em invencionices bizarras, dando asas à imaginação e tratando a tragédia como se fosse uma espécie de fábula. Nessa seara, teve de tudo um pouco. Um dos escritores imaginou a vítima ressuscitando para tirar "os telespectadores dessa *bad trip* geral",[27] enquanto outro apostava em um caso entre o marido de Daniella e a acusada do crime. Havia um que queria transformar tudo em um grande musical, com influências de Cinderela e um final apoteótico inspirado em Guimarães Rosa — como se a tragédia pudesse ser transformada em um espetáculo.

Havia também aqueles que apelavam para o humor, como se um crime doloso contra a vida pudesse ser amenizado por algum tipo de piada: "Guilherme de Pádua saiu de casa para matar a Daniela

Mercury, aquela baiana que só faz gritar, e acabou matando a Daniela (*sic*) errada."[28]

Parecia suficiente, mas o mais inacreditável ainda estava por vir.

Uma das escritoras convidadas se permitiu conjecturar alguns finais possíveis para o caso. Em um deles — certamente o mais esdrúxulo de toda a reportagem — apelava à linguagem pornográfica ao imaginar um desfecho vulgar: "A orgia dos três foi tão longe que ela [Daniella Perez] acabou morrendo."[29]

A extrema baixeza da reportagem foi alvo de protesto por parte dos leitores do jornal, que não se furtaram a criticá-la enfaticamente. Na seção de cartas do *Jornal do Brasil*, a leitora Ângela Guimarães expressava o mal-estar generalizado causado pela matéria:

> Foi de um profundo mau gosto a reportagem "Caso Daniela (*sic*) dá asas à ficção", publicada no jornal em 10/1. Leitora assídua do JB, fiquei surpresa com o teor da reportagem, ideia infeliz e macabra. Um acontecimento tão triste, que abalou a todos nós, simples espectadores da carreira dessa menina [Daniella Perez], deveria ser levado de forma mais séria e construtiva. Esse crime não é ficção, e sim uma cruel realidade.[30]

Nem a Globo escapou das críticas. Mesmo após o fim da exibição da trama, nova celeuma se instalou sobre o tema. A polêmica agora residia na possibilidade de a novela ter os seus direitos de transmissão vendidos para outros países. Como a repercussão do crime havia rompido as fronteiras dos noticiários brasileiros, havia curiosidade do público no exterior sobre a novela, o que aumentava o interesse de emissoras de televisão estrangeiras em adquirir os direitos de transmissão de *De Corpo e Alma*.

Sob o título *Of Body and Soul*, a trama estava no catálogo de produtos oferecidos pela Rede Globo na MIP-TV, importante feira televisiva realizada anualmente na cidade de Cannes, na França. Se

A REPERCUSSÃO

a possibilidade de venda dos direitos da novela já consistia em uma questão sensível após o triste ocorrido, polêmica maior se daria em torno da maneira como *De Corpo e Alma* foi anunciada no prospecto em inglês elaborado pela Globo.

O material, além de mórbido, era de gosto extremamente duvidoso, pois trazia uma foto de Daniella e Guilherme juntos, e ainda informava que aquela havia sido "the last performance of Daniella Perez" (o último papel de Daniella Perez). A foto era justamente da única cena de beijo entre Bira e Yasmin,[31] o que piorava algo que já era por demais ruim.

Em matéria sobre o tema, a *Folha de S.Paulo* ia direto ao âmago da questão ao anunciar que "Globo usa caso Daniella Perez para vender 'Of Body and Soul'".[32] Consultada pela reportagem do jornal, a novelista Glória Perez se mostrava contrariada ante a estratégia comercial da emissora, afirmando que a iniciativa feria os seus sentimentos de mãe.[33] Já a emissora não demonstrava qualquer mal-estar em relação à polêmica iniciativa. De acordo com Jorge Adib, então diretor da divisão de relações e vendas internacionais da Globo, não havia qualquer constrangimento por parte da emissora, o que dava a entender que se tratava simplesmente de mais uma operação comercial, como qualquer outra realizada pela Rede Globo.

Assim, na visão do diretor da emissora, a venda dos direitos de *De Corpo e Alma* bem como o material elaborado para a feira nada tinham de questionáveis do ponto de vista ético: "O show business muitas vezes é cruel. A emissora não deseja explorar a tragédia com sensacionalismo. Só fizemos os folhetos porque o crime alcançou repercussão internacional e os potenciais compradores da novela manifestaram curiosidade de conhecer os rostos de Guilherme e Daniella."[34]

Na realidade, não era apenas no exterior que a curiosidade pública se aguçara em torno do caso. Como era de se esperar, tal fenômeno ocorreu principalmente no Brasil. Situação bastante semelhante já havia inclusive ocorrido anteriormente. A peça teatral *Filumena Marturano*, que apresentava uma temporada morna até o final de

1988, teve subitamente um significativo acréscimo de público após a tragédia do *Bateu Mouche* vitimar a protagonista do espetáculo, a atriz Yara Amaral. Quando a peça voltou a ser encenada no início de 1989 (o acidente ocorrera no réveillon de 1988) passou a ter lotações esgotadas até o final da temporada.[35]

Desse modo, seria até esperado que a audiência da novela *De Corpo e Alma* aumentasse nos dias subsequentes ao crime. E isso de fato ocorreu. Em relação ao capítulo que foi ao ar cinco dias antes do crime, o capítulo exibido no dia seguinte à tragédia subiu expressivos 29 pontos na verificação de audiência realizada pelo Ibope.[36] Até um vídeo semiamador estrelado por Guilherme de Pádua no final da década de 1980 — intitulado *Religião, para quê?* — passou a atrair a atenção do público, tendo a procura dobrada nas locadoras após o crime.[37]

Em verdade, mais que despertar a atenção das pessoas, naquele momento a ficção começava a invadir a realidade.

Ficção e realidade

Após o crime, um país chocado buscava explicações para um evento tão violento, envolvendo pessoas tão jovens e de tanto sucesso. Aquela trama não parecia real, tal o despropósito do crime cometido. No entanto, aquela era a pura realidade, e não havia como escapar dos fatos.

A repercussão foi imensa e não se limitou aos noticiários brasileiros. A CNN, emissora de televisão norte-americana, retransmitiu uma grande matéria sobre o caso para nada menos do que 211 países.[38] Já um dos telejornais de maior audiência dos Estados Unidos, o *NBC Nightly News*, exibiu uma matéria de mais de três minutos sobre a tragédia. Nunca um telejornal norte-americano exibido em rede nacional havia feito uma cobertura tão longa sobre um fato ocorrido no Brasil.[39]

A REPERCUSSÃO

Seria apenas o começo. Uma das publicações mais influentes do mundo, o respeitado jornal *New York Times,* dedicou ao caso cerca de meia página no primeiro caderno. Um relato do cotidiano fornece a medida de como a notícia despertou interesse nos Estados Unidos. O economista Leonardo Fonseca, que à época realizava intercâmbio na Califórnia, relatou que em cerca de um ano pouco tivera notícias do Brasil, e que seus colegas quase nada sabiam sobre o país. Após o crime, porém, tudo mudou. Ao chegar à universidade, foi prontamente questionado sobre o trágico acontecimento que repercutira bastante entre os estudantes, ávidos por mais informações sobre a atriz brasileira assassinada por um colega de cena.[40] Até em Hong Kong, à época ainda sob o domínio britânico, o caso foi noticiado com destaque no *Sunday Standard.*

Não era pouca coisa.

Em meio à comoção generalizada, diversas teses começaram a ser aventadas com o intuito de buscar uma explicação lógica que fosse capaz de justificar um fato tão terrível. Uma das hipóteses buscava uma explicação para o crime amparando-se na duvidosa premissa de que Guilherme de Pádua, em dado momento da novela, havia passado a confundir ficção e realidade, incorporando na vida real o personagem que interpretava na trama.

Para alguns, havia indícios de que o ator realmente tinha começado a ultrapassar os limites fictícios de seu personagem. Os relatos da forte crise de choro que Guilherme teve ao gravar a cena do rompimento entre Bira e Yasmin é um claro indicativo de quanto a ficção o abalava. Havia relatos também que o ator, ainda naquele mesmo dia, demonstrara toda a extensão de seu descontrole ao esmurrar o estúdio em virtude do acontecimento ocorrido na novela, fato que sugere que Guilherme poderia vir a adotar um comportamento violento em função dos desdobramentos de seu personagem na trama. À época foi divulgado que o ator interpretava o personagem com um caráter mais agressivo do que aquele estabelecido pelo script da novela, como Glória Perez reconhecera ao afirmar que o personagem

Bira era "um tipo machista, mas doce"[41] — inspirado no motorista João, interpretado por Humberto Martins em *Barriga de Aluguel*.[42]

O ator também mimetizava os trejeitos de seu personagem, chegando a se expressar na vida real como se fosse o próprio Bira, como bem pontuava a revista *Veja*:

> Numa confusão entre suas ambições pessoais e o papel que representava, Guilherme agia do mesmo modo quando falava do futuro de Bira na novela. "Daria tudo para ficar com Yasmin", ele afirmou pouco antes de gravar as cenas em que a sensual personagem de Daniella dava-lhe o fora.[43]

Nos intervalos das gravações, há relatos de que Guilherme tratava Daniella de forma brusca, como se a atriz fosse de fato a personagem Yasmin. Para justificar o comportamento estranho, Guilherme afirmava se tratar de uma espécie de laboratório, que o ajudaria a interpretar com maior realismo seu personagem.[44]

Em pelo menos uma oportunidade, a reportagem da revista *Amiga* flagrou o ator a adotar o referido comportamento. A publicação assim descreveu aquele inusitado momento que aparentemente era uma técnica de interpretação pouco usual: "Em agosto, durante um dos intervalos das gravações, Guilherme de Pádua interrompeu uma entrevista para [a revista] *Amiga*, para mexer com Daniela (*sic*), que passava correndo, encarnando o modo grosseiro de Bira falar com Yasmin: 'A gente se trata assim fora das gravações. É como se a gente estivesse ensaiando.'"[45]

Já a atriz Maria Regina Caldas declarou que Guilherme realmente mimetizava os trejeitos de seu personagem na vida real, e que tal comportamento atípico não ocorria apenas em relação a Daniella: "Guilherme tinha mania de brincar de Bira, ficava me chamando de Dona Guiomar. Eu achava chato e saía correndo."[46] Outras narrativas davam conta de que tal situação não era incomum na trajetória profissional de Guilherme de Pádua. Há relatos de que, durante sua atuação na peça *Ali Babá*, o ator por vezes conversava na vida real como se fosse o personagem, e chegava até mesmo a dormir com parte do figurino teatral.[47]

Diante de tantas descrições nesse sentido, chegou-se a especular a possibilidade de que a defesa do acusado pudesse alegar a sua insanidade mental. Algumas vozes, porém, se levantavam contra essa possibilidade. Uma reportagem da revista *Interview* se insurgia diante da hipótese de que a ficção pudesse ter alguma influência no crime: "Afirmar que Guilherme incorporou o personagem Bira e que, desfeito o romance do folhetim, ele matou Yasmin-Daniela (*sic*) é, no mínimo, sandice. Nem o próprio mau-caráter e covarde Guilherme chegou a tanto em sua versão."[48]

Era verdade. O próprio acusado, diante dos boatos, se apressou em esclarecer que não havia de sua parte qualquer confusão entre o personagem e sua própria personalidade: "Já notei que o ator é muito confundido com o personagem, mas quero deixar bem claro que não tenho nada a ver com o Bira."[49]

Já em *Deus nos Acuda*, a situação propositalmente se invertia. Após o crime, o personagem Paco, interpretado por Raul Gazolla, ingressara de cabeça na luta por uma sociedade menos violenta. Em dada cena da novela, Paco é entrevistado em um programa televisivo e faz um veemente discurso contra a impunidade. Para o ator Carlos Fiuza, que contracenara com Gazolla, "em alguns momentos, parecia que era ele [Raul] próprio quem falava".[50]

De fato, a confusão entre ficção e realidade atingira os seus níveis máximos nos dias subsequentes ao crime e não se limitava apenas à suposta confusão disfuncional atribuída a Guilherme de Pádua. Revistas especializadas no universo da televisão, que já tinham o costume de colocar em suas chamadas de capa os nomes dos personagens de telenovelas, em vez de utilizar os verdadeiros nomes dos atores, acentuaram essa tendência em relação ao crime.

Já os grandes veículos de comunicação, normalmente avessos a tal prática, de forma bastante surpreendente acabaram por se render àquele fenômeno, como observava à época o jornalista Sérgio de Souza:

> A tal ponto chegara a intimidade entre novela e público que até mesmo os grandes jornais haviam sucumbido ao fenômeno, dando, em seus títulos sobre determinado fato real envolvendo o ator, o nome do personagem da novela e não o do próprio ator, apenas cuidando para brindá-lo com aspas.[51]

Realmente era algo fora do comum, pois em geral os grandes jornais não costumavam se deixar levar por maneirismos passageiros. O jornal *O Globo* talvez tenha sido o melhor exemplo desse insólito tratamento dado pela mídia ao caso. Em uma das primeiras reportagens sobre o crime, o jornal anunciava em sua manchete de capa simplesmente que "'Bira' matou Daniella com 16 (*sic*) tesouradas".[52] No dia seguinte, nova manchete na mesma linha aumentava a confusão entre ficção e realidade: "Mulher de 'Bira' ajudou a matar Daniella Perez."[53] A *Folha de S.Paulo* seguiu pelo mesmo caminho e a manchete do caderno Cotidiano, em 30 de dezembro de 1992, transformou-se em mais um exemplo da simbiose entre ficção e realidade: "18 golpes de tesoura matam 'Yasmin'."[54]

Diante desse contexto, não é de se estranhar que o escritor Aguinaldo Silva, ao ver uma reportagem sobre o crime no exterior, tenha imaginado que fosse uma matéria sobre a novela *De Corpo e Alma* e não algo relacionado à vida real. Somente algum tempo depois o autor soube que se tratava de um crime bárbaro e não de um acontecimento ficcional.[55]

Tal expediente tornava tudo ainda mais confuso. Diante desse contexto tão intrincado, os acontecimentos acabaram por se embaralhar, como explicava a psicanalista Gilsa Tarré: "Ficou tudo misturado na cabeça das pessoas. O crime foi violento o bastante para encerrar a ficção, mas a realidade era tão dura que parecia ficção. O muro entre uma coisa e outra se rompeu."[56]

A REPERCUSSÃO

Diante de tantas reportagens a abordar a suposta confusão entre ficção e realidade, Glória Perez se manifestou de forma incisiva sobre o assunto:

> (...) não quero é que se faça uma inversão. Já que não conseguiram colocar a vítima no papel do monstro, estão querendo me colocar, dizendo que a minha mão conduziu a mão do assassino, através do personagem. Isso é uma crueldade. Não foi Bira que matou Yasmim. Foi Guilherme de Pádua que matou Daniella Perez, uma menina de 22 anos. São pessoas reais. Não é novela.[57]

Era a mais pura expressão da verdade. Naquele momento, Daniella não era a Yasmim. Era simplesmente a "Dany", esposa, amiga, filha, neta e irmã. Era sobretudo um ser humano, e contra a sua vida não foi deferida qualquer clemência.

Na vida real não há ficção.

TV sob ataque

Em meio à comoção que tomou conta do país, uma questão relevante apareceu com força no rastro da imensa repercussão criada em torno do caso: apresentada como uma potencial ameaça ao bem comum, passou-se a colocar em xeque a própria televisão e, principalmente, o conteúdo de sua programação.

Muitos analistas começaram a criticar o excesso de violência contido nas programações das emissoras, com ênfase natural nas telenovelas. A Rede Globo, que tradicionalmente produzia as novelas de maior apelo junto ao público, havia se tornado alvo preferencial das críticas. As histórias de ficção, que já havia muito tempo emocionavam o país, subitamente se tornaram uma das possíveis explicações a justificar um crime bárbaro.

Com a discussão estabelecida em bases desfavoráveis às emissoras, a Igreja católica não se furtou a adentrar o debate. Aproveitando-se da oportunidade criada pela enorme repercussão do crime, religiosos vieram a público externar a sua opinião sobre o tema, normalmente por meio de notas e colunas assinadas em jornais de grande circulação.

Algumas dessas opiniões chegaram a chocar o senso comum, acostumado à sobriedade habitual daqueles que fazem da fé a sua razão de viver. Uma das opiniões que mais causaram espanto foi dada pelo presidente da Conferência Nacional dos Bispos do Brasil (CNBB), dom Luciano Mendes de Almeida, que chegou a afirmar que Glória Perez havia escrito "o papel para a filha morrer".[58]

A crítica mais contundente foi feita pelo arcebispo de Salvador, cardeal dom Lucas Moreira Neves. Copiando o título do famoso manifesto de Émile Zola, o religioso não poupou de críticas a TV brasileira em artigo provocativamente intitulado de "J'accuse". Acusou-a de imbecilizar faixas inteiras da população, de ser demolidora dos valores morais, e de incentivar magia das trevas e satanismo. Por fim, em uma conclusão condizente com o teor do texto, acusou a novela *De Corpo e Alma* de ser coautora do crime.[59]

Era demasiado, principalmente porque se tratava de uma autoridade eclesiástica de quem tudo se poderia esperar, exceto a impiedade com a qual não se furtara a analisar a tragédia. Uma nota elaborada pela família de Daniella, assinada pelo seu tio Saulo Ferrante, contra-atacava mencionando a profunda "inversão de valores" que o texto de dom Lucas representava — embora criticasse a novela, o religioso silenciava sobre o crime: "Não há em seu discurso uma palavra de piedade e compaixão por Daniella."[60]

Dom Lucas, por sua vez, aparentava não escapar às tentações mundanas. Certa vez, ao ter um adereço — uma chamativa cruz que carregava no peito — elogiado pela colunista Danuza Leão, não se furtou a responder que o havia adquirido em Paris, o que soou à jornalista como um possível indício de vaidade.[61]

A REPERCUSSÃO

Quase vinte anos depois dos fatos, em entrevista à revista *Trip*, a novelista Glória Perez afirmou que seria impossível perdoar àqueles que a criticaram nos momentos que se seguiram à tragédia. Mesmo optando por não citar nomes, a autora era assertiva sobre o sentimento que nutria em relação aos seus detratores: "Não, não é possível perdoar. Pisar em mãe com filho morto no colo é o cúmulo da crueldade, da covardia e da calhordice."[62]

Em meio a tantas críticas acerca da exposição de cenas de violência na televisão, retornaria à baila o velho antagonismo de Leonel Brizola em relação à Rede Globo, ajudando a deteriorar ainda mais um ambiente já muito conturbado. Alçada pelo então governador do Rio de Janeiro à incômoda posição de corresponsável pela tragédia, a emissora carioca virou alvo das ferozes críticas brizolistas veiculadas no *Jornal do Brasil*.

Havia algum tempo que os "tijolaços", artigos dominicais assinados pelo próprio governador, eram publicados nas páginas do periódico em valores superiores aos praticados pelo mercado, pois Brizola pretendia "manter a saúde econômica do *Jornal do Brasil*, que via com um anteparo ao inimigo comum (...)".[63] Em realidade, tratava-se de mais um capítulo de sua velha rivalidade com a Globo, como o próprio Brizola não se esforçava em esconder em suas contundentes palavras, publicadas sob o ferino título "O ovo da serpente":

> Como venho afirmando, a cada dia mais pessoas vêm se dando conta do papel corrosivo que o monopólio da Rede Globo está desempenhando em nosso país. (...) O *Jornal do Brasil*, em um lúcido editorial recordando a pesquisa que realizamos sobre a programação da Globo e que revelou que esta exibe, apenas numa única semana, mais de mil cenas de violência e criminalidade, concluiu que "isto já não é mais programação, é um bombardeio de violência" e que, assim, a televisão acaba "impondo influência deletéria, em tudo contrária ao papel cultural que deveria exercer".

(...) A indignação geral contra o que vem fazendo a TV, em especial a Globo, pode ser abafada e escondida pelos meios de comunicação. Mas ela vem dia após dia, crescendo nas consciências mais lúcidas e esclarecidas deste país.[64]

Naquele ambiente eivado de críticas, sobrava espaço até para relacionar a tragédia a maneirismos e costumes tipicamente cariocas, como se a tragédia também fosse fruto do ambiente em que os atores estavam inseridos. Em editorial intitulado "Ilusão e realidade", o *Estado de S. Paulo* revivia a histórica rivalidade entre Rio de Janeiro e São Paulo ao fazer uma crítica inusitada: "A banalização do artificial ambiente carioca erigido como padrão — este é o mal que a televisão faz à sociedade brasileira."[65]

Em um ambiente que mesclava revolta e desinformação, não tardou a uma controversa pauta voltar com força à ordem do dia: o restabelecimento da pena capital no Brasil. Àquela altura, muitos pareciam acreditar que os fins justificariam os meios.

Quaisquer que fossem estes.

Mais do que a morte (pena capital)

A pena de morte é uma forma de punição distante da tradição jurídica brasileira. A última execução de uma pessoa, em solo brasileiro, em virtude de uma condenação formal remonta ao século XIX, ainda no tempo do império. Embora a legislação brasileira em alguns períodos de exceção, como ocorreu durante o Estado Novo e o regime militar, tenha instituído a pena capital como forma de punição por parte do Estado, nem mesmo nesses períodos excepcionais a punição máxima chegou a ser implementada. Sob a vigência da Constituição de 1988, a pena de morte foi vedada no Brasil, sendo possibilitada a sua adoção apenas na excepcionalíssima hipótese de o país se encontrar em estado de "guerra declarada".[66]

A REPERCUSSÃO

No entanto, no início de 1993, a polêmica em torno do tema retornou com força total, muito em função da grande repercussão de dois crimes chocantes ocorridos no final de 1992. Além do homicídio de Daniella Perez, houve forte comoção social em relação ao sequestro da menina Míriam Brandão, ocorrido em Contagem, região metropolitana de Belo Horizonte. A crueldade dos criminosos ao justificar o sequestro de uma menina de 5 anos — a necessidade de quitar uma dívida oriunda de apostas em uma rinha de galo — só não chocou mais do que a razão atribuída pelos meliantes para ter assassinado a menina: a criança foi asfixiada com um travesseiro simplesmente porque estava chorando. Acabou morrendo estrangulada e depois ainda teve seu corpo carbonizado, de maneira que seus restos mortais jamais foram localizados.

No embalo da comoção gerada por crimes tão brutais, pesquisas de opinião detectaram altos índices de apoio popular à adoção da pena capital em janeiro de 1993. Em função do crescente interesse do público, sondagens diversas começaram a ser realizadas por veículos de comunicação, muitas vezes sem o embasamento estatístico próprio dos grandes institutos de pesquisa.

O jornal *O Dia* realizou uma pesquisa junto aos seus leitores, por meio de consulta por telefone, que, dentre todas as sondagens realizadas naquele período, apresentou o resultado mais favorável à adoção desse tipo de penalidade: 88% dos leitores se declararam a favor da pena de morte, em uma enquete que mobilizou cerca de 13 mil votantes em um só dia.[67] Já o programa *Globo Repórter*, em sondagem semelhante, registrou índice quase igual: 84%.[68]

Também sem a mesma base científica dos institutos especializados, a revista *Manchete* realizou pesquisa análoga entre os seus leitores. Naquela época, a *Manchete* era o semanário ilustrado mais importante do país e, em uma de suas edições, chegou a encartar junto à revista um cupom para que o leitor pudesse participar de uma consulta sobre o tema. A capa da edição que trazia o resultado da pesquisa era extremamente apelativa ao publicar as fotos de Míriam

Brandão e Daniella Perez, além de uma foto de Guilherme e Paula no dia de seu casamento. Em complemento àquelas imagens, uma pergunta singela: "Que castigo merecem esses crimes?"[69]

A reportagem em si, cujo sugestivo título "Pena de morte — os brasileiros querem castigar a violência", dava a real dimensão do sentimento reinante no Brasil: 61% dos brasileiros apoiavam a adoção da pena de morte para autores de crimes hediondos, enquanto 34% achavam que uma pena razoável para esse tipo de crime seria a prisão perpétua conjugada com trabalhos forçados.[70]

Em realidade, o cupom encartado no semanário, além de realizar uma pesquisa sobre o tema, também trazia um campo no qual poderiam ser elaborados comentários por escrito. Nesse ponto, a revista trazia a público opiniões extremamente radicais que iam desde sugestões de empalamento, passando pela pena de morte idêntica àquela infligida à vítima, até a proposta de se queimarem os criminosos em praça pública para que servissem de exemplo.

Radicalismos à parte, as pesquisas capturavam um sentimento popular influenciado pelos crimes recentes, fato que não tardou a repercutir no âmbito político. O senador Pedro Simon, líder do governo no Senado, resumiu o que acontecia no Brasil naquele momento: "Os casos Míriam e Daniella criaram revolta no país."[71]

De forma sucinta, era exatamente isso. A discussão acabou por envolver toda a sociedade, e até crianças começaram a emitir opinião sobre o controverso assunto, como comprovava uma carta enviada ao *Jornal do Brasil*. Escrita em linguagem infantil, o texto é preciso ao revelar o sentimento coletivo predominante. Mais uma vez, era o espírito do tempo que se fazia presente:

> Tenho 11 anos e fiquei muito chocada com a morte de Daniela (*sic*) Perez. Gostaria que Guilherme de Pádua fosse condenado à morte (cadeira elétrica). Porque esfaqueou uma das melhores atrizes, que considero o máximo. Quero ficar cara a cara com esse canalha.[72]

A REPERCUSSÃO

De fato, a execução por meio da cadeira elétrica passou a dominar o imaginário coletivo. Durante a missa de sétimo dia da atriz, celebrada na tradicional Igreja do Carmo, no Rio de Janeiro, já se podia medir o ímpeto que vinha das ruas. Naquela data — 4 de janeiro de 1993 —, ao lado dos brados por justiça que sempre permearam atos celebrados em memória de Daniella, também foram ouvidos gritos que pediam "cadeira elétrica" para os acusados pelo crime.[73]

Não pararia por aí.

Em editorial sobre o assunto, *O Globo* estampava em sua primeira página a visão do periódico sobre a pena capital. Ao analisar a questão sobre diversos ângulos, o editorial marcava de forma bastante nítida o posicionamento do veículo, o que de certa forma refletia os anseios da maior parte da população brasileira:

> Assim, a pena de morte só é aceitável — e, então, é eminentemente necessária — como instrumento de defesa da sociedade. Em qualquer circunstância, mas principalmente num país de defesas pateticamente deficientes contra a violência social, impõe-se a existência de defesas poderosas diante das formas patológicas sobre essa violência.[74]

O âmago popular parecia corroborar com a opinião do periódico. Cartas enviadas à delegacia onde o ator estava preso eram ainda mais incisivas: "Tortura, mata, corta ele [Guilherme de Pádua] em pedacinhos."[75] No início de 1993, uma reportagem indagou aleatoriamente transeuntes acerca de qual seria a punição justa para Guilherme. A resposta de uma jovem novamente refletia o espírito daquele momento: "Ele merece mais do que a morte."[76]

Talvez, àquela altura, nem a pena de morte fosse mais suficiente.

O colunista Mauro Braga, no jornal *Tribuna da Imprensa*, indagava provocativamente sobre "o que seria mais do que a morte?". O viúvo de Daniella parecia ter a resposta. Em entrevista, Gazolla afirmara que "se possível, seriam [Paula e Guilherme] até mutilados vivos".⁷⁷ Como a Constituição Federal proíbe a instituição de penas consideradas cruéis, de fato não seria possível.

Melhor assim.

A aversão aos acusados era tamanha que Paula Thomaz, em uma de suas primeiras entrevistas, declarou: "Neste momento, o Judas sou eu."⁷⁸ Não era. Pelo menos, não sozinha. Marcado pelo crime, Guilherme passou a simbolizar o anti-herói no inconsciente coletivo. Por algum tempo, um boneco representando o ator foi malhado nas comemorações de Páscoa no bairro do Ingá, em Niterói. Tradição herdada da cultura portuguesa, malhar o Judas em praça pública no Sábado de Aleluia é costume em algumas partes do Brasil, e Guilherme foi o escolhido para o famigerado papel, naquilo que representava uma espécie de desabafo social em relação às mazelas do cotidiano.⁷⁹

De fato, tudo que envolvia o acusado despertava a imediata atenção popular. Logo após o crime, Antônio Serrano, delegado responsável por sua prisão, era ovacionado ao ser reconhecido nas ruas do Rio de Janeiro, principalmente no bairro da Barra da Tijuca, simplesmente "por ter prendido o Guilherme de Pádua".⁸⁰

O sentimento que dominava as ruas, começando nos bares, praças e esquinas de todo o país, e que se estendia até a pauta dos grandes veículos de comunicação, não tardou a chegar ao Congresso Nacional. Era o caminho natural, dada a natureza representativa do Poder Legislativo. Um clima dominado por um misto de comoção e revolta formou o ambiente propício para que o debate voltasse à tona com toda a força no cenário político brasileiro.

A discussão chegou a tal ponto que repercutiu na mais alta esfera política do país, a Presidência da República. O presidente Itamar Franco, atento aos fatos que abruptamente se sucediam em seu efetivo início de mandato, começou a admitir a implantação da pena de morte no Brasil, como Maurício Corrêa, então ministro da Justiça, revelara à imprensa: "Os últimos casos registrados pela crônica policial, sobretudo o assassinato da atriz Daniella Perez e o

A REPERCUSSÃO

trucidamento da menina Míriam Brandão, somado ao editorial de *O Globo*, levaram o presidente Itamar a uma reflexão."[81]

Se o ministro da Justiça afirmara que o presidente passou a refletir sobre o tema após o primeiro editorial, seria bom que estivesse preparado para uma dose extra de pressão. Apenas cinco dias depois, o periódico voltaria ao assunto, em termos tão contundentes quanto aqueles utilizados anteriormente:

> O que o povo espera é uma legislação penal que respeite os direitos da vítima, tanto quanto os do criminoso. (...) Assim como a ideia, aqui apresentada, de que a pena de morte é resposta adequada a crimes especialmente brutais, praticados por monstros morais sem possibilidade de recuperação.[82]

Àquela altura, a hipótese mais plausível diante do quadro de comoção generalizada seria promover a realização de um plebiscito a respeito do tema, para que a população brasileira pudesse decidir sobre tão delicada questão. O deputado Amaral Neto, cuja plataforma parlamentar sempre defendeu a pena de morte, começou a recolher assinaturas para a aprovação do plebiscito pelo Congresso Nacional.

O próprio deputado já havia tentado aprovar consulta semelhante durante a Constituinte de 1987/1988, mas não logrou êxito. Derrotado como deputado constituinte, voltaria a insistir no tema cerca de cinco anos após as primeiras tentativas, instigado pelo ambiente francamente favorável daquele início de 1993.

Entidades tão diferentes em seus propósitos, como a União Nacional dos Estudantes (UNE), a Ordem dos Advogados do Brasil (OAB), a Associação Brasileira de Imprensa (ABI) e a CNBB, se manifestaram contra a iniciativa, o que levou à formação de um consenso por parte da sociedade civil organizada em desfavor da matéria. Se não tinham o poder de persuasão dos grandes veículos de comunicação, pelo menos essas entidades foram importantes para fazer um contraponto ao tema.

O mês de janeiro de 1993 representou o ápice dessa discussão. No entanto, no decorrer daquele mesmo ano, o interesse pelo assunto foi arrefecendo, e uma nova pauta foi gradativamente adquirindo relevância na agenda política do país. Temas como a conveniência de o governo Itamar Franco manter a agenda desestatizante do governo anterior, além dos sempre presentes escândalos de corrupção, passaram a dividir a atenção do público.

Paralelamente, ainda estava marcado para abril de 1993 um grande plebiscito para definir a forma e o sistema de governo, estabelecido pela própria Constituição de 1988. Naquela consulta, o eleitor deveria decidir entre o modelo republicano ou monárquico, e sobre a possibilidade da adoção do sistema presidencialista ou parlamentarista.

Além de ser um plebiscito em nível nacional, o que demandaria uma estrutura gigantesca para a sua organização, ainda se tratava de uma votação complexa do ponto de vista da informação ao público, já que seriam decididos temas completamente estranhos à vida cotidiana da população. A necessidade do esclarecimento sobre as opções em consulta fez com que temas como sistema parlamentarista e forma republicana de governo passassem a ocupar cada vez mais espaço na mídia, o que em grande medida contribuiu para que o interesse pelo debate sobre a adoção da pena de morte fosse paulatinamente perdendo espaço.

Tal qual ocorrera na Constituinte, o deputado Amaral Neto foi novamente derrotado em suas tentativas de aprovar um plebiscito no Congresso Nacional. A discussão sobre a punição para crimes hediondos acabou relegada ao debate sobre a necessidade de modificação na legislação brasileira, sobretudo em relação ao endurecimento das regras relativas ao cumprimento efetivo das penas por criminosos condenados pela Justiça.

O plebiscito sobre a adoção da pena de morte jamais ocorreu.

A REPERCUSSÃO

A revista que virou notícia

A editora Alto Astral foi criada em meados da década de 1980, no interior de São Paulo. O astrólogo João Carlos de Almeida, popularmente conhecido como João Bidu, estava à frente da empreitada, especializada em publicações sobre astrologia com uma linguagem inovadora para a época. As publicações também traziam artistas — geralmente da música ou da televisão — em evidência, muitas vezes mesclando entretenimento e astrologia.

No início da década de 1990, a editora já se consolidara no mercado nacional, sendo bastante popular entre jovens e adolescentes, e contando com um público fiel, ainda que setorizado. Àquela altura, a editora Alto Astral contava com cinco publicações periódicas cujos nomes soavam um tanto parecidos para os menos familiarizados: *Correio Astral, Astral Dia-a-Dia, Guia Astral, Meu Amor* e *Horóscopo Chinês*.

Os títulos confundiam as pessoas que não tinham tanta proximidade com as publicações, e chegavam a confundir até a imprensa, que muitas vezes se referia às revistas do grupo indistintamente como *"Astral"*. Não muito conhecidas pelo grande público, as publicações tinham um nicho de mercado bastante específico, voltado principalmente para um público jovem que se interessava por horóscopo. Isso até janeiro de 1993, quando repentinamente tudo mudou. A partir daquele momento, a *"Astral"* passaria a ser citada pelos grandes jornais e mencionada pelos principais programas de televisão, e até por alguns noticiários exibidos em cadeia nacional.

Tudo porque a última entrevista de Guilherme de Pádua antes do crime havia sido publicada pela revista *Astral Dia-a-Dia* em sua edição de janeiro de 1993. Assim, surgiu a primeira polêmica envolvendo a publicação: será que Guilherme de Pádua, réu confesso em um caso de homicídio, deveria estampar a capa de uma revista voltada para o público jovem — incluindo adolescentes e crianças — com direito a pôster e manchete em destaque?

A questão ganhava contornos ainda mais dramáticos em virtude de a edição ter sido publicada pouquíssimos dias depois de o crime ter sido cometido. Àquela altura, parecia oportunismo aliado a uma boa dose de sensacionalismo.

Só que não era. Em verdade, a revista chegou às bancas no final de dezembro de 1992. Por ser uma publicação mensal, a sua edição era preparada com alguma antecedência, o que fez com que a redação da revista acabasse sendo "surpreendida nas bancas pelo crime",[83] como o próprio editor reconhecera, já que a revista havia sido distribuída em todo o Brasil antes do assassinato de Daniella.

Em verdade, tratava-se de uma infeliz coincidência.

A curta entrevista concedida por Guilherme acabou por repercutir em vários meios de comunicação, muito em função de algumas questões abordadas pelo ator terem sido posteriormente relacionadas de alguma forma ao crime, como seu temperamento dado a rompantes de ira ("explodo quando me cutucam"), sua preferência pelas cores vermelha e branca devido a questões ligadas à espiritualidade e, principalmente, a confirmação de que existia um guia espiritual em sua vida.[84]

Durante a entrevista, no entanto, nada de anormal se passou. Por esse motivo, o jornalista Gilmar Laurindo, repórter responsável pela matéria, era mais uma pessoa a ficar estarrecida ao tomar conhecimento dos surpreendentes fatos que se sucederam: "Sinceramente, não estranhei nada na entrevista dele, por isso me espantei demais quando soube do crime."[85]

De um dia para o outro, a revista estava sendo mencionada pelas principais publicações do país em suas páginas policiais. *O Dia*, *Folha de S.Paulo*, *Folha da Tarde* e a revista *Manchete* foram alguns dos veículos de comunicação que reproduziram as declarações de Guilherme, mencionando como fonte a entrevista realizada pela revista.

Assim, a *Astral Dia-a-Dia* — que daquele momento em diante passaria a ser conhecida apenas como *Astral* — se via no olho do furacão, pois deixara de ser a responsável por informar para se

A REPERCUSSÃO

transformar na própria informação. Como afirmara João Bidu, a inversão da lógica natural da atividade jornalística ocorreu de forma repentina e sem qualquer intenção por parte da revista: "Sem querer passamos a ser espectadores e protagonistas."[86]

Se a entrevista com Guilherme já havia causado grande alvoroço na redação, a morte abrupta de Daniella teria efeito ainda mais devastador na programação das futuras publicações da revista. A princípio, a atriz estrelaria nada menos que três capas de diferentes edições publicadas pelo grupo editorial entre o final de 1992 e o início de 1993.

Com o enorme sucesso da personagem Yasmin, Daniella já havia estampado sozinha a capa da revista *Meu Amor* em dezembro de 1992[87] — no que seria a última capa de revista que estamparia em vida —, e havia mais duas capas previstas para 1993, ambas na revista *Correio Astral*: uma ao lado de Fábio Assunção, que teria sido publicada em fevereiro daquele ano, e outra com o marido Raul Gazolla, cuja publicação estava prevista para um pouco mais adiante.

Diante da tragédia, obviamente os planos tiveram que ser modificados, o que gerou uma inevitável correria na redação para que não houvesse atrasos nas publicações. Em decisão editorial sóbria, o grupo Alto Astral optou por cancelar a capa que traria os atores Daniella e Fábio juntos, decidindo que a última homenagem à atriz seria estampá-la junto ao marido Raul Gazolla na capa da edição de uma de suas revistas.

E assim foi feito na edição de *Guia Astral* de março de 1993.

Polêmica no mercado editorial

No início da década de 1990, em meio a mais uma crise do mercado editorial brasileiro, surgia com força no país o conceito de *instant books*, livros escritos e editados de forma extremamente rápida e cujo diferencial era trazer uma tênue reflexão acerca de episódios recentes, ainda no calor dos acontecimentos.

Naquele início de 1993 nada estava mais em evidência em todo o país do que o assassinato de Daniella Perez. De norte a sul, o crime mobilizava a atenção da opinião pública e praticamente monopolizava o interesse da mídia. Assim, não tardou a surgir um livro na melhor tradição dos *instant books* norte-americanos sobre o brutal assassinato da atriz. Intitulado *O crime da novela das oito: caso Daniela Perez*, foi escrito pelo jornalista Sérgio de Souza, profissional experiente e que já tinha sido editor da extinta revista *Realidade* e diretor de redação do programa dominical *Fantástico*.

Publicado pela Scritta Editorial, considerada à época uma referência no gênero, o livro seguia a linha das publicações anteriores da editora, cuja receita de sucesso parecia estar diretamente relacionada à escolha do momento de seus lançamentos. A própria editora esclarecia à imprensa como funcionava aquele nicho do mercado editorial: "O segredo nos *instant books* é a editora funcionar como um jornal, se pautando de acordo com os interesses de momento."[88]

Em função da comoção generalizada ainda existente em relação ao crime, a Scritta Editorial cancelou temporariamente outros projetos e deu prioridade absoluta à nova publicação. O livro foi escrito de maneira célere (em meras três semanas) e editado de forma mais rápida ainda (em apenas um final de semana), e a previsão era que chegasse às livrarias no início de fevereiro de 1993.[89]

Contudo, isso não aconteceu.

O planejamento acabou frustrado em virtude de uma ordem judicial. A família de Daniella, valendo-se do art. 5º da Constituição Federal, que garantia o direito à privacidade, obteve uma liminar judicial e embargou a distribuição e a venda do livro.[90]

Começaria, assim, uma espécie de guerra de declarações por meio da imprensa. Da mesma maneira que a Constituição protegia o direito à privacidade, também estava expresso no texto constitucional a proibição de qualquer forma de censura, como lembrava Breno

Altmann, editor do livro. Altmann ainda esclarecia que a obra não tinha conteúdo sensacionalista, e acrescentava que o último livro proibido de circular no Brasil remontava ao longínquo ano de 1978, ainda sob a égide do regime militar.[91]

Glória Perez não concordava com os argumentos e era incisiva em suas declarações, afirmando que "ninguém me pediu autorização, e sem autorização não pode sair", e ainda se permitia fazer ameaças nem um pouco veladas: "Vão perder grana, isto está na Constituição, tem responsabilidades criminais."[92] Procurada pelos responsáveis pela obra para dar um depoimento, a novelista preferiu não se manifestar: "Não aceitei, não acho correto o livro."[93]

Cerca de dois anos antes, no entanto, Glória envolvera-se em contenda assemelhada, só que pela perspectiva oposta. Como visto, ao escrever *Desejo*, a autora teve que enfrentar a ira da filha de Anna de Assis, que, embora tenha aprovado o texto inicial,[94] não se conformava ante a maneira como seus ascendentes foram retratados na minissérie: "Eu confiei na Glória Perez, mas ela me enganou."[95] Registre-se, por outro lado, que os herdeiros de Euclides da Cunha se manifestaram publicamente de forma favorável à minissérie.

Segundo o portal de memória da Globo, Glória apenas cumpriu com o seu papel de escritora, pautando-se nos fatos descobertos em sua acurada pesquisa e evitando manifestar opiniões ou sentimentos das famílias dos envolvidos.[96] Em 1990, a autora expunha o seu modo de ver a questão: "Eu me baseei na documentação e abordei o assunto como uma tragédia em que as pessoas agiram movidas pela emoção. (...) Se fosse um romance, diriam até que é um exagero."[97]

No início de 1993, todavia, era Sérgio de Souza, autor do livro sobre o crime que vitimara Daniella, que ia a público defender a própria obra. Afirmando não precisar "de autorização para escrever sobre assunto público",[98] o autor qualificava o seu livro como "uma grande reportagem",[99] baseando o seu trabalho naquilo que pôde ser verificado até aquele momento, ou seja, em matérias jornalísticas e depoimentos à polícia.

Celeuma instaurada, restava delimitar não apenas os contornos jurídicos, mas também os aspectos práticos daquela intricada questão. Assim, o jurista Jorge Beja, por meio de uma pergunta sutil, mas cujo alcance era profundo, dava corpo à controvérsia: "Se a história pode ser abordada por jornais e revistas, por que não pode ser abordada por um livro?"[100]

De fato, era uma questão pertinente. Ficava muito difícil compreender os motivos pelos quais a proibição foi determinada pela Justiça, sobretudo se fosse levado em consideração o conteúdo da obra — despido de sensacionalismo e sem conter qualquer calúnia ou difamação a quem quer que fosse. Em realidade, se tratava de um livro-reportagem propositalmente simplista e, sobretudo, muito mais sóbrio em comparação a algumas reportagens publicadas até então. Por todos esses motivos, causava certo espanto a proibição de sua circulação, como *O Globo* reverberava à época:

> Curiosamente, "O crime da novela das oito", em vez de desvendar mistérios, fez nascer mais um. Por que a novelista Glória Perez, mãe de Daniella, pediu à Justiça a proibição do livro? Ou, mais denso enigma, por que um juiz lhe deu, provisoriamente, ganho de causa? Qualquer desfecho da pendenga não anula o fato de que tiraram um livro das estantes sem motivo razoável. A leitura atenta não revela nele injúria, calúnia, difamação ou novidade.[101]

Em realidade, o livro se propunha — em breves 122 páginas — a narrar uma história que, àquela altura dos acontecimentos, ainda estava por ser escrita em seus capítulos mais importantes. Assim, após ter conhecimento da íntegra do texto, a família de Daniella chegou a um acordo com a editora e permitiu que a obra fosse publicada, exigindo, no entanto, que a imagem da atriz fosse suprimida da capa do livro.[102]

E assim foi feito.

A REPERCUSSÃO

Superada a controvérsia jurídica, o livro foi lançado em 9 de março de 1993.

Elaborada com excessiva rapidez, a obra continha equívocos que podem ser considerados grosseiros, como o erro na grafia do nome de Daniella na capa. Por essas e por outras, a reportagem do *Jornal do Brasil* fazia uma crítica incisiva acerca do modismo dos *instant books*: "Uma coisa é livro de oportunidade, outra é livro oportunista."[103] Podia até ser verdade, mas nem esse fato — nem qualquer outro — poderia ser legitimamente utilizado para justificar a censura prévia à publicação.

Independentemente das razões que motivaram a disputa judicial, no final tudo acabou bem. A obra — cuja tiragem de 35 mil cópias era considerada bastante arrojada — pôde finalmente ir para as livrarias. A partir do momento em que a comercialização foi liberada, cada um que tirasse suas próprias conclusões sobre a qualidade do livro. Como bem pontuava a *Folha de S.Paulo* "quem deve decidir se vale a pena comprá-lo é o leitor".[104]

Pura verdade.

A homenagem que faltou

O sucesso de Yasmin na novela *De Corpo e Alma* rendia os mais diversos frutos a Daniella Perez. Ao participar de um concurso de dança na trama, a atriz pôde revelar ao grande público seu verdadeiro talento para dançar e que, por vezes, se escondia por trás da graciosidade que exibia como atriz. Daniella tinha um apurado senso de ritmo aliado a um controle preciso de seu corpo, o que a levava a ter um estilo próprio. Era daquelas dançarinas que bailam com a alma e, dotada de grande leveza, conseguia se expressar com delicadeza e elegância, em uma rara combinação.

Certamente todo esse talento não passou despercebido pela escola de samba Caprichosos de Pilares, àquela altura buscando um nome para desfilar como madrinha de sua bateria no carnaval de 1993. Nesse ano, a escola desfilaria no grupo especial do carnaval carioca. Contando com um enredo bastante original, prometia levar à avenida uma genuína homenagem aos "costumes suburbanos" com o samba "Não existe pecado do lado de cá do túnel Rebouças", que descrevia com riqueza de detalhes o estilo de vida da zona norte do Rio de Janeiro. Coincidentemente, esse samba-enredo se encaixava à perfeição ao perfil da personagem de Daniella em *De Corpo e Alma*.

O convite para sair à frente dos ritmistas da agremiação como "madrinha de bateria" foi feito a Daniella cerca de três meses antes do desfile, e naturalmente encheu-lhe os olhos. Apesar de todo o sucesso que fazia como atriz, ela não escondia que a sua principal vocação era a dança. Além disso, o samba era um dos seus gêneros preferidos.

Mesmo assim, a atriz recebeu o convite com serenidade, em mais uma demonstração de que a fama não havia lhe subido à cabeça. Em reunião com diretores da agremiação, ela se mostrou lisonjeada, porém ainda havia algumas pequenas pendências a resolver antes de sua resposta definitiva. Em realidade, para que tudo saísse da maneira que julgava adequada, a atriz colocaria uma condição, e ainda se permitiria fazer um pedido antes que concordasse em participar do desfile na qualidade de madrinha de bateria.

A condição era singela: aceitava com muita alegria desfilar pela Caprichosos de Pilares, escola pela qual confessava ter simpatia, mas não queria desfilar de biquíni. Assim, fez questão de deixar previamente combinado com a diretoria da agremiação que iria à avenida trajando um maiô, o que foi prontamente aceito.

O pedido era ainda mais simples. A atriz deixou claro à agremiação que o sucesso de Yasmin era, em realidade, o sucesso de todo o elenco da novela e, dessa forma, não considerava justo apenas ela ser convidada a desfilar pela escola: "Eu me tornei madrinha da escola por causa do trabalho na novela *De Corpo e Alma*. Então gostaria de convidar os meus colegas."[105]

A REPERCUSSÃO

Entretanto, uma atitude que pode ser considerada no mínimo estranha também chamou atenção no momento em que a atriz recebeu o convite. Ao entregar a lista com os nomes dos atores que deveriam ser convidados a desfilar, Daniella inicialmente havia cogitado incluir Guilherme de Pádua, mas, logo depois, fez um asterisco junto ao nome do ator, sinalizando que o convite não deveria ser confirmado. Ao justificar a desistência, Daniella deu uma desculpa pouco convincente, como bem pontuava o *Jornal do Brasil* dez dias após o crime:

> Na lista, Guilherme de Pádua ocupa o número 7, mas logo que acabou de escrever os nomes e telefones, Daniella fez um pequeno rabisco junto ao número do ator: "Não chamem o Guilherme para o desfile. Na novela, ele não é do grupo de pagode. É um motorista de ônibus", alegou. No entanto, artistas como Victor Fasano e Eri Johnson foram indicados para o desfile e também não pertencem ao grupo de pagode.[106]

Após o crime, a escola havia sinalizado que manteria simbolicamente Daniella Perez como madrinha, o que na prática significava que a agremiação desfilaria sem ninguém a ocupar o posto. No entanto, isso não ocorreu. O posto de madrinha da bateria, que a princípio ficaria vago, acabou por ser ocupado pela também atriz Isadora Ribeiro.[107]

Ainda havia a possibilidade de ser realizada uma homenagem à atriz na última ala da escola, que seria composta exclusivamente por amigos e admiradores de Daniella Perez. A ideia inicial era que todos os componentes dessa ala desfilassem com uma camisa branca estampando uma foto da atriz, provavelmente associada a alguma inscrição clamando por justiça para o caso. Contudo, a Caprichosos acabou por cancelar a homenagem. A duvidosa alegação dada pela agremiação era de que a ala atraiu um número muito grande de inscritos, e isso poderia atrapalhar a evolução da escola na avenida.[108]

Se a homenagem a Daniella não ocorreu, por outro lado a escola de Pilares levou à avenida uma ala em homenagem ao Flamengo,[109] sem motivo aparente, sobretudo em virtude do enredo escolhido para aquele ano.

Uma pena. Possivelmente o tributo à atriz teria sido um dos pontos altos do desfile daquele ano, junto ao inesquecível samba-enredo "Peguei um Ita no Norte", apresentado pela Acadêmicos do Salgueiro, que acabou por se sagrar campeã.

Faltou uma justa homenagem a quem tanto acalentou o sonho de participar daquele desfile. Mais do que isso, poderia ter representado um momento de genuína reflexão acerca da crescente violência que assolava a cidade em meio a sua festividade mais popular e, principalmente, mais entranhada em suas raízes históricas.

Em 2006, a homenagem que faltou treze anos antes finalmente ocorreria. A escola de samba Porto da Pedra, de São Gonçalo, pretendia apresentar em seu desfile o carro abre-alas "Guerreiras do Brasil", que traria o simbólico grupo das "Mães de Acari" a clamar pela elucidação do destino de seus filhos vitimados em uma chacina em julho de 1990.

Nessa mesma alegoria haveria imagens de Daniella Perez, o que enfim poderia significar um tributo à atriz na passarela do samba. A autora Glória Perez concordou em ceder a imagem de Daniella para a exibição durante o desfile, mas não aceitou o convite da escola para desfilar no carro alegórico que a homenagearia — e que lamentavelmente apresentou problemas antes mesmo de entrar na avenida.[110]

A reportagem especial da Globo durante o carnaval 2006 exibiu, por cerca de um minuto, imagens do carro quebrado na concentração, e em uma de suas laterais era possível ver um enorme painel com uma montagem fotográfica de Glória e Daniella Perez. Cerca de treze anos após o crime, ao menos foi possível aos telespectadores que assistiam ao desfile relembrar, ainda que por alguns instantes, a querida atriz que se fora tão precocemente. Contudo, mais uma

A REPERCUSSÃO

vez uma homenagem a Daniella Perez na passarela do samba restou frustrada.

Se no universo do samba a homenagem ficou faltando, no mundo do funk tudo seria diferente. Neném e Mascote, dupla de jovens rappers oriundos da favela da Rocinha, compuseram uma música para homenagear a atriz.

O "Rap da Daniela (*sic*)" logo se tornou um sucesso nos bailes funks cariocas. A letra narrava a triste história do assassinato da atriz e também clamava por justiça. Em sua parte mais emblemática, a música relembrava a crueldade com que o homicídio fora cometido: "De sangue frio, dar dezoito tesouradas / Numa moça tão querida e amada / Qual será o castigo para esse marginal / Que cometeu um crime fora do normal / Ele tem que ir para o tribunal."

A música acabou por se tornar mais um instrumento contra a impunidade no Brasil durante a década de 1990. Em novos versos que remetiam à justiça, a dupla de MCs mandava um recado direto às autoridades: "Por isso eu faço / Um apelo para o juiz / Condena esse sujeito / Que matou uma atriz."

Mais emocionante ainda era a forma com que a música — que marcou uma geração de jovens cariocas[111] — era recebida nos bailes em todo o Rio de Janeiro. No momento em que a canção começava a ser tocada, imediatamente todos os presentes paravam de dançar e cantavam a letra em coro. Ao final, todos batiam palmas em sinal de respeito.[112]

Em uma festa funk realizada na praça da Apoteose, em junho de 1993, a música foi entoada por cerca de oitenta MCs em um coro que emocionou a todos os presentes. Após o ato, foi feito um minuto de silêncio, o que deu àquele momento um sentido ainda mais profundo e nostálgico.

O funk chegou a ser tocado nas rádios, principalmente no Rio de Janeiro, e foi um dos maiores sucessos do gênero em 1993. Todavia, o que parecia ser uma homenagem cuja repercussão se restringiria àquele ano acabou por resistir ao tempo. Em 2014, uma matéria sobre a história do funk citou o "Rap da Daniela (*sic*)" como uma das músicas mais marcantes da história do ritmo tipicamente carioca.[113]

Por fim, o instrumentista Sivuca e sua esposa, a cantora Rosinha Gadelha, que foram vizinhos de Daniella, compuseram uma música em homenagem à atriz. Apresentada na Gafieira Estudantina Musical, junto à inauguração de um pôster de Daniella no tradicional reduto de dança de salão carioca, a canção emocionou todos os presentes à homenagem.

Além de ter gravado cenas de *De Corpo e Alma* na Estudantina, Daniella volta e meia comparecia aos bailes ao lado da mãe, que era madrinha do lugar. Segundo Glória, aquela homenagem a sensibilizara bastante: "Estou muito emocionada porque esse clima combina muito com a minha filha. Se ela tivesse que escolher uma homenagem, certamente seria essa a ideal."[114]

Pelo menos dessa vez, a homenagem saiu como o esperado.

9.
O desvendar de um crime

A testemunha-chave

A noite de 28 de dezembro de 1992 parecia ser apenas mais um dia comum nas férias de Hugo da Silveira, que onze anos antes havia decidido trocar a agitada vida de advogado no Rio de Janeiro por uma rotina mais pacata como dono de uma pequena pousada em Porto Seguro. Carioca do bairro do Engenho Novo, ele já havia sido até candidato a vereador em sua cidade natal e, embora tivesse obtido cerca de 15 mil votos em pleito ocorrido durante o regime militar, não conseguira se eleger. Fã de Raul Seixas, certa vez valera-se da canção "Ouro de tolo" para justificar à imprensa sua mudança de cidade: "Eu não ia ficar [no Rio de Janeiro] com a boca escancarada cheia de dentes, esperando a morte chegar."[1]

Assim, sua rotina modificara-se radicalmente. Não utilizava mais terno e gravata e passava os dias de calção e sandálias. A pousada Aconchego, da qual Hugo era dono e administrador, era uma forma de ganhar a vida em meio à tranquilidade de Porto Seguro, àquela altura um destino turístico já bastante procurado.

A personalidade do advogado também era marcada por algo que poderia ser considerado uma excentricidade, ou, ao menos, descrito como um hábito pouco comum: Hugo tinha a mania de anotar placas de carros, caso identificasse uma situação que considerasse atípica.[2]

Naquela noite quente, Hugo retornava ao condomínio Riomar, na Barra da Tijuca, trazendo os seus netos da festa de sua ex-mulher e avó das crianças, realizada no bairro do Leblon. Um tanto apressado, Hugo buscava chegar ao condomínio o quanto antes, já que as crianças estavam bastante agitadas. Naquele dia, após a novela *De Corpo e Alma*, seria exibido o filme *Karate Kid III: O desafio final*. A atração começaria às 21h30 e sua exibição ainda era inédita na televisão, o que justificava o alvoroço de seus netos para assistir, em primeira mão, ao filme fora das salas de cinema.

Ao passar pela rua Cândido Portinari, na altura do quilômetro 11 da Avenida das Américas, já bem próximo ao seu condomínio, o advogado avistou dois carros estacionados em fila, perto de um meio-fio que fazia divisa com um terreno baldio. Encontravam-se parados naquele local um Escort e um Santana. O Escort estava estacionado à frente do outro veículo. Naquele momento, o ponteiro do relógio marcava quase 21h30, e o filme estaria prestes a começar. Hugo continuou resoluto em seu caminho, mas a cena o intrigou.

A desconfiança do advogado se justificava. O local era bastante deserto, desprovido de iluminação e recentemente uma casa havia sido assaltada na região. Tendo trocado o Rio de Janeiro por Porto Seguro, Hugo não havia esquecido das mazelas da capital fluminense e intuiu que algo de errado poderia estar relacionado àqueles misteriosos veículos estacionados em local tão soturno.

A sua intuição estava certa.

Desconfiado do que poderia estar acontecendo, o advogado resolvera voltar ao local para anotar a placa dos carros, acompanhado pelo caseiro da residência onde estava hospedado, que passaria a dirigir o veículo para que Hugo pudesse se concentrar somente em anotar as placas dos automóveis suspeitos e observar melhor aquela cena que tanto o intrigara.

Ao retornar ao local, os dois carros ainda se encontravam estacionados, de maneira idêntica àquela que avistara pela primeira vez. Dessa vez, a Parati de Hugo avançou lentamente, passando primeiro por trás dos veículos para que as placas pudessem ser anotadas.

Não satisfeito em apenas tomar nota das placas dos carros, fez um pequeno retorno na própria rua — já que a via era de mão dupla —, e dessa vez foi possível visualizar um casal no banco da frente do Santana, sendo também capaz de perceber os traços essenciais da feição de uma mulher sentada no banco do carona — morena, cabelos longos e rosto redondo —, identificação que só foi possível em virtude da luminosidade dos faróis do Santana, que rebatia na traseira do Escort.[3] Tal circunstância foi posteriormente comprovada por um teste de luminosidade realizado por peritos em reprodução simulada da dinâmica do crime.

Naquele momento, Hugo da Silveira não tinha a menor ideia de quem seria aquela jovem, mas reteve a lembrança de seu semblante. Em um futuro muito próximo, tal recordação seria essencial para a constatação de que Paula Thomaz estivera junto a Guilherme de Pádua na cena do crime.

Posteriormente, um laudo de visibilidade elaborado pelo Instituto de Criminalística Carlos Éboli comprovou que, pela distância entre o veículo do advogado e o Santana, cerca de 56 centímetros,[4] era plenamente possível que Hugo conseguisse reconhecer a acusada, tal qual ele afirmava sem demonstrar hesitação: "A memória é uma coisa fotográfica. Você bate, vê e não esquece."[5]

De volta ao seu condomínio, o advogado tranquilizou seus familiares e alguns vizinhos que se encontravam à porta de sua casa, afirmando que se tratava somente de um casal de namorados, provavelmente aproveitando-se da escuridão daquele local isolado para engatar um amasso mais ousado. A filha do advogado ainda lembrou ao grupo que, pouco tempo antes, havia sido inaugurado um bar chamado Country Pub, uma das poucas opções de entretenimento naquela localidade remota, de forma que possivelmente algum casal deveria ter ido esticar a noite por aquelas bandas após uns drinques.

Contudo, disso não se tratava. Pouco depois, chegou à residência o genro do advogado, que indagado sobre a presença dos carros nas imediações do condomínio confirmou ter visto apenas um Escort aparentemente abandonado, mas informou que não vira Santana algum naquele local.

Alguém ainda aproveitou para lembrar que o Country Pub não abria às segundas-feiras, o que tornava ainda mais improvável a presença de um casal em busca de privacidade naquelas ermas imediações. Com base nesses novos dados, o pequeno grupo formado na porta da casa onde o aposentado estava hospedado chegou à conclusão de que a polícia deveria ser informada sobre a estranha situação.

A partir daquele instante, as primeiras peças começavam a ser encaixar no quebra-cabeça do crime. Após o corpo de Daniella ser encontrado, a investigação teve como ponto de partida óbvio a busca pela testemunha que acionara a polícia militar. Localizá-la rapidamente seria imprescindível para o sucesso das investigações.

E foi exatamente isso que aconteceu. Como o advogado Hugo da Silveira estava hospedado em um condomínio próximo ao local do crime, os detetives não encontraram dificuldade para contatá-lo ainda durante aquela madrugada e, após o despertarem, dele receberam a informação que seria essencial para a rápida elucidação do assassinato: havia outro veículo na cena do crime. Afirmando que os policiais "pularam de alegria" ao saber que anotara a placa do Santana, ao mesmo tempo que se espantaram ao descobrir que ele "não sabia quem era Yasmin", Hugo fora assertivo: "Anotei a placa. OM 1115."[6]

O DESVENDAR DE UM CRIME

O depoimento foi reduzido a termo na residência do aposentado, em sua própria máquina de escrever.[7] Apesar da aparente imprecisão — a placa correta era LM 1115 —, a informação seria suficiente para que a polícia chegasse rapidamente ao autor daquele ato ignóbil. Sabendo o modelo do carro, a sua cor e a placa aproximada, a polícia conseguiria chegar até Guilherme de Pádua por meio de um simples cruzamento com os dados da guarita do estúdio Tycoon.

A intuição de Hugo da Silveira ao pressentir que havia algo de errado com a cena que avistara naquela noite foi essencial à identificação dos criminosos. A ágil atuação da polícia foi relevante para a elucidação do crime, mas o acaso também teve a sua importância naquela dinâmica, como a revista *Veja* descrevia de forma concisa:

> Por sorte, havia naquela noite um delegado e dois detetives disponíveis para ir ao local na hora em que o crime foi registrado. Numa decisão correta, os policiais logo apreenderam a lista dos carros que tinham saído da Tycoon naquela noite. Numa conjunção das duas coisas, tiveram a preocupação de procurar outras testemunhas e a sorte de encontrar Hugo da Silveira, que havia visto dois carros naquele lugar e anotara as placas. Aí foi só conferir seus números com as placas relacionadas no controle da Tycoon para chegar a Guilherme de Pádua.[8]

Como afirma a sabedoria popular, não existe crime perfeito.

Indícios de um crime premeditado

O desacerto do advogado ao identificar a placa exata do Santana não se devia a qualquer problema de vista e também não ocorreu em função da falta de luminosidade do local. Hugo da Silveira havia sido capaz de identificar corretamente a placa do Escort e se equivocara em apenas uma das letras da chapa do Santana, composta por duas letras e quatro numerais.

O engano tinha uma explicação lógica, rapidamente descoberta pela polícia. Guilherme de Pádua havia adulterado a placa do carro, transformando o "L" da placa em "O", com a intenção de dificultar a identificação do veículo.

Para mal dos pecados do criminoso, a farsa rapidamente foi descoberta. Em seu depoimento à polícia, Guilherme admitiu que utilizara fita adesiva preta com o intuito de modificar a placa, em sua versão por não ter encontrado lama no local do crime para fazer a modificação. Também não havia muito como negar. A perícia identificou resquícios de cola e vestígios de fita adesiva na placa do carro, confirmando a adulteração, que, em verdade, era visível mesmo a olho nu.

A partir do momento em que Guilherme admitiu que manipulara a placa, passava-se à questão seguinte, da mais alta relevância para o futuro julgamento do crime: a adulteração ocorrera antes ou depois de o crime ter sido praticado? Se na prática essa pergunta pouco acrescentava à identificação da autoria do homicídio, em termos jurídicos faria toda a diferença. Caso Guilherme admitisse à polícia que adulterara a placa do carro antes do crime, teria contra si um indício claro de premeditação.

O acusado afirmou que a adulteração da placa havia sido realizada logo após a consumação do crime e não antes do seu cometimento, o que dificultaria a caracterização da premeditação. Exercendo seu direito de defesa, apresentava a versão que melhor lhe convinha, como descrevia o jornal *O Globo*:

> Na página 155 [do seu relato autobiográfico], ele [Guilherme de Pádua] narra que foi seu antigo advogado George Tavares que o orientou a dizer que a adulteração ocorreu após a morte da vítima, caso contrário, demonstraria que o crime foi premeditado.[9]

No entanto, havia vários indícios de que essa afirmação poderia não ser verdadeira, e a polícia tinha fundadas razões para desconfiar. A começar pela perfeição com a qual a placa foi adulterada: a largura era exatamente a mesma das letras originais,[10] fato que despertaria fundadas dúvidas sobre a veracidade da afirmação, tendo em vista que Guilherme afirmara ter realizado a adulteração no apuro da ação homicida e no breu daquela erma localidade.

Some-se a isso o fato de o próprio Guilherme reconhecer que não contava que a polícia tivesse a informação do horário em que saíra pela segunda vez do estúdio Tycoon naquela segunda-feira,[11] pois seu reingresso no estúdio não fora anotado pela guarita. Assim, ele esperava que, quando a polícia fosse verificar a folha de controle do estacionamento, encontrasse apenas um registro do Santana com a indicação correta da placa do veículo.

Causa ainda mais estranheza uma declaração de Guilherme dada em setembro de 1994, na qual ele utilizava como argumento para demonstrar que a modificação da placa havia sido realizada depois do crime o fato de a portaria ter anotado a chapa correta do veículo:

> Nós saímos da Tycoon e a minha placa foi anotada na portaria. Então a primeira coisa que o delegado me perguntou foi se eu havia mexido na placa antes ou depois da morte. Eu falei depois. Aí ele foi e pegou, na hora, a lista da Tycoon que a portaria anota para ver qual placa estava anotada. Quando ele viu a placa estava anotada certa. Eu saí e estava tudo certo. Não tinha tempo de eu... eu mudei no desespero.[12]

O acusado só se esquecera de explicar à reportagem dois dados fundamentais para o correto entendimento da questão: para começar, só havia o registro do primeiro ingresso do Santana no estúdio no dia do crime. Guilherme ainda retornara ao estúdio Tycoon um pouco mais tarde e ficara à espreita de Daniella. Ademais, em seu relato autobiográfico, o próprio acusado reconhece que "não contava que a polícia tivesse o horário de [sua] saída da Tycoon [imediatamente antes do crime]",[13] o que demonstra que o ator já esperava que a polícia não tivesse o registro exato do momento de sua segunda saída do estúdio — como de fato não tinha.

Assim, o seu argumento mais embaralhava do que esclarecia qualquer coisa, pois a sua explicação apenas comprovava que, quando saiu pela primeira vez do estúdio, a placa não estava adulterada. Nada mais pode ser extraído dessa afirmação. Quando Guilherme retornou ao estúdio mais tarde, não é possível ter certeza se a adulteração da placa já havia ocorrido ou não, pelo menos com base nos dados da guarita, já que o estacionamento não anotou essa segunda passagem.

O jornal *O Dia* publicou que Guilherme, ao retornar ao estúdio, teria estacionado do lado de fora.[14] Se essa hipótese for verdadeira, é bem possível que àquela altura a placa do carro já estivesse adulterada, de modo que, se tivesse parado o Santana dentro do estúdio, haveria uma anotação da fraude nos registros de controle. O jornal *O Estado de S. Paulo* reforçava essa tese ao divulgar que Guilherme teria estacionado o seu carro nas imediações do estúdio e teria pedido aos seguranças que não anotassem a placa, pois não iria demorar.[15]

Já o vigia Fernando Batista, que trabalhava na guarita na noite do crime, afirmou que Guilherme realmente ingressou no estúdio com o Santana pela segunda vez naquele dia, mas não chegou a estacionar o veículo no local próprio, optando por parar embaixo de um poste de luz. Por esse motivo, a placa do carro não havia sido anotada.[16]

Ainda existia um terceiro relato, o que torna tudo mais confuso: o auxiliar de câmera Gilmar Marinho, ao deixar o estúdio naquele dia, afirmava ter visto o carro do ator parado dentro do estacionamento.

Esse é sem dúvida um dos pontos mais controversos acerca da dinâmica da ação homicida, pois há contradições entre as três narrativas existentes: a descrição de Marinho, que afirmava ter visto o carro parado dentro do estacionamento, o relato de outras testemunhas, que afirmavam que o Santana havia sido estacionado do lado de fora do estúdio,[17] e a versão do vigia de plantão, que acabara por se transformar em uma narrativa intermediária em relação às duas versões anteriores.

Se ajudava a aumentar as dúvidas em relação ao local onde o carro do ator havia sido estacionado, por outro lado o depoimento de Gilmar contribuía bastante para caracterizar um quadro de premeditação associado ao crime. O assistente de câmera afirmara que, ao passar pelo Santana de Guilherme, não pôde deixar de reparar em uma espécie de volume envolto em um lençol branco, ocupando aproximadamente toda a extensão do assento traseiro.[18]

Corroborava com esse testemunho o fato de o casal ter sido visto saindo de sua residência em Copacabana carregando um lençol no dia do crime. O garagista Cesarino do Nascimento afirmou que havia presenciado o momento em que Paula e Guilherme deixaram o prédio levando um grande lençol branco consigo naquele fatídico dia.[19]

O objetivo provavelmente era manter Paula Thomaz oculta dentro do veículo enquanto Guilherme gravava as suas cenas. O testemunho do garagista era mais um elemento que indicava que o casal deixou o apartamento no início da noite de 28 de dezembro de 1992 com a intenção de cometer o crime, a partir da constatação um tanto óbvia de que a única utilidade daquele lençol seria ocultar uma pessoa no interior do veículo. E as explicações dadas por Paula Thomaz para ter levado um lençol consigo naquele dia chamaram ainda mais a atenção. Não podendo alegar que a roupa de cama já estava dentro do carro — pois havia sido vista saindo com o item de seu apartamento —, afirmou simplesmente que era uma maneira de ocultar um rádio no interior do veículo quando o casal se ausentasse do carro, e cuja finalidade seria evitar eventuais furtos.[20]

Por fim, outro ponto que indica a premeditação do crime era a identificação do objeto que foi utilizado na ação criminosa. O ator Guilherme de Pádua afirmou que foi uma tesoura, posteriormente descartada no mar.[21]

Todavia, a polícia técnica tinha fundadas dúvidas sobre a veracidade dessa afirmação. A partir da análise dos ferimentos infligidos ao corpo da atriz, a perícia acreditava que o mais provável era que a arma do crime fosse um instrumento perfurocortante de dois gumes, como um punhal — que possui os dois lados de sua superfície cortantes. Uma tesoura é considerada um instrumento perfurocontundente, que a princípio não seria compatível com o laudo do exame cadavérico da atriz.[22]

Talvane de Moraes, diretor da divisão técnica da polícia civil do Rio de Janeiro, afirmara que os ferimentos no corpo de Daniella apresentavam "duas vertentes de forma aguda" e, em especial, que as lesões internas do coração e do pulmão "falam mais em favor de um instrumento tipo adaga, punhal e faca",[23] embora não fosse possível descartar totalmente a utilização de uma tesoura na perpetração da ação homicida. Em fala à imprensa, o perito afirmou que em uma escala de um a dez em probabilidades, "o punhal teve nove e a tesoura sete".[24]

Para Talvane, no entanto, a opção por uma tesoura se amoldava convenientemente à versão dos acusados: "É mais fácil explicar a existência de uma tesoura num porta-luvas do que a de um punhal, o que leva a crer numa premeditação do crime."[25] Outro especialista posteriormente consultado pela promotoria endossava tais conclusões. Era o perito Carlos Alberto de Oliveira, professor de medicina legal, que explicava que dificilmente uma tesoura comum seria capaz de penetrar a parede do tórax, onde há o osso esterno, ferindo por oito vezes o coração.[26]

Com base nessas premissas, é muito mais provável que a atriz tenha sido morta com um punhal, embora não seja possível desconsiderar a hipótese de o crime ter sido praticado com uma tesoura de bordas finas[27] ou, até mesmo, com uma tesoura cirúrgica.[28]

À época, a polícia afirmara que o mais importante era a confissão de Guilherme e não propriamente a arma exata utilizada no crime. O promotor Muiños Piñeiro detalhava melhor tal dinâmica:

> Esta discussão quanto à verdadeira arma do crime preocupa a acusação? Sabemos que isso repercute muito mais na imprensa de que no processo. O júri não quer saber se foi usada uma faca ou uma tesoura, até porque o réu afirmou que foi uma tesoura. Isso serviria apenas como instrumento de defesa, que poderá alegar, caso se confirme que foi uma tesoura, que o crime não foi premeditado. Mas isso tudo é falho e discutível. As lesões caracterizam um objeto perfurocortante e, esse dado sim, é fundamental.[29]

O próprio Guilherme chegou a ser impreciso sobre a arma utilizada no crime. Em entrevista à revista *Amiga*, ao narrar parte da ação criminosa, o acusado chegou a utilizar por duas vezes a expressão "punhaladas" — na mais contundente, chegou a afirmar que "alguém deu punhaladas nela [Daniella Perez]".[30]

Ato falho?

Se a resposta for positiva, não teria sido a primeira vez. Em depoimento à polícia, a atriz Fabiana de Sá, que contracenara com Guilherme em peças teatrais e que esteve conversando com o ator na delegacia da Barra da Tijuca logo após a sua prisão, afirmou que ele se referira expressamente ao termo "facadas" para narrar a forma como Daniella havia sido morta.[31] Segundo a imprensa, Fabiana repetiria "sem vacilações" exatamente o que ouvira do acusado à Justiça.[32]

Pior ainda foram as explicações apresentadas para justificar a existência de uma tesoura daquele naipe no porta-luvas de um carro: o artefato seria utilizado para que Paula Thomaz pudesse abrir recipientes que continham leite, já que supostamente a acusada possuía por hábito beber leite enquanto se locomovia de carro.[33]

Pouco tempo depois, no entanto, um ex-namorado de Paula — que havia até morado por um mês em sua casa — revelou à imprensa que a acusada pelo crime detestava leite.[34]

Segundo ele, Paula Thomaz só tomava sucos.

Lágrimas de crocodilo

A terça-feira que se seguiu ao crime começou cedo para Guilherme de Pádua. Logo no início da manhã, os policiais da 16ª Delegacia de Polícia estavam na porta de sua casa a fim de intimá-lo a depor. Guilherme quase não dormira naquela noite, pois esteve ao lado da esposa e de seus sogros na porta da delegacia, encenando sua solidariedade aos familiares da vítima.

A princípio, Guilherme não desconfiou que a autoria do crime já havia sido praticamente descoberta, apesar de ter tomado "um susto" e "subitamente empalidecido" quando o policial Antônio Serrano, ao informá-lo que o conduziria à delegacia, se identificou como delegado.[35] Àquela altura, o ator provavelmente imaginava que a investigação estivesse em um estágio muito inicial, não existindo ainda indícios mínimos de autoria, muito menos indicativos que pudessem ligá-lo ao crime.

Por ora, tudo estava aparentemente sob controle. Seu semblante não o denunciava. Pelo contrário. Guilherme dissimulava a culpa que carregava apresentando um comportamento normal, que em nada chamava atenção. Ao chegar à delegacia, às 7h15 daquela manhã, ele não se recusou a posar para os fotógrafos, supondo que a intimação para ir tão cedo à delegacia se devia ao fato de ter sido uma das últimas pessoas a estar com Daniella no dia anterior.[36]

Entretanto, a tranquilidade também se devia a outro fato.

Guilherme e Paula já haviam combinado previamente uma versão para apresentar à polícia. Planejada detalhadamente, essa estratégia propiciava segurança ao ator, que chegaria à delegacia com o discurso pronto, sem se preocupar em cair em contradição com um eventual depoimento de Paula. Pelo relato descrito nas memórias de Guilherme, ambos haviam combinado de contar a mesma história e também haviam repassado os detalhes para evitar divergências.[37]

Em pouco tempo, porém, a casa cairia.

O DESVENDAR DE UM CRIME

Tendo sido conduzido à delegacia "atraído pela conversa fiada de que outros artistas já estavam depondo para ajudar a investigação",[38] a partir do momento em que começou a depor ele rapidamente percebera que nem tudo sairia da forma como havia imaginado. Surpreendido pelos investigadores, que não o trataram como uma mera testemunha, sua primeira reação foi simplesmente negar tudo o que lhe era imputado, postura que se manteve quase até a hora do almoço.

No entanto, esse não seria um expediente fácil. O inquérito seria conduzido pelo experiente delegado Mauro Magalhães, titular da delegacia da Barra da Tijuca. Dada a repercussão e a importância do caso, os delegados substitutos Antônio Serrano e Cidade de Oliveira, lotados na mesma unidade policial, também participariam das investigações. Acostumados àquele tipo de situação, os calejados policiais foram conseguindo fazer com que o ator falasse. Eram muitas as provas em seu desfavor. As marcas em seu corpo, consequência de luta corporal, eram visualmente perceptíveis e imediatamente chamaram a atenção. A olho nu era possível identificar o seu braço todo lanhado por arranhões,[39] naquilo que seria o primeiro grande indício de que algo fora do comum havia se passado recentemente com Guilherme.

E muito mais ainda havia por se descobrir.

O interrogatório se valeu da batida estratégia de alguns interrogadores pressionarem o ator de forma mais incisiva, enquanto outros se mostravam compreensivos, a fim de conquistar sua confiança. A tática daria certo, apesar da dissimulação inicial do depoente. Mesmo exausto após tantos acontecimentos bombásticos que enfrentara nas últimas horas, e praticamente sem ter dormido, Guilherme resistia em confessar.

Porém, a cada minuto que se passava, sua resistência se esvaía.

Ao garantir aos policiais que teria saído direto do estúdio Tycoon para o BarraShopping, onde supostamente fora buscar sua esposa para retornarem juntos para casa, Guilherme caíra em sua primeira contradição. Imediatamente questionado sobre a existência do tíquete de estacionamento do shopping, elemento capaz de comprovar a sua afirmação, o ator titubeou. Indagado de forma incisiva, a sua resposta saiu vacilante.

A máscara gradativamente caía.

Quando lhe perguntaram sobre as roupas utilizadas no dia anterior, o depoimento chegara a um dos seus momentos mais importantes. As autoridades se preparavam para arriscar um dos lances decisivos, que revelariam a Guilherme a principal razão pela qual ele havia se transformado no principal suspeito do crime: disseram-lhe que uma testemunha anotara a placa de seu carro.

O ator, que havia notado a presença de um veículo passando rente ao local do crime, vindo de trás e depois passando novamente no sentido oposto, percebeu que os policiais não estavam blefando.[40] O jornalista Sérgio de Souza assim descreve esse momento crucial para a elucidação do crime:

> De acordo com o *script*, é hora de Mauro Magalhães elevar a temperatura do interrogatório, indo direto ao assunto. Diz a Guilherme, sempre com o tato premeditado, que uma testemunha vira o carro dele no local do crime, que por isso ele era o principal suspeito. E que assim sendo não poderiam deixar de ir à casa dele buscar as roupas que usava na véspera. Guilherme pede para telefonar e disca o número de casa. Usando um expediente a que estão acostumados, também o inspetor Nélio fica ouvindo na extensão, fora da sala. Quem atende é Paula, e Guilherme diz que os policiais estão indo lá apanhar "as roupas que estão lavando". Paula responde que as roupas não estão sendo lavadas e Guilherme, achando que apenas os presentes na sala estão ouvindo, pede que ela as entregue "molhadas mesmo". Ela então diz que porá as roupas na máquina de lavar e que a mãe vai mandar um advogado à delegacia.[41]

O DESVENDAR DE UM CRIME

O delegado Antônio Serrano confirma a versão de que policiais realmente ouviram a ligação pela extensão do telefone. Na versão de Guilherme — tanto em suas memórias quanto em entrevista concedida vinte anos após o crime[42] —, durante essa curta conversa telefônica Paula, ainda sob a forte emoção dos acontecimentos, teria pedido a ele que dissesse aos policiais que havia sido ela que cometera o homicídio. Aos prantos, sua frase teria sido a seguinte: "Conta para eles [delegados] que fui eu."[43]

Àquela altura, no entanto, o ator buscava uma forma de sustentar a versão de que sua esposa não esteve na cena do crime, apesar de a cada instante o seu intento se mostrar cada vez mais difícil de ser mantido. Posteriormente, a polícia identificaria mais uma mentira ao descobrir que o costume na casa onde o casal vivia era que a máquina de lavar roupa fosse utilizada somente à tarde,[44] e o depoimento estava sendo tomado logo nas primeiras horas da manhã.

Imerso em contradições, Guilherme sabia que sua versão não se sustentaria diante das inúmeras evidências colocadas de maneira coerente diante de si. Novamente confrontado com a presença da testemunha no local do crime, o ator sabia que a autoridade policial falava a verdade, como reconheceu algum tempo depois em seu relato autobiográfico:

> **— Eu tenho aqui um nome. Dr. Hugo da Silveira, é um advogado. Você conhece?**
> Guilherme buscou na mente a resposta apenas para ganhar tempo de pensar aonde o delegado queria chegar.
> — Não, que eu saiba eu não conheço.
> **— Então, ele também não te conhece. É um morador dali, de um condomínio próximo ao local onde Daniella foi encontrada...**
> Agora Guilherme sabia onde o delegado queria chegar, mas torcia para que não fosse o que ele pensava.

> — Ele ontem passou por dois carros que estavam estacionados no local...
>
> Era o que Guilherme temia!
>
> — Um, o Escort de Daniella que nós confirmamos a placa, e o outro um Santana azul-escuro com a placa do Rio de Janeiro. (...) Viu dentro deste segundo carro um homem e uma mulher morenos.
>
> Guilherme estava sem ação.
>
> (...)
>
> — Eu vou até explicar como foi para você ver que eu não estou mentindo. Ele passou uma vez pelos carros no caminho de casa, mas não viu ninguém dentro deles. Depois ele quis ver o que era, estava preocupado com assaltos. Aí, chamou o caseiro para ir com ele e passou outra vez e viu um homem e uma mulher no Santana. Depois ainda passou mais uma vez na volta e foi aí que anotou as placas. Ele passou três vezes! Você sabe que eu não estou mentindo!
>
> Guilherme sabia que era verdade. Lembrava-se de três carros terem passado pelo local e dos dois últimos, quando ele e Paula estavam no Santana, após a morte de Daniella. O casal estava chocado, ficaram sem ação durante intermináveis minutos, parados ali. Guilherme só não imaginara que era o mesmo carro, que passara três vezes.[45]

Pressionado pela lógica da narrativa apresentada, a verdade acabou por se impor. Ao ser confrontado com provas tão robustas acerca de sua presença no local do crime, Guilherme teve que se render aos fatos e acabou por assumir a autoria do homicídio. Para tanto, pediu que todos os policiais saíssem do recinto, permanecendo apenas o delegado Mauro Magalhães.[46] Chorando copiosamente, ele enfim confessaria.

Acuado e sem alternativas, o ator apresentou como confissão uma inverossímil narrativa que contrariava tudo aquilo que realmente acontecera. Inspirada no filme *Atração fatal*,[47] a fantasiosa versão justificava o crime de maneira abominável, invertendo a dinâmica de sua relação com Daniella de forma incoerente em relação aos fatos e contraditória em relação a todos os testemunhos que se sucederiam à confissão.[48]

Em suas memórias, o ator chegou a admitir que no pouco tempo que teve para pensar durante o depoimento — já que esperava que sua versão inicial fosse ser aceita sem maiores contestações — elaborou de improviso uma confissão, inspirada no filme norte-americano: "No desespero acreditou que esta estória absurda seria realmente convincente. Precisava a todo custo retirar Paula do local do crime."[49]

No intuito de inocentar a esposa e pretendendo atenuar a própria culpa, ele criou uma narrativa infundada, que não resistiria ao menor escrutínio diante dos fatos e dos futuros depoimentos que seriam prestados às autoridades policiais. Naquele momento, Guilherme acabou por criar o cerne de sua tese de defesa, cujo ponto de partida era a premissa de que Daniella o assediava com propostas amorosas.

Apesar de toda a sua propalada frieza, Guilherme teve alguns momentos de forte emoção durante a confissão, nos quais lágrimas afloraram de seus olhos. Após confessar o crime, novamente caiu em pranto, atitude inicialmente interpretada pelos policiais presentes como um misto de remorso e arrependimento.

Contudo, disso não se tratava.

Imaginando que após confessar o crime seria preso, imediatamente uma ideia passou a afligi-lo. Tratava-se de uma preocupação completamente alheia à dor que infligira a Daniella Perez e a tantos que a amavam: ele simplesmente receava ser estuprado dentro da cela. E por isso chorava, como reconhecera em sua autobiografia.[50]

Naquele momento, era tudo o que o ator poderia fazer.

Flagrante delito

O vocábulo "flagrante" tem raízes latinas que buscam transmitir a ideia de uma ação — geralmente delituosa — descoberta ainda em curso ou que acabou de ser executada.

Mesmo não tendo sido flagrado cometendo o crime, tampouco descoberto imediatamente após sua execução, Guilherme seria preso em estado de flagrante delito, o que em pouco tempo geraria grande controvérsia jurídica e resultaria em sua soltura, ainda que provisória.

O auto de prisão em flagrante lavrado contra Guilherme de Pádua afirmava que o ator teria recebido voz de prisão logo cedo, ainda em sua residência,[51] e o fundamento utilizado para tanto teria sido a sua postura confusa diante dos policiais ao "contradizer-se sobre os seus últimos atos, dando convicção de ser ele o autor do homicídio".[52]

No entanto, não foi isso que as diversas matérias jornalísticas relataram à época. Guilherme chegou à delegacia com o semblante tranquilo, não estava algemado e imaginava que apenas testemunharia sobre os últimos momentos em que esteve com Daniella na saída dos estúdios Tycoon, tanto que consentiu que a imprensa fizesse registros de sua chegada, permitindo-se até mesmo a parar por rápidos instantes para que pudesse ser fotografado. Corrobora com essa versão a entrevista do delegado Antônio Serrano à *Manchete*, ocasião em que o policial declarou que o ator não sabia que estava sendo preso quando foi convidado a acompanhar os policiais para prestar depoimento, na manhã seguinte ao crime.[53]

A detenção de Guilherme não se enquadrava de forma direta nas hipóteses previstas para a caracterização do flagrante requeridas pelo código de processo penal. Por esse motivo, valendo-se legitimamente da literalidade da legislação processual, seus primeiros advogados impetraram um *habeas corpus*, alegando que os pressupostos para a caracterização da prisão em flagrante não estavam presentes em sua detenção.[54]

O DESVENDAR DE UM CRIME

Em despacho escrito de próprio punho, a juíza Márcia Alvarenga — plantonista naquela quarta-feira, 30 de dezembro de 1992 — considerou que os argumentos da defesa tinham embasamento jurídico e determinou a imediata soltura do ator, posto que considerara a prisão ilegal. Há de se reconhecer que o relaxamento da prisão foi fundamentado em premissas jurídicas consistentes. Após a análise do caso por parte da magistrada, ela entendeu não ser possível manter o enquadramento como flagrante, tal como previsto pela lei.

Àquela altura dos acontecimentos, já começava a se apontar que o remédio jurídico aplicável ao caso seria a figura da prisão preventiva para resguardar a instrução do processo e a ordem pública, e não a prisão em flagrante, como de fato acabou por ocorrer um pouco mais adiante.

Assim, menos de 36 horas após ser preso, o acusado readquirira a liberdade. Naquele momento, o clamor popular em torno do caso era imenso. Quando a imprensa divulgou a libertação de Guilherme de Pádua, a comoção rapidamente se transformou em revolta, ampliada pelo alarmismo com o qual a decisão judicial que deferira a liberdade do ator foi divulgada ao público.

A lei da gravidade se encarregou do resto.

O recurso por parte do Ministério Público foi apresentado quase que de imediato. Ainda na tarde em que Guilherme foi solto, o procurador-geral de Justiça do Rio de Janeiro, Antonio Carlos Biscaia, recorreu da decisão, impetrando um mandado de segurança para que o relaxamento da prisão do ator fosse imediatamente revogado.[55]

Reanalisando o mérito da questão, o desembargador responsável considerou, em sua decisão, a possibilidade de que o acusado atrapalhasse o curso das investigações. Além desse argumento, também ponderou que a manutenção da ordem pública consistia em outra razão importante para manter o cerceamento da liberdade do ator, em contraposição ao que decidira a juíza de primeiro grau.[56]

O clamor popular surtira efeito, sensibilizando as autoridades judiciárias. Guilherme deveria ser novamente preso e a partir da publicação da nova decisão passaria a ser considerado foragido pela Justiça. Como naquele momento seu paradeiro era ignorado, seria iniciada uma verdadeira caçada policial em busca do ator.

Na falta de informações, a indústria do boato se encarregou de disseminar as mais variadas versões para o paradeiro de Guilherme. Atores e populares, por sua vez, se associaram em um espontâneo protesto, em frente à delegacia, contra a libertação de Guilherme, mas já era tarde. Àquela altura, ninguém sabia onde ele poderia ser encontrado. Muitos temiam até que tentasse fugir do país.

O frisson em torno do caso fez com que um grande aparato policial fosse colocado no encalço de Guilherme. O *Jornal da Globo* dava a exata medida do clima que se formou após a revogação da ordem de soltura. Em tom solene, o apresentador Marcos Hummel anunciava logo na abertura do noticiário: "Procura-se Guilherme de Pádua, ator, 23 anos, principal acusado do assassinato da atriz Daniella Perez."[57] Com o cerco fechando-se ao seu redor e a população constantemente informada pela imprensa sobre as inúmeras diligências realizadas para prendê-lo, não restava a Guilherme qualquer alternativa a não ser se entregar.

E foi isso que ele fez. Até porque preso, na prática, o ator já estava, pois mantinha-se confinado nos estreitos limites da residência onde transitoriamente se hospedara. Voltar para a casa onde vivia com Paula estava fora de cogitação — populares haviam se aglomerado em torno do edifício na expectativa de que Guilherme pudesse sair preso do prédio onde vivia. Assim, sair na rua naquele momento seria muito arriscado. Havia a real possibilidade de ser linchado, um temor que o próprio ator confessou ter pesado na decisão de se entregar à polícia.

Apresentado por seus advogados no antigo tribunal de alçada, onde funcionava o plantão judicial do Rio de Janeiro durante o recesso forense, Guilherme mais uma vez aparentava tranquilidade. Embora tenha se entregado espontaneamente às autoridades, àquela altura o mal já estava feito. Guilherme e

Paula aproveitaram aqueles breves momentos para novamente combinar versões e acertar detalhes do que seria dito posteriormente à Justiça.[58]

Um forte aparato de segurança foi montado para que Guilherme pudesse deixar o prédio. Temia-se uma vigorosa reação popular que, ao final, não se confirmou. Pelo menos naquele momento. No entanto, muito em breve tudo mudaria. Se a saída do tribunal havia sido tranquila, a chegada à delegacia da Barra seria completamente diferente. Com o prédio cercado por cerca de duzentas pessoas que demonstravam extrema revolta, o clima era bastante adverso em frente ao distrito policial. A tensa atmosfera se tornaria ainda mais hostil quando Guilherme deixasse a viatura para ingressar na delegacia.

Algemado e de cabeça baixa, a entrada do ator na delegacia foi bastante tumultuada e os policiais tiveram que se esforçar para conter a fúria da multidão. No entanto, não foi possível conter a chuva de pedras e ovos na direção do acusado, que teve de se abaixar para não ser atingido. Foram momentos da mais pura agonia e uma das poucas oportunidades em que o ator trocou o semblante tranquilo por uma expressão nitidamente acuada.

O clima hostil, mesmo após o ingresso de Guilherme na delegacia, não arrefeceu. Pelo contrário. A turba, àquela altura completamente enfurecida, ameaçava invadir o distrito policial e fazer justiça com as próprias mãos. Em uma atitude corajosa, os atores Alexandre Frota e Maurício Mattar se postaram diante da multidão e a muito custo conseguiram acalmar os exaltados ânimos.

Ainda que tenha se livrado das agressões físicas, Guilherme não conseguiu escapar das ofensas e dos impropérios. Entre ameaças e gritos de "assassino", ele retornara à prisão menos de 24 horas após ser libertado.

Pretensa confissão

Na madrugada subsequente ao crime surgiram os primeiros indícios da participação de Paula Thomaz no trágico episódio. Policiais que conversaram com o advogado Hugo da Silveira souberam que ele vira na cena do crime uma mulher de rosto arredondado. Quando estiveram na residência do casal para conduzir Guilherme até a delegacia, na manhã seguinte ao assassinato, um dos inspetores não deixou de notar que a esposa do ator tinha como característica física marcante o rosto redondo, ao contrário de Daniella Perez.[59]

Nélio Machado, detetive que esteve no apartamento do casal naquela manhã, detalhou melhor tal circunstância. Na madrugada do crime, Nélio, além de ter conversado com Hugo da Silveira, também foi ao IML acompanhar a autópsia do corpo de Daniella. Assim, pôde perceber que a atriz tinha o rosto fino. Considerando que a testemunha especificara que a mulher sentada com Guilherme no carro tinha o rosto arredondado, ao avistar Paula pela primeira vez a aguçada intuição policial de Nélio lhe "soprou" que ela poderia ter algum envolvimento com a trama homicida, justamente por essa característica.[60]

Surgia, assim, a primeira suspeita da participação de Paula na trama homicida, posteriormente acentuada em função de um telefonema realizado por Guilherme durante uma breve pausa em seu depoimento. A suspeita tinha a sua razão de ser. O delegado Mauro Magalhães afirmara que o ator teria dito o seguinte à esposa no curto diálogo que mantiveram por telefone: "Você fica quieta que eu vou assumir tudo sozinho."[61]

Naquele mesmo dia, 29 de dezembro de 1992, a redação do jornal *O Globo* recebera um fax anônimo que apontava Paula Thomaz como a verdadeira assassina de Daniella. Em breves 28 linhas, a mensagem apócrifa revelava aspectos importantes que poderiam ser úteis à elucidação do crime, a começar por sua motivação. De maneira expressa, apontava o "ciúme doentio" de Paula como a causa principal do assassinato, relacionando-o à forma extremamente violenta com a qual a atriz havia sido morta.[62]

Ao contrário de Guilherme e Daniella, Paula não era conhecida do grande público, o que descarta a possibilidade de um trote por parte de alguém que desconhecesse o casal. Pelo conteúdo da mensagem e, principalmente, em função de apontar uma das possíveis motivações do crime, tudo indica que o autor era alguém que conhecia bem o casal, possivelmente um familiar.

Essa hipótese se torna ainda mais crível quando se leva em consideração que, pela narrativa de Guilherme de Pádua, Paula confessou o crime à mãe dele, antes de Leda Thomaz ir encontrá-lo na delegacia, naquele mesmo 29 de dezembro:

> — Paula, minha filha, o que houve?! — murmurou Dona Leda após trancar a porta. — Me conta tudo o que aconteceu. Vocês vão precisar de nós para resolver esta situação. Não me esconda nada. Eu não sou boba como a sua mãe. Me fala tudo e bem rápido, que eu preciso ajudar o seu marido. Paula começou a chorar, mas compreendeu a seriedade e a urgência do que sua sogra lhe pedia.[63]

Ao chegar à delegacia, a mãe de Guilherme não esconderia de seu filho que já sabia do que ocorrera pela boca de sua esposa: "Estou vindo da casa de Dona Maria Aparecida. A Paula já me contou tudo."[64]

Assim, o cerco também começava a se fechar em torno de Paula Thomaz. Todavia, tudo se precipitaria de vez quando policiais foram a sua casa realizar diligências em busca da arma do crime, na tarde daquele mesmo dia.[65] Segundo o relato dos agentes, naquele momento Paula revelara sua participação no assassinato.

Após pretensamente confessar o crime, Paula seria conduzida à delegacia para prestar formalmente o seu depoimento. A partir deste momento, porém, teve início uma série de ações destoantes do protocolo policial esperado para esse tipo de situação e que, em pouco tempo, resultaria na contestação por parte da própria implicada de que teria confessado o crime.

Ao ser levada à delegacia, Paula foi mantida em um estacionamento pertencente à Companhia Municipal de Limpeza Urbana (Comlurb) nos fundos do prédio, sob a justificativa de que a imensa confusão diante do distrito policial em virtude do amontoado de repórteres lá postados poderia causar um grande tumulto. Por essa razão, manteve apenas conversas informais junto aos policiais, não tendo sido formalizada a sua confissão.[66]

Acompanhada por sua mãe e por uma amiga da família, Paula alegou aos policiais que começara a se sentir mal em função do forte calor, fato que poderia até mesmo colocar em risco a sua gravidez, pois àquela altura a então suspeita estava no quarto mês de gestação.[67] Liberada com o compromisso de se apresentar um pouco mais adiante para prestar o seu depoimento, Paula foi imediatamente internada por sua família em uma clínica particular.

Tendo ingressado na clínica com uma viseira de praia para evitar ser reconhecida, Paula chegou sem aparentar nervosismo. Provavelmente, àquela altura dos acontecimentos ela já começara a receber orientação de advogados, e sua postura se modificaria por completo. Supostamente tendo se comprometido a retornar à delegacia assim que estivesse refeita do mal-estar, Paula agora se reservava o direito de manter-se em silêncio.

Assim, quando o delegado Mauro Magalhães se dirigiu à clínica, já era tarde demais. Ao conversar com Paula Thomaz no leito hospitalar, sua resposta aos questionamentos foi lacônica: "Reservo-me o direito de apenas prestar depoimento em juízo."[68]

A suposta confissão causou muita polêmica no âmbito jurídico, tendo sua validade e a própria existência rechaçadas pela defesa da acusada. A revista *Contigo* detalhava essa dinâmica:

O argumento da defesa feita pelo advogado Ronaldo Machado se baseava em três pontos fundamentais. O primeiro que não houve um interrogatório formal, o que inutilizaria a confissão de Paula frente aos policiais. Segundo que, por ela ser menor de 21 anos, o depoimento deveria ter sido feito frente a um curador de menores. E, por último, que o testemunho do advogado Hugo da Silveira, que teria visto o casal na noite do crime, não seria válido porque ele não reconheceu Paula formalmente entre outras pessoas. Segundo o advogado de defesa, Ronaldo Machado, quando Paula recebeu os policiais em casa não estava dando um depoimento. Ela teria confessado a sua participação no crime apenas numa conversa informal.

— Os policiais estavam ali como agentes e não como autoridades — argumenta o advogado. Por isso não tinham amparo legal para conduzi-la à delegacia, o que torna o ato inexistente.

Em contrapartida, os desembargadores João Francisco, Enéias Cota e Roberto Freitas argumentaram que no calor dos fatos é que a verdade aparece e que, no momento em que ela informalmente confessou, isso tem que valer.

— Quando uma autoridade não está presente, um policial pode ser o seu representante legal — afirma João Francisco.[69]

A celeuma parecia mesmo não ter fim. Chegou a ser publicado que a pretensa confissão também padeceria de outros vícios formais, já que os policiais não avisaram a Paula Thomaz que ela tinha o direito de permanecer em silêncio e contar com a assistência de um advogado. Um dos agentes, no entanto, argumentou que não a avisara sobre as garantias legais aplicáveis simplesmente porque não lhe dirigira quaisquer perguntas e tampouco a estava prendendo em flagrante.

Por essa versão, Paula se prontificara a relatar a sua participação no crime de forma espontânea,[70] em circunstância posteriormente repercutida por Glória Perez: "Eu não avisei que ela tinha o direito de ficar calada porque não perguntei nada. Ela contou porque quis."[71]

Em entrevista concedida a este livro, Nélio Machado afirmou que a confissão não ocorreu de forma espontânea, em sentido semelhante ao alegado pela defesa da ré durante o processo, no qual se afirma que Paula jamais confessou, mas que os policiais maliciosamente a questionaram sobre os fatos quando estiveram em sua residência no dia seguinte ao crime.[72] Ao interrogar Paula, Nélio relatou que fez questionamentos incisivos sobre o fato criminoso e, após algumas negativas por parte da acusada, ela acabou confessando — aos prantos — incentivada pela própria mãe, que acompanhara aquela dinâmica. Maria Aparecida negaria, em posterior depoimento à polícia, que presenciara a suposta confissão.

A formalização da confissão acabou frustrada. Assim, restou aos policiais prestarem depoimentos relatando tudo aquilo que afirmavam ter escutado da própria acusada. Segundo um dos agentes, ela teria demonstrado extrema frieza, permitindo-se até afirmar que mantivera a calma durante todo a ação homicida, enquanto Guilherme havia ficado bastante nervoso: "Eu, como mulher, sou muito mais fria que ele, eu é que coordenei tudo até em casa, aconselhando a dizer o que fazer."[73]

Durante a internação, a Justiça acabou por decretar a prisão provisória de Paula Thomaz. Contrariando os advogados responsáveis por sua defesa, que pretendiam que a acusada permanecesse mais tempo hospitalizada,[74] o ginecologista Fernando Pedrosa lhe deu alta, afirmando que não fora constatado sangramento e que os resultados dos exames eram normais. Para não restar dúvidas sobre a correção de seu procedimento, o médico ainda solicitou que uma junta examinasse a paciente, que confirmou a alta médica prescrita.

Com os boatos de sua eminente saída, populares começaram a se concentrar junto à porta principal da clínica no intuito de hostilizá-

-la. Aos gritos de "assassina" e "lincha", e portando ovos para tentar atingi-la, cerca de cem pessoas se aglomeraram diante da pequena clínica particular, situada em uma pacata rua do Leblon, bairro pouco acostumado àquele tipo de distúrbio.

Para evitar agressões à custodiada, a transferência ocorreu apenas de madrugada, quando a vigilância popular já havia arrefecido. Um fato inusitado chamou a atenção quando Paula deixara o hospital. A acusada pelo crime trajava um casaco, apesar de aquela ser uma madrugada abafada. A cena se repetiria durante a tarde, quando Paula fora novamente fotografada trajando uma roupa de mangas compridas em sua transferência para a sede da Polícia Interestadual (Polinter),[75] embora a previsão do tempo para aquele dia fosse de forte calor, com máxima de 41 graus.

Glória Perez questionara publicamente se a indumentária em desacordo com o clima poderia ser uma tentativa de ocultar arranhões e outras marcas em seu corpo.[76] O exame de corpo de delito da custodiada poderia sanar tal dúvida, entretanto tal avaliação só fora feita oito dias após o crime. O legista Walter Simões, responsável pelo exame, declarou que o lapso de tempo entre o crime e a análise poderia comprometer o laudo.[77] Guilherme de Pádua posteriormente repercutiria este fato, afirmando que Paula "não foi examinada" e insinuando que ela teria atingido Daniella com as unhas durante a suposta briga entre as duas mulheres.[78]

Embora a rua estivesse praticamente vazia no momento em que a transferência foi realizada, alguns moradores de prédios vizinhos, percebendo a movimentação policial, desceram para protestar e, somados a diversas pessoas situadas nas varandas dos edifícios próximos, entoaram o coro de "assassina" e bradaram por justiça. Mesmo tendo driblado a indignação do povo, não teve jeito: a acusada sairia do conforto de uma clínica particular direto para a carceragem feminina da delegacia de Santa Teresa, na área central da cidade.

A partir daquele momento, Paula teria de se acostumar à sua nova realidade.

O álibi do BarraShopping

Quase ao final do ano de 1981 foi inaugurado o originalmente denominado Shopping Center da Barra, segundo shopping construído na cidade do Rio de Janeiro, que naquela época contava apenas com o Rio Sul. Rebatizado de BarraShopping pouco antes de sua inauguração, rapidamente o empreendimento caiu no gosto do público.

Onze anos depois, o BarraShopping era um complexo ainda maior em comparação àquele inaugurado na década anterior. Com cerca de 5 mil vagas de estacionamento e contando com quase o triplo de lojas em relação ao inicialmente previsto, o shopping havia se consolidado como uma das opções preferenciais dos cariocas em termos de consumo e entretenimento. Em dias de maior movimento, como às vésperas das festas de fim de ano, seus corredores se transformavam em um verdadeiro formigueiro humano, onde seria possível a qualquer pessoa passar incógnita em meio à multidão.

Iniciava-se, assim, o capítulo mais triste da história do BarraShopping, quando, ao final de 1992, acabou por ter a sua imagem associada ao trágico assassinato da atriz Daniella Perez.

O álibi consistia em uma narrativa simples e despida de quaisquer sofisticações. Pela primeira versão apresentada por Guilherme de Pádua, ele havia saído dos estúdios Tycoon e se dirigira ao BarraShopping, onde sua esposa o esperava. Após buscá-la na entrada principal do shopping, o casal seguiu para casa, no bairro de Copacabana.

Guilherme pretendia forjar um álibi acerca do lugar onde pretensamente estaria na noite do crime, a ponto de comentar com a atriz Marilu Bueno e com outras pessoas da equipe de produção de *De Corpo e Alma* que, naquela noite, teria que ir ao BarraShopping,[79] mesmo que ninguém o tivesse indagado sobre o que pretendia fazer após as gravações. Tentava fazer soar como um simples comentário despretensioso, mas, em realidade, disso não se tratava.

Pelo contrário.

O DESVENDAR DE UM CRIME

A farsa, no entanto, começou a ser desmontada durante o depoimento de Guilherme, quando ficou claro que o horário em que afirmava ter saído do estúdio e o tempo supostamente gasto para percorrer o trajeto até o BarraShopping eram incompatíveis, como o próprio ator narra em seu relato autobiográfico:

> — Espera aí, Guilherme! Você gastou meia hora para chegar ao shopping. — Dr. Mauro soltou uma gargalhada.
> — Está vendo, Cidade?
>
> Guilherme caiu na armadilha. Como explicaria o tempo gasto entre a saída da Tycoon e a hora que disse ter passado no shopping? Ele e Paula tinham inventado a estória do shopping para terem um álibi, mas ele não contava que a polícia tivesse o horário de saída da Tycoon. Nem tinha pensado na questão do tempo. E, mesmo que soubesse disso, não poderia ter dito que havia passado mais cedo no shopping, pois era muito arriscado. Se a portaria tivesse atrasado um pouco, algo entre cinco e dez minutos para fechar e ele dissesse que chegou lá quase na hora, teria que possuir o comprovante do guichê de entrada. Era um beco sem saída.[80]

Embora fosse uma versão simplista e que pecava pela ingenuidade de supor que a polícia se contentaria com aquela história mal contada, ao mesmo tempo tinha a virtude de ser pouquíssimo complexa, o que diminuía substancialmente as chances de contradições entre as versões que futuramente seriam apresentadas às autoridades. Nas memórias de Guilherme está registrado o relato mais completo da estratégia que o casal pretendia adotar diante das investigações:

> Ele [Guilherme de Pádua] e Paula tinham inventado a história do BarraShopping para ter um álibi, mas ele não contava que a polícia tivesse o horário de saída da Tycoon. Nem tinha pensado na questão do tempo (...) Ele tentava se

> acalmar para parecer o mais inocente possível. Não poderia parecer inseguro. Tinha que convencer a toda e qualquer pessoa que ele e Paula nada tinham a ver com a morte de Daniella. Para isto já possuía um depoimento armado: ele havia buscado a esposa no BarraShopping e só não podia comprovar porque quando passou para apanhá-la eram mais de 22 horas e o guichê de entrada, que anotava a placa dos veículos, já estava fechado. Para conseguir entrar com o carro havia pedido autorização a um segurança, explicando que a esposa o esperava. O segurança era moreno, tinha a barba por fazer e usava uma daquelas roupas fluorescentes. Tudo já estava combinado entre ele e Paula, para que ambos contassem a mesma história.[81]

A estratégia original resistiu pouco mais de doze horas após o homicídio ter sido consumado. Confrontado com as diversas evidências de que esteve no local do crime, Guilherme acabou por confessar a sua participação no assassinato da atriz.

Contudo, naquele primeiro momento, o ator ainda afirmava ter cometido o crime sozinho, enquanto sua esposa passeava pelo BarraShopping, olhando as vitrines por várias horas seguidas. Em uma época anterior à proliferação dos sistemas de monitoramento por câmeras, provavelmente lhe ocorreu que alguém poderia razoavelmente alegar ter passado despercebido na imensidão do shopping, afirmando que lá permanecera por horas a fio sem ser notado.

Em que pese ser uma versão pouco crível, há de se reconhecer que essa narrativa possuía uma virtude: era bastante difícil provar de forma incontestável o contrário, sendo possível mantê-la a despeito de evidências apontarem na direção oposta.

Foi exatamente o que Paula Thomaz fez.

Essa versão esbarrava primeiramente no fato de o casal ter sido visto saindo do apartamento onde viviam em Copacabana no início da noite do crime.[82] A testemunha, o garagista Cesarino Nascimento, afirmava não ter dúvidas de que Guilherme e Paula haviam saído juntos do prédio naquele dia "quando começava a escurecer",[83] utilizando o Santana que pertencia ao pai de Paula.

Por esse testemunho, era impossível que ela tivesse passado todo o período da tarde e da noite a passear pelo shopping, conforme afirmava. Além disso, Paula não comprou coisa alguma enquanto esteve sozinha no shopping, não tendo apresentado provas de ao menos ter bebido uma água mineral. Afirmava vagamente ter consumido um hambúrguer, refrigerantes e uma pizza pequena,[84] mas não havia guardado os recibos, tampouco foi reconhecida por quaisquer dos atendentes dos estabelecimentos onde supostamente estivera.

Paula Thomaz afirmava ainda ter ido às lojas C&A e Baby Dreams. Porém, nenhuma das pessoas que trabalhava nesses estabelecimentos se recordava de tê-la visto naquele dia.[85] A acusada tampouco comprou quaisquer artigos nessas lojas, o que seria suficiente para comprovar a sua presença no shopping.

No dia em que o crime foi cometido, o BarraShopping não estava tão cheio como de costume, principalmente se for levado em consideração o aumento do movimento no mês de dezembro. Aquela segunda-feira havia sido o primeiro dia útil após as festas natalinas de 1992 e, apesar do movimento usual do shopping, a presença de público naquele dia em nada se comparava à semana anterior ao Natal.

Assim, seria possível que algum lojista ou até mesmo algum frequentador do shopping eventualmente se recordasse de Paula, sobretudo em função do tempo que ela alegava ter permanecido a vagar entre as vitrines.

No entanto, ninguém apareceu. Não havia testemunhas.

Havia, porém, uma forma simples para que a versão da acusada restasse comprovada. Bastava apresentar os tíquetes de entrada e saída do estacionamento do BarraShopping, já que os registros que existiam comprovavam apenas que o Santana deixara o estacionamento no meio da tarde daquela segunda-feira. Naquele mesmo dia, porém, não havia mais qualquer registro indicando nova entrada do veículo nas dependências do shopping.

Pela versão apresentada por Paula, ela foi deixada pelo marido no Shopping durante a tarde. No final da noite, Guilherme retornou ao shopping com o Santana para buscá-la, e chegou a ser barrado na saída pouco depois das 22h, até que conseguiu contornar a questão argumentando com os seguranças. Curiosamente, Paula não teria escutado esse diálogo, mesmo estando sentada no banco do carona e tendo afirmado que, apesar de estar com a cabeça para fora do veículo, Guilherme falava alto.[86]

Os seguranças do BarraShopping foram unânimes em refutar a história sustentada pela ré. Nenhuma das pessoas que estavam trabalhando naquela noite se recordava de o ator ter ingressado no shopping próximo às 22h e tampouco havia quaisquer testemunhas que se dispusessem a confirmar a existência do suposto diálogo travado por Guilherme junto aos seguranças.

Concedendo o benefício da dúvida ao casal, a polícia foi ao BarraShopping a fim de pesquisar sobre a possível entrada de um carro cuja placa apresentasse combinações de letras parecidas com a do Santana, já que a placa do veículo havia sido adulterada. Nem assim foi possível comprovar a versão apresentada, como explicava um representante do complexo comercial: "A polícia esteve aqui e nos pediu para verificar o registro de entrada com a placa LM 1115, que é a original, e também com alfas diferentes, pois o ator havia adulterado uma letra com fita isolante. Assim, fizemos a verificação com LM, OM, UM e DM, mas nenhuma delas constava em nossos computadores."[87]

Sobre a possibilidade, inicialmente sustentada pelo casal, de não haver registros do reingresso do Santana no estacionamento em virtude de o acesso já estar fechado em função do horário, a administração do shopping também refutava tal possibilidade: "Na verdade, aquele acesso fecha às 22h30 e qualquer pessoa pode entrar no estacionamento durante 24 horas do dia."[88]

O cerco se fechava em torno de Paula Thomaz.

Obstrução de Justiça

Obstrução de Justiça é um conceito originário do sistema penal norte-americano. Embora sua gênese seja jurídica, sua difusão junto ao grande público ocorre muito mais em função dos filmes e seriados produzidos nos Estados Unidos, que muitas vezes se valem do conceito de forma abrangente, sobretudo em *thrillers* policiais.

Popularizada pelo cinema, a obstrução de Justiça habita o imaginário coletivo como o conjunto de ações que acusados pela prática de um crime adotam para prejudicar as investigações policiais, visando a ocultar o delito que cometeram.

Em raras oportunidades, ficção e realidade conseguem caminhar de forma tão harmoniosa. Em síntese, são condutas que buscam obstruir os trabalhos investigativos e a execução da justiça e podem ser efetivadas de várias formas. As ações mais comuns estão relacionadas ao ato de constranger testemunhas, destruir provas, interferir de modo impróprio nas investigações criminais, entre outros.

Os acusados empreenderam várias ações para dificultar as investigações, começando pela ocultação definitiva da arma utilizada no crime. Descartada no mar,[89] a suposta tesoura utilizada para ceifar a vida da atriz jamais foi encontrada, e até hoje permanece a dúvida se esse, de fato, foi o objeto usado como arma do crime.

Outra ação engendrada pelos criminosos para atrapalhar as investigações foi a tentativa de arrancar a placa do Escort de Daniella Perez,[90] visivelmente danificada quando o veículo foi encontrado pela polícia. Se a remoção da placa tivesse sido concluída com êxito, talvez houvesse uma maior demora na identificação do verdadeiro proprietário do veículo, o que poderia até fazer com que só se descobrisse que o carro pertencia a Daniella Perez no dia seguinte, quando já estivesse claro.

Somada à tentativa de remoção da placa que acabou por não ser efetivada, a ocultação do corpo no matagal também pode ser considerado um ato que potencialmente teria atrapalhado as investigações, retardando-as. Assim, um lance de pura sorte acabou por mudar o curso e o próprio resultado das investigações, como os delegados responsáveis pelo caso relataram em entrevista à revista *Manchete*:

> Em todos os crimes sempre existe o fator sorte que favorece a polícia e incrimina o bandido. (...) [o fator que mais favoreceu a polícia foi] O encontro do corpo de Daniella. A verdade é que os policiais foram até o local para checar o carro que se encontrava abandonado num local ermo, conforme orientação recebida pelo rádio. Ou seja, tudo levava a crer que se tratava de um carro roubado e abandonado naquele local. Até o momento em que os policiais militares examinavam a ocorrência, julgavam tratar-se de um simples caso de carro roubado e não de homicídio. Se um dos PMs não resolvesse dar uma circulada pelo mato, o corpo certamente não seria encontrado. E, não sendo encontrado, certamente levaríamos um tempo maior, difícil de precisar, para chegarmos ao assassino ou assassinos. Foi um golpe de sorte.[91]

Em que pese a relevância das ações anteriormente descritas, o ato que mais prejudicou as investigações foi o fato de o Santana utilizado pelo casal no dia do crime ter sido limpo antes de ser periciado.

O frentista Antônio Clarete, que trabalhava em um posto de gasolina na avenida das Américas, não muito distante do local onde o crime foi praticado, afirmou em depoimento que, na noite de 28 de dezembro de 1992, por volta de 22h20, um casal o procurou para que limpasse um Santana azul. Solicitando esmero na ação, o condutor do veículo prometera ao frentista uma polpuda gratificação para que a tarefa fosse conduzida de maneira rápida e eficiente. Tamanha generosidade logo despertou a atenção do frentista, que não pôde deixar de notar uma mancha de sangue no vidro traseiro do lado do carona, além de uma poça de sangue no banco traseiro do veículo, quase na altura da metade do banco.[92]

Utilizando uma esponja embebida em uma mistura na qual havia querosene, foi possível remover por completo a mancha do banco, após algum esforço e a necessidade da repetição da operação de limpeza.[93]

Posteriormente, o frentista foi capaz de reconhecer Guilherme de Pádua como o homem que solicitou e pagou pela limpeza, não apenas pela repercussão do crime (do qual tomou conhecimento no dia seguinte), mas também pela significativa gratificação dada pelo ator, cerca de três vezes o preço normal de uma lavagem. Nas declarações do frentista, "caixinhas" desse porte eram bastante incomuns e assim lhe era possível recordar dos raros clientes que procediam de forma tão generosa.

Em relação ao reconhecimento de Paula Thomaz, o frentista pouco pôde ajudar, pois, em sua versão, a mulher que acompanhava o motorista se postou o tempo todo de costas para o local onde o carro estava sendo lavado, mantendo-se de frente para o letreiro no qual estavam listados os preços das lavagens,[94] em postura que provavelmente visava a evitar o seu reconhecimento futuro, como de fato acabou por acontecer.

Após o retorno do veículo à residência em Copacabana, Cesarino do Nascimento, garagista de plantão na noite do crime, não pôde deixar de notar os pingos de água sobre o para-brisa do Santana, dando a impressão de que "alguém o tivesse lavado sem secar".[95] Em seu depoimento à polícia, o funcionário do prédio não teve dúvidas em afirmar que o carro que chegou à garagem naquela noite aparentava ter sido lavado pouco antes.[96] Esse relato coincide com a versão dada pelo jornalista Mauro Braga, que, após conversar com um dos primeiros defensores de Guilherme, publicou no jornal *Tribuna da Imprensa* que o ator realmente mandara higienizar o veículo logo após o crime.[97] O delegado Antônio Serrano, que conduziu Guilherme à delegacia no próprio carro utilizado no crime, afirmou que também teve a impressão de que o veículo havia sido lavado em sua parte interna.[98]

Ainda fora apontado outro detalhe que corroborava essa tese: Sebastião Pereira, garagista que estava de plantão no dia seguinte ao assassinato e que estacionou o Santana após o sogro de Guilherme de Pádua ter retornado sozinho da delegacia, notou que o banco do motorista estava muito gelado, dando a impressão de que estava úmido.[99]

Como o Santana não foi apreendido pela polícia logo após a prisão de Guilherme e seu sogro pôde retornar à residência em Copacabana dirigindo o veículo utilizado no crime, possivelmente o carro foi lavado mais uma vez no dia seguinte ao assassinato. Havia, também, a suspeita de que o carro pudesse ter ficado aberto sob o sol naquele mesmo dia,[100] antes de ser apreendido e após ter passado pela suposta nova lavagem.

A novelista Glória Perez considerava esse fato um dos principais equívocos ocorridos durante a investigação: "O que não dá para entender é o tempo que o carro levou para ser periciado. Ele foi e voltou da delegacia no Santana, o sogro também, e nenhuma providência foi tomada. Como é que o criminoso confessa o crime, o carro do crime está no pátio da delegacia, e não apreendem o carro para a perícia?"[101]

A polícia técnica não foi capaz de identificar vestígios de sangue dentro do veículo, salvo por algumas manchas no chão em frente ao assento do carona, fato que pode ser explicado pela versão de que os acusados ali esconderam a arma do crime até o momento em que a descartaram. O perito Mauro Ricart, então diretor técnico do Instituto de Criminalística Carlos Éboli, afirmou categoricamente à imprensa, à época dos julgamentos, que não fora encontrado "nenhum vestígio de sangue" no banco do Santana.[102]

Em seu blog, a escritora Glória Perez se insurgiu incisivamente ante esse ponto específico da perícia, sobretudo por não se ter utilizado a substância luminol na análise do banco do Santana, tendo em vista que tal agente químico seria capaz de detectar traços de sangue imperceptíveis a olho nu. Pelo relato da escritora, a perícia

Profissional da dança. Vocacionada, Daniella deu os primeiros passos no balé aos 5 anos. Aos 18, profissionalizou-se na prestigiada companhia Vacilou Dançou. Após sua primeira experiência na TV, a jovem garantiu: "Sou uma profissional da dança", afirmando que a carreira de atriz seria um "complemento" à arte que lhe dava sentido à vida. Enganara-se.

Bailarina ou atriz? Daniella em *Barriga de Aluguel*, sua primeira grande oportunidade na TV, onde daria vida à bailarina Clô. Sua estreia ocorreria em um sábado, 1º de setembro de 1990. Naquele dia, silenciosamente, a televisão brasileira ganhou uma nova estrela. Daniella entrava em cena.

IRINEU BARRETO/AGÊNCIA O GLOBO

Terra de gigantes. Tendo se destacado no papel de Clô, a atriz receberia um convite para participar de *O Dono do Mundo*, o que abreviaria sua participação na trama anterior. Interpretando a jovem Yara Maciel, contracenaria com atores já consagrados, como Fernanda Montenegro, Antônio Fagundes, Stênio Garcia e Glória Pires. Não foi pouca coisa.

Recato. Daniella declarou que não encararia cenas de nudez na televisão e tampouco aceitaria posar nua. Também confessou um discreto desconforto em relação ao figurino de Yasmin. Sobre a cena gravada no Clube das Mulheres, a atriz foi sincera: "Foi a cena mais difícil de minha vida."

ARQUIVO O DIA

Papel de santa. Em dezembro de 1992, Daniella revelou que gostaria de fazer um "papel de santa" na novela seguinte. Coincidência ou não, a atriz interpretou a Virgem Maria em cenas exibidas no especial do cantor Roberto Carlos naquele final de ano. Ainda que por via oblíqua, Daniella realizou um de seus últimos desejos.

Dona Glória. Daniella tinha o maior orgulho do sucesso de sua mãe, de quem se declarava "superfã". Contudo, sempre deixou claro que queria ser reconhecida pelo próprio talento. Conseguiu. A nível pessoal, eram melhores amigas e confidentes: "Ninguém me entende melhor que a Dona Glória".

Namoradinha do Brasil. Yasmin roubou a cena em *De Corpo e Alma*. Aclamada pelo público, despontou como a nova "namoradinha do Brasil". Indagada sobre o futuro, revelou o que esperava: "Quero mais da vida." Não houve tempo.

Sem rodeios. Em sua última entrevista, a atriz mandou um recado aos insatisfeitos: "Não é função do ator decidir o rumo do personagem." Daniella fazia o seu trabalho com temperança, educação e, principalmente, seriedade. Não pretendia mudar.

Posteridade. Daniella Perez, única em sua singularidade. Em diminuta fala, demonstrou todo o ardor com que se entregava à vida: "Gosto de mexer os músculos, queimar energias, sentir que estou viva." A dançar, sorrindo e feliz. Esta é a imagem que fica.

Última foto. Daniella posa com adolescentes, pouco antes de ser assassinada. Seria o último registro da atriz com vida.

Na noite do crime. Guilherme também posa com fãs na saída do estúdio. Era 28 de dezembro de 1992, por volta das 21 horas. Cerca de meia hora depois, ele cometeria o crime que mudaria sua vida.

Metafísica. Glória Perez, em expressiva imagem, segurando uma foto de Daniella. A sinergia entre mãe e filha continha traços da mais pura metafísica. Ao receber a notícia de que um corpo com as características de Daniella fora localizado, a novelista afirmou: "Não sinto mais a Dani entre nós." Pouco depois, o pior se confirmaria.

Ficção e realidade. O caixão de Daniella — coberto pela bandeira da Caprichosos de Pilares — segue para o túmulo em meio à forte comoção. Ao baixar à sepultura, a derradeira despedida de uma fã: "Tchau, Yasmin." Em verdade, Daniella é que se fora.

A dor de uma geração. Muito identificada com o público, Yasmin personificava o que muitas meninas gostariam de ser. Às rádios cariocas, jovens deram o testemunho de seu imenso pesar. Dentre tantas, uma chamou mais a atenção. Era Ana Cláudia Araújo, a "Yasmin de Campo Grande", que revelara ao jornal *O Dia*: "Eu queria ser como ela, me vejo nela." O lamento expressava a dor de uma geração — órfã, ao mesmo tempo, de Daniella e Yasmin.

A casa caiu. Na manhã após o crime, Guilherme foi conduzido à delegacia. Supondo-se uma testemunha, parou por alguns instantes para que a imprensa o fotografasse. Ainda naquela manhã o ator seria desmascarado.

Réu confesso. Após um longo depoimento, no qual chegara a negar sua participação no crime, Guilherme enfim confessaria. Sua primeira versão mesclava bizarrices e fanatismos, o que fez com que se duvidasse até de sua sanidade mental. Segundo o delegado Mauro Magalhães: "Lutei sete horas para que ele me dissesse algo verdadeiro sobre o caso."

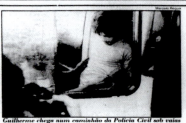

Palavras ao vento. Em sua primeira versão, Guilherme inocentou Paula. Tal postura desapontou a mãe dele, Leda Thomaz, que desde o início insistira para que o filho falasse a verdade. Para a defesa do réu, esta conduta configurava verdadeiro "suicídio jurídico". Não duraria muito.

Testemunha-chave. Hugo da Silveira anotou a placa do Santana, ação que seria fundamental para a elucidação do crime. Naquela mesma noite, viu uma mulher de "rosto redondo" dentro do veículo. Após ver a foto de Paula no jornal *O Globo*, o advogado não teve dúvidas: "Era ela!"

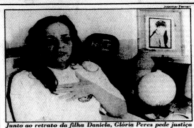

Premeditação e assédio. Glória Perez afirmara ao *JB* acreditar na premeditação do crime. Já à *Contigo*, a novelista revelara a extensão do assédio sofrido por Daniella: "Todos sabem que era Guilherme que vivia assediando a Dani. Ela chegou a se queixar até para mim." Dois dos pilares da tese de acusação.

Reconstituição. Atores reproduzem a suposta dinâmica do crime, com Guilherme guiando o Santana e Paula oculta no banco traseiro. Naquela fatídica noite, uma das testemunhas viu um estranho volume coberto por um lençol branco no interior do veículo. Para a acusação, era Paula Thomaz, em mais um indício da premeditação do homicídio.

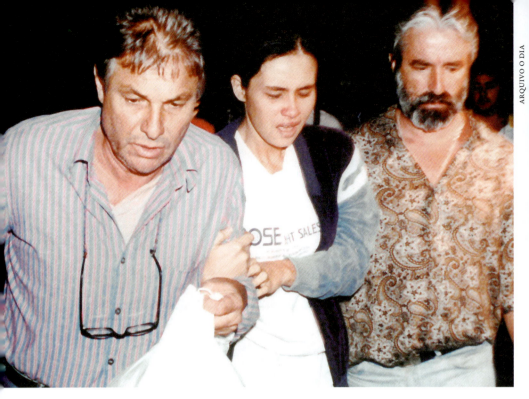

Rio 40 graus. Paula sendo conduzida por policiais em janeiro de 1993. Apesar do calorento verão carioca, a acusada trajava — nas duas ocasiões — mangas longas. A indumentária em desacordo com o clima não passaria despercebida por Glória Perez.

Turba em fúria. Delegacia de polícia cercada por populares dispostos a linchar Guilherme de Pádua. Em atitude corajosa, os atores Alexandre Frota e Maurício Mattar pediram calma à multidão e, com alguma dificuldade, conseguiram apaziguar os ânimos. Foi por pouco.

Pena capital. Glória Perez e Jocélia Brandão, mãe da menina Mírian, também brutalmente assassinada no final de 1992. Na esteira desses dois crimes chocantes, o debate sobre a adoção da pena capital voltou à ordem do dia no Brasil. A novelista, no entanto, sempre se posicionou contrária à drástica medida.

Espírito do tempo. Manifestantes em frente à delegacia onde Guilherme estava preso. Um transeunte entrevistado aleatoriamente definiu o sentimento reinante: "Ele [Guilherme] merece mais que a morte." A voz da rua acabou verbalizada em um cartaz: "A morte é pouco para esses sanguinários." Naquele momento, talvez nem a pena capital fosse capaz de aplacar a ira popular.

CARTAS NA MESA

Daniella/Guilherme: o Bem e o Mal

■ "Eu quero ver Daniella brilhando mais forte em qualquer lugar. Amiga, você nos conquistou/ saudades você nos deixou/ partindo./ Em uma festa deslumbrante/ querer te ver ainda mais linda./ Com vestido de brilhantes e esbanjando sorrisos/ tudo igual, como antes." – **José Correia** – Costa Barros

★★★

■ "É lamentável o desrespeito ao próximo alheio. A desprezível tentativa do Sr. Walter Clark (O DIA, 31/12/92) de responsabilizar Glória Perez pela morte da própria filha, como autora de uma novela que, concordo, não é das melhores, chega a ser tétrica. Ficou nítido, para os leitores, que as diferenças do Sr. Clark são com a emissora. Mas, no interesse da emissora. Mas, no interesse de atingi-la, foi longe demais. (...) Quanto às criancinhas que assistem ao que não deveriam, cabe lembrar que existem programações infantis em horários adequados. (...)." – **Ana Cristina Cassim** – Vila Valqueire

★★★

■ "De tanto ver em sua telinha a imoralidade, o desamor, a prevaricação, a indução ao vício e à violência, o nosso pobre povo vem assimilando o que de pior, orquestradamente, a Globo joga diariamente em nossas humildes casas, principalmente através das novelas. Vão se multiplicando, portanto, em função de fatores sociais conhecidos e superpotencializados por estas transmissões, os sequestros, os assassinatos, a prostituição e o consumo de tóxicos. A dor e a revolta expressas por diretores e astros globais com a morte violenta de Daniella Perez, filha da autora da novela pornográfica *De Corpo e Alma*, pois eles sabem muito bem o que nos fazem. (...)." – **Augusto Cordeiro** – Centro

★★★

■ "Tenho 17 anos e fiquei muito chocada ao saber da morte trágica de Daniella Perez. Eu, não a conhecia pessoalmente, mas sempre a acompanhei nas novelas. Era uma das minhas atrizes favoritas. E não consigo acreditar que um animal como Guilherme de Pádua e sua mulher Paula tivessem a coragem de a assassinar tão cruelmente.

Infelizmente, ainda não temos a cadeira elétrica: era o que eles mereciam. (...) Sei que Glória Perez e Raul Gazolla estão sofrendo muito. Mas não devem se desesperar: Daniella não morreu, apenas mudou de estado, todos, um dia, te encontraremos de novo. (...) Dani, te adoramos!" – **Liliane Alves Maia** – Olaria

★★★

■ "No dia da missa por Daniella Perez não pude ir à igreja, mas acendi uma vela em casa. E orei (continuo orando) por ela e descanse em paz. Ainda não aceitei a morte dela. Talvez por ter 21 anos e, há algum tempo, ter perdido uma amiga da mesma idade, igualmente assassinada, fiquei muito abalada com a morte de Daniella. Realmente, não sei!" – **Geovana Oliveira da Silva** – Niterói, RJ

★★★

■ "Gostaria de saber das autoridades por que os assassinos de Daniella e da menina Miriam estão em celas especiais, já que nenhum deles tem curso superior. Será para que não façam com eles o que eles fizeram com suas vítimas? (...) De uma coisa tenho certeza: o povo não aguenta mais ver o Mal vencer o Bem." – **Maria Luiza da Silva** – Jacarezinho

★★★

■ "Na matéria *País-de-santo-charlatães* (O DIA, 10/1), a jornalista Ana Cristina Miguez se refere a líderes de **Umbanda e Magia Negra**. E um dos entrevistados que declara praticante de magia negra), agredindo uma comunidade cujos ancestrais, com sangue, suor e lágrimas, construíram a riqueza deste

país, o Brasil–Terra dos Orixás. Magia e magia, não tem cor. (...) Os pais-de-santo citados são incorretos: 1 – O Elwo não recebe egum; 2 – Umbanda é manifestação do espírito para a caridade e tem excelentes órgãos de representação, onde nada é cobrado: União Espiritista de Umbanda, Congregação Espírita Umbandista do Brasil e Primado de Umbanda. (...)." – **Celso Rosa**, secretário do Instituto de Estudos Afro-Brasileiros – Centro

★★★

■ "Foi com tristeza imensa que recebi a notícia da morte trágica da querida atriz Daniella Perez. Então resolvi escrever para O DIA, protestando contra esses dois assassinos, que devem permanecer na cadeia para o resto da vida, já que foram covardes e mataram a sangue-frio. Gostaria que o presidente da República alterasse o Código Penal, tornando como base o que se faz em outros países, para melhorar o bem-estar da Nação. Estou declarando publicamente o sinto e acho que outros leitores também. Para vocês, de O DIA, desejo muita luz do fundo do coração." – **Cláudia Andrietto** – Guadalupe

★★★

■ "Venho, através O DIA, expressar minha indignação com as pessoas que estão mandando cartas e telegramas para a 16ª DP, onde se encontra preso o monstro Guilherme de Pádua, para confortá-lo com palavras de carinho e dizendo até que estão rezando por ele. Que país é esse? Não há explicação. É por isso que o Brasil nunca vai passar do Terceiro Mundo, com toda essa gente que morre atrofiada que perde tempo e dinheiro passando telegrama para confortar assassino. Reza quem precisa é Daniella e sua família e vítimas do bandido de alta periculosidade." – **Luiz Antônio Costa** – Engenho de Dentro

★★★

■ "Essa multidão histérica está querendo crucificar Guilherme de Pádua. Ele só matou, está apenas defendendo a mulher. Eu o amo e amarei sempre. Coragem, Guilherme." – **Helena Berg** – Copacabana

As cartas aqui expressam exclusivamente a opinião do leitor devem ter o máximo de 20 linhas e conter nome e endereço completos do autor, telefone, que permitam confirmação prévia, e ser enviadas para O DIA, seção Cartas na Mesa – Rua Riachuelo, 308 – CEP 20230-900 – Rio de Janeiro.

Maniqueísmo. A mobilização popular diante da tragédia foi tamanha que *O Dia* lançou uma seção de cartas exclusiva sobre o crime. A iniciativa continha fortes contornos maniqueístas. No título, Daniella seria o "Bem", enquanto Guilherme encarnaria o "Mal".

O segredo de seus olhos. Guilherme a fitar Daniella, negligenciado o olhar à câmera fotográfica que registraria a cena. Retratados pela fotógrafa Françoise Imbroisi, não havia orientações quanto à pose e à expressão que cada um deveria adotar. Nas palavras da experiente profissional: "A fotografia não mente."

Feminicídio às avessas. Mulheres clamam por justiça, empunhando faixa contendo nomes de vítimas de feminicídio. Guilherme, porém, menosprezava tal circunstância: "Você acha que se eu tivesse matado uma mulher qualquer eu estaria preso? Claro que não."

Olhos nos olhos. Glória Perez encara a acusada pelo assassinato de sua filha, em uma das primeiras audiências do caso. Paula Thomaz jamais retribuiu os olhares da mãe da vítima.

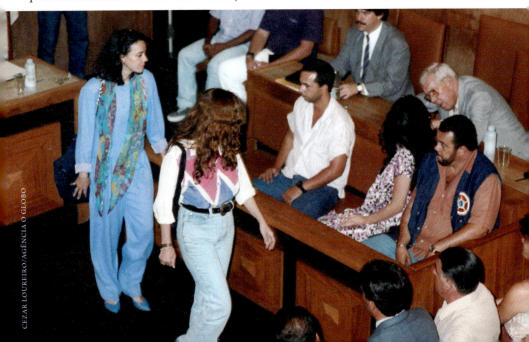

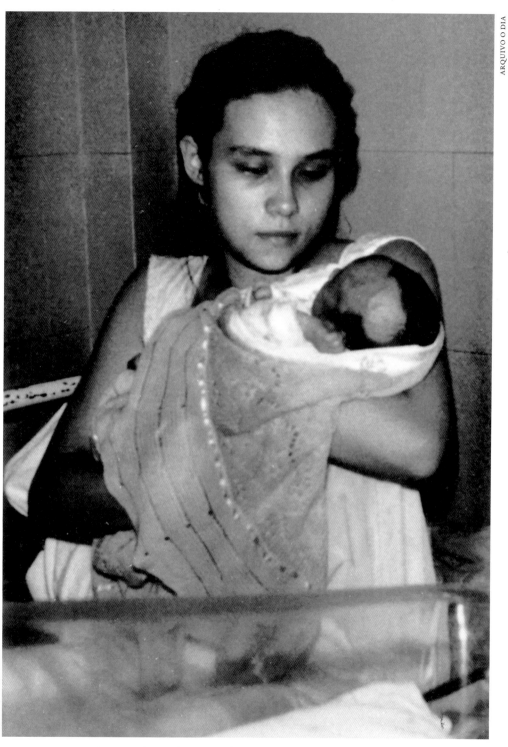

Demagogia? Paula com seu filho recém-nascido, em maio de 1993. A foto, divulgada pela defesa da acusada, foi parar na capa dos principais jornais do Rio de Janeiro. Para a defesa de Guilherme, era uma tentativa de comover a opinião pública.

Ator tem nova versão para morte de Daniela

SÃO PAULO — O ator Raul Gazolla, viúvo da atriz Daniela Perez, revelou, na gravação do programa *Cara a cara*, que vai ao ar domingo, pela Rede Bandeirantes, sua versão sobre o assassinato de sua mulher. Segundo ele, Daniela não foi se encontrar com o ator Guilherme de Pádua, seu assassino, próximo do local onde o corpo foi encontrado. Gazolla afirma que ela foi agredida e seqüestrada por Guilherme num posto de gasolina perto da produtora Tycoon, onde gravavam a novela *De corpo e alma*.

Discussão — Gazolla contou que Daniela e Guilherme tiveram uma discussão na saída da Tycoon. "Há testemunhas, crianças que tiraram fotos com os dois e o motorista delas. Não se sabe o que discutiram, mas estavam gesticulando muito", disse. Depois de tirar as fotos, as crianças queriam seguir Daniela, mas o motorista disse que o pai delas não tinha dado permissão. "Guilherme saiu de carro e o das crianças foi atrás. Ele parou no posto e elas seguiram adiante", contou.

O ator disse que Daniela estava muito nervosa e em seguida, foi ao posto e abasteceu o carro. "Quando ela ia saindo do posto, Guilherme encostou seu carro ao lado do de Daniela e saltou. Ela se assustou e falou. 'Que brincadeira sem graça'. Ele não disse nada e deu um soco na Dani", revelou. Em seguida, Guilherme teria empurrado a atriz para o lado e entrado no carro. Sua mulher, Paula Thomaz, teria segudo atrás, no carro do ator. O advogado de Gazolla, Luis Eduardo Fraga de Oliveira, no entanto, descobriu o fato: "Nunca consu falar em tal da parecido com esta versão", garantiu.

Passagem pelo posto é mistério

A versão da morte de Daniela Perez apresentada por Raul Gazolla no programa *Cara a cara* é a que a família da atriz vem tentando provar desde os tempos da investigação policial. Na verdade, Gazolla não está apresentando nenhum fato novo. O testemunho das crianças e o do motorista já havia aparecido durante as investigações. Foram as crianças que comprovaram que o carro de Guilherme de Pádua saiu da Tycoon na frente do de Daniela. Elas disseram também que Guilherme estacionou nas proximidades do posto de gasolina. A partir daí, as crianças não viram mais nada. A novidade apresentada por Gazolla é a descrição do que aconteceu depois. Desde a morte de Daniela, o advogado de acusação, Arthur Lavigne, e a mãe da atriz, Glória Perez, tentam provar que ela não foi espontaneamente ao local do crime. Quando foram descobertos os testemunhos das crianças e do motorista, Lavigne comemorou, acreditando que, pouco a pouco, a verdade apareceria, mostrando que Guilherme teria forçado Daniela a ir até o matagal onde ela foi morta. Mas, até agora, ainda não apareceu, nem na fase da investigação policial nem nas audiências da Justiça, qualquer testemunha que ajudasse a traçar o caminho de Daniela e Guilherme depois da parada do ator no posto de gasolina.

Glória diz que houve seqüestro

A novelista Glória Perez reafirmou ontem a versão de que sua filha, Daniela Perez, foi seqüestrada por Guilherme de Pádua e Paula Thomaz, antes de ser assassinada. A escritora contou que só não divulgou esta versão antes porque os que viram Daniela ser agredida e imobilizada por Guilherme num ponto de gasolina decidiram negar a história.

Glória soube do seqüestro por um empregado do condomínio Rio Mar, que fica próximo ao matagal em que a atriz foi achada morta. Este empregado teria ouvido de funcionários do posto de gasolina a versão da abordagem de Daniela por Guilherme. "Os frentistas negaram com palavras, mas se entregaram com os olhos", contou Glória. Ela disse que esses rapazes já mudaram de emprego, mas espera que eles se apresentem como testemunhas.

Nasce o bebê de Paula

Nasceu às 20h07 de ontem no Instituto Municipal da Mulher Fernando Magalhães, em São Cristóvão, o filho de Paula Thomaz e Guilherme de Pádua, preso pelo assassinato da atriz Daniela Perez. Na 37ª semana de gestação, Paula foi submetida a uma cesariana de emergência depois que os exames mostraram que o feto já apresentava indícios de sofrimento, em virtude do trabalho de parto lento. Pesando 2,9 quilos, o menino, que deverá se chamar Felipe, apresenta boas condições de saúde, de acordo com a médica Deise Maria Gentil Pereira.

No momento da cesariana, o único parente de Paula no hospital era seu pai, Paulo Almeida, que havia ido até lá no horário noturno de visitas. Ele se surpreendeu ao saber que a filha estava na sala de parto.

A ameaça de parto prematuro persistira durante todo o dia. De acordo com o boletim médico divulgado às 16h, o estado de Paula era estável, mas a possibilidade do bebê nascer não fora afastada. Ela continuava sentindo dores abdominais e contrações. Em condições normais a gestação dura 40 semanas. De acordo com funcionários, Paula estava preocupada com a saúde do filho.

A mulher de Guilherme de Pádua foi hospitalizada no início da madrugada de terça-feira e recebeu medicação endovenosa para inibir as contrações. Com a sua presença, o instituto aumentou o número de vigilantes na portaria. Acompanhada por dois agentes penitenciários, ela não recebeu visitas durante o dia, na enfermaria de custódia do 5º andar. Agentes do Desipe armados de escopetas, facas e revólveres foram duas vezes ao hospital receber os boletins.

Cara a cara. Reportagem reproduz participação de Raul Gazolla no programa *Cara a Cara*, exibido pela Bandeirantes. Cerca de dois meses antes do testemunho dos frentistas, Gazolla antecipara a versão da emboscada. Segundo o *JB*, o ator teria revelado o último diálogo estabelecido entre Guilherme e Daniella, em narrativa que surpreendera até o seu próprio advogado.

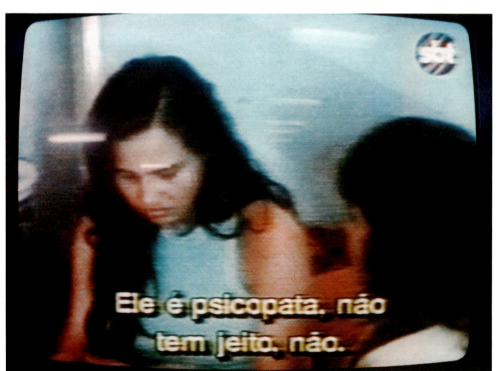

Cada um por si. Em entrevista ao SBT, Paula afirmara que seu marido era um "psicopata". Seria o início do fim. O contragolpe não tardaria e, em pouco tempo, o casal estaria irremediavelmente rompido. Suas versões sobre o crime passariam a não mais coincidir.

Promotoria. Os promotores José Muiños Piñeiro e Maurício Assayag seriam os responsáveis pela acusação. Acostumados a casos de grande repercussão, obtiveram condenações expressivas nos julgamentos das chacinas da Candelária e de Vigário Geral. Reeditando a parceria, novamente teriam êxito.

Tribuno. O criminalista Ronaldo Machado, um dos maiores tribunos dos júris cariocas, defenderia Paula Thomaz. Teria a parceria de seu filho, Carlos Eduardo. O jurista faleceu em 1995 e não pôde fazer a defesa de sua cliente em plenário. Até o seu último suspiro, porém, manteve inabalável sua "fé no júri" e a certeza de que Paula seria inocentada.

Bateu, levou. O defensor público Paulo Ramalho, cercado por jornalistas. Ao aceitar a causa, definiu uma estratégia arriscada: achincalhes por meio da imprensa seriam respondidos no mesmo tom e pelo mesmo canal. Jamais permitiu que seu cliente fosse aviltado em nível pessoal.

Inimigo público. O ator Guilherme Karam, portando cartaz em ato público. Naquele momento, o povo estava contra Paulo Ramalho, até em sua própria casa. Sua mãe, ao saber que aceitara a causa, não titubeou: "No final da minha vida, você me dá este desgosto."

JORNAL DO BRASIL

RIO DE JANEIRO • Terça-feira • 27 DE AGOSTO DE 1996 — FUNDADO EM 9 DE ABRIL DE 1891 — Preço para o Rio: R$ 1,00

Adiado julgamento do caso Daniela

Atendendo aos pedidos dos advogados de Guilherme de Pádua e de Paula Tomás, o presidente do 2º Tribunal do Júri, juiz José Geraldo Antônio, adiou por tempo indeterminado o julgamento do caso Daniela Perez, que começaria amanhã. Os advogados alegaram não terem sido avisados com antecedência sobre a inclusão de provas da promotoria no processo — um laudo não oficial assinado pelo legista aposentado Carlos Alberto de Oliveira sobre as marcas de violência no corpo de Daniela Perez.

Depois de várias reuniões na tarde de ontem com os advogados e promotores, o juiz estabeleceu um prazo de cinco dias para que as partes consultem a nova documentação. No fim da tarde, os promotores distribuíram nota oficial na qual negam querer mudar os rumos do julgamento. Segundo Paulo Ramalho, advogado de Guilherme, houve quebra do acordo de cavalheiros entre a promotoria e os advogados de defesa. De acordo com o juiz José Geraldo, o julgamento deverá ser realizado em dezembro. (Página 22)

Tortuosa espera. Julgamento do caso é adiado em meados de 1996. Para a família dos acusados, era um martírio. Para a família da vítima, representava um calvário ainda maior. O jurista Miguel Ferrante, avô de Daniella, indagara naquele momento de aflição: "Será que eu ainda vou ver os assassinos de minha neta condenados?" Conseguiu.

O JULGAMENTO: Guilherme de Pádua acusará Paula Thomaz, que nega envolvimento no crime que chocou o país em 1992

O Brasil quer saber quem matou Daniella Perez

O crime que abalou o país até hoje não foi esclarecido. Seus principais personagens, Paula e Guilherme, não assumem a culpa e se acusam mutuamente. Daniella Perez foi assassinada em 28 de dezembro de 1992. Seu corpo foi encontrado, com 18 perfurações, num matagal, na Barra da Tijuca.

Guilherme
Paula

Hora da verdade. Em janeiro de 1997, enfim começaria o julgamento de Guilherme de Pádua. Naquela data, *O Globo* publicou uma foto que mesclava o semblante dos réus sob a expressiva manchete: "O Brasil quer saber quem matou Daniella Perez". A sorte estava lançada.

E se fosse a sua filha? Panfletagem, cartazes e outdoors despertavam a empatia popular: "E se fosse a sua filha?" Tais iniciativas refletiam a mobilização da sociedade em torno do caso e chegaram até a grande imprensa. Para a defesa de Paula, porém, ao longo do processo, os réus foram alvo de publicidade opressiva, o que poderia comprometer a imparcialidade de seus julgamentos.

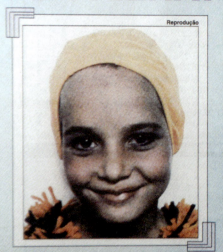

A bênção, João de Deus. Muito católica, a família de Paula pedira uma bênção especial ao Papa João Paulo II. O Sumo Pontífice concedeu a graça aos pais de Paula, ao seu filho e a ela própria. Guilherme, no entanto, ficaria de fora.

O livro proibido. A pedido da família de Daniella Perez, o livro escrito por Guilherme de Pádua, no qual contava sua versão do crime, teve sua comercialização proibida pela Justiça. Perante o juiz, o réu repetira até as onomatopeias da publicação, o que fazia crer que decorara o script da obra ao depor em seu julgamento.

Namoro no banco dos réus. Ignorando a indignação do público, o casal troca carícias em uma audiência sobre o caso. Sob insistentes flashes da imprensa, se permitiram cochichos, afagos e até "pequenas mordidas nas mãos". Para amigos e familiares da vítima, foram momentos da mais pura agonia.

Fim de caso. Durante o julgamento, tudo seria diferente. Paula, acintosamente, daria as costas a Guilherme, tornando público o repúdio ao ex-marido. Naquele mesmo banco dos réus, o outrora casal sequer trocou um olhar de adeus.

Arma em punho. Após o julgamento ter sido desmembrado, Paula deixa o fórum rumo à cadeia onde se encontrava presa preventivamente. A viatura que faria seu translado foi cercada por uma turba em fúria, disposta a linchá-la. Um policial chegou a sacar uma arma diante da revolta popular.

Embate. O julgamento de Guilherme foi marcado por forte tensão entre sua defesa e o juiz José Geraldo, que presidia o júri. Desde o início, Ramalho deixara claro ao que viera: "Por quatro anos fui saco de pancada. Agora sou estilingue." Dito e feito.

Réu ou ator? Após a condenação, Guilherme retorna ao xadrez, dentro de um camburão. A esbravejar contra a lisura do julgamento, parecia agir como um ator a serviço de seu personagem. Ramalho ainda tentou alertá-lo: "Agora acabou." Nada feito. Exibicionista, aparentava ansiar mais por notoriedade do que pela própria liberdade.

Protagonista. Ramalho roubou a cena durante o julgamento. Para alguns, sua atuação foi corajosa; para outros, espetaculosa. Fosse como fosse, em um ponto todos concordam: o defensor saiu desse processo maior do que entrou.

Aonde foi que eu errei?
Às vésperas do julgamento, Maria Aparecida afirmara à *Folha de S.Paulo* não saber onde errara na criação de sua única filha, pois propiciara a ela "tudo que era bom, colégio particular, boa educação, primeira comunhão..." Àquela altura, contudo, era muito tarde para lamentar.

Condenada. Chorosa, Paula é reconduzida à prisão após sua condenação. Para a família de Daniella, a sentença representou "o resgate da verdade". Para a defesa da ré, o placar apertado do júri (4×3) refletia a dúvida dos jurados. Um fato, no entanto, era incontestável: um voto selara o seu destino.

Mãe viu Paula e chorou — *O casal de produtores dos "Leopardos" acusou Paula*

Circo midiático. Capa do jornal *O Dia* enxovalhava a acusada com termos misóginos e sexistas, como "carne de leopardo" e "vadiazinha". Insultos pessoais poderiam influenciar o julgamento, como explica a professora Sheiber: "As pessoas não são julgadas apenas pelo que elas fizeram, mas também pelas desqualificações que venham a sofrer."

Mãe não se engana. A aposentada Maria Aparecida, antes de visitar sua filha na prisão. Surpreendentemente, em outubro de 1998, Aparecida desmentiu a versão apresentada por Paula durante o julgamento: "Minha filha não matou. Apenas estava lá na hora do crime."

Mãe-coragem. Glória Perez à frente dos microfones, sempre a defender sua filha. A escritora travou duas árduas batalhas durante a década de 1990: contra a impunidade e a leniência da legislação penal. Venceu ambas.

A caloura da discórdia. Camisa aludindo ao crime é queimada por estudantes em frente à UCAM. A matrícula de Paula na mesma instituição em que Daniella estudara dividiu o corpo discente. Para alguns, provocação; para outros, ressocialização.

Justiça, onde estás? Cartaz indaga onde está a Justiça. Após os julgamentos, o temor da impunidade foi vencido. Uma pergunta, porém, ecoa até hoje: será que, de fato, houve justiça para Daniella Perez?

tinha a substância, mas "estranhamente" acabou por não ser utilizada.[103] Deve-se registrar que o perito Mauro Ricart, então diretor de Polícia Técnica do Rio de Janeiro, afirmou que "se houvesse luminol [à disposição da polícia], certamente seria utilizado", pois, em suas palavras, "tudo que havia de modernidade à época foi utilizado [no caso]".[104]

Outra ação que dificultou as investigações foi o sumiço dos pertences da vítima — documentos, aliança, carteira e uma pochete contendo dólares — com o intuito de simular um assalto a fim de despistar a polícia, que poderia dar início às investigações do crime como se fosse latrocínio.[105]

Caso a investigação realmente viesse a se centrar na possibilidade de latrocínio, seria muito mais difícil que as suspeitas dos investigadores recaíssem sobre o casal, pois a polícia partiria da premissa de que se tratara de um crime aleatório, cuja principal motivação teria sido roubar a atriz. Essa motivação já seria suficiente para excluir Guilherme e Paula do rol de suspeitos.

Os pertences da atriz jamais foram encontrados. Em depoimento à polícia, a mãe de Daniella afirmou que naquela noite a atriz portava uma pochete contendo 6 mil dólares, dinheiro que lhe havia sido entregue pela própria Glória Perez na manhã do dia em que o crime foi praticado, e que serviria para dar entrada em um novo carro que a atriz pretendia adquirir.[106]

De fato, nas últimas fotos que a atriz tirou junto a um pequeno grupo de adolescentes na porta dos estúdios Tycoon momentos antes de ser morta, Daniella aparecia com a pochete na cintura.[107] Contudo, os policiais militares que primeiro atenderam a ocorrência afirmaram que, quando encontraram o cadáver da atriz, não havia pochete alguma junto ao corpo ou nas imediações de onde o carro dela havia sido abandonado.[108]

Ainda houve um agente que afirmara ter ouvido da própria acusada a narrativa de que o casal realmente havia levado os pertences de Daniella e tudo teria sido arremessado ao mar.[109] Como posteriormente Paula negou ter confessado o crime aos policiais, essa linha de investigação baseada em seu suposto relato também não evoluiu.

Cidade de Oliveira, um dos delegados que conduzia o inquérito, chegou a declarar publicamente que o ator Guilherme de Pádua, em seu depoimento, admitiu ter apanhado os documentos da atriz para simular um assalto e assim tentar desviar o foco da polícia.[110] Essa versão corroborava o relato do também delegado Joel Vieira, então subsecretário de Segurança do Rio de Janeiro, que acompanhou o primeiro depoimento de Guilherme a pedido do vice-governador Nilo Batista. Posteriormente, o subsecretário afirmaria que o próprio acusado admitira expressamente ter roubado a bolsa de Daniella:

> Em seguida o acusado perguntou se tinha gravador na sala e o declarante retrucou perguntando o porquê, quando então Guilherme disse que ia admitir que estava lá mas que no local apenas discutiu com Daniela (*sic*), saindo em seguida tendo a vítima permanecido. Guilherme afirmou que teriam matado Daniela (*sic*), para roubar. Naquele momento, o declarante afirmou que tal versão era difícil pois não constava nada de roubo, quando então ele retroou (*sic*) dizendo que havia roubado uma bolsa de Daniela (*sic*).[111]

Já a revista *Contigo* divulgou que corria o boato de que o próprio Guilherme teria entregado os dólares aos policiais para que "facilitassem a sua situação e escondessem a arma do crime".[112] No entanto, a escrivã que supostamente havia narrado tal situação negou veementemente que houvesse cogitado esta hipótese e, pouco depois, acabou transferida para outra delegacia.[113]

Apesar dos indícios de que, além de ter sido morta, a atriz também tivera os seus pertences roubados, a Justiça não aceitou a denúncia contra o casal pelo sumiço dos objetos que pertenciam à atriz e que jamais foram encontrados.[114] Mesmo após recurso apresentado pelo Ministério Público, a segunda Câmara Criminal do Tribunal de Justiça confirmou a decisão.[115]

Além disso, o próprio ator reconheceu que havia ocultado da polícia algumas peças de roupa utilizadas durante a ação homicida. Segundo Paula Thomaz, mais uma vez com o intuito de ludibriar a Justiça, Guilherme teria pedido à própria mãe que cortasse o casaco dele, que estava sujo de sangue,[116] de modo a simular que houvera uma briga no dia do crime.[117] Em seu relato autobiográfico, o ator reconheceu que sonegou aquela vestimenta à polícia pelo fato de existirem nela provas que o comprometeriam.[118]

Paula também reconheceu que lavou as roupas sujas de sangue que Guilherme usava no dia do crime, no que foi considerado pela imprensa mais um indício de que o casal agira em conluio durante a prática do assassinato e, posteriormente, para assegurar que a autoria do delito não fosse descoberta.[119]

Por fim, as roupas que Guilherme utilizou no momento do crime não foram enviadas à delegacia, como solicitado pela polícia. Em fotos tiradas com fãs, poucos minutos antes do homicídio, Guilherme aparecia com uma camisa vermelha. No entanto, a camisa enviada para a perícia era azul,[120] o que demonstra que o objetivo sempre foi embaralhar ao máximo o curso das investigações.

Tais comportamentos só reforçam o caráter intencional existente em toda a ação criminosa, previamente arquitetada em seus pormenores, e cuja autoria os meliantes buscaram a todo custo manter oculta.

Não conseguiriam.

Bestas-feras (caso Denise Benoliel)

"Dava para ver o coração exposto."[121]

Dessa maneira chocante, o legista Raphael Pardellas descrevera uma de suas primeiras impressões ao analisar o cadáver de Daniella Perez. O médico, no entanto, não seria o único a se impressionar ante a selvageria do ataque sofrido pela atriz.

Em entrevista ao programa *Sem Censura*,[122] exibido pela extinta TVE (hoje TV Brasil), Talvane de Morais, diretor da divisão técnica da polícia civil do Rio de Janeiro, afirmou que o assassinato de Daniella havia sido um dos crimes mais bárbaros com que se deparara em mais de trinta anos de carreira, sustentando, ainda, se lembrar de apenas um caso comparável em termos de brutalidade: o assassinato da estudante Denise Benoliel,[123] ocorrido no Rio de Janeiro em 1986.

Denise era uma jovem universitária de classe média alta e vivia com a família em um edifício de apenas cinco apartamentos em Ipanema. Certa noite, após ter sido deixada pelo namorado em casa depois de uma sessão de cinema, a estudante subitamente desapareceu.

Raptada por um servente e um porteiro do próprio prédio onde vivia, seu corpo só foi localizado muitos dias depois, em um terreno baldio no município de Maricá. Em adiantado estado de putrefação, o cadáver foi encontrado com o rosto deformado, sem a mão esquerda e boa parte da pele rompida, fruto da ação de animais predatórios durante os quinze dias em que o corpo se manteve oculto no matagal à beira de uma lagoa.[124]

A estudante foi morta de maneira bárbara, havendo fortes indícios de que teria sido estrangulada e esfaqueada. Também havia suspeitas de que Denise pudesse ter sido estuprada, mas o adiantado estado de decomposição em que o corpo foi encontrado impossibilitou à perícia comprovar essa hipótese.[125]

A selvageria homicida perpetrada contra a estudante chocou a cidade do Rio de Janeiro. Denise havia sido sequestrada e morta de maneira atroz, e antes de morrer ainda fora amordaçada, amarrada e vendada. Também havia sido golpeada com um potente soco no rosto e, ato contínuo, colocada no bagageiro de seu próprio carro, de onde seria levada desacordada até Maricá, município onde o cadáver havia sido abandonado.

Os réus Ezequiel Luiz de Souza e Gilmar Luis de Sá foram condenados pelo sequestro e morte da estudante no final do

O DESVENDAR DE UM CRIME

mesmo ano em que cometeram o crime, sendo sentenciados a 25 anos de prisão.[126]

Por muito tempo, o perito Talvane de Morais acreditava ter sido esse o crime mais brutal de toda a sua carreira. Estava enganado. A sanha homicida presente no assassinato de Daniella Perez desfaria essa impressão.

O experiente perito, de fato, tinha motivos para pensar assim. O laudo cadavérico da atriz era inominável, capaz de impressionar até os mais acostumados a lidar com assassinatos brutais. A necropsia descrevera que o corpo de Daniella continha entre dezesseis e vinte ferimentos produzidos por arma branca e concentrados predominantemente sobre a região mamária esquerda (coração) e o pescoço.[127] Pela profundidade da maioria dos golpes — cerca de 8 a 9 cm[128] —, o mais provável é que tenham sido desferidos enquanto Daniella se encontrava sobre um anteparo rígido.[129]

A opção dos algozes em eleger uma área muito estreita na região do tórax para desferir a maioria dos golpes deixa claro que a intenção deles era trucidar impiedosamente a vida de sua vítima. O legista Nelson Massini, que analisou os laudos da necropsia a pedido do jornal *Folha de S.Paulo*, descreveu da seguinte maneira aquilo que teria sido a agonia final de Daniella:

> Pela análise dos ferimentos descritos no laudo, Massini afirmou que Daniella deve ter levado cerca de dois minutos para morrer. "O coração ainda continua batendo por um tempo depois de perfurado." O laudo permitiu também que Massini estabelecesse uma espécie de dinâmica do crime. Para o perito, o coração foi atingido primeiro. "Como a morte não é imediata, mesmo inconsciente ela fez um esforço para respirar", disse. Nessas condições, com o pulmão infiltrado de sangue, o barulho da respiração é alto. "Há casos parecidos na literatura de medicina legal. O assassino se assusta com o barulho e parte para atingir a traqueia, tentando bloquear a respiração."[130]

A sequência da ação descrita pelo legista se baseou em sua observação dos golpes e na dinâmica que seria mais provável diante das circunstâncias. Com base no relato, tudo indica que a ação homicida foi iniciada pelo coração, mas, em decorrência das dificuldades de uma agonizante Daniella em respirar, seu pescoço foi atacado — um dos golpes foi tão profundo que chegou a perfurar a sua traqueia.

Ao se deparar com o cadáver da filha no IML, o pai da vítima se viu horrorizado diante da animalidade do crime. O relato dramático de Luís Carlos Saupiquet Perez, além de dar a medida da dimensão humana daquela tragédia, também é capaz de demonstrar a extensão da brutalidade do ataque sofrido por sua filha: "[O momento mais impactante] Foi quando o homem levantou a blusinha dela e eu vi um buraco enorme... dava para colocar os meus dois dedos."[131]

O perito Talvane de Morais, além de comandar a divisão técnica da polícia carioca, era psiquiatra por formação e passara a vida a examinar crimes chocantes, acostumado a trabalhar, em suas próprias palavras, com "criminoso doente mental".[132] Pela bestialidade das duas ações homicidas, o psiquiatra associara a impetuosidade excessiva do crime que vitimara a estudante Denise Benoliel àquela responsável por ceifar a vida de Daniella Perez.

Por muito tempo, o assassinato da estudante foi considerado o crime de grande repercussão mais sanguinário ocorrido no Rio de Janeiro. Perderia esse funesto posto — ou, ao menos, passaria a dividi-lo — com a selvageria presente no assassinato de Daniella Perez. A ferocidade era tamanha que as ações pareciam não ter sido cometidas por seres humanos, mas por verdadeiras bestas-feras.

10.
Os acusados

Debutante na Globo

No elenco da novela *De Corpo e Alma*, em meio a inúmeros atores consagrados, também havia novatos em busca de ascensão profissional. Entre eles, estava Guilherme de Pádua, cuja trajetória profissional em pouco diferia daquela trilhada pela maioria dos atores que decide deixar sua cidade natal em busca de uma oportunidade no concorrido meio artístico do Rio de Janeiro.

Filho temporão e caçula de quatro irmãos, Guilherme pertencera à classe média de Belo Horizonte. Durante a infância, frequentara bastante a cidade de São Joaquim, a 280 quilômetros da capital mineira. Nunca foi afeito aos estudos e embora matriculado no tradicional Colégio Loyola, instituição fundada e dirigida por padres jesuítas, Guilherme nem sequer chegou a completar o ensino médio (à época denominado segundo grau), optando por abandonar os estudos ainda inconclusos para tentar a sorte na carreira artística.

O ator aparentava não ter mesmo aproveitado a oportunidade de estudar em bons colégios. Em carta escrita de próprio punho endereçada aos jurados às vésperas de seu julgamento, a mídia destacava os inúmeros erros gramaticais cometidos por Guilherme ao redigir o texto.[1] Tido como "brigão e matador de aulas",[2] ele não deixou saudades na instituição de ensino.

Guilherme iniciou a sua trajetória profissional com algumas participações pontuais em pequenos desfiles e, eventualmente, em campanhas publicitárias em Belo Horizonte. Lançado como modelo no *Jornal da Casa*,[3] o jovem não pretendia permanecer muito tempo diante das lentes fotográficas. Sua grande aspiração sempre foi trabalhar como ator. A carreira nos palcos começou em 1986, quando se juntou ao grupo de teatro infantil Reviravolta, em Belo Horizonte. A participação no grupo abriu caminho para o seu primeiro papel na televisão, também em uma atração infantil, no programa *Clubinho da Tia Dulce* exibido pela TV Alterosa.

Da inocente participação na atração infantil, a carreira de Guilherme daria uma guinada vertiginosa. O ator debutaria no teatro na peça *Pasolini: vida e morte*, trama na qual interpretava o assassino Giuseppe Pelosi, autor do crime que, na vida real, vitimou o diretor de cinema italiano Pier Paolo Pasolini, morto de forma cruel ao levar cerca de vinte punhaladas em 1975.

Nessa mesma peça, encenada primeiramente em Belo Horizonte e que chegou a ser apresentada no Festival Internacional de Teatro e Expressão Ibérica, realizado em Portugal, Guilherme ganhou o único prêmio de sua breve carreira artística, tendo sido agraciado como ator revelação de 1988, distinção concedida pela Associação Mineira de Críticos de Teatro.[4]

A notoriedade que adquiriu ao encenar sua primeira peça valeu a Guilherme um convite pouco convencional para participar de um filme alemão intitulado *Via Appia*, cuja trama girava em torno da cena gay do Rio de Janeiro. O filme não chegou a ser exibido em cinemas brasileiros, mas, após o crime, houve muita controvérsia sobre a participação de Guilherme de Pádua em uma produção pornô, algo por demais preconceituoso sobre um fato que não tinha conexão com o crime. Em declarações posteriores sobre a própria participação no filme estrangeiro, o ator negara ter atuado em quaisquer cenas de sexo explícito.[5]

A revista *Manchete* teve acesso à íntegra do vídeo, de pouco mais de uma hora de duração, e descrevia de forma sucinta o conteúdo de gosto duvidoso: "Uma produção pobre, uma imagem de péssima qualidade, e uma história pornogay sem pé nem cabeça e sem nenhuma criatividade, que não serve de currículo para nenhum ator em início de carreira."[6] O cartaz de divulgação do filme estampava Guilherme fazendo um gesto grosseiro com o dedo médio — fato que não escaparia à vigilância de Glória Perez: "Aquele gesto obsceno é a cara dele."[7]

O ator se mudou para o Rio de Janeiro em 1988 e, em suas próprias palavras, veio com a cara, a coragem e alguns poucos trocados que conseguira economizar em função dos comerciais em que atuava.[8] Em seus primeiros anos na cidade, Guilherme chegou a morar de favor e vivia uma vida desregrada, como afirmou ao relembrar aqueles tempos: "Eu era doidaço."[9] Questionado se chegara a usar cocaína naquele período, o ator tergiversou. "Fiz tudo o que não presta. Não vou falar mais do que isso."[10]

Em terras cariocas, o ator interpretou novamente um assassino na peça *Querelle*, uma adaptação do conto de Jean Genet. Coincidentemente, o personagem Gil, interpretado por Guilherme, cometeria um assassinato usando uma arma branca.[11] Ainda no Rio de Janeiro, o ator participou da peça teatral *Mandrágora*, uma comédia italiana escrita originalmente por Nicolau Maquiavel.

Em 1990, após longa incursão no teatro, o ator teve nova chance na televisão, fazendo uma pequena participação na novela *Mico Preto*, exibida no horário das 19h na grade da Rede Globo. Guilherme interpretou o personagem Narciso,[12] de pouco destaque na trama.

Nem ao menos teve o seu nome inserido nos créditos exibidos durante a abertura da novela.

O ano de 1991 pode ser considerado um divisor de águas em sua trajetória artística. O ator, que convivia com dificuldades financeiras e cuja carreira ainda não havia decolado, foi aprovado para atuar na peça teatral *Blue Jeans*, que chegou a fazer bastante sucesso no início da década de 1990 ao descrever o cotidiano de violência de um grupo de garotos de programa. Naquela oportunidade, Guilherme contracenou com atores que já tinham algum destaque, como Alexandre Frota, Maurício Mattar e Fábio Assunção. Embora tenha sido o seu trabalho de maior relevância até então, seu comportamento instável quase colocou tudo a perder: Guilherme se desentendeu com alguns colegas e seu temperamento agressivo o tornou *persona non grata* entre a maior parte do elenco.[13]

O diretor do espetáculo, Wolf Maya, também relatara um episódio violento protagonizado por Guilherme nos bastidores da peça, afirmando ainda que chegou a se sentir aliviado quando o ator comunicou a sua decisão de deixar *Blue Jeans*: "Nos poucos meses de Guilherme na peça, me causou problemas. Uma vez quebrou o camarim numa briga com outro ator, que desapareceu do mapa. Fiquei temeroso. Dias depois, caiu fora e dei graças a Deus."[14]

Um dos poucos colegas da peça a estabelecer uma relação um pouco mais próxima com Guilherme, Maurício Mattar revelou à imprensa traços ainda desconhecidos sobre a personalidade do ator:

> Ele tinha problema com quase todo mundo. O Alexandre Frota o detestava, o achava pegajoso, e o Fábio Assunção chegou a brigar com ele nos bastidores. Durante um espetáculo, o Guilherme atingiu o Fábio com mais força do que deveria e o Fábio prometeu que, se aquilo se repetisse, haveria forra. O Guilherme voltou a bater com força, e numa outra noite, tive que apartar os dois, que brigavam. Ele tinha inveja daqueles que estavam em situação melhor do que a dele na peça.[15]

OS ACUSADOS

Apesar dos desentendimentos com seus colegas de elenco, Guilherme teve um desempenho satisfatório em *Blue Jeans*, o que lhe levou a receber um convite para protagonizar o musical infantil *Ali Babá e os quarenta ladrões*. Descrito muitas vezes como um ator mediano, nos bastidores da peça infantil Guilherme era lembrado pelo comportamento inseguro e vacilante. De tanto pedir desculpas aos colegas de cena, o ator receberia um apelido incomum: "Foi mal."[16]

Em *Ali Babá* o personagem de Guilherme novamente assassinava outro personagem da trama com uma arma branca. Em sua curta carreira artística, Guilherme acabou por interpretar, em três oportunidades, um personagem que cometia homicídio por meio de golpes desferidos por uma faca ou objetos cortantes.

O que à primeira vista poderia parecer uma macabra coincidência, era, em verdade, uma predileção do ator, como noticiara-se sob a autoexplicativa manchete "No teatro, preferência por viver assassinos": "(...) desde o início de sua meteórica carreira, Guilherme sempre interpretou personagens violentos, psicopatas, perturbados e, principalmente, assassinos. Mais, segundo vários amigos, ele sempre gostou desses papéis e, quando precisava escolher um personagem para representar, preferia esse perfil."[17]

Tal perfil agressivo já havia sido notado no âmbito da classe artística. Nas recordações de atores que contracenaram com Guilherme, tanto no teatro quanto na televisão, ele "superatuava em cenas de violência",[18] cometendo diversos excessos quando instado a participar de cenas de conteúdo mais agressivo.

Mesmo com tantos relatos desfavoráveis, Guilherme conseguiu alçar voos mais altos. Em meados do ano seguinte, estaria diante de um desafio muito maior se comparado às suas experiências anteriores: o ator havia obtido um papel na próxima novela das oito da Rede Globo.

Não era pouca coisa: tratava-se de um papel na principal telenovela do país, para um ator praticamente estreante na televisão, o que causou certo espanto após o crime. A escalação de Guilherme na trama surpreendeu até os pais do ator, que só souberam que seu filho participava da novela quando ligaram a televisão e o viram em cena.[19]

Ainda hoje, há dúvidas se Guilherme de Pádua estaria à altura daquele desafio e, após o crime, a participação do ator na novela suscitou muita polêmica. No entanto, nada havia de anormal na admissão dele pela Globo. O ator fez um teste de vídeo e passou a ter uma ficha profissional nos arquivos da emissora, o que significava que poderia ser convidado para integrar o elenco de futuras produções. A escolha se baseou em uma fita de vídeo arquivada na emissora, apesar dos avisos de Wolf Maya em função da conduta problemática do ator em *Blue Jeans*.[20]

Em sua temporada carioca, houve apenas uma ocorrência policial envolvendo o ator — mas, na condição de vítima de um assalto ocorrido em julho de 1991, quando foi noticiado que Guilherme de Pádua teria recebido um tiro. De acordo com reportagens da época, Guilherme, acompanhado pelo ator Maurício Ferrazza, teria sido rendido e mantido refém junto ao colega dentro de um carro quando saíam de um teatro. O veículo foi interceptado em uma blitz no centro do Rio de Janeiro e, na troca de tiros entre bandidos e policiais, Guilherme acabou ferido.[21]

O violento acontecimento havia traumatizado o outro ator envolvido no episódio. Guilherme de Pádua, porém, não parecia ter se abalado. Pelo contrário. Sempre que possível, ele fazia questão de contar detalhadamente que havia sido ferido em um assalto,[22] como no momento em que fora consolar a família e os amigos de Daniella Perez na própria noite do crime que cometera.[23]

Guilherme realmente aparentava ficar empolgado ao narrar o assalto que sofrera, descrevendo-o com traços de heroísmo, como se um incidente tão violento fosse uma aventura ou um *thriller* de ação. Sobre esse evento, os relatos de Guilherme em seu livro autobiográfico em quase nada coincidem com as reportagens publicadas pelos jornais à época do assalto.

Em suas memórias, o ator relata uma incrível história, na qual teria heroicamente reagido à ação dos criminosos em meio a uma blitz policial e, por essa razão, acabou atingido por seis tiros de armas de grosso calibre, como escopeta e revólver calibre 38. Em sua versão, um dos projéteis teria ficado alojado na altura do coração e sequer teria sido possível anestesiá-lo no hospital Souza Aguiar para receber os pontos cirúrgicos, tamanha a magnitude dos ferimentos.[24]

Mesmo alvejado em pontos tão vitais do corpo, na narrativa do ator tudo não passara de um grande susto e em ínfimos quatro dias já estava de volta aos ensaios da peça teatral em que atuava na época. Salvo por pequenas restrições de movimento em seu braço direito, que em duas semanas simplesmente sumiram, nenhuma sequela mais grave restara do violento incidente.

Apesar de a essência da história ser verídica, detalhes tão mirabolantes faziam com que nem todos acreditassem em sua versão, como repercurtia a revista *Manchete*: "Teria sido assalto mesmo? Essa pergunta vem sendo feita por quantos ficaram sabendo do episódio (...)."[25]

Seja como for, o fato é que não havia indicação de quaisquer atos ilícitos praticados por Guilherme. Assim, as investigações do assassinato de Daniella se concentraram na vida pregressa dele. As circunstâncias nas quais havia conhecido Paula Thomaz e o turbulento casamento que mantinham se tornariam a chave para entender aquele crime de difícil explicação.

Desde então, muito foi descoberto sobre a personalidade violenta, os hábitos extravagantes e o estranho comportamento de Guilherme de Pádua e de sua esposa. A imprensa investigativa, exercendo livremente o seu papel, foi fundamental para trazer à tona fatos sobre o nebuloso passado dos acusados, que poderiam ter alguma relação com o crime.

Em pouco tempo, o insólito histórico do casal chocaria todo o Brasil.

Passado

Paula Thomaz foi uma criança mimada, criada com todo esmero por seus pais, o jornalista Paulo Almeida e a fiscal Maria Aparecida, ambos aposentados. Habituada ao conforto de uma vida de classe média alta de uma família da zona sul carioca, Paula teve babá até os 13 anos e, aos 15, teve direito a uma linha telefônica exclusiva,[26] algo considerado um luxo para a época. Quando criança, não gostava de ser contrariada e tinha todas as suas vontades satisfeitas por seus pais, que a cercavam de atenção. Após casar-se com Guilherme, tudo piorou, a ponto de Hanellore Haupt, síndica do prédio em que a família morava, afirmar que o casal tratava Maria Aparecida como "uma empregada".[27]

Sua adolescência foi confortável, com direito a passeios e viagens ao exterior. Aos 18 anos, ganhou o seu primeiro carro, um Fiat Prêmio zero quilômetro. Apenas um ano depois, ganharia de seu pai um apartamento com vista para o mar de Copacabana, onde começaria a vida a dois ao lado de Guilherme de Pádua.[28]

Localizado na esquina da rua Júlio de Castilho com a avenida Atlântica, o imóvel se situava em um ponto bastante valorizado da orla carioca. Exigente, o casal estava reformando a nova casa, que contaria, inclusive, com uma elevação do piso da sala, para que se pudesse ter uma vista ainda mais privilegiada do mar de Copacabana.

Embora a imprensa tenha divulgado que Paula era filha única, em realidade ela tinha um meio-irmão por parte do pai,[29] mas, ao que consta, o contato entre os dois era praticamente nulo e não se sabe sequer se chegaram a se conhecer pessoalmente. Na prática,

OS ACUSADOS

Paula tinha a atenção exclusiva de seus pais, que viviam praticamente para suprir seus anseios, propiciando à filha uma vida "repleta de mimos e vontades".[30]

Mesmo tendo completado 19 anos, Paula demonstrava ser imatura para a idade, e ainda comprava gibis regularmente na mesma banca que frequentara durante toda a infância.[31] Leitora dos livros do autor norte-americano Sidney Sheldon e dada a interesses como horóscopo,[32] nunca demonstrou grande entusiasmo pelos estudos. Tendo a oportunidade de frequentar excelentes escolas particulares, como os colégios São Paulo e Anglo-Americano, era lembrada por ex-colegas como uma pessoa "fria, dissimulada e vingativa".[33] Já os seus ex-professores, que a acompanharam durante boa parte de sua vida escolar (Paula estudara no Colégio São Paulo de 1983 a 1989), a consideravam uma aluna mediana, sendo justo registrar que a orientadora educacional da instituição afirmara à imprensa que não tinha queixas em relação à sua conduta.

Aos 14 anos, sua personalidade já se inclinava a pequenas vinganças e dissimulações, existindo relatos de que, ao ser descoberta cometendo alguma infração no ambiente escolar, sua postura sempre era a mesma: negar o fato e chorar jurando inocência. Em virtude desse comportamento, acabou apelidada pelos colegas de "pistoleira".[34] Uma das ex-alunas do Colégio São Paulo, que conviveu com Paula entre os anos de 1988 e 1989, relembrou em detalhes a personalidade da então jovem estudante: "Ela tinha poucas amigas. Era segura e muito determinada. Fazia tudo o que tinha vontade e não media consequências. Parecia perigosa demais para uma menina de 14 anos. Acho que é capaz de praticar um crime como esse."[35]

Já na adolescência, Paula era lembrada por pessoas que com ela conviveram pelas constantes discussões com os pais, além de ter se afastado das antigas amizades após ter se envolvido com "uma turma barra-pesada".[36] A menina mimada daria lugar a uma adolescente geniosa que logo se tornaria uma adulta que desconheceria quaisquer limites.

Paula também frequentava a galeria Alaska, em Copacabana, local onde eram realizados shows de striptease masculinos. Segundo a imprensa, ela chegou a ser noiva de um dos integrantes do espetáculo *Os Selvagens da Madrugada*.[37] Como sua defesa ponderou, a menção à galeria Alaska é "uma coisa tola" e, de fato, não há relação entre Paula ter frequentado o local e o crime.[38] Contudo, naquele estabelecimento ela era lembrada por protagonizar distúrbios, e um dos atores do espetáculo declarara que Paula "era uma frequentadora assídua e encrenqueira",[39] o que não deixa de ser um elemento a compor o seu perfil psicológico.

Após um breve e tumultuado namoro, o casal rompeu o relacionamento, mas não deixou de manter contato de forma destoante dos padrões habituais. A partir do término, Paula e Guilherme passaram a se dedicar a uma "diversão masoquista"[40] que consistia na prática excêntrica de oferecer o ex-parceiro a possíveis novos pretendentes, como se fossem objetos que deveriam ser passados adiante. Uma das pessoas incentivadas por Guilherme a manter um relacionamento com Paula relembrou aquela conduta incomum adotada pelo casal: "Era uma coisa doentia. Ele [Guilherme de Pádua] me incentivou a ter um caso com Paula dizendo que era uma garota fantástica para namorar."[41]

Em meio a esse comportamento extravagante, não demoraram a vir à tona inúmeras cenas de ciúmes protagonizadas por Paula Thomaz. Conforme fartamente noticiado à época, ela chegava a ameaçar mulheres que julgava representarem algum perigo aos seus relacionamentos, incluindo a nova namorada de seu ex-noivo Marcos Oliveira, a quem ameaçara de morte. Ainda pelo relato de Oliveira, Paula tinha um "ciúme doentio", sendo essa a causa do rompimento do casal.[42]

De fato, relatos de assédio e intimidação se avolumavam em torno dela. Uma jovem afirmou ao Ministério Público que, durante o ano de 1991, recebeu diversas ameaças telefônicas por parte de Paula Thomaz em função do interesse dela pelo seu namorado.[43] Outro incidente violento motivado por ciúmes fora descrito por Valéria Vezani, administradora da galeria Alaska, e envolvera uma jovem que Paula sequer conhecia: "A menina veio para o hall do teatro e Paula esbarrou nela propositalmente. A moça reagiu e Paula então partiu para cima dela com uma garrafa de refrigerante."[44]

Assim como a moça atacada a garrafadas, Paula mal conhecia Daniella. Segundo a própria acusada, avistaram-se apenas duas vezes, uma delas no aniversário de Glória Perez, em setembro de 1992. Naquela data, uma comemoração no apartamento da autora reuniu parte do elenco da novela. Na ocasião, Daniella se prontificara a tirar uma foto de Guilherme e Paula juntos.

Exatos 95 dias depois, o casal perpetraria o crime que ceifou a sua vida.[45]

* * *

Guilherme, por sua vez, também tinha um histórico de relações anteriores complicadas. Em matéria de relacionamentos conturbados, o ator não ficava muito atrás. Experiente em crises conjugais, certa vez teve de se refugiar em um telhado para não ser agredido fisicamente por uma de suas namoradas.[46]

De fato, havia muita instabilidade no comportamento de Guilherme. Embora, à época, seus colegas de trabalho tenham relatado uma personalidade eminentemente agressiva, o certo é que ele apresentava mudanças bruscas de humor, como narrou uma cabeleireira da novela *De Corpo e Alma*: "Sempre achei esse rapaz meio estranho: às vezes, estava bem; outras, mostrava-se muito caladão; às vezes parecia uma pessoa muito agressiva."[47]

Havia também relatos sobre ameaças concretas de Guilherme a outras pessoas, valendo-se até de instrumentos cortantes para tanto. Após um desentendimento com o ator Alexandre Frota, Guilherme o teria ameaçado com uma arma rudimentar improvisada — um caco de espelho preso a um pedaço de pau.[48]

Outros testemunhos afirmavam que Guilherme de Pádua havia machucado artistas com os quais contracenara: em *Blue Jeans*, ele teria ferido outro ator com um canivete próprio de peças teatrais;[49] já em *Ali Babá*, o ator teria machucado dois de seus colegas, um deles com uma espada cenográfica.[50]

Em *De Corpo e Alma,* os relatos de comportamento inadequado novamente se avolumariam em torno do famigerado ator. A atriz Carla Daniel chegou a se queixar ao diretor da trama por ter ficado com hematomas após contracenar com Guilherme, que foi chamado a atenção em função do episódio.[51] Também não faltavam relatos de "excesso de realismo" por parte de Guilherme em uma cena de luta com Fábio Assunção,[52] possivelmente agravada pela antiga desavença entre os dois. Eri Johson era outro a se queixar: "Ele [Guilherme de Pádua] me bateu com muita força, como se tudo aquilo fosse verdade."[53]

Dado o passado turbulento do casal, o relacionamento de Paula e Guilherme continha todos os elementos para se transformar em uma convivência patológica entre duas pessoas propensas à violência. Sozinhos, suas más tendências talvez pudessem ter sido disfarçadas ou até mesmo não chegassem a aflorar. Entretanto, juntos formavam "um casal com forte vontade de matar",[54] o que os tornava uma ameaça potencial a quem se interpusesse em seus caminhos.

Mesmo que tal contenda existisse apenas na ignóbil imaginação dos dois.

Olhos que falam

Guilherme e Daniella se conheceram casualmente, no dia em que ambos foram assinar o contrato para participarem da novela *De Corpo e Alma*. Pouco tempo depois, se tornariam colegas de elenco cujos personagens viriam a contracenar com frequência, o que tornava até certo ponto natural que uma amizade surgisse entre os dois atores. No entanto, tudo leva a crer que Guilherme foi gradativamente se encantando por Daniella, em processo que se precipitaria de forma abrupta em seu íntimo.

Em poucos meses Daniella se tornaria uma verdadeira obsessão para Guilherme de Pádua.

Há muitas evidências de que o ator insistentemente assediava Daniella Perez durante os meses finais de 1992. Aparentando ter como ideia fixa o desenvolvimento do romance fictício entre Bira e Yasmin, Guilherme buscava toda e qualquer oportunidade para manter contato com a atriz, principalmente enquanto ambos se encontravam no estúdio para a gravação da novela.

Esse comportamento extrapolava os limites da ficção, o que parecia começar a incomodar Daniella. Considerado inconveniente pela maioria dos atores da novela, Daniella era uma das poucas pessoas que ainda davam atenção a Guilherme, porque tinha pena dele.[55] Àquela altura, o ator era evitado pela maioria de seus colegas. A atriz Maria Regina descreve de forma sucinta aquele processo: "Ninguém do elenco tinha saco para o Guilherme. Só a Dani."[56]

O elenco da novela foi unânime em afirmar que Guilherme buscava qualquer pretexto para estar perto de Daniella, não chegando sequer a tentar disfarçar tal intento, como pontuava Fábio Sabag, diretor de *De Corpo e Alma*: "Sempre onde ela estava, ele arrumava um jeito de se chegar."[57] A atriz Betty Faria concordava, deixando claro que aquele comportamento era de conhecimento geral: "Era público e notório que ele andava atrás dela nos corredores."[58]

Para várias pessoas que tiveram contato com ambos naqueles momentos derradeiros, Guilherme se valia de problemas conjugais pelos quais estava passando para se aproximar de Daniella, e a tinha como uma confidente, muitas vezes chegando a importuná-la com extensas e cansativas narrativas sobre seus problemas particulares, tratando-a como uma espécie de "muro das lamentações".[59]

O próprio Raul Gazolla tinha ciência de que Guilherme levava a Daniella suas dificuldades conjugais, e não via nada de anormal no fato, supondo que se tratava de uma amizade nascida no âmbito profissional: "Ele contava para ela que tinha problemas em casa, que a mulher era muito possessiva. [Eu] Não via nada de mais nisso."[60] Em entrevista quase trinta anos após a tragédia, Gazolla afirmou que Daniella era considerada a "melhor amiga" de Guilherme.[61] Glória Perez, por sua vez, afirmou à Agência Estado que sua filha considerava Guilherme uma pessoa "muito boa".[62] No entanto, o negativismo do ator possivelmente começou a incomodar Daniella, que aparentava estar fatigada.

Nesse intrincado contexto, aquilo que deveria ser apenas uma inocente amizade acabou por se tornar uma paixão incontida no íntimo do ator. Em seu livro autobiográfico, Guilherme chega até mesmo a se autointitular "enamorado ator"[63] ao descrever uma situação cotidiana vivida com Daniella, em mais um indício de que ele havia se encantado pela jovem.

No entanto, esse sentimento aparentemente começava a se transformar em algo fora do normal. Alguns atores da novela chegaram a perceber essa insólita situação. O ator José Mayer foi um deles. Em entrevista ao jornal *O Estado de S. Paulo*, Mayer afirmou que a sua impressão era de que Guilherme realmente havia se apaixonado por Daniella Perez e inclusive havia se permitido ultrapassar a fronteira entre ficção e realidade a partir dessa paixão que não conseguia esconder daqueles com quem convivia.[64]

O próprio Guilherme reconhecia que, naqueles meses finais de 1992, "inconscientemente, começou a vigiar Daniella".[65] Se para o ator aquela fixação era "inconsciente", para as demais pessoas que conviviam com ambos era visível e muito estranha. Tal era o descaramento dele em perseguir Daniella que até aqueles que não interagiam com o elenco no dia a dia, travando apenas contatos esporádicos com os atores, eram capazes de perceber o assédio que a atriz sofria. Paulinho da Estudantina, diretor artístico da gafieira em que *De Corpo e Alma* teve algumas cenas gravadas, confirmou à imprensa que havia conseguido notar que Guilherme assediava insistentemente Daniella durante as gravações.[66]

OS ACUSADOS

Além de persegui-la, ele também confessava sentir ciúmes de Raul Gazolla, e não teve qualquer constrangimento em relatar explicitamente em suas memórias que desejava ocupar seu lugar: "Talvez por um instante [Guilherme] tivesse desejado ser o marido de Daniella e começou a pensar: cuidava de Paula sob todos os aspectos e sabia que já tinha uma esposa, mas desejou cuidar de Daniella."[67]

O que aparentemente poderia ser uma paixão passageira paulatinamente evoluía para uma obstinada obsessão. Segundo a figurinista Carla Albuquerque, ele chegou a fazer uma paródia da canção "Pense em mim", regravada com muito sucesso pela dupla sertaneja Leandro e Leonardo no início da década de 1990, para Daniella.[68]

Parecia muito, mas não era tudo. Apenas um dia antes do crime, o ator avistou um outdoor exibindo as imagens de Gazolla e Daniella em um passo de dança, deixando-se fixar involuntariamente na imagem da atriz por alguns segundos.[69]

A fixação transformara-se em patologia.

* * *

O longa-metragem argentino *O segredo dos seus olhos*, vencedor do Oscar de Melhor Filme Estrangeiro de 2010, traz em seu roteiro uma ideia original e bastante surpreendente, que em muito contribuiu para que o drama fosse capaz de arrebatar público e crítica ao redor de todo o mundo.

A trama policial tinha como ponto de partida a tentativa de um policial aposentado em desvendar um crime cometido muitos anos antes. Até aí nada de novo ou instigante. A perspicácia inicial do roteiro está justamente nas pistas que desencadeiam todo o desenrolar do filme: ao analisar uma série de fotos antigas, o investigador percebe que um colega da vítima dos tempos de colégio olha fixamente para ela mesmo no momento de posar para fotografias em grupo, ocasião em que todas as demais pessoas dirigem o seu olhar para a câmera.

Nesse fato pouco usual estava a chave para desvendar o mistério por trás do crime, que na ficção permanecera inconcluso por longos 25 anos.

Se a arte imita a vida, no caso do trágico assassinato da atriz Daniella Perez há uma foto publicada pouco antes do crime — exatamente na mesma época em que Guilherme se fixara na figura de Daniella — que em muito se assemelha à hipótese da ficção.

O *Jornal do Brasil* e a revista *Contigo*, em publicações de outubro de 1992, retrataram Daniella ao lado de seus três pretendentes em *De Corpo e Alma*. Na foto, a atriz está sendo abraçada por Fábio Assunção, tendo a sua direita os atores Eri Johnson e Guilherme de Pádua. Naturalmente todos encaram a câmera na hora de fotografar, exceto Guilherme, que mira fixamente Daniella com um semblante grave, como se estivesse enraivecido ou desapontado com o que via.

O segredo estava em seus olhos. Naquele momento, porém, era impossível decifrá-los. Retratados pela fotógrafa Françoise Imbroisi, não havia orientações por parte da profissional quanto à pose e à expressão que cada um deveria adotar. A energia era a dos próprios atores.

A autora Luiza Eluf, promotora de Justiça aposentada e escritora, ao se debruçar sobre o caso e comentá-lo em uma de suas obras, em que reunia para uma coletânea de crimes de grande notoriedade ocorridos no Brasil, sintetizou assim a situação: "Daniella era casada com o ator Raul Gazolla, por quem se mostrava apaixonada. O casamento ia muito bem e eles planejavam ter um filho em breve. Nenhuma testemunha confirmou qualquer interesse especial de Daniella por Pádua, e todos os indícios desmentiam a versão dele."[70]

Mais do que os depoimentos dos colegas que contracenavam com os atores e de não haver uma testemunha sequer que confirmasse a narrativa de Guilherme, sua linguagem corporal era outro fator a denunciá-lo. Como na ficção, há olhos que falam. E os do algoz da atriz muito diziam, embora não fosse possível supor minimamente tudo aquilo que estava implícito na estranha fotografia na qual Guilherme se fixava em Daniella em vez de mirar a câmera.

OS ACUSADOS

No entanto, menos de dois meses após a publicação da reportagem, seria revelado o que estava por trás daquele sombrio olhar dirigido à atriz, que fez com que Guilherme desviasse sua atenção até da máquina fotográfica que registrava a imagem dos atores. Como a experiente fotógrafa Françoise Imbriosi bem define: "A fotografia não mente."[71]

O tempo, em pouco tempo, comprovaria essa máxima.

Ciúme e manipulação

Enquanto vivia sua incontida fixação por Daniella, Guilherme também atravessava uma fase turbulenta em seu casamento devido às fortes crises de ciúme de sua esposa. Em uma postura pouco compreensível diante das circunstâncias, Guilherme — ao contrário do que poderia se supor — estimulava abertamente esse ciúme, tanto em relação à personagem Yasmin quanto em relação à própria Daniella, em uma destrutiva forma de lidar com a situação delicada que vivia.

Recorrentemente descrita pela imprensa como uma pessoa insegura e dona de um ciúme desmedido,[72] além de ter uma personalidade vingativa,[73] ao que tudo indica Paula Thomaz se deixava dominar por suas emoções pouco nobres. Uma das narrativas nesse sentido relatava que Paula, ao cismar que Guilherme estava seguindo uma menina vestindo minissaias em uma loja de conveniência, passou a hostilizá-la, além de arremessar em sua direção produtos que estavam nas prateleiras.[74]

Era apenas mais um de seus vários surtos de raiva, algo não incomum em sua vida, como Glória Perez descreveria posteriormente:

> Essa menina, a Paula, tentou matar outras moças por causa de outros homens. Às vezes, a gente vê pessoas que por causa de uma paixão são capazes de grandes desvarios, mas são pes-

soas comuns no resto da vida, por causa daquela paixão elas enlouquecem e fazem doidices. Mas no caso dessa menina não, ela tentou matar por vários homens ocasionais, isso é um dado muito estranho. Ameaçou várias outras moças de morte, agrediu a garrafadas, foi expulsa da galeria Alaska por ter agredido a garrafadas dentro do teatro uma mulher. Enfim, nela eu já tenho a certeza, pelos testemunhos, de que é um ciúme doentio que a levou a enlouquecer de ciúmes vendo a Dani contracenar com o marido.[75]

O ciúme de Paula Thomaz era conhecido pelo elenco de *De Corpo e Alma*. Em uma época anterior ao advento da internet e à popularização da telefonia móvel, era comum que os atores utilizassem o telefone fixo para trocar informações sobre o roteiro e, muitas vezes, "bater" o texto. No entanto, tal expediente não podia ser utilizado em relação a Guilherme, pois era de amplo conhecimento do elenco que sua esposa era controladora e isso poderia gerar problemas.

Guilherme de Pádua, porém, parecia desconhecer a personalidade da mulher com quem se casara. Apesar de conhecer a imaturidade e o temperamento explosivo dela, Guilherme se permitia provocá-la perguntando se havia assistido à cena de beijo entre Bira e Yasmin, iniciando uma breve discussão com a sua sogra — diante da própria esposa — acerca da naturalidade da cena exibida na novela. O ator chegou até mesmo a pedir a Paula que gravasse a cena no videocassete, mesmo tendo conhecimento de que ela andava muito nervosa, "estourando"[76] inadvertidamente com quem estivesse por perto (normalmente seus pais ou o próprio Guilherme).

O ciúme de Paula era notório e compartilhado até por aqueles que não tinham a menor intimidade com o casal. Apenas dois dias antes do crime, ela havia levado o álbum de fotografias de seu casamento a um salão de beleza onde costumava fazer as unhas. Ao ser indagada por uma das manicures sobre como se portava diante das cenas protagonizadas por seu marido, revelou que evitava ver a novela para não se aborrecer.[77] Segundo a esteticista Neide Furtado, que trabalhava no salão Simone Cabeleireiros, Paula teria sido assertiva nesse sentido: "Nenhuma mulher gosta de ver o seu marido beijando outra."[78]

De fato, as cenas da novela representavam um fardo na rotina de Paula, que, àquela altura, não estudava e tampouco trabalhava. Não se furtava em esconder isso e também não parecia ser verdade que evitava ver as cenas de *De Corpo e Alma*, como afirmara no salão de beleza. Ao atender o telefone de sua residência no dia em que os personagens Bira e Yasmin deram o único beijo na ficção, Paula teria dito a Fábio Pillar, colega de Guilherme: "Você viu ele beijando aquela puta?"[79] Pillar, que também era ator, ainda tentou contemporizar, explicando que aquele tipo de cena fazia parte da profissão, ao que recebeu mais uma resposta eivada de rancor: "Não vou me acostumar nunca."[80]

Estimulando o ciúme em uma jovem imatura e, ao que tudo indica, extremamente suscetível àquela influência, Guilherme parecia saber perfeitamente que começava a perder o controle da situação. Em outra ocasião, no final de 1992, o ator descrevera um surto de ira de sua esposa devido aos ciúmes que sentia de Daniella, relatando ter sido atacado por Paula com murros, unhadas e tapas.[81] Demonstrando que a violência da esposa era compatível com sua personalidade agressiva, Guilherme desferiu um violento soco na parede durante a briga, o que levou Paula e o próprio ator a acreditarem que ele havia quebrado a mão.[82]

Na véspera do Natal de 1992, Guilherme de Pádua conseguiu tornar mais dramática uma situação que já se desenhava catastrófica: o ator resolveu narrar à esposa a fantasiosa história de que Daniella o assediava constantemente e que seria ele quem teria que se desdobrar para contornar a situação que poderia até mesmo vir a prejudicá-lo profissionalmente, já que a mãe da atriz era também autora da novela.

Em mais um áspero diálogo que evoluiria para agressões mútuas, mesmo diante da pouco crível revelação novamente Paula Thomaz se descontrolou. Guilherme teve que imobilizá-la para evitar o que ele denominava de mais um dos "desatinos físicos" de sua esposa.[83] Após esse embate, o ator teve que se refugiar em outro apartamento do mesmo edifício até que Paula se acalmasse. Quando a poeira baixou, conseguiram conversar com alguma serenidade. Guilherme então teria descrito a desconfortável situação que supostamente vivia em seu ambiente profissional: "Ela [Daniella] é a fim de mim e eu tenho que ter o maior 'jogo de cintura'. Nem sei por que te contei isso. Eu resolvo. É problema meu e eu não vou deixar acontecer nada."[84]

Não há dúvidas de que Guilherme sabia dos riscos que corria ao relatar esse tipo de situação para Paula, principalmente pela forma direta e provocativa com a qual confessara fazê-lo. Consumida pelo ciúme, Paula, por sua vez, provavelmente não avaliava minimamente a veracidade do que o marido lhe contava, assimilando todas as afirmações dele como se fossem a expressão absoluta da verdade.

Por volta da mesma época — final de dezembro de 1992 — chegava às bancas a edição da revista *Astral Dia-a-Dia* cuja capa estampava uma foto de Guilherme de Pádua. O conteúdo da reportagem sobre o ator trazia uma série de inverdades sobre sua vida pessoal e provavelmente influenciou bastante o já conturbado relacionamento do casal. Em entrevista à publicação, Guilherme dizia não ser casado, não ter planos de se casar ou ter filhos, afirmando apenas que namorava "uma garota", cujo nome sequer revelou.

Logo que a revista foi publicada, Paula a comprou em uma banca perto de sua casa.[85] Quando ela se deparou com Guilherme na capa de uma publicação caracterizado como o personagem Bira e, ainda por cima, tomou conhecimento de todas as inverdades destiladas pelo marido, sua cólera deve ter atingido níveis inimagináveis. A humilhação pelo fato de seu nome sequer ter sido mencionado — àquela altura o ator era mais conhecido como o Bira, pretendente da Yasmin na ficção, do que como Guilherme, marido de Paula na vida real — deve ter completado o funesto quadro.

O escritor José Louzeiro, em reportagem especial para a revista *Manchete*, descrevia em detalhes o doentio processo que ardilosa e paulatinamente foi inserido na dinâmica da vida do casal:

> [Guilherme] já vinha premeditando o crime há muito tempo. Enquanto pensava nos detalhes, doutrinava Paula. Pintava uma Daniella agressiva, sedutora e má, que tudo fazia para arruiná-lo. (...) Fica difícil, também, falar de simbiose ou fusionismo em se tratando de Guilherme e Paula, porque ele é insano, ela é a vítima, hipnotizada pelo ator. Aquela que acredita no marido e, sendo influenciável, mete as mãos no fogo e fecha os olhos. Paula não tem formação cultural sólida. Estudou pouco, repetiu de ano, não se sobressai pela inteligência. Guilherme também não é nenhum intelectual, mas é esperto, insinuante, audacioso e está sempre em guarda, como lembra o delegado Mauro Magalhães.[86]

Era exatamente esse o estado de espírito do casal nos últimos dias de 1992. Guilherme de Pádua estava imerso em uma fixação obsessiva por Daniella, a ponto de, mais tarde, confessar em seu livro que, naquela época, sentiu ter sido "invadido por um raio de lucidez instantâneo que o levou a considerar seu desejo por Daniella um castigo mortal para a sua alma".[87] Já Paula Thomaz era consumida por um ciúme excessivo que começava nas cenas de Bira e Yasmin e atingia o ápice com as cínicas afirmações do ator de que tinha de fugir do pretenso assédio que sofria por parte de Daniella.

Embora por razões diversas, tanto Guilherme quanto Paula aparentavam nutrir, em seu íntimo, um ódio profundo por Daniella. Feridos em sua autoestima e em seu amor-próprio, ambos tinham razões ao mesmo tempo suficientes e diferentes para desejar com ardor a morte da atriz.

Com esse pano de fundo, passa a ser um pouco menos difícil de compreender as motivações que levaram à fatídica noite de 28 de dezembro de 1992. Como bem pontuava a revista *Veja*, tratava-se de um crime que atravessa a fronteira da neurose, cometido para "resolver o ciúme doentio que infernizava a vida conjugal do casal".[88]

Estranhos rituais

Antes da morte da atriz Daniella Perez, o ano de 1992 já havia ficado marcado por outro assassinato cruel. Evandro Caetano, um menino de apenas 6 anos, foi morto na pacata cidade de Guaratuba, litoral paranaense. Ao que tudo indica, a morte da criança ocorreu em meio a um ritual de magia. Amplamente divulgado pela imprensa, o crime chocou o país e chamou atenção da opinião pública para a existência de seitas que realizavam sacrifícios humanos em meio a rituais satânicos.

Desde o trágico assassinato da atriz Sharon Tate no final da década de 1960 por seguidores de uma seita liderada pelo fanático Charles Manson, um homicídio cometido de maneira ritualística não repercutia de forma tão intensa no Brasil. Em meio a uma opinião pública estarrecida por reportagens que publicavam detalhes macabros acerca da morte da criança, a existência de rituais desse tipo voltou a despertar uma onda de alarmismo na população. Somado ao sombrio quadro, havia boatos de que o então presidente Fernando Collor de Mello também praticava rituais secretos de magia em um dos porões de sua residência em Brasília.[89]

Em meio a tudo isso, ocorreu o assassinato de Daniella Perez, em condições que aguçaram a desconfiança da imprensa de que a atriz poderia ter sido morta em circunstâncias assemelhadas. E indícios nesse sentido não faltavam. A mídia passou a noticiar que Daniella poderia ter sido vitimada em um contexto marcado por estranhas crendices e, principalmente, que o crime poderia ter sido praticado de maneira ritualística.

OS ACUSADOS

As desconfianças se iniciavam pela área do corpo atingida pelos golpes que vitimaram a atriz. A maior parte das perfurações se concentrava no coração, órgão considerado, pelos adeptos de diversas crenças, a morada da alma. Contudo, havia um detalhe ainda mais incomum relacionado a esse fato: das dezoito perfurações encontradas no corpo de Daniella, doze foram na região mamária esquerda,[90] existindo o relato de que os golpes foram perpetrados em formato de círculo em torno do órgão vital.[91]

Como Guilherme de Pádua afirmava inicialmente ter assassinado a atriz sozinho, sua versão ficava ainda mais implausível diante da justificativa de que teria agido sob impulso, como bem observava a polícia técnica do Rio de Janeiro: "(...) quando uma pessoa está agindo sob forte emoção, ela aplica os golpes em qualquer região do corpo da vítima, o que não aconteceu."[92]

As suspeitas também se reforçavam em função do comportamento de Guilherme de Pádua. Pouco antes do crime, ele reconhecera a sua ligação com o misticismo e afirmara seguir uma espécie de guru espiritual.[93] À revista *Astral Dia-a-Dia*, Guilherme declarou que se tratava de "um guru mineiro que vive no Rio".[94] Já à revista *Contigo*, em abordagem mais extensa — e, mais confusa — sobre o tema, o ator detalhava a sua ligação com o tal guia:

> Tenho um guia, que é uma pessoa mais velha, que se chama Francisco. Ele é um senhor muito velho, muito vivido, que me ensina, que fala coisas para mim. Ele é o meu melhor amigo. Ele fala para mim coisas... não sei quantos anos ele tem, mas ele é muito velho. Ele é do interior de Minas, da Zona da Mata, mas mora aqui no Rio de Janeiro, perto. Então eu vou lá com a Paula e a gente conversa com ele por horas. Ele é uma pessoa que fala coisas assim... Ele tem ensinamentos... Eu tenho coisas escritas por ele que são maravilhosas. Às vezes ele diz assim pra mim: "Você está muito nervoso, você está muito... Toma aqui, filho, lê isso aqui."[95]

Convenientemente, após o crime Guilherme mudara radicalmente de opinião sobre o tal mentor. Parecendo esquecer-se de forma bastante oportuna de tudo aquilo que havia dito antes, o ator apenas confirmava — de maneira vaga — que o tal guia existia "pois alguém me disse que era meu protetor".[96] Os pormenores, as alusões detalhadas e os elogios ao ídolo passaram a fazer parte do passado.

Se o acusado se olvidava de seu passado, o site mantido em memória de Daniella Perez mantém um registro atualizado do assunto: "O Bruxo, mentor e guia, a quem Guilherme de Pádua se referia chamava-se Chico Preto, e era um feiticeiro de magia negra (sic) muito famoso em Montes Claros, MG, onde tinha fama de 'matador'! O assassino o visitava frequentemente, e participava de suas cerimônias."[97]

Segundo relatos de pessoas que conviveram com o ator, o guia seria idolatrado por meio de uma estatueta de um preto velho. Um pastor que frequentava a residência do casal, ao depor à polícia, detalhara um pouco melhor tal dinâmica: "(...) havendo inclusive no quarto dele, Guilherme, um preto velho que ele, pastor, repudiava, pois se tratava de coisas do demônio."[98]

A pretensa adoração incluía a exigência de que a imagem fosse levada às peças de teatro em que Guilherme atuava. De acordo com as recordações de Maurício Mattar, colega de camarim de Guilherme, Paula seria a responsável por realizar essa espécie de ritual: "O mais surpreendente é que, quase diariamente, a Paula, mulher de Guilherme, sentava-se na primeira fila do teatro, tirava o preto velho de uma mochila e parecia mostrar a peça e conversar com ele. Era muito esquisito."[99]

A atriz Fabiana Sá, que também teve contato com Guilherme e Paula nessa mesma época, endossava a versão de Mattar, chegando a afirmar que parecia que a bolsa era aberta para que a imagem pudesse assistir ao espetáculo.[100] A acusação referendava tal versão, afirmando, ainda, que a estatueta era tratada "como se fosse uma pessoa".[101] A própria Paula Thomaz chegou a admitir, em seu depoimento à Justiça, a existência da estátua e o fato de que já havia levado a imagem para a plateia de uma peça teatral em que Guilherme atuava, tendo negado, porém, que a havia retirado da sacola em que a transportara.[102]

O advogado Ignácio Machado, que atualmente integra o escritório que defendeu Paula Thomaz, faz um importante contraponto à questão em entrevista a este livro: "Há perigo de fazer valer, trinta anos depois do crime, versões descartadas no julgamento, como de que houve ritual. Impressionante o desconhecimento de religiões afro-brasileiras, como que uma entidade religiosa comum, o Chico Preto/Preto Velho, foi tão distorcida pelo preconceito."

Já o médico e pastor Milton Fernandes, que estabelecera longa relação com Guilherme de Pádua, mas negava ser o seu guia espiritual (como chegou a ser especulado pela imprensa), também fez revelações importantes à polícia. Reconhecendo que existiam "espíritos imundos" que acreditavam ser possível lavar os pecados por meio de sangue, o médico afirmava que, por diversos relatos de que tinha conhecimento, Guilherme realmente transportava em uma sacola escura a imagem de seu "orientador maligno".[103] Se esse relato já causava espanto, mais chocante ainda havia sido a sua declaração sobre o estado em que o ator supostamente se encontrava quando cometeu o bárbaro crime: "Ele [Guilherme de Pádua] devia estar possuído pelo demônio, o que deveria ser considerado uma atenuante pela Justiça, mas infelizmente o Código Penal Brasileiro não aceita isso."[104]

Esses relatos também se estendiam àqueles que participavam da vida cotidiana dos acusados. A funcionária que trabalhava na residência onde o casal vivia confirmou que, depois de Guilherme ter ido morar junto à família de Paula, começaram a ser realizados rituais no apartamento. Esse depoimento coincidia com declarações do próprio Guilherme: "Não vou à igreja. Tenho um templo dentro da minha própria casa."[105]

A polícia jamais conseguiu periciar adequadamente a controversa imagem. Quando chegou à casa de Guilherme de Pádua, a estatueta já havia sido estraçalhada. Se não foi possível apreender o objeto inteiro, o que havia em seu interior não deixou de surpreender os policiais: foram encontrados diversos itens estranhos, como feijões, miçangas vermelhas, incensos e até pequenos pedaços de papel contendo números de telefone, que ficavam escondidos dentro da pequena escultura.[106]

Era muito, mas não era tudo. Guilherme aparentemente não gostava do próprio nome e, em mais uma insólita declaração, fazia um alerta um tanto inusitado: "Não coloquem o nome Guilherme em seus filhos. Todo Guilherme é um desespero, um horror. Mães e pais, não coloquem nos filhos o nome de Guilherme, porque, certamente, vocês terão uma tremenda dor de cabeça."[107] Estranhamente, seu próprio pai parecia compartilhar desse enigmático prognóstico. Segundo a revista *Contigo*, de acordo com José Antônio Thomaz, Guilherme seria o filho a lhe dar mais trabalho.[108]

O futuro seria fiel à sinistra previsão.

À época, foi bastante noticiado que o crime poderia ter sido cometido de maneira ritualística, a começar pela estranha "maquilagem demonista" encontrada no local onde o corpo de Daniella fora encontrado.[109] Assim, estavam presentes variados indicativos de que a morte da atriz poderia ter ocorrido em meio a um estranho ritual, como o fato de ossos de animais terem sido encontrados naquele local[110] e a ocorrência de lua nova naquela segunda-feira[111] (considerada, no âmbito da feitiçaria, a lua dos sacrifícios).[112]

Outro fator que contribuía para aumentar tais especulações era a ausência de sangue junto ao corpo, apesar de o IML ter declarado que a causa da morte de Daniella havia sido anemia aguda.[113] A revista *Contigo*, em duas edições distintas, aventava a possibilidade de o sangue da atriz ter sido recolhido para a utilização em outro ritual,[114] e até mesmo cogitava a sinistra hipótese de o sangue ter sido ingerido pelos próprios acusados pelo crime.[115] Glória Perez corroborava com a

OS ACUSADOS

tese de que sua filha poderia ter sido "sacrificada num desses rituais", amparando-se na antropologia para basear sua suspeita:

> O homem primitivo acreditava que, sacrificando e comendo os miolos dos grandes guerreiros, ele também se transformaria em um guerreiro notável. A Dani era uma pessoa iluminada, bem-sucedida em tudo o que fazia. Sua morte, nas mentes doentes daqueles que a sacrificaram, serviria para acelerar e garantir o sucesso do criminoso.[116]

Na outra ponta, alguns relatos indicavam uma superstição excessiva por parte de Guilherme de Pádua, materializada principalmente por sua fixação pelas cores vermelha e branca. Em declarações anteriores ao crime, o ator já havia deixado clara a sua predileção por tais tonalidades.[117] Essa também havia sido a combinação de cores do *summer* nupcial que ele escolheu para usar em seu casamento — calça e paletó brancos com gravata, faixa e lenço vermelhos. Até o futuro apartamento onde o casal pretendia morar havia sido decorado em tons de vermelho e branco.[118]

À primeira vista, poderia ser apenas mais uma das esquisitices do casal divulgadas pela imprensa após o crime. Entretanto, a extravagância aparentava ter um significado mais profundo, pelo menos em relação a Guilherme. Funcionários do estúdio Tycoon revelaram que, durante as gravações, ele costumava utilizar uma fita vermelha e branca sobre a cabeça, e que ficava bastante contrariado caso alguém tentasse tocar no adereço. Guilherme teria pedido até para gravar com a fita e, como a resposta da figurinista fora negativa, a solução teria sido autorizá-lo a participar de algumas gravações com a fita amarrada ao tornozelo.[119]

Muito daquilo que se relacionava ao crime estava envolto em uma aura de mistério. É equivocado, porém, associar a tragédia a religiões de matriz africana ou especular sobre a influência de quaisquer crenças religiosas no trágico acontecimento. Pelas diversas reportagens publicadas no período e, inclusive, pelas declarações do réu confesso, ele tinha uma visão particular de seu mentor espiritual, que não pode ser associada a nenhuma religião específica. Em verdade, à época houve muita desinformação em relação a religiões de origem africanas que, por óbvio, nada tinham a ver com o crime.

Até hoje, fica difícil ter certeza se o tal mentor era uma entidade espiritual ou terrena. De fato, a dinâmica de crendices de Guilherme era por demais intrincada, chegando a ser descrita como "manifestações de fé em determinadas entidades confusas, de contornos indefinidos".[120] Crenças e convicções religiosas são questões de foro íntimo e não devem ser relacionadas ao crime. No entanto, há que se registrar que fontes ligadas às investigações, algumas vezes por meio de declarações públicas, admitiram a possibilidade de um macabro misticismo ter influenciado a tragédia.

A hipótese, no entanto, jamais foi comprovada. Em entrevista a este livro, a defesa de Guilherme negou veementemente quaisquer influências de misticismo no crime, citando, ainda, a abordagem do tema pela série documental *Pacto Brutal: O assassinato de Daniella Perez*, lançada em julho de 2022: "Sobre o argumento de rituais satânicos, trinta anos depois dos fatos, a série [documental] lança mão de mais um preconceito. Desta vez contra as religiões de origem africana."[121] Já a defesa de Paula se manifestou publicamente sobre o tema em julho de 1996: "A magia negra (sic) foi utilizada no início do caso, para criar um clima insano contra os acusados. Mas, no curso do processo, essa questão foi abandonada, e não é objeto de prova ou discussão."[122]

Entre inúmeras versões e novas descobertas que abruptamente se sucediam, o crime passava a despertar cada vez mais o interesse da sociedade. A imprensa permanecia vigilante, e a cada dia que passava parecia que uma nova revelação — mais estarrecedora que a anterior — surgiria para escandalizar ainda mais todos aqueles que acompanhavam o caso.

Àquela altura, era difícil prever o fim dessa espiral.

OS ACUSADOS

Tatuagens íntimas

Os distúrbios que paulatinamente começaram a ser revelados sobre a turbulenta vida do casal pareciam suficientes para chocar a opinião pública, que a cada dia se mostrava mais espantada ante os intrincados episódios envolvendo Paula e Guilherme. As reportagens amplamente divulgadas pela mídia que associavam os acusados à prática de estranhos rituais e, principalmente, as revelações sobre a suposta adoração de insólitos guias espirituais completavam o quadro lúgubre.

Parecia suficiente, mas não era. Ainda havia mais: inusitados desenhos gravados no corpo dos acusados passariam a ser relacionados ao crime, em mais uma revelação bizarra sobre o caso.

A nova polêmica tinha como ponto de partida o estúdio de tatuagem de Hélio Araújo Filho, um dos tatuadores mais conceituados do Rio de Janeiro. Conhecido como Hélio Tatoo, o profissional já trabalhava no ramo desde 1979 e, contando com quase quinze anos de experiência como tatuador, imaginava que já tinha visto de tudo em sua profissão.

Enganara-se redondamente.

Na última quinzena de 1992, em meio aos inúmeros trabalhos que surgiam no final do ano, o tatuador foi procurado por um jovem casal que pretendia marcar a relação na própria pele. A princípio, não havia nada de anormal no pedido, que consistiria em tatuar o tornozelo esquerdo de ambos com os símbolos dos signos do casal.

Contudo, diferentemente do que o tatuador supunha, o trabalho não se limitaria àquele pedido inicial. Guilherme e Paula pretendiam também tatuar os próprios órgãos genitais, no que poderia ser uma espécie de pacto firmado entre o casal: Guilherme tatuaria o nome de Paula na parte superior de seu pênis, enquanto Paula tatuaria o nome de Guilherme em sua virilha.

De tão extravagantes, as tatuagens chegaram a impressionar até mesmo os policiais responsáveis pelas investigações, surpresos com a iniciativa que aparentava unir o casal de uma forma pouco convencional e que levantava suspeitas em função de todas as circunstâncias descobertas até então.

A perícia técnica assim descrevera o inusual desenho estampado nas partes íntimas de Guilherme de Pádua:

> Presença de uma tatuagem localizada no dorso do pênis que consta da palavra "PAULA" escrita no sentido da extremidade para a base do pênis, medindo 70 por 20 mm aproximadamente, sendo a letra "P" maiúscula e as demais minúsculas, com letras tipo manuscrita, espessas e arredondadas, coloridas da seguinte forma: externamente delineadas em azul e centralmente tingidas de vermelho, havendo uma linha branca separando as cores anteriores.[123]

Embora minuciosa, essa descrição é incapaz de expressar a real dimensão daquele bizarro desenho. A tatuagem era chamativa, tendo sido utilizadas cores berrantes para grafar o nome "Paula", dando-lhe um tom espalhafatoso. A tatuagem com a inscrição "Guilherme" na virilha de Paula tinha as mesmas características.

Ante o pedido inusitado, o experiente tatuador ainda fez uma advertência sobre a perenidade daquele gesto e a complexidade de um eventual processo de reversão, caso houvesse arrependimento posterior. Inflexíveis e determinados, Paula e Guilherme ingressaram no estúdio decididos a realizar as exóticas tatuagens.

Nada seria capaz de demovê-los daquele estranho intento. Todavia, o que a princípio parecia um gesto tosco feito por um casal imaturo, na realidade tinha um significado muito mais sombrio e profundo: ao que tudo indica, tratava-se de um nefasto pacto de fidelidade,[124] exteriorizado por meio das insólitas tatuagens, mas cuja essência ajudava a compreender o grau de desequilíbrio que permeava a tumultuada relação do casal.

OS ACUSADOS

Como detalhava a reportagem da revista *Interview*, para se submeter àquele disparatado compromisso, Paula e Guilherme teriam de suportar dores físicas excruciantes. A matéria ressaltava, ainda, o estranho comportamento adotado pelo casal durante o procedimento:

> De tão "exacerbado sentimento recíproco de posse" (está registrado na denúncia), dez dias antes [Guilherme e Paula] foram ao tatuador Hélio Araújo Filho, e pagaram cerca de Cr$ 10 milhões por tatuagens inusitadas. Guilherme tem hoje tatuado no pênis o nome Paula e ela traz na virilha o nome dele. Hélio Tatoo tornou público que Guilherme só suportou as dores provocadas pela penetração das agulhas em local tão sensível, à custa de muita xilocaína e sempre de mãos dadas com Paula, que o confortava. Ela, ao contrário, preferiu tudo a sangue-frio, o que provocou de Tatoo o comentário: "Paula, sim, que é macho."[125]

Impressionados pela acentuada excentricidade do casal, os investigadores da polícia passaram a acreditar que aquelas tatuagens poderiam ter conexão com o assassinato de Daniella, como declarou à imprensa Talvane de Moraes, então diretor da Polícia Técnica do Rio de Janeiro: "A localização das tatuagens e a forma como foram feitas demonstram que os dois estavam fanatizados dentro de um relacionamento neurótico de amor."[126]

Após o crime, Paula e Guilherme justificariam a iniciativa de forma distinta. Nas memórias do ator, as "dolorosas tatuagens" foram feitas para que o casal permanecesse ligado para sempre.[127] Pelo relato de Guilherme, a ideia foi concebida por Paula (inclusive a parte do corpo onde as tatuagens foram realizadas)[128] e o objetivo seria "tatuar, um no corpo do outro, o próprio nome, como se fosse assinatura".[129] Em outra oportunidade, o ator deixara ainda mais claro o ímpeto possessivo de sua esposa subjacente à iniciativa: "Você

[Guilherme] vai ser meu para sempre."[130] Corrobora com essa versão a notícia de que Paula já havia proposto a um ex-namorado que tatuasse o nome dela em seu corpo.[131]

Já Paula Thomaz apresentou uma versão completamente diferente. Em entrevista ao jornal *O Globo*, ela minimizou o fato de as tatuagens terem sido feitas em partes íntimas e negou que houvesse qualquer pacto de fidelidade intrínseco aos estranhos desenhos. Ao ser questionada especificamente sobre o real significado das tatuagens, Paula preferiu desconversar, afirmando que eram uma coisa "boba" e que não sabia como a ideia havia surgido.[132]

Na mesma oportunidade, Paula ainda se revelara bastante surpresa com a grande repercussão na imprensa e o interesse do público em geral pelo assunto, afirmando que "nunca poderia imaginar que o Brasil inteiro ia ficar sabendo de nossas tatuagens".[133] Ao fazer essa afirmação, Paula se permitiu rir. Como era entrevistada sobre a sua participação em um crime doloso contra a vida, tal fato chamou atenção, a ponto de a reportagem afirmar que a acusada teve momentos "até de bom humor"[134] durante a entrevista. Seguramente, dar risada sobre a pouco usual situação era o único traço a unir as explicações do casal acerca dos estranhos desenhos, pois Guilherme também se permitira rir ao falar sobre o assunto à Agência Estado.[135]

Se achava graça do tema quando se manifestava em entrevistas, a acusada pelo crime adotava postura completamente distinta quando questionada oficialmente acerca das famigeradas tatuagens.

Ao ser indagada pelo Justiça, Paula preferiu nada declarar.[136]

A preconceituosa década de 1990

A confissão do ator Guilherme de Pádua, além de aumentar a comoção em torno do crime, gerou um inevitável sentimento de perplexidade não apenas naquelas pessoas que conviviam com os atores, mas também em todo o Brasil, que acompanhava o caso com grande interesse por meio dos noticiários. A partir daquele momento, todas as atenções se voltaram para o passado do acusado, em busca de algo que pudesse minimamente explicar a motivação daquele ato infame, que o ator confessara sem demonstrar grande remorso.

Talvez a maior polêmica sobre o passado de Guilherme tenha ocorrido em torno de sua participação na peça *A noite dos leopardos*, na qual jovens atores protagonizavam cenas de nudez e interagiam com o público ao final da exibição. Subjacente à polêmica, havia uma discussão bastante preconceituosa sobre a sexualidade do ator, além de especulações de caráter igualmente preconceituoso sobre a possibilidade de Guilherme já ter sido garoto de programa.

Em verdade, tratava-se de uma polêmica estéril e completamente despropositada. Antes do crime, em julho de 1991, assim se noticiara um assalto em que o ator fora uma das vítimas: "'Leopardos' são Baleados em tiroteio na Glória."[137] Após o assassinato de Daniella, o *Jornal do Brasil* revelou que Guilherme de Pádua teria tido uma curta participação no espetáculo, de cerca de vinte dias, em setembro de 1989,[138] notícia corroborada pela revista *Veja*.[139] *O Globo*, em duas edições distintas, não era conclusivo sobre o fato.[140]

Guilherme, por sua vez, afirmou jamais ter participado da peça, chegando a fazer um veemente desmentido por meio de uma carta escrita de próprio punho e que teve os principais trechos divulgados pela imprensa. Ele negou diversas vezes a sua participação no espetáculo e chegou a acusar os organizadores do show de estarem se aproveitando da notoriedade do crime para se autopromover.[141]

Tal acusação era um contrassenso lógico, pois a associação do espetáculo a um crime daquela natureza não poderia proporcionar nada de positivo para o show. Pelo contrário. A correlação entre o assassinato e o espetáculo gerava a pior publicidade possível tanto para a peça teatral como para os atores que a encenavam.

A polêmica sobre o passado de Guilherme e a preconceituosa correlação que se chegou a fazer com o crime atingiu um nível tão exacerbado que foi capaz de motivar um protesto com "cerca [de] 200 representates de grupos gays",[142] que marcharam pelas ruas de Copacabana. O protesto passou pelas avenidas Princesa Isabel e Atlântica, e terminou no Posto 6, justamente em frente à galeria Alaska, alvo maior da controvérsia e cuja frequência despencara após o crime.

Portando cartazes e entoando palavras de ordem, os manifestantes bradavam contra a discriminação que estariam sofrendo em decorrência da associação de Guilherme a shows eróticos e até em função de sua pretensa orientação sexual. João Mascarenhas, um dos representantes do grupo, se pronunciou sobre o assunto:

> Tudo sobre Guilherme de Pádua parece verdade, mas não se pode achar que ele matou porque era homossexual. Tanto na prostituição masculina quanto na feminina, a tendência da pessoa a ser violenta é maior porque vive no submundo. Mas isso não tem nada a ver com preferência sexual. Ele matou, deve pagar pelo crime e só.[143]

Paula Thomaz tampouco era poupada. Glória Perez, que se referira à vida dela como "obscena", não media palavras: "As pessoas sabem muito pouco sobre essa mulher pervertida, cobra criada nos desvãos da Galeria Alaska."[144] Pouco depois, retornaria à carga: "Nunca vi tamanha sordidez em uma pessoa de apenas 19 anos."[145] Maria Aparecida, por sua vez, saíra em defesa de sua filha: "Isso não passa de um linchamento moral contra a minha filha."[146]

De fato, a discussão pública evoluíra para um viés essencialmente moral e atingira um nível desarrazoado em relação à famigerada galeria Alaska e a seus frequentadores. A situação chegou a tal ponto, que os pais de Paula Thomaz, reconhecendo que a filha frequentava o local, vieram a público esclarecer que "havia pessoas honestas residindo na galeria [Alaska] e não há nada de mal em frequentá-la".[147]

OS ACUSADOS

Na outra ponta e de igual modo, a discriminatória correlação entre o crime e a sexualidade dos acusados tomou uma proporção inimaginável. As abordagens da imprensa (sobretudo em relação à mídia mais setorizada) se tornavam a cada dia mais grotescas e, principalmente, desprovidas de sentido: "Não há dúvida que o crime tem característica nitidamente gay, devido à arma utilizada e por envolver duas pessoas [Guilherme e Paula] que tinham vivência no mundo gay", publicara um semanário.[148] Raul Gazolla aparentava corroborar com essa visão: "Eu não tenho nada contra o homossexualismo (*sic*), mas foi por isso que eles mataram a Dani mesmo. O cara [Guilherme de Pádua] é um homossexual depravado, com a mente totalmente deturpada."[149] Já um especialista em Direito entrevistado pelo jornal *O Dia* asseverava absurdos com ares de naturalidade: "Pederastas ativos são frios e matam as vítimas com sucessivos golpes."[150]

Não ficaria nisso. Do grotesco ao surrealismo foi um pulo. Um detento, provavelmente em busca de notoriedade, tornou público o suposto comportamento extravagante de Guilherme na cadeia, afirmando que ele "ficava dançando e rebolando como na época dos leopardos", em acusação repercutida até pelo viúvo de Daniella.[151] A resposta veio a galope e causou ainda mais espanto: a defesa afirmou publicamente possuir um insólito documento em que os demais detentos "atestavam a heterossexualidade" de Guilherme de Pádua.[152]

O próprio Guilherme queixou-se publicamente de que sua sexualidade era frequentemente questionada — ele afirmava que o "rotulavam" como homossexual. De fato, na saída de uma das audiências manifestantes o chamavam assim.[153] Em suas palavras, era uma covardia tentar "denegrir (*sic*) a imagem de um assassino confesso" e, para demonstrar toda a sua irresignação, ele se permitiu cantarolar diante das câmeras os versos da canção "O tempo não para", de Cazuza.[154]

O acusado pelo crime deixava claro, assim, que também considerava a homossexualidade algo negativo — chegando até a afirmar que ficava "revoltado quando dizem que sou gay".[155] Mais uma vez, tratava-se de algo que beirava o surrealismo: Guilherme queixava-se de ser vítima de homofobia de maneira nitidamente homofóbica.

A polêmica parecia não ter fim e era alimentada por todos os lados. Segundo o jornal *Tribuna da Imprensa*, a novelista Glória Perez havia se referido ao acusado pelo crime, em um programa de televisão, identificando-o por sua pretensa orientação sexual: "Aquele homossexual vai pagar para o resto da vida", fato que surpreendeu o próprio apresentador da atração.[156] A informação foi veiculada na coluna do jornalista Mauro Braga, que muitas vezes fazia um contraponto a reportagens desfavoráveis aos acusados. O colunista ainda afirmara que a autora explicitara toda a sua "carga de preconceito" justamente "num momento em que o mundo caminha para aceitar o homossexualismo (*sic*)".[157]

E, novamente, não parava por aí. Em depoimento contundente à *Contigo*, a novelista voltou a se referir à suposta sexualidade de Guilherme de Pádua, dessa vez também imputando ao ator a atuação como "michê" e chegando a descrever outras situações nada lisonjeiras.[158] Não se deve, todavia, cair no reducionismo maniqueísta de perceber Glória ou Gazolla simplesmente como pessoas preconceituosas. Naquele momento, os desdobramentos da tragédia deixavam a todos com os nervos à flor da pele. Há que se pontuar, por exemplo, a indignação da autora na entrevista à *Contigo*, tendo em vista que se manifestava sobre reportagem anterior da mesma publicação, na qual Guilherme afirmara ter mantido um inverossímil caso extraconjugal com Daniella e ainda prometia revelar detalhes em um livro que estava escrevendo.[159]

Deve-se registrar também que a novelista saíra em defesa dos atores do famigerado show *A noite dos leopardos*, afirmando publicamente não ser correto estigmatizá-los: "Não é o Guilherme que se envergonha dos 'leopardos'; são os 'leopardos' que se envergonham dele. Não são assassinos, não querem e não merecem ser associados ao criminoso."[160]

OS ACUSADOS

O *Estado de S. Paulo*, por sua vez, repercutia declarações do psicólogo Marcos Ribeiro, que convivera com Guilherme nos bastidores de *Blue Jeans*. Afirmando que o acusado era "capaz de matar a própria mãe para fazer sucesso", o especialista ainda afiançara à reportagem que "praticantes da prostituição masculina vivem um sentimento de clandestinidade e é comum matarem um parceiro".[161]

Em um clima notadamente conflagrado, a análise mais equilibrada coube ao novelista Aguinaldo Silva, que soube colocar as coisas em seus devidos lugares:

> E quanto a Guilherme de Pádua, de uma vez por todas, não interessa se ele era bissexual, se era ambicioso, se trabalhou em peças *gays*, se foi Leopardo, se andou olhando as partes íntimas de Maurício Mattar no camarim de *Blue Jeans*, nem mesmo se ele era ou deixava de ser ator. O que interessa é que ele matou Daniella Perez, que o crime foi hediondo, e que não há nada, mas nada mesmo, que o justifique. É por isso, só por isso, que ele deve ser rigorosamente condenado.[162]

À época, muito se falou sobre o "circo midiático" em torno do caso. Decerto que a maioria das reportagens adotou um tom investigativo e foi produzida com seriedade. Por outro lado, em relação ao passado dos acusados, houve muita espetacularização e, sobretudo, matérias que privilegiavam de forma sensacionalista determinados aspectos de sua vida pregressa que nada tinham a ver com o crime.

É evidente que a sexualidade do ator não pode ser utilizada para justificar o homicídio. De igual forma, sua suposta participação em filmes pornográficos ou em shows eróticos não pode ser usada para reforçar quaisquer estereótipos preconceituosos, tampouco é possível relacioná-la ao crime. Tudo isso era indiferente ao processo, como pontuava o defensor do réu com seu conhecido sarcasmo: "E, se o Guilherme fosse padre, e Paula, freira, faria alguma diferença?"[163]

Nenhuma. O casal deveria responder pelos seus atos, jamais por pretensas escolhas em suas vidas particulares — que, frise-se, não importa a ninguém além deles mesmos. Por tal razão, Guilherme deveria responder pelo crime por ser maior de idade, estar em pleno gozo de suas faculdades mentais, além de todas as circunstâncias agravantes que acentuavam o caráter vil do ato por ele praticado. Essas eram as premissas que justificavam sua punibilidade.

O mesmo raciocínio vale para Paula Thomaz. Muitas vezes alvo de ataques misóginos e de especulações sexistas por parte da imprensa (em alguns casos tendo supostos detalhes de sua vida particular alardeados de forma espetaculosa e sensacionalista), sua pretensa conduta íntima (pouco importa se verdadeira ou não) não a desmerece sob qualquer perspectiva, tampouco pode ser associada ao cometimento do crime. Como pontuara Ronaldo Machado, seu primeiro defensor, Paula respondia a um "processo por coautoria de homicídio qualificado, não estando em discussão quantos namorados teve".[164]

A análise do experiente advogado era irretocável. Assim como no caso de Guilherme, as revelações adversas de sua vida pretérita que contribuíram para a elucidação dos fatos tinham a ver com a personalidade agressiva e os distúrbios que protagonizou em função de seus ciúmes excessivos, conforme relatado por testemunhas que com ela conviveram. Era o seu perfil psicológico que interessava à acusação, e não aspectos secundários de sua vida particular, como bem asseverava a promotoria à época.[165]

Em depoimento a este livro, o promotor Maurício Assayag reforçou esse posicionamento:

> Não nos interessava trazer para o "debate" a questão sobre a sexualidade (entenda-se, a forma de viver do casal), mas, sim, demonstrar ao júri a conduta (social) de Guilherme e de Paula, a nosso ver não razoável e agressiva — indicativa de que eles seriam (muito) capazes de articular e concretizar o bárbaro crime (como, infelizmente, ocorreu).

Assim, ambos teriam de acertar as contas com a Justiça, como quaisquer acusados sujeitos às leis brasileiras — independentemente de classe social, profissão ou orientação sexual.

E era por isso que clamava toda a sociedade brasileira naquele momento.

11.
Uma longa jornada por justiça

O que é um crime hediondo?

Pavoroso. Abominável. Horripilante. Desumano. Todos esses adjetivos são considerados sinônimos da palavra hediondo, um termo polissêmico cujo significado mais preciso — quando aplicável à criminologia — denota ações criminosas que merecem a maior reprovação social e o tratamento mais rígido em termos punitivos por parte do Estado.

Em essência, é aquilo que de pior pode existir. Assim sendo, a atual Constituição brasileira estabeleceu uma série de condicionantes ao tratamento dispensado a esse tipo de crime, principalmente em relação ao efetivo cumprimento das penas impostas pela Justiça e aos instrumentos legais passíveis de atenuá-las. O texto constitucional estabeleceu que crimes considerados hediondos não poderiam ser passíveis de fiança, indulto ou anistia.

O tratamento legislativo mais severo pretendia ser proporcional à potencialidade lesiva das condutas que deveriam ser consideradas hediondas, em uma nítida tentativa de frear a violência que se disseminava pelo Brasil no final da década de 1980, época das discussões da Constituinte.

Contudo, a Constituição não delimitou de forma precisa os crimes que deveriam ser classificados dessa maneira. Optou expressamente por delegar essa decisão a uma avaliação posterior a ser realizada pelo Congresso Nacional. Caberia, assim, aos representantes do povo aprovar futuramente uma lei definindo quais crimes deveriam ser considerados hediondos.

A Lei nº 8.072 foi aprovada em 1990, durante o governo Collor. Sua rápida tramitação e aprovação — apenas dois anos após a promulgação da Constituição — em muito se deve à enorme violência que assolava o Brasil àquela altura. Naquele momento, o país havia sido tomado por uma onda de sequestros, que afetava desde pessoas públicas a populares abastados, causando ao mesmo tempo pânico e comoção à população brasileira. Assim, no ano de 1990, a ideia de um tratamento mais severo ao crime de extorsão mediante sequestro estava na ordem do dia.

Talvez esse tenha sido o principal motivo para que o sequestro passasse a ser considerado crime hediondo pela nova lei, e o homicídio qualificado não tivesse tratamento semelhante. Parecia um contrassenso, como Glória Perez afirmou ao apresentador Jô Soares, alguns anos após a edição da lei:

> Essa coisa da lei dos crimes hediondos, para você ver, é sempre uma coisa que as pessoas se espantam... Aquele crime horroroso que aconteceu em Minas na época da morte da Dany... Míriam Brandão, uma garotinha de 5 anos, que foi morta de uma maneira absurda, foi incendiada viva. (...) Esse crime só é hediondo porque os assassinos pediram resgate. Se os assassinos não pedem um resgate, ele deixa de

ser hediondo. Então você incendeia uma criança viva, e em três anos você está na rua, sai da cadeia. O crime de morte não é considerado grande coisa pela lei. A verdade é essa.[1]

A Lei nº 8.072/1990 acabou por tipificar, além do sequestro, diversos outros crimes como hediondos: como latrocínio, estupro e até envenenamento de água potável. Não considerava, porém, o homicídio qualificado como tal, o que na prática tornava esse crime menos grave em comparação ao sequestro e ao estupro.

O texto original da lei também previa que os condenados por crimes hediondos teriam que cumprir a pena integralmente em regime fechado, não fazendo jus à concessão do benefício relativo à progressão do regime prisional. No entanto, o STF, em decisão proferida em 2006, reconheceu a progressão de regime como um direito de qualquer condenado desde que observados certos requisitos — como primariedade e bom comportamento na cadeia. Assim, considerou inconstitucional o artigo da lei de crimes hediondos que estabelecia o cumprimento das penas em regime integralmente fechado.

Glória Perez, que à época da decisão do STF provavelmente era a pessoa mais identificada no país com a luta contra impunidade, repercutia o novo posicionamento judicial, lamentando o entendimento da corte com uma declaração simples e direta: "É a desvalorização da vida humana."[2] Em 2022, ano em que se completam simbólicos trinta anos do crime, Glória voltou a abordar o tema:

> Nossas leis são muito condescendentes com o crime, e isso fica muito evidente nos crimes de homicídio. Por mais alta que seja uma sentença, ela praticamente se dissolve na aplicação da lei de execução penal. Quando conquistamos a emenda popular que incluiu o homicídio qualificado na lei dos crimes hediondos, que garantia um cumprimento maior da pena, logo se arranjaram maneiras de incluir benesses, de modo a tornar menos dura a aplicação dessa lei.[3]

A luta de uma mãe

"Eles são réus primários e, se não houver uma revisão do Código Penal até o julgamento, vão pegar uns dez anos de cadeia, cumprir no máximo dois e sair por aí matando mais gente."[4]

A declaração dada pelo ator Guilherme Karam refletia — com enorme precisão — o espírito do tempo. A sensação generalizada naquele momento era de que a legislação brasileira era extremamente leniente em relação a crimes praticados contra a vida, sobretudo se os réus fossem primários e contassem com recursos para contratar bons advogados.

Embora refletisse um sentimento coletivo, a declaração continha uma imprecisão em termos jurídicos. Uma eventual modificação do Código Penal não influenciaria o futuro julgamento de Guilherme e Paula, a não ser que a nova lei viesse para beneficiá-los. Para um leigo, poderia parecer uma filigrana jurídica a impedir a efetivação da justiça. Para um advogado era algo um pouco mais simples: tratava-se apenas do princípio da irretroatividade da lei penal, nome um tanto pomposo, mas cujo significado pode ser traduzido na ideia simples de que uma lei não pode ser aplicada a situações anteriores a sua edição para prejudicar um réu.

Seja ele quem for.

Assim, por mais que a sociedade clamasse por justiça naquele início de 1993, Guilherme de Pádua e Paula Thomaz seriam julgados de acordo com as leis então vigentes, ou seja, qualquer modificação no Código Penal ou na lei de crimes hediondos não seria aplicável aos seus julgamentos.

Glória Perez sempre teve plena consciência disso. Mesmo assim, foi em frente na idealização de uma campanha para tornar a legislação penal mais severa, clamando pela inclusão do homicídio qualificado no rol de crimes considerados hediondos. Não era apenas por sua filha, mas também por ela. Mais precisamente, era por todas as "Daniellas" do Brasil, vítimas da violência inconteste que havia tomado conta das ruas de todo o país. Assim, o crime não seria apenas mais um caso a ingressar nas frias estatísticas oficiais.

Passara a ser uma causa.

No blog que mantém sobre a memória da filha, a novelista descreve o início daquele processo, uma verdadeira jornada em busca de cidadania:

> Minha indignação não conheceu limites. Então descobri um dispositivo da Constituição que permitia à sociedade fazer passar uma lei, desde que a reivindicação fosse assinada por uma certa porcentagem da população do país. Procurei o dr. [Antônio Carlos] Biscaia, na época chefe do Ministério Público, e ele se encarregou de redigir a emenda: considerou que, ao invés de propor uma nova lei, o que se devia fazer era incluir o homicídio qualificado (...), no rol dos crimes hediondos. E assim foi feito.[5]

Começaria, assim, uma verdadeira odisseia que levaria ao primeiro projeto de lei de iniciativa popular da história do Brasil. Não seria nada trivial, pois era necessário obter um milhão de assinaturas para encaminhar o projeto ao Congresso Nacional. Muitos já haviam se empenhado em tornar a legislação penal mais rígida, porém acabaram por ficar pelo caminho. Iniciativa similar já havia sido tentada em 1986, quando, em meio à intensa comoção pelo brutal assassinato da estudante carioca Denise Benoliel, juristas se uniram para tornar a legislação penal menos leniente.

À época, deu em nada, e tudo continuou como antes. Agora, no entanto, seria diferente. A começar pelo engajamento dos meios de comunicação. A revista *Contigo* e o sistema Globo de Rádio criaram o movimento "Pedágio pela Justiça", cujo principal objetivo era ajudar a colher assinaturas para o abaixo-assinado.[6] Até Chico Xavier, médium mais conhecido do Brasil, se declarou publicamente favorável à campanha.[7] De fato, a *Contigo* se engajou bastante na causa, chegando a encartar em suas edições semanais um adendo contendo o abaixo-assinado, além de publicar constantes reportagens sobre a evolução da iniciativa.

Nem todos os meios de comunicação, porém, eram entusiastas da medida. Em editorial intitulado "Justiça, sim, vingança, não", a *Folha de S.Paulo* fazia um contraponto, afirmando que aquela era uma questão complexa e que a solução proposta poderia não ser a ideal:

> A solução não está na criação de uma nova e perigosíssima legislação que aposta no açodamento e na justiça rápida a qualquer custo. A discussão é importante e deve ser travada, mas em clima de serenidade e com absoluto rigor técnico, jamais sob o jugo da emoção, sempre uma má conselheira. Trata-se aqui da delicada questão do limite entre vingança e justiça. A revolta da mãe que perde a filha de modo ignominioso é sem dúvida compreensível; mas é só com a universalização da pena pelo Poder Público — obedecidos os princípios da isenção e do não açodamento — que a vingança se torna justiça e o homem deixa o estado de barbárie para entrar no Estado de Direito.[8]

Quase trinta anos depois, a *Folha de S.Paulo* voltou a abordar o tema, relembrando o editorial de 1993 e, novamente, propondo uma reflexão acerca da iniciativa: "Não é consenso entre juristas e criminólogos que o endurecimento de penas seja assim o melhor remédio para coibir a criminalidade, sobretudo quando fruto de um caso de comoção popular."[9]

A novelista lograria êxito ao fim daquela jornada. No dia 5 de outubro de 1993, uma terça-feira, a cidadã Glória Perez entregava pessoalmente ao deputado Inocêncio de Oliveira — à época, presidente da Câmara dos Deputados — o abaixo-assinado contendo 1,3 milhão de assinaturas, algo inédito na história do Brasil.

Glória se fez acompanhar por um grupo de artistas e por duas mães cujos filhos também haviam sido vítimas da violência. Uma feliz coincidência ainda marcou aquela data. Exatos cinco anos após a promulgação da Constituição de 1988 — conhecida como a "Constituição Cidadã" — era dado o pontapé inicial na primeira lei de iniciativa popular da história do país.

Em setembro de 1994, menos de um ano depois da entrega do abaixo-assinado em Brasília, o projeto de lei — após tramitação relativamente rápida nas duas casas legislativas — se transformaria na Lei Ordinária nº 8.930/1994, cujo principal feito seria incluir o homicídio qualificado no rol de crimes considerados hediondos existente na Lei nº 8.072/1990. Glória foi pessoalmente ao Congresso Nacional assistir à aprovação do projeto de lei.[10] A novelista, com a sua conhecida ironia fina, assim se refere ao resultado de sua luta: "Na prática, o que ele [o projeto de lei de iniciativa popular] fez foi igualar a vida humana à vida dos botos e papagaios. Tudo bem, já é alguma coisa."[11]

Muito ainda estaria por vir.

Missão de justiça

A autoria do crime foi rapidamente descoberta graças à força do acaso associada à agilidade da polícia. No entanto, não bastava existir uma testemunha ocular dos fatos disposta a confirmar em juízo que vira um casal dentro do veículo no local do crime. Embora a testemunha tenha anotado a placa do Santana e sido capaz de reconhecer Paula Thomaz como a mulher de rosto redondo e cabelos negros no banco do carona, tais evidências ainda eram insuficientes para garantir uma futura condenação dos acusados.

Para a instrução do processo criminal, aquele era um bom começo, mas ainda era preciso mais. Muito mais. A confissão de Guilherme de Pádua e os indícios de que sua esposa também esteve na cena do crime não significavam de forma absoluta a elucidação do assassinato da atriz Daniella Perez.

Assim, embora desde o dia seguinte ao crime existissem fortes indícios de sua autoria, esse fato por si só pouco significava. Ainda seria necessária uma longa jornada por justiça. Nessa árdua batalha por provas ou testemunhas que auxiliassem nas investigações, surgiria uma personagem que o tempo revelaria ser essencial para a elucidação do caso: a própria Glória Perez.

Intuitiva, a novelista pressentiu que algo de muito grave havia acontecido naquela fatídica noite de segunda-feira. Sua ligação com Daniella era muito forte, e o seu sexto sentido materno lhe soprava que a sua filha havia partido, mesmo antes de o corpo ter sido reconhecido no descampado em que fora abandonado.

O testemunho da atriz Cristiana Oliveira acerca dos últimos instantes que antecederam a ida de Glória Perez ao local onde o corpo de Daniella foi encontrado ajuda a revelar a sinergia metafísica que existia entre mãe e filha. Na porta da delegacia, quando chegou a notícia de que havia sido encontrado um cadáver com características compatíveis com a descrição física de Daniella, muitos dos presentes não queriam acreditar no pior, agarrando-se compreensivelmente ao último fio de esperança que àquela altura ainda resistia.

Naquele instante da mais pura aflição, Glória não se apegou àquele resquício extemporâneo de esperança, como revelou seu curto diálogo com a atriz Cristiana Oliveira: "Quando chegamos [à porta da delegacia onde os artistas estavam reunidos], a Glória me abraçou muito e disse: 'Encontraram uma menina morta e eu acho que é a Dani.' Aí eu respondi: 'Glória, não é a Dani.' Mas aí ela me olhou nos olhos, com uma expressão sentida, e sussurrou: 'Crica, eu não sinto mais a Dani entre nós.'"[12]

O relato da escritora sobre o momento em que se deparou com o cadáver de Daniella comove por revelar de maneira clara o que provavelmente é a maior dor que um ser humano pode experimentar — a perda precoce de um filho, de maneira abrupta e violenta:

> A gente chegou ao local, aquele lugar horroroso, escuro, ermo, e eu vi o carro dela. Mas só acreditei quando vi o tênis que ela usava. Porque o corpo estava atrás de uma moita. Estava iluminado pelo farol do carro, e a primeira coisa que se via era o tênis. Aí você vai tendo aquela visão, você vai subindo do tênis para o rosto. É difícil dizer a sensação que se tem. É a coisa mais bruta da vida. Quando vi a Dani morta, pensei na hora em que ela nasceu. Eu a abracei como se recolhesse a minha filha para dentro de mim mesma. Abracei o corpo dela para guardá-la, detalhe por detalhe, não na minha mente, mas nas minhas entranhas. Era como se eu quisesse colocá-la dentro de mim de novo. É como a música de Chico Buarque: a saudade é o revés do parto.[13]

A partir daquele instante, a autora passaria a travar uma busca pela verdade. Sob a luz dos faróis dos carros de polícia e tendo diante de si o corpo gélido de Daniella, Glória fez uma promessa a si mesma e à memória de sua filha: descobriria tudo o que de fato ocorreu naquela noite de terror.[14] Após abraçar o cadáver de sua filha, uma luz acendeu em seu íntimo, talvez no único resquício de razão que provavelmente ainda resistia em sua mente: "Quero saber quem fez isso."[15]

A primeira fase dessa verdadeira missão de justiça foi reunir um dossiê sobre a personalidade dos acusados, colacionando fatos desabonadores sobre a vida de ambos. A partir do relato de diversas testemunhas, o trabalho de Glória expôs publicamente o perfil psicológico do casal, o que posteriormente se tornaria útil para que fosse possível compreender as reais razões que motivaram o assassinato.

Entre as várias informações reunidas sobre o passado de Guilherme de Pádua, algumas tinham estreita relação com o crime praticado. A descoberta mais importante jogava luz sobre o comportamento pouco ético adotado por Guilherme em sua imensa ânsia de ascender rapidamente no meio artístico, algo apontado de forma praticamente unânime pelas pessoas que conviveram com ele.

Paula Thomaz foi outra que não escapou à minuciosa investigação. Informações sobre seu passado marcado por relatos de violentas crises de ciúme, relacionamentos conturbados e ameaças a outras mulheres tornaram-se insumos importantes para desvendar o que poderia ter motivado a sua participação no ato homicida.

Parecia muito, mas não era.

Apesar do louvável esforço investigativo, continuava sendo pouco para assegurar uma futura condenação dos acusados. Ainda havia muitas incertezas a pairar em relação ao crime. Tais dúvidas residiam em algumas questões importantes para o correto desenrolar das investigações: de que forma a atriz chegou àquele lugar? Daniella já chegara morta ao local onde o corpo foi encontrado? Qual teria sido a arma utilizada no crime? Qual dos dois criminosos deu as estocadas mortíferas?

Assim, alguns fatos ainda careciam de mais esclarecimentos, sobretudo no que dizia respeito à forma como a atriz chegou ao local onde o seu corpo foi encontrado. Nos desdobramentos do processo judicial, seria necessário dotar de maior materialidade as provas a serem apresentadas à Justiça, e o esclarecimento de todas as questões pendentes seria essencial para a futura condenação dos réus.

Nem todas as questões ainda sem resposta naquele primeiro momento conseguiriam ser totalmente esclarecidas no curso das investigações. Diante de fatos que ocorreram na calada da noite em um local ermo, seria necessário buscar eventuais testemunhas que pudessem ter presenciado algo revelador sobre o caso.

A primeira pista veio por meio de um telefonema anônimo, no qual Glória foi informada sobre a emboscada sofrida por Daniella em seus momentos finais. O telefonema ainda relatava que frentistas de um posto de gasolina próximo ao estúdio testemunharam a ação criminosa e, caso a novelista desejasse saber a verdade, deveria se dirigir ao posto e conversar com eles.[16]

Não seria, contudo, uma jornada fácil. As testemunhas temiam pela própria vida a partir de um raciocínio um tanto quanto simplista, mas que fazia todo sentido diante das circunstâncias — se uma atriz nacionalmente conhecida fora assassinada de forma extremamente violenta, o que poderia acontecer a pessoas comuns, que não contavam com qualquer tipo de proteção?

Por temer represálias, os frentistas a princípio se recusaram a relatar o que viram e não procuraram a polícia de imediato, nem o fariam de maneira espontânea. Iniciava-se, assim, uma verdadeira odisseia para que as testemunhas contassem o que sabiam. A primeira dificuldade seria localizá-las, tendo em vista que todos os frentistas que trabalhavam no posto de gasolina próximo ao estúdio na noite do crime foram sumariamente despedidos.[17] Havia uma única referência a uma das testemunhas: o rapaz se chamava Flávio, era gago e morava em uma favela situada na Barra da Tijuca ou em Jacarepaguá.

Não era um início promissor, mas era um começo.

Após inúmeras tentativas frustradas, finalmente o frentista acabou localizado por Glória Perez, que realizou uma peregrinação por várias favelas cariocas atrás da testemunha. No entanto, ainda não havia motivo para comemorar. Flávio se recusava a conversar com Glória. A mãe do frentista explicara à novelista o motivo da recusa: "Se fizeram isso com sua filha sendo a senhora uma pessoa conhecida, imagine o que não vão fazer com o meu: e não sai nem no jornal."[18]

Assim, Glória passou a fazer plantão em frente à casa de Flávio, prometendo manter essa postura até conseguir algum contato. Era uma mãe em busca de justiça, e nada seria capaz de demovê-la de tal intento:

> Foram muitos e muitos dias que passei sentada na soleira da casa fechada de dona Dagmar [mãe de Flávio], pedindo, implorando. Um dia passei por debaixo da porta as fotos da

perícia. As fotos terríveis, que mostravam as agressões e as dezoito punhaladas. Dona Dagmar, que tinha uma filha também, abriu a porta. E disse: "meu filho fala!"[19]

Impelido pela própria mãe, o frentista Flávio Bastos conversou com Glória e acabou convencido a dar o seu testemunho junto com o outro funcionário do posto que estava de serviço naquela noite, Danielson Gomes. Em entrevista coletiva, ambos garantiram que Daniella sofrera uma emboscada, levando um soco e uma gravata de Guilherme e que, após as agressões, a atriz fora posta desacordada dentro do próprio veículo, tendo Guilherme tomado a direção do Escort.[20]

Raul Gazolla fora a primeira pessoa a cogitar pública e enfaticamente tal hipótese, cerca de dois meses antes dos depoimentos dados pelos frentistas, em participação no programa *Cara a Cara*, exibido pela Bandeirantes. Como publicara o *Jornal do Brasil* em manchete "Ator tem nova versão para a morte de Daniela (sic)",[21] naquilo que seria o primeiro relato pormenorizado sobre a emboscada.

Posteriormente, foi possível localizar outra testemunha-chave: o também frentista Antônio Clarete, que, embora não tenha presenciado a emboscada, teve participação fundamental na dinâmica dos acontecimentos — fora ele quem removera do banco traseiro do Santana as manchas de sangue, utilizando um pano úmido embebido em querosene.

O frentista Clarete foi localizado em uma favela do bairro de Parada de Lucas, zona norte do Rio de Janeiro. Novamente, a novelista não teria vida fácil em sua busca por justiça. As mesmas razões que motivaram Flávio a silenciar em um primeiro momento levavam Clarete a manter postura idêntica.

Diante da recusa inicial da testemunha, entraram em cena duas pessoas fundamentais para que o frentista fosse convencido da importância de seu depoimento: o pastor Manoel Ferreira e a deputada federal Benedita da Silva. Ambos eram evangélicos e frequentavam a mesma igreja que o frentista, a Assembleia de Deus, o que os tornava pessoas confiáveis aos olhos de Clarete, àquela altura desempregado e bastante receoso em ter seu nome envolvido em um caso de repercussão nacional.

Ao final, deu certo. Apesar da compreensível relutância, Antônio Clarete contou tudo o que sabia, inclusive se prontificando a fazer o reconhecimento do ator Guilherme de Pádua na delegacia da Barra da Tijuca.

Guilherme, que depois de cerca de oito meses preso estava magro e ostentava cabelos mais longos e barba, logo foi reconhecido pelo frentista, mesmo estando em meio a outras cinco pessoas. Clarete ainda declararia à polícia que, na noite do crime (o serviço foi realizado entre 22h e 22h20 de 28 de dezembro de 1992), Guilherme estava acompanhado por uma mulher que usava óculos escuros e que se esforçava para esconder o próprio rosto.[22]

Com a localização das testemunhas e o posterior depoimento delas à Justiça, um penoso ciclo se encerrava. Glória havia feito tudo o que estava ao seu alcance para esclarecer o caso, desde as surpreendentes descobertas sobre o intrincado passado dos acusados até a localização de testemunhas. Sua autoridade moral de mãe foi fundamental nessa odisseia, principalmente para convencer as testemunhas a contar o que de fato sabiam. Subjacente a toda essa busca, apenas um sentimento a guiá-la: justiça para Daniella Perez.

E assim foi feito.

* * *

Como era de se esperar, o dossiê sobre a vida pregressa dos acusados pelo crime não ficou livre de polêmicas. Muito pelo contrário. A imprensa noticiou que o documento continha informações acerca da sexualidade e até sobre hábitos sexuais muito particulares atribuídos a Paula e Guilherme. Algumas reportagens sensacionalistas valeram-se de termos espetaculosos, como "bacanais" e "orgias" para descrever parte do conteúdo do dossiê,[23] fazendo com que a questão evoluísse para um terreno perigosamente pessoal e, principalmente, sem conexão com o crime. A mãe de Paula acabou por vir a público para negar que a filha participasse de orgias,[24] algo completamente desconexo do fato em discussão, mas que demonstra como o debate público tomou um viés descabido.

Era a pior faceta do "circo midiático" que se formou em torno do caso.

Algum tempo depois, a própria Glória Perez repercutira publicamente o assunto: "[Paula] Promovia orgias em motéis, como ficou provado nas declarações prestadas pelos que participaram dessas orgias."[25]

Se de um lado se colocava lenha na fogueira, na outra ponta se tentava apagar o fogo com gasolina. Àquela altura, a animosidade entre as partes não era mais latente, estando deflagrada da pior maneira possível: por meio das páginas dos jornais. A reação mais incisiva coube ao defensor Paulo Ramalho, que, desde que aceitara a causa, adotara por premissa que agravos sofridos por intermédio da imprensa seriam respondidos no mesmo tom e pelo mesmo canal.

Não deu outra.

Advertindo que o processo poderia se transformar "em um show pornográfico", o defensor não titubeou em reagir à altura: "Também temos nossos dossiês e vamos divulgar se a baixaria continuar."[26] Pouco depois, nova ameaça, ainda mais explícita: "Se a promotoria acha que pode julgar a questão da sexualidade de Guilherme, vou fazer o mesmo em relação a todos."[27]

Não se sabe o que Ramalho tinha a dizer, mas se conhece o efeito de sua fala: mais adiante os insultos cessaram. Com as ameaças pairando no ar, coube ao Ministério Público serenar os ânimos. O promotor de Justiça Maurício Assayag se apressou em colocar as coisas em seus devidos lugares, esclarecendo que a intenção da acusação não era "discutir a sexualidade do casal, mas buscar elementos que ajudem a compreender a personalidade dos acusados".[28]

O estrago estava feito — e a polêmica estéril sobrepujava a análise do processo, sendo capaz até de prejudicar seu curso regular. O juiz Índio Brasileiro Rocha, prevendo dificuldades em futuras audiências, se apressou em solicitar às partes — acusação e defesa — que evitassem discussões alheias ao processo, tornando público o seu modo de ver o preocupante encadeamento dos fatos: "O que está sendo julgado é apenas o crime, nada mais que o crime. Temos que nos restringir a trabalhar o mais intensamente possível para que a verdade surja inteira, cristalina e não contestada de maneira alguma."[29]

Àquela altura, era "apenas" isso que se esperava da Justiça.

O outro lado

Tanto em depoimentos concedidos a este livro como em declarações públicas, os profissionais envolvidos na defesa de ambos os acusados sempre contestaram a narrativa referente à emboscada e, por conseguinte, a premeditação do crime — refutando com ardor o testemunho dos frentistas.

A primeira objeção reside no fato de que os relatos dos frentistas apareceram publicamente cerca de oito meses após o assassinato, no início de agosto de 1993. Se isso é verdade, é oportuno assinalar que a existência dessas testemunhas já havia sido cogitada pouco depois do crime, como evidencia a manchete de uma reportagem do *Jornal do Brasil*: "Frentistas se calam."[30] Aguinaldo Silva, em sua coluna no mesmo jornal, repercutira essa circunstância: "Que me desculpem os fartos bigodes do Paulo Ramalho, mas os tais frentistas que agora surgiram para testemunhar sobre o caso já tinham aparecido no noticiário logo após o crime. Portanto, não são nenhuma novidade providenciada pela acusação."[31]

Novidade, de fato, não era. O frentista Danielson Gomes prestara depoimento à polícia em 5 de janeiro de 1993. Naquela data, ele afirmara que abastecera um veículo azul dirigido por uma mulher, que pagara em cheque pelo combustível. Posteriormente, teria sido avisado por um colega que a condutora do veículo seria Daniella Perez, atriz de televisão. Também afirmara que não viu qualquer carro à espreita, esperando a saída do veículo do posto.[32]

A miscelânea não pararia por aí. Em depoimento a este livro, o desembargador Muiños Piñeiro recordou que a primeira menção aos frentistas de que teve conhecimento, logo após ter sido designado para atuar no caso, foi dita publicamente pela própria defesa de Guilherme, à época defendido pelo advogado George Tavares.[33] Em entrevista à Agência Estado, o advogado se referira a frentistas do posto da Petrobras que teriam presenciado parcialmente o encadeamento dos fatos, o que aguçou a curiosidade da promotoria sobre o que de fato tais testemunhas viram.

Para tornar tudo ainda mais confuso, cerca de cinco meses antes do surgimento destes novos testemunhos a defesa de Guilherme, já capitaneada pelo defensor Paulo Ramalho, divulgou nota em que afirmava ter recebido a informação de que frentistas do posto de gasolina próximo aos estúdios Tycoon teriam sido "aliciados" para depor em desfavor de seu cliente.[34] Muitos anos depois dos fatos, Ramalho confirmou que realmente teve essa informação algum tempo antes de os frentistas aparecerem e, por dever de ofício, divulgou nota antecipando o fato — que acabou por repercutir no jornal *O Fluminense*. Ramalho faz uma analogia entre sua ação e a licitação viciada, quando se anuncia de forma velada o resultado em um jornal antes de o resultado do certame ser oficialmente divulgado — foi essa sua intenção ao publicar a nota.[35]

O advogado se contrapõe de forma muito convicta à versão dos frentistas, e ainda aponta que chegaram a existir versões preliminares que poderiam servir como "balão de ensaio" para medir a aceitação à tese. De fato, matéria divulgada pelo *Jornal do Brasil* repercutindo a fala de Gazolla no programa *Cara a Cara* antecipava o cerne da versão da acusação (emboscada seguida por uma agressão) que seria divulgada publicamente algum tempo depois.

Pelo relato de Gazolla, as crianças que aguardavam os atores na saída do estúdio Tycoon teriam visto um princípio de discussão: "Há testemunhas, crianças que tiraram fotos com os dois e o motorista delas. Não se sabe o que discutiram, mas [Guilherme e Daniella] estavam gesticulando muito." Na mesma reportagem, também foram reproduzidos supostos diálogos entre os atores no momento em que a emboscada teria sido perpetrada na saída do posto de gasolina, em declaração novamente atribuída a Gazolla: "Quando ela tá saindo do posto, Guilherme encostou o seu carro ao lado do de Daniella. Ela se assustou e falou: 'Que brincadeira sem graça.' Ele não disse nada e deu um soco na Dani."[36] O próprio advogado que representava Gazolla se surpreendera com o relato: "Nunca ouvi falar em nada parecido com essa versão."[37]

Não fica claro quais seriam as testemunhas que presenciaram o suposto diálogo e a emboscada, mas o certo é que não foram os frentistas, pois, àquela altura (maio de 1993), seus testemunhos ainda não haviam surgido publicamente e sequer haviam sido revelados a Glória Perez, como comprova uma declaração da novelista publicada na mesma edição do *JB*: "Os frentistas negaram [a narrativa da emboscada] com palavras, mas se entregaram com os olhos."[38] A mesma reportagem ainda afirma que a autora soube do "sequestro" por um funcionário de um condomínio próximo ao posto de gasolina que, por sua vez, teria ouvido tal relato por parte dos frentistas. Em 2022, a novelista declarou que recebera o contato de uma pessoa chamada Eliseu, que, além de fornecer a informação da emboscada, também se referira à frase dita por Daniella — "Que brincadeira é essa?" Por esse relato, alguma testemunha presenciou a investida com muita proximidade física, a ponto de ouvir a última frase dita pela atriz antes de ser agredida.[39]

Guilherme, por sua vez, vociferava ante as novas testemunhas, o que se tornaria uma de suas marcas registradas dali por diante:

"Aqueles frentistas são mentirosos."[40] Embora ele não tenha retornado os contatos para um depoimento a este livro, não me pareceria correto deixar de expor sua versão específica sobre tais fatos publicada originalmente em seu relato autobiográfico:

> As estórias dos dois frentistas eram contraditórias e incoerentes. Com o Santana, Guilherme teria bloqueado a passagem do Escort de Daniella. Após uma discussão, ambos teriam saído de seus carros, segundo um dos frentistas. Sem qualquer discussão, segundo o outro, ele teria dado um soco forte no rosto da atriz que a fez desmaiar, arrastando-a, em seguida, até o Santana onde a acomodou no banco do carona e, por fim, teria tomado a direção do Escort e os dois carros teriam partido rumo ao local onde o corpo foi encontrado. Nem é preciso comentar essa versão, pois a perícia constatou que tudo ocorreu no local do crime devido às provas periciais que foram encontradas. As provas indicavam ter havido uma briga no mesmo local onde Daniella deixou cair a chave do carro. Inconsciente, ela fora arrastada e somente então recebera os golpes. Não havia como contestar isso.[41]

As defesas sempre alegaram que Daniella fora por vontade própria ao encontro com Guilherme, o que poderia descaracterizar a premeditação do crime ao refutar a premissa de que a atriz sofrera uma emboscada. Para as defesas, trata-se de uma questão técnico-jurídica com influência direta no futuro julgamento do caso, já que o ardil da emboscada é uma qualificadora do crime de homicídio. Para amparar tal circunstância, se baseiam inicialmente no relato do vigia Fernando Batista, que testemunhara em parte a última chamada telefônica realizada pela atriz na guarita dos estúdios Tycoon, momentos antes do crime.

Batista prestou dois depoimentos à polícia: no primeiro deles, afirmara que a atriz dissera ao seu interlocutor que "não demoraria muito".[42] O complemento dessa frase, em seu depoimento, é "ou seja, retardaria a sua chegada", cuja interpretação mais plausível é de que essa foi a impressão que a fala de Daniella causou ao vigia. Cinco dias depois, em novo depoimento, o vigia afirmou que pôde ouvir apenas uma pequena parte do telefonema — a atriz avisara que "iria chegar mais tarde".[43]

George Tavares, primeiro advogado de Guilherme, afirmara que a expressão "chegaria mais tarde" seria "o maior indício de concordância" por parte de Daniella em se encontrar com Guilherme.[44] Em sentido análogo, Paulo Ramalho também repercutiu o testemunho de Batista:[45]

> O depoimento do vigia é uma prova inconteste, está no processo que ele ouviu Daniella afirmar que "ia chegar mais tarde". São declarações absolutamente verdadeiras, descompromissadas e colhidas na polícia de forma independente. Esse tipo de declaração, obtida no momento da espontaneidade, é algo que merece todo o crédito.

Registre-se, contudo, que essa versão encontra forte contestação — o "outro lado do outro lado". A produtora Marcela Honigman, última pessoa a falar com a atriz por volta das 20h50 daquela noite, afirmou que Daniella lhe dissera que estava indo para casa e lhe pedira que avisasse ao marido que o esperaria para irem juntos ao ensaio do musical.[46] Honigman, a dois periódicos distintos, fora enfática nesse sentido: "Ela [Daniella] jamais teria me avisado de que ia para casa se estivesse planejando outra coisa, pois saberia que o marido ficaria preocupado com o atraso."[47] Nesse sentido, a testemunha reforçava: "Daniella não poderia ter marcado nada com o Guilherme [na noite do crime]."[48] A produtora também confirmou esse posicionamento à polícia.[49]

A defesa de Paula também se insurge ante a narrativa dos frentistas, valendo-se, além do depoimento de Batista, da premissa de que

Daniella teria abastecido seu carro em Ipanema no dia do crime e, portanto, não haveria razão para que a atriz abastecesse novamente o veículo naquele mesmo dia.

O advogado Carlos Eduardo Machado, integrante da equipe de defesa de Paula Thomaz, apontou duas matérias publicadas pelo *Jornal do Brasil* em que frentistas de um posto de gasolina em Ipanema afirmavam que Daniella teria abastecido seu Escort entre meio-dia e 13h no dia fatídico, pagando a gasolina com um cheque. O frentista Luiz Rodrigues, que garantiu à reportagem ter atendido a atriz, rubricara o cheque dela, e o auxiliar de escritório do mesmo posto recordava-se de tê-lo carimbado.[50]

A família de Daniella, no entanto, contestava essa versão. Naquele horário, Daniella estaria almoçando na casa de sua mãe e havia como provar esse fato, como Glória Perez afirmara à imprensa: "É impossível ela ter abastecido lá naquele horário. Ela telefonou da minha casa, no Jardim Botânico, às 12h46 para cancelar o cartão de crédito no Banco Nacional e este horário foi registrado pelo computador."[51] O desembargador Muiños Piñeiro confirmou que à época teve acesso ao documento que comprovava tal afirmação.[52] Ainda segundo a reportagem do *Jornal do Brasil*, a novelista desconfiava de que poderia ter sido realizada — por má-fé — uma troca de cheques entre os postos de gasolina da Barra da Tijuca e de Ipanema.[53]

Questionado pelo autor deste livro sobre os motivos de não ter arrolado tais frentistas como testemunhas no julgamento de Paula Thomaz, Carlos Eduardo afirmou o seguinte:

> Já tínhamos a cópia do cheque nominativo ao posto de Ipanema, com a rubrica do frentista daquele posto, conforme esclareciam as matérias do JB. Entendemos que não precisávamos de mais do que isso. (...) A falsidade do depoimento dos frentistas [arrolados pela acusação] já estava provada nos autos. Quem tinha o ônus de provar algo ali não era mais

a defesa, e sim a acusação. Se os cheques foram trocados, como levianamente sugerido, onde está a prova disso pela acusação? Pela defesa, a mentira já estava documentalmente provada.

Em meio a narrativas tão díspares, uma velha máxima acabava por ser comprovada: em uma "guerra" — nesse caso uma "guerra" de narrativas — a primeira vítima é mesmo a verdade, já que, por óbvio, não há como o mesmo fato ter acontecido de formas diferentes. Àquela altura, era difícil prever o resultado do júri, mas era fácil inferir que uma batalha de versões, defendidas com ardor por ambos os lados, estaria por vir.

Fortes emoções à vista.

Segundo assassinato

"O caso está encerrado."[54]

Dessa maneira lacônica a polícia do Rio de Janeiro se referira à suposta elucidação do homicídio da atriz Daniella Perez na edição do *Jornal do Brasil* de 30 de dezembro de 1992. Como se tratava de um jornal impresso, a declaração havia sido dita aos jornalistas no dia anterior, 29 de dezembro de 1992, apenas um dia após a tragédia.

Tamanha rapidez só poderia estar embasada em uma premissa bastante duvidosa: a polícia convenientemente embarcara na pouco crível versão do réu confesso. E era disso que se tratava. Segundo *O Globo*, o delegado Mauro Magalhães havia sido veemente: "O caso, para mim, está encerrado. O crime foi motivado por uma paixão de um dos lados. No caso, de Daniella."[55]

Do horror passara-se ao estupor — restava flagrante a culpabilização da vítima pelo crime que a vitimou. O machismo estrutural existente na sociedade brasileira revelava sua pior faceta: após ser brutalmente assassinada, a vítima ainda era responsabilizada pelo próprio infortúnio, em uma nefasta e clara discriminação de gênero, infelizmente comum em crimes praticados contra mulheres.

Pouco depois, o próprio Magalhães se retratou, afirmando que "houve um erro de interpretação"[56] e que, em verdade, sua declaração queria dizer que o autor do crime havia sido descoberto, mas isso não significava que havia sido descartada a participação de outras pessoas no homicídio e tampouco que se elucidara sua motivação.[57]

Àquela altura, todavia, já era tarde para arrependimentos. A precipitação policial, além de causar assombro ao público, fez com que várias vozes se levantassem diante da covardia que começava a se perpetrar em desfavor da imagem pública de Daniella. Conhecida por todo o Brasil e muito querida pelo público, nada havia àquela altura que maculasse a sua honra.

Para que tudo assim continuasse, no entanto, muito haveria de ser feito. O ator Fábio Assunção foi um dos primeiros a perceber isso: "Agora, nós que conhecíamos a Daniella, temos que nos unir para preservar a sua imagem. Ela era uma mulher doce, saudável, alegre e que amava o marido."[58]

A Comissão dos Assuntos da Mulher da Assembleia Legislativa do Rio de Janeiro, presidida pela deputada estadual Aparecida Boaventura, passou a acompanhar de perto as investigações do caso, inclusive com a convocação de autoridades para prestar esclarecimentos. Uma das oitivas mais importantes foi a que ouviu os delegados que conduziam as investigações. Naquela oportunidade, os delegados Mauro Magalhães e Cidade de Oliveira divergiram sobre a participação de Paula Thomaz no crime.[59] Já Antônio Serrano admitiu que o inquérito policial foi enviado à Justiça contendo pontos obscuros.[60] O relatório final apresentado pela comissão apontou falhas significativas da polícia durante o curso das investigações.

Se a polícia aparentava crer na primeira versão apresentada por Guilherme de Pádua, o movimento feminista acreditava justamente no contrário. Inconformado com as declarações das autoridades policiais de que o crime havia sido motivado por uma inverossímil paixão de Daniella por Guilherme, o Conselho Estadual dos Direitos da Mulher (CEDIM) emitiu uma nota pública de repúdio à versão do réu:

> No dia 28 de dezembro uma jovem mulher, atriz, foi brutalmente assassinada com 18 tesouradas, por um colega de trabalho. Seria mais um crime cometido numa grande cidade, se o assassino não apresentasse, desde o primeiro momento, a cínica, tradicional e inaceitável versão — para se livrar do rigor da lei — de que a vítima o assediava. Esse é o argumento sempre usado quando a vítima é mulher. O assassino frio e covarde busca transformar a vítima em ré, torná-la responsável pelas 18 tesouradas que lhe tiraram a vida. Todos aqueles que lutam contra a violência não podem aceitar que Daniella Perez seja assassinada pela segunda vez.[61]

A nota tinha a inegável virtude de ir direto ao ponto: a versão com a qual Guilherme buscava se defender, além de desconexa em relação à realidade, inevitavelmente maculava a imagem da vítima, atingindo-a com um "segundo assassinato", dessa vez de cunho estritamente moral.

Essa insólita situação, contudo, não era totalmente estranha ao histórico judicial brasileiro, em especial quando se tratava de culpabilizar a vítima. Um caso que abalou o país durante a década de 1970 marcou na memória coletiva a utilização desse estratagema e, ao mesmo tempo, se tornou um ponto de inflexão em relação à leniência no tratamento de homicídios cometidos contra mulheres no Brasil. Apesar de o crime ter marcado negativamente o país no longínquo ano de 1976, as coisas mudariam dali por diante.

Para muito melhor.

UMA LONGA JORNADA POR JUSTIÇA

Quem ama não mata (caso Doca Street)

A década de 1970 foi marcada por uma profunda revolução em relação aos costumes. O Brasil, vivendo a fase mais repressiva do regime militar, atravessava uma época de rápidas e variadas transformações, onde passado e futuro coexistiam de maneira turbulenta.

Nesse contexto social fragmentado, surgiria uma intensa paixão que acabaria em tragédia. De um lado, Ângela Diniz — a "Pantera de Minas" — uma socialite desquitada, mãe de três filhos, que deixara Belo Horizonte para viver intensamente a vida no Rio de Janeiro. Do outro lado, Raul Fernando do Amaral Street — o "Doca Street" — à época um conhecido playboy que vivia no seio da alta sociedade paulistana e, ao que consta, sempre mantivera relacionamentos com mulheres ricas que lhe propiciavam uma vida confortável.

Doca e Ângela se conheceram em uma festa em meados de 1976, por intermédio do jornalista Ibrahim Sued. Um mês depois, ele largaria uma cômoda vida em São Paulo para viver no Rio de Janeiro ao lado de Ângela. Abandonaria esposa, filho, a convivência em uma tradicional família paulista e um estilo de vida que lhe propiciava tudo que o dinheiro podia comprar.

Ângela era dona de sua vida e responsável pelas próprias escolhas. Antes de se envolver com Doca, não havia um homem a lhe ditar normas de conduta, e ela fazia de sua vida o que melhor lhe conviesse, em uma postura que desafiava os padrões que ainda vigiam em boa parte da sociedade brasileira naquele momento. Até então, nada nem ninguém lhe impingia o que fazer ou como se portar. Era senhora de seu próprio destino e, infelizmente, acabaria por pagar um preço alto por isso.

O relacionamento entre ela e Doca Street, entretanto, sempre foi marcado por ciúmes por parte dele. Ângela chegou a ser mantida em regime de "reclusão doméstica",[62] sendo impedida pelo companheiro de se comunicar com os amigos, e muitas vezes tinha até a sua conversa com os funcionários da casa monitorada por Doca.

Dizia-se que o casal vivia uma rotina desregrada, marcada pelo abuso de álcool e drogas. Apesar de rica e de chamar atenção pela beleza, Ângela Diniz vivia sob o estigma de ser uma mulher desquitada. Ainda era vista com algum preconceito dentro da conservadora lógica que resistia no Brasil dos anos 1970. Tal estigma era tão forte que o advento da Lei do Divórcio em 1977 aboliu o famigerado termo "desquite", optando por tratar a situação como "separação judicial", uma forma de amenizar o preconceito social que sempre existiu em relação ao tema no Brasil.

No réveillon de 1976, a tragédia se abatera sobre a vida de Ângela. Tendo alugado uma casa em Búzios — à época, distrito do município de Cabo Frio —, Ângela viajara em companhia de Doca para desfrutar a virada do ano à beira-mar. Em uma pequena casa de frente para a praia dos Ossos, o casal pretendia romper o ano em meio ao sossego do charmoso balneário.

No entanto, nada sairia como previsto. Em vez da serenidade propiciada pelas belas paisagens da cidade litorânea, aquele feriado acabou marcado por intensas desavenças entre o casal. No mais acirrado dos desentendimentos, a discussão teria sido iniciada em função dos ciúmes de Doca, que não aprovara uma conversa que a companheira mantivera na praia com uma artesã alemã.

A paixão fulminante começara a cobrar o seu preço. O que a princípio era um amor desmedido se transformara em um sentimento de posse entremeado por ciúmes cada vez menos contidos. À discussão anterior se somou novo atrito no interior da residência, quando Ângela teria terminado o relacionamento, exigindo que Doca deixasse a casa de praia e tomasse o rumo que melhor lhe conviesse — desde que distante dela.

O playboy até aceitou a decisão de sua companheira, mas por pouco tempo. A escritora Luiza Eluf descreve o estado de espírito de Doca Street naquele momento crucial de sua vida:

Ao ser expulso da casa de praia, naquela noite fatídica, Doca, a princípio, resignou-se. A empregada ouviu-o dizer a frase "Você não deveria ter feito isso comigo". Saiu de casa. Entrou em seu Maverick e andou alguns quilômetros. Pouco depois, raciocinou melhor e resolveu voltar. Não iria embora assim, facilmente. Havia deixado o palacete nos jardins, em São Paulo, e a boa mesada da família Scarpa para ir viver com Ângela. Agora, as coisas não poderiam ficar por isso mesmo.[63]

E, de fato, não ficaram. Doca voltou e pediu para permanecer na casa. Como era comum à época, ele possuía uma arma de fogo, o que tornava seu orgulho ferido um sentimento ainda mais perigoso. Repelido, teve um acesso de fúria e disparou quatro vezes contra Ângela Diniz, desferindo três tiros na face e um na nuca, com a vítima já desfalecida quando recebeu o último petardo, uma espécie de tiro de misericórdia.

O rosto da atriz ficou transfigurado. A beleza da Pantera de Minas esvaíra-se instantaneamente, em um gesto abrupto e cruel.

Orientado por seus advogados, Doca Street se entregou à polícia algum tempo depois do crime. Apresentado primeiro à imprensa, Doca foi instruído por seu primeiro defensor a sustentar uma versão passional para o homicídio, utilizando a alemã que teria mantido contato com o casal no dia do crime como o pivô da tragédia consumada pouco tempo depois.[64]

Após se apresentar à polícia, Doca Street foi imediatamente preso, mas algum tempo depois conseguiu um *habeas corpus* e pôde aguardar o julgamento em liberdade. Assim como Paula Thomaz, o réu se reservou o direito de só falar em juízo e não deu qualquer esclarecimento aos investigadores durante o curso do inquérito policial.

Entre 1979 e 1981, o acusado seria levado à Justiça duas vezes, em julgamentos que mobilizaram a atenção de todo o país. Ambos foram realizados em Cabo Frio, cidade pequena cuja população era majoritariamente conservadora, o que favoreceria a defesa do réu em seu primeiro julgamento.

Como se tratava de um crime doloso contra a vida, o réu confesso foi levado a um júri popular. Julgado pela primeira vez em outubro de 1979, Doca foi defendido diante do júri pelo renomado advogado Evandro Lins e Silva. Valendo-se da tese de legítima defesa da honra, o jurista concentrou sua argumentação em um escrutínio essencialmente moral acerca da conduta de Ângela Diniz. Parecia que quem estava sendo julgada era a vítima, não o réu. O crime propriamente dito ficara em segundo plano, tendo em vista os incisivos ataques direcionados à reputação de Ângela.

Em suas memórias, o jurista Evandro Lins e Silva relembrou algumas passagens de sua sustentação oral, o que transporta o leitor para a atmosfera viva daqueles dias:

> Senhores jurados, a mulher fatal encanta, seduz, domina, como foi o caso de Raul Fernando do Amaral Street. Ele se deixou subjugar por uma mulher sem preconceitos, uma mulher que levava uma vida livre, sem quaisquer freios. Ele foi o ingênuo que queria construir um lar. E todos os enamorados se enganam, acham pretensiosamente que vão regenerar a mulher que encontram, eles são os homens que dominam, eles vão conseguir, na sua conquista, transformar aquela mulher, ressocializá-la, recuperá-la para o lar e para a família. (...) Mais do que isso, [Doca Street] vê-se ofendido na sua dignidade de homem quando essa mulher inclusive se dá a práticas libidinosas, com uma outra mulher! Haverá insulto maior à masculinidade de alguém, à dignidade de um homem? (...) Porque estou defendendo certos princípios que, estou certo, os jurados de Cabo Frio também defendem: os bons costumes, as moralidades das famílias.[65]

Ainda segundo a defesa, o estopim para o crime teria sido uma frase dita pela vítima diante do pedido de Doca para que reatassem a relação — no que teria sido a derradeira fala de Ângela em sua vida: "Seu corno. Você quer viver como corno, se você quiser continuar comigo é admitindo o amor promíscuo, que eu tenha os amantes que entenda, ou as amantes que eu entenda."[66] A resposta, ouvida por uma funcionária que trabalhava na casa do casal, teria sido eivada pelo mais profundo sentimento de posse: "Se você não vai ser minha, não será de mais ninguém."[67]

Em uma pequena cidade do Brasil da década de 1970, contaminada pelo mais puro preconceito de gênero, a tese de que Doca Street matou em defesa de um direito próprio — sua honra masculina ferida — acabou por prevalecer. Em um julgamento no qual o acusado ingressou no tribunal contando com forte apoio popular — havia inclusive pessoas que portavam cartazes com a inscrição "Doca, Cabo Frio está com você"[68] —, tal resultado não foi de todo inesperado. Involuntariamente refletia o espírito do tempo, em uma demonstração do atraso em que grande parte do Brasil ainda se encontrava naquela época.

Com apurado faro jornalístico, a jornalista Cidinha Campos antecipara aquele insólito resultado em sua coluna no *Jornal dos Sports*:

> A morbidez é geral, a multidão vibra com a desgraça alheia e isso não é novidade nesse mundo tão triste e frio. No começo, Ângela Diniz era vítima. Quinze dias depois virou o barco. Doca, por estar barbado, passou a ser vítima. É aplaudido pelo povo, virou mito. As mulheres já estremecem pelo coração de Doca. E foi Ângela que foi assassinada, não sei se vocês se lembram. Em menos de um mês, ela foi de mulher mais sexy a "sapatão". Eu não vou estranhar se, no final do julgamento, Doca seja condenado a pagar uma pequena multa apenas por ter caçado uma pantera fora da estação.[69]

Dito e feito. O moralismo subjacente ao resultado do julgamento — Doca Street foi condenado a dois anos de prisão por homicídio culposo, com direito à suspensão condicional da pena — propiciou que o réu saísse livre do tribunal. Mais impressionante ainda, o réu confesso deixou o fórum aplaudido por dezenas de populares em uma cena que chocava por materializar a mais absurda inversão de valores que pode existir.

Não pararia por aí. De fato, Doca havia se transformado em uma espécie de mito, e parecia não haver limite para a bizarrice que o sanguinário crime inspirava: surgiram camisetas estampando a cara de Doca, um restaurante criou um prato denominado "Filet à Doca Street" e também chegou a oferecer aos clientes um drinque com o nome do homicida (servido com quatro balinhas ao redor do copo, em uma mórbida referência aos quatro tiros desferidos em Ângela Diniz).[70]

A despropositada sentença, em realidade, acabara por condenar a vítima e, ao mesmo tempo, parecia uma chancela da Justiça para que homens feridos em seus brios fizessem justiça com as próprias mãos. A revista *Veja*, que publicou uma edição com o acusado pelo crime em sua capa sob a incisiva manchete "Um Crime Sem Castigo",[71] destacava os principais momentos da retórica utilizada pela defesa, em uma demonstração de como aspectos da vida particular da vítima prevaleceram sobre o próprio crime:

> Já Evandro Lins e Silva chamou Ângela de "Vênus lasciva", acusou-a de ser dada a "amores anormais" e, finalmente, comparou a morta à "mulher de escarlate de que fala o Apocalipse, prostituta de alto luxo da Babilônia, que pisava corações e com suas garras de pantera arranhou os homens que passaram em sua vida".[72]

Doca, por sua vez, chegou a afirmar que havia matado Ângela "por amor". Tal declaração deixou a família da vítima ainda mais inconformada. Maria Diniz, mãe de Ângela, questionou publicamente a postura do algoz de sua filha: "Ele quer fazer acreditar que matou por amor. Por que ele não morreu também por amor? Por que ele não dividiu a crueldade?"[73]

Diante da rápida evolução dos fatos, talvez a voz mais serena a definir aquele intrincado contexto tenha sido a de Carlos Drummond de Andrade. Com a presença de espírito que marcou a sua obra imortal, o poeta mineiro resumia de maneira singela o que realmente ocorria diante dos olhos de toda a sociedade: "Aquela moça [Ângela Diniz] continua sendo assassinada todos os dias de diferentes maneiras."[74]

Era a mais pura expressão da verdade. Havia uma flagrante injustiça no resultado do primeiro julgamento e, principalmente, uma mensagem subliminar que tal decisão judicial enviava à sociedade — a condenação por demais branda na prática significava uma absolvição, e poderia aumentar a incidência de ações similares devido à ausência de punição. A Justiça, por sua vez, acatou o recurso apresentado pelo Ministério Público, e Doca Street foi levado a novo julgamento.

Dessa vez, no entanto, o contexto mudaria por completo. Ao longo dos dois anos que separaram os julgamentos ocorreu a gradativa conscientização da opinião pública para a importância simbólica do caso, a ponto de espontaneamente ter surgido um *slogan* simples que se contrapunha a tudo aquilo que era considerado lugar-comum em relação a crimes passionais praticados contra mulheres: "Quem ama não mata."[75] O engajamento do então incipiente movimento feminista associado à conscientização popular transformaram por completo a atmosfera que envolveu o novo julgamento de Doca Street, realizado em novembro de 1981. Em vez de cartazes e faixas de apoio ao réu, na porta do fórum se concentraram pessoas a clamar por justiça para Ângela Diniz.

No segundo julgamento a Justiça refutou a tese de que Doca Street havia matado para garantir um direito próprio, negando a aplicação da tese de legítima defesa da honra. Assim, Doca acabara condenado a uma pena de quinze anos de prisão, cujo cumprimento seria iniciado em regime fechado. O condenado sairia do fórum direto para a penitenciária, onde começaria a cumprir a pena que lhe fora imposta pelo juízo, após decisão soberana do conselho de sentença.[76]

Mais do que a condenação de um réu confesso, a decisão da Justiça representou o fim da impunidade. Ou, até mesmo, o fim de uma era. O recado que se transmitia à sociedade com aquela nova decisão era de que o assassinato de mulheres por seus companheiros, ou por quem quer que fosse, não mais seria tolerado pela Justiça brasileira. Era um sinal inequívoco de mudança dos tempos.

Felizmente, para melhor.

Além de o novo julgamento ter se transformado em um marco na mobilização que se insurgia frente à violência praticada contra mulheres, a decisão também significou a reabilitação da imagem da vítima, achincalhada durante o primeiro julgamento. A própria família de Ângela Diniz foi à imprensa para ressaltar que mais importante do que a própria condenação era o resgate de sua imagem pública.

De certa forma, aquela luta travada no final da década de 1970 acabou por influenciar o futuro tratamento judicial dado a crimes cometidos contra mulheres. A reviravolta no julgamento de Doca Street foi fundamental para que a Justiça e a própria sociedade dirigissem um olhar mais humano a esse tipo de crime, fortemente influenciado por um arcaico preconceito de gênero.

Na década de 1990, tais condutas não eram mais admitidas no âmbito da sociedade com a naturalidade com que haviam sido encaradas outrora. O machismo, por vezes implícito em investigações desse tipo de crime, era rapidamente denunciado ao grande público por organizações da sociedade civil que permaneciam vigilantes ante eventuais abusos cometidos pelas autoridades.

No crime que vitimou Daniella Perez, a rápida aceitação pelas autoridades policiais da versão apresentada pelo réu confesso encontrou pronta resposta da sociedade. Em anúncio publicado em jornais de grande circulação — no qual o caso Ângela Diniz era relembrado —, insurgia-se ante a postura policial:

Nunca a violência contra as mulheres atingiu níveis tão assustadoramente altos. Nunca a justiça da mulher e para a mulher foi tão aviltada, deturpada, distorcida, pelos recentes acontecimentos envolvendo o brutal assassinato da atriz Daniella Perez. *Morte às mulheres!* Parece ser o que pensam os responsáveis pelo andamento do caso na polícia, ao divulgarem declarações de que aceitam a versão do principal suspeito do homicídio. Na verdade, ao se aventar uma argumentação ardilosa e vil — a da vítima que atrai e seduz, e por isso merecedora de um destino trágico —, tenta-se sórdida e cinicamente colocar a vítima no banco dos réus. Não é digno e justo que se mate por uma segunda vez: além da própria pessoa, a sua memória. Esta é uma questão que envolve toda a nossa sociedade. É preciso ter consciência de que esses acontecimentos não envolvem apenas Daniella Perez, Mônica Granuzzo, Ângela Diniz e tantas outras que chegaram aos noticiários. É de fundamental importância sabermos que nesse exato momento milhares de mulheres sofrem silenciosamente o mesmo tipo de desrespeito e violência. (...) E o caso Daniella traça um fiel e frio retrato desta situação.[77]

Diante da situação geral do país e do caso particular que envolveu Daniella Perez, nada poderia ser mais sintomático diante da cruel realidade que se impunha. O advogado Paulo Ramalho chegou até a fazer um paralelo entre os dois casos, colocando a pena de Doca Street como uma espécie de parâmetro máximo ante uma eventual condenação de Guilherme.[78]

Subjacente à comparação, também era possível notar certa relativização da gravidade dos crimes cometidos. No entanto, o Brasil do início da década de 1990 em muito pouco lembrava o país do final da década de 1970. O falacioso argumento não colava mais. Pelo contrário, enfrentava forte contestação social, demonstrada pelas mais diversas vozes que publicamente se insurgiram diante da versão propalada pelo acusado.

Anos depois, reportagem publicada pelo *Jornal do Brasil* enfrentava a delicada questão sobre os danos eventualmente causados à imagem de Daniella e concluía que, a despeito de todos os ataques perpetrados pelo réu, a imagem pública da atriz resistira ilesa à covardia de seu algoz:

> Moça linda, sorriso imenso, corpo de sonho. Daniela (*sic*) Perez morreu cedo demais, quando ainda era uma promessa. Só depois do crime, o público, que só conhecia Yasmin, soube quem era Daniela (*sic*). O que se descobriu em depoimentos de amigos, parentes ou meros conhecidos, aumentou a revolta de uma multidão, que trata personagem de novela como parente. Num país em que é comum transformar mulheres vítimas de violência em culpadas, não houve o que sequer arranhasse a imagem da moça simpática, alegre e extrovertida, cheia de planos e ambições. (...) A personalidade de Daniela (*sic*) revelada depois do assassinato resistiu até aos ataques calculados de Guilherme de Pádua, que diz ter sido amante da atriz. Num país onde infidelidade por vezes serve para justificar crimes hediondos, as supostas revelações de um assassino confesso não tiraram de Daniela (*sic*) o papel que coube a ela numa tragédia mais inconcebível que trama da novela das oito: o de uma heroína trágica, vítima de um mal além da compreensão de milhares de telespectadores.[79]

A passagem do tempo tem a virtude de trazer uma análise distante do calor dos acontecimentos. Refletindo sobre os episódios alguns anos após os fatos terem ocorrido, a reportagem descrevia aquilo que o senso comum havia muito tempo intuíra: Guilherme passou à história pela dupla covardia perpetrada contra Daniella. Vitimara-a em vida e, posteriormente, tentara macular a sua imagem, atacando-a mesmo depois de morta.

Já a Daniella coube realmente o papel de heroína trágica, remanescendo a sensação generalizada de que a atriz partiu cedo demais.

UMA LONGA JORNADA POR JUSTIÇA

Os desdobramentos do crime que a vitimou foram influenciados pelo caso Doca Street, muito por conta da quebra de paradigma após a condenação do algoz de Ângela Diniz no segundo julgamento. A utilização de teses como a legítima defesa da honra ou a descrição da mulher como "Vênus lasciva", entre outras adjetivações menos lisonjeiras, definitivamente já haviam sido superadas àquela altura. Com (demasiado) atraso, as coisas finalmente pareciam ter mudado (para melhor) no Brasil.

12.
Tortuosa espera

Prisão preventiva

A restrição de liberdade é uma das punições mais graves que podem ser impostas em desfavor de uma pessoa. Por essa razão, via de regra a pena só deve começar a ser cumprida após a condenação definitiva dos acusados, até para evitar a punição antecipada de pessoas que posteriormente venham a ser declaradas inocentes.

No entanto, desde a Antiguidade já se conhece a figura da prisão cautelar, que ocorre antes do julgamento e cuja finalidade é impedir a coação de testemunhas por parte dos acusados, além de visar à preservação de outros bens jurídicos, como a instrução criminal e até mesmo a eficácia do processo. Em liberdade, há maior chance de fuga dos réus, frustrando a efetividade da Justiça.

Paula e Guilherme foram presos nos dias que se seguiram ao crime. Cada um deles foi detido por um fundamento distinto. Guilherme permanecia preso em função da caracterização do flagrante de sua prisão; Paula, por uma decisão que decretava a sua prisão provisória, que tinha prazo certo. No início de 1993, tal decisão estava prestes a expirar, havendo a possibilidade de a acusada readquirir a liberdade em virtude do término do prazo de sua prisão provisória.

Essa possibilidade repercutira bastante na imprensa, o que levou Glória Perez a tecer uma incisiva declaração: "Não posso sequer imaginar a libertação dessa mulher abjeta e imunda. Apesar da deterioração moral do país, a Justiça não poderá nivelar-se a esta criminosa cínica, cuja vida obscena e indigna representa uma ameaça para toda a comunidade."[1]

A prisão preventiva dos acusados do assassinato de Daniella Perez foi decretada em 9 de janeiro de 1993. A prisão provisória de Paula Thomaz expiraria à meia-noite daquele mesmo dia, enquanto a prisão de Guilherme, embora não tivesse prazo determinado, poderia ser revista a qualquer momento em função da fragilidade jurídica da caracterização do flagrante, tal qual já ocorrera anteriormente.

Fundamentando sua decisão em razões que iam desde os indícios de autoria do crime até a manutenção da ordem pública, o juiz Gilmar Teixeira pretendia também resguardar a integridade física dos acusados, já que o crime havia causado imensa indignação à opinião pública.[2]

A partir daquele momento, Paula e Guilherme seriam mantidos presos por tempo indeterminado, o que ocorreu até o julgamento de ambos, pouco mais de quatro anos após o crime. Todas as tentativas dos advogados de libertá-los durante o curso do processo se revelaram infrutíferas, rechaçadas pelas diversas instâncias do Poder Judiciário.

Já o duelo entre defesa e acusação começava a apresentar os primeiros grandes embates. Com a retórica afiada, Ramalho afirmava ter recebido uma fita de vídeo cujo conteúdo seria "bombástico" e que poderia mudar o rumo do caso.[3] Também considerara imprescindível a oitiva de Jochen Hich, cineasta alemão que produzira *Via Ápia*, produção estrangeira de que Guilherme participara.[4] Tais expedientes, à época, foram considerados protelatórios, visando a dificultar o andamento do processo.

Na outra ponta, o jornal *O Dia* noticiava que Glória Perez poderia divulgar "fotos reveladoras de Paula Thomas tiradas na galeria Alaska"[5] e que tal ação dependeria do aval da promotoria. Tal possibilidade causou frisson pela natural expectativa acerca do conteúdo das supostas fotografias, já que a novelista não revelava sequer o que haveria de comprometedor nelas,[6] aguçando a curiosidade do público e da própria mídia sobre o fato.

Ao que se tem conhecimento, tanto a fita bombástica quanto as fotos comprometedoras jamais foram reveladas ao público.

Braços aos céus

Antes do julgamento propriamente dito, o casal participou de algumas audiências preliminares no fórum do Rio de Janeiro. Esses encontros acabaram marcados pela forte tensão registrada dentro do plenário do II Tribunal do Júri, sobretudo pela expectativa do encontro entre os familiares da vítima e os acusados pelo crime, que, nessas ocasiões, ao menos se avistariam a distância.

Guilherme e Paula eram invariavelmente hostilizados por populares quando saíam ou retornavam das carceragens onde eram mantidos sob custódia, bem como na chegada ou saída do fórum. O receio de que fossem linchados fazia com que a polícia montasse um grande aparato cada vez que havia necessidade de deslocamentos. Diversas viaturas e vários agentes eram designados para acompanhá-los, mas, mesmo com todo o esquema de segurança, os acusados não conseguiam escapar da ira da população, que lhes dirigia os mais pesados insultos, causando grande tumulto. Em uma das locomoções, até fezes foram arremessadas em direção a Guilherme de Pádua,[7] o que dá a medida do tamanho da ojeriza das pessoas em relação ao nefasto crime cometido.

A primeira audiência sobre o caso ocorreria em 15 de janeiro de 1993. Como Paula Thomaz havia se recusado a prestar qualquer declaração formal à polícia, a grande expectativa era em relação ao seu primeiro depoimento em juízo.

Para evitar hostilidades contra os acusados, a polícia os transportou logo cedo para o fórum do Rio de Janeiro. Trajando um vestido florido que realçava sua gravidez, Paula parecia bastante assustada com o assédio da imprensa e chorou durante o trajeto até o tribunal, sendo amparada por um policial civil que a escoltava.[8] Já Guilherme estava com a barba por fazer e deixou a carceragem da Barra da Tijuca de cabeça baixa, demonstrando alguns tímidos sinais de abatimento. Ambos chegaram ao fórum pouco antes das 7 horas da manhã.

O primeiro a depor foi Guilherme de Pádua. Lacônico, reiterou a confissão dada à polícia, sustentando que matara Daniella Perez sozinho e que Paula não esteve no local do crime: "Somente queria dizer que matei Daniella."[9] Afirmando ao juiz que não pretendia mais responder a qualquer pergunta, foi dispensado cerca de vinte minutos após o início de seu depoimento. Embora tenha ficado pouco tempo sob os holofotes, Guilherme não deixou de se preocupar com a própria imagem. Aos agentes de segurança que o escoltavam, teria perguntado: "Fui bem filmado? Fui bem fotografado?"[10]

Em verdade, falar o mínimo naquele interrogatório não era a intenção genuína de Guilherme. Pelo contrário. Naquele momento, o acusado estava resoluto em sua decisão de proteger a esposa, e pretendia expor uma versão pormenorizada dos fatos com o intuito de excluir Paula do processo. Seu defensor, que chegou a impetrar um *habeas corpus* na tentativa de impedir que Guilherme fosse inquirido naquela data, afirmou que estabeleceu um "acordo possível" com o cliente: Guilherme deveria falar "o mínimo possível, para que houvesse espaço para a sua defesa trabalhar no futuro" e, assim, chegaram ao consenso de que o réu somente admitiria o crime e nada mais falaria.

Em uma de suas raras declarações à imprensa naquela ocasião, o acusado inauguraria a sua estratégia de vitimização. Dizia-se perseguido pela mídia e, em especial, pela Rede Globo, sua antiga empregadora: "As pessoas acham que a Globo é muito boa, paga bem, dá sucesso, mas no final eu vi o que ela faz com a gente."[11] Declarações com teor semelhante, afirmando ser vítima de uma campanha de perseguição orquestrada pela imprensa, seriam a tônica de seu comportamento ao longo do processo.

Paula Thomaz, por sua vez, esteve bastante calma durante toda a oitiva, contrastando com a postura que apresentara no camburão. Monocórdica, Paula formalizaria pela primeira vez a versão que manteria até seu julgamento, cerca de quatro anos depois: passeara no BarraShopping durante toda a tarde e início da noite do dia 28 de dezembro de 1992, permanecendo no estabelecimento comercial por quase oito horas ininterruptas. Além de afirmar inocência, negou sentir ciúmes excessivos de Guilherme e também refutou o depoimento dos policiais de que confessara o crime.

Durante o depoimento, a acusada deu respostas acuradas sobre os eventos que se sucederam na trágica noite, identificando os horários em que esteve em cada lugar de forma bastante precisa. A referência a horários como 20h45, 21h15 e 21h50 impressionou o juiz pela exatidão, a ponto de o magistrado indagar à acusada se ela utilizava um relógio naquela noite. "Não", foi a lacônica resposta, que naturalmente soou contraditória.[12]

Poucas perguntas deixaram de ser respondidas. Paula apenas se reservou o direito de não responder às indagações sobre as tatuagens íntimas e se já havia mantido relacionamentos amorosos com amigos de Guilherme,[13] como divulgado pela imprensa em algumas oportunidades. A jovem acuada que chegara ao fórum aninhada nos braços de um policial dera lugar a uma mulher segura que deixaria de responder aos questionamentos da Justiça por considerá-los "maldosos" ou simplesmente "bobagens".[14]

TORTUOSA ESPERA

Já nos arredores do fórum, ocorreram as primeiras manifestações de relevo associadas ao caso, com a participação de grupos feministas e associações de vítimas de violência, além de amigos e admiradores de Daniella Perez. Aquele local era emblemático na luta contra a impunidade: meros cinco anos antes, exatamente em frente à Casa da Justiça, Nilson Lopes, pai de Mônica Granuzzo, protestou vestido de palhaço contra uma decisão judicial que concedera um *habeas corpus* ao algoz de sua filha.[15] Seu protesto ocorrera em fevereiro de 1987. Parecia que nada mudara naquele início de 1993 e a impunidade era novamente uma ameaça real a pairar no ar.

Naquele primeiro ato público foi programado um abraço simbólico em torno do tribunal. Os manifestantes formaram um cordão humano ao redor do prédio e, de mãos dadas e levantadas ao céu, clamavam por justiça para Daniella, em uma expressiva demonstração cívica que acabou por marcar o caso. Das janelas do fórum, funcionários jogavam papel picado em apoio à manifestação. De mãos dadas, aquelas pessoas pareciam clamar aos céus por um país menos violento, mas, em verdade, suas aspirações tinham um caráter muito mais mundano: simplesmente pediam à Justiça por justiça.

Aquele momento marcaria o primeiro capítulo de uma grande jornada pública. Presentes nas faixas dos manifestantes, nomes de vítimas da violência em crimes de grande repercussão, como Mônica Granuzzo, Denise Benoliel e Ângela Diniz.[16] Um fato dotado de um triste simbolismo marcaria aquela data: exatos 2.762 dias antes, em 26 de junho de 1985, fora Daniella Perez quem envergara uma faixa a clamar por justiça para Mônica Granuzzo, em meio a uma manifestação liderada por jovens estudantes em frente à delegacia de Botafogo.[17]

Naquele instante, porém, o nome da própria Daniella estava escrito na faixa, separado do nome de Mônica apenas pela lembrança de outra vítima da violência — Ângela Diniz. A atriz não poderia se associar à manifestação, como fizera anteriormente. A violência, que um dia condenara em praça pública, a impedira de continuar a viver.

Na faixa, entre os nomes das mulheres vítimas de violência, havia pinturas de mãos em vermelho, metaforicamente remetendo ao sangue que os algozes tinham em suas mãos. A frase do cartaz era apocalíptica, porém refletia com crueza a realidade: "Sem punição mais mulheres morrerão."[18] Além dos expressivos cartazes, aquela manifestação trazia à luz uma importante questão: quem seria a próxima vítima? Escritos em letras vermelhas, os nomes de Daniella, Mônica, Denise e Ângela eram a face visível da violência praticada cotidianamente contra mulheres no país. A face oculta, composta por milhares de vítimas anônimas daquela mesma violência, era, no entanto, muito maior.

Em 1986, o pai de Mônica Granuzzo, após o chocante assassinato da estudante Denise Benoliel, fez uma soturna indagação: "Ontem foi a Mônica, hoje a Denise, amanhã quem será?"[19] Predizendo o futuro, Nilson Lopes denunciou publicamente uma chaga brasileira — a violência cíclica e estrutural contra as mulheres.

O futuro, infelizmente, repetiria o passado.

Era ela!

Ao final de janeiro de 1993, ocorreu uma das mais tensas audiências de todo o processo. Naquela data, haveria um sumário de culpa, fase processual em que diversas testemunhas seriam ouvidas sobre importantes circunstâncias relacionadas ao crime.

Essa audiência acabou marcada por uma cena impactante: a mãe da vítima, ao passar perto do local onde a acusada estava sentada ladeada por policiais, encarou-a fixamente. Em realidade, Glória Perez encarou Paula Thomaz durante quase toda a audiência, parecendo inclusive estar alheia ao que acontecia no plenário em função de seu olhar direcionado incessantemente à acusada.[20] Sentada na primeira fila, a escritora fitava fixamente a algoz de sua filha. Paula não teve coragem de retribuir os olhares recebidos, e se sentou de lado para evitar a confrontação, como destacava a foto de capa do *Jornal do Brasil* no dia seguinte.[21]

O ponto mais importante da audiência, contudo, não foi a postura da acusada, tampouco a reação dos familiares de Daniella. Naquele dia, a principal testemunha do crime, o advogado Hugo da Silveira, estaria novamente diante da acusada. A única vez que estiveram próximos havia sido na noite do crime, quando Hugo afirmava ter visto Paula dentro do Santana.

Dessa vez, estariam frente a frente, e o advogado seria instado a reconhecê-la formalmente. Em um primeiro momento, Hugo afirmou ao jornal *O Globo* que vira uma mulher de rosto redondo e cabelos longos, em "descrição que coincide com a de Paula Thomaz".[22] Pouco depois, ele a reconheceria em uma foto estampada na capa do mesmo jornal.[23] Sem temer estar cometendo qualquer injustiça e com a segurança de quem presenciou o fato, o advogado não se furtara a dar uma contundente entrevista:

> Pensei muito e meditei muito. Não tenho dúvida de que a mulher que estava no carro era Paula Thomaz. Sua fisionomia ainda está gravada na minha memória. Ainda vejo aquele rosto redondo e de cabelos escuros. Sei da importância do meu testemunho no caso, já que os assassinos poderiam estar soltos. Às vezes, fico pensando que por muito pouco não vi a atriz ser assassinada. Os dois não esperavam que fizesse o retorno com o carro e passasse por eles novamente.[24]

Naquela audiência, enfim, a testemunha ocular e a acusada ficariam cara a cara, diante da Justiça e de um plenário lotado. O processo atingira um de seus pontos cruciais.

Era a hora da verdade para Paula Thomaz.

O juiz Gilmar Teixeira perguntou diretamente à testemunha se confirmava que Paula estivera no local do crime: "O senhor pode olhar para aquela moça e dizer se ela era?"²⁵ Hugo não titubeou em sua resposta ao magistrado, de modo que todos os presentes pudessem ouvi-lo: "Era ela."²⁶

A defesa de Paula protestou, afirmando que a diligência deveria ter sido feita na fase policial e estava em desacordo com a lei. Sua defesa técnica nunca se resignou ante a ilegalidade, contestando a validade da prova:

> Existem duas provas que devem ser vistas com muito cuidado: a confissão e o reconhecimento. Por isso, a lei impõe que, para que haja um reconhecimento seguro, a testemunha deve ver cinco pessoas com fisionomias semelhantes, o que não aconteceu nesse caso (...).²⁷

Em depoimento a este livro, o advogado Carlos Eduardo Machado, integrante da equipe de defesa da acusada, mencionou dois pontos que, em sua visão, enfraquecem as provas testemunhais: as ambiguidades no depoimento do garagista Cesarino do Nascimento e as contradições entre os dois primeiros depoimentos prestados por Hugo da Silveira.²⁸ Sobre a ambivalência no depoimento de Cesarino, a defesa descreve tal dinâmica por meio de uma análise minuciosa das incongruências do testemunho em relação a outros depoimentos prestados no processo.²⁹

Especificamente sobre o testemunho de Hugo, a defesa de Paula argumenta que o tempo que a perícia afirmou que o aposentado teve para ver "com clareza" o rosto da acusada — de 2,2 a 4,5 segundos — seria insuficiente para a memorização.³⁰ Carlos Eduardo também mencionou uma primeira entrevista, concedida ao *Jornal do Brasil*, na qual Hugo afirmara não ser possível identificar de forma precisa os ocupantes do Santana.

De fato, há duas declarações nesse sentido ao jornal. A primeira delas foi dada logo após o crime por Jamilton Ribeiro, caseiro da residência onde Hugo se hospedara e que dirigira o carro para que ele pudesse anotar as placas: "Havia um casal no carro, mas, como estava escuro, não vi quem era. Com o farol alto, vi que era uma mulher de cabelos longos, sentada no banco do carona, de costas para a porta, e ele no volante."[31] Já Hugo da Silveira afirmaria pouco depois: "Passamos [pelo local do crime] de novo, vinte minutos depois, e Jamilton disse ver um casal no Santana. A moça tinha o rosto redondo e branco. Não sei se parecia com Paula e Daniella."[32] Essa declaração foi publicada no *Jornal do Brasil* em 4 de janeiro de 1993, mas, pelo incisivo teor das declarações da testemunha ao jornal *O Globo*, tudo indica que a entrevista ao *JB* foi concedida antes de ele ter visto a foto de Paula Thomaz na capa do próprio *O Globo*.

Em sentido análogo, em entrevista ao jornal *O Dia*, Carlos Eduardo contradizia os testemunhos em desfavor de sua cliente e também questionava a atuação da polícia, da opinião pública e, principalmente, da imprensa, acusando "os órgãos de comunicação de patrocinarem a acusação em virtude de a vítima ter sido uma atriz".[33] Otimista, o advogado afirmava que Paula seria excluída do processo, não sendo sequer levada a julgamento. Pouco depois, porém, a realidade dissiparia suas convicções.

Por completo.

Em maio de 1993, o juiz Moacir Pessoa pronunciou Paula, decidindo que ela seria levada a júri popular. Em sua decisão, o magistrado consignou que as alegações arguidas pela defesa — contestação da confissão e do reconhecimento — deveriam ser avaliadas pelos jurados.[34]

Muitos anos após os fatos, Pessoa reiterou que tinha plena convicção de sua decisão e de que havia indícios suficientes para levar o casal ao júri. Rememorando os fatos, o magistrado ainda afirmou que, apesar de bastante trabalhosa, aquela sentença jamais foi reformada e, ainda, que sua atuação sempre se pautou pela técnica jurídica, não se deixando intimidar por matérias jornalísticas, tampouco pelos sentimentos das famílias dos envolvidos. Em suas palavras: "Agi de acordo com minha consciência e até hoje durmo tranquilo."

Na prática, o estrago estava feito. Apesar de a defesa da acusada bradar contra tudo e todos, não restavam quaisquer dúvidas de que Hugo da Silveira tinha plena convicção de que Paula esteve no local do crime. Em nova audiência judicial, Hugo foi instado a fazer outro reconhecimento de Paula Thomaz. Mais uma vez, o advogado não se furtou, apesar de a ré tentar dificultar a tarefa. Segundo a imprensa, ela passara a maior parte do tempo "tentando esconder o rosto".[35] Os esforços de Paula em evitar contato visual com Hugo foram tamanhos, que a magistrada Maria Lúcia Capiberibe chegou a ter que ordenar que a acusada olhasse para a testemunha, como descrevia a reportagem do programa *Aqui Agora*: "Hugo da Silveira reconheceu Paula, disse que realmente era ela que estava no carro na noite de 28 de dezembro quando a atriz Daniella Perez foi morta. A juíza pede que Paula olhe para o advogado, porque o tempo todo ela está praticamente de costas para o plenário."[36]

Após essa audiência, Hugo deixara a impressão de que repetiria a identificação quantas vezes fosse necessária. Tal sensação veio a se confirmar durante o desenrolar de todo o processo. Segundo sua convicção, ninguém jamais poderia temer falar a verdade.[37] Em um país onde a maioria das pessoas evita ser testemunha por medo de represálias, Hugo jamais titubeou em comparecer a juízo para dar o seu testemunho. Tal conduta altiva lhe valeu a admiração das pessoas comuns, a ponto de, em uma viagem a Nova York, ser parado para tirar fotos por brasileiros que o reconheceram.[38]

A testemunha, no entanto, acreditava apenas ter cumprido com o seu dever. Em suas palavras: "Para um advogado, o melhor presente é a justiça."[39]

Namoro no banco dos réus

Apesar de a audiência realizada em janeiro ter sido marcada por muitos momentos de tensão, o encontro seguinte seria ainda mais explosivo. A começar por uma ameaça de bomba no fórum, o que motivou uma minuciosa varredura por parte de policiais do Batalhão de Operações Especiais da Polícia Militar, o BOPE.

Nesse novo encontro, o clima de revolta predominava do lado de fora do fórum, com manifestantes empunhando faixas e cartazes com pedidos de justiça. A classe artística se fez presente em peso, sob a informal liderança do ator Guilherme Karam, que se manifestou de forma contundente diante das equipes de canais de televisão que registravam a cena. Imediatamente após suas declarações, ele voltou a se juntar aos manifestantes a clamar por justiça, o que deu àquela cena um inesperado apelo simbólico. Nas lembranças do ex-ministro Alfredo Karam, pai do saudoso ator, seu filho "sempre se preocupou bastante com as pessoas que estavam ao seu redor. Era amigo de Daniella e à época ficou bastante impactado com aquele crime bárbaro. Tinha um sentimento de justiça inato dentro de si e foi às ruas brigar por aquilo que achava correto."[40]

Mas não era apenas a classe artística que protestava de maneira indignada. Muitos populares também se associavam à manifestação, o que demonstrava o grande clamor que se formara em torno do caso. Até o vereador Chico Alencar, ex-professor de Daniella no colégio CEAT, se somou à manifestação junto a um grupo de alunos do colégio em que ela havia estudado. Com todo aquele clima de revolta, era de se esperar, ao menos, que os acusados adotassem um comportamento sóbrio durante a audiência.

Contudo, aconteceu exatamente o contrário.

Aparentando ignorar por completo o sofrimento dos familiares da vítima, os acusados, ao se encontrarem no banco dos réus, desconsiderando até a presença física de um policial postado entre ambos, iniciaram uma surpreendente série de carícias que incluíam cochichos, afagos, beijos, risos e até mesmo inacreditáveis "pequenas mordidas nas mãos".[41] Adotando uma postura francamente exibicionista, o casal não se intimidava diante das câmeras de televisão, dos flashes das máquinas fotográficas, da revolta do plenário lotado e do desconforto do próprio policial que os separava fisicamente, que passou a ter que manter uma postura levemente curvada para não interromper as demonstrações de afeto.

Completamente alheios ao constrangimento que a cena causava a todos os presentes, o casal manteve aquela postura provocativa durante todo o depoimento da primeira testemunha. Foram quase noventa minutos de afagos. Aqueles certamente foram momentos da mais pura aflição para os amigos e familiares de Daniella Perez. Muitos se postaram de pé a encarar os acusados, que, indiferentes às reações contrárias, insistiam em manter o comportamento, apesar do generalizado mal-estar.

Ao final do primeiro depoimento, o casal, em função da troca da escolta, se viu momentaneamente sem ninguém a lhes embarreirar o contato. Era tudo que Paula e Guilherme esperavam para iniciar uma troca de carícias ainda mais efusiva, em nova atitude que provocou a consternação da plateia. Naquele momento, a revolta pairava no ar do fórum e, a cada minuto transcorrido, os presentes se impacientavam mais ante o comportamento adotado pelos réus.

Diante da falta de reação do juiz Índio Brasileiro, responsável por conduzir aquela audiência, uma distinta senhora que a tudo acompanhava com muita atenção não conseguiu se conter. Era Betty Wallcides, tia-avó de Daniella, que não suportou a postura dos acusados e interrompeu a cena aos brados: "Isso é um absurdo! Não pode ser permitido! É uma ofensa à nossa dor."[42]

O juiz, somente após o alerta, ordenou que os acusados interrompessem os afagos. Em declarações à imprensa, o magistrado teceu um comentário curioso sobre aquela insólita situação: "Eles são seres humanos como qualquer outra pessoa, afinal. E esse encontro não prejudicou a audiência, mas, como exageraram, tive que adverti-los."[43]

Diante de uma postura tão controversa por parte dos acusados, a manchete do *Jornal do Brasil* deu o tom do que realmente havia ocorrido no fórum no dia anterior: "Guilherme e Paula namoram no tribunal — Por noventa minutos, os acusados de matar Daniella Perez trocaram carícias que indignaram o público e foram proibidas pelo juiz."⁴⁴

Em pouco tempo, no entanto, tudo mudaria.

Fim de caso

"Briga de ratos."⁴⁵

Dessa forma objetiva, a novelista Glória Perez definiu a troca de farpas entre os acusados pelo assassinato de sua filha que, em meados de 1993, era divulgada com algum estardalhaço pela imprensa.

Após oito meses encarcerados, a rotina na cadeia certamente começou a pesar para os dois acusados, acostumados a um padrão de vida de classe média alta. As sucessivas negativas da Justiça em lhes conceder um *habeas corpus* muito provavelmente lhes davam a impressão de que aquela jornada poderia se estender por muito mais tempo do que inicialmente imaginaram.

Se isso realmente ocorreu, suas percepções iam na direção certa.

Diante desse contexto, a imprensa começou a noticiar que Guilherme poderia modificar sua versão, pois àquela altura o réu confesso ainda mantinha a narrativa de que Paula Thomaz não havia estado no local do crime.

Contudo, sua convicção esmorecia a cada dia.

Embora tenha assumido toda a culpa em sua confissão inicial, o certo é que Guilherme sempre deixou em aberto a possibilidade de modificar aquela primeira versão, caso lhe conviesse. Mesmo tendo eximido a esposa de culpa, havia uma rota de fuga convenientemente estabelecida por Guilherme em uma de suas primeiras declarações sobre o caso: "Eu sou uma pessoa de bem. As coisas não são como estão parecendo ser."⁴⁶ Naquele momento, discretamente havia sido plantada a semente da futura discórdia, ainda que isso tenha passado quase que despercebido na ocasião.

O criminalista Ronaldo Machado, primeiro advogado de Paula Thomaz, se mostrava bastante ressabiado ante os reais propósitos do acusado ao inocentar sua esposa: "Sempre que Guilherme afirma que Paula é inocente, desde o princípio, ele deixa a impressão de que a verdade é o contrário. Está ficando muito clara a manobra de incriminar a mulher."[47]

O futuro logo confirmaria tais previsões.

O relacionamento do casal começou a ficar estremecido após o nascimento do filho Felipe, em maio de 1993. O advogado Carlos Eduardo Machado valeu-se de uma câmera fotográfica para registrar os primeiros momentos da acusada com a criança, em imagens nas quais ela aparecia segurando o filho de maneira zelosa, a fitá-lo com ternura.[48]

As fotos foram divulgadas aos jornalistas poucos dias após o nascimento do menino e publicadas na capa dos principais jornais do Rio de Janeiro.[49] Para se ter uma ideia do tamanho da exposição sofrida pelo menor, na mesma data o jornal *O Globo* noticiava a morte da Carlos Castello Branco, um dos mais influentes cronistas políticos de toda a história do jornalismo brasileiro. A foto de Paula estampada na capa do periódico a embalar o filho ocupava nada menos do que o dobro do espaço dedicado à foto do icônico jornalista.

Guilherme de Pádua, como era de se esperar, se insurgia diante daquela situação. Para ele, a partir do nascimento do filho do casal, Paula passara a tentar comover a opinião pública em função de sua maternidade, em postura que considerava uma exploração demagógica da imagem da criança. Para aumentar a contrariedade de Guilherme, as fotos foram divulgadas à imprensa antes mesmo que ele pudesse conhecer o próprio filho.

Deteriorando ainda mais o clima de animosidade que irrompia entre o casal, começaram a surgir relatos de que Guilherme passara a enviar cartas a Paula pedindo que ela assumisse a culpa pelo crime. Nessas mensagens haveria uma espécie de ultimato: caso Paula não assumisse a participação no assassinato, ele passaria a incriminá-la.[50]

TORTUOSA ESPERA

O envio das cartas era meticulosamente planejado para que não sobrasse qualquer resquício do conteúdo das mensagens:

> As cartas ameaçadoras chegam às mãos da mulher [Paula Thomaz] através de Simone, irmã de Guilherme, já que a família de Paula cortou relações com o ator antes do nascimento do bebê, insatisfeita com a sua proposta. Por orientação de Guilherme, Simone nunca entregou as cartas (que em média têm três folhas) inteiras à cunhada, preferindo mostrar uma folha de cada vez. O contato entre as duas ocorre sempre no pátio da carceragem e, assim que Paula acaba de ler cada folha, Simone usa um isqueiro para queimar o papel. Só então entrega uma nova folha para ser lida. O último encontro das duas aconteceu pouco antes do nascimento da criança. Como a mulher do ator teve uma crise nervosa após a conversa com a cunhada, a família de Paula e seus advogados proibiram que ela recebesse outras cartas e fosse novamente visitada por Simone.[51]

A harmonia de outrora definitivamente se esvaíra.

À época divulgou-se que aquela poderia ser uma estratégia da defesa de Guilherme, tendo em vista que, no caso de uma futura condenação, Paula pegaria uma pena menor, pois tinha menos de 21 anos de idade na época do crime e ainda poderia alegar que agira sob violenta emoção — o excessivo número de golpes desferidos em Daniella embasaria essa tese —, o que seria outra condição atenuante a favorecê-la. Outros relatos davam conta de que Paulo Ramalho, defensor público que assistia o réu, havia procurado Paula na Polinter para lhe propor pessoalmente que assumisse a autoria do crime.[52] Havia até quem afirmasse que Guilherme almejava sair da tragédia como uma espécie de herói por inicialmente ter assumido a culpa da esposa, tendo, inclusive, a intenção de se candidatar a deputado federal após ser inocentado.[53]

No entanto, Paula não se dobrou à suposta pressão. Ao revés. A ré partiu para um contra-ataque que seria fulminante e resultaria na ruptura definitiva do casal. Em entrevista à jornalista Elisa Nunes, do programa *Aqui Agora* exibido pelo SBT, a acusada soltou o verbo contra o próprio marido, desacreditando a versão com a qual ele a ameaçava: "Vê se um homem grande daqueles deixa duas meninas, uma grávida e a outra magrinha, brigando. Uma mata a outra e ele não faz nada?"[54]

Era o princípio do fim.

Os advogados de Paula obtiveram uma ordem judicial impedindo o SBT de transmitir a entrevista,[55] provavelmente temendo uma reação à altura por parte de Guilherme. Até conseguiram êxito, mas por pouquíssimo tempo: o SBT rapidamente conseguiu reverter a decisão e exibiu a reportagem na íntegra.

O estrago estava irremediavelmente feito.

Quando Guilherme soube do teor da entrevista, não hesitou um só minuto. Reuniu a imprensa para dar imediatamente sua nova versão dos fatos, que começava por uma declaração estridente — "Paula estava no local do crime"[56] — e evoluía em um tom agressivamente acusatório, deixando claro que sua esposa tomara parte na ação homicida.

O defensor Paulo Ramalho, que ameaçara deixar a causa caso o seu cliente não respondesse à entrevista, afirmou que não compactuaria com o que denominou "suicídio jurídico" — a hipótese de o acusado manter sua versão inicial após a fala de Paula à televisão.[57] Tudo isso, no entanto, não passara do mais puro jogo de cena. Ou, como o próprio Ramalho revelou em entrevista a este livro, um "blefe necessário".

Tiro certeiro.

Já a família do réu ficou exultante após Paula tê-lo achincalhado,[58] pois imaginava que a partir daquele instante ele passaria a contar uma nova versão, imputando à esposa ao menos parte da culpa pelo crime. E foi realmente o que ocorreu. A partir do momento em que o acusado reuniu a imprensa para se declarar arrependido de ter assumido sozinho a responsabilidade pelo homicídio, as defesas deixaram de ter uma única versão para os fatos.

Dali por diante, seria cada um por si.

Decerto que a entrevista de Paula foi o estopim para o rompimento do casal. Contudo, também pesou bastante o fato de Leda Thomaz, desde o primeiro momento, jamais ter aceitado que seu filho assumisse a culpa pelo crime sozinho, chegando a pressioná-lo, ainda na delegacia durante seu primeiro depoimento, a falar a verdade. Em uma de suas raras declarações públicas, a mãe do acusado expunha seu modo de ver aquela intrincada questão: "Meu coração de mãe não aceita a ideia de que Guilherme possa ter matado alguém com tanta crueldade."[59]

Em resposta à entrevista de Guilherme, Paula escreveu uma carta na qual questionava duramente a postura adotada pelo seu então marido, colocando em dúvida o seu caráter e fazendo uma alusão maliciosa à profissão que ele exercera até ser preso: "Você realmente é um grande ator. (...) Você está fazendo um joguinho muito maldoso quando diz que me ama tanto assim. Você quer colocar na cabeça das pessoas que me ama ao ponto de assumir por mim, não é, ator?"[60]

Até o julgamento, a situação só pioraria. Paula passou a fazer as mais díspares afirmações sobre a vida pregressa de Guilherme, sendo que algumas nem ao menos tinham relação aparente com o caso. Se nos dias posteriores ao crime a acusada garantira que seu então marido era "a pessoa mais maravilhosa do mundo",[61] bastaram pouco mais de seis meses para tudo se transformar radicalmente. A ré, em diferentes momentos, chegou a afirmar que Guilherme era louco,[62] covarde e cínico;[63] que tinha um plano para matar seus pais em função do regime de bens sob o qual haviam se casado;[64] que ele já havia beijado homem na boca;[65] que tinha planos de se candidatar à política em seu estado, pretendendo sair daquela história horrenda como herói;[66] que não era uma pessoa normal;[67] que havia sido usuário de drogas;[68] e, por fim, que era um psicopata,[69] além de ser uma pessoa egoísta, ambiciosa e oportunista.[70]

Fogo cerrado.

Ao longo do tempo, foram tantas as declarações desabonadoras, que o *Jornal do Brasil* chegou a publicar uma pequena sessão intitulada "Paula *versus* Guilherme", reunindo os principais petardos de Paula Thomaz direcionados a Guilherme de Pádua — contabilizando nada menos do que doze declarações.[71]

Definitivamente, não era pouca coisa.

Se adjetivos não faltavam a Paula Thomaz, Guilherme não deixava por menos, tachando-a publicamente de baixa, falsa e traiçoeira.[72] Mas não ficaria somente nisso. Em entrevista às vésperas do julgamento, ele se referia à sua cúmplice de maneira nada amistosa, chegando até a ameaçá-la:

> Essa mulher [Paula Thomaz] é o fim da picada. Ela sabe que é culpada. É uma sacanagem. (...) Paula fala coisas terríveis de mim e até hoje eu não falei nada sobre ela. Mas no julgamento, não sei não. A minha tendência é não cair na baixaria, mas se me irritar muito solto o verbo. Há coisas que eu posso dizer que prejudicariam a Paula.[73]

O público, por sua vez, se mostrava confuso com tantas acusações recíprocas. A sensação era de que ambos mentiam para tentar escapar da cadeia. Uma carta enviada à revista *Manchete* dava a dimensão do que se passava na cabeça das pessoas àquela altura dos acontecimentos: "Faz um ano que Daniella Perez morreu e ainda há muitos fatos que a Justiça não esclareceu. Até hoje os autores dessa tragédia tentam se colocar como vítimas, acusando-se mutuamente e na realidade não esclarecendo nada."[74]

Subjazia à ruptura do casal o desejo comum de se livrar do cárcere, cada qual imputando a culpa ao outro. Ao tempo em que o crime estava prestes a completar um ano, a *Manchete* refletia essa realidade: "Guilherme de Pádua e Paula Thomaz — antes dois pombinhos coniventes — declaram guerra um ao outro com o mesmo objetivo: livrar-se da cadeia inevitável."[75]

O jornal *O Globo*, sob o título "O teatro como estratégia", chegava à mesma conclusão do semanário:

> Um duelo de estratégias e dissimulações. Pouco mais de dez meses depois da morte de Daniella, a vida de Guilherme e Paula tornou-se um teatro. O ator assume o papel de vítima da humanidade e se diz oprimido por tudo e por todos. Sua mulher capricha na voz ainda adolescente para se dizer vítima do marido. No fundo, eles são dois adversários atrás do mesmo objetivo — livrar-se da cadeia.[76]

Irreconciliável, o casal se separou judicialmente em novembro de 1994.[77]

Cada um por si (caso Van-Lou)

O rompimento de casais acusados de cometer um crime em conluio não é propriamente um fato inédito. Pelo contrário. Os anais da criminologia brasileira registram casos em que, descobertos indícios de autoria de determinada ação criminosa levada a cabo por um casal, os outrora cúmplices passam a se acusar reciprocamente, deteriorando de maneira irrecuperável o enlace conjugal.

No caso Van-Lou aconteceu justamente isso. Ocorrido no Rio de Janeiro na década de 1970, a memória desse caso guarda vários pontos de contato com o crime cometido por Guilherme e Paula, principalmente no que tange ao comportamento adotado pelo casal após as investigações apontarem o envolvimento de ambos na prática delituosa. Embora os crimes tenham sido praticados em épocas e contextos muito diferentes, Guilherme/Paula e Wanderley/Lourdes adotaram posturas que muito se assemelhavam no momento de prestar contas de seus atos à Justiça.

Coincidentemente também cometidos na Barra da Tijuca, os assassinatos praticados por Lourdes e Wanderley foram motivados pelo ciúme dele em relação ao passado amoroso dela. Em uma época em que os costumes rapidamente se transformavam, Wanderley ainda era um sujeito conservador e que buscava uma moça virgem para desposar. Segundo Carlos Heitor Cony, que cobriu o crime à época, Wanderley era o típico homem machista do século passado: "Seus preconceitos eram muito fortes. Mulher, para ele, só na base do quilômetro zero."[78]

Dominado por esse tipo de sentimento, não de todo incomum à época, Wanderley apresentava alguns traços obsessivos que o distinguiam da maioria dos homens da década de 1970, mesmo aqueles mais machistas. Aficionado pela questão da virgindade de Lou, pouco se contentou com a primeira versão apresentada quando a noiva revelou que não era mais virgem: segundo ela, um exame ginecológico malconduzido acabara por lhe romper o hímen.[79]

A mentira não se sustentou por muito tempo e logo Lou confessou a Wanderley que já havia mantido contatos íntimos em relacionamentos anteriores. O que poderia soar comum em uma década em que a revolução sexual já havia sido iniciada, em realidade seria o estopim a desencadear uma trama perversa. Contrariado ante a revelação, Wanderley firmou com Lou um pacto cujo objetivo seria "limpar" o passado da moça com sangue, imposto como condição para que ambos se casassem. Assim, insistia para que ela lhe revelasse quais haviam sido os homens com quem mantivera relações sexuais anteriormente, pois estes deveriam morrer.

E assim foi feito.

A insólita trama foi premeditada com todo o ardil necessário para que os ex-namorados de Lou de nada desconfiassem. Vantuil e Almir, os dois homens que já a haviam tocado, receberiam um inesperado convite de Lou propondo novo encontro, ficando subentendido que seria uma forma de reviver o passado amoroso, ainda que de forma efêmera. Tais encontros foram marcados na praia da

Barra da Tijuca, à noite. Naquela época, o bairro ainda estava em estágio embrionário de desenvolvimento. A extensa faixa de areia da praia ficava completamente deserta no horário noturno, salvo por raros casais que se aproveitavam exatamente dessa condição para namorar com maior privacidade.

Era rigorosamente isso que Lou e Wanderley buscavam. Tratava-se do cenário ideal para realizar uma emboscada. Um local ermo, pouquíssimo frequentado à noite e que não despertaria suspeitas nas vítimas, que imaginavam estar se dirigindo para um encontro fortuito com uma ex-namorada saudosa de suas carícias.

Vantuil precedeu Almir por questão de dias, mas os dois crimes guardaram características semelhantes. Após se dirigirem à praia da Barra da Tijuca na companhia de Lou, as vítimas foram surpreendidas pelo ímpeto homicida do casal e, sem direito a qualquer explicação, friamente atingidas por uma saraivada de tiros disparados à queima-roupa.

Assim como no crime que vitimou Daniella, o acaso concorreu decisivamente para a identificação dos criminosos. Embora alvejado por diversos projéteis, Almir sobreviveu e, tanto na cena do crime quanto posteriormente no hospital Miguel Couto, conseguiu balbuciar o nome Lou, indicando que a ex-namorada teria algum envolvimento no crime. Morreria pouquíssimo tempo depois, mas os seus últimos suspiros de vida foram essenciais à elucidação do caso.

A partir desse momento, a lei da gravidade se encarregaria do resto. Indagada sobre quem seria a misteriosa Lou que o moribundo insistia em mencionar em seus momentos derradeiros, a família de Almir conseguiu localizar uma foto de sua ex-namorada. A fotografia, contendo dedicatória, provava a intimidade que existira, em algum lugar do passado, entre a autora do crime e a vítima: "Almir — Ofereço esta fotografia como prova de muito amor e carinho. De sua eterna Lou. Rio, 20-11-72."[80] Era o início do fim da trama homicida perpetrada pelo casal. Após descobrir a identidade de Lou, a polícia logo chegou a Wanderley e, em pouco tempo, os traços essenciais de dois assassinatos começaram a ser revelados ao grande público.

Após a decretação da prisão preventiva do casal, eles romperam relações. A partir desse momento, tal qual ocorreu com Paula e Guilherme, cada um passaria a ter a sua própria versão dos fatos, na qual naturalmente o culpado pelo crime era o outro.

Lou, assim como Guilherme de Pádua, admitira a sua participação no crime; seria muito difícil negar a autoria após ter sido identificada por uma das vítimas. No entanto, a acusada afirmava que os assassinatos foram consumados por Wanderley. De acordo com sua versão, ela teria sido coagida a participar da ação criminosa, atraindo os seus ex-namorados para a armadilha que ceifaria suas vidas. Durante as investigações, Lou entregou à polícia a arma do crime, que pertencia ao seu pai, um coronel do Exército. O exame de balística confirmaria que o revólver realmente havia sido utilizado nos assassinatos.

Wanderley, por sua vez, afirmava não ter sequer estado na cena do crime, mas uma testemunha ocular alegou tê-lo visto na praia durante a prática de pelo menos um dos assassinatos. Assim como Paula Thomaz, Wanderley negara a participação e refutara até mesmo sua presença durante a ação criminosa, a despeito de todos os indícios que pesavam contra ele. E, da mesma forma como Paula procedeu, Wanderley manteve tal postura até o final do processo.

O jornalista Carlos Heitor Cony, autor de um livro sobre o caso, assim definia a versão de Wanderley, atribuindo-lhe o mérito de que — diante das circunstâncias amplamente desfavoráveis — talvez aquela fosse a melhor forma de o acusado se defender: "A versão de Wanderley, por mais que pareça incrível, é a mais indestrutível de todas por um simples motivo: ele não tem nenhuma versão a oferecer à polícia, à Justiça e ao povo de uma maneira geral."[81]

Tal raciocínio se aplicava integralmente à tese de defesa de Paula. Ambos pautavam a sua versão dos fatos na negativa de autoria, afirmando que não estavam presentes às cenas dos crimes. Ainda segundo Cony, "um bom álibi é o oposto de um bom soneto, quanto menos burilado, melhor".[82]

Faz sentido e, às vezes, pode ser tudo o que resta ao acusado.

Lou e Wanderley permaneceram presos preventivamente por quase cinco anos à espera do julgamento. Em janeiro de 1979 foram levados a um júri popular que decidiria seus destinos. As defesas, baseando-se nas versões de seus clientes, naturalmente tinham estratégias diametralmente opostas: os advogados de Wanderley utilizariam a tática de negar a participação de seu cliente em quaisquer um dos dois assassinatos, enquanto a defesa de Lou afirmaria que a sua participação nos homicídios ocorrera em função da coação sofrida por parte de Wanderley.

Assim como Paula e Guilherme fariam exatos dezoito anos depois, o casal não se falou ao tempo do julgamento[83] e não trocou sequer um olhar ao se sentar no banco dos réus para começar a prestar contas à Justiça. A cumplicidade assassina, em verdade, assassinara a cumplicidade conjugal. Naquele momento, era cada um por si e cada qual com a própria "verdade".

Provavelmente, ambos mentiam.

Lou e Wanderley seriam condenados a penas parecidas: ela seria condenada a vinte anos de prisão pelos dois assassinatos, e ele, a dezoito anos de prisão apenas pela morte de Vantuil.

Há vários paralelos que podem ser traçados entre os dois crimes. Separados por quase dezoito anos de diferença, ambos foram cometidos no mesmo bairro, investigados pela mesma delegacia de polícia e julgados pelo Tribunal do Júri. O caso Van-Lou também havia sido a última vez que jurados tiveram que dormir nas dependências do fórum, fato que só voltaria a se repetir no julgamento de Guilherme e Paula.[84]

Não pararia por aí. As duas rés teriam comportamentos igualmente chamativos perante o júri, a começar pelas vestimentas que escolheram para comparecer aos próprios julgamentos. Se Lou optara por um reluzente vestido roxo combinado com um colar pouco discreto, Paula Thomaz não deixaria por menos e, em seu julgamento, utilizaria uma calça branca quase transparente que, segundo a imprensa, motivaria protestos até de seu próprio advogado.[85] Ambas as acusadas também eram bastante vaidosas e exibiram vistosas e bem-cuidadas cabeleiras negras durante os julgamentos. Até em relação a gostos pessoais muito particulares, as duas guardavam uma curiosa semelhança: ainda que já na fase adulta, ambas gostavam de ler gibis.[86]

Se as condenações em ambos os crimes foram próximas, o efetivo cumprimento da pena também foi bastante assemelhado. Os quatro acusados foram presos preventivamente ainda no curso do processo, aguardaram seus julgamentos encarcerados e, por fim, cumpriram cerca de sete anos de prisão até conseguirem obter o benefício da liberdade condicional.

Por fim, um fato curioso chama a atenção: dos quatro condenados, Lou foi a que pegou a maior pena — vinte anos de prisão. No entanto, há que se lembrar que ela foi condenada por duas mortes e não apenas por um homicídio, como ocorrera com os demais réus nos dois casos. Apesar de condenada por dois homicídios, Lou recebeu pena modesta, quase igual à de Wanderley, condenado apenas por um dos assassinatos.

Tal fato se explica porque, no julgamento de Lou e Wanderley, foi admitida a inusitada tese de continuidade delitiva dos crimes, o que na prática fez com que os assassinatos de Vantuil e Almir fossem tratados como um fato único. Apesar de os crimes terem sido cometidos em datas diferentes e separados no tempo por alguns dias, a pena estipulada pela Justiça considerou os dois assassinatos um único crime cometido de forma continuada. Dessa maneira, embora condenada por dois homicídios, Lou cumpriu quase o mesmo tempo de pena que Guilherme, Paula e Wanderley, todos condenados pela morte de uma única pessoa.

A vida atrás das grades

Presos preventivamente pouco depois do crime, Paula e Guilherme permaneceriam encarcerados até o julgamento. A partir da decretação das prisões preventivas, todos os recursos e *habeas corpus* interpostos pelas defesas em prol da concessão de liberdade para os réus foram negados pelas mais diversas instâncias do Poder Judiciário.

"Cana neles", parecia ser o recado das ruas assimilado pela Justiça.

Inicialmente, Guilherme fora mantido preso na delegacia da Barra da Tijuca, unidade policial responsável pelas investigações do caso. As condições de sua prisão não foram fáceis: o ator compartilhava a cela com mais seis detentos, em um ambiente úmido, calorento e fétido. Em seu primeiro cárcere, não havia sanitário ou camas à disposição, sendo que os presos deveriam usar o "boi" — um buraco no chão protegido por um frágil plástico preto — para satisfazer suas necessidades fisiológicas, e dormiam no chão da cela, muitas vezes sobre papelões.[87] Nos primeiros momentos de sua prisão, Guilherme experimentou seus dias de maior aflição, relatando que a ideia de cometer suicídio chegou a atormentá-lo.[88]

Uma reportagem do programa *Documento Especial*,[89] exibido pelo SBT, levou ao ar uma entrevista de Guilherme de Pádua atrás das grades de uma das celas da delegacia da Barra, retratando um cenário bastante impactante. Era uma prisão escura, imunda e cheia, como é a triste realidade das carceragens espalhadas por todo o Brasil. Muito abatido, com o cabelo por cortar, barba por fazer e falando com a voz embargada, Guilherme aparentava estar sofrendo bastante diante da realidade da prisão.

No entanto, logo surgiriam denúncias de que aquela cena deprimente de um homem sofrendo no claustro havia sido ensaiada:

> Que Guilherme seja frio, os jornalistas já testemunharam. Uma dessas cenas está gravada na fita do *Documento Especial*.

> Não foi ao ar, nem era o caso. Guilherme está chorando, quando alguém fora da cena lhe faz alguma recomendação técnica. Ele fica sério e pergunta normalmente: "O quê?" Entende o que foi dito, responde "Tá bom", abaixa de novo a cabeça, concentra-se e começa a chorar. É um ator. Que ninguém se esqueça disso.[90]

Outras denúncias sobre mordomias de Guilherme de Pádua no claustro tampouco tardaram a aparecer. Uma reportagem chegou a denunciar que uma cozinheira da própria delegacia preparava refeições especiais para o ator, diferentes daquelas servidas aos demais detentos.[91] Já um sobrinho de Glória Perez o flagrara na carceragem em uma cela individual com televisão, privilégio único naquela cadeia.[92]

Acusado das supostas regalias, Guilherme se deixou fotografar em sua cela, de cabeça baixa. Sob a manchete "16ª DP, Cela 2, prisioneiro Guilherme de Pádua"[93] estampada na capa do jornal *O Globo*, o ator negava qualquer privilégio, e sua defesa reafirmava que ele dividia uma apertada cela — 2 metros de comprimento por 4 de largura — com mais seis detentos.

No entanto, a reportagem aparentava não ter tanta certeza sobre a veracidade da postura de "Madalena arrependida"[94] que Guilherme buscava transmitir ao público:

> Cabeludo e barbado, com aparência bem diferente de quando foi preso, no final de dezembro, Guilherme armou uma cena para demonstrar um ar contrito e penitente: posou sempre de cabeça baixa, olhando para o chão, e se recusou a levantar o rosto, mesmo a pedido do fotógrafo. O ator estava de bermuda estampada marrom, camiseta branca e se sentou de pernas cruzadas sobre o colchonete onde dorme. Por trás, colocou cuidadosamente, com as páginas abertas, a bíblia que diz ler na prisão e o saco plástico com as cartas que recebe de Paula.[95]

TORTUOSA ESPERA

Em entrevista a este livro, o delegado Antônio Serrano negou veementemente que Guilherme tivesse qualquer regalia durante sua permanência na delegacia da Barra. Paulo Ramalho, por sua vez, afirmou que, por conta de uma revista nas celas onde foram encontrados objetos não permitidos, os presos passaram por uma espécie de "castigo", sendo submetidos a diversas privações. Ao ter ciência do fato, o advogado pretendia expor a situação publicamente, postura que foi refutada por Guilherme para que não voltasse a sofrer com acusações de tratamento diferenciado.

O acusado também protagonizara momentos inusitados enquanto esteve recluso. Em uma fala obtusa, afirmou que se sentia "revoltado, humilhado e ofendido" quando o acusavam de roubo, pois, em suas próprias palavras, "eu não sou ladrão". Tal declaração, dita em uma audiência judicial, arrancou gargalhadas do público pela flagrante inversão de valores que carregava em si.[96] Em outra oportunidade, Guilherme afirmou querer "o bem de Deus" para Daniella,[97] em mais uma manifestação desconexa e que dava azo à sensação de que, em verdade, o que o réu buscava mesmo era ter os holofotes voltados para si.

Guilherme ficou preso cerca de um ano na delegacia da Barra da Tijuca, sendo posteriormente transferido para a carceragem da Polinter, onde dividiria a cela com dezesseis detentos. Passara, assim, a ter direito a uma cama beliche, deixando de dormir no chão. Em carta endereçada aos seus pais, ele expressou seu contentamento: "Vim finalmente para um lugar melhor que a 16ª DP. Graças a Deus."[98]

Também durante esse período, Guilherme foi alvo de novas denúncias de que teria direito a regalias na prisão. Dessa vez, a acusação versava sobre supostos encontros que manteria secretamente com Paula Thomaz. Um inquérito foi aberto para apurar os fatos e, por decisão do corregedor de Polícia Civil, o acusado acabou novamente transferido, o que poderia ser considerado uma espécie de castigo diante da realidade prisional do Rio de Janeiro.[99]

Sua última passagem pelas prisões cariocas foi no presídio Ary Franco, localizado no bairro de Água Santa. Pela primeira vez durante todo o período em que esteve encarcerado, Guilherme teve a oportunidade de trabalhar na prisão. Pelo desempenho apresentado, acabou por receber quatro elogios formalizados à vara de execuções penais, sendo o mais significativo deles por ter se empenhado na informatização dos registros do sistema prisional.[100]

Segundo o jornal *Extra*, naquele mesmo período Guilherme chegou a coordenar um núcleo de trabalhos manuais realizados pelos detentos e também dirigira encenações bíblicas protagonizadas pelos próprios presos, tendo o seu trabalho elogiado pelo grupo religioso responsável pelo suporte à ressocialização dos presidiários.[101]

A vida nas prisões brasileiras nunca foi fácil e não demorou muito para que Guilherme enfrentasse diversos problemas de saúde. Segundo seus próprios relatos, sofrera diversos padecimentos em função das condições adversas do cárcere, principalmente doenças de pele e dores de dente. Em diferentes oportunidades, relatou ter tido sarna,[102] calos nos pés em função de ter que dormir sobre um papelão,[103] além de micose[104] e furúnculos, que chegaram a evoluir para uma furunculose.[105]

Além disso, a barbárie do crime havia escandalizado não apenas a população em geral, mas também fora capaz de chocar a população carcerária. O próprio réu reconheceu que correra risco de vida enquanto estivera recluso, principalmente em prisões maiores, nas quais convivia com um maior contingente de detentos. Certa vez, ao dirigir a palavra a outro encarcerado no pátio da Polinter, ele pôde dimensionar toda a extensão da repulsa que sua presença causava aos demais detentos: "Se eu tiver a oportunidade certa, eu te mato."[106]

Pouco depois do crime, pessoas nas ruas indagavam a Glória Perez: "Por que você não manda matá-los?"[107] Em 2009, a novelista revelou que chegou a receber ofertas de determinada facção criminosa para que os algozes de sua filha fossem justiçados dentro da cadeia.[108] Para tanto, bastaria que a novelista dissesse determinada palavra em alguma de suas entrevistas. Nada feito. A escritora jamais defendeu a pena de morte e tampouco se associaria a qualquer tipo de retaliação a nível pessoal. Seu coração não ansiava por vingança, mas, antes, clamava por justiça — dois sentimentos completamente diferentes.

Em sentido semelhante, Raul Gazolla revelou que um de seus amigos, à época contraventor, chegou a lhe ofertar explodir a delegacia de polícia da Barra da Tijuca, durante o período em que Guilherme de Pádua se encontrava preso. Obviamente que o viúvo de Daniella rechaçou a proposta.[109]

* * *

Já Paula Thomaz, após uma incursão-relâmpago pela carceragem feminina da delegacia de Santa Teresa, acabou sendo mantida na Polinter, em Niterói. Segundo a imprensa, para facilitar sua adaptação em seus primeiros tempos na prisão, os pais de Paula distribuíram presentes e até dinheiro em espécie para as demais detentas.[110]

Em Niterói, ela viveu o primeiro sobressalto de sua trajetória carcerária. Na madrugada de 1º de maio de 1993, doze presas fugiram, utilizando um sonífero para dopar o policial responsável pela custódia. A evasão foi tão fácil que algumas detentas chegaram até a levar malas com os seus pertences. Paula, no entanto, se negou a fugir.

Como estava grávida, próximo à data prevista para o parto, a acusada foi transferida para o presídio feminino Talavera Bruce, no complexo de presídios de Bangu, zona oeste do Rio de Janeiro. A transferência se deu em razão de a instituição penal oferecer estrutura que permitia que as presidiárias convivessem com seus filhos recém-nascidos durante o período de amamentação.

Sob forte esquema de segurança, a transferência se consumou em data próxima à previsão do parto, mas não durou muito. Na sua primeira noite na penitenciária, Paula passou mal depois de alegar ter sofrido assédio sexual por parte de suas novas companheiras de cela. O *Jornal do Brasil*, no entanto, apresentava outra versão. Segundo o periódico, a mãe de Paula sofrera uma violenta crise de nervos ao se despedir da filha naquele dia, recusando-se terminantemente a deixar a instituição após o término do horário de visitas. Depois de ter se agarrado a uma pilastra, Maria Aparecida foi carregada pelo próprio marido com a ajuda de agentes penitenciários, em cena parcialmente presenciada pela filha.[111]

No dia seguinte às supostas agressões, Paula deu à luz o filho Felipe. Prematuro, suspeitou-se que o bebê pudesse ter uma infecção e, por precaução, ele permaneceu em uma incubadora na maternidade Fernando Magalhães. Paula acompanhou o filho durante todo esse período. Não se sabia ao certo em que penitenciária a acusada voltaria a ser mantida presa, tampouco se permaneceria com a guarda da criança ou se o menino seria criado pelos avós maternos.

Os nervos dos pais de Paula pareciam mesmo estar à flor da pele. Ao chegarem à maternidade para visitar a filha, o pai de Paula gritou que era "uma vergonha o que estão fazendo com a minha filha". Se a voz do povo é a voz de Deus, o desabafo não ficaria sem resposta. O comentário naturalmente revoltou as pessoas que também aguardavam para visitar parentes. Em meio à indignação, alguém na fila logo retrucou, igualmente em voz alta: "Vergonha é sua filha ter matado uma inocente."[112]

A defesa de Paula afirmava que ela preferia morrer a ter de retornar ao presídio Talavera Bruce. Seu advogado dava diversas declarações à imprensa, ora afirmando que Paula "havia presenciado cenas de sexo entre as detentas",[113] ora que a acusada "havia sofrido assédio sexual",[114] mas que, por uma questão de "pudor", não detalharia as agressões sofridas.

Se realmente o pudor a impedia de relatar as supostas agressões, sua ironia revelava o que realmente pensava do Talavera Bruce. Em carta endereçada à Justiça, Paula registrara com letras maiúsculas sua experiência na penitenciária: "A ternura do Talavera Bruce eu conheço na carne."[115] As detentas que estiveram com a acusada durante a única noite em que ela permaneceu naquele presídio, no entanto, se apressaram em declarar à imprensa que não eram homossexuais, garantindo que Paula havia sido bem tratada.[116]

A família de Daniella também não tardou a reagir. Irradiando indignação, Glória Perez foi a público dizer o que pensava: "Quando a vejo declarar que sentiu na carne a ternura do Talavera Bruce, não posso deixar de pensar que Daniella e nós é que sabemos, com a nossa carne, de quanta crueldade e cinismo é feita a ternura que a criminosa procura vender pelos jornais."[117]

Após um curto período de indefinição, a Justiça finalmente decidiu que Paula retornaria à Polinter, onde uma antiga sala utilizada pela administração seria adaptada para acomodá-la junto ao filho recém-nascido. A adaptação da cela gerou muita controvérsia, sobretudo por Paula não ter legalmente o direito a prisão especial e não havia outra detenta presa na Polinter — nem sequer com nível universitário — que obtivera tal direito. O filho de Paula e Guilherme era a única criança na carceragem da Polinter, que não contava com creche em suas dependências. Dada essa conjuntura, até Guilherme desdenhava das condições da prisão de sua esposa: "Vi que a Paula está num lugar bom, com árvores e sol para o Felipe. Ela não sabe o que é uma prisão."[118]

Apesar da preferência declarada pela Polinter, Paula também experimentou alguns dissabores no período em que lá esteve. Segundo a imprensa, uma das detentas teria lhe dado um tapa no rosto e, em dado momento, suas colegas de cárcere chegaram a colar um pôster da atriz Daniella Perez na parede de sua cela.[119]

No entanto, foram episódios absolutamente pontuais. A rotina de Paula era relativamente tranquila durante o período em que esteve presa. Ela passava o dia a ver televisão — só não assistia à novela *De Corpo e Alma* e ao noticiário sobre o crime — e podia tomar banho de sol. Se evitava a todo custo ver as cenas da novela, Paula acabou forçada a ouvir todo o capítulo da trama no qual a personagem de Daniella apareceria pela última vez. Naquela data, as presidiárias que compartilhavam a cela com ela sintonizaram a televisão na Globo, e Paula não teve como deixar de escutar todos os diálogos daquele capítulo. Para evitar ver o que provavelmente lhe afligia a alma, a acusada teria como única alternativa dar as costas ao televisor. Foi o que ela fez.[120]

Durante o período em que esteve presa, Paula acabou por concluir o ensino médio em uma modalidade de ensino a distância e chegou a ser aprovada no vestibular para Direito da Universidade Salgado de Oliveira, localizada em Niterói.[121] No entanto, não obteve autorização da Justiça para fazer o curso por estar presa, não havendo condições para o seu translado diário sob escolta.

Como tempo livre era algo que não lhe faltava, Paula chegou até a descobrir novas aptidões. A principal delas foi a veia poética. Classificada em sexto lugar em um concurso que contou com mais de cem participantes e um total de quase trezentos textos inscritos, um poema seu acabou escolhido para participar de uma coletânea que seria publicada apenas com poesias escritas por presidiários.[122] O livro *Soltando palavras*, cujo lançamento foi realizado na Academia Brasileira de Letras (ABL), contou com o poema "Triste", de Paula Thomaz. O poeta Romildes Meirelles, presidente da Casa do Poeta e autor do prefácio da obra, destacou as qualidades da poesia da então presidiária, em suas palavras cheias de "lirismo e beleza".[123]

Os versos demonstram o estado de espírito de Paula durante aquele período, revelando o que se passava em seu íntimo enquanto esteve no cárcere:

Tudo é frio
Escuro, indiferente
Uma vida sem rumo

Sem ideal seguro
Uma vida triste
Que só tem presente.[124]

Valendo-se da sensibilidade típica daqueles que fazem da poesia sua profissão de fé, Meirelles chega até a perceber "um quê de medo e remorsos"[125] nos versos de Paula. Arrependida ou não, a acusada havia tomado gosto pela poesia durante o período de reclusão. Seu pai afirmou que ela pensava em publicar um livro reunindo os poemas que escrevera na prisão e suas memórias daquele período, registrados em um diário.[126]

O presidente da Casa do Poeta aparentava acreditar no potencial da iniciativa, afirmando que Paula tinha inclinação para o ofício de poetisa: "Seus versos são curtos e intensos, como talvez tenha sido seu amor e a mocidade perdida."[127] O livro autoral de Paula, contudo, jamais chegou a ser publicado. Já o livro *Soltando palavras*, publicado apenas no ano 2000, acabou por se valer da notoriedade de uma de suas coautoras para aparecer na capa do jornal *Extra* no dia de seu lançamento.

A manchete, no entanto, não era nada lisonjeira: "A mão que matou agora também escreve poesias."[128]

* * *

A rotina de Paula Thomaz na cadeia sempre foi objeto de interesse da imprensa. Em 1997, a revista *Veja* descrevia seu cotidiano no cárcere, em um relato que chocava por demonstrar como no Brasil é possível comprar uma condição mais digna de cumprimento da pena, mesmo que o detento não faça jus legalmente à prisão especial. Pela descrição do semanário, bastava ter dinheiro para tanto:

> (...) com a ajuda dos pais, algum dinheiro e muita diplomacia, Paula conseguiu comprar o respeito das colegas, a melhor

> cama — o andar de cima do beliche que fica de frente para a porta — e o direito de viver sem fazer trabalhos braçais, como cozinhar e lavar roupa. Dentro dos limites de uma cadeia, ela conseguiu montar uma estrutura até invejável para os padrões da realidade carcerária nacional. Uma TV de tela grande, presente da família de Paula, ocupa o centro da cela. Num dos cantos há uma cadeira de praia e, no fundo, um banheiro com chuveiro de água quente, artigo raro na maioria das prisões do país. Além de redecorar o ambiente, Paula manteve alguns hábitos da classe média, que as colegas consideram meio extravagantes. Lava o cabelo com xampu para bebês, passa creme hidratante nas pernas e recusa-se a comer a comida da prisão. (...) Come queijo branco, iogurte, frango, peixe, legumes e verduras. Toma mate gelado e água de coco. (...) Preocupada em não engordar, Paula evita alimentos gordurosos. Mas não resiste aos sorvetes, que seus pais trazem em potes grandes para guardar no freezer da carceragem. Para não ter de lavar a própria roupa, Paula paga 15 reais por semana a uma companheira de cela que faz o serviço. Também não cozinha nem lava o chão.[129]

Aparentemente, nada lhe faltava.

Reportagem do jornal *Extra* relatava exatamente a mesma situação, só que com algumas nuances que conseguiam causar ainda mais surpresa. Uma assistente social constatou que Paula chegara a ter o direito a uma cela exclusiva "bem diferenciada das demais em termos de higiene".[130] A descrição seguia a linha das outras publicações, que retratavam a rotina da presidiária que provavelmente desfrutava de uma das melhores condições de todo o sistema prisional brasileiro: "Paula tinha uma cela exclusiva, com as paredes pintadas e o chão forrado com um plástico aderente. Havia ainda um armário, uma TV, dois ventiladores e um colchonete."[131] Não à toa, a novelista Glória Perez, com ironia, certa vez descreveu a prisão de Paula Thomaz como a "ala VIP do presídio",[132] e até mesmo como um "spa".[133]

Além das denúncias sobre supostas mordomias nas dependências da prisão, ainda havia acusações de que Paula e Guilherme mantinham encontros fortuitos, sem autorização oficial. Comportando-se como se ainda estivessem na lua de mel que usufruíram no conforto do hotel Rio Palace, o casal parecia agir como se tivesse o direito à privacidade própria das pessoas que não se encontravam presas.

Àquela altura, no entanto, ambos eram detentos em regime de prisão preventiva decretada pela Justiça. Para aumentar ainda mais a polêmica, o casal já se encontrava separado judicialmente e trocava farpas pela imprensa, o que tornava no mínimo curiosa a notícia dos supostos encontros mantidos à revelia do sistema legal. Especulou-se até que o rompimento do casal poderia ser uma farsa com o intuito de ocultar a cumplicidade na prática do crime.[134]

Ao ser questionada a respeito, Paula confirmou ter ido à carceragem da Polinter conversar com Guilherme, narrando o episódio como se fosse a coisa mais natural do mundo:

> **E como você explica a sua saída da carceragem de Niterói, ano passado, para ter um encontro com Guilherme na Polinter do Centro, onde ele estava preso?**
> Veio um policial aqui conversar comigo porque ele estava arrependido dessa versão dele. Então, eu fui, mas chegando lá vi logo que ele estava querendo pedir que eu o ajudasse. Nessa hora, eu pedi para vir embora.[135]

Tendo tido acesso aos termos do depoimento prestado por Paula em um inquérito aberto para apurar o caso, o jornal *Extra* detalhava um pouco melhor essa questão:

> No dia 6 de agosto de 1995, Paula Nogueira de Almeida, então com 22 anos, sentiu vontade de ver o ex-marido Guilherme de Pádua, que lhe emprestou o sobrenome Thomaz, várias

vezes impresso nas páginas policiais. As grades da cela da Polinter em Niterói não foram obstáculo. Um carcereiro lhe perguntou se gostaria de ver o ex-marido. Ela concordou. Por volta das 19h, no carro particular do policial, os dois foram para a sede da Polinter, no Rio, onde Guilherme estava preso. Lá, o casal ficou 15 minutos a sós. Essa história foi contada pela própria Paula num depoimento que prestou num inquérito da Corregedoria da Polícia Civil para apurar a má conduta de cinco policiais, ao qual *EXTRA* teve acesso.[136]

Se o conteúdo da reportagem já impressionava pelo menoscabo à decisão da Justiça que impunha a custódia dos acusados, mais desavergonhada ainda era a justificativa que Paula deu sobre as denúncias de que teria tratamento diferenciado na prisão. Segundo o jornal *O Dia*, ela parecia se sentir injustiçada: "Sempre ouço dos chefes de carceragem que sou o azar de todos eles. Presas enraivecidas, por qualquer motivo, usam o meu nome só para derrubá-los. Em Niterói, a mordomia não era só para mim, era para todo mundo que tinha dinheiro."[137]

Em entrevista a uma assistente social, a acusada chegava a relacionar de forma direta a sua condição carcerária mais favorecida aos benefícios que o seu pai proporcionava à penúria do ambiente prisional:

> As condições de acomodação dessa detenta [Paula Thomaz] são, assim, perpassadas por uma certa reprodução das desigualdades sociais no contexto do cárcere, na medida em que a condição socioeconômica mais favorecida de sua família lhe permite remunerar companheiras de prisão para executarem "serviços domésticos" e lhe garantem bem-estar. (...) Alega ainda que seu pai tem trazido muitos benefícios para o presídio, tendo arcado com o conserto do freezer, da fiação do chuveiro elétrico, com a vacinação dos cachorros que convivem no local e com alguma alimentação que

esporadicamente traz para Paula, da qual as outras presas também participam.[138]

Nesse ponto, Paula e Guilherme pareciam concordar. Em declaração assemelhada, o ator apresentava uma opinião igualmente insólita: "E a imprensa também é culpada por você não ter conseguido algumas regalias na cadeia? Em parte sim, né? Porque o policial deve ficar com medo."[139]

De concreto, o conjunto de denúncias ensejou punições formais, punições veladas e até a ausência de punição. Os cinco policiais envolvidos na escapulida foram punidos formalmente.[140] Guilherme acabou transferido de presídio, uma espécie de punição informal pelo encontro secreto que mantivera com Paula.[141]

Nenhuma anotação desabonadora, porém, foi colocada na ficha de Paula Thomaz, tampouco ela veio a sofrer qualquer tipo de punição, mesmo tendo admitido que realmente deixara a carceragem furtivamente para encontrar Guilherme de Pádua.

Memórias do cárcere

Caso se dedicasse ao ofício de escritora, a advogada Gesebel Lúcia de Assis provavelmente seria capaz de escrever um livro sobre as memórias de Paula Thomaz. Pelo menos em relação às suas memórias do cárcere. Presa em função de acusações de estelionato, Gesebel foi vizinha de cela de Paula por cerca de seis meses.[142]

A proximidade física na carceragem feminina da Polinter fez surgir uma amizade entre as duas presas, algo que rapidamente acabaria por evoluir para um forte laço de afeição. Pelo menos era isso o que afirmava Gesebel. A cumplicidade entre as duas chegou a tal ponto que a detenta garantia ter sido ela quem escrevera — de próprio punho — algumas das cartas ditadas por Paula Thomaz para serem entregues a Guilherme de Pádua.

Por gozar da confiança de Paula, a advogada acabaria por involuntariamente testemunhar os pormenores de seu cotidiano na cadeia. A confiança e a própria relação de amizade, no entanto, não resistiriam por muito tempo. Após um desentendimento que estremecera de forma definitiva a afinidade entre ambas, Gesebel jurou que quando deixasse a prisão contaria tudo o que sabia sobre o comportamento e as supostas regalias de Paula Thomaz.

Dito e feito. Pouco tempo depois de readquirir a liberdade, Gesebel cumpriu a promessa e soltou o verbo contra a ex-vizinha de cela, àquela altura sua desafeta declarada.

À época dos fatos, as denúncias foram reveladas pela revista *Contigo* em duas edições publicadas em 1995, e também repercutiram em jornais de grande circulação nacional.[143] Três anos depois, o jornal *Extra* voltaria a se debruçar sobre o assunto, publicando uma longa e detalhada entrevista com a ex-detenta Gesebel Lúcia. Tais acusações certamente foram as mais incisivas dirigidas a Paula durante todo o período em que esteve reclusa:

Quais eram as mordomias [a que Paula Thomaz tinha direito]?
Tudo o que ela queria, ela tinha. Ela não ficava na cela, ela só ficava solta. Ela só entrava na cela para dormir. O resto do dia era inteirinho solta. As outras, que eram iguais a ela, ficavam presas o dia inteiro e só saíam na hora do banho de sol. Ela tinha até uma menina que fazia a limpeza da cela dela. Além disso, os pais dela podiam ir lá a toda hora.

É verdade que tinha até churrasco na cadeia?
Tudo lá era pago. Tinha churrasco todo o final de semana, cerveja, e Paula participava de tudo. Aquilo não era uma cadeia. Era uma área de lazer.[144]

De fato, as denúncias eram impactantes, porém soavam como mais do mesmo. Gesebel, entretanto, ainda afirmava ter mais o que dizer. E não era pouco. Nem havia sido dito antes.

Embora Paula já houvesse sido alvo das mais disparatadas especulações sexistas, que iam desde a possibilidade de um suposto affair com seu próprio advogado até um inimaginável encontro fortuito com Ricardo Peixoto (condenado pelo assassinato de Mônica Granuzzo e que cumpria pena em um presídio vizinho à Polinter),[145] agora as acusações mudariam de patamar, soando ainda mais preconceituosas. Assim, a ex-vizinha de cela garantiu que nem todas as mordomias eram obtidas por meio de dinheiro:

> **Como você acha que ela conseguiu as regalias?**
> Ela realmente era uma menina bonita, que chama a atenção. Acho que isso influenciou também. Inclusive ela namorou policiais lá dentro. Ela seduzia eles fazendo charme, andando com roupas apertadas. Ela usava shortinhos, vestidos curtos, calças apertadas.[146]

Pelo menos em relação ao vestuário, a denúncia aparentava ser verdadeira. A repórter Paula Máiran, que passou dois dias na mesma cela que Paula para fazer uma reportagem especial para o jornal *O Dia*, afirmou que Paula usava "tops e shortinhos de lycra", aparentando vestir-se como quem ia "passear no calçadão de Copacabana".[147]

Todavia, alguns testemunhos se contrapunham às afirmações de Gesebel. O policial Sérgio Belfort, chefe da carceragem da Polinter, negava que houvesse favorecimento: "Ela era tratada da mesma forma que as outras. Alguém deve ter se sentido prejudicado e falou essas cascatas. Eu prefiro não falar nisso. Sei apenas que ela nunca causou problemas para os policiais, tinha um bom comportamento."[148]

Já Alcides Iantorno, que assumiu a direção da carceragem após as denúncias, afirmou que afastara os envolvidos preventivamente das funções até a apuração completa dos fatos. Contudo, para ele, as acusações não passariam de uma "picuinha"[149] entre as presas. Se para a polícia podia parecer mera picuinha, para a mãe de Daniella se tratava de algo que deveria ser apurado com rigor: "Há três anos que essas irregularidades vêm sendo denunciadas. E a própria assassina Paula Thomaz, num documento constante do processo, admite e gaba-se desses privilégios."[150]

Em função do conjunto de denúncias propagado com alarde pela imprensa, em um futuro não muito distante os mesmos fatos seriam fonte de novas controvérsias envolvendo, mais uma vez, o nome de Paula Thomaz.

Nova polêmica à vista.

No reino de Deus

"Para Deus nada é impossível."[151]

Essa foi a manchete que anunciava a conversão de Guilherme de Pádua à fé evangélica, publicada pelo jornal *Folha Universal*[152] e que antecedia uma longa entrevista concedida pelo ator àquele periódico.

A decisão foi tornada pública em julho de 1995, durante o período em que Guilherme esteve preso na Polinter. Naquela oportunidade, uma foto sua estamparia a capa da publicação. Compenetrado e lendo a Bíblia com um ar sereno, a imagem tentava transmitir a ideia de que ele se tornara uma nova pessoa após a conversão.

O periódico não demoraria muito a voltar à carga, dessa vez de forma ainda mais explícita: "Nasci de novo"[153] seria a nova manchete a anunciar o batizado de Guilherme nas hostes evangélicas. Novamente a estampar a capa do jornal, dessa vez ele havia sido fotografado com um largo sorriso no rosto, com uma Bíblia em uma das mãos e um boné onde se lia a inscrição "Jesus Cristo é o senhor".[154]

Pelas páginas da publicação, o réu confesso teria uma forma de expor ao público todo o fervor religioso que subitamente aflorara após conhecer a realidade prisional brasileira, passando a conceder entrevistas e até a assinar uma coluna regular no jornal, intitulada "Coluna do Encarcerado".[155]

Durante suas entrevistas ao periódico religioso, o ator, em meio a reiteradas citações bíblicas e muitas expressões comumente utilizadas por evangélicos, aproveitava também para abordar questões tipicamente mundanas e sem qualquer caráter etéreo. Aproveitando o espaço concedido pelo jornal, o recém-convertido reforçava determinados pontos da tese de defesa que utilizaria em seu futuro julgamento, como a alegação de que teria agido para proteger o filho que Paula esperava e que o crime não havia sido premeditado.[156]

A *Folha Universal* realmente se propunha a tomar a dianteira na defesa de Guilherme, chegando até a colocar em dúvida as decisões da Justiça:

> Envolvido no assassinato da atriz Daniela (*sic*) Perez, o ex-ator Guilherme de Pádua está preso há mais de um ano, sem ter sido julgado. A tese de prisão para proteção do réu é, no mínimo, discutível. Primário, com domicílio conhecido e sem periculosidade comprovada, se não fossem as pressões da Rede Globo, certamente teria outro tratamento.[157]

Àquela altura, Guilherme misturava explicitamente justiça e religião. Assim, o réu reforçava a postura de vitimização, afirmando que provavelmente seria injustiçado, pois a sociedade queria imputar-lhe a pena máxima. Já como colunista do jornal, Guilherme recriminava a prática de "julgar o próximo", afirmando que até a "Justiça, que se propõe a julgar imparcialmente, comete erros todos os dias".[158] Parecia começar a querer justificar um provável resultado desfavorável em seu futuro julgamento.

Em dado momento, parecia que tudo que acontecera ao seu redor tinha uma explicação metafísica. Em uma de suas declarações mais levianas sobre o crime, Guilherme atribuiu a uma vontade superior o trágico desfecho da vida da atriz: "Daniella morreu no momento em que Deus permitiu que ela morresse."[159]

Sua postura passou a ser alvo de críticas, além de levantar dúvidas acerca da sinceridade de seu fervor religioso. Para o jornal *O Globo*, o ex-ator recorria "à instância divina para melhorar a sua imagem perante a justiça dos homens".[160] Independentemente de seu proselitismo religioso, o fato é que, antes de prestar contas à justiça divina, o acusado teria mesmo é que se acertar com a justiça dos homens.

Seria bom começar a rezar.

Presa política (A infiltrada)

Brasília, 28 de agosto de 1979. Em uma manhã nublada, o presidente João Figueiredo sancionou a Lei de Anistia, no que seria o melhor momento dos seus seis anos de governo. Com sua mão esquerda, Figueiredo — filho órfão de pai vivo[161] — assinara naquele dia a maior anistia da história do Brasil.

Os gestos impulsivos que arruinaram a imagem pública do último general a governar o Brasil durante o regime militar não são capazes de apagar o fato de que, durante o seu governo, a última pessoa presa por razões políticas havia sido libertada no país. Pouco mais de um ano após a entrada em vigor da lei, em outubro de 1980, o amazonense João Sales de Oliveira foi colocado em liberdade condicional pela Justiça Militar, após amargar cerca de oito anos de prisão.

Aquela ordem de soltura tinha uma enorme conotação simbólica. O presidente Figueiredo havia prometido que todos os presos políticos seriam libertados durante o seu mandato.[162] Goste-se ou não de Figueiredo, esse é o seu maior legado, junto à consolidação do processo de abertura política iniciado ainda no governo Geisel.

Apesar do seu pedido para ser esquecido, tudo isso deve ser lembrado.

TORTUOSA ESPERA

Desde então, ao que se tem notícia, não houve mais qualquer pessoa privada de sua liberdade por motivos políticos no Brasil. No entanto, cerca de dezesseis anos após a libertação do último preso político brasileiro, surgia na imprensa o relato de uma presidiária que afirmava estar sendo injustamente mantida presa, supostamente por perseguição política.

Tratava-se de ninguém menos que Paula Thomaz.

Embora jamais tivesse militado por qualquer ideal, a acusada pela morte de Daniella afirmava que a sua prisão tinha motivação política, tal qual ocorrera com jovens idealistas que se empenharam em derrubar o regime militar durante as décadas de 1960 e 1970. Se faltou às aulas de História ou pouco conhecia sobre a memória recente de seu país, pouco importa. Paula Thomaz buscava forjar um vitimismo incompatível com as circunstâncias que pesavam em seu desfavor.

Em verdade, Paula era a única responsável por estar naquela situação. Só ela, no entanto, parecia não enxergar isso. O que de fato a manteve presa até o julgamento foram decisões das diversas instâncias do Poder Judiciário — desde os juízes de primeiro grau até os ministros do STF.

Embora sua liberdade tenha sido negada em diversas oportunidades, houve um *habeas corpus* que deu origem a uma disputa, de fato, bastante acirrada. Com dois votos favoráveis à liberdade da ré, o julgamento na 1ª Turma do STF foi interrompido por um pedido de vista do ministro Sydney Sanches. O jornal *O Globo*, citando fontes do próprio STF, afirmou que o ministro Ilmar Galvão poderia não participar do julgamento em função de sua pretensa amizade com o avô de Daniella, ministro aposentado do Superior Tribunal de Justiça (STJ).[163] No entanto, essa hipótese não se confirmou, e, quando o caso voltou a julgamento, Paula teve a liberdade negada pelo apertado placar de 3 × 2 — incluindo o voto do ministro Ilmar Galvão em seu desfavor.[164]

Com a proximidade do julgamento, a então acusada levou ao extremo sua tendência à vitimização, criando uma narrativa implausível na vã tentativa de inverter os papéis — de vilã passaria a vítima de uma grande conspiração. Assim, Paula afirmava ser alvo de uma orquestrada campanha difamatória cuja intenção seria mantê-la presa e, futuramente, objetivaria a sua condenação.

Em matéria publicada pelo jornal *O Dia* em 1996, a repórter Paula Máiran se infiltrou na cela, passando-se por uma presa recém-chegada, para ganhar a confiança de Paula. À nova colega de confinamento, Paula teria dito sem rodeios: "Sou uma presa política."[165]

A origem desse sentimento era a alegação de que ela era mantida encarcerada em virtude da campanha de Glória Perez, que reivindicava justiça para o crime. Em carta dirigida ao corpo de jurados às vésperas do julgamento, a novelista expunha o seu modo de ver a questão:

> O que o memorial de defesa diz é que Paula Thomaz está sentada no banco dos réus em consequência de manobras e campanhas. Que está sendo vítima da falta de ética generalizada da mídia, da leviandade de dezenas de testemunhas, enfim, de um "poderoso" marketing orquestrado por seus adversários. Ora, quem são os adversários de Paula Thomaz? O Ministério Público? A Polícia? A Imprensa? A Assistência da acusação? Os Juízes? Os Tribunais Superiores? Os familiares de Daniella? As testemunhas que a acusam? É no mínimo extravagante imaginar esse acordo absurdo entre Ministério Público, Polícia, advogados, frentistas, ministros, peritos, desembargadores, jornalistas, donas de casa, leopardos, frequentadores da galeria Alaska, senhores aposentados e familiares de Daniella, com o deliberado propósito de acusar Paula Thomaz de algo que ela não tenha feito.[166]

A escritora olvidava-se apenas da classe dos garagistas e das manicures que por esse raciocínio também fariam parte desse suposto complô formado para prejudicar a ré, já que tanto o porteiro de seu prédio quanto a manicure que frequentava também desmentiram pontos da versão apresentada pela acusada.

Havia também aqueles que entendiam que a ré se valia da imprensa para melhorar a sua imagem pública, em visão diametralmente oposta àquela divulgada por sua defesa. Esse era o caso do advogado Paulo Ramalho, que afirmava que Paula manipulava a mídia a seu favor, valendo-se principalmente de sua condição de mãe: "A acusada tem feito de seu filho verdadeiro instrumento de sensibilização da opinião pública, fotografando-o e distribuindo a foto para a imprensa, como se isso pudesse valer a absolvição."[167]

De fato, Paula deixava-se fotografar ao lado do filho, pontuando em algumas de suas entrevistas a imensa saudade que sentia da criança. Além das fotos publicadas após o parto, em meados de 1996 — quando se imaginava que o julgamento estaria prestes a ocorrer — a acusada foi fotografada pela revista *Manchete* abraçada à criança, que aparecia de costas em expressiva imagem ao lado da mãe.[168]

Adotando uma postura de conceder entrevistas ao longo daquele mesmo ano, Paula era frequentemente questionada sobre os diversos testemunhos que a incriminavam. Suas respostas eram quase sempre superficiais, limitando-se a colocar em dúvida a credibilidade de todos aqueles que afirmassem algo em seu desfavor:

> **A acusação tem depoimento de pessoas, como os frentistas e o porteiro do seu prédio, que te prejudicam.**
> Arrumar testemunhas para acusar é muito fácil. Todas são mentirosas.[169]
>
> **O porteiro do seu prédio mente quando diz ter visto você e o Guilherme saírem do prédio no início da noite?**
> Ele também está mentindo. Eu não sei por que ele está fazendo isso. Não sei se se confundiu. Não sei...[170]

> O advogado Hugo da Silveira insiste que viu a senhora na cena do crime. Por que a senhora acha que ele tomou tal atitude? Quem a senhora acha que ele viu?
> Bom, para mim ele viu a vítima. Realmente eu não entendo como uma pessoa pode falar uma coisa destas sem ter certeza. Eu acho que ele talvez tenha sido envolvido na pressão da época.[171]

Paula afirmava ainda que os policiais que relatavam ter presenciado sua suposta confissão faltavam com a verdade,[172] e até uma singela dona de casa, que também afirmava ter presenciado uma confissão de sua parte, era mais uma mentirosa a integrar o suposto complô articulado para prejudicá-la, não passando — em suas palavras — de uma "pessoa oportunista querendo aparecer".[173]

O despropósito da teoria residia na inviabilidade de uma gama tão diversificada de indivíduos virem a se mancomunar com o intuito de prejudicar alguém que sequer conheciam ou com quem mantinham meras relações superficiais. Seria muito difícil — para não afirmar ser impossível — que pessoas tão distintas e sem vínculo algum entre si se prestassem ao papel escuso de incriminar alguém de maneira mentirosa com o único objetivo de prejudicá-la.

Se estranhamente todos que a incriminavam mentiam, mais curiosa ainda era a forma com que Paula justificava a ausência de testemunhas que poderiam comprovar seu álibi. Não houve uma só pessoa que a tenha visto no BarraShopping durante o horário no qual o crime fora cometido.

Para Paula, contudo, esse fato não poderia ser interpretado como ausência de testemunhas: "Tinha pessoas nas lojas que me viram, que apareceram na época, mas depois sumiram com medo da pressão."[174] O pai da acusada endossava a tese de sua filha: "Ela estava no shopping, mas as pessoas que poderiam testemunhar sumiram."[175]

TORTUOSA ESPERA

A defesa de Paula, em depoimento para este livro, citou uma reportagem publicada em janeiro de 1993 em que uma testemunha afirmara ter visto Guilherme de Pádua no BarraShopping no dia do crime por volta das 22 horas. De fato, a matéria existe, embora se trate de um relato confuso no qual a testemunha vira o ator apenas de costas, afirmando que uma colega — que não fora localizada pela reportagem — é que fora capaz de identificar o "Bira".[176] Essa testemunha jamais depôs em juízo.

Já a mãe da acusada se permitia as mais disparatadas declarações públicas. À imprensa, Maria Aparecida afirmara que havia "interesse político e econômico nisso", sem, no entanto, especificar quais "interesses" seriam esses. Afirmava, ainda, que um suposto funcionário do BarraShopping que teria visto o casal naquela noite "perdeu o emprego, sofreu ameaças, e sumiu".[177] Novamente, a afirmação vinha desprovida de qualquer lastro probatório.

Às vésperas do julgamento, a ré havia criado uma realidade própria. Rechaçava qualquer participação no assassinato, negava que fosse uma pessoa de índole ciumenta e ainda afirmava que jamais desconfiara que seu então marido pudesse manter um romance com Daniella.

Entretanto, não foi exatamente isso que a própria acusada afirmara à imprensa nos dias subsequentes ao crime, quando sua versão ainda coincidia com a narrativa apresentada por Guilherme de Pádua. Em uma de suas primeiras declarações tornadas públicas, Paula prometera revelações impactantes: "Abatida, ela [Paula Thomaz] pouco falou aos jornalistas, mas insinuou saber algo sobre um suposto envolvimento de seu marido com Daniella Perez: 'Tenho muita coisa para falar sobre eles.'"[178]

Ainda naqueles primeiros dias após o crime, o pai da acusada causara frisson ao também prometer uma revelação bombástica que, em sua visão, seria capaz de esclarecer o caso após o primeiro depoimento de Paula à Justiça.[179] Embora a declaração tenha gerado grande expectativa, a "bomba" prometida por Paulo de Almeida jamais veio à tona.

Já o *Jornal do Brasil* reproduzia a íntegra de uma entrevista concedida por Paula à Rádio Tupi, na qual a acusada mantinha a postura de fazer insinuações que desabonavam a conduta de Daniella, deixando claro que desconfiava da existência de uma relação extraconjugal entre ela e Guilherme:

> **O que você gostaria de dizer para os que estão lhe ouvindo?**
> Quero que Deus proteja o meu marido, os advogados, todo mundo, porque a gente tem que ter fé, né? Só ele pode dizer alguma coisa. Existem muitas outras coisas que eu ainda vou dizer em juízo.
>
> **Por que não dizer agora?**
> Porque estou muito abalada. A única coisa que tenho a dizer é isto: o que sei eu vou falar.
>
> **É algo que você sabia sobre a vida dele com a Daniela (sic) Perez?**
> Realmente é sim, mas eu prefiro falar em juízo.[180]

A proximidade do julgamento, no entanto, fez com que ela convenientemente se esquecesse das próprias entrevistas concedidas ainda no calor dos acontecimentos. Na expectativa de ser julgada, Paula adotava uma postura diferente daquela apresentada três anos antes, como evidenciavam suas novas declarações:

> **Você suspeitava de algum romance entre ele e Daniella? Tinha ciúmes dela?**
> Nunca desconfiei de nada. Para mim, era uma colega de trabalho dele.[181]
>
> **Você tinha ciúme do Guilherme com a Daniela (sic) nas cenas da novela?**
> Achava normal. Estava acostumada.[182]

No entanto, distante dos microfones, sua postura era descrita de maneira diversa. Ao conversar com a repórter disfarçada do jornal *O Dia*, a ré voltara a afirmar que desconfiava de que pudesse realmente ter existido um caso extraconjugal entre Daniella e o seu então marido.[183] Já a defesa de Guilherme não deixava tal mudança de postura passar batida, alardeando-a publicamente: "É importante que o júri conheça a personalidade mentirosa de Paula. Ela agora diz que não sabia do romance entre Guilherme e Daniella, mas eu tenho uma gravação onde ela garante saber de 'muita coisa' entre os dois."[184]

De fato, não era incomum que Paula mudasse suas falas. Em entrevista logo após o crime, a acusada afirmara que não havia notado nada de diferente em Guilherme no dia em que o assassinato fora cometido, salvo tê-lo visto abalado naquela noite.[185] Entretanto, após o rompimento, sua postura mudara drasticamente. Paula reconheceu que percebera que o acusado estava todo lanhado e com o casaco sujo de sangue na noite do crime.[186]

Mais significativa ainda havia sido uma entrevista de Paula ao programa *Aqui Agora* em agosto de 1993.[187] Ao responder a uma das perguntas, a acusada teria cometido um ato falho e se referido a Daniella de forma pejorativa e raivosa, como detalhava o *Jornal do Brasil*:

> Paula *escorrega* apenas ao ser questionada sobre o testemunho do advogado Hugo da Silveira, que garante tê-la visto no local do crime com Guilherme de Pádua: "Eu acho que ele viu foi aquela *coisa*", lembra, quase sem se dar conta de que sua referência é a vítima, Daniela (*sic*), morta com 18 facadas no fim do ano passado (...).[188]

Não à toa, o defensor Paulo Ramalho — que não deixava qualquer deslize passar despercebido — declarou à imprensa: "A maneira como ela [Paula Thomaz] se referiu a Daniella mostra o ódio, o desprezo, que tinha e ainda tem por ela."[189]

E não era tudo. Em janeiro de 1993, o jornal *O Dia* noticiara que Paula, em diálogo com suas colegas de cela, dera a entender que o assassinato da atriz havia sido uma "prova de amor".[190] Pouco depois, o mesmo jornal detalhara melhor o assunto, revelando — em matéria de capa — a frase atribuída à então acusada: "Ele [Guilherme de Pádua] me deu a maior prova de amor. Eu o amo a cada dia mais."[191]

Em realidade, Paula tentava traçar um novo perfil de si mesma. Na espiral dessa tendência, permitia-se até afirmações um tanto caricatas, como quando declarou à imprensa que não falava palavrões, tentando transmitir a mensagem de que o recato lhe tolhia o mau hábito.[192]

Para ter sucesso, no entanto, a ré necessitaria nascer de novo, como afirmou Guilherme em relação a si próprio, sem demonstrar hesitação ou encabular.[193] Como isso não era possível fora do sectarismo religioso em que o acusado passara a militar, Paula começou a conceber uma narrativa própria sobre sua personalidade. Injustamente vítima de um imenso complô que se irradiava de forma indiscriminada pelos mais diversos ramos do tecido social, ela teria uma árdua missão pela frente: desmentir todos os testemunhos em seu desfavor e fazer com que os jurados acreditassem em sua versão carente de testemunhas.

Não seria nada simples.

* * *

Rio de Janeiro, 23 de abril de 1996. A jornalista Paula Máiran acabara de ser algemada e colocada em uma viatura policial. A partir daquele momento, a repórter se tornaria a estelionatária "Maria do Socorro", e seria imediatamente levada à carceragem da Polinter. Após uma negociação que envolveu a cúpula da Polícia Civil do estado, a jornalista seria infiltrada na cela da presidiária mais conhecida do Brasil durante a década de 1990: Paula Thomaz.

TORTUOSA ESPERA

Confinada com outras seis detentas em parcos 9 metros quadrados (incluindo, nesse diminuto espaço, chuveiro, vaso sanitário e "despensa" para mantimentos), Máiran dormiria sua primeira noite de cara para a latrina e não teria direito sequer a um colchonete. Em meio à nova — e assustadora — realidade, a repórter não tinha de antemão uma pauta específica, tampouco fora atrás de uma confissão. Sua tarefa era simplesmente observar o cotidiano de Paula na cadeia para uma reportagem especial de *O Dia*.

E assim foi feito.

Recepcionada no cárcere pela própria Paula Thomaz, a infiltrada recebera dela um sanduíche ao chegar à cela. Algo que lhe chamou a atenção inicialmente foi o asseio do local, mantido com material de limpeza trazido pela família da custodiada mais abastada daquele recinto. Mesmo assim, havia muita umidade, e Paula tinha problemas de pele, sendo perceptível à jornalista urticárias e pequenas equimoses ao longo de seu corpo.

Como a acusada não tomava banho de sol — tinha medo de sofrer um ataque no pátio interno —, esse problema se agravava, mesmo com todos os cuidados diários de higiene que Paula mantinha. Suas fobias eram muitas durante a reclusão: tinha medo de morrer, de pegar piolho na vasta cabeleira negra que ostentava, e até de fofoca. Por tudo isso, quase não saía do confinamento da cela, o que acentuava sua solidão no cárcere.

Máiran, no entanto, se deparou com uma realidade diferente daquela alardeada pela imprensa, em relato semelhante ao publicado no livro *Pensando contra os fatos*: "A mídia construiu um perfil de Paula Thomaz para consumo da população."[194] Assim, acabou por "desconstruir o monstro", como afirmado em uma matéria do site Universo Online (UOL), publicada em 2016.[195]

De fato, seu relato trazia uma visão que não corroborava com pontos sistematicamente divulgados pela mídia, como o suposto relacionamento íntimo que Paula mantinha com policiais. No curto período em que esteve encarcerada, a jornalista afirmou que a ré mantinha uma relação impessoal com os agentes penitenciários: "Não a vi transando com policial nenhum, se descontrolando com pessoas em nenhum momento."[196] Embora seja um apanhado de apenas 48 horas, esse testemunho faz um contraponto às denúncias propaladas pela detenta Gesebel Lúcia de Assis, também mencionadas neste livro.

É igualmente justo registrar outra fala da jornalista durante a entrevista concedida a este livro, ao citar que Paula Thomaz foi aconselhada a se converter à fé evangélica durante o encarceramento, de modo a melhorar sua imagem pública. Máiran afirmou que, mesmo sabendo que tal postura poderia vir a beneficiá-la, Paula não considerava virar as costas às "minhas freirinhas", em referência às freiras do Colégio São Paulo, onde Paula estudara e que à época lhe ministravam suporte espiritual. Na matéria do UOL, há uma declaração nesse mesmo sentido atribuída à acusada: "As pessoas falam que seria bom para a minha imagem virar evangélica, mas eu não posso trair Nossa Senhora",[197] em referência ao fato de a fé evangélica não crer em santos ou quaisquer entidades distintas de Jesus Cristo.

Em nosso contato, Paula Máiran se expressava com segurança e não fugia do contato visual. Na ocasião, destacou que aquilo que mais lhe chamou a atenção em sua experiência no cárcere foi "o drama da menina bem-nascida que foi parar no mundo cão", e a partir dessa perspectiva fez o seu relato. Rememorando os fatos mais de 25 anos depois do episódio, a jornalista — que atualmente milita em prol dos direitos humanos — afirmou que nunca se sentiu defensora de Paula Thomaz, mas hoje avalia que era uma defensora "dos direitos humanos de qualquer pessoa que estivesse naquela situação", ponderando, ainda, que não poderia se deixar levar por estereótipos preconcebidos. Relatou exatamente o que viu naqueles impactantes dias em que experimentou na pele a realidade do sistema carcerário brasileiro.

Pequeno príncipe

Embora a postura adotada por Guilherme de Pádua não alardeasse uma vitimização tão explícita — até porque ele tinha confessado o crime — quanto à de Paula Thomaz, o ator também afirmava se sentir vítima de uma ampla campanha orquestrada em seu desfavor. Afirmava, ainda, que em quatro anos — do cometimento do crime até o seu julgamento — as pessoas não o escutavam.[198] Resta difícil entender essa última afirmativa ante as inúmeras entrevistas que ele concedeu ao longo do referido período.

Se sua primeira grande inimiga era a imprensa, a Justiça tampouco escapava. O Poder Judiciário sempre fora um de seus alvos prediletos: "Eu acho que fui um pouco bode expiatório de uma justiça que inexiste em nosso país. Eu fui exemplo de uma justiça que não existe."[199] A mãe do ator, por sua vez, aparentava endossar tal visão: "É um massacre que não entendo. Guilherme está pagando por todos os crimes do Brasil."[200]

Independentemente de estar ou não "pagando por todos os crimes do Brasil", o certo mesmo é que as entrevistas que antecederam o julgamento acabariam marcadas por uma postura belicosa, onde Guilherme adotaria como estratégia de defesa partir para o ataque. Contra tudo e contra todos. Invertendo os papéis, não se furtaria a destilar as mais diversas acusações — sem, no entanto, apresentar provas — direcionadas principalmente às testemunhas que o acusavam.

Assim, Guilherme tentava desacreditar os testemunhos dos frentistas que afirmavam ter presenciado a emboscada à atriz, e também o depoimento do outro frentista que confirmava ter limpado o banco traseiro do Santana após o crime: "Não acho que eles [frentistas] são amigos de Glória Perez. Assim, só posso pensar em grana."[201] E não pararia por aí. Em outra fala incisiva, Guilherme desferiria um ataque contra a mãe da vítima, acusando-a de ter subornado as testemunhas. A polêmica declaração ganhou natural destaque na entrevista concedida à revista *Amiga*, a ponto de estampar uma manchete de topo de página com os seguintes dizeres: "Glória Perez comprou testemunhas."[202]

Não eram só as testemunhas ou a mãe da vítima, no entanto, que eram alvo de seu descompasso verbal. Em declarações em que deixava no ar ameaças à outra ré, o ator afirmava que, caso se irritasse ante as declarações de Paula, poderia "soltar o verbo"[203] no futuro julgamento de ambos. Guilherme também não se abstinha de insinuar que poderia fazer declarações que prejudicariam seus ex-sogros.[204]

Jogo bruto.

Em meio ao fogo cruzado, nem o ex-presidente Fernando Collor foi poupado. Tendo sofrido o impeachment em data muito próxima ao cometimento do crime, o ex-presidente foi lembrado por Guilherme em uma de suas entrevistas, quando o entrevistado indagou à repórter se ele merecia "mais cadeia que o Collor".[205]

Guilherme, entretanto, não se descuidava por completo. Seus ataques eram calculados e tinham objetivo certo. Havia estratégia por trás de suas falas. Assim, em relação a questões consideradas atenuantes no processo, o réu se mostrava bastante cauteloso, e chegara a afirmar que a ação criminosa teria sido culposa "ou até passional, que é mais leve".[206]

Outro ponto bastante contestado por Guilherme foram os ferimentos no rosto de Daniella. O acusado parecia ter estudado o assunto, a ponto de, em entrevistas, saber citar até as colorações adquiridas por lesões em função do tempo em que foram produzidas, dissertando com impressionante convicção sobre tons pouco afetos ao cotidiano das pessoas comuns, como amarelo-violácea e roxo avermelhado.[207]

Em uma entrevista ao programa dominical *Fantástico*, Guilherme chegou a se exaltar ao ser questionado pela repórter Glória Maria sobre o tema:

TORTUOSA ESPERA

A acusação afirma que esse foi um crime premeditado. Você teria dado um soco na Daniella, forçado ela a entrar no carro, que houve a premeditação. E aí?
A imprensa continua falando desse soco. Esse soco, para quem não sabe, já foi esclarecido. Segundo dizem, o Raul Gazolla deu uma cotovelada sem querer em uma dança... porque o perito foi lá e mostrou que esse olho roxo, esse hematoma, já estava por volta de cinco a seis dias. Então, apareceu depois uma camareira da Globo dizendo que a Daniella contou que o Raul teria dado uma cotovelada sem querer nela. Então eu pergunto, por que não foi dito isso antes? Você sabia disso, Glória?

Tem uma foto, Guilherme, que eu vi e que, além do olho roxo, a Daniella está com uma marca enorme na face [neste momento o programa exibe um zoom do hematoma na face direita de Daniella].
Primeiro você falou olho roxo, agora você diz que era uma marca...

Eu não falei em olho roxo, quem falou em olho roxo foi você. Eu disse que segundo a acusação teria sido um crime premeditado e você teria dado um soco na Daniella.
Tudo bem, é essa a pergunta. Segundo a acusação, eu teria dado um soco na frente de um posto de gasolina, na frente de dois frentistas, e teria colocado a Daniella no carro, e teria seguido o carro da frente. Muito bem. Qual a garantia que eu tinha de que a Daniella não acordaria? (...) Eu assumi este crime sozinho, eu nunca tive medo de assumir isso, nunca tive medo de arcar com as consequências, nunca tive medo nem de morrer.[208]

A entrevista foi marcada por um tom agressivo de Guilherme, que insistiu em colocar palavras na boca da entrevistadora, provavelmente a fim de desviar a atenção do público sobre o questionamento. Para mal de seus pecados, embora tenha insistido em afirmar durante a entrevista que a repórter Glória Maria havia se referido ao "olho roxo de Daniella", isso não era verdade, e uma simples conferência na gravação bastava para comprovar a falsidade de sua afirmação.

Durante a reportagem foi exibida a foto em zoom do rosto de Daniella, que contradizia a versão apresentada por Guilherme. De fato, pela fotografia é possível perceber uma lesão abaixo do olho esquerdo de Daniella, mas também havia outra lesão facilmente perceptível na face direita. Por mais que as fotos tiradas logo após o crime, em preto e branco, tenham dificultado o posterior trabalho da perícia,[209] era possível identificar o ferimento pelas imagens exibidas pelo *Fantástico*.

Embora tenha declarado ao programa que o perito afirmara que a lesão no rosto da atriz fora produzida "cinco ou seis dias antes", isso não condizia totalmente com a realidade, pois ocultava um ponto fundamental da questão. Em verdade, além da lesão mais antiga abaixo do olho esquerdo, havia mais duas lesões no rosto de Daniella, como o perito Abraão Lincoln, responsável pela necropsia da atriz, esclarecera em entrevista exclusiva ao *Jornal do Brasil*:

A lesão no olho esquerdo de Daniela (sic) está relacionada ao crime?
Impossível. A lesão foi com certeza provocada antes do crime. A outra lesão no olho direito e outra no maxilar é que, com certeza, foram feitas na hora em que ela foi morta.

Que lesões foram estas?
Daniela (*sic*) tinha no olho direito e no maxilar duas lesões provocadas por uma ação contundente que pode ter sido um soco ou uma paulada. Foi isso que a deixou inconsciente antes de ela ter recebido os golpes que podem ter sido feitos com uma tesoura ou punhal. Se ela não estivesse inconsciente,

teria que apresentar algum ferimento mostrando que ela se defendeu. Ela não tem lesões deste tipo.[210]

As declarações do perito eram contundentes e não deixavam margem a dúvidas sobre a existência de múltiplas lesões no rosto da atriz — uma produzida antes do crime e outras duas produzidas no dia do assassinato. Dessa vez, Guilherme não poderia culpar a imprensa pela imprecisão de suas declarações. Em mais uma oportunidade, suas entrevistas mais embaralhavam do que esclareciam qualquer coisa.

Se suas declarações serviam mais para confundir do que para explicar os fatos, por outro lado restava evidente que a alegação de que ninguém lhe dava ouvidos não fazia o menor sentido. De publicações religiosas a revistas sensacionalistas, passando pelos principais jornais do país, sempre houve plena divulgação de suas falas em entrevistas. A maior parte delas na íntegra, em relatos não raro extensos.

Em todas essas ocasiões, Guilherme pôde disparar os mais diversos ataques a quem bem entendesse — frentistas, ex-presidentes, Justiça, Ministério Público, imprensa, Daniella Perez, Glória Perez, Paula Thomaz, pais de Paula Thomaz —, sem que qualquer tipo de censura lhe fosse imposta.

A exposição foi tanta e tão diversificada que o réu chegou a estampar uma foto na capa do jornal *Folha Universal* na qual aparecia lendo a Bíblia com ar compenetrado. A reportagem traçava um perfil positivo do acusado a ponto de afirmar que o ex-ator não entendia o que teria acontecido na noite do crime.[211] Nessa mesma oportunidade, Guilherme afirmara não saber se o crime foi resultado de "algo demoníaco", declarando também que acreditava em sua absolvição, pois "para Deus nada é impossível".[212]

Mesmo com tanto espaço na mídia, o réu se permitia adotar um discurso vitimista. Parolagem. Ele teve tantas oportunidades de falar à imprensa que até seus hábitos mais íntimos — como o relato de suas masturbações em uma cela com outros 23 presos[213] — foram publicados sem cortes. Em função desse comportamento, sua conduta acabou questionada pelo promotor Muiños Piñeiro, responsável pelo caso, que comentava em tom crítico a postura adotada pelo réu: "Ele [Guilherme de Pádua] não gosta de ser tratado como monstro. O que ele queria? Ser chamado de o Pequeno Príncipe?"[214]

Parecia que sim.

Podia ser a sua filha

"Rio se une pelo fim da impunidade."[215]

Essa era a manchete do jornal *O Globo* em reportagem sobre o iminente julgamento do caso Daniella Perez, inicialmente previsto para o dia 19 de agosto de 1996. Àquela altura, o julgamento mobilizava a opinião pública do país, especialmente no Rio de Janeiro, onde o crime havia sido cometido.

Uma onda de manifestações invadiu a cidade naquele mês, e até outdoors foram espalhados por pontos estratégicos do Rio de Janeiro pedindo o fim da impunidade. Ao lado de uma grande foto de Daniella, uma pergunta buscava despertar a empatia nos cidadãos: "E se fosse a sua filha? Chega de impunidade."[216]

Não era um questionamento inédito na história do Rio de Janeiro. Em 1968, após a morte do estudante Edson Luís em um protesto contra o regime militar, uma pergunta correu a cidade por meio de faixas, cartazes e até em meio a sessões de teatro, interrompidas durante a exibição na noite da morte do jovem: "Mataram um estudante. Ele podia ser o seu filho."[217]

Inspirada ou não no caso Edson Luís, o certo é que àquela altura a palavra-chave era mesmo impunidade. Refletia o espírito do tempo. Por várias vezes, entretanto, previsões da imprensa sobre a data do julgamento acabaram por não se concretizar, o que aumentava a expectativa popular. Nas ruas, passeatas, manifestações e panfletagens.

De anônimos a famosos, a expectativa pelo julgamento mobilizava a cidade. Até um julgamento simulado dos acusados foi realizado em uma praça do emblemático bairro de Acari, onde alguns anos antes houvera uma chocante chacina.

A solidariedade vinha de todos os lados e, por vezes, das maneiras mais inusitadas. A Loteria Novo México, situada no centro do Rio, publicou anúncio conclamando apostadores a participarem do seu tradicional bolão da Mega-Sena. Os insólitos dizeres da publicidade, no entanto, em muito se distanciavam da propaganda usual de jogos de azar:

> Daniella Perez. A Mega-Sena acumulou de novo e vai pagar 20 milhões. Mas o que está acumulado mesmo é a dor de Glória Perez, a quem não podemos nem queremos oferecer o nosso produto. Pois não existe dinheiro nem nada no mundo que pague essa dor. Chega de impunidade.[218]

De fato, o crime influenciou até mesmo os jogos de azar. Logo após a tragédia, os apostadores evitavam os números 28 e 12 pelo mau agouro que a data da morte da atriz poderia gerar às apostas.[219]

Superstições à parte, uma das imagens mais marcantes daquele momento foi a da atriz Claudia Mauro, amiga de Daniella desde a adolescência, a panfletar em frente ao fórum para que o caso não caísse no esquecimento. Um comitê denominado "Justiça para Daniella",[220] em iniciativa semelhante à que ocorrera em relação ao caso Mônica Granuzzo, chegou a ser criado para cobrar justiça para o caso.

O Rio, de fato, se unia pelo fim da impunidade.

O jornal *Folha de S.Paulo*, por outro lado, fazia um contraponto à questão. Em manchete, o jornal publicou que "Pressão pode afetar imparcialidade do júri — Criminalistas afirmam que mobilizações públicas pró-condenação podem influenciar decisão dos jurados", chamando a atenção para aquela conjuntura nada trivial. A matéria ainda trazia uma declaração enfática do jurista Evaristo de Moraes Filho: "Em qualquer país do mundo isso seria impossível. Isso não é um julgamento, é um linchamento."[221]

Na outra ponta, Luciana Passos, estudante de teatro, organizara uma manifestação em favor de Guilherme de Pádua. Na praça Afonso Arinos, centro de Belo Horizonte, apenas ela própria comparecera para apoiar publicamente o réu. Cartazes com inscrições como "Guilherme, estamos com você pela verdade" não foram sequer exibidos, dada a falta de quórum.[222]

Parecia um embate assimétrico de força. E era exatamente disso de que se tratava.

Em meio à expectativa pelo julgamento, surgiu uma testemunha disposta a narrar em juízo que Paula Thomaz confessara o crime. Era a dona de casa Ivana Crespaumer que afirmava ter ouvido da boca da própria ré uma confissão sobre o crime, enquanto esperava por uma amiga no pátio da Polinter.

Segundo a revista *Veja* tal confissão era "rica em detalhes íntimos do casal".[223] Por essa versão, o crime teria sido executado com requintes da mais chocante crueldade. Paula Thomaz, ao perceber que a atriz estava desmaiada quando se preparava para começar a desferir os golpes fatais, ainda teria tentado despertá-la para que estivesse consciente durante a agonia de seus momentos finais.[224]

É necessário reconhecer, porém, que é pouco provável o fato de Paula Thomaz, ainda à espera de seu julgamento, ter assumido o crime para uma desconhecida em narrativa rica em detalhes e pormenores que poderiam até agravar a sua situação futura. A outra detenta que supostamente teria ouvido a confissão jamais apareceu para confirmar a história.

O decurso do tempo entre o crime e o julgamento favorecia os réus. Era senso comum que, quanto maior a distância entre ambos, mais provável as chances de absolvição.[225] O desembargador Antônio Carlos Amorim, presidente do Tribunal de Justiça do Estado do Rio de Janeiro (TJRJ) à época do crime, era assertivo nesse sentido: "A tendência é que quanto mais demore o processo, mais rápido ele caia no esquecimento e a punição será mais branda."[226]

Se a demora parecia impacientar a população, para a família dos acusados aquela espera acabara por se tornar um verdadeiro martírio. A mãe de Guilherme chegava a questionar se a pena de morte não seria um castigo menos doloroso: "Ia doer muito na hora [a pena de morte], mas eu me conformaria porque ele estaria melhor do que agora. Com ele preso, sofro todos os dias."[227]

Os pais de Paula Thomaz também estavam bastante apreensivos naqueles momentos de indefinição, a ponto de terem solicitado uma bênção especial ao papa João Paulo II. O conforto espiritual acabou por ser concedido pelo Sumo Pontífice à família — Paula, seu filho Felipe, e seus pais Maria Aparecida e Paulo.[228]

Guilherme, contudo, ficara de fora.

Para a família da vítima, tudo parecia ser ainda pior. O jurista Miguel Ferrante, avô de Daniella, era um dos mais angustiados naquele momento incerto: "Será que eu ainda vou ver os assassinos da minha neta condenados?"[229]

Certamente essa inquietude era compartilhada por muitos, embora nem todos pudessem ir à praça pública clamar por justiça. Diante daquele intrincado contexto, no qual havia insinuações de que Glória Perez estaria mobilizando a opinião pública em comportamento que poderia comprometer a isenção do júri, a novelista foi aconselhada a manter o recolhimento às vésperas do julgamento.

Embora uma postura cautelosa realmente se mostrasse prudente diante daquela conjuntura nada trivial, era um contrassenso exigir tal comportamento da principal interessada em que houvesse justiça para o caso, como afirmava Cristina Leonardo, presidente do Centro Brasileiro em Defesa dos Direitos da Criança e do Adolescente (CBDDCA), uma das entidades engajadas na luta contra a impunidade:

> Os argumentos da defesa do ator são indignos. Os réus serão condenados porque cometeram um crime, e não porque a mãe da vítima é uma pessoa popular. Por causa das insinuações da defesa, Glória é obrigada a ficar calada neste momento decisivo, para que não digam que está influenciando o público. Enquanto isso, o assassino dá seguidas entrevistas falando o que lhe dá vontade. Glória é mãe e tem todo o direito de estar nas ruas pedindo justiça, como fizeram, por exemplo, as Mães de Acari. Mas, se ela está sendo impedida, nós iremos às ruas em seu lugar.[230]

No início de 1997, aquela espera angustiante parecia que enfim terminaria. Após um conturbado ano de 1996, marcado por uma verdadeira guerra surda entre defesa e acusação, o julgamento finalmente seria realizado.

Ainda que tardiamente, era o início do fim de um longo e tormentoso ciclo.

13.
O livro proibido

"Nem no *TV Pirata*"

"Matador faz livro de defesa."[1]

Assim a revista *Manchete* anunciava o livro escrito por Guilherme de Pádua, uma espécie de relato autobiográfico que o ator escreveu à mão durante o período em que esteve preso. O trabalho se tornara uma espécie de obsessão, a ponto de, após uma tentativa de fuga frustrada da qual não tomara parte, Guilherme ter sido perfilado nu junto aos demais presos para uma averiguação, mas, mesmo assim, não ter se separado do original: "Avisei [aos policiais] que eles podiam me matar de pancada, mas o livro eu não deixaria eles levarem."[2]

A princípio, o livro se chamaria *Acordando para o pesadelo*, uma provável referência a uma de suas reminiscências sobre o período na cadeia, em que descrevia como sua vida havia se transformado no inverso de um pesadelo, pois suas aflições se iniciavam exatamente na hora em que despertava do sono.[3] De fato, a vida de Guilherme se transformara abrupta e completamente em poucas horas. Em suas memórias, ele relembrou que um dia antes do crime estava em São Paulo assediado por fãs em uma discoteca e, pouco tempo depois, recebera assédio inverso — pessoas queriam linchá-lo na porta da delegacia.[4]

O psiquiatra Luiz Alberto Py, em entrevista concedida para a elaboração deste livro, narrou que Guilherme lhe revelou o mesmo paradoxo em conversa que ambos mantiveram na Polinter — nessa narrativa, o réu lembrou que, poucas horas antes do crime, era assediado por fãs em uma lanchonete no BarraShopping e, menos de 24 horas depois, a situação se invertera por completo.

O livro acabou sendo inicialmente registrado de forma bastante diferente da planejada, sob o título *O que não passou nas grades de TV*.[5] O título definitivo, porém, acabaria sendo *A história que o Brasil desconhece*. Embora se tratasse de um relato autobiográfico, o livro foi escrito na terceira pessoa, de modo que a narrativa, por vezes, se torna bastante confusa. Colocando-se na insólita condição de "narrador-observador" em relato que descreveria fatos vividos pelo próprio autor do livro, Guilherme contaria a sua versão — que se tornaria, então, a derradeira a ser narrada por ele — para o crime que cometera. Em suas próprias palavras, seria uma "biografia romanceada", anunciada com alarde pela revista *Contigo* sob a provocativa manchete "A Globo vai tremer nas bases".[6]

Com o claro objetivo de gerar expectativa, além de prometer descrever os pormenores do crime, Guilherme também asseverava que revelaria supostos romances que vivera com algumas atrizes. Embora prometesse não citar nomes, insinuava que as mulheres mencionadas conseguiriam se reconhecer. Em suma, Guilherme descreveria em sua obra os bastidores da televisão e do sistema carcerário: "Falo mais de como funciona uma Rede Globo. Como é o convívio e como as pessoas são. Se existe falsidade, se existe sinceridade. Quando é que existe uma e quando existe a outra. Os jogos assim... a política. Também falo do convívio na cadeia."[7]

O LIVRO PROIBIDO

Em função da notoriedade do crime, a imprensa divulgou antecipadamente alguns excertos da obra. Jornais de grande circulação do Rio de Janeiro reproduziram partes do livro, e a revista *Amiga* dedicou duas edições contendo reportagens especiais, nas quais eram reproduzidos trechos relevantes.

Guilherme afirmava categoricamente que evitaria qualquer tipo de baixaria. Não era verdade. Em um dos trechos mais grotescos da obra, ele descreve seus desejos espúrios em relação a Daniella, confessando que, cerca de um mês e meio antes do crime, chegou a se masturbar pensando nela.[8] O livro ainda era de um mau gosto profundo. Na quarta capa, por exemplo, era estampada uma foto de um sorridente Guilherme de Pádua, como se o conteúdo daquela publicação fosse algo que merecesse algum tipo de celebração ou congraçamento. Chegava a ser gritante a profunda inversão de valores presente naquela imagem.

Em que pese a relevância da liberdade de expressão, há de se reconhecer que existe um profundo dilema ético subjacente à questão — acentuado pelo pouco tempo transcorrido entre o crime e a publicação. Alguns países chegam até a proibir a edição de livros em circunstâncias análogas. No Reino Unido, por exemplo, o Proceeds of Crime Act não permite que criminosos monetizem seus crimes, auferindo lucros por meio de obras literárias em relação a delitos cometidos nos seis anos anteriores à publicação.[9]

Em depoimento a este livro, Paulo Cesar de Araújo, autor da biografia do cantor Roberto Carlos que foi objeto de embargo judicial em 2007 e, atualmente, a pessoa mais identificada com a luta pela liberdade de expressão em nosso país, expôs seu modo de ver a controversa questão:

> A foto [de Guilherme sorridente na quarta capa do livro] é um escárnio. No entanto, quem deve decidir se adquire a obra é o leitor. Não defendo censura prévia em nenhum caso; nem pelo lado da vítima, tampouco concordo com o direito ao esquecimento por parte de autores de crimes. A

Constituição é soberana ao estabelecer a liberdade de expressão. Se houver alguma calúnia ou difamação a quem quer que seja, que haja as devidas consequências penais e eventuais reparações na esfera cível.[10]

Em verdade, a obra trazia mais uma versão apresentada por Guilherme de Pádua, talvez desprovida de tantas referências supersticiosas e não mais dotada de fanatismos, como ocorrera em sua confissão inicial. Suas constantes modificações na versão apresentada para o crime eram tão recorrentes, e algumas das primeiras narrativas apresentadas soavam tão fantasiosas, que certa vez se afirmara que "nem no *TV Pirata*"[11] poderia existir algo tão disparatado.[12]

A possibilidade de publicação da obra gerou imediata reação na família de Daniella. Com lançamento programado para ocorrer na Bienal do Livro do Rio de Janeiro, em agosto de 1995, a obra acabou por ter a sua distribuição comercial proibida pelo Poder Judiciário. Glória Perez explicou as razões que a levaram a recorrer à Justiça: "Temos suportado muitas versões fantasiosas do criminoso. A lei garante a qualquer assassino o direito de mentir para salvar a pele. Agora, lei nenhuma garante a ninguém o direito de caluniar ou utilizar a imagem de uma pessoa para descrever as suas masturbações no banheiro, como ele conta no livro."[13]

Como o grande público teve acesso a alguns trechos da obra, era possível ter uma boa noção sobre o conteúdo a ser publicado. A revista *Manchete*, em reportagem intitulada "Cinderelas desencantadas", foi contundente ao abordar o controverso assunto:

> Enquanto o Direito Penal brasileiro abre brechas para que o aético se confunda com o ético, o justo com o injusto, Guilherme de Pádua teve paz suficiente para escrever um livro — *A história que o Brasil desconhece*, Editora O Escriba —, onde narra, com detalhes mirabolantes, aquilo que chama de verdadeira morte de Daniella Perez. Lembrando Nelson

Rodrigues, depois de assassinar a jovem atriz, Guilherme quer "assassinar a sua memória".[14]

A partir daquela nova iniciativa, no entanto, a investida havia mudado qualitativamente de patamar. Não se tratava mais de uma versão divulgada com o intuito de se defender de uma acusação que se impunha baseada em evidências, como ocorreu logo após a prisão de Guilherme de Pádua. Agora, tratava-se de uma narrativa deliberadamente urdida para se transformar em fenômeno editorial por meio da exposição comercial de um crime sanguinário que, por seu funesto contexto, despertava ampla curiosidade pública.

Daniella, no entanto, não seria a primeira vítima de um crime em que o algoz agia dessa forma, transformando a literatura em arma contra a sua vítima, novamente indefesa diante de tamanha covardia.

Tampouco seria a última.

Doca Street, Guilherme de Pádua e O.J. Simpson

O.J. Simpson foi um dos maiores jogadores da história do futebol americano. Após o término de sua bem-sucedida trajetória profissional, o esportista se tornou uma celebridade, participando de seriados televisivos e sendo requisitado para ser garoto-propaganda dos mais diversos produtos. Astuto e pragmático, não se envolvia em temas políticos e assim se tornara "um dos primeiros propagandistas negros para a América corporativa".[15]

Reverenciado como um ídolo do esporte nos Estados Unidos, em junho de 1994 o ex-jogador foi acusado de ter assassinado sua mulher, Nicole Brown, e um amigo dela, Ron Goldman. Julgado por um júri popular apenas três meses depois do crime, o desportista acabou sendo inocentado das acusações de homicídio na esfera penal.

Muitos anos após o seu julgamento, Simpson resolveu escrever um livro sob o sugestivo título *If I did it* (Se eu tivesse feito, em tradução livre) no qual descreve como hipoteticamente teria cometido o crime caso fosse o responsável pelas mortes, deixando no ar a impressão de que a sua absolvição teria sido fruto de um erro judiciário. Segundo a revista *Newsweek*, que obteve de forma antecipada um capítulo crucial do livro, tratava-se de uma "aparente confissão".[16]

O livro repercutiu de forma extremamente negativa. A indignação da opinião pública foi tamanha, que a editora responsável pela obra acabou sendo forçada a recuar, desistindo de lançá-la e pedindo desculpas publicamente.

O.J. sempre negou ter confessado o crime. Ele afirmou que só aceitara escrever o livro em troca de uma elevada soma de dinheiro, e que a história deveria ser entendida como hipotética. Embora seja considerado uma lenda do esporte, para a opinião pública norte-americana Simpson é simplesmente uma figura abjeta.[17]

A pedido da família de Ron Goldman, Simpson foi impedido de auferir ganhos com o livro. Como havia sido absolvido pelo duplo assassinato na esfera penal, mas condenado pelas mortes em um julgamento cível, os direitos autorais referentes ao livro foram transferidos às famílias das vítimas, que publicaram a obra por conta própria e com adaptações, como se o ex-jogador realmente tivesse cometido o crime e o livro fosse a sua derradeira confissão.

O título original foi alterado para *If I did it: confessions of the killer* (Se eu tivesse feito: confissões de um assassino, em tradução livre), sendo que a partícula condicional "if" foi colocada de forma propositalmente diminuta na capa do livro. Os direitos autorais acabaram por satisfazer parte da indenização que Simpson deveria pagar às famílias das vítimas pela condenação sofrida no tribunal cível.

A incisiva reação da sociedade norte-americana foi a grande responsável pelo desfecho favorável às vítimas. Nos Estados Unidos há, de maneira geral, um forte sentimento de empatia em relação a vítimas de crimes contra a vida. Nesse caso específico, a sociedade norte-americana se insurgiu de maneira veemente ante uma obra que, para muitos, soava como um desrespeito à memória de duas pessoas assassinadas a sangue-frio.

No Brasil, polêmica semelhante ocorreu em relação ao livro *Mea culpa: o depoimento que rompe 30 anos de silêncio*, de Doca Street, condenado no caso Ângela Diniz. Na versão apresentada no livro, Doca relata que havia sido provocado pela vítima após pedir que ela reconsiderasse o término do relacionamento entre ambos. A frase derradeira da socialite teria desencadeado a abrupta reação homicida: "Se quiser me dividir com homens e mulheres, pode ficar, seu corno."[18] E, embora trechos como esse voltassem a se referir à conduta da vítima de forma pouco lisonjeira, o condenado se dizia arrependido e assegurava que o livro era uma forma de pedir perdão a Ângela e à família dela pelo enorme sofrimento causado.

Como seria de se supor, os familiares da vítima consideraram a obra mais uma afronta a sua memória. Cristiana Vilas Boas, filha de Ângela e que perdera a mãe quando tinha apenas 12 anos, não se conformava: "É aterrorizante o cinismo desse homem. Ele foi à televisão dizendo que pede perdão à nossa família. Tinha, sim, que pedir perdão por todas as mentiras que contou."[19]

A família Diniz ainda acusava Doca Street de tentar monetizar a tragédia, descrevendo o relacionamento que mantivera com a socialite em termos sensacionalistas para maximizar as vendas do seu livro. Assim como Drummond havia feito à época do julgamento, Cristiana questionava até quando aquele martírio iria perdurar: "Esse homem é um canalha. Ele está querendo ganhar dinheiro à custa da minha mãe. Meu Deus, quando é que ele se cansará de assassinar a reputação dela?"[20]

Essa é uma pergunta que não quer calar.

A Globo x *O Globo*

Se por um lado seu detrator não lhe dava descanso, por outro havia muitas pessoas dispostas a lutar pela preservação do legado de Daniella Perez. E não se tratava apenas de sua família. Os artistas que presenciaram o convívio de Guilherme e Daniella nos bastidores de *De Corpo e Alma* também ficaram indignados ao tomar conhecimento do conteúdo do livro por meio dos excertos publicados pela grande imprensa.

O que era contrariedade, porém, se transformou em revolta após reportagem publicada pelo jornal *O Globo* em 25 de setembro de 1994. Em uma situação bastante inusitada — muito provavelmente inédita na história das organizações Globo —, profissionais da Rede Globo se rebelaram de maneira contundente ante os termos de uma reportagem publicada no jornal *O Globo*. A reportagem trazia trechos do livro que Guilherme pretendia publicar, em que ele descrevia o romance que supostamente mantivera com Daniella, e ainda fazia diversas críticas a ex-colegas da novela. Em especial, os artistas se insurgiram contra uma das manchetes da reportagem que, sem o uso de aspas, afirmava que houvera "uma novela com romance nos intervalos".[21]

Um abaixo-assinado chegou a ser elaborado em repúdio aos termos da reportagem. O documento reunia os principais nomes da emissora, como a apresentadora Xuxa, o humorista Chico Anysio, os autores Gilberto Braga e Dias Gomes, além de contar com a assinatura de atores que tinham contracenado com Daniella, como José Mayer, Glória Pires e Cláudia Abreu.[22]

No total, foram 238 assinaturas reprovando a publicação em termos duros e que deixavam nítida a imensa insatisfação causada pela reportagem do jornal:

> Nós, abaixo assinados, profissionais da Rede Globo de Televisão, repudiamos a reportagem publicada no GLOBO (25/09/94) onde são publicados trechos de um livro supostamente escrito pelo assassino confesso Guilherme de Pádua. Mais uma vez, neste país, tenta-se transformar a vítima de um crime hediondo em ré, caluniando a sua moral. Não condenamos a divulgação da versão do assassino. Não pro-

pomos qualquer tipo de censura nem qualquer cerceamento à liberdade de imprensa ou de defesa. O que nos causa espanto é a edição da reportagem, que assume como verdades acusações do assassino confesso contra a vítima, impedida hoje de se defender, contra colegas e contra a casa em que trabalhamos. Por exemplo: as manchetes "Casal só deverá enfrentar o júri em 96" e "Uma novela com romance nos intervalos", sem aspas, nem autoria atribuída, tornam-se afirmativas do jornal, quando são, na verdade, no primeiro caso uma expectativa da defesa e, no segundo, uma versão do assassino, versão essa categoricamente desmentida por todos os profissionais que trabalharam na citada novela.[23]

Todavia, a reportagem deixava claro que aquela era a versão apresentada por um dos réus, utilizava a palavra "suposto" para qualificar o alegado romance e, ao longo do texto, se valera preferencialmente de tempos verbais condicionais, como o futuro do pretérito.

Seja como for, os artistas se sentiram pessoalmente atingidos. O desfecho do abaixo-assinado era claro nesse sentido, deixando subentendido que os profissionais do mesmo grupo empresarial naquele momento estavam em lados opostos:

> Mais grave para nós, que trabalhamos na Rede Globo de Televisão, é ver afirmativas absurdas sobre o nosso comportamento profissional e ético, sem que, na mesma reportagem, nenhum de nós tenha tido o espaço sagrado para o direito de defesa. Nós, profissionais da Rede Globo, vimos a público manifestar a nossa indignação pela agressão de que fomos vítimas. Desejamos que nunca os jornalistas do GLOBO sejam alvo de uma difamação tão agressiva em suas vidas.[24]

O manifesto foi publicado na íntegra na sessão de cartas dos leitores do próprio jornal, sob o título "Protesto". Segundo a reportagem da *Folha de S.Paulo*, o jornalista Evandro Carlos de Andrade, então diretor de redação de *O Globo*, negou que o periódico tivesse assumido como verdadeira a versão apresentada por Guilherme de Pádua.[25]

A posição do jornal em relação à controvérsia foi publicada na mesma seção de cartas, logo abaixo do abaixo-assinado. Por meio de um pequeno texto intitulado "Nota da Redação", o periódico expunha — também em termos incisivos — a sua visão sobre o fato:

> A reportagem publicada pelo GLOBO em ponto algum assume como verdadeiras as alegações de Guilherme de Pádua. Essa acusação falsa ao jornal e o próprio tom do abaixo-assinado representam de fato uma tentativa inadmissível de censura, que O GLOBO repele com a mesma tranquilidade com que publica essa manifestação de opinião.[26]

A resposta representou um ponto final à polêmica, que não teve novos desdobramentos, pelo menos por meio da imprensa.

Cada qual ficou com a sua verdade.

Descansar em paz

Às vésperas do julgamento, em carta dirigida ao corpo de jurados, Glória Perez fez questão de detalhar motivos que a levaram a recorrer à Justiça para impedir a comercialização do livro escrito por Guilherme de Pádua.

Já tendo afirmado, à época da tentativa de lançamento do livro, que agia exclusivamente em defesa de sua filha, Glória Perez voltaria à carga para explicar suas razões. Por outro lado, a autora não se insurgiu em relação à distribuição do livro aos jurados, tampouco se opôs à entrega do trabalho aos demais integrantes do julgamento. Assim, também o juiz, os promotores, o assistente de acusação e até a defesa de Paula Thomaz receberiam um exemplar sem quaisquer embaraços.[27]

Não havia dúvida de que o conteúdo do livro aviltava a memória da vítima. Contudo, seria preciso, ao menos, que aqueles que atuariam no julgamento não fossem impedidos de ter acesso à obra ou a quaisquer informações sobre o crime, até para evitar que recursos posteriores fossem apresentados sob a alegação de cerceamento de defesa.

Filigranas jurídicas à parte, àquela altura parecia que o que se negava de fato era o direito de Daniella de descansar em paz.

* * *

Impressa em 269 páginas de um livro que gerou imensa discórdia e acabara proibido pela Justiça, estava uma das versões que seria apresentada aos jurados. Ainda havia mais duas: a versão da acusação e a versão da outra ré.

Eram três versões para um único fato. Baseando-se nesses três relatos díspares entre si, os jurados deveriam decidir os destinos dos dois réus que iriam a julgamento. A única certeza que se tinha àquela altura é de que apenas uma das versões poderia ser verdadeira.

Caberia a sete cidadãos decidir qual.

14.
O julgamento

Fantasmas

Embora formalmente houvesse três versões para o crime, a verdade é que os fatos sob julgamento eram conhecidos pela maior parte da população brasileira, bombardeada pela massiva cobertura midiática realizada ao longo dos anos que separaram o homicídio de seu julgamento. Aos jurados não seria preciso explicar quem eram os réus ou de quem se tratava a vítima, como o promotor Muiños Piñeiro perspicazmente observara no início dos trabalhos.

Em verdade, aquele crime chocante marcou de forma perene toda a sociedade. Não havia como esquecê-lo.

Um artigo intitulado de "O assassinato e a borboleta" resumia de forma precisa todo aquele tormentoso ciclo. A sensação predominante era de que algo se perdera no final de 1992 e, dali por diante, nada mais pôde ser como antes. A idealização de uma juventude que à época ajudara a derrubar um presidente se esvaíra por completo, impiedosamente atropelada pelos fatos. A inocência e o sonho ficaram perdidos em algum lugar pelo caminho:

> Aglutinam-se alguns elementos que transtornam o imaginário popular. Primeiro o fato de todos os envolvidos serem jovens em torno dos 20 anos de idade, gente de classe média, com tudo em cima para uma vida esplendidamente normal. Depois o fato de que Guilherme e Daniella eram conhecidos atores de televisão e, na avalanche dos acontecimentos, todo o elenco da novela e a autora, mãe da atriz, mais o marido de Daniella, também ator, todos passaram a fazer parte de uma tragédia não mais pessoal, familiar, profissional, mas nacional. Como se não bastasse a aliança entre a trama criminosa e a ficção da televisão, somou-se o dado do misticismo, do fanatismo religioso: surgem indicações de que os assassinos psicopatas pautaram sua ação pela magia negra (*sic*). Juntaram-se três ingredientes muito fortes no imaginário popular: o mito da juventude dourada, de repente, pervertido; o mito televisivo, de repente destruído; e a isto ainda se soma o tempero da magia negra (*sic*), que queiramos ou não perturba os mais insensíveis. Como viveremos após esse crime? Algo nosso foi estrangulado e esfaqueado num capinzal na Barra. Algo nosso foi para a cadeia. Algo nosso estava grávido e aspirando à vida. Neste momento uma borboleta está batendo as asas aqui e seu efeito pode ser sentido no Japão. São as asas da borboleta ou, talvez, do nosso coração.[1]

Embora escrito poucos dias após o terrível crime, o artigo ainda permanecia atual, mesmo às vésperas do julgamento. Ultrajada pelos fatos que continuavam a soar tão chocantes mesmo com o passar dos anos, a sociedade brasileira enfrentaria seus próprios fantasmas em um julgamento que colocaria um ponto final àquele aflitivo drama da vida real.

Era o último ato daquele longo e penoso processo.

Três versões para um crime

A versão da acusação partia do pressuposto de que o crime fora premeditado. No início da noite de 28 de dezembro de 1992, Guilherme de Pádua e Paula Thomaz deixaram o apartamento onde ambos moravam, em Copacabana, já com a intenção de matar Daniella Perez.

Resoluto, o casal preparara uma emboscada para Daniella, já que ela jamais iria por livre e espontânea vontade ao local ermo onde seu corpo foi encontrado. A primeira testemunha a confirmar essa tese teria sido o motorista dos adolescentes que tiraram fotos com os atores na porta do estúdio Tycoon, pouco antes de o crime ser cometido. O motorista teria contado que seguira o carro do ator a pedido dos jovens, e percebera que o Santana de Guilherme havia estacionado nas imediações do posto de gasolina onde Daniella abastecera seu Escort.[2] Os adolescentes que o acompanhavam naquela noite confirmaram a informação ao *Jornal do Brasil* poucos dias após o crime.[3]

Estacionado de forma sorrateira, o carro de Guilherme teria interceptado o veículo de Daniella quando a atriz pretendia deixar o posto de gasolina.[4] Ela, então, se viu obrigada a parar o carro, e desceu do veículo, tendo discutido com Guilherme, que desferiu um violento soco em seu rosto, lesando a parte direita de sua face. Desacordada, Daniella foi colocada no interior de seu próprio carro e levada do local por Guilherme, que tomou a direção do Escort da atriz. Paula, escondida no interior do Santana, tomou a direção do segundo veículo e seguiu o Escort. Como visto, dois frentistas do posto de gasolina próximo ao estúdio afirmaram ter testemunhado a emboscada.

A partir do momento em que Daniella foi colocada desacordada dentro do próprio automóvel, passa a ser praticamente impossível precisar o que de fato aconteceu. Para Arthur Lavigne, assistente de

O JULGAMENTO

acusação, logo após a fechada e o soco desferido, o homicídio teria sido consumado: "Em algum ponto, logo adiante, os dois desferiram golpes com o punhal e depois levaram-na já morta para onde o corpo foi encontrado."[5]

A motivação do crime teria sido ciúmes. Imersos em um "misticismo doentio",[6] Paula e Guilherme estavam envoltos em uma relação neurótica, notadamente marcada pelo sentimento de posse. Por essa versão, apresentada pelo assistente de acusação à revista *Manchete,* "Paula exigiu a terrível prova de amor que consistia na morte de Daniela (*sic*) pelas mãos de Guilherme."[7]

Ainda pela versão da acusação, Guilherme teria aderido ao propósito homicida como forma de vingança, já que a atriz passara a evitá-lo desde que percebera que o ator buscava obter, por meio da amizade profissional, um papel de maior destaque na novela *De Corpo e Alma,* solicitando reiteradas vezes que interviesse junto à sua mãe, autora da trama, em favor de seu personagem.

Assim, a acusação pedia a condenação do casal por homicídio duplamente qualificado — cometido por motivo torpe e mediante emboscada que impossibilitou a defesa da vítima —, objetivando que os dois fossem condenados à pena máxima, sem gradação de culpa ou atenuantes em favor de quaisquer dos acusados. Embora o libelo acusatório afirmasse expressamente que fora Guilherme o responsável por desferir os golpes que vitimaram a atriz, para a acusação ambos eram igualmente culpados pela sequência de fatos que resultaram no homicídio de Daniella Perez.[8]

* * *

A forma como Daniella chegou ao local onde o seu corpo foi encontrado sempre foi objeto de desacordo entre a versão da acusação e a apresentada pelas defesas. Ante versões díspares para o mesmo fato, há que se registrar, primeiramente, que o carro de Daniella foi encontrado com o banco reclinado, o que em tese indica que alguém maior do que ela dirigiu o veículo no momento que antecedeu ao crime.[9]

A revista *Interview* repercutia esse fato, afirmando que havia fortes indícios de que Guilherme havia tomado a direção do Escort no momento crucial da ação homicida: "O banco do motorista do Escort de Daniela (*sic*) estava reclinado. O que isso prova? Que alguém, mais corpulento e de maior estatura que a mignon Daniela (*sic*) precisou de espaço para dirigir o carro."[10]

Em realidade, a matéria jornalística refletia o que consta no processo. De fato, na descrição da perícia sobre o Escort ficou consignado que "O banco do motorista estava afastado em relação ao banco dianteiro direito, e com o encosto ligeiramente inclinado formando um ângulo de 45°".[11] Nos autos há ainda uma foto do veículo, em que é possível visualizar o banco reclinado, tal qual descrito pela perícia.[12]

Já o soldado Geraldo, policial militar que atendeu à ocorrência, afirmou ao *Jornal do Brasil* que "o banco do motorista estava muito próximo ao volante, mostrando que quem dirigiu o carro devia ser uma pessoa de baixa estatura".[13] Para tornar tudo ainda mais confuso, o perito Mauro Ricart, responsável técnico pela análise pericial do Escort de Daniela, em entrevista à Rede Record vinte anos após o crime, afirmou que a perícia não constatou qualquer indício da presença de Guilherme de Pádua no carro da atriz, nem sequer vestígios microscópicos.[14]

Em entrevista a este livro, Ricart manteve as declarações dadas ao programa. Questionado especificamente sobre o fato de não haver no processo conclusão nesse sentido, o perito reiterou que não foram encontrados "elementos de convicção" da presença de Guilherme no Escort e ainda aduziu que não houve quesitos por parte da polícia acerca da existência das digitais dele no volante do veículo.

Esse é um dos pontos mais controversos do caso, tendo em vista que, mesmo que se admita (por hipótese) que Guilherme tenha feito uma limpeza no Escort após deixar o veículo, seria muito difícil que o acusado, no apuro daquele momento, conseguisse remover por completo todos os vestígios de que estivera no carro, não deixando sequer traços microscópicos de sua presença.

Por outro lado, há de se sublinhar que, segundo a revista *Interview* (que publicou uma detalhada reportagem sobre o caso à época), durante as investigações não foram coletadas impressões digitais no volante do Escort de Daniella,[15] diligência que poderia ter sido muito útil à elucidação dos fatos. A revista não cita a fonte dessa informação.

Nos autos do processo, mais precisamente no relatório pericial do Escort, não há referências acerca da existência de impressões digitais no volante do veículo, circunstância que foi reforçada enfaticamente pelo desembargador Muiños Piñeiro: "Não há nos autos qualquer documento da perícia técnica que afirme que no veículo não havia impressões digitais do acusado." Por fim, Muiños ainda relembrou que há o relato de que o Escort, ao ser retirado da cena do crime, foi manejado por um policial sem as devidas cautelas necessárias à preservação do veículo para a futura perícia.[16]

* * *

Guilherme de Pádua, ao longo dos anos, apresentou diversas versões para o crime,[17] que variaram sobretudo em função da progressiva degeneração de sua relação com Paula Thomaz, apontada pelas investigações como cúmplice no assassinato.

Em um primeiro momento, o ator assumiu toda a culpa pelo homicídio, afirmando que sua então esposa não esteve na cena do crime e isentando-a de qualquer participação no assassinato.

Tal postura, no entanto, não duraria muito.

Em relação a essa primeira versão, sobraram apenas hipóteses, muitas delas completamente descabidas. Uma das versões apresentadas pelos primeiros defensores de Guilherme relatava que os golpes teriam sido dados com o suposto intuito de fazer com que a vítima voltasse a respirar, já que, após receber uma gravata, ela teria caído desfalecida.[18] Segundo o advogado George Tavares, que atuou no caso por pouco tempo, o crime seria resultado de "um grande acidente".[19]

De fato, essa era a base de uma das primeiras teses aventadas pela defesa do acusado — a de que Guilherme, ao se deparar com Daniella desacordada após o golpe recebido, teria tentado realizar uma traqueostomia a fim de fazê-la voltar a respirar. Refletindo a indignação popular ante o disparate, Glória Perez foi assertiva: "'Traqueostomia' é um deboche."[20]

Guilherme, por sua vez, teria relatado à polícia, na afobação dos primeiros momentos, que após uma breve discussão a atriz havia começado a chorar compulsivamente.[21] Ele então teria aberto o porta-luvas para pegar um lenço de papel, e Daniella teria visto a tesoura com a qual o crime fora praticado, apanhando-a instintivamente e partindo para cima dele para atacá-lo.[22] Após luta corporal, ele a teria desarmado e depois consumado o assassinato.[23]

Naquele momento preliminar, o acusado também negava que tivesse mantido um caso amoroso com a atriz, afirmando que, embora Daniella o assediasse havia cerca de três meses, não existira um romance entre os dois, nem sequer um beijo.[24] Em meio ao desencontro dessas primeiras versões, uma premissa seria o elo comum a todas as narrativas: a ausência de Paula no local do crime. Como visto, apesar de inicialmente a ter inocentado, Guilherme, desde o primeiro momento, deixara uma porta entreaberta para modificar sua versão: "Deixe que o tempo vai dizer. É melhor assim! Eu não queria entrar em detalhes agora."[25]

Como fartamente especulado à época, a inverossímil narrativa de Guilherme não durou muito. A versão inicial resistiu apenas oito meses após o crime. Em agosto de 1993, o acusado reuniu a imprensa e, em uma entrevista coletiva, revelou a participação de sua então esposa no homicídio: "Perguntem para a Paula. Ela também estava lá."[26]

O JULGAMENTO

Ao longo do tempo, as versões de Guilherme comportaram gradações que iam desde a culpa total pelo crime até a posição de mero espectador das estocadas fatais. E, entre os dois extremos, ainda existiam versões intermediárias, em uma miscelânea de narrativas que parecia se amoldar às conveniências momentâneas do réu. O jornal *O Globo* descrevia resumidamente esse processo:

> O ar de inocente não resistiu por muito tempo, mas as versões sobre a morte de Daniella foram mudando através dos anos. Assim que as investigações apontaram em sua direção, o ator confessou a autoria do crime. Depois, quando Paula Thomaz, com quem ainda era casado, virou suspeita e foi presa, Guilherme começou a alterar os detalhes de sua história. — "Acho que nós dois [Guilherme e Paula] a matamos. Sem a minha presença, Paula não conseguiria matar Daniella. Uma coisa complementou a outra: segurei com brutalidade e Paula deu as tesouradas" — [Guilherme] afirmou em agosto de 1996. Daí até empurrar a culpa toda para Paula foi um pulo. Ao iniciar o julgamento, a tese de defesa, que Guilherme passou a incorporar com a maior naturalidade, mudava tudo: a culpa, agora, era apenas de Paula (de quem já estava separado). Nessa sua nova versão, Guilherme passou a garantir que, depois de ter dado uma gravata em Daniella, a atriz teria apenas desmaiado. Preocupado, contou, ele correu até o carro para adulterar a sua placa. Nesse meio-tempo, Paula se debruçou sobre a atriz e a matou com 18 facadas.[27]

Já a *Folha de S.Paulo*, em uma pequena sessão intitulada "As idas e vindas de Pádua", enumerava as diversas versões apresentadas pelo ator. Totalizavam sete, de acordo com a publicação. Tais versões comportavam gradações sobre a sua culpabilidade, que começavam em sua inocência (perdurando até 12h30 do dia seguinte ao crime), passando por "suspeito, mas inocente", "culpado" e "mais ou menos culpado", até chegar à versão final em que alegava inocência e culpava Paula pelos golpes.[28]

Nem sempre, todavia, foi assim. Em uma audiência em meados de 1993, Guilherme chegou a polemizar com o próprio defensor, afirmando não ser "robô de advogado". Nessa mesma ocasião, o acusado afirmara à juíza que conduzia a audiência não ter a intenção de ser declarado inocente, "mas apenas assumir sua responsabilidade no crime".[29]

Outros tempos.

As seguidas afirmações de Guilherme sobre o crime geralmente eram contraditórias entre si e em relação aos fatos. Ele agredia sem cerimônia a realidade. Assim como o seu primeiro advogado, o réu confesso também chegou a declarar que a morte da atriz, consumada com dezoito golpes de um instrumento perfurocortante, teria sido um "acidente".[30] Sobre a arma do crime, uma de suas explicações mais grotescas foi dada ao periódico *Folha Universal*: "[O crime] Foi uma coisa tão incrível que apareceu até uma tesoura no porta-luvas do carro."[31]

As ambiguidades apresentadas por Guilherme iam dos grandes temas ao varejo das miudezas. Em seu primeiro depoimento à polícia, alegou desconhecer o local onde o corpo de Daniella fora encontrado.[32] Já em entrevista posterior, se referiu ao mesmo local com familiaridade, afirmando que naquele lugar ermo "passa muita gente".[33] Sobre o alegado romance com a atriz, Guilherme afirmou que o enlace teve fim um mês antes do crime, mas, em outras declarações, narrou que dias antes do assassinato havia marcado um inimaginável encontro com Daniella justamente na casa da novelista Glória Perez.[34]

Em sua versão definitiva (apresentada em seu julgamento), o réu diria que fora Daniella quem pedira que ambos fossem conversar no local onde seu corpo fora encontrado, e que ela teria ido ao encontro espontaneamente.[35] A suposta conversa entre os atores deveria ser presenciada por Paula, que se escondia no banco do Santana e exigia uma comprovação de que seu marido não estaria mantendo um caso amoroso com Daniella.[36] Durante a conversa, Paula saíra abruptamente do Santana e, após uma breve troca de insultos, entrara em luta corporal com Daniella, desferindo "tapas e bofetões" na vítima. Visando a separar a briga, Guilherme teria dado uma gravata em Daniella e tentado afastar Paula com o braço livre.[37]

Nesse momento, Daniella teria caído desfalecida, e Guilherme, supondo que ela estivesse morta, arrastou seu corpo por cerca de 5 metros do local onde ocorrera a suposta briga, sendo auxiliado pela esposa.[38] Ato contínuo, ele correra em meio à escuridão para adulterar a placa do carro. Quando retornou, só houve tempo de ver Paula dando os últimos golpes em Daniella: "(...) e aí então pelo lado direito de onde se encontrava Paula viu que esta mordia os lábios e golpeava Daniela (*sic*) com um instrumento brilhante e depois viu que era uma tesoura."[39]

Ao perguntar a Paula a razão para ter desferido tantos golpes, a resposta teria sido um tanto quanto direta: "(...) para que pensassem que algum fã maluco desses fanáticos tivesse feito aquilo."[40] No entanto, embora tenha afirmado em juízo que Paula deu as estocadas fatais com o intuito de confundir a polícia, Guilherme relatou também que, em conversa com a esposa, na mesma noite do crime, ela teria afirmado que não conseguira resistir à própria sanha homicida: "Me perdoa, amor! Eu não consegui me segurar. Eu te amo."[41]

Entre inúmeras idas e vindas, essa acabou sendo a sua versão final dos fatos. Lutando com ardor pela própria inocência, Guilherme deixara definitivamente para trás o tempo em que ainda admitia ter "sua parcela de culpa no assassinato".[42]

Agora, era inocente. E só.

Sua defesa técnica apresentou como tese principal a negativa de autoria, já que Guilherme não teria sido o autor dos golpes que vitimaram a atriz. Como alternativa, caso os jurados não aceitassem essa primeira tese, a defesa afirmava que Daniella teve o que na literatura médica se denomina "reflexo vagal", e aparentava estar morta quando as estocadas foram perpetradas, de modo que a ação seria culposa, ou seja, não haveria intencionalidade.

Pela imprecisão com a qual sempre abordou a sequência de eventos ocorridos na noite de 28 de dezembro de 1992, talvez a resposta de Guilherme que melhor reflita toda a ambiguidade que o marcou ao longo do processo tenha sido dada à revista *Amiga*, em setembro de 1994. Ao ser questionado diretamente se havia matado Daniella, o então acusado começou a responder da seguinte forma: "Não. Foi... Não e sim."[43]

* * *

A versão apresentada por Guilherme, no entanto, fica difícil de ser compreendida ao refutar a premeditação atribuída ao crime. Ele afirmou que Daniella fora espontaneamente àquele lugar escuro somente para uma simples conversa. Pelo seu relato, tratava-se de mera conversa que seria fortuitamente presenciada por sua esposa, a fim de que cessassem seus ciúmes. Portanto, o acusado afirmava que, ao se dirigir ao local onde dialogaria com Daniella, não tinha pretensão de cometer crime algum. Se a sua intenção era somente encontrar Daniella para papear e depois voltar para casa, não seria necessário inventar previamente o álibi do BarraShopping, tampouco alardear no estúdio que iria ao shopping logo após as gravações.

Em seu livro, Guilherme deixa claro que narrou a história do BarraShopping a Marilu Bueno antes de cometer o crime.[44] Segundo Glória Perez, pessoas que estiveram com Guilherme naquela tarde presenciaram o ator "gritar fartamente o álibi pelos corredores do

O JULGAMENTO

estúdio, dizendo em alto e bom som, por várias vezes, que ia pegar a mulher no BarraShopping".[45] O depoimento da atriz Marilu Bueno à polícia é assertivo nesse sentido:

> (...) Que a declarante [Marilu Bueno], veio com Daniela (*sic*) até a saída da portaria ao nível do pátio interno, quando neste caminho a declarante percebeu a presença de Guilherme, cumprimentou normalmente tendo o mesmo dito que estava com pressa, pois iria levar a sua mulher ao BarraShopping[;] que a declarante[,] em virtude desta resposta, indagou a Guilherme "E daí, qual é o problema[?]", tendo Guilherme respondido "é que são vinte e uma horas, e o BarraShopping fecha às vinte e duas horas e se eu não buscar a minha mulher ao BarraShopping ela me mata".[46]

Outro ponto obscuro na versão de Guilherme é o pretenso relacionamento que o ator afirmava ter mantido com Daniella Perez. Além de ser desmentido por várias testemunhas e não conseguir qualquer confirmação de quem quer que fosse sobre o alegado romance,[47] isso também era algo que não se encaixava na dinâmica dos fatos apresentada em sua versão.

Nos primeiros dias após o homicídio, o acusado deu as declarações mais despropositadas sobre o caso e também sobre a vítima, o que tornava sua narrativa extremamente inverossímil, mesmo para os mais crédulos. Alguns chegaram até a duvidar de sua sanidade mental.

Suas primeiras declarações beiravam o inacreditável. De acordo com a imprensa, Guilherme teria relatado que Daniella pretendia "talhar espiritualmente" sua esposa, matando-a e enterrando partes do corpo em lugares distintos.[48] Segundo o jornal *O Globo*, o ator parecia delirar ao descrever essa passagem.[49] O *Jornal do Brasil*, por sua vez, publicara que o acusado teria declarado à polícia que Daniella "frequentava ritos de magia negra (sic) com o propósito de prejudicar o seu casamento".[50]

Já em seu depoimento à polícia, Guilherme disse ter recebido constantes ameaças por parte da atriz. Em sua versão, afirmara que Daniella teria meios para "influenciar negativamente a sua vida profissional" como também havia ameaçado matar sua esposa e esquartejá-la em seis pedaços, para que a alma jamais voltasse a se reencontrar.[51] Envolto em sinistras declarações inspiradas por macabras crendices, Guilherme buscava dar um mínimo de credibilidade à sua versão em meio a afirmações que variavam entre a total falta de lógica e o grotesco. Para se ter uma ideia da dimensão da bizarrice, Paulo Ramalho revelou que "comemorou" o fato de essas primeiras versões não terem sido apresentadas pela acusação durante o julgamento de seu cliente, pois, certamente, iriam prejudicá-lo.[52]

Era nesse contexto disparatado, despido de traços mínimos de credibilidade e repleto de declarações eivadas por um tenebroso fanatismo, que Guilherme alegava que Daniella o assediava. Como o próprio ator reconhecera em suas memórias, essa versão era inspirada no filme *Atração Fatal* e foi concebida "no desespero" diante das robustas evidências de sua participação no assassinato.[53]

Em meio aos devaneios contidos em suas primeiras narrativas, ele posteriormente veio a sofisticar sua história: em vez de manter a afirmação de que havia sofrido assédio, mas que resistira, Guilherme passou a dizer que havia mantido um relacionamento extraconjugal com Daniella. Assim, sua versão ganhava ares de folhetim, após uma nova e oportuna reviravolta. Partindo do pressuposto de que houvera uma relação extraconjugal, a caracterização do caso possivelmente evoluiria para um viés "passional", o que poderia ser considerado atenuante pela Justiça em um futuro julgamento.

No entanto, Guilherme não conseguia manter a coerência de sua versão em entrevistas mais longas, chegando a afirmar e a negar, em momentos distintos durante uma mesma entrevista, que manteve um relacionamento com a atriz — contradição notada pela repórter que o entrevistava.

O JULGAMENTO

Aproveitando-se de um raro momento de desconcentração do acusado, a jornalista não se furtou a lançar o seguinte questionamento:

Como é que você não tinha nada com Daniella se você ainda há pouco disse que tinha?
Já tinha mais ou menos um mês que eu não tinha nada com ela, mas continuava dando esperança... eu e ela. Muito carinho um com o outro.[54]

Se supostamente "havia muito carinho um com o outro" e ambos pretensamente continuavam "dando esperança" ao tempo em que o crime foi praticado, por que Guilherme de Pádua levaria a esposa — ciumenta, insegura e dada a rompantes de fúria, em suas próprias recordações — para escutar de forma sorrateira uma conversa entre ele e a atriz, na qual haveria o risco óbvio de o suposto caso eventualmente ser mencionado?

Todavia, o que torna essa declaração de todo incompreensível é que, na mesma entrevista, Guilherme justificava a dissimulada presença de Paula no veículo para que fosse possível "provar pra ela que eu não tinha nada com Daniella", afirmando ainda que Paula já estaria desconfiada de que estivesse sendo traída.[55]

Pois bem. Seguindo a lógica desconexa do acusado, a situação que levou ao crime partiria das seguintes premissas: Guilherme havia mantido um relacionamento amoroso com Daniella, encerrado um mês antes do crime. Mesmo após o término, ambos ainda manteriam uma relação "de muito carinho", e nutririam esperanças recíprocas de reatar. Nesse contexto, Guilherme levaria a sua passional esposa (que já protagonizara violentos surtos de ciúme anteriormente) para presenciar de forma oculta uma conversa com Daniella, a fim de provar que ele nada tinha com a atriz, uma vez que Paula estaria desconfiada de que os atores estivessem mantendo um relacionamento extraconjugal.

Para piorar, Guilherme relatava que, pouco antes do crime, Paula o surpreendera ao telefone marcando um encontro com Daniella, o que teria gerado forte tensão entre o casal,[56] a ponto de Guilherme reconhecer que perdera o controle emocional e dera um murro na parede.[57] Mesmo assim, dias depois, ele a teria levado ao pretenso encontro: "Ela [Paula] estava no local do crime. Ela me obrigou a levá-la porque não acreditava na minha fidelidade. Ela achava que eu tinha ou viria a ter um caso com a Daniela (*sic*) Perez."[58]

Pela descrição do próprio ator, a situação que levou ao assassinato da atriz está assentada nesse conjunto de afirmações notadamente contraditórias e notoriamente implausíveis. Salta aos olhos, nessa versão, o fato de alguém que buscava dissimular a existência de um relacionamento extraconjugal levar justamente a própria esposa — desconfiada do pretenso romance e que, pouco antes, havia protagonizado surtos coléricos de ciúme — para presenciar de forma oculta uma conversa com a saudosa ex-amante.

Para tornar mais confuso algo que beira o incompreensível, ainda por esse relato a suposta ex-amante nutria esperanças de voltar a se relacionar com o adúltero, que, por sua vez, pretendia que a sua esposa presenciasse a conversa justamente para provar o contrário — que nunca houve nada entre ambos. Na enviesada linha de raciocínio do réu, o motivo do encontro com Daniella havia sido "amoroso".[59] Se assim o fosse, por qual motivo Guilherme permitiria que sua ciumenta esposa o acompanhasse furtivamente?

Quando se coteja a afirmação do réu no sentido de que pretendia "provar pra ela [Paula] que eu não tinha nada com Daniella" com o diálogo descrito no livro entre ele e a vítima imediatamente antes do crime, se tem a dimensão do disparate contido nesta versão. Pelo relato de Guilherme, Daniella, o tratando por "Gui", chega a insistir, de forma carinhosa, que ele permaneça mais tempo naquele lugar soturno: "Ô, Gui, fica só mais um pouquinho. Por favor. Eu não quero ir embora agora não."[60]

Neste ponto, registro a reação ultrajada de uma pessoa em particular — mas que certamente traduzia a revolta de muita gente — ao ler essa parte específica do livro publicado por Guilherme.

Léa Braga, minha avó, não se conformava com essa versão, e sua indignação ainda se faz viva em minha memória:

> A moça [Daniella] só falta implorar para ele [Guilherme] ficar a sós com ela no matagal. Ele sabe que sua esposa está ouvindo a conversa, afirmou literalmente em outra parte deste "lixo" [livro de Guilherme] que a esposa "não tinha controle sobre os próprios atos, pois estava insegura e temia perdê-lo" e, ao ouvir o tal pedido, ele fica lá, numa boa, esperando o quê?! Isso é uma afronta a nossa inteligência e um ultraje à memória de Daniella.[61]

Por fim, uma frase que teria sido proferida por Leda Thomaz, mãe de Guilherme, demonstra que agir daquela forma era temerário, sobretudo diante da realidade conjugal do casal. "Como é que isto tinha que acontecer?! Você foi louco ao levar sua esposa nesse encontro, meu filho! Você não viu que isso não ia dar certo?"[62] Paula Thomaz, por sua vez, comentava essa versão em tom de ironia: "Fico pensando... Coitado... tinha uma mulher louca de ciúmes de um lado e uma mulher casada que dava em cima dele o tempo todo. De repente, ele, na verdade, a grande vítima, se viu cercado pelas duas loucas, que começaram a se atracar."[63]

Além de completamente ilógico, como a própria mãe do acusado concluiu sem muito esforço, e de estapafúrdio, como Paula fez questão de levar a público, também seria por demais pouco inteligente agir dessa maneira. Em inúmeras reportagens, Guilherme foi descrito de forma nada elogiosa, geralmente em virtude de atributos desabonadores de seu caráter. Ambicioso, agressivo, interesseiro e até fanático foram algumas das descrições que podem ser facilmente encontradas sobre o ator nas matérias jornalísticas publicadas sobre o caso. Já em depoimentos de pessoas que mantiveram algum tipo de contato com ele, a descrição de sua personalidade não era melhor, sendo taxado de volúvel, invejoso e ciumento.[64]

De falta de inteligência, no entanto, Guilherme jamais foi acusado.

* * *

A versão apresentada por Guilherme sempre foi questionada por Paula Thomaz. Em entrevista à imprensa, a acusada pelo crime se valia de ironia para desacreditar a versão de seu ex-marido:

> Agora ele diz o que quer para não ser condenado. A vítima morreu e não pode desmentir. Me acusa mesmo sabendo que eu sou inocente. (...) ele é a vítima na história. Inclusive, ele deve achar que a Daniella Perez deveria ser levada ao Tribunal do Júri também. É muito cinismo.[65]

A ré ainda afirmava que seu ex-marido se valia de "um discurso bem arquitetado por sua defesa", cuja intenção seria que ela o eximisse de qualquer responsabilidade pelo crime: "Guilherme é covarde, porque tentou me convencer, através do defensor Paulo Ramalho, a assumir o crime sozinha."[66] A acusada não tardaria a receber o troco na mesma moeda. Ramalho, fiel ao seu estilo, não titubeou em respondê-la à altura: "Não vou polemizar com pessoa tão fria e amoral."[67]

De fato, em meados de 1993 especulou-se que Paula Thomaz poderia vir a assumir a culpa pelo ato homicida em um suposto "acordo entre as defesas". Buscando se antecipar às possíveis novas alegações da acusada, a escritora Glória Perez chegou a cogitar a hipótese de ela alegar ter agido sob "forte emoção", supostamente reagindo a um ataque da vítima, cometendo "excesso de legítima defesa".[68] O promotor de Justiça Muiños Piñeiro endossava tal possibilidade, valendo-se, para tanto, de sua experiência no caso "Grelha", no qual um dos acusados mudou de versão no dia do julgamento, após sete anos sustentado tese diversa.[69]

Essa hipótese, todavia, jamais se confirmou.

O JULGAMENTO

A defesa de Paula Thomaz, por sua vez, negou a possibilidade de qualquer acordo nesse sentido.[70] Já o advogado Paulo Ramalho, em uma das raras vezes em que não se manifestou de forma incisiva a este livro, deu uma declaração enigmática, fazendo referência à figura do primeiro advogado de Paula:

> Ronaldo Machado morreu muito antes do julgamento, e ainda não tínhamos um ajuste claro para o dia do júri. Lamentei a morte. Ronaldo foi um dos maiores advogados de júri do país e deixou um buraco enorme. Vínhamos conversando, éramos amigos e nos entendíamos bem, mas a morte chegou cedo demais...

Se desmentia a versão apresentada por Guilherme, em proveito próprio Paula pouco arguia além do fato de não ter estado na cena do crime. Assim, sua defesa consistia apenas em negar a sua participação, afirmando simplesmente que no dia 28 de dezembro de 1992 Paula esteve no BarraShopping durante mais de sete horas ininterruptas, incluindo o horário em que o homicídio havia sido praticado.

Despida de sofisticações, a tese era simples. Denominada juridicamente de negativa de autoria, se resumia à alegação de que a acusada nunca estivera no local do crime e, portanto, dele não participara. Paula não sabia de nada, não tinha visto nada e jamais estivera no local onde o corpo de Daniella havia sido encontrado. A própria acusada respondia às perguntas formuladas pela imprensa de forma extremamente vaga, como se não tivesse a menor relação com o episódio e pouco soubesse sobre o ocorrido.

Uma de suas respostas à revista *Manchete* evidenciava que sua estratégia seria falar pouco e negar tudo: "(...) Não sei, não estava lá."[71] Pouco mais adiante, outra resposta deixava ainda mais claro esse objetivo: "Eu não estava no local do crime. Nunca fui, nem sei como é o local do crime. Isso é o que eu vou falar. O que aconteceu, eu não sei."[72]

Sobre onde estaria no momento do crime, a sua linha de raciocínio seguia a mesma lógica simplista, apresentada no formato de declarações evasivas: "Passei o dia todo no BarraShopping olhando roupinhas para o bebê. Nada comprei, porque estava sem dinheiro."[73]

Nada mais havia por dizer.

Júri popular

O júri popular é certamente uma das instituições mais antigas da história da humanidade que ainda permanecem em pleno vigor nos dias atuais. Suas origens remontam à Grécia Antiga, onde cidadãos se reuniam ao ar livre para deliberar e decidir soberanamente sobre as mais variadas questões sob a presidência de um magistrado.

Em seu período de desenvolvimento inicial, o júri experimentara julgamentos de porte gigantesco em comparação à prática atual. Para se ter uma ideia, no célebre julgamento de Sócrates descrito por Platão, o expressivo número de quinhentos jurados tiveram de decidir o destino do filósofo, sendo que 280 deles se manifestaram favoravelmente à imposição da pena capital.[74]

Em sua fase romana, o júri foi dotado de características que mais o aproximam de seus atributos atuais, como a instituição da decisão conjunta por maioria, a soberania do veredito e o sorteio dos jurados.[75] Até a metodologia para se chegar a um veredito, baseada em quesitos que devem ser respondidos objetivamente com "sim" ou "não", foi concebida naquele momento histórico.

Em que pese a importância romana no desenvolvimento do júri, foi na Inglaterra que a instituição fincou as raízes de seu desenvolvimento na Era Moderna. Em 1215, a Magna Carta inglesa instituiu formalmente o júri como mecanismo de solução de controvérsias, marco que possibilitou sua disseminação por toda a Europa continental e, posteriormente, para o resto do mundo ocidental.

No Brasil, o júri surgiu em 1822 dotado de uma competência no mínimo curiosa: deliberar exclusivamente sobre crimes de imprensa. Pouco tempo depois, suas atribuições foram ampliadas pela Constituição de 1824, passando a tratar de distintas questões de índole criminal e civil. Em seu atual formato, estabelecido pela Constituição de 1988, o júri tem competência para julgar crimes dolosos contra a vida que não se limitam — como geralmente costuma se supor — ao crime de homicídio, mas incluem também o infanticídio, o aborto e até o induzimento ao suicídio.[76]

Em sua configuração atual, são sorteados sete jurados em um grupo de 21. Os jurados sorteados — aceitos pela defesa e acusação — irão compor o conselho de sentença, que, por sua vez, possui a relevante missão de decidir, de forma soberana e por maioria, sobre os casos levados ao seu julgamento.

Seria dessa maneira que se definiria o destino de Paula e Guilherme.

Às defesas dos acusados caberia convencer os jurados de sua inocência. As estratégias eram diametralmente opostas, com os réus se acusando reciprocamente. Se Guilherme valeu-se de seu livro para acusar Paula Thomaz, sua ex-mulher não deixava por menos e também partiu para o ataque. Assim, não titubeava em afirmar quem era o verdadeiro responsável pelo homicídio:

> **O que a senhora acha da luta de Glória Perez para punir os responsáveis pela morte de sua filha? No lugar dela, a senhora faria o mesmo?**
> Para começar não existem os responsáveis, existe o responsável, que não sou eu.

Se divergiam sobre aquilo que realmente havia acontecido na noite do crime, as defesas coincidiam em um aspecto crucial: careciam de testemunhas para comprovar os pontos centrais de suas respectivas narrativas.

A principal premissa da versão de Guilherme era algo que não ficara comprovado, como pontuava a revista *Veja*: "O difícil, para Guilherme nessa história, tem sido provar que teve um namoro com Daniella. Até agora ele não apontou um local de encontro, um amigo comum que soubesse do caso, um dono de restaurante ou porteiro de motel que tivesse visto os dois juntos."[77] Nesse ponto, sua defesa se assemelhava à de Paula Thomaz, que tampouco trazia qualquer testemunha para comprovar que a acusada esteve no BarraShopping no momento do crime.

Ainda segundo a revista *Veja*, a igualmente pouco crível história contada por Paula Thomaz era absurda.[78] Já para o jornal *O Globo* — que corroborava a visão do semanário —, o problema maior era a falta de qualquer elemento mínimo de prova a suportar a versão da acusada: "Sua defesa não conseguiu testemunhas ou prova material (uma nota fiscal, por exemplo) para provar o passeio."[79]

No entanto, a falta de testemunhas a corroborar a versão dos acusados não significava que a vitória da acusação estava assegurada. Pelo contrário. Em verdade, mais do que a análise das provas, no tribunal do júri se trava um verdadeiro duelo de narrativas, em que inúmeras variáveis influenciam a decisão final. O podcast *Praia dos Ossos* define com precisão tal dinâmica:

> Numa decisão por leigos, a construção da narrativa, a verve argumentativa e retórica dos advogados, as técnicas de persuasão, tudo passa a ter um peso muito grande, talvez maior que os fatos e as leis que são considerados ali. No final, o que importa é convencer os jurados da história que você quer contar.[80]

Se é verdade que as versões sobrevivem aos fatos, naquele momento o mais importante era não deixar que a mentira se sobrepusesse à

O JULGAMENTO

verdade. Aos jurados, caberia a dificílima missão de legar ao futuro justamente o oposto: os fatos é que deveriam sobreviver às versões.

Não seria tarefa fácil.

* * *

A expectativa popular a rondar o julgamento era imensa. Ao longo de 1996, cerca de 200 mil panfletos a clamar por justiça foram distribuídos em toda a cidade, em mais uma etapa na luta contra a impunidade travada nos quatro cantos do Rio de Janeiro durante a década de 1990.

Em função do enorme interesse que despertava, o caso chegou a ser comparado pela mídia ao ápice do julgamento do ex-jogador de futebol americano O.J. Simpson, quando foi realizada a leitura da sentença que absolvera o réu, acompanhada por nada menos que 150 milhões de espectadores, público maior do que aquele que acompanhou a chegada do homem à Lua.[81]

Diante de tamanha expectativa, a imprensa acompanhava todos os preparativos com enorme atenção, e havia a previsão de que a cobertura do caso fosse a maior já realizada no país em eventos desse tipo.[82] Embora o caso tenha despertado a atenção da imprensa internacional, não há dúvidas de que a imprensa portuguesa era a mais atenta ao julgamento — *De Corpo e Alma* foi exibida simultaneamente no Brasil e em Portugal, e à época do julgamento a novela estava sendo reexibida pela televisão lusa.[83]

Nesse contexto, era até natural que parte do interesse do público se deslocasse para os atores do processo que travariam uma árdua disputa diante dos jurados, lutando pela absolvição ou condenação dos acusados. Alguns deles, inclusive, passaram a ser bastante conhecidos pelo grande público graças aos detalhados perfis publicados pela imprensa.

O juiz José Geraldo Antônio seria o responsável por conduzir o julgamento. Titular do II Tribunal do Júri, José Geraldo era um magistrado experiente e que já tinha atuado em casos de grande repercussão, como as chacinas da Candelária e de Vigário Geral. Ostentando a fama de ser rigoroso — na chacina da Candelária, uma de suas condenações havia totalizado 309 anos — e de não se intimidar diante de casos que despertavam grande interesse midiático, o juiz tampouco deixava que defesa ou a acusação interferisse na condução de seus julgamentos.

A defesa de Guilherme foi inicialmente conduzida por uma trinca de defensores: Luís Guilherme Vieira, Antônio Carlos Barandier e George Tavares. Segundo a imprensa, divergências em relação aos honorários advocatícios junto à família do acusado fizeram com que os advogados abandonassem o caso.

O trio acabou substituído pelo defensor público Paulo Ramalho, fato que desde o início suscitou muita polêmica em função do caráter gratuito da defensoria pública. Como Guilherme, à época dos fatos, exercia a profissão de ator na maior emissora do país e dizia-se que seus pais tinham boas condições financeiras em Belo Horizonte, muitas pessoas ficaram indignadas ante a situação de o erário estar custeando a defesa do acusado.

Um advogado chegou a ingressar com uma ação popular para que o acusado arcasse com os custos de sua própria defesa. Posteriormente, a Justiça indeferiria o pedido e o defensor pôde seguir na causa. Naquela oportunidade, Ramalho deu uma pequena mostra da tendência a declarações enfáticas que o marcariam ao longo de todo o processo: "Só largo o caso se me matarem."[84]

Dono de um potente vozeirão, Ramalho havia ingressado na defensoria em 1984, após obter o primeiro lugar no concurso de admissão na carreira. Eloquente, em alguns momentos do julgamento monopolizaria os holofotes em função de sua atuação veemente. Sua performance chamou tanto a atenção que chegou a inspirar personagens humorísticos no Brasil (o advogado Pedro Pedreira da *Escolinha do Professor Raimundo*)[85] e até em Portugal, além de suscitar controvérsia com a mãe de Daniella: "Ele [Paulo

O JULGAMENTO

Ramalho] não está defendendo esse criminoso como se defende um assassino e sim como se defende um inocente."[86] Ramalho, por sua vez, percebia a própria atuação inserida em um contexto mais amplo, que, em sua visão, transcendia à defesa de Guilherme: "Para o verdadeiro advogado, a defesa vale como um mandamento inflexível. A defesa criminal não é uma defesa do acusado (de sua pessoa), é a defesa de um valor democrático absoluto, que pertence à civilização, e não apenas ao réu."

De acordo com a revista *Veja*, Ramalho era um "homem de Plenário" com grande capacidade de improvisação.[87] Definindo o julgamento como "o grande caso da história judiciária do Rio de Janeiro", o defensor revelara sua forma de enxergar a atuação advocatícia: "O advogado existe para proteger o inocente da pena e o culpado da vingança."[88]

Já Paula Thomaz seria defendida por Carlos Eduardo Machado, jovem e proativo advogado, que faria o seu debute diante do tribunal do júri auxiliado por um advogado mais experiente, Augusto Thompson. Carlos Eduardo tinha mestrado em criminologia em Londres e era filho de Ronaldo Machado, primeiro defensor de Paula, que falecera durante o curso do processo. Ronaldo foi considerado um dos mais perspicazes tribunos do Rio de Janeiro, tendo estreado em júris em 1956 e se destacado na atuação no emblemático caso Dana de Teffé.[89] Seu notório saber foi reconhecido tanto pela defesa de Guilherme quanto pela promotoria. Provavelmente, junto ao velho parceiro Evaristo de Moraes Filho, compôs uma das maiores duplas de tribunos dos júris cariocas. O jurista faleceu em 1995 e, até o seu último suspiro, manteve sua inabalável "fé no júri", acreditando que Paula seria inocentada.

O estilo da defesa de Paula era muito mais sóbrio se comparado à de Guilherme, de modo que os advogados da acusada não eram presença constante nos jornais, tampouco davam declarações bombásticas. Carlos Eduardo era descrito pela imprensa como "educado, calmo e polido".[90] As diferenças, no entanto, não paravam por aí. Em suas memórias, Guilherme revelou que, enquanto ele era defendido sem ônus por um defensor público, os pais de Paula tiveram que vender um apartamento para custear a defesa de sua filha.[91]

Já a acusação era composta pelos promotores Muiños Piñeiro e Maurício Assayag, profissionais com vasta experiência em júris e que já tinham enfrentado casos de grande repercussão. Tarimbados, atuaram em dupla nos dois maiores casos criminais do Rio de Janeiro na década de 1990: as chacinas da Candelária e de Vigário Geral. No caso Daniella Perez, por uma divisão de atribuições interna, Muiños esteve à frente da sustentação oral no julgamento de Guilherme, e Assayag, no de Paula.

Ambos eram formados pela Universidade do Estado do Rio de Janeiro (Uerj), considerada a melhor faculdade de Direito do estado e uma das melhores do Brasil. Aliavam a apurada técnica jurídica à boa oratória, e não se intimidavam diante da repercussão midiática de seus processos. Por ser um pouco mais experiente, Muiños liderava o relacionamento da promotoria com a imprensa, embora, pontualmente, Assayag também se manifestasse sobre o caso aos jornalistas. Uma curiosidade sobre o promotor Muiños: ele era assíduo espectador de novelas, inclusive *De Corpo e Alma*. Revelara à imprensa não apenas que acompanhava a trama, mas também que torcia por um final feliz entre Caio e Yasmin.[92] Além disso, duas coincidências o ligavam à família Machado: em 1982, Ronaldo fora seu examinador no exame para ingresso no Ministério Público e, em 1983, Carlos Eduardo se formara na Uerj na mesma turma de Cristina Elizabeth, primeira esposa de Muiños e mãe de dois de seus filhos.

Para atuar como assistente de acusação, a família de Daniella contratou o advogado Arthur Lavigne, que advogara no escritório do jurista Evandro Lins e Silva e se notabilizara por defender presos políticos durante o regime militar. Também havia participado de casos notórios, como a defesa de Doca Street em um dos júris que o algoz de Ângela Diniz enfrentou. Experiente e calejado em

O JULGAMENTO

casos de grande repercussão, o advogado seria um reforço de peso para a acusação.

Seriam esses os protagonistas. Não eram propriamente estranhos entre si, já que várias disputas jurídicas haviam sido travadas ao longo dos quatro anos de processo. Aquela, porém, era a cena final.

A sorte estava lançada.

* * *

Em 22 de janeiro de 1997, pontualmente às 14h07, iniciava-se o julgamento do homicídio da atriz Daniella Perez. Na porta do fórum, dezenas de pessoas se acotovelavam, muitas à espera de uma senha para adentrar a sala onde a audiência seria realizada. Entre os diversos protestos, um, em especial, chamava mais atenção: um manifestante vendado carregava uma modesta cartolina escrita à mão, com dizeres que clamavam por justiça em uma solitária manifestação.

Entre os populares se destacava um andarilho, que garantira às rádios cariocas que viera a pé de São Paulo. Segundo o jornal *O Dia*, o homem, com barba ao estilo "Raul Seixas", se apresentara como "o representante dos mendigos de São Paulo" e viera prestar solidariedade à família de Daniella.[93] Retornaria à capital paulista novamente a pé, pelo acostamento da via Dutra, após o julgamento.

Enorme expectativa pairava no ar.

Poucos minutos depois de decretado o início da audiência, adentrariam o plenário do tribunal do júri os réus Guilherme de Pádua e Paula Thomaz, formalmente acusados pelo assassinato da atriz. Finalmente, chegara a hora de começarem a acertar as contas com a Justiça.

Naquele dia, o jornal *O Globo* trazia uma ilustração um tanto quanto sinistra, que mesclava os semblantes de Guilherme de Pádua e Paula Thomaz abaixo de uma incisiva manchete: "O Brasil quer saber quem matou Daniella Perez."[94] No entanto, prevalecia no senso comum a percepção de que os acusados jamais revelariam o que de fato aconteceu na noite do crime. O colunista Artur Xexéo resumia bem esse sentimento:

> A única surpresa guardada para o final é a pena que recairá sobre os acusados. Os que têm acompanhado o folhetim pela imprensa certamente vão se frustrar. Ninguém deve esperar revelações nos momentos finais. Até hoje ninguém sabe o que aconteceu no dia 28 de dezembro de 1992. Nem vai saber. (...) Os muitos depoimentos e contradepoimentos de Guilherme e o estilo sonsa-que-não-sabe-de-nada de Paula vão sobreviver ao julgamento. E a mais intricada das tramas já produzidas na crônica policial carioca vai continuar sendo um mistério.[95]

Guilherme foi o primeiro a ingressar no plenário, sendo seguido por Paula cerca de um minuto depois. Ambos foram conduzidos para dentro do salão algemados, embora Paula tentasse esconder as algemas com uma das mãos.[96] Se tentava ocultar o objeto que lhe limitava os movimentos, a acusada, por outro lado, não fazia a menor questão de disfarçar o repúdio que nutria pelo ex-marido. Quando a avistou, Guilherme pôde medir toda a extensão de sua repulsa. Ao entrar no salão, ela logo desviou o olhar, evitando propositalmente fitá-lo.

Seria apenas o início. Ao sentar-se no banco dos réus, Paula deu as costas para Guilherme de forma deliberada, como se desejasse demonstrar a todos os presentes o tamanho de sua aversão. A emblemática imagem chegou a estampar as primeiras páginas dos jornais, e a cena lembrava — às avessas — outro episódio envolvendo os acusados, ocorrido naquele mesmo lugar: no início de 1993, ao se encontrarem no tribunal em uma das primeiras audiências do caso, Guilherme e Paula protagonizaram cenas de carinho explícito que causaram repulsa ao público que acompanhava a audiência, o famigerado "namoro no banco dos réus".

O JULGAMENTO

Agora, no entanto, tudo seria diferente. Por completo. O casal ficou cerca de meia hora juntos e não trocou uma palavra sequer. Em função da divergência na escolha dos jurados, o julgamento acabou por ser desmembrado e Guilherme seria o primeiro réu a ser julgado, sendo o julgamento de Paula postergado para alguns meses adiante. Aquela foi a provável última vez que ambos estiveram juntos. Irremediavelmente rompidos, o último encontro do outrora casal acabara por ser no banco dos réus, onde sequer trocaram um olhar de adeus.

A defesa de Guilherme se sentiu prejudicada, já que havia solicitado ao juiz que fosse realizada uma acareação entre os réus durante o julgamento, para que os jurados pudessem analisar qual dos dois realmente falava a verdade. Em função da enorme discrepância entre as versões, poderia ser uma boa estratégia na busca pela verdade. Se evitaram trocar um simples olhar no banco dos réus, talvez o olho no olho diante dos jurados pudesse ajudar a trazer à tona o que de fato aconteceu na noite do crime.

A defesa de Paula recusou a proposta, alegando que a ré "não pretendia participar de nenhuma acareação",[97] e a diligência acabou por não acontecer. A defesa de Guilherme registrou expressamente o seu lamento diante da recusa. Se a sua defesa lamentava, o acusado fez questão de demonstrar explicitamente toda sua contrariedade. Ao tomar conhecimento de que Paula não estava disposta a participar do ato, Guilherme expressou sua irresignação por meio de um gesto espalhafatoso: "(...) ao ouvir o advogado de Paula anunciar que ela não faria acareação, Guilherme se virou para Ramalho e abriu os braços, num gesto de que estava achando aquela atitude um absurdo."[98]

A saída de Paula Thomaz do fórum foi extremamente conturbada. A ré foi cercada por cerca de oitenta populares que em fúria a chamavam de "assassina" e bradavam por justiça. O clima ficou tão tenso que um dos policiais responsáveis pela escolta teve que sacar a arma e chegou a ameaçar dar um tiro para o alto. Mesmo após

Paula ter sido colocada dentro do camburão, o ambiente permaneceu hostil, e as ameaças não cessaram por completo. Populares inconformados com a brutalidade do crime desferiam socos na viatura, que teve de deixar o local em alta velocidade para evitar que algo de mais grave acontecesse.

Guilherme continuou no plenário, aguardando o desenrolar do julgamento. Uma última polêmica, no entanto, criaria novo clima de suspense sobre a possibilidade de mais um adiamento do júri.

Foi por pouco.

A última polêmica

A tarde de 22 de janeiro de 1997 prometia altas temperaturas no sufocante verão carioca. Previsão de 33 graus para aquele dia na cidade, embora a sensação térmica fosse beirar os 40 graus. E o plenário do I Tribunal do Júri, embora fosse o mais amplo e adequado para sediar um julgamento daquela dimensão, não contava com ar-condicionado. Os ventiladores eram insuficientes para aliviar o clima abafado, sobretudo por conta da lotação, com cerca de trezentas pessoas se amontoando em busca de um lugar.

Contudo, uma polêmica entrevista concedida pelo perito Mauro Ricart ao programa *Bom Dia Rio* no início da manhã é que faria com que a temperatura se elevasse de vez no calorento plenário do tribunal. Em declarações que causariam alvoroço, o perito afirmou que Daniella não podia ter sido morta dentro do carro, tendo em vista que não havia vestígios de sangue no banco traseiro, e que tampouco havia qualquer indício de que o banco do veículo tivesse sido lavado após o crime.[99] Sua fala havia sido enfática:

O senhor acredita que o frentista está mentindo?
Sinceramente, com relação ao banco, eu acho que ele está mentindo. Porque nós encontramos sangue na dianteira do

carro, perto do piso do carona, onde possivelmente foi colocada a arma do crime. A coisa mais difícil que tem é lavar um carro sujo de sangue. Vou dar um exemplo doméstico: no Natal, caiu um pouquinho de sangue de um pernil na mala do meu carro. Até hoje está cheirando a sangue.[100]

Retornava-se, assim, à polêmica acerca da utilização de querosene para limpar o banco traseiro do carro, que muito já havia sido discutida no ano anterior em função de um parecer elaborado, a pedido da promotoria, pelo professor Aloysio Bomtempo Bittencourt, docente do departamento de química da Pontifícia Universidade Católica do Rio de Janeiro (PUC-Rio). À época, defesa e acusação se digladiaram sobre a possibilidade de anexação do parecer aos autos do processo em data próxima à realização do júri, e o julgamento acabou por ser adiado.

A acusação refutava veementemente as declarações de Ricart, afirmando que o trabalho de perícia do veículo só foi realizado cerca de quatorze horas depois do crime, tempo suficiente para que os vestígios de sangue desaparecessem.[101] O advogado Arthur Lavigne colocou em dúvida a imparcialidade das declarações de Ricart: "Ele assinou o laudo da perícia do carro de Guilherme e não iria, quatro anos depois, declarar que havia feito um serviço malfeito."[102] Já a promotoria era ainda mais incisiva: "Ele é um perito grafotécnico, não entende nada disso."[103]

O professor Aloysio Bomtempo Bittencourt, responsável pelo parecer técnico solicitado pela promotoria, havia concedido uma entrevista alguns dias antes do julgamento, na qual esclarecia pontos sensíveis sobre o tema:

O frentista poderia ter usado querosene na água e, depois da lavagem, não ter ficado odor ou mancha?
Tecnicamente é possível, porque ele diz que usou apenas um pouco de querosene na água. Além disso, o produto

não penetraria no estofado, se o banco fosse molhado com água, pois o querosene também não é miscível na água. Por isso o querosene sairia na própria esfregação. E, pelo que sei, o carro só foi periciado 14 horas após a lavagem, quando o estofamento já deveria estar seco. Se o pouco do querosene usado tivesse deixado cheiro em algum ponto de estofado, não permaneceria por mais de quatro horas após a lavagem.

A defesa alega que se o frentista tivesse usado querosene os peritos que vistoriaram o carro teriam sentido o cheiro. Assim que o querosene evapora, o cheiro desaparece. O odor só permanece enquanto a superfície permanecer molhada diretamente com o próprio produto.[104]

Ele ainda explicava que, em função das condições descritas pelo frentista e, principalmente, partindo do pressuposto de que haviam transcorrido cerca de 14 horas entre o crime e a realização da perícia, nem um "profissional treinado para identificar odores" conseguiria perceber o cheiro do querosene. Utilizando-se de um exemplo do dia a dia, o professor argumentava que tinturarias comumente utilizam querosene para realizar lavagens a seco e, no entanto, não é possível perceber o odor da substância nas roupas após o processo de lavagem.

Na mesma entrevista à Globo, Mauro Ricart se contrapôs ao parecer do professor, refutando-o de maneira até certo ponto hostil: "Repudio esta conclusão. É evidente que [o sangue] deixa cheiro. Não foi encontrado nenhum vestígio de lavagem, nenhum vestígio de sangue nesse banco."[105] Em depoimento para este livro, Ricart reiterou seu posicionamento e ainda aduziu que Carlos Nery, um dos peritos que analisaram o Santana, era especialista em odores e não percebera a presença de querosene durante os trabalhos periciais. O perito é categórico sobre o tema: "O laudo [da perícia] é a expressão da verdade."

O JULGAMENTO

As incisivas declarações do perito ganharam contornos ainda mais dramáticos porque ele teve uma "súbita e oportuníssima crise renal",[106] tendo sido internado no Hospital Samaritano.[107] Assim, por motivos de saúde, o perito não iria ao julgamento para dar seu testemunho. Foi o suficiente para que o defensor de Guilherme arguisse que sua ausência prejudicaria a defesa e ameaçasse abandonar o julgamento caso Ricart realmente não comparecesse para depor.

Celeuma instalada, o julgamento foi suspenso por tempo indeterminado no instante em que começaria o depoimento de Guilherme de Pádua. Após cerca de três horas de desencontros e indefinições, acusação e defesa selaram um acordo. Como Ricart estava impedido de comparecer por recomendação médica, seria exibida em plenário a fita com a entrevista concedida pelo perito ao *Bom Dia Rio*.

Ultrapassada a última polêmica, enfim era chegada a hora da verdade.

A hora da verdade

Superado o último obstáculo para a realização do julgamento, a sessão seria reiniciada do ponto exato em que havia sido paralisada: o depoimento do réu. Cercado de expectativas, Guilherme teria a palavra para dar a sua versão dos fatos ocorridos na noite de 28 de dezembro de 1992.

Em cerca de cinco horas de depoimento, ele manteve a versão que já havia antecipado em seu livro. Afirmava que houve uma briga entre Paula e Daniella, e que fora sua ex-esposa quem desferira as tesouradas na atriz. Ele só presenciara a parte final do ato homicida, pois, enquanto Paula desferia os golpes, o ator estaria adulterando a placa do veículo. Pela primeira vez em todo o processo, Guilherme afirmou que Paula havia admitido ter confessado a sua participação à polícia. Foi a grande e talvez única novidade em todo o depoimento.[108]

De resto, nada de novo.

O réu se mostrava completamente à vontade no plenário. Seu advogado se permitiu por diversas vezes deixar o recinto, sem que o depoente esboçasse qualquer sentimento de desamparo. Ao revés, Guilherme adotava uma postura teatral intercalada com momentos de ironia explícita que deixou "pasma" a grande audiência que a tudo atentamente acompanhava.

Em seu longo depoimento, o réu fez de tudo um pouco, aparentando "não ter esquecido a sua profissão de ator e decidindo exercitá-la":[109] gesticulou, sorriu e empostou a voz para retratar as falas da vítima e de sua ex-esposa, imitando em falsete as vozes de Paula e Daniella a fim de reproduzir os supostos diálogos.[110] Seu depoimento, por vezes, impacientou o magistrado que conduzia os trabalhos, que o advertiu para ser mais objetivo, mas sem sucesso. Guilherme manteve a postura performática até o final, chegando até a tachar a vítima de "narcisista", ocasião em que mais uma vez foi advertido pelo juiz.[111]

Se admoestava o réu por excessos pontuais, o juiz não era profundo na maioria de suas indagações, o que gerou a sensação de que permitia que o acusado falasse livremente, sem se valer no interrogatório do depoimento do réu à polícia, do seu livro ou, até mesmo, de pontos-chave de suas diversas entrevistas anteriores. Para Léa Braga, avó deste autor, "com a setorista da Bloch, ele [Guilherme] não se criava assim", refletindo o senso comum de que, em entrevistas aos semanários da época, Guilherme era questionado de forma menos superficial e mais incisiva.

Perto do final, o réu pediu desculpas ao juiz pela ênfase com que prestara suas declarações; em suas palavras, a cadeia o tornara "antissocial". Repleta de gírias — 35 no total —, a fala de Guilherme em nada lembrava o devoto religioso das páginas do periódico *Folha Universal*, quando, em entrevista de apenas uma página, citou dezesseis vezes as palavras "Senhor", "Cristo" e "Deus".[112]

Apesar de performático, Guilherme mostrava pouca assertividade quando indagado sobre a sequência exata dos eventos que se suce-

O JULGAMENTO

deram no dia do crime. Optando deliberadamente por não fornecer uma cronologia acurada, o réu evitava cair em contradição com outros testemunhos que ainda ocorreriam durante o julgamento, em uma possível estratégia de sua defesa, conforme cogitava o jornal *O Estado de S. Paulo*.[113]

As testemunhas apenas reforçaram o que já haviam afirmado anteriormente. O principal depoimento foi prestado pelo frentista Antônio Clarete, que confirmou ter lavado o Santana utilizado na noite do crime, mesmo tendo sido confrontado com muita ênfase pela defesa do réu. Sem se deixar intimidar por ameaças de falso-testemunho, o frentista reiterou que removera uma mancha de sangue do banco traseiro do veículo com uma mistura contendo querosene.

Aquele, decerto, fora o principal embate do julgamento. Desafiado por Ramalho a repetir o processo de lavagem diante do júri, Clarete não se intimidou: "Eu lavo."[114] O juiz José Geraldo não permitiu a simulação.

Durante a leitura dos diversos depoimentos, Guilherme chegou a ser irônico, permitindo-se bater palmas no momento em que era lido o depoimento do ator Alexandre Frota.[115] Além disso, chegou a rir da leitura de outros depoimentos e, em alguns momentos, aparentando estar entediado, acabou por cochilar.[116] Tendo protagonizado "uma verdadeira exibição teatral ao ser interrogado",[117] em nenhum momento do julgamento Guilherme chorou, nem sequer quando foram exibidas reportagens sobre o caso, nas quais a vítima era constantemente lembrada. A título de exemplo, o ex-goleiro Bruno Fernandes, condenado pela morte da jovem Eliza Samúdio, em 2012, chorou copiosamente, aos soluços, quando foram exibidas reportagens contendo imagens da vítima durante o seu julgamento.[118]

A ausência de remorso do acusado, no entanto, não era inédita. Ao ser questionado pela atriz Maria Regina, dias após o ocorrido, acerca das razões que motivaram o crime, Guilherme teria se limitado a afirmar que "foi necessário".[119] Já quando a morte da atriz completou um ano, Guilherme teria sido igualmente lacônico ao declarar que "não poderia voltar no tempo".[120]

O defensor Paulo Ramalho também protagonizou fortes embates com o juízo, que chegaram a chamar mais atenção do que a disputa com a própria acusação. Nada capaz de surpreender, pois, ao início do julgamento, Ramalho não escondera ao que viera: "Por quatro anos fui saco de pancada. Agora sou estilingue."[121]

Dito e feito. A começar pelo pedido de impugnação do depoimento da parlamentar Benedita da Silva, que esclareceria o árduo processo de convencimento para que Antônio Clarete perdesse o receio de depor em juízo, do qual ela fora protagonista. Como quebrara a incomunicabilidade ao conversar com a reportagem da revista *Veja*, a testemunha acabou dispensada.

Em um dos momentos mais belicosos de todo o julgamento, o juiz chamou o patrono de Guilherme de inconveniente e mal-educado.[122] A cada reprimenda que o juiz dirigia ao defensor, o público reagia com uma salva de palmas. Em dado momento, a audiência foi interrompida para que os ânimos pudessem ser serenados, tendo o juiz solicitado que se cortasse o microfone de Paulo Ramalho. Após a sessão ser reaberta, o defensor pediu desculpas ao magistrado e os trabalhos puderam prosseguir sem maiores distúrbios, exceto por um último inconveniente: próximo ao final da sessão, um espectador insultou Ramalho e teve que ser retirado do plenário.

Ao final de estafantes 68 horas, a sentença finalmente foi lida pelo juiz. Por cinco votos a favor e dois contra, Guilherme de Pádua foi condenado a dezenove anos de prisão por homicídio duplamente qualificado — cometido por motivo torpe e por meio de emboscada que impossibilitou a defesa da vítima.

Na decisão ficou estabelecido também que Guilherme foi considerado o autor dos golpes que vitimaram fatalmente Daniella. Em sua sentença, o juiz fez questão de deixar consignada para a posteridade uma breve descrição de sua visão sobre a personalidade do condenado:

O JULGAMENTO

> A conduta do réu exteriorizou uma personalidade violenta, perversa e covarde, quando destruiu a vida de uma pessoa indefesa, sem nenhuma chance de escapar ao ataque de seu algoz, pois, além da desvantagem na força física, o fato se desenrolou em local onde jamais se ouviria o grito desesperador e agonizante da vítima. Demonstrou o réu ser uma pessoa inadaptada ao convívio social, por não viscejarem (*sic*) no seu espírito os sentimentos de amizade, generosidade e solidariedade, colocando acima de qualquer outro valor a sua ambição pessoal.[123]

Para a novelista Glória Perez, que acompanhou os trabalhos ao lado de seu filho Rodrigo, independentemente do tamanho da pena imposta, o mais importante era o "resgate da verdade", expressão que adquirira relevo sete anos antes, após a condenação do algoz da estudante Mônica Granuzzo. Significava, assim, um ponto final na guerra de narrativas, decidindo o júri pela veracidade da versão da acusação.

Saulo Ferrante, tio de Daniella, talvez tenha dado a declaração mais incisiva daquele dia, lavando a alma da sociedade carioca: "O depoimento de Guilherme é mentiroso, inverídico e inverossímil."[124] Rodrigo, irmão da atriz, seguia a mesma linha: "Ele [Guilherme de Pádua] mentiu descaradamente."[125]

Ao final do julgamento, uma última confusão envolvendo jornalistas e guardas judiciários levou tumulto ao plenário. O repórter Edmilson Ávila, contrariando determinação do juízo, foi flagrado filmando a leitura da sentença com uma câmera escondida. Houve troca de agressões mútuas entre jornalistas e seguranças, o que chegou a assustar o público. Os ânimos só foram serenados quando o repórter e um cinegrafista da Globo foram conduzidos à delegacia.[126]

* * *

Embora condenado, Guilherme não se dava por vencido. Se antes do julgamento o ator já havia lançado acusações relativas a um suposto suborno de testemunhas que o acusavam, agora se permitiria ir ainda mais longe.

Ao chegar ao tribunal para ser julgado, ele afirmou que seu julgamento era uma armação.[127] Seria apenas o início de seus questionamentos, colocados de forma propositalmente vaga, sempre pondo em dúvida todo o processo judicial. Suas afrontas à Justiça, no entanto, não se limitariam a essa curta afirmação inicial.

Em entrevista à *Folha de S.Paulo*, concedida durante o recesso noturno do julgamento, Guilherme afirmara que "99% dos testemunhos são falsos".[128] Já em suas primeiras declarações após ser condenado, o réu lançou nova polêmica, demonstrando que, enquanto lhe dessem holofotes, ele não abdicaria de colocar em dúvida a lisura do júri que o condenou: "Eu era réu de um jogo de cartas marcadas."[129]

Em relação aos jurados — pessoas escolhidas ao acaso —, o condenado seguiria a mesma lógica, afirmando que eles "não estariam escutando nada" e que já haviam chegado ao julgamento "com o veredicto pronto na mente".[130] Difícil precisar o que o réu pensava naquele momento, mas, pelo teor de suas declarações, pode-se imaginar que ele acreditava em sua absolvição, mesmo após ter confessado a participação no crime.

Pouco importa, no entanto, aquilo que lhe passava pela cabeça. Guilherme de Pádua — em virtude do receio de que pudesse ser linchado — foi escoltado por policiais ostentando fuzis em punho até a viatura da polícia, em que entraria algemado. Da escura e apertada caçamba do camburão, Guilherme, agora condenado pela Justiça, retornaria sacolejando à cela no presídio de Água Santa.

A esbravejar, o condenado transmitia a impressão de que ainda se comportava como um ator a serviço de seu personagem. Para a imprensa, mesmo após a condenação, ele "continuava agindo como se estivesse em cena".[131] Seu defensor, experiente no traquejo da vida, ainda tentou alertá-lo: "Agora acabou." Nada feito. Exibicionista, em alguns momentos do julgamento, o ex-ator aparentara ansiar mais por notoriedade do que pela própria liberdade.

Condenado, acabara tornando-se exemplo.

O povo contra Paulo Ramalho

"O coadjuvante que virou protagonista."[132]

Dessa maneira o *Jornal do Brasil* descreveu o desempenho de Paulo Ramalho durante o julgamento de Guilherme de Pádua. Para o jornal, o defensor era "a vaidade em forma de gente",[133] em uma indicação clara de que sua atuação era capaz de despertar simultaneamente sentimentos antagônicos — até mesmo no contexto de uma reportagem cuja manchete, a princípio, parecia elogiá-lo.

Um dos expoentes de uma geração de criminalistas que tinha como referência o célebre jurista Evaristo de Moraes Filho, no início do processo Ramalho passou a ser considerado uma espécie de inimigo público, chegando a ser intitulado como o "advogado do diabo" em manifestações sobre o caso.[134] Decerto que um dos traços mais marcantes de sua atuação foi jamais permitir que o réu por ele assistido fosse aviltado a nível pessoal, o que atraía para si a antipatia popular. Clamando por um julgamento "jurídico e não moral",[135] foi a principal voz a se insurgir ante agravos direcionados aos acusados que nada tinham a ver com o processo criminal.

Pagou caro por isso. Teve o carro atacado por pedradas, recebeu ameaças e viu as intimidações chegarem até o seu único filho, uma criança à época. Durante a década de 1990, Ramalho era muito incisivo em suas declarações, especialmente às rádios, de modo que era comum ouvintes ligarem para as emissoras para criticar suas falas, em reclamações que não raro descambavam para o achincalhe pessoal.

Nem do patrulhamento familiar o advogado escapava. Ao saber que assumira a defesa de Guilherme de Pádua, a dona de casa

Marina Silveira, tia do defensor e a quem ele considera sua verdadeira mãe, não titubeou em reprovar seu patrocínio à causa por meio de um incisivo recado deixado em sua secretária eletrônica: "Meu filho, eu sei que não sou sua mãe biológica, mas eu sempre lhe tratei como filho, te amo como um filho. Agora no final de minha vida, você vai me dar esse desgosto, vai defender esse assassino. Quanta ingratidão!"[136]

O povo estava contra Paulo Ramalho. Até em sua própria casa.

Parecia muito, mas não era tudo. O sentimento de aversão ao acusado, que se estendia ao seu defensor, começava nas camadas mais populares e ia até os altos escalões empresariais. Ao perceber que Ramalho almoçava no restaurante interno da Manchete, situado no 11º andar do edifício da rua do Russel, no bairro da Glória, Adolfo Bloch, contrariado, indagou: "O que o advogado do Guilherme de Pádua está fazendo aqui?"[137]

Tudo isso, no entanto, não era mero acaso. Tratava-se de uma estratégia deliberada para blindar Guilherme de Pádua. Muitos anos após os fatos, Ramalho revelou que a intenção era evitar a demasiada exposição do réu, deslocando a animosidade para si próprio. Para o advogado, "essa é a verdadeira defesa", ainda que gerasse forte desgaste a nível pessoal.[138]

Durante o júri, o defensor alternou bons e maus momentos. No que foi considerado o ponto alto de sua atuação, fez com que o depoimento do perito Abraão Lincoln soasse contraditório aos jurados. Contestando declarações da testemunha com base em laudos anexados ao processo, deixou o perito sem resposta durante seu testemunho.[139] Contudo, não ficaria apenas nisso, pois Ramalho não perderia a chance de defenestrá-lo publicamente: "Trata-se de um perito desqualificado. Eu o arrolei para desmoralizá-lo. É um mentiroso pego em flagrante."[140]

Pontualmente, entretanto, seu coloquialismo desabusado aflorou e, em alguns momentos, parecia não haver limites para o seu descompasso verbal. Atacando indistintamente a classe artística e

O JULGAMENTO

a Rede Globo, Ramalho revelava a sua faceta verborrágica: "Se ser adúltero é ser criminoso, é melhor colocar lá na frente da Globo o nome Presídio Globo de Televisão."[141]

A imprensa também considerou que o advogado fora rude no trato com o frentista Antônio Clarete. Segundo o jornal *O Dia*, Ramalho se dirigia "com desprezo à testemunha", o que causava desconforto generalizado.[142] Pai de nove filhos, desempregado e tendo como refeição cotidiana arroz, feijão e pé de galinha, o frentista acabara por despertar a simpatia popular. Confessando ter "dado o mergulho" para chegar ao fórum (passara por baixo da roleta nas duas conduções que tomara àquele dia, por não ter sequer o dinheiro para as passagens), Clarete deixara o tribunal como um dos personagens de destaque do julgamento. Cortador de cana desde os 6 anos de idade e frentista desde os 12, a humilde testemunha aproveitara o assédio da imprensa para tentar angariar um novo trabalho, em momento que emocionou muita gente que ouvia o julgamento pelo rádio, quando pediu ao repórter que o entrevistava: "Se você souber de algum emprego de frentista, me dá um toque."[143]

Em depoimento a este livro, Ramalho afirmou que não teve a intenção de agir com menosprezo em relação a Clarete, e que suas falas incisivas durante o julgamento nada tiveram a ver com a condição social de qualquer testemunha — o próprio defensor fez questão de esclarecer que tem origem humilde e batalhou bastante para conseguir se tornar advogado.

Sua atuação foi reconhecida pelos demais atores do processo. Carlos Eduardo Machado, um dos advogados de Paula Thomaz, realçou que, pela complexa situação processual de Guilherme (réu confesso que modificou sua versão dos fatos ao longo do processo), Ramalho alcançara um "resultado extraordinário". Até o assistente de acusação parecia se render à atuação dele, reconhecendo seu mérito: "Quisera eu ter 10% da combatividade e do brilhantismo do senhor."[144] Contudo, pela dificuldade natural do caso, o resultado lhe fora desfavorável, o que de certa forma era até previsível.

Ramalho admitiu que esperava um resultado ainda pior, de modo que se mostrava satisfeito: "Esperava 7 a 0, foi 5 a 2. Esperava trinta anos, foram dezenove."[145]

Ao final do julgamento, em depoimento extremamente franco, Ramalho reconheceu que durante aquela árdua jornada brigara com quase todos, inclusive com "o próprio Guilherme".[146] De fato, isso era verdade. Em algumas oportunidades, seu assistido refutou — sem meias palavras — a própria inocência, deixando claro que a sua intenção não era eximir-se da culpa, mas, antes, que cada qual assumisse suas respectivas responsabilidades: "Nós dois tivemos a nossa parcela de culpa. Só quero que ela [Paula] assuma a dela."[147]

Em alguns momentos, o defensor parecia acreditar mais na inocência de Guilherme do que ele próprio, como demonstrava uma de suas falas à imprensa: "Guilherme não é um assassino, ele deu azar."[148] Valendo-se de uma sutil analogia, Ramalho reconheceu, em entrevista a este livro, que, muitas vezes, teve que defender Guilherme dele mesmo e, não raro, fora alvo de "fogo amigo":

> As circunstâncias do processo deixaram Guilherme em situação idêntica à de um paciente na UTI, entre a vida e a morte. A técnica é responsabilidade exclusiva do médico. Ainda que o paciente, em intervalos de lucidez, sugira esse ou aquele procedimento, sua opinião não tem nenhum valor. O médico deve empenhar-se para salvar a vida até do suicida, como o advogado deve defender até quem não deseja se defender.

Ainda sobre o perfil do polêmico cliente, Ramalho se permitiu outra declaração sincera: "Uma das grandes dificuldades dos advogados criminais é que alguns réus nada falam, enquanto outros falam demais... Guilherme estava no segundo grupo..."

Se para muitos defendia uma causa perdida, ele acreditou na vitória até o fim. Extenuado e rouco, chorou sozinho ao final dos trabalhos, em um plenário já vazio.[149] O defensor ainda revelou que, se conseguisse inocentar seu cliente, seus planos seriam deixar temporariamente o país até que a poeira baixasse.

Registre-se que o profissional jamais culpou a imprensa ou qualquer outro fator alheio ao processo pela derrota. Ontem como hoje, aceita o resultado com fidalguia, certo de que cumprira com o seu dever da melhor forma possível. Tentou até cumprimentar a novelista Glória Perez ao final do julgamento. Não houve acolhida, e ambos acabaram estampando imagem marcada por um triste simbolismo na capa do *Jornal do Brasil*, no dia seguinte ao júri.[150]

Independentemente do resultado, porém, o defensor retornaria ao "aconchego de seu anonimato", desejo antigo que confessara em uma de suas primeiras entrevistas. Ainda que reconhecesse o pecado da vaidade, Ramalho se mostrava sóbrio ao comentar o legado positivo que o julgamento deixaria à sociedade. Muitas vezes marcado por declarações polêmicas, no momento final a serenidade deu o tom: "O fundamental é as pessoas entenderem que todo mundo tem direito à defesa. Espero que essa maratona tenha ajudado a cidadania por aqui."[151]

Para alguns, sua atuação foi corajosa; para outros, espetaculosa. Seja como for, em um ponto todos concordam: autêntico ele é. Doa a quem doer. Até mesmo a seu próprio cliente. Caberá à posteridade julgá-lo; com seus erros e seus acertos; sua eloquência e sua verborragia; ante o bem e o mal que nele coexistem. De uma coisa, no entanto, não há dúvida: Ramalho saiu desse processo maior do que nele entrou.

Onde foi que eu errei?

Após a condenação de Guilherme, as atenções naturalmente se voltariam para o julgamento de Paula Thomaz. Especulações iniciais indicavam que o julgamento que decidiria o destino da ré seria realizado em abril de 1997. Quase isso. Paula Thomaz se sentaria novamente no banco dos réus em maio daquele ano, dessa vez sem a presença de seu ex-marido.

Estaria sozinha, a prestar contas à Justiça.

As contundentes acusações que Guilherme fez em seu julgamento acerca da participação de Paula no crime geraram uma compreensível animosidade entre as defesas. O advogado Carlos Eduardo Machado, que acompanhou os trabalhos do plenário do tribunal do júri, embora se abstivesse de comentar a condenação do réu, não se furtou a atirar o primeiro petardo em sua direção: "Ele [Guilherme de Pádua] parecia um guia de cidade histórica mineira que tem tudo decoradinho e não pode mudar o texto."[152] De fato, Guilherme dava a impressão de que havia decorado o script do livro que escrevera, chegando até a repetir em seu depoimento algumas das onomatopeias presentes na obra — como o ruído do ronco do motor de seu veículo.

Além da questão de ter um roteiro decorado, a ferina ironia utilizada pelo advogado ao fazer menção ao estado natal do ator soava também como uma retaliação pelas incisivas declarações dadas por Guilherme em desfavor de sua cliente.

Guerra é guerra.

Ainda de acordo com o seu advogado, Paula havia ficado indignada com as acusações do ex-marido que lhe atribuíam a culpa pelo crime. Ela cogitou reunir a imprensa para uma entrevista coletiva a fim de rebater a versão de Guilherme, não o fazendo por orientação expressa de sua defesa.[153] Não deixa de soar curiosa essa repentina indignação atribuída à acusada. Pelas inúmeras declarações públicas dadas por Guilherme antes do julgamento, o esperado era que o réu adotasse exatamente aquela postura agressiva e acusatória. Surpreendida, a ré com certeza não fora. Paula teve a chance de se contrapor à versão de Guilherme no próprio julgamento que o condenou, quando foi instada a participar de uma acareação em que poderia desmentir ao vivo todas as alegações do réu e demonstrar ao público toda a profunda indignação que afirmava sentir.

O JULGAMENTO

Paulo Ramalho, como de hábito, não deixou essa oportunidade passar em branco: "Os jurados viram um homem que não se enrolou em momento algum. Eu queria ver se a Paula passaria aos jurados essa mesma sinceridade. Ela tem medo de ser posta cara a cara com a verdade."[154]

Se os advogados divergiam sobre a culpabilidade dos clientes, após o primeiro julgamento havia a percepção de que a condenação de Guilherme — pelo menos em tese — poderia tornar mais factível uma futura absolvição de Paula, tendo em vista que a sentença que o condenou deixou expressamente consignado que havia sido ele o autor dos golpes que vitimaram a atriz. Essa era uma sensação disseminada no mundo jurídico e que chegou a ser divulgada pela imprensa nos dias que se seguiram à condenação.[155]

Outra possibilidade aventada era uma nova mudança na versão apresentada por Guilherme, que, uma vez condenado, tornaria a assumir publicamente a responsabilidade pelo crime com o objetivo de inocentar sua cúmplice. Sua "elasticidade moral", que lhe permitira modificar sucessivamente suas versões, embasava tal conjectura. Após o julgamento, a credibilidade do condenado era tão baixa que especialistas chegaram a cogitar tal hipótese,[156] o que na prática significaria apenas mais uma mudança em sua versão, algo nada incomum diante de seu histórico.

No entanto, essa expectativa não passou de um rumor e, apesar de Guilherme ter afirmado publicamente que torcia para que Paula fosse absolvida, sua versão não foi modificada para que ela se beneficiasse, como chegou a se especular.

Ainda havia alguns meses até o julgamento de Paula Thomaz. Até lá, tudo poderia acontecer, principalmente porque se tratava do tribunal do júri.

Cada cabeça, uma sentença.

* * *

"Às vezes me pergunto onde foi que eu errei. Não sei."[157]

Dessa maneira espontânea e sincera, Maria Aparecida de Almeida expôs à imprensa as dúvidas que povoavam o seu íntimo às vésperas do julgamento de sua filha. A declaração da mãe da ré impressionava pela sinceridade, e de certa forma lembrava o ato falho cometido por sua filha ao se referir à vítima do crime como "aquela coisa" em uma entrevista em agosto de 1993.

Embora afirmasse que Paula era inocente, a fiscal aposentada Maria Aparecida parecia admitir que havia cometido algum erro grave ao longo da criação de sua filha, o que soava contraditório: "Não sei onde foi que erramos. Fizemos tudo o que estava ao nosso alcance, tudo que era bom, colégio particular, boa educação, primeira comunhão... Fiz tudo para dar certo. Às vezes me pergunto onde foi que eu errei. Não sei."[158]

Em uma chamada de alto de página, o jornal *Folha de S.Paulo* enfatizava aquela contradição difícil de ser compreendida: "Pais acreditam que a filha é inocente, mas afirmam que podem ter errado na educação dela."[159] A utilização da conjunção adversativa "mas" na manchete do jornal nunca foi tão precisa para conectar duas orações em contraste.

A declaração fica ainda mais difícil de ser compreendida porque Paula afirmava ter passado toda a tarde e parte da noite daquele fatídico dia em um despretensioso passeio no BarraShopping. Resta, assim, de todo incompreensível uma mãe se questionar sobre um suposto erro cometido na criação de sua filha apenas por ela ter passado algumas horas a bater pernas inocentemente entre vitrines. Se Paula nada havia feito de errado, como a sua versão afirmava, por que Maria Aparecida diria à *Folha de S.Paulo* — às vésperas do julgamento — não saber onde poderia ter errado na criação de sua única filha?

Assim, soa ininteligível a declaração sobre o "erro", aparentando ser um ato falho de sua parte. Essa possibilidade torna-se ainda mais crível quando se recorda que Guilherme de Pádua já havia afirmado que Paula confessara sua participação no crime para a própria mãe.[160]

O JULGAMENTO

Seja qual for o erro ao qual Aparecida se referira, àquela altura era tarde demais para lamentar. A sua filha, criada com tanto esmero e cuidado, teria que prestar contas à Justiça.

* * *

"Estou com muito medo e espero o pior."[161]

Essa era a manchete de extensa reportagem publicada pelo jornal *O Globo* e que anunciava uma entrevista exclusiva com Paula Thomaz, em agosto de 1996. Em seu relato ao jornal, Paula afirmara estar sofrendo de insônia e padecendo com pesadelos em função da proximidade do julgamento.

Independente da razão de sua insônia, o certo é que, apesar do temor declarado, a ré ainda nutria alguma esperança de ser absolvida. Em reiteradas declarações à imprensa, reafirmava inocência e dizia esperar que houvesse justiça — e que uma pessoa inocente não ficasse presa por um crime que não cometeu. Ante a proximidade do julgamento, Paula abdicaria de conceder entrevistas por orientação de sua defesa.[162]

Tanto a defesa de Paula como a novelista Glória Perez se dirigiram aos jurados por meio de cartas, com exposições naturalmente diversas. A defesa argumentava que os meios de comunicação faziam uma campanha massiva em desfavor de sua cliente, reafirmando sua inocência por meio da contestação dos principais pontos arguidos pela acusação: "Esqueçam tudo o que já foi escrito sobre o caso nos jornais e revistas."[163] Já a mãe de Daniella expunha a sua dor em um texto franco que desmistificava a concepção de que haveria uma campanha difamatória contra a ré, e elencava de maneira objetiva os principais argumentos que a incriminavam.

Embora, em sua carta dirigida aos jurados, os advogados de Paula se queixassem do pouco espaço na imprensa para "contrabalancear o feroz marketing adversário",[164] a defesa dela, assim como o Ministério Público, teve ao seu dispor um generoso espaço no jornal

O Globo para escrever um artigo sobre o julgamento. Elaborado pelo advogado Carlos Eduardo Machado, o texto clamava pela realização de um julgamento justo e imparcial.

A sorte, mais uma vez, estava lançada.

* * *

Ao contrário do julgamento de Guilherme, o júri de Paula Thomaz pôde ser filmado pelas emissoras de televisão, que, no entanto, não o transmitiriam ao vivo — foram permitidos apenas flashes direto do plenário. O júri acabou marcado para o dia 14 de maio de 1997, em data que não deixava de ter um forte simbolismo para o casal acusado pelo homicídio: se não tivessem se separado judicialmente, naquele dia completariam cinco anos de casados.

Paula Thomaz chegou cedo ao fórum, por uma entrada lateral, a fim de evitar protestos. Embora a sessão só fosse começar no início da tarde, Paula chegou às 8h55, permanecendo na carceragem do próprio tribunal. Ainda estava viva na memória de todos a saída da acusada do julgamento de Guilherme, quando a viatura que a levaria de volta à prisão foi cercada por populares aparentemente dispostos a linchar a ré.

Fora da sala de audiências, tudo estava mais calmo em comparação ao julgamento anterior. Em meio aos manifestantes, dessa vez se destacava o coral de crianças da comunidade de Vigário Geral, localidade marcada por uma violenta chacina ocorrida pouco tempo depois do crime que vitimou Daniella.

No início do julgamento, o assédio da imprensa à defesa e à acusação era intenso. Carlos Eduardo Machado se irritava ante questionamentos de que a tese de defesa — negativa de autoria — seria suicida.[165] A imprensa chegou a especular que Paula Thomaz poderia confessar sua participação no crime, o que não se confirmou. Afirmando acreditar na absolvição e que cabia à acusação provar que Paula não esteve no shopping no período alegado, o advogado explicava a lógica pela qual a defesa se pautava: "Não posso, em nome de uma tese, ir de encontro à verdade de minha cliente."[166]

Já a acusação mantinha uma postura confiante, com o Ministério Público lembrando que já tinham conseguido sete vitórias sobre a defesa de Paula — três vitórias em recursos apresentados no Tribunal de Justiça e quatro vitórias em *habeas corpus*, tanto no Rio como em Brasília.[167] Parecia um choque de forças assimétricas. Só que nunca é bom alardear vitória antes da hora.

O tempo se encarregaria de comprovar essa máxima.

Se o advogado de Paula já havia demonstrado contrariedade ante as perguntas da imprensa, acabaria por se irritar ainda mais ao encontrá-la no fórum no dia do julgamento. Segundo o *Estado de S. Paulo*, Carlos Eduardo não aprovara a forma como a sua cliente estava vestida:

> O advogado Carlos Eduardo Machado irritou-se com Paula Thomaz, que chegou ao Tribunal de Justiça com uma calça branca transparente e uma blusa marrom frouxa. Os comentários nos corredores do fórum eram de que ela estava usando uma calcinha vermelha. Machado obrigou Paula a pôr a blusa para dentro a fim de impedir que a peça íntima ficasse à vista.[168]

Na primeira fila — separadas por apenas quatro lugares — estavam a família da vítima e a família da ré. Glória Perez segurava como amuleto uma sapatilha de Daniella e uma pequena medalha com a sua foto, e dava declarações acreditando na condenação à pena máxima. De seu lugar estrategicamente escolhido, a novelista olhava diretamente para Paula Thomaz, que, como já ocorrera em ocasiões anteriores, evitava cruzar o olhar com a mãe da vítima.

Já os pais de Paula, embora afirmassem confiar em um desfecho positivo, declaravam estar extenuados em virtude dos acontecimentos. Abalado emocionalmente, o casal evitava declarações mais detalhadas à imprensa. Nem sempre foi assim. Em uma atitude considerada provocadora e debochada, ao final de 1993 Paulo Almeida se apresentou pessoalmente a Glória Perez: "Nunca tive o prazer de cumprimentá-la. Eu sou o pai da Paula."[169]

Paula depôs por cerca de setenta minutos. Ao contrário de seu ex-marido, ela nunca mudou sua versão oficial, mantendo-a desde o seu primeiro depoimento em juízo, em 15 de janeiro de 1993. Assim, não houve qualquer mudança substancial em sua fala e, como esperado, a ré voltou a negar que havia confessado a policiais sua participação no assassinato.

Em um momento em que arrancou gargalhadas do público, Paula negou que sentisse ciúmes de seu marido.[170] Duas novidades, porém, chamaram atenção em seu depoimento. Primeiro, Paula confessou que lavou as roupas sujas de sangue que Guilherme usava no dia do crime,[171] e, pela primeira vez, admitiu ter frequentado a galeria Alaska, o que não reconhecera anteriormente.[172]

Mais uma vez sentada no banco dos réus, ela evitava olhar para os fotógrafos e para o público,[173] e tampouco encarava os jurados.[174] Passava a maior parte do tempo observando um afresco acima da cadeira do juiz.[175] Tal postura não passou despercebida a um dos promotores: "Na hora mais importante de sua vida a acusada Paula Thomaz não conseguiu olhar de frente para os jurados. Ao reverso, preferiu a fuga como se pudesse apagar de sua consciência as dezoito facadas que fulminaram Daniella Perez."[176]

Diferentemente de Guilherme de Pádua, ela não conseguiu se manter impassível e, em determinados momentos, teve fortes crises de choro. Após ter prestado depoimento, alegando estar com cólicas, a ré foi autorizada a se retirar do plenário, permissão que se repetiria durante quase todo o dia seguinte. Glória, no entanto, não acreditava na debilidade alegada pela acusada: "O mal súbito de Paula é tão convincente quanto o seu álibi do BarraShopping."[177]

O testemunho mais importante foi o prestado pelo advogado Hugo da Silveira, que, mais uma vez, confirmou ter certeza de que vira a ré na cena do crime, sem qualquer traço de hesitação.

O JULGAMENTO

Já a defesa de Paula arrolou como testemunha a jornalista Paula Máiran, que havia se infiltrado na carceragem onde Paula esteve presa para fazer uma reportagem especial sobre seu cotidiano na cadeia. Nem a própria testemunha entendera a estratégia da defesa: "Fiquei surpresa. Não tenho nada de especial para falar que possa facilitar para a Paula."[178] No entanto, a defesa tinha a intenção de que a testemunha viesse a detalhar sua convivência com a ré durante o breve período em que esteve infiltrada em sua cela, de modo que ratificasse que ela jurava inocência em relação ao crime — fato que se confirmou.[179]

Um fato inesperado foi a presença de Raul Gazolla no segundo dia de julgamento. No júri de Guilherme, Gazolla não comparecera, pois estava em viagem aos Estados Unidos por conta de alguns compromissos profissionais. No julgamento de Paula, entretanto, o viúvo se sentou na primeira fila, ao lado de Glória Perez, e permaneceu a maior parte do tempo a dirigir o seu olhar impassível à ré, que não retribuía os olhares e permanecia sem fitar o público.

Os embates entre defesa e acusação foram duros, porém menos exaltados em comparação ao julgamento anterior. A sessão, de uma maneira geral, foi mais tranquila. Houve, ainda, um pequeno entrevero envolvendo o advogado Augusto Thompson e uma espectadora do julgamento — incidente que, no entanto, não teve maiores desdobramentos.

A promotoria começaria questionando a linguagem corporal da ré durante o seu depoimento — monocórdica e sem demonstrar indignação, apesar de estar presa havia tanto tempo, enquanto alegava inocência. Muiños Piñeiro afirmara que o timbre de sua voz se assemelhava ao de uma pessoa "que estivesse falando com uma amiga ao telefone", sem demonstrar inconformismo ou irresignação.[180]

Sobre as tatuagens, os ataques da promotoria foram dirigidos não apenas a Paula, mas também a Guilherme, mesmo que ele não estivesse sendo julgado naquela data: "O otário do Guilherme está com aquilo [a tatuagem] para sempre, mas a dela os pelos cobrem."[181]

Seria apenas o começo.

De fato, o promotor Maurício Assayag partiu para uma firme ofensiva. Diante de uma ré que não esboçava reação, o representante do Ministério Público exibiu aos jurados uma blusa preta rasgada que mais se assemelhava a um trapo. Incisivo e eloquente, o promotor desferiu palavras duras, apelando à consciência do júri: "Eis o que sobrou da vítima, jurados."[182]

Aquela era a peça de roupa que Daniella trajava quando foi morta.

Assayag não poupara nem sequer a mãe da ré, tachada de "megera" em função do episódio da pretensa confissão da acusada, ocorrido cerca de quatro anos antes. O assistente de acusação adotou um tom mais moderado, embora não menos convicto, e questionou a postura de Paula ao se negar a prestar depoimento à polícia logo após sua prisão.[183] Lavigne fez uma análise técnica das provas que incriminavam a ré e questionou o fato de ela, em 1995, ter aceitado sair da cadeia furtivamente para encontrar Guilherme de Pádua, que àquela altura já a acusava.

Em dado momento de sua sustentação oral, o assistente de acusação, consultando jornais da época — após hesitar e afirmar que não iria repetir o termo —, acabou por chamar a ré de "carne de leopardo". A expressão aludia ao show *A noite dos leopardos* e estampara a manchete de capa do jornal *O Dia* em 6 de janeiro de 1993, período de maior espetacularização do passado dos acusados. Deve-se registrar que o próprio advogado considerava o termo "desrespeitoso" e aparentava ter dúvidas se isso deveria ou não ser dito aos jurados.[184] Já Glória Perez não tinha quaisquer dúvidas e fora assertiva à imprensa: "Todas as pessoas que conviveram com Paula traçaram o seu perfil como o de uma pessoa fria e perversa. Na galeria Alaska, era conhecida como carne de leopardo."[185]

A defesa da ré, por sua vez, tentava desqualificar o depoimento das testemunhas. Antes do julgamento, Carlos Eduardo Machado já havia antecipado como pretendia defender sua cliente, afirmando que o advogado Hugo da Silveira "pode ter se deixado levar por um processo de indução em que a pessoa acaba dizendo que viu o que na verdade não viu".[186] Relembrando o julgamento da chacina da Candelária, ocorrido pouco tempo antes, a defesa tentava legitimamente incutir a semente da dúvida na consciência dos jurados: "Três policiais inocentes ficaram presos por três anos por terem sido reconhecidos equivocadamente, assim como minha cliente."[187]

A defesa manteve a coerência em relação ao que argumentara desde o início do processo, quando o principal defensor ainda era o calejado advogado Ronaldo Machado: rechaçara ardorosamente a pretensa confissão de sua cliente e colocara em suspeição o seu reconhecimento.

Ao fim dos debates, o júri se reuniu na sala secreta. Em uma hora e 45 minutos, os jurados chegaram ao veredito. Por um placar surpreendentemente apertado — 4 votos a 3 — Paula Thomaz havia sido condenada a dezoito anos e meio de reclusão pelo homicídio duplamente qualificado de Daniella Perez.

Um voto selara o seu destino.

LIVRO III
POSTERIDADE

15.
(Des)Caminhos para a liberdade

Sem sangue nas mãos

O debate público sobre a duração efetiva das penas de Guilherme e Paula — e a sua adequação frente à reprovabilidade do crime — foi iniciado antes mesmo da própria condenação dos réus. Como ambos já estavam presos desde os dias que se seguiram ao crime, ao tempo dos respectivos julgamentos já contabilizavam pouco mais de quatro anos de prisão. Por esse motivo, a imprensa projetava que mesmo condenados, por serem réus primários e por supostamente terem apresentado bom comportamento durante os anos de reclusão, em pouco tempo poderiam adquirir o direito à progressão de regime, e não tardaria muito a retornarem em definitivo às ruas, sob liberdade condicional.

Foi o que de fato aconteceu.

Embora tenha sido condenado a uma pena que beirava os vinte anos de prisão, Guilherme de Pádua cumpriu somente um terço de sua pena em regime fechado. O condenado não havia requerido o benefício da progressão para o regime semiaberto, pois temia ser alvo de retaliações. Ele julgava que não teria segurança para trabalhar no Rio de Janeiro — condição imperativa para que fizesse jus ao benefício. Por esse motivo, somente naquele momento, quase sete anos após sua prisão, voltaria a colocar os pés novamente na rua.

Assim, em 14 de outubro de 1999, Guilherme deixou o presídio Ary Franco rumo à vara de execuções penais. Aquela fora a sua última viagem sacolejante em uma viatura. Após uma curta audiência, o condenado readquirira a liberdade. Tendo cumprido exatos seis anos, nove meses e vinte dias de prisão, ele poderia retomar sua vida, deixando para trás a tragédia que lhe tomou parte significativa de sua juventude.

Para evitar o assédio, Guilherme deixara a audiência escondido no porta-malas do carro de seu defensor e se refugiara em sua casa por dois dias, enquanto a vigilância da imprensa não arrefecia. Contudo, não seria nada trivial passar despercebido naquele recinto. Apenas um dia após a soltura, seria comemorado o aniversário do filho de Ramalho, à época uma criança de 3 anos, e haveria uma festa infantil no próprio apartamento.

Mais uma vez, a perspicácia do defensor entraria em cena: Ramalho infiltrara Guilherme na festa vestido de bate-bola, e o condenado mais famoso do Brasil durante a década de 1990 passaria incógnito a animar a criançada por algumas horas, relembrando os seus primeiros tempos no mundo artístico, quando participou do grupo de teatro Reviravolta e do programa *Clubinho*, ambos destinados ao público infantil.

Alguns dias depois, novamente escondido em um porta-malas, Ramalho deixou Guilherme em um ponto da Avenida Brasil, onde seus familiares o buscaram. Rumariam a Belo Horizonte, cidade natal do ex-ator, onde ele pretendia voltar a viver com seus pais.

Seria o início de uma nova vida.

Especulações davam conta de que Guilherme poderia tentar retornar ao meio artístico. De pronto, uma vigilante Glória Perez se insurgira publicamente diante dessa possibilidade, em um prenúncio que dali em diante a marcação seria cerrada: "O mínimo que espero é que o sindicato dos artistas casse o registro profissional desse assassino. Ele matou uma colega de trabalho. Não pode mais exercer a profissão."[1] Ainda repercutindo a liberdade concedida a Guilherme, a novelista fora contundente, ora afirmando que "Onde já se viu assassino no Brasil ficar mais de sete anos na cadeia."[2], ora mencionando uma citação do avô de Daniella, o jurista Miguel Ferrante, "O Estado bandido se sobrepôs ao Estado legal."[3]

A inconformidade de Glória encontrava eco na imprensa. Em expressivo editorial, o *Jornal do Brasil* dava azo à indignação generalizada:

> Apesar de legal, a redução da pena faz a opinião pública pensar na desproporção do crime em relação ao seu pagamento. Raramente a lei se defrontou com caso tão cristalino de culpabilidade, mas, ao mesmo tempo, indicativo da impotência da lei brasileira de fazer o criminoso pagar integralmente por seu crime.[4]

Dos editoriais às cartas enviadas às redações dos jornais, o sentimento era unânime: a lei penal no Brasil era por demais branda. Uma carta à redação de *O Globo* exprimia este sentimento que, mais uma vez, refletia o espírito do tempo:

> Está de parabéns o aparelho judiciário brasileiro, que, com suas leis arcaicas, permite colocar na rua o Sr. Guilherme de Pádua. É para isso que pagamos impostos: para ver os assassinos frios andando livremente pelas ruas. Dificilmente nos Estados Unidos ele sairia da prisão com apenas seis anos. Muito possivelmente seria condenado à cadeira elétrica.[5]

Novamente, formava-se uma unanimidade em desfavor de Guilherme de Pádua.

Algum tempo depois, o *Extra,* em reportagem sobre o caso, recordava, em manchete, o caráter sanguinário do crime cometido. Expressava, assim, de maneira figurada, o descabido significado que muitos atribuíam à concessão de liberdade ou de qualquer outro benefício legal ao condenado: "Sem sangue nas mãos."[6]

Será mesmo?

Bom comportamento?

Paula Thomaz passou por processo semelhante, e de forma bastante parecida conseguiu reaver a sua liberdade quase ao mesmo tempo que Guilherme. No entanto, sua caminhada teve mais percalços.

Em outubro de 1998, a vara de execuções penais reconheceu que Paula Thomaz fazia jus ao direito à progressão do regime de cumprimento de sua pena. Passaria do regime fechado ao semiaberto, o que significava que poderia sair da prisão durante o dia para trabalhar ou estudar, retornando à noite ao recolhimento prisional. Para que fosse possível cumprir a pena no novo regime, Paula teria que deixar a carceragem feminina da Polinter e ser transferida para o Instituto Penitenciário Romero Neto, ambos situados em Niterói.

Aquele, contudo, não seria um processo isento de controvérsias, a começar pela operação para a transferência de presídio. Para que a condenada pudesse ser transferida em segurança, teve que ser montada uma "minioperação de guerra" que contava com forte escolta policial e mais de uma viatura. Sob vaias, gritos de "assassina" e uma chuva ininterrupta, Paula ingressara algemada e cabisbaixa no camburão que a conduziria ao novo presídio.[7]

Em verdade, tratava-se de um pequeno prenúncio daquilo que ela enfrentaria dali por diante.

A primeira grande polêmica em relação à sua progressão de regime ocorreria em função de um dos requisitos que deveriam ser cumpridos para que qualquer detento fizesse jus ao benefício: ter apresentado bom comportamento durante o período em que cumprira a pena restritiva de liberdade.

Além de todas as denúncias de regalias durante sua permanência na prisão, existiam também fundadas dúvidas sobre se Paula Thomaz de fato se comportara bem durante o período em que esteve presa.

Segundo o jornal *Extra*, a história não era bem assim. Paula, em ao menos uma oportunidade, conforme ela própria admitira, deixou a prisão sem autorização judicial prévia para se encontrar com Guilherme, dirigindo-se, no carro particular de um policial, à prisão onde o acusado era mantido. Tal fato desabonador não havia sido reportado no relatório técnico que embasara a ordem judicial que lhe havia permitido progredir de regime:

> Apesar de Paula admitir ter saído da prisão, e dos policiais terem sido punidos, o parecer da Comissão Técnica de classificação do Desipe [Departamento de Sistema Penitenciário] atestava que ela "vem tendo comportamento carcerário irrepreensível", sem registros de fugas ou faltas disciplinares quaisquer. Baseado nesses relatórios, além dos laudos psicológicos, o juiz Alfredo da Cunha concedeu semana passada a progressão para o regime semiaberto a Paula, condenada a 18 anos e meio pela morte da atriz Daniela (*sic*) Perez.[8]

A polêmica ganhara as páginas dos jornais, adquirindo relevo após publicação de parte do relatório em que a comissão carcerária ratificava o bom comportamento de Paula. Para o senso comum, no entanto, ficava difícil compatibilizar essa classificação com a escapulida da cadeia.

A discussão tornara-se ainda mais confusa quando o delegado Celso Bezerra, ex-diretor da Polinter e responsável pela punição dos policiais que permitiram a saída de Paula, afirmou que a transgressão não poderia ser legalmente classificada como mau comportamento: "Na lei está que fugir é um direito do preso. Acho um absurdo essa moça na rua, mas isso está na lei. A lei é absurda."[9]

Filigranas jurídicas à parte, o mais difícil seria explicar a decisão no "balcão da lanchonete da rodoviária".[10] Coincidentemente, o balconista Fábio Marques, entrevistado aleatoriamente pelo jornal *Extra* nas ruas do Rio de Janeiro, criticava aquela situação: "Falta justiça no Brasil. Uma mulher dessa, que já foi provado ter matado, não pode ter regalias."[11] Outros populares entrevistados pelo jornal apresentavam opinião semelhante.

De fato, a controvérsia mobilizou a opinião pública. Na tradicional seção de cartas do *Jornal do Brasil*, uma leitora enviara uma mensagem que em muito refletia o sentimento predominante naquele momento:

> O mau comportamento de Paula Thomaz foi comprovado em inquérito administrativo da corregedoria da Polícia Civil que resultou na punição de policiais, considerados responsáveis pelo tratamento especial que lhe foi dado, o qual incluiu pelo menos uma visita ao seu marido-cúmplice. Desde quando um preso que tenta corromper policiais, sai da prisão, estando em regime fechado, é merecedor de benefícios? (...) Mais uma vez, os prejuízos causados por despreparados servidores da Justiça recairão sobre todos nós (...) contribuintes cujos impostos servem para que convivamos aterrorizados com bandidos perigosíssimos como Paula Thomaz.[12]

Imune ao clamor popular e mesmo sob permanente vigilância por parte da imprensa, o processo foi adiante e — ainda que a decisão se sujeitasse a críticas — Paula realmente passou a cumprir pena em um presídio que lhe permitiria sair durante o dia. Parecia que finalmente o processo seguiria o seu curso normal, longe de controvérsias.

Ledo engano. Para ter direito a passar o dia fora da prisão retornando apenas para o recolhimento prisional noturno, Paula teria que comprovar à Justiça que conseguira um emprego ou que estava matriculada em alguma instituição de ensino.

Nova polêmica à vista.

No cabo da vassoura

"Pela liberdade, Paula Thomaz topa até emprego para varrer o chão."[13]

Essa era a chamada logo abaixo da ressonante manchete "No cabo da vassoura" publicada pelo jornal *Extra* como abertura de uma reportagem sobre a possibilidade de Paula Thomaz começar a trabalhar fora da cadeia, após sua defesa peticionar ao juízo informando que ela se candidatara "a um serviço de acompanhante com direito a incursões em atividades domésticas" a ser prestado no município de Maricá, no litoral do Rio de Janeiro.[14]

Foi a senha para nova controvérsia. A insinuante manchete acabara por refletir a perplexidade geral diante da pretensão. Aos olhos da população, soava incoerente a escolha daquela ocupação específica, já que, enquanto esteve presa em regime fechado, havia sido amplamente noticiado que Paula pagava para que outras presas faxinassem sua cela ou cuidassem de suas roupas.

Nair de Castro, representante do sindicato das empregadas domésticas, refletia a contradição subjacente àquela situação: "Se dentro do cárcere ela tinha gente para trabalhar para ela, por que agora quer vir trabalhar na nossa categoria? É muita demagogia e isso atrapalha a reputação das empregadas domésticas. É uma vergonha para a gente."[15]

Se o sindicato da categoria parecia não aprovar aquela escolha, Glória Perez considerava um acinte. Sem medir palavras, a escritora foi muito franca ao opinar sobre a questão: "Depois de escapar da pena que lhe foi imposta, a criminosa tenta escapar também do trabalho. Acompanhante para eventuais serviços domésticos, é? É claro que se trata de uma situação vergonhosa para mantê-la em casa, à toa, de pernas pro ar, como sempre viveu."[16]

A desconfiança tinha fundamento e era originada por reportagens publicadas com muito alarde. A imprensa descobriu que os pais de Paula eram proprietários de uma casa no mesmo município em que a filha pretendida trabalhar como doméstica, e especulou-se que o suposto emprego poderia ser "uma artimanha para [Paula Thomaz] desfrutar de mordomias enquanto cumpre regime de prisão semiaberto".[17]

Uma equipe de reportagem foi até a casa de veraneio e averiguou que o distrito no qual Paula provavelmente desempenharia suas funções apresentava condições modestas que, no entanto, contrastavam com a residência que possivelmente lhe daria guarida. Isso levantou dúvidas sobre se alguém da localidade realmente teria condições de contratar a detenta. Sob o sugestivo título "Hospedagem de princesa" o jornal *Extra* descrevia aquela insólita situação:

> Enquanto muitas empregas domésticas dormem num quartinho de 3m × 4m, a candidata a faxineira Paula Thomaz pode ter acomodações dignas de um executivo em seu emprego no distrito de São José do Imbassahy, em Maricá. É que, por uma estranha coincidência, exatamente nesse município — onde o advogado de Paula solicitou à Justiça que a sua cliente trabalhasse — fica a casa de veraneio dos pais da moça. (...) A suntuosidade da casa dos pais de Paula, que ocupa um lote de 12m × 30m, contrasta com as precárias condições do distrito. Do acesso à Avenida Guarujá, no km 22 da Rodovia Amaral Peixoto até às margens da lagoa de Maricá, não há uma rua asfaltada. Todas são de terra batida e costumam alagar quando chove. Boa parte das casas é pequena, com poucos cômodos, e a maioria sequer tem campainhas ou garagem para carros. Já a

casa onde Paula poderá ganhar hospedagem é bem diferente: piscina, sauna, antena parabólica, vagas na garagem e uma varanda com clima de interior. Uma estadia digna de princesa para a condenada pela Justiça.[18]

Até a tradicional coluna Informe JB, cujo foco principal eram temas ligados à política — mas que também abordava pontualmente variedades do cotidiano —, entrou no debate sobre a polêmica e, em uma curta nota, questionava os leitores de forma propositalmente provocativa: "Você empregaria Paula Thomaz como doméstica na sua casa?"[19]

Para a Justiça, a resposta era negativa. Após um período de indefinição, o juiz Cezar Augusto Rodrigues Costa acabou negando a autorização para que Paula trabalhasse em Maricá. Contudo, concedeu-lhe o direito de visitar a família durante o dia, por 35 vezes dentro do período de um ano, tendo que retornar ao presídio onde cumpria pena até as 22h nos dias em que lhe fosse permitido sair. De acordo com a decisão judicial, o emprego pleiteado pela detenta foi considerado "impróprio neste momento para os fins a que deveria se prestar",[20] além de a Justiça reconhecer que haveria grande dificuldade em fiscalizar as condições efetivas em que a relação empregatícia se desenvolveria na prática.

Ponto final às pretensões de Paula Thomaz.

Em dezembro de 1998, a pena de Paula foi reduzida por unanimidade pelos desembargadores do Tribunal de Justiça do Rio de Janeiro. A condenação inicial estipulada em dezoito anos e meio de prisão acabou diminuída para quinze anos, após os magistrados acatarem os argumentos do recurso interposto por sua defesa — Paula tinha menos de 21 anos na época do crime e, de acordo com o veredito do júri, sua participação teria sido menor em comparação à do cúmplice.[21] Como seu advogado pontuou com veemência, Paula foi acusada "de dar apoio moral com sua presença solidária" e, por conseguinte, sua "participação de menor importância" na dinâmica criminosa foi reconhecida em sede recursal.[22]

Assim, depois de muitos percalços e inúmeras polêmicas, a condenada pela Justiça deixaria a cadeia. Em 6 de novembro de 1999, pontualmente às 17h55, um camburão levando Paula Thomaz cruzara o portão do Instituto Penitenciário Romero Neto. Era o fim de sua permanência atrás das grades, após cerca de seis anos e dez meses presa. Ao deixar a prisão em regime de livramento condicional, Paula teve seu nome entoado em coro pelas demais detentas, provavelmente gratas pelos anos em que ela compartilhou com as suas companheiras de cela as variadas benesses que recebia de sua família.

A condenada deixava a cadeia ovacionada, como se fosse uma espécie de exemplo ou algo do gênero. Em realidade, Paula havia se tornado uma "ídola às avessas",[23] como a revista *Manchete* pontuava, deixando subentendida a total inversão de valores que a situação representava.

A liberdade dos condenados parecia suficiente, mas ainda haveria mais. Na trajetória dos criminosos recém-libertados ainda haveria o perdão. Se a remissão um dia virá das leis divinas, nunca se poderá afirmar com certeza. Todavia, pelas leis dos homens, a graça chegaria de forma muito mais rápida do que a maioria das pessoas poderia imaginar.

Um indulto estaria em seus caminhos.

Nem por um decreto

Em 2002, Paula e Guilherme acabaram beneficiados por um decreto editado pelo então presidente Fernando Henrique Cardoso e conseguiram um indulto, uma espécie de perdão judicial.

Costume jurídico no Brasil e em Portugal, o indulto é normalmente concedido pelo presidente da República nas proximidades das festas de final de ano. Ato de clemência, por definição, em termos jurídicos, significa a extinção da pena dos réus. Na prática, após a decisão judicial reconhecer o indulto, o crime não poderia mais aparecer nos registros de antecedentes criminais dos outrora condenados.[24] Mais que isso: os algozes de Daniella Perez haviam obtido o direito de futuramente ter suas respectivas condenações apagadas até dos registros da Justiça, o que deveria ocorrer dentro do prazo de cinco anos.[25]

Era como se, aos olhos da Lei, não houvessem cometido crime algum. Caso voltassem a delinquir, seriam considerados novamente réus primários e fariam jus a todos os benefícios processuais dessa condição, em um enorme contrassenso lógico que, no entanto, encontrava respaldo jurídico.

Glória Perez, pouco tempo antes de o indulto ser concedido, repercutia tal possibilidade na imprensa: "Está lá impressa na cara dos dois. (...) As pessoas viram o que eles fizeram. E a memória não se apaga por decreto."[26] Em seu coração, restava claro, nenhum artifício legal seria capaz de apagar a covardia cometida contra a vida de sua filha. Tampouco na memória coletiva tal fato seria possível.

Nem por decreto.

Todos os benefícios legais, incluindo o perdão judicial, foram concedidos antes de o crime completar simbólicos dez anos. Ou seja, menos de dez anos depois de condenados, os implicados já gozavam de liberdade plena e inclusive já haviam sido perdoados pela Justiça. Como o jornal *Extra* pontuava de maneira um tanto mórbida, porém verdadeira, Paula e Guilherme, até terem a punibilidade extinta, cumpriram pena por nove anos, metade do número de golpes desferidos contra a vítima.[27]

Um editorial do *Jornal do Brasil*, intitulado "Licença para matar", repercutia o tema sob o prisma da mensagem enviada à população ante a concessão do indulto:

> Por essa lei, basta cumprir um terço da pena, ter filho menor que 12 anos na ocasião do crime para ganhar o direito ao indulto e à extinção da pena, mesmo que o criminoso tenha

cometido o assassinato com requintes de brutalidade, perversão e covardia. Sua folha penal será limpa e readquirirá a condição de primário. O que era se torna não ser, jamais existiu. Paula Thomaz foi beneficiada por unanimidade pelos desembargadores da 5ª Câmara Criminal do Rio de Janeiro. Ela e Guilherme de Pádua mataram com requintes de crueldade e covardia a atriz Daniela (*sic*) Perez — crime que chocou o país pelo cinismo e frieza dos assassinos. Todas as vítimas da violência voltam a ser assassinadas quando alguém, investido e pago pela sociedade para legislar, comete o delito moral de propor lei tão absurda. Paula e Guilherme ganharam na prática o direito a um segundo homicídio, de modo parecido com o que ocorria com a famigerada Lei Fleury. Se cometerem novo crime, o primeiro assassinato não contará. Nunca existiu. Não agravará a pena (o que seria normal), pois quem volta a matar indica, no mínimo, que não é capaz de autocontrole e arrependimento. Razão tem a mãe da vítima ao afirmar que a decisão da Justiça equivaleu a uma condecoração dos assassinos em praça pública. Honra aos vilões. Parabéns à dupla homicida.[28]

Há que se ressaltar, porém, que não se tratava de uma questão propriamente referente à Justiça, que nada mais fez do que garantir a aplicação da lei vigente no país de forma isonômica — ou seja, não tratou os condenados pelo assassinato de Daniella Perez de forma diferente em relação a outras pessoas condenadas pelo mesmo tipo de crime em condições análogas. A impunidade — entendida como a ausência de punição — em termos jurídicos e sob uma perspectiva objetiva definitivamente não ocorreu.

Nem sempre, no entanto, foi assim.

16.
A justiça possível

Impunidade (caso Aracelli)

"Aracelli Balão Mágico."

Assim, a música "Mônica" — sucesso na voz da cantora Angela Ro Ro — relembrava o trágico caso da menina Aracelli, encontrada morta com sinais de violência sexual em Vitória, no Espírito Santo, em 1973. Como a música foi composta pela própria Angela Ro Ro em 1985, a referência ao Balão Mágico — grupo musical de grande sucesso junto ao público infantil em meados da década de 1980 — era uma alusão à inocência da menina, morta antes de completar 9 anos de idade.

A pequena Aracelli desapareceu subitamente na capital capixaba no dia 18 de maio de 1973, quando retornava da escola. Seu corpo só seria encontrado cerca de seis dias depois, em um terreno baldio. Estava desnudo e mutilado. A violência do homicídio soou chocante até mesmo para os profissionais da área de segurança: o cadáver da criança havia sido achado com vestígios de abuso sexual, além de marcas de mordidas terem sido encontradas ao longo do corpo. Parecia muito, mas não era tudo. Sobre o seu rosto foi jogada uma espécie de ácido corrosivo para dificultar a posterior identificação.

A selvageria homicida acabara por abalar a pacata capital do Espírito Santo, à época uma cidade com menos de 150 mil habitantes, costumes ainda interioranos e completamente desabituada à rotina de violência que já começava a se alastrar por outras capitais mais populosas do país.

Em meio à desinformação que tomou conta do caso logo nos primeiros dias após o desaparecimento da criança, várias possibilidades começaram a ser cogitadas, o que confundia as autoridades e alarmava a população. Havia de tudo um pouco: teorias da conspiração que relacionavam o crime à conexão internacional do tráfico de drogas originárias da Bolívia (em virtude da nacionalidade da mãe da criança); narrativas fantásticas — como a que atribuía o sumiço da criança a um "preto velho" que vagava pelas praias capixabas; e até a tentativa de encobrir o crime aventando a hipótese de um delito diferente ter sido praticado, a partir de versões que afirmavam que Aracelli fora sequestrada e prontamente caracterizada como um menino, tendo o cabelo cortado como tal, para não ser reconhecida.

Imerso em dúvidas, o caso foi se tornando cada dia mais confuso. O corpo da criança, que não foi reconhecido pela mãe, só foi enterrado cerca de três anos depois do crime, após passar por uma perícia definitiva no Rio de Janeiro.

O caso só foi a julgamento cerca de sete anos depois do crime, quando, em 1980, os acusados Paulo Helal e Dante Brito Michelini foram condenados pela Justiça. No entanto, o julgamento foi anulado um ano depois. Os condenados eram filhos de famílias influentes na cidade e, segundo o *Jornal do Brasil*, "os mais competentes advogados de Vitória foram contratados para destruir as provas do crime".[1]

Paralelamente, uma onda intimidatória recaía sobre todos aqueles que se dedicavam a tentar desvendar o assassinato da menina.

A JUSTIÇA POSSÍVEL

Segundo o jornalista José Louzeiro (autor do livro *Aracelli, meu amor*), mortes misteriosas e súbitos desaparecimentos afetaram desde possíveis testemunhas até pessoas interessadas em elucidar o caso. Até o próprio Louzeiro soube que corria riscos em função de suas investigações. Além disso, seu livro foi uma das três últimas publicações a permanecerem censuradas durante o regime militar, só tendo a sua comercialização permitida após o advento da Nova República, já no governo de José Sarney.[2]

Diante de circunstâncias tão misteriosas e macabras, acabou sendo necessário aguardar mais onze longos anos para que o caso voltasse a ser julgado. Assim, um novo julgamento ocorreu apenas em 1991, dezoito anos após o crime ter sido cometido, e os acusados acabaram absolvidos por falta de provas.

O caso marcou definitivamente a cidade de Vitória e permanece como um dos maiores exemplos de impunidade da história da criminologia brasileira. Ninguém chegou a ser punido, apesar da barbaridade do crime. Até hoje, a Justiça não apontou quem são os verdadeiros responsáveis pela morte da criança.

A luta de Glória Perez durante a década de 1990 foi no sentido de que algo semelhante não viesse a ocorrer em relação ao crime que vitimou sua filha. Nas rádios cariocas o caso Aracelli era constantemente lembrado, principalmente no ano de 1996, quando se frustrara a realização do julgamento dos acusados pelo homicídio da atriz. A situação chegou a tal ponto, que Glória cogitou recorrer ao então presidente Fernando Henrique Cardoso para que o julgamento enfim fosse realizado.[3] Contudo, não foi necessário. Ainda que com algum atraso, a justiça tão ansiada por todos os admiradores de Daniella Perez acabou por se concretizar.

Tardou, mas chegou.

O assassinato de Aracelli, porém, não teve o mesmo desfecho. Dois casos separados por quase duas décadas. Duas meninas, separadas por quatorze anos de diferença na data em que foram violentamente assassinadas. Aracelli tinha um cachorro chamado

Radar; Daniella, uma gata siamesa chamada Lulu. Uma era criança, a outra era moça. Em comum, a perspectiva de uma vida inteira ainda pela frente. Duas trajetórias que involuntariamente se cruzaram pela brutalidade dos crimes que impiedosamente as vitimaram.

Ficaram pelo caminho.

A memória de Aracelli vai permanecer para sempre imolada pela impunidade. Na apresentação do livro *Aracelli, meu amor*, Louzeiro fornece a exata medida do assombro que permanece em relação ao assassinato da inocente criança, inconcluso até os dias atuais:

> Aracelli tinha apenas oito anos quando teve a sua vida irremediavelmente interrompida. As investigações revelariam mais tarde que foi espancada, estuprada, drogada, e morta numa orgia de drogas e sexo. Os detalhes da violência são de difícil digestão até para os estômagos mais resistentes. Como se não bastasse, os seus assassinos desfiguraram o seu rosto com ácido. O crime, que aconteceu na década de 1970, extrapolou os limites do Brasil, e ganhou as manchetes internacionais. Até hoje as novas gerações ficam estarrecidas ao tomar conhecimento da história, não apenas pela brutalidade do crime, mas também pelo desfecho frustrante com o abafamento do caso e a impunidade dos envolvidos no assassinato.[4]

A memória de Daniella não padece do mesmo infortúnio. O entorno da atriz — aqui entendido não apenas como a sua família, mas também seus muitos amigos e inúmeros admiradores — teve o conforto possível, pois os acusados acabaram condenados.

A ameaça de impunidade foi superada pela sociedade carioca durante os anos 1990, fruto da permanente vigilância e mobilização de admiradores, amigos, família e, principalmente, da mãe da atriz. Pelas vias tortuosas da tragédia, o luto foi transformado em luta, e não há dúvidas de que o maior legado advindo da tragédia foi a gradativa conscientização de toda a população — carioca e brasileira — para o mal que a chaga da impunidade causa ao país e à própria sociedade.

À memória de Aracelli, em face da ausência de resolução do crime, restou apenas o reconhecimento simbólico por parte do Estado brasileiro: em 2000, 37 anos após a sua morte, o Congresso Nacional instituiu o dia 18 de maio — data do crime que a vitimou — como o Dia Nacional de Combate ao Abuso e Exploração Sexual de Crianças e Adolescentes.

Pode parecer pouco, mas foi tudo o que restou.

Já em relação à memória da atriz Daniella Perez, a imprópria sensação de impunidade porventura ainda existente não pode ser atribuída à ausência de punição — tendo em vista que não foi esse o caso —, mas, antes, se refere a uma questão mais profunda e que comporta ponderações ainda mais complexas.

Ante o período em que os réus permaneceram efetivamente presos após terem sido inicialmente condenados a penas que beiravam os vinte anos de prisão, será que de fato houve justiça para Daniella Perez?

Crime e castigo?

"Tive a justiça possível."[5]

Dessa maneira singela Glória Perez respondeu aos inúmeros questionamentos que a imprensa lhe fez ao longo dos anos sobre a liberdade dos condenados pela morte de sua filha.

A liberdade concedida ao casal no final dos anos 1990 sempre foi objeto de atenção da mídia, o que acabava atraindo a curiosidade do público para a discussão acerca do efetivo cumprimento da pena em regime fechado por parte de autores de crimes contra a vida. O que se debatia, em verdade, era quanto tempo pessoas sentenciadas por homicídio permaneciam — ou deveriam permanecer — efetivamente atrás das grades.

A discussão sobre se realmente houve justiça para Daniella Perez perdurará para sempre. A controvérsia subjacente ao caso não deve ser enquadrada propriamente como uma questão sobre impunidade. Trata-se, na realidade, de uma questão de justiça — muito mais profunda e complexa, e cuja essência comporta diferentes formas de pensamento.

Assim, sob uma perspectiva subjetiva, a discussão se transporta para outra seara muito mais sensível e muito menos tangível em comparação à discussão sobre a mera aplicação da lei. Essa questão versa sobre justiça — ou sobre injustiça, dependendo do ângulo em que se enquadre a controvérsia —, um sentimento singular e etéreo que comporta juízos de valor particulares e que depende da consciência individual de cada ser humano. Será que cerca de sete anos de cadeia significaram castigo suficiente para um crime cometido de forma tão brutal?

A questão comporta um ato legítimo de pensamento — no estado de dúvida — sobre a adequação da pena aplicada pela Justiça ante a gravidade do crime praticado. Decisões judiciais devem ser cumpridas (como efetivamente ocorreu), mas não estão imunes a críticas. Tampouco a atividade legislativa está isenta de censura. No caso do assassinato de Daniella Perez, a permissividade da legislação penal cumpriu papel decisivo para que as penas aplicadas não fossem cumpridas em sua maior parte em regime fechado. A Justiça, por aplicar a lei tal qual estabelecida pelo legislador, muitas vezes acaba associada de maneira um tanto acrítica ao sentimento de "impunidade" que paira sobre a sociedade brasileira.

Embora o tema comporte opiniões diversas, até mesmo pela natureza subjetiva que envolve a essência dessa discussão, não há como negar que, diante de crime tão bárbaro, chega a ser intuitivo que o efetivo cumprimento da pena aplicada deveria ter sido mais rigoroso.

A JUSTIÇA POSSÍVEL

Até o condenado parecia concordar com essa tese. Já em liberdade, ao comentar a pena que lhe foi imposta, Guilherme deu uma declaração no mínimo curiosa sobre a sua própria pena: "Eu não sou culpado de a lei ser como é. Se as pessoas não concordam com a lei... Eu sou réu."[6] Já em entrevista à revista *Viver Brasil*, em nova reflexão sobre o espinhoso tema, ele afirmou que tinha dúvidas se a pena fora suficiente: "Dá-me muita tristeza saber que causei tanta dor. Não sei se paguei."[7]

Em certa oportunidade, Glória denominou essa situação como "uma aberração à brasileira".[8] Assim, a novelista invocava a perspectiva comparada à realidade de outros países: "Eu tive a justiça possível, a justiça do país. Se fosse em outro lugar do mundo, [tratando-se] de um crime dessa proporção, dessa barbaridade... estariam presos até hoje."[9]

A comparação com outras partes do mundo acerca da punição prevista e sobre o efetivo cumprimento da pena de prisão em relação a crimes praticados contra a vida é bastante esclarecedora. Sob uma perspectiva cosmopolita, é possível perceber com clareza o quanto o tratamento dado a homicídios dolosos em outros países em muito se diferencia da realidade brasileira.

A começar pela Europa, onde países como Holanda, País de Gales e Inglaterra, bastante desenvolvidos dos pontos de vista econômico e humano, ainda contam, em seus ordenamentos jurídicos, com penas privativas de liberdade de caráter perpétuo sem direito a revisões.[10] A maioria dos países europeus, todavia, adota o caráter perpétuo das penas ditadas pela Justiça, porém admite revisão sob determinadas circunstâncias — que variam de acordo com as peculiaridades do sistema jurídico de cada país.

A realidade, no entanto, é que a aplicação de penas de caráter perpétuo é excepcional em território europeu, apenas não superando em excepcionalidade a adoção da pena capital, atualmente aplicada somente em Belarus em termos de Velho Continente.

Se as penas de morte ou de caráter estritamente perpétuo não são comumente aplicadas na Europa, o cumprimento efetivo da pena atrás das grades é uma constante quando se trata de crimes praticados contra a vida. Na maior parte dos países europeus, o cumprimento mínimo da pena em relação a crimes considerados graves varia de 25 a 35 anos efetivos de prisão.[11]

Obviamente existem exceções, sendo a Noruega considerada a principal delas. Em caso emblemático que despertou a atenção de todo o mundo, o terrorista Anders Breivik, autor de um massacre em um acampamento estudantil que vitimou fatalmente 77 jovens, acabou condenado à pena máxima possível naquele país: 21 anos de reclusão. Em um provocativo cálculo feito pela revista norte-americana *The Atlantic*, o encarceramento — para além da discussão sobre as excelentes condições das prisões norueguesas — acabou saindo barato: cerca de meros cem dias para cada vida aniquilada.[12]

Já nos Estados Unidos, as penas são ainda mais severas se comparadas àquelas aplicadas em território europeu. A legislação penal norte-americana é definida no âmbito dos estados que fazem parte da Federação, cabendo a cada um deles definir se aplica ou não a pena de morte em seu respectivo território. Atualmente, cerca de 20% dos estados norte-americanos ainda adotam a pena capital, que não pode ser considerada propriamente uma exceção nos Estados Unidos, ao contrário do que ocorre na Europa.

Penas de caráter perpétuo são ainda mais comuns nos Estados Unidos. Em relação a crimes praticados contra a vida, sua imposição é sempre uma alternativa real a ser analisada pela Justiça, que também leva em consideração as peculiaridades do caso concreto. Em homicídios violentos, premeditados, perpetrados de maneira cruel ou que impossibilitem a defesa da vítima, e todas as demais variações agravantes que esse tipo de crime comporta, sua decretação pode ser considerada uma realidade.

Mesmo que a sentença imposta seja perpétua, mas venha a admitir a possibilidade de revisão após determinado período, em muitos casos a execução da pena na prática se torna perene por decisão da própria Justiça a partir de considerações sobre a personalidade, o comportamento do condenado e as circunstâncias relativas ao crime praticado.

Um caso que obteve repercussão mundial — a condenação de Mark Chapman pelo assassinato de John Lennon em 1980 — é um ótimo exemplo sobre como funciona o sistema judicial norte-americano em relação a crimes capazes de mobilizar a opinião pública.

Condenado à prisão perpétua, mas admitida a possibilidade de concessão de liberdade condicional após o cumprimento de vinte anos de prisão, Chapman teve por onze vezes negado o seu pleito de liberdade pelo Conselho de Liberdade Condicional de Nova York. Na negativa ocorrida em 2018, o conselho declarou que a concessão de liberdade condicional para o condenado "depreciaria a natureza grave do crime de modo a minimizar o respeito pela lei", considerando também que "seu histórico mostra que esse é seu único crime registrado. No entanto, isso não atenua suas ações".[13]

Assim como os condenados pelo assassinato de Daniella Perez, Chapman possui um histórico de bom comportamento na prisão, e o risco de tornar a cometer crimes é considerado baixo pelas autoridades norte-americanas. Aquela também foi a única anotação criminal de toda a sua vida — nada mais existindo em seu desfavor —, exatamente como ocorrera em relação a Guilherme e Paula.

Para o sistema judicial e legislativo dos Estados Unidos, no entanto, o caráter punitivo-pedagógico da pena deve prevalecer e, por essa razão fundamental, Chapman completará 42 longos anos atrás das grades.

Glória Perez falou sobre a eficácia das penas condenatórias no Brasil: "Veja, nós não temos leis para punir assassinatos. As penas são fictícias. Desse ponto de vista não se pode falar em justiça quando se fala em penas."[14] Precisa na abordagem, a novelista associaria o valor justiça à pena efetivamente cumprida pelos réus e não apenas àquela imposta pela Justiça (que dificilmente é cumprida em sua integralidade). Satisfeita a lei brasileira, restou a falsa sensação de impunidade — na verdade, trata-se de uma genuína sensação de injustiça.

Assim, a falta de proporcionalidade entre o crime cometido e o castigo efetivamente imposto — algo que remanesce no senso comum — remeterá para sempre ao sentimento de injustiça que permanecerá umbilicalmente ligado ao caso.

Crime e castigo?

Condenação moral

Ainda no calor dos vereditos condenatórios, Glória Perez foi muito questionada pela imprensa sobre o que achava do resultado dos júris. Tais perguntas remetiam implicitamente ao fato de que, segundo prognósticos, cerca de um ano após a condenação dos réus, tanto Guilherme quanto Paula já fariam jus ao benefício da progressão da pena imposta pela Justiça.

Após a condenação de Paula Thomaz — que simbolicamente representava o fim daquele doloroso ciclo —, Glória deu uma declaração que foi a principal manchete de capa do jornal *O Globo* publicado em 18 de maio de 1997. Tendo abaixo a foto da recém--condenada a chorar no banco de trás da viatura que a levaria de volta à penitenciária, havia a expressiva frase: "Eles serão para sempre assassinos."[15]

Era a faceta moral da condenação. Pouco palpável, o viés moral se traduziria na reprovação social com que os condenados teriam que forçosamente conviver pelo resto de suas vidas. Mesmo quando se reintegrassem à sociedade, a mácula que o crime lhes impunha não seria facilmente esquecida. Mais ou menos explícita, a reação das pessoas dependeria das circunstâncias e também do comportamento futuro dos condenados. No entanto, uma coisa era certa: jamais voltariam a passar despercebidos.

A novelista parecia predizer o futuro ao comentar o assunto: "Foi feita justiça. A justiça possível, num país onde a justiça é mais uma palavra do que uma realidade concreta. Então eu me contento com o aspecto moral: o selo foi posto na cara dos dois: 'criminosos'."[16] A partir do veredito imposto à ré, a missão de justiça iniciada sob a luz dos faróis de um carro de polícia em um terreno ermo e mal iluminado da Barra da Tijuca finalmente chegara ao fim. Diante do corpo de uma filha impiedosamente assassinada, uma mãe jurou justiça.

E assim foi feito.

Sopesando todas as circunstâncias do caso, em especial as particularidades da legislação penal brasileira, era o final possível que as circunstâncias permitiram. Não significava um final feliz, pois em uma tragédia desse quilate algo assim seria impensável. A perda de Daniella era irreparável e nada a traria de volta.

Paula Thomaz, todavia, continuou a jurar inocência e, em suas primeiras declarações após o julgamento, prometia recorrer da sentença. Ela continuava a atribuir sua condenação a uma suposta campanha midiática articulada em seu desfavor e não reconhecia o selo de assassina: "Não mereço esse selo. Tenho a consciência tranquila. Não tenho nada a ver com esse crime."[17]

No entanto, o passar do tempo seria capaz de revelar justamente o contrário: Paula esteve no local do crime, e não no BarraShopping, no exato momento em que Daniella fora assassinada. A revelação de algo que sempre rechaçou viria de quem ela jamais poderia imaginar: de sua própria mãe.

Mãe não se engana

Se jamais se saberá com certeza quais das versões apresentadas mais se aproximam da realidade, por outro lado foram surgindo, ao longo do tempo, fortes indícios de que alguns dos fatos alegados nas versões dos acusados dificilmente seriam verdadeiros. Isso acontecia, por exemplo, com a principal premissa da tese de defesa apresentada por Paula Thomaz: a afirmação categórica de que ela não esteve na cena do crime.

Nem a sua própria mãe acreditava.

Testemunha-chave do processo, o advogado Hugo da Silveira jamais afirmara que Paula cometera o crime de próprio punho. Nem poderia, já que Hugo não presenciou o momento exato do assassinato. Ele somente garantira, reiteradas vezes, que tinha convicção de que vira a acusada na cena do crime.

E disso tinha a mais absoluta certeza.

Seu relato, contudo, foi colocado em dúvida pela defesa da acusada e negado pela própria Paula. Mas Hugo da Silveira pôde viver para ter a satisfação de ver sua versão publicamente confirmada por uma fonte digna da maior credibilidade e, diante das circunstâncias, acima de qualquer suspeita. Mais do que o teste de visibilidade que confirmara que o advogado tinha plenas condições de identificar que Paula estivera no local do crime, após o julgamento Hugo viu surgir uma evidência — até certo ponto inesperada — muito mais contundente do que qualquer prova técnica: a própria mãe da condenada reconhecera que ele falara a verdade.

Em outubro de 1998, nas imediações do presídio em que Paula se encontrava reclusa, Maria Aparecida confirmou que a filha esteve, sim, na cena do crime no momento do assassinato, desmentindo a versão apresentada por Paula em juízo e mantida mesmo após a condenação: "Minha filha não matou. Apenas estava lá na hora do crime."[18] Caía por terra a versão de que Paula estivera passeando no shopping por longas oito horas.

Ao menos, era essa a versão de Maria Aparecida.

Em realidade, a presença de Paula Thomaz no local do crime já havia sido registrada na sentença que a condenou, em uma visão muito menos benevolente em relação à apresentada por sua mãe:

A JUSTIÇA POSSÍVEL

> A conduta da Ré exteriorizou uma personalidade violenta, perversa e covarde, quando contribuiu, consciente e voluntariamente, para destruir a vida de uma pessoa indefesa, sem nenhuma chance de escapar dos seus algozes, pois, além da desvantagem física, o fato se desenrolou em local onde jamais se ouviria o grito desesperador e agonizante da vítima. Demonstrou a Ré, assim, ser uma pessoa inadaptada ao convívio social e com inegável potencial de periculosidade. Acrescentam-se às irremediáveis consequências do crime, representadas pela eliminação prematura de uma vida humana, enlutando para sempre os lares de seus parentes. Todas essas circunstâncias, que envolvem os fatos imputados à Ré e reconhecidos pelo Júri, recomendam uma resposta penal suficientemente necessária para a reprovação e prevenção do crime, justificando a fixação da pena base bem acima do mínimo legal.[19]

Em que pese a veemência da sentença condenatória, o posterior testemunho de Maria Aparecida atestando a culpabilidade de sua filha — por meio da confirmação de sua presença na cena do crime — possui um valor simbólico relevante, sobretudo em função da insistente negativa de Paula ao longo de todo o processo.

Embora mãe e filha — cada uma a seu modo — tenham cometido atos falhos durante o processo que sugerissem tal situação, apenas em outubro de 1998 uma pessoa pertencente ao círculo íntimo da acusada admitiu a sua presença no local do crime, em declaração que repercutira em dois jornais de grande circulação do Rio de Janeiro.[20]

A declaração foi capaz, ainda, de encerrar outro mistério. A pergunta retórica feita pela própria Maria Aparecida à *Folha de S.Paulo* às vésperas do julgamento de Paula Thomaz, a indagação "Onde foi que eu errei?" acabara por ser respondida. A aposentada realmente tinha consciência de que a filha participara do crime, estando presente no momento da morte de Daniella Perez.

Mãe, definitivamente, não se engana.

Terceiro elemento

Na apuração do assassinato da atriz, muitos eventos acabaram por embaralhar as investigações, a começar pelas diversas "testemunhas" que afirmavam ter presenciado o crime. O delegado Antônio Serrano confirmou que isso realmente ocorreu durante as investigações, sobretudo em seus momentos iniciais. Com base em sua experiência policial, o delegado acredita que eram pessoas buscando "seus quinze minutos de fama".[21]

Nessa toada, um casal de adolescentes da cidade de Araraquara chegou a despertar atenção da mídia, apresentando-se à delegacia como testemunhas oculares do crime. Pela narrativa do jovem casal, uma mulher "mais velha",[22] aparentando cerca de 50 anos, baixa e um pouco gorda, participara da ação homicida desferindo golpes com um pedaço de pau que teriam deixado a atriz desacordada.[23]

A versão chegou a causar algum estardalhaço na imprensa, mas o relato pouco crível foi rapidamente descartado pela polícia em função das diversas inconsistências existentes nas narrativas apresentadas pelos jovens. Desmentidos pelas próprias famílias, ao que tudo indica o casal de adolescentes estava mesmo em busca de seus quinze minutos de fama, como o delegado posteriormente aventou.

Jamais será possível afirmar o quanto reportagens anteriores sobre o caso influenciaram o testemunho dos menores, mas a imprensa já havia divulgado haver uma suspeita sobre a mãe de Paula, a aposentada Maria Aparecida, em função de hematomas e de uma fratura na clavícula sofridos por ela logo após o crime. Raul Gazolla, no início de 1993, afirmara que não tinha "a menor dúvida de que a mãe de Paula também compactuou", sem, no entanto, especificar se acreditava que a aposentada teria de fato tomado parte na ação homicida.[24]

Alguns dias antes de os jovens surgirem, o jornal *Folha de S.Paulo* havia publicado que a sogra de Guilherme de Pádua seria investigada, pois seus ferimentos "evidenciavam que havia participado de luta corporal".²⁵ Pouco depois, porém, a própria imprensa de São Paulo divulgou que o delegado Antônio Serrano afastou a possibilidade de Maria Aparecida estar envolvida no crime.²⁶

Guilherme de Pádua, em duas oportunidades, ecoou a possibilidade de uma terceira pessoa ter participado do crime, sempre, no entanto, de forma propositalmente vaga. A primeira insinuação foi a mais direta, como se depreende de suas três pequenas respostas à *Contigo*, em outubro de 1993:

> **Você já confessou que matou e que a Paula estava com você. Mas até hoje não disse por que matou a Daniella.**
> Nem vou contar.
>
> **Nem no dia do julgamento?**
> Nem no dia do julgamento. Não digo a verdade para não envolver outras pessoas. Não quero fazer mais gente sofrer.
>
> **Espera aí, então tem mais gente envolvida?**
> Não vou falar nada sobre isso.²⁷

Já em 1996, em entrevista à Agência Estado, Guilherme fez ameaças à família de Paula, afirmando que durante o julgamento poderia "soltar o verbo". Assim, insinuava que havia algo ainda não revelado que poderia prejudicá-los.²⁸ Mais uma vez, o réu fez declarações imprecisas, e a questão novamente não evoluiu.

Nesse contexto dúbio, um trecho do livro publicado por Paula Maia — segunda esposa de Guilherme de Pádua — elaborado (em parte) com base nos relatos do próprio condenado pelo crime, passa a ser ainda mais intrigante:

> A verdade é que existem três versões para o crime. A da acusação, a do Guilherme e a da sua ex-esposa. E já ouvi advogados dizerem que pode haver uma quarta versão: "a verdadeira".

Ainda que uma dessas três versões conhecidas seja "a mais fiel aos fatos", pode estar omitindo algum detalhe.[29]

Além de toda miscelânea no plano terreno, também havia relatos de caráter metafísico envolvendo a participação de mais uma pessoa no crime. Em outubro de 2019, a sensitiva Érica Dias divulgou ao público uma carta supostamente escrita pelo espírito de Daniella. Nessa comunicação, a atriz teria feito menção à presença de uma "senhora negra lá também",[30] ao que tudo indica referindo-se à cena do crime.

Não foi a primeira vez, contudo, que uma médium afirmava que outra mulher participara do assassinato. Pouco depois do crime, uma vidente paulistana que também relatava ter mantido contato mediúnico com o espírito da atriz declarou que Daniella revelara a presença de mais uma mulher na cena do crime,[31] inclusive auxiliando na perpetração do homicídio.[32]

Apesar de toda a transcendente especulação, o fato é que, na esfera terrena, jamais se comprovou a existência de uma terceira pessoa a participar do crime.

17.
Feminicídio às avessas

"Mulher qualquer"

"Manuel não trabalha na novela das oito."[1]

Soando despropositada — e essa parecia ser mesmo a intenção —, iniciava-se dessa forma mais uma das sustentações orais perante o júri patrocinadas pelo defensor Paulo Ramalho. Praxe na vida do advogado, aquela exposição, no entanto, guardava uma novidade. Ao patrocinar a causa de um morador de rua — e valendo-se da presença da imprensa no recinto —, Ramalho não titubeou diante da oportunidade que fazia a hora. Falando de improviso, relembrou a notoriedade de seu cliente mais famoso para lançar uma eloquente provocação: "Ali está o Manuel da Silva. Ele não trabalha na novela das oito e ninguém está preocupado com o seu destino. Os jornalistas estão aqui por minha causa, por causa do Guilherme, e é por isso que amanhã, pela primeira vez, o nome dele vai sair nos jornais."[2]

Era verdade. Em perspectiva crítica e de modo subliminar, sua fala questionava o cerne da polêmica questão: a notoriedade das pessoas envolvidas em um crime interferiria no tratamento dado pela Justiça ao caso?

Para Guilherme de Pádua, a resposta era positiva. Aparentando inspirar-se na fala de seu defensor, o réu vociferava pouco antes de seu julgamento: "Quem era Daniella para ser diferente de qualquer outro cidadão brasileiro?",[3] questionava ante a possibilidade de ser condenado à pena máxima. Se isso acontecesse, Guilherme já tinha na ponta da língua as razões para tanto: "Vão usar o nosso processo para abafar essa onda de violência. Vamos pagar pelos crimes dos outros."[4]

Ao se debelar ante a decretação de sua prisão preventiva, o acusado também não hesitava em apontar o dedo para a Justiça, em uma descabida indagação, naquilo que seria uma de suas falas mais grotescas durante todo o processo: "Você acha que se eu tivesse matado uma mulher qualquer eu estaria preso? Claro que não."[5]

Em dado momento, parecia que se culpava Daniella por tudo, até por ter adquirido notoriedade fruto do seu trabalho, como se isso fosse demeritório. Vítima de seu próprio sucesso? Àquela altura, era apenas o que se faltava dizer. A indignidade de tal argumento resistiu ao tempo e, até hoje, é um traço marcante do caso.

Implícita a esse tipo de comentário também havia uma boa dose de menoscabo à condição feminina. Não seria, contudo, a primeira vez. O fato de se relativizar a gravidade de crimes praticados contra mulheres era tão comum no Brasil, que até a defesa do acusado se permitira fazer um insólito paralelo com o assassinato de Ângela Diniz: "Num país em que Doca Street é condenado a doze anos, não é possível que Guilherme tenha uma pena maior do que essa."[6]

Em uma clara inversão de valores, tentava-se relativizar o delito justamente pelo fato de a vítima ser uma mulher. Quase duas décadas depois, a legislação faria o oposto, ao definir o conceito legal do crime de feminicídio.[7] Na década de 1990, entretanto, a lógica parecia ser inversa, como se houvesse uma espécie de "feminicídio às avessas", algo por demais esdrúxulo.

Contudo, não se resumiria a isso. A condição social da vítima e o fato de ela ter pele clara também foram realçados pelo advogado Paulo Ramalho durante o julgamento: "Se [Daniella] fosse negra e pobre, talvez nem laudo tivesse [no processo]."[8] De fato, a controvérsia aparentava ter ganho vida própria e a fala do advogado, como de hábito, repercutiu na mídia. Assim, a autora Glória Perez não escapou de ter de se manifestar sobre o espinhoso tema:

> **Como encara o fato de algumas pessoas (inclusive o Ramalho) insistirem em dizer que, se a Dany fosse uma menina negra e pobre, o caso não teria repercussão?**
> O argumento é de uma indigência a toda prova. O que essas pessoas querem? Socializar a impunidade? É verdade que se fosse negra e pobre a imprensa não estaria lá. Mas também é verdade que, por ser Daniella Perez, as mães negras e pobres estavam ali, tendo voz para gritar justiça por seus filhos diante das câmeras.[9]

Falando aos jornalistas após a condenação de Guilherme, parecia que a declaração da novelista serviria para colocar um ponto final na contenda. Puro engano. Mesmo após os julgamentos, nova controvérsia sobre a pessoa da vítima invadiria o noticiário.

Dessa vez, porém, viria de onde menos poderia se esperar.

Daniella tem nome

Se a Justiça é cega, o processo é surdo à vivacidade do mundo real, parecendo ser imune a qualquer resquício de humanidade em relação à vítima de um crime doloso praticado contra a vida. Durante o desenrolar de um processo penal, a vítima de um homicídio passa a ser apenas um objeto em um amontoado de papel, o que acaba por destituí-la de toda identidade que a caracterizou em vida.

Assim, o processo e a sua linguagem jurídica peculiar ainda pioravam o que já parecia ser suficientemente ruim. No linguajar frio do processo, Daniella era apenas "a vítima", termo utilizado de forma impessoal em várias oportunidades. De maneira compreensível, o jargão processual não conseguia traduzir toda a vivacidade da atriz, anulando a sua personalidade. Por esse motivo, por mais paradoxal que possa parecer, Daniella havia sido "despessoalizada"[10], para se tornar uma série de referências em um amontoado de papel.

A desumanização passava pelos termos frios pelos quais a vítima é retratada em um processo judicial, que até fazem sentido em termos de técnica processual-jurídica, porém não encontram guarida na realidade, como bem pontuava Glória Perez:

> Num processo criminal, a pessoa é destituída de sua identidade: torna-se "a vítima", o cadáver de um homem, mulher ou criança, de tantos anos, tanto de peso, tanto de altura. Sua humanidade se dilui nas páginas dos autos. A vítima não fala por si: a impressão que ela causa aos juízes, aos jurados e ao público nasce a partir de descrições alheias, e não diretamente, mas através da linguagem fria e técnica dos legistas e dos escrivães de polícia e de justiça.[11]

O auge desse processo ocorreu quando a Justiça cuidava da execução das penas. Em uma decisão sobre a progressão do regime prisional de Paula Thomaz, o magistrado Carlos Alfredo Flores acabara por se referir a Daniella de uma forma genérica que soava um tanto descortês, citando-a em sua decisão como "uma badalada atriz da Rede Globo".[12]

A expressão marcara uma mudança na forma pela qual a atriz era comumente referida nos autos: de "vítima" passara a uma "badalada atriz", o que causou imediata reação no meio artístico, que considerou o termo uma afronta à memória de Daniella. Assim, um manifesto chegou a ser redigido, contando com a adesão de vários artistas de renome, como Fernanda Montenegro, Zilka Salaberry, Eva Todor, Sônia Braga, entre outros. Os termos do documento eram incisivos: "A palavra 'badalada' encerra uma vulgaridade que descreve tão mal a personalidade pública de Daniella quanto soa inadequada à imagem de um magistrado."[13]

Na outra ponta, a Associação dos Magistrados do Estado do Rio de Janeiro (Amaerj) saiu em defesa do juiz Carlos Alfredo Flores e emitiu nota em seu desagravo "repudiando os ataques injustificados".[14] Já *O Globo* concedeu um espaço para que Glória Perez expressasse a sua opinião diante dos fatos:

> (...) o representante da Justiça, ao se referir a Dany, desconsiderando a sua humanidade, sua morte prematura e dolorosa pelas mãos de Paula Thomaz, desrespeitou-a, ao reduzi-la de vítima à "badalada atriz". Dr. Carlos Alfredo, ela não era uma "badalada atriz". Ela era jovem, bonita, educada e feliz. Ela tinha nome. Era minha filha. Daniella Perez.[15]

Como em várias oportunidades, a polêmica ganhou a seção de cartas dos grandes jornais, e muitos leitores novamente se solidarizavam com a dor da família de Daniella. A leitora Margareth Guimarães escrevera ao *Jornal do Brasil* para revelar sua insatisfação:

> (...) tem me causado espanto a forma como está sendo tratada a concessão do benefício de redução de pena à assassina da atriz Daniella Perez. Por um lado, é reconhecido que as leis no Brasil, por sua necessidade de aperfeiçoamento, acabam se tornando ineficazes e produtoras de impunidade; por outro, tornam-se causadoras de novas injustiças quando não são corretamente aplicadas. No caso citado, a ré, condenada a 18 anos por sua crueldade e periculosidade, solicitou os benefícios

da Lei de Execução Penal. A partir daí, o benefício é concedido em sentença, que, além dos excessos verbais incompatíveis ao decoro exigido nas questões de Justiça, descreve a vítima — morta aos 23 anos, sem qualquer condição de defesa, com 18 punhaladas — como uma "badalada atriz".[16]

O inconformismo da leitora refletia com exatidão o espírito daquele momento: pairava sobre a sociedade carioca um sentimento de que a lei, apesar de ter sido cumprida, era extremamente complacente ante um crime tão grave. Assim, qualquer fagulha era capaz de desencadear um incêndio de grandes proporções, mobilizando desde artistas consagrados até a população geral, que passavam a se sentir na obrigação de defender a memória da atriz.

Aquele episódio deixou uma lição ainda mais importante. Daniella não era apenas a vítima, muito menos uma badalada atriz. Seu legado era completamente incompatível com quaisquer reducionismos. Aquela jovem, que um dia viveu o esplendor de sua juventude aos olhos de todo o Brasil, mas que não pôde desvendar os caminhos da maturidade, tinha uma identidade que processo nenhum seria capaz de anular. A vivacidade de sua lembrança assim não o permitia.

Mais do que isso, ela tinha um nome: Daniella Perez.

Passionalidade, premeditação e feminicídio

Passou quase despercebido pela imprensa brasileira. O jornalista Paulo Henrique Amorim — então correspondente internacional da Globo — descreveu, diretamente de Nova York, a repercussão do crime nos Estados Unidos, referindo-se ao homicídio como "crime passional premeditado".[17] Seria a primeira vez que alguém relacionaria de forma direta passionalidade e premeditação em relação ao caso, conceitos que, no Brasil, soavam quase como antagônicos.

FEMINICÍDIO ÀS AVESSAS

Aventar a possibilidade de o assassinato de Daniella Perez ter sido um crime passional sempre restou como um dos pontos mais controversos relacionados ao caso. Sem dúvida, esse tema suscitou muitas especulações e despertou a curiosidade do público, até pelo fato de o termo passional ser muitas vezes associado, de maneira imprópria, ao sentimento de amor.

A passionalidade, em seu significado mais comum, se refere à paixão — geralmente vivida de maneira excessiva ou patológica. Paixão e amor não são sinônimos. Longe disso. A paixão é excesso, e pode resultar de diversos sentimentos díspares, como o amor exacerbado, o ódio excruciante, a cólera incontrolada, a mágoa ressentida, o ciúme doentio, entre vários outros. Tanto é assim que o martírio extremo de Jesus, que deu início à era cristã, é denominado Paixão de Cristo, remetendo ao suplício sofrido pelo enviado de Deus em seus dias de intensas provações e penosas agruras.

Em que pese a paixão ter um significado diferente de amor e, em muitas situações, significar até mesmo o inverso desse sentimento, o senso comum por vezes identifica as duas palavras como se sinônimos fossem. Por essa razão, a forma mais comum de se entender um crime passional é associá-lo a uma ação praticada sob o estado de violenta emoção e motivada por um sentimento amoroso frustrado.

Geralmente associado ao adultério feminino, no histórico social brasileiro o homicídio passional padece de forte preconceito de gênero. Durante a fase colonial, era permitido que um homem matasse sua mulher adúltera, algo que só foi eliminado com o advento do Código de 1830. Embora tenha sido superada a fase mais permissiva em relação ao tratamento jurídico de crimes passionais, para o senso comum ainda se trata de uma ação intrinsecamente relacionada a situações de adultério. No imaginário popular, o crime passional é comumente associado à clássica situação em que um dos consortes surpreende o outro em estado de flagrante adultério e, desprovido momentaneamente do controle de suas emoções, acaba por matar o adúltero sob a perturbadora influência da insólita cena.

É um exemplo comum e que reforça o estereótipo de que crimes passionais são necessariamente cometidos sob um estado de violenta emoção. Sob essa perspectiva, um dos pressupostos para que um homicídio venha a ser considerado um crime passional seria a violenta emoção no momento da execução do ato homicida, o que, por uma lógica cartesiana, impossibilitaria que um assassinato cometido com traços comprovados de premeditação fosse qualificado como tal.

A novelista Glória Perez, em entrevista ao portal Terra, revelava todo o seu inconformismo ante a veiculação de que o crime praticado contra sua filha poderia ter sido passional. Partindo do pressuposto de que uma ação passional estaria indissociavelmente relacionada a um crime praticado sob violenta emoção, a autora sintetizava o contrassenso lógico que tal situação representava sob esta perspectiva:

> Crime passional é cometido sob violenta emoção. Nesse caso, no dia do crime, o assassino estava gravando e perguntou ao produtor que espaço de tempo teria entre um cenário e outro. Depois, busca a mulher em casa, a esconde sob um lençol, adultera a placa do carro, espera Daniella na saída do estúdio e a embosca num posto de gasolina. Quer dizer: preparou-se o dia todo para ter um descontrole com hora marcada?[18]

A declaração foi motivada pela controvérsia pública em torno do lançamento do livro *A Paixão no banco dos réus: casos passionais e feminicídio*, que continha, entre os quatorze crimes selecionados, o caso da filha da escritora. Questionada pela imprensa, a promotora Luiza Eluf, autora da obra, afirmou: "Todos os crimes passionais que citei [no livro] foram premeditados."[19]

Decerto que a hipótese de que uma emoção violenta e momentânea tenha motivado o assassinato da atriz acabou por ser refutada após a condenação dos réus por homicídio duplamente qualificado. Ambas as sentenças condenatórias consignaram a maneira meticulosa com a qual o crime foi planejado, excluindo-se a possibilidade de o homicídio ter sido praticado sob o impacto de circunstâncias casuais, inesperadas ou até mesmo acidentais.

Descartada essa hipótese, resta analisar se o crime que vitimou Daniella apresenta algum traço de passionalidade. Se o crime passional for entendido exclusivamente como aquele que é cometido tendo por base um sentimento amoroso e sob a influência de uma forte e transitória emoção circunstancial, o homicídio da atriz não se encaixaria em tal hipótese.

Contudo, juridicamente a questão assume contornos mais complexos. Em termos legais, o que se mostra incompatível, via de regra,[20] com a premeditação do crime é o estado de violenta emoção, não a passionalidade.[21] Por esse motivo, é plenamente possível que um crime seja ao mesmo tempo passional e premeditado, pois os termos não são excludentes.

A paixão que leva a um homicídio admite que a ação criminosa seja perpetrada com premeditação. Não se trata de um impulso ou de um rompante de fúria, mas, sim, de uma ação calculada, na qual o agente teve liberdade de escolha, e, mesmo tendo livre-arbítrio, levou adiante seu intento, como descreve a pesquisadora Luiza Eluf: "A paixão que mata é crônica e obsessiva; no momento do crime, a ação é fria e se revela premeditada. O agente teve tempo para pensar e, mesmo assim, decidiu matar."[22]

Em crimes passionais premeditados, é comum que o algoz busque ao máximo dificultar as possibilidades de defesa da vítima, normalmente valendo-se do emprego de emboscada ou de qualquer outro meio que possa surpreendê-la, reduzindo as chances de que saia com vida. Por esse motivo, "as vítimas dificilmente conseguem escapar", como afirmou Eluf enfaticamente em entrevista a este livro.

Com base nessas premissas, só resta associar o crime à paixão na pior acepção que o termo comporta — o movimento impetuoso da alma para o mal, ou seja, um ato praticado em virtude de um sentimento essencialmente vil, ligado àquilo que de mais torpe possa existir no íntimo de um ser humano.

Por fim, é possível relacionar o caso ao atual conceito de feminicídio. A atriz Eva Todor, que conviveu com Guilherme e Daniella nos bastidores da novela, era assertiva sobre o que de fato motivara o crime: "Ele foi rejeitado, ficou enfurecido e quis se vingar."[23] Visão assemelhada foi apresentada pela pesquisadora Eluf: "Ele era obcecado por Daniella, sentiu ódio e quis eliminá-la."[24] Tomando-se por base tais premissas, o assassinato da atriz pode ser considerado um feminicídio, perpetrado em função de misoginia e discriminação de gênero — um homem frustrado que se vinga de uma mulher, matando-a.

18.
Concordamos em discordar

O pedido de Paula

Em depoimento a este livro, Carlos Eduardo Machado revelou que evita revisitar o triste episódio, em respeito a todos os envolvidos, inclusive a família da vítima. Contudo, nos últimos meses, o advogado se deparou com várias reportagens em virtude da série documental sobre o caso lançada pela HBO em julho de 2022.

Em sua concepção, como é inevitável que se aborde o assunto em virtude da decisão do STF rechaçando o direito ao esquecimento,[1] o advogado reivindica apenas que a defesa de Paula seja ouvida para que possa dar a sua versão dos fatos, ou, em suas próprias palavras, "para que o assunto seja retomado de forma verdadeira". Segundo Carlos Eduardo, esse foi um pedido expresso da própria Paula Thomaz — que, é oportuno frisar, não se manifesta publicamente sobre o caso. O pedido é simples em sua forma e justo em sua essência: "(...) que, pelo menos, qualquer obra ou matéria que se proponha a retratar o processo e os fatos que resultaram na acusação apresentada em face dela [Paula Thomaz], e sua condenação, se atenham ao que está no processo (...)."[2]

É oportuno registrar a preparação meticulosa de Carlos Eduardo para a nossa segunda conversa, a qual ele consentiu que fosse gravada. Assessorado por seu filho Ignácio Machado, o advogado tinha revisitado diversas peças do processo (que inclusive consultou durante a entrevista), citou matérias jornalísticas e demonstrou profundo conhecimento sobre tudo aquilo que estava nos autos ou que fora publicado pela imprensa sobre o caso.

Durante a entrevista Carlos Eduardo confidenciou que o assunto ainda o sensibiliza bastante, a ponto de ter levado cerca de quinze dias para "digerir" nossa primeira conversa e, por vezes, acordar durante a noite pensando no tema. Em suas palavras: "Este assunto me faz mal." Ficaram, em suas recordações, uma frustração e tristeza enormes pelo resultado e, ainda hoje, o advogado se questiona se poderia ter feito algo de diferente em sua atuação no júri.

É interessante notar que em disputas narrativas acirradas, como é o caso de julgamentos pelo tribunal do júri, por mais que exista uma versão final definida pelo veredito, as partes têm sua própria visão sobre o que de fato "está no processo". No presente caso, fica fácil de visualizar essa circunstância com base na própria retórica das partes envolvidas.

Em declaração sobre a série documental a ser exibida pela HBO, Glória Perez afirmou que "a única coisa que pedi foi para que se baseassem nos autos do processo. Acho que é um pedido justo".[3] Como visto, pedido idêntico foi feito por Paula Thomaz. Em entrevista concedida a este livro, Carlos Eduardo ainda afirmou que faltou tempo no julgamento para "mostrar aos jurados o processo", sendo esse — em sua opinião — um dos fatores preponderantes para o resultado adverso que culminou na condenação de sua cliente. Para o advogado, são necessárias de "dez a vinte horas" para que ele possa explicar detalhadamente cada ponto do processo a quem se disponha a contar essa triste história.

CONCORDAMOS EM DISCORDAR

Coincidência ou não, Glória Perez gravou um depoimento "de mais de vinte horas" para a série documental.[4] A novelista também afirmou que "Essas pessoas [Paula e Guilherme] não foram condenadas à toa. Elas foram condenadas por homicídio duplamente qualificado, porque existiram provas suficientes para isso acontecer."[5], destacando, ainda, que só aceitara participar da série porque a proposta do documentário seria "contar a verdade, contar o que está nos autos do processo".[6] Guto Barra, roteirista da série, afirmou em sentido análogo: "A nossa história é baseada nos autos do processo e tudo que foi provado."[7]

Já Carlos Eduardo concorda em discordar, pois, em sua visão, no caso de Paula, "para cada indício existia um contraindício" e o placar final estreito "retratava a dúvida dos jurados".[8] A miscelânea parece mesmo não ter fim. Guilherme de Pádua, por sua vez, declarou em 2012 que a sua versão "bate com as provas [do processo], tintim por tintim, detalhe por detalhe"[9], visão corroborada por sua defesa técnica.

Mas, afinal, onde está a tão propalada verdade?

Em relação a julgamentos criminais, a natureza dialética do processo e a valoração das provas por juízes leigos possibilitam, em tese, que a verdade processual possa vir a não corresponder à verdade factual. Em análise sobre a "Tragédia da Piedade", crime que vitimou o escritor Euclides da Cunha, o jurista Eros Roberto Grau aborda o tema:

> (...) a decisão judicial não é científica. Não pode ser apreciada em termos de veracidade. Não será jamais exata. Há sempre mais de uma versão dos mesmos fatos. Cada testemunha relata a sua versão. Mais de uma pessoa, mais de uma versão. Os fatos não são, fora do relato a que correspondem, o que realmente são. O compromisso entre o relato e seu objeto, entre o relato e o relatado, é extremamente frágil. O que prevalece, em qualquer processo judicial, é a verdade dos autos, não a verdade dos fatos.[10]

Na "verdade dos autos", prevaleceu a tese da acusação em dois julgamentos muito disputados.

Há, ainda, uma última controvérsia. Em matéria publicada por *O Globo*, há uma declaração, atribuída a Raul Gazolla, no sentido de que a série teria ouvido "todas as testemunhas, policiais e advogados que participaram desse processo", colocando como exceção as pessoas condenadas pelo crime, a quem Gazolla se referiu como "os assassinos".[11] Em sentido similar, a coluna da jornalista Patrícia Kogut também divulgou que a série documental ouviria os "advogados de defesa".[12]

Entretanto, em entrevistas realizadas durante o período de pesquisas para a elaboração deste livro, os advogados de defesa dos dois acusados afirmaram que não foram ouvidos pela equipe de produção da referida série. No caso da defesa de Paula, Carlos Eduardo garantiu que seu escritório procurou a HBO com o intuito de "esclarecer aquilo que estava no processo", tendo, ainda, enviado peças relevantes do processo à produtora, mas, mesmo assim, não foi oportunizada a participação.

Já Paulo Ramalho lamentou que a defesa técnica de seu cliente não tenha tido a oportunidade de expor a versão dele: "À época, a acusação contra o Guilherme foi fundamentalmente moral, repleta de preconceitos sexistas. Agora, a série nega à defesa um direito básico em qualquer democracia: o contraditório, simplesmente ouvir o outro lado. Parece um documentário feito por supremacistas culturais que se acham os donos da verdade. Não ouvem o lado contrário e ainda se orgulham disso."[13]

Guilherme de Pádua, por sua vez, se manifestou por meio de suas redes sociais. Afirmou que a série é "totalmente parcial", questionando o fato de não ter sido ouvido. Suas declarações foram incisivas: "A HBO tinha condições de fazer uma coisa bastante completa e dar a nós, espectadores, o direito de fazermos a nossa própria análise. A HBO perdeu essa oportunidade (...). Eu consigo quebrar de forma devastadora algumas das teses que estão sendo apresentadas. A HBO, tão famosa, tão profissional, deu uma bobeira dessas, deixou essa lacuna." Por fim, o outrora condenado deixou no ar a possibilidade de trazer alguma novidade sobre o crime.

Uma última reportagem, publicada no site da revista *Veja*, acirra ainda mais a polêmica ao afirmar que "O mais óbvio seria pensar que uma produção como essa, sobre um assassinato que mobilizou o país e que ainda hoje causa comoção nas pessoas, pudesse ser executada pela TV Globo, emissora na qual Glória Perez trabalha a décadas. Mas não se chegou a um acordo com a autora, a respeito da linha narrativa que seria tomada. Glória exigiu que os assassinos não fossem ouvidos."[14]

Em entrevista à *Folha de S.Paulo*, os responsáveis pela série negaram que a Globo tenha recusado a produção por tal motivo.[15] A *Veja Rio*, no entanto, reforçou posição idêntica em outra reportagem sobre o tema.[16] Seja como for, em seus princípios editoriais, a Globo estabelece que todas as partes diretamente envolvidas nos fatos em apuração devem ser ouvidas:

1) A isenção
b) Na apuração, edição e publicação de uma reportagem, seja ela factual ou analítica, os diversos ângulos que cercam os acontecimentos que ela busca retratar ou analisar devem ser abordados. O contraditório deve ser sempre acolhido, o que implica dizer que todos os diretamente envolvidos no assunto têm direito à sua versão sobre os fatos, à expressão de seus pontos de vista ou a dar as explicações que considerar convenientes;[17]

Em entrevista à jornalista Mônica Bergamo, Glória Perez detalhou um pouco melhor o seu modo de ver esta intrincada questão: "Para que entrevistar agora? Para dar palco para psicopata? O que eles têm para dizer a mais do que já foi dito? Se eles tivessem alguma coisa a dizer depois do resultado do júri, eles teriam processado o

Estado ou pediriam um novo julgamento. Pediram? Claro que não. Saiu barato à beça para eles."[18]

Em reportagem definitiva sobre o tema, *O Globo* ouviu a novelista e esclareceu o que de fato ocorreu: "Glória Perez só autorizou a produção e o lançamento da série 'Pacto brutal: o assassinato de Daniella Perez', dirigida por Tatiana Issa e Guto Barra, mediante uma condição. A autora de novelas determinou que Guilherme de Pádua e Paula Thomaz, assassinos de sua filha, não fossem ouvidos pelos documentaristas. E assim foi feito."[19]

Na mesma reportagem, a autora afirmou que a série fugiria do sensacionalismo e se basearia no processo, fazendo com que a realidade assim se impusesse sobre versões fantasiosas. Já o roteirista Guto Barra afirmou à CNN Brasil que "Ao longo desses 30 anos, eles (Guilherme de Pádua e Paula Thomaz) usaram bastante a imprensa para trazer as versões que eles tinham do crime, e essas teses foram sempre mudando... E nunca eram substanciais..."[20]

Todavia, tal assertiva é incorreta em relação a Paula Thomaz. Como visto, sua versão oficial apresentada à Justiça jamais foi modificada e, ao longo dos últimos anos, ela evitou ao máximo qualquer contato com a imprensa. Sua defesa afirmou desconhecer qualquer entrevista ou manifestação pública por parte de Paula após o cumprimento de sua pena e foi incisiva ao reiterar que a sua versão nunca foi modificada, como um exame atento dos autos do processo realmente comprova. Este fato chegou a ser noticiado à época.[21] Maurício Assayag, promotor que fizera a sustentação oral no julgamento da ré, também afirmou desconhecer mudanças em sua versão apresentada à Justiça.

A declaração de Barra ainda foi capaz de viabilizar algo completamente inimaginável na década de 1990: Paulo Ramalho, que sempre contraditou publicamente a versão da ré, dessa vez saiu em sua defesa: "Jamais acreditei na versão da Paula e sempre a questionei publicamente. Até acareação entre os acusados eu pedi durante o julgamento. No entanto, meu espírito de justiça me obriga a registrar que sua versão sempre foi a negativa de autoria, desde os tempos que a defesa era liderada pelo saudoso Ronaldo Machado. Nunca houve mudanças."

Justiça cega

A deusa Thêmis, cuja imagem metaforicamente simboliza a Justiça, tem suas raízes na mitologia grega. Usualmente retratada como uma mulher de olhos vendados com uma balança em uma das mãos e uma espada na outra, é um símbolo que visa a transmitir o ideal de imparcialidade e que conseguiu sobreviver ao tempo — atravessando não apenas o passar dos anos, mas resistindo ao transcorrer de séculos ao longo da história.

Se a justiça é propositalmente cega, como suas origens levam a crer, muito daquilo que ela não pode enxergar pouco tem a ver com a sua obrigação de neutralidade. Sob uma perspectiva menos filosófica e mais pragmática, a Justiça também deve se manter inerte em relação aos conflitos que analisa. Isso significa que o juiz deve realizar sua atividade judicante com base nos fatos e argumentos que as partes levam à sua apreciação. Mais do que "cega" para garantir isenção, a Justiça também deve manter uma distância prudente dos fatos, deixando que os envolvidos apresentem tudo aquilo que entendam ser relevante para a solução da disputa.

Nos julgamentos de Guilherme e Paula, alguns aspectos controversos não foram debatidos com profundidade, como o suposto pacto de fidelidade firmado entre os acusados. A pretensa influência de feitiçaria a inspirar o homicídio, amplamente divulgada pela imprensa, não foi utilizada como argumento hábil a fundamentar a culpa dos réus. Embora a acusação tenha afirmado estar convicta de que a prática de misticismo influenciara o crime,[22] tal questão não faria parte da quesitação submetida aos jurados para se chegar ao veredito.[23]

Isso não pode ser atribuído a qualquer falha por parte da Justiça. A acusação optou consciente e deliberadamente por não levar todas as questões surgidas durante o processo ao julgamento, porque isso poderia tornar a análise das provas algo muito complexo e ainda mais subjetivo. Muitas dessas questões poderiam suscitar mais incertezas do que convicções, o que, em última análise, favoreceria os réus — até porque, no Direito, prevalece o consagrado princípio denominado *in dubio pro reo* — "na dúvida, a favor do réu".

Outra questão polêmica foi sobre quem teria — de fato — desferido os golpes que mataram Daniella. Apesar da sensação disseminada de que ambos possivelmente teriam se revezado nos golpes que vitimaram a atriz — ou, até mesmo, de que Paula Thomaz teria sido a única responsável pelas mortíferas estocadas —, desde o início a acusação preferiu afirmar que apenas Guilherme teria sido o autor dos golpes. Como era réu confesso, seria mais fácil provar sua participação efetiva, colocando Paula na condição de cúmplice.[24]

Paulo Ramalho, por sua vez, tentava imputar a culpa pelo crime à ré, reverberando na imprensa o que acreditava ser a sensação popular predominante: "A sociedade ainda acha que Guilherme tem alguma culpa, mas está convencida de que foi Paula que deu os golpes. Ato típico de mulher ciumenta."[25] Carlos Eduardo discorda, afirmando que Ramalho "surfou na onda criada pela acusação" e relembrando que sua cliente jamais foi formalmente acusada de ter desferido os golpes ou de ter praticado qualquer ato de violência contra a vítima.

Independentemente de opiniões ou de qualquer suposto sentimento coletivo sobre o caso, o certo mesmo é que a acusação afirmara que havia sido Guilherme quem desferira os golpes, circunstância chancelada pelos jurados como destacava a manchete do jornal *O Globo* no dia seguinte ao julgamento: "Júri decide que foi Guilherme que deu os golpes fatais em Daniella."[26]

O total de anos estabelecido pelas sentenças foi outro ponto controverso. Guilherme e Paula foram sentenciados a penas que se aproximavam dos vinte anos de prisão, e muito se especulou que a dosimetria das penas aplicadas teria sido realizada levando-se em consideração as possibilidades de recurso então existentes. Naquela época, condenações inferiores a vinte anos de prisão evitavam o denominado "protesto por novo júri", recurso estabelecido por um obsoleto artigo do Código de Processo Penal que possibilitava a qualquer réu sentenciado a mais de vinte anos de prisão o direito a um novo julgamento.

Sempre podem existir retoques à atuação judicial, e por isso é justo reconhecer que, diante de circunstâncias tão dramáticas, a Justiça cumpriu corretamente seu papel. Se sempre haverá descontentes, é forçoso reconhecer que é impossível agradar a todos em questões dessa natureza.

Para alguns a Justiça é mesmo cega. Já para outros, a Justiça tarda, mas não falha. Seja como for, após a sentença, a justiça dos homens estava feita.

A defesa tem a palavra (publicidade opressiva)

Como visto, às vésperas do julgamento de Paula Thomaz, sua defesa clamou aos jurados para que esquecessem as inúmeras reportagens publicadas sobre o caso. Em verdade, ao longo do processo, a defesa da ré se valera do argumento denominado "publicidade opressiva", tese jurídica ainda pouco difundida no Brasil durante a década de 1990, e que acabou por não ressoar de forma significativa durante o julgamento.

A publicidade opressiva se configura quando a abordagem jornalística sobre determinado caso se torna tão tendenciosa que acaba por comprometer a isenção de seu futuro julgamento, especialmente em casos submetidos a júri popular. Como visto, no Brasil o júri é realizado por meio de um julgamento realizado por leigos, ou seja, pessoas escolhidas aleatoriamente que deverão valorar as provas e analisar os fatos, de acordo com sua íntima convicção, para chegar a um veredito. Assim, uma massiva campanha em desfavor dos réus pode, em tese, impedir a realização de um julgamento imparcial. Ainda que não caracterizasse a situação como "publicidade opressiva", deve-se registrar que, antes do julgamento, o jornal *Folha de S.Paulo* fez um importante contraponto às manifetações públicas que pediam a condenação dos réus.[27]

No caso de Paula Thomaz, além da espetacularização de seu passado por meio da divulgação de fatos que, muitas vezes, não tinham qualquer conexão com o crime, também não há como negar que foram publicadas notícias tendenciosas envolvendo a ré. A jornalista Paula Máiran, que durante a década de 1990 trabalhou na redação de *O Dia*, relembrou uma matéria que anunciava, após Paula dar à luz, que nascera "o Bebê de Rosemary", em alusão ao famoso filme de terror de Roman Polanski, lançado em 1968. No mesmo jornal, uma reportagem, valendo-se do sigilo da fonte, relatara que a então acusada havia convidado amigos para encenar um filme de terror no qual ela "aparecia envolta em um cobertor, segurando um punhal".[28] Há, ainda, que relatar que Paula foi atingida por uma denominação de cunho machista durante o seu julgamento, diante de um júri — composto por quatro mulheres e três homens — reunido exclusivamente para julgá-la.[29]

Fenômeno semelhante ocorreu em relação a Guilherme de Pádua. A descrição de sua personalidade por um semanário é sintomática nesse sentido: "Para a classe artística, além de ciumento e machista, Guilherme apresentava um comportamento homossexual, era um psicopata e adepto de magia negra (*sic*)."[30] Por outro lado, segundo o seu próprio advogado, Guilherme não sofreu nenhum ataque de caráter homofóbico ou sexista durante o seu julgamento.

A professora Simone Schreiber, estudiosa do assunto, explica que reportagens tendenciosas como essas são capazes de influenciar futuros julgamentos, pois as pessoas "não são julgadas apenas pelo que fizeram, mas também pelo que elas são, por eventos de sua vida e, principalmente, pela desqualificação que venham a sofrer".[31] Schreiber, em sua tese de doutorado, apresenta os elementos que podem comprometer a realização de um julgamento imparcial: sucessivas matérias jornalísticas contra um ou mais acusados; que tais reportagens sejam expressivas e, por esse motivo, capazes de influenciar o julgamento; e que sejam produzidas no período compreendido entre as investigações e a decisão judicial definitiva.[32]

Para a defesa de Paula, tal situação se configurou no julgamento de sua cliente, como preleciona o advogado Carlos Eduardo Machado:

> Era um júri onde os jurados não entravam neutros. Todo mundo já entrava com a convicção da culpa do Guilherme e da Paula. Isso foi por vários anos trabalhado pelo sistema Globo (TV Globo, jornal *O Globo*), a grande mídia não publicava os argumentos da defesa e, se publicasse, era sempre querendo desmoralizar.[33]

Em recurso interposto após a condenação, a defesa era igualmente enfática, chegando a afirmar que os acusados foram vítimas de um verdadeiro "linchamento moral sem precedentes na história judiciária brasileira", sustentar que o julgamento fora "injusto e parcial" e, com certa dose de ironia, asseverar que o termo "publicidade opressiva" seria "suave" para descrever o que de fato houve no processo.[34]

Nesse contexto, faz-se necessário retomar a lição da professora Sylvia Moretzsohn, que afirma que o jornalismo não é o discurso da realidade, mas, antes, um discurso sobre a realidade.[35] A apreensão dos fatos está sujeita à subjetividade e aos próprios interesses dos meios de comunicação. Assim, na narrativa midiática, os agentes envolvidos em uma apuração criminal podem ser retratados com fortes contornos maniqueístas, expressando a antítese entre o bem e o mal, em prejuízo até mesmo dos fatos.

A mídia, sob esta perspectiva, é a "responsável pela mediação entre os fatos e o público".[36] Tomada de maneira absoluta, a neutralidade daquele que noticia é uma aspiração impossível. O que se deve preconizar é a separação — total — entre fato e opinião, algo não apenas desejado, mas, principalmente, fundamental em uma sociedade que aspira a ser verdadeiramente democrática.

O tema ganhou contornos atuais, sobretudo em uma época marcada pela disseminação cada vez mais veloz de notícias — muitas vezes falsas — graças a aplicativos de mensagens e redes sociais. Como conter a "imprensa militante" ante situações que envolvam direitos fundamentais (como é o caso do direito a um julgamento justo e imparcial) é um dilema atual. A expressão "trial by media" (julgamento pela mídia, em tradução livre) inspirou até uma série, lançada pelo serviço de streaming Netflix, em 2021. Coincidência ou não, a série, cujo título original é *Trial by media*, foi chamada no Brasil de *Condenados pela mídia* — denominação bem à feição da retórica da defesa de Paula Thomaz.

Há que se pontuar, por fim, que em casos de grande repercussão é natural que o embate entre defesa e acusação também seja travado publicamente, como o promotor Muiños Piñeiro bem observa: "Em processos de grande repercussão, em especial no júri, é natural que haja um debate fora dos autos. Os meios de comunicação vão apurar, entrevistar as partes, investigar, fazer tudo o que estiver ao seu alcance. Em regra, isso é pior para a promotoria, pois é à acusação que cabe o ônus da prova."[37]

De qualquer modo, a natureza dessa questão é e sempre será subjetiva. O mais importante é estabelecer que todo ponto de vista é, em realidade, a vista de determinado ponto. Assim também será, igualmente para todo o sempre.

A verdade não tem dono.

* * *

Embora acusação e defesas tenham se digladiado no duelo de teses ante os jurados, tal "animosidade" se resumiu ao julgamento, não transpassando àquele ambiente. Exemplos pontuais ilustram essa situação. Alguns anos após o julgamento, Ramalho e Muiños, ao participarem de um simpósio jurídico em Porto Seguro, foram surpreendidos por uma ilustre presença na audiência do evento: o advogado Hugo da Silveira. Após as palestras, Hugo os convidou para um tour pela cidade baiana onde o próprio serviu como guia, já que há anos estabelecera-se na região.

Outro exemplo demonstra fato semelhante. Ao fim do julgamento de Paula Thomaz, acusação e defesa se reuniram em uma das salas do tribunal do júri. Resultado consumado, conversaram com fidalguia até alta madrugada, tendo o advogado Augusto Thompson narrado diversos casos de sua larga experiência forense. Naquele instante, todos os presentes sabiam que haviam escrito uma das páginas principais da história do júri carioca e, em verdade, um longo e penoso ciclo se encerrava não apenas para os envolvidos e seus familiares, mas também para todos aqueles que atuaram no caso.

Adversários, sim. Inimigos, jamais.

Mídia em foco

Glória Perez, em sua luta, teve que lidar com o "ônus" de sua própria notoriedade, muitas vezes utilizada como argumento para afirmar que influenciava a mídia em favor de sua causa. Como visto, a situação chegou a tal ponto que a escritora teve que se manter em recolhimento às vésperas dos julgamentos, para evitar a retórica de que estaria instigando o público e manipulando a imprensa contra os acusados.[38]

Não se pode, no entanto, afirmar que a imprensa esteve sempre ao seu lado. Por diversas vezes foram publicadas matérias que não se coadunavam com seus pontos de vista. Exemplos nesse sentido não faltam: em 1993, quando a novelista questionou judicialmente a publicação do livro *O crime da novela das oito*, escrito pelo jornalista José de Souza, várias matérias publicadas na grande imprensa questionaram tal postura. Até a aclamada campanha para tornar a legislação penal mais rígida foi objeto de críticas, sendo alvo de um editorial da *Folha de S.Paulo* que propunha um contraponto à iniciativa.

Não pararia nisso. A ascensão de Daniella na teledramaturgia foi bastante questionada pela imprensa, até mesmo depois de sua morte. Reportagem de *O Globo*, ainda sob o impacto do crime, afirmava em manchete: "De bailarina a estrela, pelas mãos de Glória Perez", e ainda publicava que "Daniella chegava a ser chata ao insistir que seu início como atriz não foi forjado pela mãe".[39] Definitivamente, não se sustenta o argumento de que a mídia esteve sempre a endossar os seus pontos de vista ou a publicar matérias a seu favor — nem sequer em relação a questões artísticas.

Por outro lado, ao longo do tempo também se sublinhou a circunstância de que Guilherme de Pádua "disse o que quis e da forma como lhe foi mais conveniente".[40] Na mesma linha, Tatiana Issa, diretora da série documental sobre o crime, afirmou que "uma de nossas principais críticas foi sobre a forma como a imprensa tratou o caso, dando sempre muito espaço para que os assassinos dissessem o que quisessem. Durante 30 anos, eles puderam contar a história da maneira que queriam, de forma fantasiosa e errada. Não poderíamos criticar e fazer a mesma coisa".[41]

Deve-se registrar que a família de Daniella também teve o mesmo direito. A novelista Glória Perez sempre esteve diante dos microfones para detalhar a versão da acusação, tendo sido ouvida por diversos meios de comunicação em entrevistas não raro longas e detalhadas, onde pôde expor seus pontos de vista livre de quaisquer embaraços.

Em verdade, durante o período compreendido entre o final de 1992 (data do crime) e o primeiro semestre de 1997 (quando ocorreram os julgamentos), as três partes (família da vítima e acusados) e seus advogados se manifestaram, em várias oportunidades, publicamente sobre o tema. Todos tiveram espaço na imprensa para expor suas versões.

Na outra ponta, apesar de Paula Thomaz afirmar ser vítima de uma campanha midiática e de se autointitular uma "presa política", deve-se relembrar que essa mesma imprensa da qual a condenada tanto se queixou sempre reproduziu seus protestos e irresignações. Talvez reportagem de *O Globo*, publicada no dia seguinte ao júri, seja o melhor exemplo disso. Reproduzindo, em manchete, a reclamação da ré sobre a suposta "pressão da opinião pública" a influenciar o julgamento, a matéria ainda publicava várias de suas falas rechaçando a condenação, ouvia criminalistas que criticavam o fato de a condenação no Brasil não ser por unanimidade e, por fim, refletia sobre a própria justeza do sistema brasileiro de júri. Já a *Folha de S.Paulo* publicou reportagem, antes da realização do júri, afirmando — sem meias palavras — que a pressão da opinião pública poderia impedir a realização de um julgamento imparcial.

Um dia após a tragédia, *O Globo* já tinha um forte indício da participação de Paula Thomaz no crime, pois havia recebido naquela data uma mensagem anônima que a implicava no assassinato — revelando até a possível motivação do ato homicida. No entanto, o periódico não publicou a notícia de imediato, e tampouco o faria de forma açodada, repassando a mensagem à polícia e tornando-a pública somente no dia 31 de dezembro (dois dias depois de tê-la recebido).

Pagou caro por isso. O furo de reportagem sobre a participação de Paula no crime foi dado pelo *Jornal do Brasil*, em 30 de dezembro de 1992 (em seu terceiro clichê), cuja matéria ainda afirmava que a "nova versão" havia sido mantida em sigilo até o início da madrugada daquele dia.[42] O jornalista Bruno Thys, que foi editor do *Jornal do Brasil*, afirmou que era comum o jornal lançar mais de uma edição no mesmo dia, diante de fatos novos de grande repercussão.

Mesmo tendo recebido "a quente" um indicativo da participação de Paula, *O Globo* não o publicou de maneira precipitada, sendo tal cautela uma evidência de que o periódico não agiu de maneira tendenciosa ou maniqueísta em relação ao caso. Apenas no dia seguinte o jornal publicaria uma foto grande do casal em sua capa,[43] e todos os quatro grandes jornais do país à época noticiaram, naquele mesmo dia, a possível participação de Paula no atentado homicida, sendo que a *Folha de S.Paulo* e *O Estado de S. Paulo* também publicaram uma foto da então suspeita.[44]

Há outras situações semelhantes. Em 1994, matéria intitulada "Uma novela com romance nos intervalos" expôs a versão de Guilherme de Pádua com tanto ardor que chegou a gerar controvérsia pública entre os artistas da Rede Globo e os jornalistas de *O Globo*. Não pararia por aí. O livro escrito pelo réu teve excertos publicados no mesmo jornal e, mais expressivo ainda, uma reportagem publicava trechos da obra em que Guilherme expunha situações relacionadas aos bastidores da novela, envolvendo atores do primeiro time da Globo, como Tarcísio Meira e Fábio Assunção.[45] Tudo sem cortes.

Nas rádios cariocas, a situação foi similar. As defesas tiveram espaço para expor seus argumentos e, ironia do destino, Paulo Ramalho teve um desempenho tão satisfatório que "acabou se impondo pela inteligência",[46] tornando-se debatedor fixo no programa do radialista Roberto Canazio, na extinta rádio Manchete. Ao rememorar o tema, Canazio foi contundente: "Nunca houve maniqueísmo, os réus sempre tiveram espaço nas rádios. Agora, eram dois assassinos em um crime abominável, era dever da imprensa colocar as defesas na berlinda com perguntas desconfortáveis! O que eles queriam?"[47]

Assim, não é correto afirmar que a imprensa influenciou o julgamento por estar sempre ao lado da novelista ou permanentemente contra os acusados. As três partes tiveram espaço na grande mídia para expor suas versões, e até um artigo publicado na imprensa carioca saiu em defesa de Paula Thomaz quando alunos da

Universidade Candido Mendes se manifestaram desfavoravelmente a sua matrícula na instituição.

O que de fato houve — e isso é um dever do jornalismo profissional — foi o questionamento público de versões dos réus que se contrapunham aos fatos. A imprensa, cumprindo o seu papel investigativo, jamais os poupou de perguntas indesejadas ou deixou de investigar com seriedade o caso, o que muitas vezes causava contrariedade aos acusados. A reação de Paula ao ser questionada, em janeiro de 1993, se teve algo a ver com o crime, é significativa: "Nossa. Está parecendo pergunta até da polícia."[48]

Finalizo este livro em 2022, em um período turbulento para o jornalismo profissional. Reconheço que cada um pode ter a própria opinião sobre o papel da imprensa, de modo que, como pesquisador, não me eximo de expressar a minha: no caso Daniella Perez, apesar de ter existido sensacionalismo que contribuiu para aumentar a confusão entre ficção e realidade e a espetacularização preconceituosa do passado dos acusados, a imprensa, na abordagem investigativa do caso, cumpriu com o seu papel. Jornalismo bom é jornalismo livre.

Doa a quem doer.

Assim é se lhe parece

"Negar não é apenas uma tática, mas uma necessidade de cada acusado."[49]

Dessa maneira simples, Carlos Heitor Cony definia em seu clássico livro *O caso Lou (assim é se lhe parece)* a importância da confissão — ou de sua ausência — diante de um fato desabonador ou criminoso imputado em desfavor de qualquer pessoa. Dos crimes de grande repercussão às escapadelas do cotidiano, a lógica é exatamente a mesma: negar determinado fato, mais do que uma conveniência momentânea, pode ser uma verdadeira necessidade daquele que assim age.

A confissão é um ato cuja origem remonta à Antiguidade, e seu significado mais longínquo possui um viés essencialmente religioso. A confissão do pecado diante de uma divindade — realizada por intermédio de um sacerdote — é mencionada tanto no Velho como no Novo Testamento, devendo sempre ser precedida do real arrependimento daquele que pecou.

Assim, a justeza do ato — e a sua eficácia perante o Divino — depende muito mais da intenção subjacente à confissão do que do próprio ato em si. Se, segundo a tradição católica, cabe a Deus perdoar àquele que verdadeiramente se arrependeu e confessou sua culpa, cabe ao arrependido confessar com exatidão o mal empreendido. A remissão do pecado começa pelo reconhecimento sincero da falta cometida.

Guilherme de Pádua confessou sua participação na trama homicida poucas horas após o crime, mas suas primeiras narrativas foram verdadeiras aberrações, logo abandonadas. As declarações do delegado Mauro Magalhães, responsável por tomar o primeiro depoimento de Guilherme, corroboram essa visão: "Ele é inteligente e esperto. Está sempre em guarda. Lutei sete horas para que me dissesse algo verdadeiro sobre o caso."[50] Entre idas e vindas de versões que variaram ao sabor de suas conveniências momentâneas, a confissão de Guilherme serviu apenas para provar sua participação no crime, mas jamais se prestou a esclarecer a verdade.

Se a miscelânea de narrativas de Guilherme pouco esclarecia, o silêncio de Paula poderia ser considerado eloquente. Ao negar a participação no crime, além de refutar os inúmeros testemunhos que pesavam em seu desfavor, Paula ainda era obrigada a negar o próprio ato confessional, imputado contra si por pessoas diversas em distintos contextos.

Assim, Paula não tinha uma versão para a ação homicida, além de negar que tenha estado na cena do crime. Pouco importava os testemunhos contra si. Essa era a sua verdade. Nesse contexto, o pai de Guilherme fez uma declaração sobre a paradoxal situação dos réus às vésperas de serem julgados: "Ele [Guilherme] é um réu confesso, contra quem não há provas; enquanto Paula é uma ré contra quem há provas testemunhais, mas não há confissão."[51]

De fato, as provas testemunhais se avolumavam diante da acusada não apenas em relação a sua participação no crime, mas também acerca de sua confissão jamais admitida. Policiais civis e uma dona de casa atestaram, em diferentes momentos, que Paula confessara espontaneamente sua participação no crime. Guilherme de Pádua se apressava em declarar ao público que Paula também havia confessado a sua então sogra e à própria mãe.

Não era tudo, no entanto. Paula enfrentava até uma situação por demais rara nos anais da criminologia moderna: a "confissão da confissão". Guilherme afirmara à Justiça e em seu livro autobiográfico que, no curto momento em que estiveram juntos após o crime, Paula teria revelado a ele que confessara aos policiais. Como resposta, teria sido chamada de "burra".[52]

Paula sempre resistiu em admitir formalmente a confissão como também sua participação no crime. Na prática, esse fato acabava por lhe trazer consequências distintas àquelas enfrentadas por Guilherme. Como ele afirmara à imprensa, sua futura condenação lhe seria indiferente, pois teria que conviver forçosamente, pelo resto da vida, com o fardo de ser apontado como um dos algozes de Daniella Perez.[53]

Como Paula jamais admitiu ter confessado, sua situação era distinta, pelo menos sob uma perspectiva mais pragmática. Além de lutar por sua absolvição jurando inocência, mantendo tal postura ela possivelmente acreditava que teria uma vida pós-crime menos estigmatizada do que Guilherme. Nas palavras de Cony, tal situação está intrinsecamente relacionada à própria essência do ser humano: "Não havendo confissão, sempre restará uma névoa no processo, uma dúvida que os mais escrupulosos levarão em conta na hora e na vez da consciência de cada um. (...) Neste caso a dúvida restará na consciência dos jurados e dos juízes."[54]

Além disso, ao contrário de Guilherme, que planejava voltar para Belo Horizonte "sem deixar rastros",[55] Paula pretendia continuar vivendo na cidade onde o crime havia sido cometido porque "gostava do Rio",[56] o que pode ter pesado em sua decisão de jamais admitir sua participação no assassinato.

As versões contraditórias remanescerão para sempre. A versão oficial, porém, é aquela soberanamente definida pelo júri. Por outro lado, não se pode negar a Paula Thomaz o direito de ter a sua própria "verdade", pois ninguém é obrigado a se autoincriminar, tampouco a admitir o que quer que seja. É legítimo a qualquer pessoa ter sua própria versão dos fatos, sendo esse um direito que deriva da própria natureza humana.

No caso de Paula, como enfatizou sua defesa técnica em depoimento concedido para a elaboração deste livro, há de se considerar ainda o placar apertado do julgamento que a condenou: 4×3. Apenas um voto decidira a sua condenação e, caso mais um dos jurados tivesse se convencido de sua inocência, atualmente não se discutiria se a pena foi proporcional ao crime praticado, mas, sim, se a hipotética absolvição da ré fora justa ou não, além de o fato de uma pessoa "inocente" ter sido mantida por quatro anos presa à espera do julgamento.

Carlos Eduardo Machado revelou, ao término do júri, que o resultado foi "extremamente doloroso"[57] e, ainda hoje, o advogado considera uma "excrescência" uma condenação por placar tão estreito. Curiosamente, o então defensor público Paulo Ramalho se manifestou de maneira favorável à ré, invocando, para tanto, o direito comparado: "Nos países anglo-saxônicos, uma pessoa só é condenada quando a decisão é unânime."[58] Ainda no calor do veredito, o advogado Augusto Thompson também lamentara o resultado apertado: "perder de 4×3 é duro",[59] aparentando olvidar-se de que dureza mesmo é perder uma filha apunhalada dezoito vezes.

Também logo após o julgamento, *O Globo* trazia a seguinte reflexão: "O placar apertado (quatro a três) que condenou Paula pôs em discussão o sistema de júri do Código de Processo Penal."[60] Essa discussão ainda hoje suscita muita controvérsia. Por sua vez, o hoje desembargador Muiños Piñeiro lembrou que o renomado criminalista Evaristo de Moraes Filho defendia a tese de que o "protesto por novo júri" (recurso existente à época e que, para muitos, foi o fator decisivo na dosimetria das penas) deveria ter como fundamento o resultado final do júri, e não a quantidade de anos da pena aplicada. Nas palavras do próprio Evaristo, "um advogado e mesmo o seu cliente melhor se conformam com uma pena de 20 anos decorrente de um sete a zero do que uma pena de 5 anos decorrente de um quatro a três".[61] Esse foi o único ponto de vista em que a acusação e as duas defesas concordaram sem ressalvas durante todas as entrevistas para a elaboração deste livro.

De resto, concordaram em discordar.

Para a defesa da condenada, se houvesse mais tempo para expor sua argumentação, o resultado do julgamento teria sido diferente, principalmente pela tese central ser a negativa de autoria, que requeria que a defesa rebatesse "ponto por ponto" os indícios de que Paula esteve no local do crime. Carlos Eduardo considera que seriam necessárias, no mínimo, três horas para a exposição. Nas palavras do advogado:

> A acusação não queria deixar que a defesa mostrasse o processo aos jurados. Eles [a acusação] não vieram na réplica com o objetivo de limitar a defesa, de tirar a oportunidade de a defesa mostrar aos jurados o processo. Para nós foi uma pena, nós havíamos "virado" três votos e saímos convencidos de que não ter tido a réplica/tréplica foi fundamental naquele resultado de quatro a três.

Em depoimento a este livro, o promotor Assayag reconheceu que aquela foi, de fato, uma estratégia da acusação:

> A ausência de réplica foi uma mera questão de estratégia. Eu fiz uma argumentação "mais agressiva" e o Lavigne [assistente de acusação] explorou, um a um, os detalhes técnicos, ou seja, a prova incontestável de que o casal arquitetou e executou o crime. A defesa, em sua fala, tentou "fragilizar" o contexto da prova acusatória (principalmente as testemunhas de acusação). Entendemos que estávamos em vantagem e, por isso, não fomos à réplica.[62]

Há, ainda, um último ponto de desacordo. Pelas lembranças de Carlos Eduardo, na sala secreta um(a) integrante do júri estava bastante indeciso(a) e recorreu ao juiz com diversas dúvidas.[63] Pelo contexto posterior ao resultado, o advogado percebeu que ele (ou ela) votou pela condenação, naquilo que — em sua visão — por pouco não foi o voto decisivo a absolver sua cliente.

O desembargador Muiños Piñeiro, porém, possui outra visão sobre o tema. Além de não se recordar do(a) jurado(a) hesitante, ele ainda se permite conjecturar sobre as razões que podem estar por trás dos votos favoráveis à ré — que nada teriam a ver com a ausência de culpabilidade. Considerando que Guilherme já havia sido condenado; que, à época do julgamento, a então acusada se encontrava presa havia quatro anos; e que o casal tinha um filho pequeno, alguns dos jurados podem ter se sensibilizado diante do quadro geral, considerando já haver ocorrido punição suficiente, além de sopesarem a ausência dos dois pais na vida do menor. Diante da plausibilidade da inferência, só resta recordar a lição do jurista Roberto Lyra: "O Júri não é instituição de caridade, mas de justiça. Não enxuga as lágrimas integradas ao passivo do crime, mas o sangue derramado na sociedade."[64]

A pluralidade de visões é algo ínsito à natureza deste tipo de controvérsia. Citando o clássico filme *Justice est faite*,[65] Carlos Heitor Cony explicita a lógica subjacente à intrincada questão: "Se o réu é culpado, a pena foi pouca. Se o réu é inocente, a pena foi muita. De qualquer forma, a justiça dos homens foi feita."[66] Feita a justiça dos homens, e falível por natureza como é, restará a cada um, a partir de sua impressão particular dos fatos — e da credulidade que lhe seja própria —, acreditar na sinceridade (ou não) daquele que jura inocência.

Afinal, assim é se lhe parece.

Legistas em "guerra"

O legista Nelson Massini, considerado uma das maiores autoridades na área de medicina legal do Brasil, analisou o laudo cadavérico de Daniella e as fotos do local do crime, a pedido da *Folha de S.Paulo*. À época da reportagem, em agosto de 1996, sua fala chegou a causar bastante polêmica, principalmente pelas divergências em relação à opinião do perito Carlos Alberto de Oliveira, contratado pela acusação.

O principal desacordo entre ambos versava sobre o local onde Daniella teria sido morta: Massini afirmara que o óbito teria ocorrido no local onde o corpo fora encontrado, enquanto Oliveira acreditava que a morte se dera em lugar distinto, sendo aquele descampado apenas o local onde o cadáver da atriz fora abandonado. Também houve discordância se o soco levado por Daniella seria suficiente para deixá-la desacordada e, ainda, se de fato a atriz teria levado uma "gravata" antes de desfalecer.

Em reportagem, a *Folha de S.Paulo* afirmava: "Massini conclui que Daniella pode ter ido espontaneamente ao local onde foi morta, ao contrário do que diz a acusação."[67] O perito Mauro Ricart, em contundente entrevista na manhã que antecedera o julgamento de Guilherme, também acreditava que a atriz fora assassinada no local onde o seu corpo foi encontrado:

> **Uma outra dúvida é a de que Daniella Perez não teria sido morta no local onde o corpo foi encontrado porque lá teria que haver uma grande quantidade de sangue.**
> Com minha experiência de 30 anos de Polícia Técnica, o corpo estava colocado naquele local que nós o encontramos sem sinal de sangue no rosto. Existe até um parecer do Talvane de Moraes (ex-diretor da Polícia Técnica) que diz que os ferimentos têm praticamente a mesma profundidade, caracterizando que ela [Daniella] estava apoiada numa superfície rígida. Para nós, peritos do Carlos Éboli, não há a menor dúvida de que Daniella Perez foi morta naquele local. Isso é técnica e abundantemente descrito nos nossos laudos. O tênis dela mostrava o arrastamento.[68]

Em declaração a este livro, Ricart foi novamente contundente: "É uma utopia afirmar que ela [Daniella Perez] foi morta no banco traseiro [do carro]." O laudo assinado por Ricart afirma que Daniella foi morta "em área externa", tendo sido golpeada já inconsciente no local onde seu corpo foi encontrado.[69] Contudo, Carlos Alberto de Oliveira afirmava justamente o contrário: caso Daniella realmente tivesse sido morta no descampado onde o seu corpo foi achado, haveria "obrigatoriamente muito sangue naquele local".[70] Na opinião de Massini, isso não ocorreria necessariamente, pois as lesões internas eram maiores do que as externas e, assim, eflui pouquíssimo sangue do corpo — a hemorragia interna era significativa; a externa, praticamente nula. Para ele, "estando desacordada no chão ao ser morta, o sangue da atriz ficaria dentro da cavidade torácica".[71]

Ricart concorda com esse posicionamento: "[o corpo tinha] muita quantidade de sangue depositada no pulmão. Se alguém a pegasse para transportar, faria uma ligeira pressão e o sangue fluiria. Nas fotografias da época dava para ver que o rosto estava limpo. No momento em que o perito Carlos Neves [no IML] moveu o corpo para examinar os ferimentos, o sangue escorreu."[72]

CONCORDAMOS EM DISCORDAR

Por outro lado, existe o relato de que não havia marcas de pegadas do tênis de Daniella no local do crime, circunstância que reforçaria a tese de que ela jamais esteve de pé naquele lugar[73] — o que seria um indício de que aquele tenha sido o local escolhido apenas para abandonar o corpo, tendo o crime sido perpetrado em outro lugar. Questionado especificamente sobre esse fato, o promotor Maurício Assayag esclareceu que a dinâmica que a acusação pretendia provar "prescindiria dessa circunstância", e reforçou sua convicção sobre o crime: "Depois de agredida por Guilherme no posto de gasolina, a vítima foi colocada no veículo e conduzida para aquele local onde foi agredida e morta pelo casal."[74]

Por todo esse dissenso, chegou-se até a cogitar a possibilidade de haver "uma guerra de legistas"[75] durante os júris, fato que não se confirmou porque a defesa de Guilherme desistiu de arrolar Massini como testemunha e, como visto, Ricart não pôde comparecer ao julgamento devido a um problema de saúde.

Importante estabelecer que a versão oficial é aquela definida pelos jurados — homicídio duplamente qualificado pelas agravantes da emboscada e da motivação torpe. As opiniões divergentes entre Oliveira e Massini, entretanto, sobreviveram ao tempo. Cada qual ficou com a sua verdade. A *Folha de S.Paulo*, à época, publicou ambos os posicionamentos em uma reportagem especial, que ainda trazia uma terceira opinião de dois médicos paulistas, cabendo ao leitor tirar suas próprias conclusões.[76]

Os legistas até concordaram em um ponto: os golpes foram perpetrados com a atriz inconsciente. De resto, como é comum neste livro, concordaram em discordar.

A miscelânea, todavia, não se resume a isso. Em entrevista concedida ao autor durante a fase de elaboração deste livro, Massini trouxe um estudo particular ainda inédito, relacionado à posição em que o cadáver de Daniella fora encontrado. Tal abordagem torna-se muito importante sob a perspectiva historiográfica, tendo em vista que Paula Thomaz, em suas últimas declarações públicas, reafirmou inocência reforçando a narrativa de que jamais esteve no local do crime e, portanto, não tomou parte no homicídio.

No entanto, pela posição do corpo e pelos sinais de arrastamento nas vestimentas da atriz, Massini não tem dúvida de que Daniella tenha sido carregada inconsciente por duas pessoas: uma pelo tórax, agarrando-a pela parte mais pesada do corpo, e a outra pegando-a pelas pernas.

O carregamento teria sido iniciado somente pela pessoa mais forte, com a outra indo em auxílio no decorrer da ação. Por esse motivo, as roupas da atriz têm vestígios do solo do local do crime. Pelo relato de Guilherme, de fato ele começou a carregar Daniella sozinho, mas como estava "pesado, muito pesado", Paula veio em seu socorro.[77] Tal descrição coincide com a opinião de Massini: "Para o arrasto, do jeito que o corpo foi encontrado, existem duas pessoas transportando-o."

O legista, no entanto, diverge sobre a forma como Daniella sofreu o carregamento. Como visto, Guilherme afirma que cada um deles a arrastou por um dos braços. Massini não crê nessa hipótese. O legista chega a essa conclusão pela posição dos braços e pernas do corpo de Daniella quando foi encontrado. Os braços estavam em uma posição que indica que alguém a segurou por trás, agarrando-a pelo tórax. Já as pernas estavam abertas na posição "carrinho de mão", como se alguém as tivesse soltado logo após realizar o arrasto.

Por esse motivo, e amparado em sua larga experiência forense, Massini não tem dúvidas de que duas pessoas estiveram na cena do crime e dele tomaram parte, ao menos carregando o corpo da vítima, em mais um indício técnico de que Paula lá esteve.

19.
O que a vida fez das nossas vidas?

A caloura da discórdia

Pouco tempo após ter obtido a liberdade condicional, Paula Thomaz pôde sentir o quanto as pessoas ainda a repudiavam na cidade do Rio de Janeiro. Tendo refutado a afirmação de que a condenação sofrida apresentava um aspecto moral intangível, Paula experimentou na prática a dificuldade que teria quando a sua verdadeira identidade fosse descoberta nessa nova fase.

Ao se matricular no curso de administração da Universidade Candido Mendes (UCAM), no primeiro semestre de 2000, Paula despertou a curiosidade da imprensa, ávida por registros de sua nova vida. Assim, a outrora condenada acabou por estampar a capa do jornal *Extra* em foto durante o trote universitário, na qual aparecia com o corpo pintado e amarrada pelos pulsos por uma espécie de barbante, em imagem que lembrava a situação de uma pessoa algemada.[1] Até uma edição da revista *Caras* circulou em março de 2000 com uma reportagem especial onde eram publicadas as principais imagens da recém-iniciada trajetória universitária da outrora condenada.[2]

A superexposição de sua imagem, no entanto, seria o menor de seus problemas. Ao se matricular na unidade de Ipanema da UCAM, Paula também acabaria por despertar a ira de parte dos alunos que frequentavam o *campus* universitário. No que aparentava ser uma infeliz coincidência, Daniella havia estudado naquela universidade entre 1989 e 1990,[3] e seu irmão e sua cunhada se formaram na mesma instituição.

Para piorar o que já era ruim, Bárbara Ferrante (prima de Daniella) estudava na UCAM na época. Diante desse inusitado quadro, todos os ingredientes estavam postos para que surgisse mais uma polêmica envolvendo Paula Thomaz.

Não deu outra.

Insuflados pela mais genuína das indignações, um grupo de alunos iniciou um movimento para que Paula deixasse a instituição. Panfletos com transcrições de parte da sentença foram distribuídos na porta da universidade, manifestações de repúdio foram organizadas e alunos passaram a trajar camisetas com inscrições que remetiam ao crime. Na mais incisiva delas, havia estampada uma foto de Paula com o corpo pintado durante o trote universitário, ao lado de outra foto na qual aparecia a imagem do corpo de Daniella esfaqueado e abandonado. Nas demais camisetas confeccionadas havia inscrições como "Daniella Perez — O que vale essa vida?", "Impunidade é isso", e, certamente, a mais implacável: "A assassina está entre nós."[4]

Toda essa repercussão despertou grande interesse da mídia, reavivando a curiosidade pública pelo caso. Se por um lado as camisetas remetiam à ferocidade do crime, por outro lado despertaram a solidariedade de muitas pessoas, a ponto de a imprensa carioca publicar um artigo intitulado "Cruéis camisetas", que abordava especificamente essa questão:

O QUE A VIDA FEZ DAS NOSSAS VIDAS?

> Na verdade, qualquer cidadão pode ter a opinião que quiser sobre o caso. Mas o respeito devido à mãe [da vítima] não impõe que se veja com igual deferência a atitude do grupo de alunos da Faculdade Candido Mendes que decidiram usar o constrangimento como arma para expulsar Paula Thomaz, a homicida, do curso de administração. (...) Camisetas gritam nos corredores da Candido Mendes "A assassina está entre nós" e "Impunidade é isso". Não vale a pena discutir se são cruéis porque sempre se ouvirá a resposta estreita de que mais cruel foi o homicídio, como se uma coisa compensasse a outra. O que importa é constatar que podem ser eficazes. Ou seja, se, ao acrescentarem ao castigo do Código Penal a pena de exílio na terra natal, estarão efetivamente negando o direito à recuperação. (...) A sadia indignação da juventude é sentimento tão excitante quanto útil para a vida em coletividade. Mas assusta a facilidade com que ela se transforma em intransigência cruel, quando a cara-pintada que nos deu tanta alegria se transforma em filme de horror.[5]

Pela natural divisão que a questão comportava, a discussão rachou a universidade, e o clima entre os alunos passou a ser de conflagração declarada. Outro grupo de estudantes, em sua maioria alunos de Direito, se organizou para se posicionar a favor da permanência de Paula, sob o argumento de que não havia qualquer ilegalidade ocorrendo ali, e que a ressocialização era um direito de ex-presidiários — o que era verdade.

A beligerância chegou a tal ponto que a rua Joana Angélica, onde se situa a universidade, precisou ser fechada pela polícia em função das manifestações — contrárias e favoráveis a que Paula continuasse estudando na UCAM. Uma camiseta contendo inscrições que repudiavam sua permanência foi queimada em via pública, e por muito pouco não houve embate físico entre os dois grupos dissonantes.

A manchete da *Folha de S.Paulo* dava o tom do clima de confronto: "Paula Thomaz causa conflito no *campus* — Estudantes se dividem sobre presença da ex-detenta em universidade e causam conflito."[6] Se no *campus* os estudantes se dividiam sobre a questão, o povo parecia ter o seu veredito pronto. Em uma enquete realizada entre os ouvintes da Rádio Globo, 89% das pessoas se mostravam contrárias à permanência de Paula na UCAM e acreditavam ser correto que parte dos alunos protestassem contra o seu ingresso na instituição de ensino.[7]

Em meio ao racha existente em seu corpo discente, a direção da universidade veio a público se posicionar. A professora Ana Moraes, coordenadora de ensino da universidade, anunciou publicamente como a instituição encarava a questão: "Eles podem vestir as roupas que quiserem, só não acho justo que prejudiquem os nossos horários. E volto a afirmar: a Paula é uma aluna como outra qualquer para nós."[8]

A primeira manifestação de apoio a Paula Thomaz veio de Carlos Eduardo Machado, advogado que a havia defendido em seu julgamento e que também era professor de Direito da UCAM. "É impressionante que futuros doutores estejam contra o cumprimento da lei",[9] declarou em alusão ao fato de alguns alunos da faculdade de Direito também terem aderido ao movimento. Seguindo os passos do advogado de Paula, representantes da Ordem dos Advogados do Brasil (OAB),[10] da Arquidiocese do Rio de Janeiro[11] e até a presidente da Associação de Vítimas da Violência[12] vieram a público manifestar-se a favor do seu direito de estudar.

Se aparentemente a polêmica versava sobre o direito à ressocialização de uma ex-detenta, a questão de fundo era muito mais complexa. Subjacente à controvérsia não residia apenas a discussão sobre o direito de Paula voltar a estudar, nem o grupo contrário à sua permanência no *campus* propugnava que ela fosse proibida de frequentar o ensino superior em território brasileiro. A principal discussão era se sua matrícula na universidade, pelo fato de ser exatamente a mesma instituição em que Daniella havia estudado, deveria ou não ser interpretada como uma espécie de provocação à família da vítima.

Bárbara Ferrante reverberava esse sentimento ao afirmar que considerava uma provocação a presença de Paula na UCAM: "Só falta agora ela [Paula Thomaz] querer entrar para a academia Carlota Portella e fazer um teste na Globo para estrelar uma novela de Glória Perez."[13] Movida pela mais compreensível das indignações, a prima de Daniella detalhou melhor como via a situação: "Sabemos que ela tem o direito de estudar, mas achamos que poderia ser em outro lugar. Existe uma diferença entre tentar se reintegrar e esfregar o crime na nossa cara, frequentando os mesmos locais que Daniella."[14]

A bem da verdade, tudo indica que Paula não buscou intencionalmente essa polêmica. A princípio, não havia como ela saber de antemão que a vítima do crime pelo qual fora condenada e seus familiares próximos haviam estudado ou ainda estudavam naquela instituição. Paulo Almeida, pai da ex-detenta, se apressou em afirmar que sua família não tinha conhecimento de que a atriz havia frequentado a mesma instituição e que, diante da controvérsia, tinha sugerido à filha que trancasse a matrícula do curso.[15]

Paula buscava refazer sua vida, dissociando-se ao máximo de seu passado. No entanto, o anonimato completo não seria uma alternativa viável, sobretudo em função da demasiada exposição de sua imagem ao longo dos quatro anos e meio que separaram o crime de seu julgamento. Ela voltaria a ter desgostos semelhantes sempre que a tragédia fosse relembrada pela mídia, algo inevitável e que passaria a ocorrer esporadicamente.

A condenação, em última análise, era mesmo moral, como predisse Glória Perez tempos antes. Se um indulto viria a tornar a condenação invisível aos olhos da Justiça, o mesmo não se poderia afirmar sobre o viés moral. Intangível por natureza, estava em todo lugar e, ao mesmo tempo, em lugar nenhum. Apesar de sua pretensa falta de materialidade, era muito fácil de ser encontrada, como afirmava a novelista: "[Paula e Guilherme] estão mais marcados do que gado! A justiça virá da rejeição social que hão de sofrer enquanto viverem."[16]

Na capa da revista

Ainda em 2000, após a polêmica com parte do corpo de alunos da Universidade Candido Mendes, Paula teve novo dissabor ao participar de uma cerimônia pública em que deveria prestar um juramento de caráter ético-profissional para atuar como corretora de imóveis, após ter concluído um curso que a habilitara a exercer a profissão.

De vestido amarelo e acompanhada pelo pai, que trajava paletó, tudo indicava que seria o marco de uma nova etapa em sua vida. Pai e filha elegantemente trajados aguardavam o início da solenidade. Nada feito. Ao perceber a imprensa aguardando no local, Paula deu meia-volta, se escondeu atrás do pai para evitar ser fotografada, e rapidamente foi embora.

Após ter se formado como técnica em transações imobiliárias e se diplomado, aquela seria a última etapa necessária à obtenção do registro profissional. A foto do jornal *Extra* deu a dimensão exata daquele momento: Paula escondida atrás do pai, esperando o elevador para rapidamente deixar o edifício onde a cerimônia seria realizada, era a imagem de alguém atormentada pelo próprio passado.

Aquela insólita situação voltaria a se repetir dali por diante.

* * *

"Os personagens principais daqueles acontecimentos tiveram a vida marcada para sempre (...)"[17]

Dessa forma, a imprensa se referia aos algozes da atriz Daniella Perez, exatos vinte anos após o crime. Protagonistas de uma trama cruel, jamais foram esquecidos pela mídia, que periodicamente relembra o caso, destacando os principais aspectos de uma investigação criminal que chocou o país.

Na época em que ainda estava presa, Paula havia confidenciado que pretendia se livrar da famigerada tatuagem assim que ganhasse a liberdade,[18] provavelmente já pensando em buscar um novo relacionamento despida do constrangimento de se apresentar a um futuro pretendente com uma tatuagem contendo o nome do seu ex-marido, situada em sua virilha, desenhada em cores berrantes, conhecida por todo o Brasil e que, ainda por cima, remetia a um crime violento.

Se o raio laser foi de fato utilizado para apagar parte do passado marcado em sua própria pele, nunca se poderá confirmar. No entanto, dificilmente algum artifício tecnológico poderá ser capaz de apagar o crime da memória coletiva. Tendo refutado o rótulo atribuído por Glória Perez de que acabaria marcada pelo crime após a condenação, Paula experimentou na prática o verdadeiro significado da expressão "condenação moral", a qual rechaçara depois de receber a sua pena inicial de dezoito anos de prisão.

Paula foi a principal personagem da edição da revista *IstoÉ* em 31 de outubro de 2012. A publicação buscava noticiar como viviam condenados por crimes de grande repercussão após deixarem a cadeia. "Eleita" entre vários outros condenados para aparecer na capa da revista,[19] viu sua imagem retratada numa chamativa capa vermelha ao lado de uma expressiva manchete: "PAULA THOMAZ matou a atriz Daniella Perez com tesouradas, passou seis anos presa, mudou a cor dos cabelos e hoje circula pelas ruas de Copacabana e Ipanema."[20]

A matéria ainda repercutiu nos noticiários televisivos, tendo alguns de seus trechos reproduzidos em telejornais de emissoras variadas, e foi o assunto de uma reportagem de cerca de quatro minutos no programa *TV Fama*, exibido pela RedeTV. A partir da publicação da revista e da exibição do programa, não foi mais possível manter-se incógnita. Por um bom tempo, Paula voltaria a ser reconhecida nas ruas.

Segundo a reportagem, pequenos contratempos ocorriam no dia a dia de Paula, lembrando-a de que a repulsa das pessoas está diretamente relacionada ao crime que cometeu. Reconhecida na praia em certa ocasião, as pessoas mais próximas logo juntaram seus pertences e se afastaram, deixando um vácuo constrangedor ao seu redor. Para um ambulante que testemunhou a cena, "ficou um clima esquisito"[21] no que deveria ser apenas mais uma manhã de sol na vida de uma entre as centenas de banhistas que diariamente frequentam as praias cariocas.

Paula, entretanto, jamais voltaria a ser mais um rosto em meio à multidão, a ponto de conseguir passar despercebida em um inocente banho de mar, embora o anonimato aparentasse ser mesmo sua preferência. Em sua vida universitária, Paula muitas vezes frequentava o *campus* de boné a fim de esconder os cabelos longos, não socializava com os colegas entre os intervalos das aulas e, segundo uma estudante, evitava até mesmo o elevador da instituição, para não ficar em ambiente fechado com os demais alunos.[22]

Em outro revés de seu cotidiano, uma festa infantil organizada por ela acabou praticamente vazia. A maioria dos convidados optou por não comparecer. Segundo uma das poucas convidadas a levar uma criança ao evento, até os garçons que a reconheceram se recusaram a servi-la.[23]

Ainda de acordo com a matéria da revista *IstoÉ*, em 2012 Paula vivia em um apartamento de 180 metros quadrados em um dos pontos mais valorizados da zona sul do Rio de Janeiro. Apesar dos constrangimentos ocasionais, aparentemente levava uma vida muito confortável. Com a silhueta mais fina, passou a adotar mechas claras, em contraste com os vistosos cabelos negros que exibia à época do julgamento.

Apesar do seu elevado padrão de vida,[24] tudo indica que Paula jamais deixou de ser prisioneira — seja de sua própria consciência, seja de olhares de reprovação que volta e meia lhe são dirigidos. Diferentemente de Guilherme, que mantém um perfil ativo nas redes sociais e aparenta não sentir qualquer desconforto ao ser reconhecido, Paula demonstra um profundo incômodo em relação à notoriedade do passado que carrega:

O QUE A VIDA FEZ DAS NOSSAS VIDAS?

Ao ver a reportagem de ISTOÉ na rua onde mora, na divisa de Copacabana e Ipanema, dois dos mais famosos bairros do Rio de Janeiro, Paula pegou o braço do pai, Paulo de Almeida, e ambos atravessaram a rua e entraram no primeiro ônibus que passou. Ela percebeu que estava sendo observada e, mesmo sem saber por quem, repetiu o que virou hábito: fugir de olhares de pessoas que possam se lembrar de seu passado criminoso. Em dezembro completam-se 20 anos que Paula e Pádua assassinaram com 18 tesouradas a atriz Daniella Perez, então com 22 anos, crime que chocou o País.[25]

Novo episódio ocorrido em 2012 evidenciou fato semelhante. Após entrevista concedida por Guilherme de Pádua à Rede Record, a produção do programa fez uma espécie de plantão em frente ao prédio de Paula. Surpreendida pela reportagem retornando ao edifício, ela foi abordada pelo jornalista a lhe solicitar uma breve fala. O repórter se dirigiu a Paula de forma cordial — informou que era da Record e que gostaria apenas de "dar uma palavrinha". Seu olhar expressava um misto de temor e surpresa, e ela virou imediatamente o rosto e sequer se dignou a lhe responder.[26]

Algo semelhante já havia ocorrido em 2006[27] e voltaria a ocorrer em 2015,[28] quando, em ambas as oportunidades, representantes de Paula Thomaz esclareceram que ela não tinha intenção de dar entrevistas. Desde que readquiriu a liberdade, não há mais na imprensa quaisquer registros de incidentes violentos que a envolvam, e tampouco declarações públicas de Paula sobre o crime ou que atinjam a memória da última.

Suas presumidas últimas declarações sobre o caso datam de maio de 1997, quando, no calor de sua condenação, reiterou publicamente sua inocência. Contudo, cerca de um ano e três meses depois, em outubro de 1998, sua mãe confidenciou à imprensa que Paula realmente acompanhava Guilherme de Pádua na noite do crime. Desde então, ao que se sabe, não há registros de novas declarações públicas de sua parte ou por parte de sua família. Sempre que instada a se manifestar, Paula prefere o silêncio[29] e, em 2012, chegou a pleitear o direito ao esquecimento em função da reportagem da *IstoÉ*. Tal pretensão foi negada pelo STJ em 2020.[30]

Embora resida em um endereço nobre e tenha pessoas trabalhando para ela, ao que parece, Paula trocou uma prisão por outra. Desconfiando de tudo e de todos, o confinamento em que vivia na carceragem da Polinter em essência pouco parece diferir do apartamento onde vive em um dos melhores pontos da cidade do Rio de Janeiro. Por mais paradoxal que possa parecer, possivelmente sua verdadeira punição tenha começado de fato quando readquiriu a liberdade, como conjecturava de forma bastante perspicaz uma colega dos tempos de Candido Mendes: "Na cadeia, Paula não conviveu com o preconceito. Acredito que agora, na rua, diante da reação das pessoas, é que começará sua pena."[31]

Nesse ponto, sua provação é muito mais árdua do que aquela imposta ao outro condenado. Sua linguagem corporal desconfortável exposta na capa da *IstoÉ* — Paula é retratada de um ângulo lateral, com o rosto levemente virado e a olhar de soslaio, como se desconfiasse de que alguém a houvesse notado — demonstra que ela jamais deixou de tentar fugir da péssima fama que a condenação pelo crime lhe impõe.

Talvez seja uma prisioneira de si mesma.

Fiz bobagem

Após retomar a liberdade, parecia que Guilherme passaria a levar uma vida discreta, buscando distância dos holofotes. Só parecia. Em pouco tempo, a postura exibicionista que marcara o ex-ator durante o julgamento voltaria a aflorar em toda a sua plenitude, com direito a foto colorida na capa de um dos principais jornais do país e entrevistas em programas de televisão de grande audiência.

O QUE A VIDA FEZ DAS NOSSAS VIDAS?

A princípio, não era isso que o outrora presidiário buscava para a sua vida em liberdade. Ou, pelo menos, não era o que manifestava à imprensa em seus primeiros meses após ser solto: "Eu gostaria de esquecer tudo; de recomeçar a vida. Mas vocês não deixam."[32]

Alguns anos depois, a situação não seria mais a mesma. Indultado pela Justiça e recém-casado com a produtora de moda Paula Maia — que frequentava a mesma igreja de Guilherme —, o convertido não resistiria à tentação da vaidade e estamparia a capa do jornal *Folha de S.Paulo*. Junto a uma foto colorida, a manchete destacava a entrevista exclusiva de Guilherme de Pádua como uma das principais reportagens da edição dominical de 15 de outubro de 2006.[33] Já na página em que a matéria era publicada havia mais uma foto de Guilherme, em formato ainda maior, abraçando sua jovem esposa pela cintura. Ela, por sua vez, tinha a cabeça voltada para o marido e os olhos fechados, em imagem que mais se assemelhava a um casal apaixonado posando para um book familiar do que a uma matéria cujo pano de fundo era um homicídio.[34]

Declarando ainda se sentir um prisioneiro, Guilherme fazia um relato curioso de como se via diante da sociedade e, principalmente, diante da Justiça: "Continuo preso. Fui uma espécie de exemplo de justiça, superexposto pela mídia, em um país repleto de impunidade. A verdade é que fiz bobagens, mas sou inofensivo, e por isso as pessoas não têm medo de me agredir na rua."[35]

A polêmica novamente aflorara. O crime que Guilherme praticara era denominado pelo próprio simplesmente como uma "bobagem". Talvez em sua percepção pudesse ser isso mesmo. No entanto, respeitadas as possibilidades semânticas da utilização de eufemismos na língua portuguesa, nem todo mundo concordava com isso, como afirmava o jornalista Fritz Utzeri:

> Abro a *Folha de S.Paulo* e no alto da primeira página dou com a foto de Guilherme de Pádua, assassino da

atriz Daniela (*sic*) Perez, e o título *A vida depois do crime*. Estranho o destaque, uma página de jornal. Sei que isso vende e vender jornal, afinal, é o objetivo primeiro de uma empresa de comunicação. (...) Leio a reportagem e me espanto ante a maneira como o assassino se refere ao próprio crime. (...) Um dos sinais mais claros de nossa decomposição moral e social é dado pela perda do sentido das palavras. "Bobagem", para o dicionário, é "asneira, coisa sem importância, fato ou palavra inconveniente, insignificante". Em que categoria de "bobagem" poderíamos classificar um homicídio por estrangulamento e 16 perfurações [em verdade foram dezoito], a maioria no pescoço [a maioria foi no coração], feitas pela cúmplice do assassino (que era sua mulher na ocasião) usando uma tesoura. Bobagem? Mas, pensando bem, Guilherme tem razão. A vida humana no Brasil é mesmo uma bobagem, uma coisa sem importância, insignificante. (...) Uma vida humana — num caso em que o criminoso, segundo suas próprias palavras, foi condenado pela superexposição da mídia (o que faz supor um julgamento injusto) — foi paga de que jeito? O assassino ficou preso pouco mais de seis anos e só... Hoje é celebridade. Acreditem, leitores, há sociedades em que um crime dessa natureza daria um castigo bem mais rigoroso ao assassino. Mas o Brasil é o país da bobagem.[36]

Por fim, Guilherme afirmara à reportagem da *Folha de S.Paulo* que adquirira verdadeiro "trauma",[37] da imprensa, valorizando a concessão daquela entrevista e qualificando-a como um fato extremamente raro em sua vida. A reportagem sugeria que tal evento dificilmente se repetiria dali por diante.

O tempo se encarregaria em demonstrar todo o desengano do jornal.

O QUE A VIDA FEZ DAS NOSSAS VIDAS?

De volta ao horário nobre

Embora algumas vezes tenha reafirmado que seu maior desejo seria ser esquecido pela imprensa, Guilherme de Pádua também não resistiu a convites para entrevistas sobre o crime feitos por emissoras de televisão. Apesar de não ser um fato corriqueiro, ele se dispunha a falar sobre o trágico episódio a emissoras de TV aberta, o que fazia com que a sua imagem e, mais importante ainda, a sua versão sobre o crime atingissem um público de grande dimensão.

Quase vinte anos depois da exibição de suas últimas cenas em *De Corpo e Alma*, o outrora ator voltaria a aparecer nos televisores de todo o país em horário nobre. Em 2010, Guilherme aceitou o convite do apresentador Carlos Massa, popularmente conhecido como Ratinho, e concedeu uma entrevista exclusiva ao seu programa exibido no SBT. Realizada ao vivo das 18h às 19h, valeu ao SBT um segundo lugar naquela faixa de horário, com média de 7,7 pontos[38] e picos de dez pontos de audiência.[39] Ratinho declarou, durante a exibição do programa, que cerca de 15 milhões de brasileiros assistiam à entrevista à espera das revelações de Guilherme de Pádua.

No entanto, elas não vieram.

A entrevista começou quente. A primeira pergunta de Ratinho foi sobre os motivos que levam muitos ex-presidiários a se tornar crentes. A resposta veio à feição, mostrando que Guilherme conservava o raciocínio rápido e a postura desafiadora que o notabilizaram ao longo dos anos: "Você preferia que eles fossem assaltar a sua casa?"[40]

Daquele instante em diante, tudo o que poderia dar errado, errado deu.

Guilherme manteve durante toda a entrevista uma postura de vitimização, dizendo que a sua versão jamais tinha sido divulgada ao público e afirmando considerar que o correto seria que as três versões do crime tivessem sido divulgadas pela imprensa. Essa foi mais uma imprecisão veiculada durante a entrevista. Durante a década de 1990, as três versões apresentadas para o crime foram divulgadas pelos jornais de grande circulação do país, tendência que se acentuou com a proximidade do julgamento. Guilherme também concedeu diversas entrevistas sobre o assunto aos mais variados veículos de comunicação — a mais extensa chegou a contar com impressionantes dezenove páginas na extinta revista *Amiga*[41] —, nas quais pôde narrar livremente a sua versão dos fatos.

O ex-ator também não se furtava a criticar o trabalho da Justiça, questionando a idoneidade de algumas das testemunhas arroladas no processo, comportamento que já tinha adotado às vésperas do julgamento. Também se permitira afirmar que "a minha versão bate com as provas, tim-tim por tim-tim, detalhe por detalhe".[42] Como havia sido condenado com base na versão da acusação, a resposta dava a entender que a condenação teria sido injusta. Percebendo um dos raros atos falhos do entrevistado, Ratinho emendou: "Então a Justiça errou?"[43] A resposta de Guilherme soou contraditória: "Não. Eu acho que tem que ter uma condenação, uma vida foi perdida."[44]

Ainda sobre o processo, Guilherme também afirmou a Ratinho que nem ao menos conhecia a versão apresentada por Paula Thomaz para o crime, mesmo depois de tanto tempo decorrido dos julgamentos: "Eu ontem, conversando com a sua produção, eu não sabia qual era a versão da minha ex-esposa."[45]

Entre o conjunto de declarações que primavam pela falta de coerência, provavelmente essa tenha sido a que mais se sobressaiu. A posição oficial de Paula Thomaz ao longo de todo o processo sempre foi a de negar sua participação no assassinato, afirmando que jamais esteve no local do crime. Essa foi inclusive a primeira versão de Guilherme apresentada à polícia, posteriormente mantida por sua ex-esposa, sendo que ele mesmo já havia confessado em seu livro que tal versão fora previamente combinada entre ambos.

Após romper com Paula, Guilherme passou a acusá-la de ter dado as supostas tesouradas que vitimaram Daniella. Durante seu julgamento, sua defesa pediu uma acareação entre os acusados, para que os jurados pudessem avaliar quem falava a verdade, pois Guilherme refutava veementemente a versão de que Paula não estivera na cena do crime. Mais intrigante ainda foi a declaração dada por Guilherme algum tempo antes da entrevista ao SBT: "Não achei justo pagar pelo que ela fez e continuar ouvindo-a negar a sua participação."[46]

O ponto central da entrevista com Ratinho acabou por ser uma permanente tergiversação de Guilherme quando indagado sobre os motivos que levaram ao assassinato de Daniella. Ao ser questionado diretamente sobre o que de fato teria acontecido na noite do crime, embora tenha prometido "uma surpresinha" no início da entrevista, o ex-ator se furtava a abordar o assunto, afirmando-se receoso de ser processado.

Ao se esquivar dessa forma, Guilherme desagradava ao público. O apresentador Ratinho chegou até a advertir o entrevistado — por algumas vezes de forma mais incisiva —, parecendo trocar a impaciência pela mesma irritação que tomava conta da audiência: "Você está me enrolando! Está todo mundo no Twitter me dizendo isso!"[47]

A entrevista acabou de forma deplorável. Guilherme e Ratinho discutiram de forma um tanto quanto áspera, os dois falando ao mesmo tempo. Os momentos finais, marcados por muita tensão, pelo menos foram úteis para revelar a essência de Guilherme e suas reais intenções ao participar do programa. Ao ser confrontado por Ratinho, que disse que mesmo se houvesse mais tempo o entrevistado continuaria a enrolá-lo, pelo fato de "ser ator", Guilherme respondeu: "Você é um personagem também."[48]

Estava dito. Pode até ter sido um ato falho de Guilherme, mas deixava pouca margem a dúvidas de que o condenado pela Justiça, naquela noite, interpretava um personagem, tal qual o apresentador, em sua opinião.

Ou será que o ex-ator, em realidade, já agia assim havia muito tempo?

Não houve tempo para que Ratinho lhe fizesse essa pergunta. Ao que parece, o apresentador nem se deu conta do vacilo de seu entrevistado. Percebendo que a entrevista havia sido um fiasco e que a discussão não levaria a lugar algum, terminou abruptamente o programa, mas não sem dar uma declaração nada amistosa, pouco antes de deixar Guilherme sozinho no palco: "Eu, se fosse a Glória, também não perdoaria você. Boa noite, Brasil."[49]

Em essência, a entrevista fora um mau jogo, mal jogado.

* * *

Em 2012, houve nova aparição de Guilherme de Pádua na TV aberta, dessa vez no programa *Domingo Espetacular*, exibido pela Rede Record. A entrevista foi veiculada no quadro "A grande reportagem", que apresentava a principal matéria exibida pelo programa em cada uma de suas edições.

Pela curiosidade que o crime ainda despertava no público, mesmo já tendo se passado vinte anos, a entrevista foi capaz de alavancar a audiência da emissora — enquanto esteve no ar, a Record bateu 16 pontos, empatando com a exibição do *Fantástico*, na Globo.[50]

Na entrevista conduzida pelo experiente jornalista Marcelo Rezende, Guilherme confirmou a versão de sua defesa durante o julgamento em 1997. Ele insistiu na narrativa de que houvera uma briga entre Paula e Daniella e que, ao tentar apartar a desavença, agarrou a atriz com muita força pelo pescoço, a ponto de ela desfalecer. Segundo seu relato, enquanto voltava ao carro para adulterar a placa, Paula teria dado as estocadas fatais que vitimaram a atriz.

Sobre os acontecimentos que antecederam o crime, ele voltou a afirmar que havia se aproximado de Daniella por interesse, e citou novamente o fato de que no dia do crime havia descoberto que sua participação na trama fora reduzida justamente naquela semana. Em postura francamente exibicionista, Guilherme também chegou a imitar a reação do marido da vítima a chorar em seus ombros quando se prestava ao papel ignóbil de consolar a família de Daniella na mesma noite em que cometera o crime.

O QUE A VIDA FEZ DAS NOSSAS VIDAS?

A única novidade digna de nota foi uma mudança na motivação do crime. Dessa vez, Guilherme afirmou que queria demonstrar à esposa que era Daniella quem o assediava, já que Paula desconfiava justamente do contrário, tendo em vista que ela achava Raul Gazolla "mais bonito" do que o então marido. Ao que se sabe, foi a última modificação de Guilherme em sua versão.

Em nova manifestação incoerente em relação às suas declarações anteriores, Guilherme afirmou que Paula "tinha um pouco de ciúme",[51] o que ele considerava normal. Não é essa, no entanto, a descrição que fez em relato anterior. Seu livro autobiográfico descreve em detalhes alguns rompantes de ciúme protagonizados por Paula Thomaz, fato que foi amplamente divulgado por vários meios de comunicação durante a década de 1990.[52]

Afirmando estar marcado pelo crime pelo resto da vida, Guilherme ainda disse que, se um dia estivesse frente a frente com Glória Perez, "pediria perdão".[53]

À época, também foi noticiado que a participação na atração dominical não teria como único intuito atrair as atenções novamente para si. A jornalista Anna Ramalho divulgou em seu blog que, para participar do programa, Guilherme teria recebido 18 mil reais.[54]

Mais uma vez a aparição de Guilherme de Pádua causou bastante controvérsia e, como não poderia deixar de ser, tendo em vista o duvidoso conteúdo de suas declarações, foi objeto de inúmeras críticas. Vinte anos depois do crime, o condenado ainda se prestava ao papel escuso de ir a um programa de televisão para modificar sua versão dos fatos.

Mais uma vez foi um mau jogo, novamente mal jogado.

20.
Filho não se conjuga no passado

Uma dor que não acaba

"Filho não se conjuga no passado."[1]

Dessa maneira tão dolorida, Glória Perez relembrou, com um misto de tristeza e melancolia, os 25 anos do assassinato de sua única filha. A emblemática frase não significava, contudo, meras palavras ditas por uma mãe saudosa. Era forma, mas também conteúdo.

De fato, a escritora sempre manteve acesa a chama da lembrança de Daniella, tanto em relação à curta carreira da atriz como também sobre o crime que covardemente a vitimou. Por trás da expressiva afirmação residia a premissa de que a abrupta e dramática separação não seria capaz de modificar um fato: Glória continuava a ser a mãe de Daniella, independentemente de sua morte. Filho é para sempre. Todo o sempre. A novelista se ateve à essência metafísica desse sentimento — que continua a mantê-la ligada a Daniella — ao mesmo tempo que confessava a imensa dor pela permanente ausência física de sua filha.

FILHO NÃO SE CONJUGA NO PASSADO

Em fevereiro de 1993, em uma extensa reportagem publicada pela revista *Veja*, Glória abordou o assunto de forma muito franca: "Ainda sinto o atordoamento da falta da pessoa. Não escuto a voz dela, não há a sua presença física, e, no entanto, Dani está em todas as referências de vida que existem à minha volta."[2] A presença de Daniella, ainda que etérea, será eterna em sua vida. Por outro lado, a sua ausência — concreta — também sempre se fará presente.

Naturalmente, naqueles meses que se seguiram ao crime, a presença de Daniella ainda era muito intensa na vida da autora. Muitas vezes, ao se referir à filha, Glória utilizava verbos no presente, como se Daniella ainda fosse voltar ao convívio familiar. Como rememorou o desembargador Muiños Piñeiro, naquele período, em algumas conversas com a novelista em seu apartamento no Jardim Botânico, Glória chegava a apontar para um pequeno tablado na sala de estar, afirmando singelamente que "ela [Daniella] dança ali".[3]

Em dezembro de 2012, a coluna do jornalista Ancelmo Gois noticiava a criação de um blog em homenagem à memória da atriz.[4] Intitulado *Daniella Perez: arquivos de um processo*, o site mantém uma série de imagens da atriz em diversas fases de sua vida, além de relatar curiosidades sobre a infância de Daniella e apresentar aspectos de sua vida familiar pouco conhecidos pelo grande público.

O blog também é um repositório importante de informações sobre o crime, mantendo na internet um substancial arquivo sobre o caso. Em seu vasto conteúdo, são disponibilizadas diversas reportagens publicadas ao longo dos anos, áudios de testemunhas, extratos do processo criminal e até fotos do apartamento onde o casal homicida pretendia morar caso não tivesse sido preso logo após o crime.

A própria autora Glória Perez, em entrevista à revista *Trip*, explicava a importância de tornar público os pormenores do crime, deixando claro que a sua concepção de justiça não se limita à condenação dos réus:

Por que é importante que essa discussão seja pública, em vez de mantê-la na esfera íntima?
O que é íntimo é o luto. É a dor da gente, que não sai nos jornais. A luta por justiça é pública e diz respeito a toda a sociedade. Não permitir que versões fantasiosas se sobreponham à verdade dos fatos é parte de fazer justiça. E a verdade está lá, no processo, que aliás é público. É só divulgar.[5]

Que assim seja.

* * *

Não deixa de chamar a atenção o fato de que Guilherme sempre tenha buscado demonstrar um amor imenso e desmedido por seu filho, que no momento em que o crime fora cometido ainda estava no ventre da mãe. Em uma de suas versões, Guilherme teria afirmado que tentara apartar a suposta briga entre Paula e Daniella visando a preservar a integridade física do filho que sua esposa esperava, agarrando Daniella pelo pescoço com um braço e afastando Paula com o outro braço, mas tomando o cuidado de não tocar em sua barriga.[6]

Mais desmedidas ainda teriam sido suas preocupações com o futuro filho, externadas a Paula em um curto diálogo mantido logo após o crime, como o próprio Guilherme relatou em suas memórias: "Será que machucou o Filipinho? Ô amor, se ele morrer, eu não vou aguentar."[7] Em outra declaração "meiga", na qual também valera-se de diminutivos, o condenado relatou que, quando avistou a suposta briga entre Paula e Daniella, só conseguira pensar "na barriguinha da minha mulher".[8]

No entanto, ao que parece todo esse exacerbado amor arrefeceu com o passar do tempo. Pelas declarações de Guilherme é possível inferir que, após obter a liberdade e voltar para Belo Horizonte, os encontros entre pai e filho rarearam. Em entrevista em 2006, Guilherme admitira ter perdido contato com o menor, limitando-se a informar à reportagem de maneira lacônica que "de um tempo para cá não via mais o filho",⁹ informação confirmada em reportagens posteriores publicadas pela imprensa.¹⁰

Essa situação parece ter se agravado com o passar dos anos, como noticiava o blog da jornalista Anna Ramalho:

> Os filhos não têm culpa dos erros de seus pais. E alguns deles podem ter muita sorte. É o caso do filho de Paula Tomaz (*sic*) e Guilherme de Pádua, assassinos confessos [apenas Guilherme confessou participação no crime] da atriz Daniella Perez, filha da novelista Glória Perez. Na ocasião do bárbaro e covarde crime, em dezembro de 1992, Paula estava grávida. Pois bem: passados quase 20 anos do assassinato que chocou o Brasil, corre na 5ª Vara de Família, no Rio, um processo de pedido de adoção feito por seu padrasto (...).¹¹

O pedido de adoção foi deferido pela Justiça. O filho de Guilherme de Pádua modificou seu nome, excluindo o sobrenome paterno, e trocou até os de seus avós — excluindo os pais de Guilherme de sua documentação.

Paula Thomaz, por sua vez, sempre colocou em dúvida esse desmedido amor. Em meados de 1993, ela escreveu uma carta em que questionava o sentimento que Guilherme afirmava sentir: "Você realmente quer esse filho, ou é mais uma comovente história para a imprensa, hein? Não se faça de coitado, dizendo à imprensa que faz tudo por mim e por ele, por que não é verdade. Você nunca fez isso e não me convence."¹²

Talvez, para Guilherme de Pádua, filho se conjugue no passado.

Daqui a cem anos

Nada, jamais e em tempo algum, conseguirá aliviar a enorme frustração que envolve a família de Daniella, e que, em verdade, se tornou um sentimento comum a todos aqueles que admiravam a atriz. Glória Perez, meses depois da condenação dos algozes de sua filha, refletia essa realidade em uma curta declaração: "Uma tragédia como essa lhe traz um sentimento de solidão profunda, enquanto pessoa — porque essa dor é indivisível."[13]

O vazio restará para sempre. Mesmo que se passem cem anos. Os condenados pelo crime, no entanto, não parecem pensar exatamente dessa forma.

Em uma das raras declarações atribuídas a Paula Thomaz após a sua libertação, ela teria afirmado a um velho conhecido dos tempos em que ainda era criança que "estava tudo resolvido com a Justiça".[14] Pode até ser verdade. No entanto, na vida das inúmeras pessoas que amavam e admiravam Daniella Perez, permanecerá para sempre a imensa lacuna deixada pelo bárbaro crime cometido, e nada — em tempo algum — restará resolvido.

Pelo menos no coração de todas essas pessoas.

Guilherme de Pádua, por sua vez, teve sua imagem associada de maneira definitiva ao crime, e nada indica que essa situação se arrefecerá, nem daqui a cem anos. Réu confesso desde o primeiro momento, ele jamais conseguiu dissociar seu nome do sinistro episódio, mesmo com o passar do tempo. Fatos pontuais demonstram isso. Certa vez, Guilherme revelou que a aversão a sua pessoa era tão grande que chegaram a cuspir em seu rosto.[15] Já o clube que sediou sua última participação em um baile de debutantes ficou alguns anos sem realizar cerimônias do gênero, como descrevia a revista *Manchete*:

> O Clube Sodésio, da cidade-satélite de Sobradinho, não realiza bailes de debutante desde 1993, quando o galã escolhido foi ninguém menos que Guilherme de Pádua, o mesmo que é acusado de matar a tesouradas a atriz Daniela (*sic*) Perez. Pode-se dizer que uma geração de Sobradinho está traumatizada. Valéria Regina de Souza Almeida, uma

das debutantes que dançou embevecida a valsa daquele ano, confessa que rasgou e queimou a foto.[16]

Em entrevista à *Folha de S.Paulo* concedida em 2006, Guilherme apresentou o que o jornal denominou de "certeza inexorável" ao concluir a matéria que trazia um relato detalhado sobre a sua vida após deixar a cadeia: "Daqui a cem anos tudo estará resolvido."[17]

Em que pesem os termos incisivos utilizados pela matéria jornalística, de inexorável essa pretensa certeza quase nada possui. Que o diga Glória Perez, que coincidentemente também se referiu à expressão "cem anos" em uma de suas inúmeras declarações sobre o caso: "Daqui a cem anos quem falar de Guilherme de Pádua e Paula Thomaz vai se referir a eles como criminosos psicopatas e cruéis."[18]

Quem viver, verá.

Atropelada

"Fiquei perplexa. Era quase uma abstração."[19]

A frase dita por Helena Buarque, uma das melhores amigas de Daniella, traduz toda a estupefação que se abateu sobre o país após o crime. À população em geral restava impossível entender o desvario contido naquele episódio. A leitura atenta deste livro — do início ao fim — ecoa esse sentimento. A vida de Daniella Perez é totalmente desconectada do crime que a vitimou, como asseverou sua mãe: "[Ao tomar conhecimento das versões dos acusados] você percebe o quanto foi gratuita a morte da Dani. É uma coisa inteiramente desligada da outra, não tem nada a ver com a vida dela. Não tem explicação."[20]

A pesquisadora Luiza Eluf, por sua vez, resume o quão indecifrável é o caso, algo que se agravou com o passar do tempo:

A conduta de Paula Thomaz e de Guilherme de Pádua ainda hoje é incompreensível. Este caso não encontra paralelo entre os demais crimes passionais ocorridos no Brasil e talvez somente possa ser explicado pela existência de mentes doentias envolvidas em crenças macabras e rituais de sacrifício.[21]

Até o jurista Evandro Lins e Silva, possivelmente o mais renomado criminalista brasileiro e que à época do crime contava com nada menos que sessenta anos de experiência forense, se declarou publicamente "incapaz de encontrar uma explicação para a morte de Daniella".[22]

A perplexidade que remanesce não é algo efêmero. Pelo contrário. Parece ser o traço mais duradouro a circundar o caso. Abordar o passado muitas vezes também significa se pronunciar sobre o presente e, em alguns casos específicos, até predizer o futuro. Para tanto, porém, a roda da vida tem que girar sem amarras. Muitas vezes trajetórias são interrompidas sem nenhuma explicação razoável, amparadas apenas em estatísticas que refletem aquilo que casuisticamente ocorre em determinado lapso de tempo. Acidentes de trânsito e desastres naturais são dois bons exemplos de como infortúnios são capazes de abreviar a existência humana sem aviso prévio e, principalmente, sem proporcionar qualquer explicação sobre a razão de terem ocorrido em determinado momento.

Ante a falta de qualquer substrato lógico a amparar minimamente a ação criminosa, a perspicácia do advogado Arthur Lavigne veio preencher essa lacuna por meio de uma analogia que traduz à perfeição o total descabimento do infortúnio que se abateu sobre a vida de Daniella. Dita à mãe da vítima diante de todo o desconsolo daqueles que amavam a atriz, acabou por espelhar a total falta de sentido do crime: "Sua filha foi atropelada."[23]

Daniella se somaria às estatísticas que desafiam a compreensão humana. Não teve o futuro de sucesso que a maioria dos analistas apostava, e acaba por sempre ser lembrada pelo lamento de tudo aquilo que poderia ter sido, mas infelizmente não foi. A atriz acabou mesmo "atropelada", de forma súbita e repentina. Não por um carro ou por qualquer outro veículo que se movimente sobre rodas, mas pela barbárie e crueldade humanas.

Inexplicável.

Quem é essa mulher? (caso Zuzu Angel)

"Quem é essa mulher / Que canta como dobra um sino?"[24]

Os versos de Chico Buarque, imortalizados na canção "Angélica", foram feitos para homenagear a estilista Zuleika de Souza Netto, mais conhecida como Zuzu Angel, morta em 1976, em condições obscuras durante a ditadura militar. O poema significava mais do que apenas uma homenagem a uma mãe — era também um tributo a uma saga pela verdade.

Embora fosse uma estilista consagrada internacionalmente, Zuzu Angel ficou conhecida pela obstinada busca para saber o que realmente aconteceu nos momentos derradeiros de seu filho Stuart Angel Jones, militante político preso pelas forças de segurança em 1971. Segundo o jornalista Elio Gaspari, Stuart estivera preso nas dependências da Aeronáutica e era detentor de uma informação por demais valiosa para seus algozes: sabia o paradeiro de Carlos Lamarca, um dos guerrilheiros mais procurados pela ditadura militar.[25] Barbaramente supliciado, morrera sem entregar seu companheiro de luta.

A estilista, conhecida por usar cores fortes e alegres, passou então a trajar luto, vestindo-se de negro — cor que também passaria a influenciar o seu trabalho. Arcando sozinha com o ônus de sua luta pela verdade, ela acabou vítima de um acidente bastante suspeito ocorrido no Rio de Janeiro. Segundo testemunhas, na saída de um túnel — que atualmente leva seu nome como forma de homenageá-la —, seu carro foi bruscamente fechado por outro veículo, capotando e matando-a instantaneamente. Além de ceifar a vida de uma pessoa, aquele acidente também interrompia a luta de uma mãe.

Seus algozes sabiam que aquela era a única forma de calar a sua voz.

A estilista conhecia exatamente o risco que estava correndo, mas mesmo assim foi em frente. Algum tempo antes do acidente, Zuzu deixara em poder do compositor Chico Buarque um manifesto que deveria ser levado a público caso algo subitamente viesse a lhe acontecer. O futuro revelou ter sido uma decisão sábia, e seus dizeres soaram proféticos em relação a seu próprio destino: "Se algo vier a acontecer comigo, se eu aparecer morta, por acidente, assalto ou qualquer outro meio, terá sido obra dos mesmos assassinos do meu amado filho."[26]

Zuzu Angel viveu os últimos anos de sua vida quase que exclusivamente em função de sua luta. Acabou por dar a própria vida por aquilo que seria a sua derradeira causa. Ela já sabia que seu filho não estava mais vivo, porém isso lhe era indiferente. Zuzu não buscava um desaparecido político. Sua luta visava, antes de tudo, a conhecer o destino de Stuart — por mais trágico que fosse.

Aquela mãe só desejava uma coisa: o resgate da verdade.

O drama de Zuzu Angel tem algumas diferenças em relação à provação de Glória Perez. As circunstâncias e o próprio contexto de suas lutas são completamente distintos, mas há pontos em comum a unir essas mulheres: a busca incessante pela verdade e o fato de jamais abandonarem seus filhos, mesmo que estivessem mortos. Para ambas, em realidade, pouco importava se seus filhos estavam vivos ou não. A base metafísica desse sentimento desafia qualquer lógica racional. Assim, Daniella e Stuart continuavam a ser seus filhos, sem qualquer distinção, devendo ser "conjugados" no presente e não no passado.

Guardadas as devidas proporções, a luta de Glória Perez também pode ser considerada um verdadeiro martírio. Embora não tenha travado uma dura disputa contra um aparato estatal (tal qual ocorrera com a estilista), Glória teve que suportar todo o tipo de provação após a morte de Daniella. Contudo, mesmo tomada pela dor e tendo que se defender de ataques que vinham de todos os lados — inclusive de parte da Igreja católica —, ela jamais esmoreceu.

A professora de comunicação social Esther Hamburguer, estudiosa da história da televisão, traça um perfil original da novelista a partir da perspectiva de seu drama pessoal:

> No drama da morte de Daniela (*sic*), Glória Perez passou por provações extremas. Além de enfrentar a perda violenta e prematura da filha, a consagrada autora de novelas chegou a ser responsabilizada por seu assassinato. Porém, sem se deixar abater, defendeu Daniela (*sic*) contra as acusações de assédio sexual feitas por Guilherme de Pádua e não deixou de escrever *De Corpo e Alma*. Como se não bastasse, engajou-se nas investigações sobre o crime e representou o papel, quase impossível, admirado e respeitado, de uma mulher firme e decidida.[27]

Outro traço pouco conhecido da trajetória da novelista é que sua luta por cidadania não se iniciou em função da morte de sua filha. Alguns anos antes, ao participar da mobilização pública em torno do brutal assassinato da estudante Mônica Granuzzo,[28] Glória Perez chegou a realizar reuniões em sua própria casa para organizar um movimento que despertasse as pessoas para a gravidade daquele delito.[29] Após o crime que vitimou Daniella, a dimensão de seu apoio a causas do gênero mudou de patamar, mas a genuína empatia já existia antes da tragédia.

Em verdade, tudo o que é humano jamais lhe foi indiferente.

Assim, Glória Perez aderiu simultaneamente a várias lutas em defesa dos direitos humanos, engajando-se sobremaneira na luta pelo fim da impunidade. Aproximou-se de grupos de mães com as quais compartilhava a mesma dor. As Mães de Acari e as Mães da Cinelândia passaram a ter espaço em suas novelas, em um movimento que não diferia muito de suas tramas anteriores, pois as abordagens de cunho social sempre foram uma constante nas obras que assinava. Involuntariamente abatidas por uma tragédia, Glória Perez e Zuzu Angel — cada qual a seu tempo e diante das próprias adversidades — souberam fazer da própria vida um instrumento de luta, mostrando que transformar o luto em algo maior pode ser a melhor forma de lidar com a dor. Mais do que isso, lutaram por um ideal de justiça, pela memória de seus filhos e, principalmente, para que a sociedade em que viviam fosse mais justa e humana. Cada uma delas, a seu modo, venceu sua batalha pessoal.

Mas quem são essas mulheres, afinal?

Essa pergunta possivelmente comportaria várias respostas, sendo impossível defini-las por completo em suas singularidades. No entanto, por mais paradoxal que à primeira vista possa parecer, uma definição simples seria suficiente para descrevê-las em sua essência: mais do que a estilista internacionalmente reconhecida ou a escritora de apelo popular consagrada pelo público, Zuzu Angel e Glória Perez são as mães de Stuart e de Daniella.

Depois vem todo o resto.

Lágrimas eternas

O mundo que Daniella Perez conheceu parou naquela fatídica segunda-feira — a última de 1992. Como sua mãe escreveu na data em que sua ausência completou 26 anos, restou tanta coisa por ver e a realizar — sonhos que Daniella tinha e não pôde viver: "O mundo mudou tanto e ela não viu. Não conheceu a internet, o celular, os avanços da ciência e da tecnologia, não teve os seus filhos nem viu nascer os seus sobrinhos. Não viveu o que sonhou viver."[30]

FILHO NÃO SE CONJUGA NO PASSADO

Na homenagem que os atores de *De Corpo e Alma* fizeram a Daniella ao final do último capítulo em que ela aparece, a saudosa atriz Beatriz Segall foi bastante precisa sobre esse delicado processo de ruptura: "Eu já tive a idade dela. Ela não vai ter a minha."[31]

É natural que se olhe para a vida da atriz pela perspectiva do que deixou de ser realizado. Trata-se do tortuoso paradoxo da "saudade" daquilo que não foi vivido, não pôde ser visto e acabou por não ser aplaudido. Lamento difuso esse, que abrange um pouco de todos nós: do público, dos amigos, dos admiradores e, principalmente, de sua família. No entanto, a recordação que deve permanecer para sempre é o quão flamejante foi a curta carreira da atriz, e o vigor e a intensidade com os quais ela se entregou à vida.

Daniella levava a vida a dançar, mesmo fora dos palcos. A dança fez da bailarina uma atriz. A atriz faria da bailarina uma estrela. E a estrela foi precocemente brilhar em outros palcos.

Jamais, no entanto, será esquecida.

Epílogo
A culpa nunca é da vítima

Março, 1991. Mais precisamente, a primeira segunda-feira daquele mês. Após seis anos estudando em uma pequena escola em que minha mãe trabalhava, era chegada a hora do grande salto: recém-alfabetizado, iria estudar em um colégio maior, que oferecia do pré-escolar ao terceiro ano do ensino médio.

Nunca mais a vida seria como antes.

Naquele primeiro dia, tudo era novidade. A começar pela sala de aula, que deixava de ter brinquedos. Agora estudaria cercado apenas por carteiras, lousa e um grande mural, em que apareceu a primeira surpresa daquele dia distante: um imenso mapa, com todos os países do mundo. O maior deles logo me chamou a atenção, embora eu não conseguisse compreender direito o que lia: URSS.

Surgia, assim, minha primeira dúvida na condição de estudante do ensino fundamental. Contudo, a pergunta, a princípio, soaria incompreensível: "O que é *Urss*?", dita como se fosse uma palavra e não uma sigla. Carinhosamente chamada pelos alunos de tia

EPÍLOGO

Leda, a professora só entendeu quando apontei na direção do mapa afixado na parede. "É a União Soviética, o maior país do mundo", ela prontamente respondeu. Não entendi por que, no mapa, não estava escrito o nome do país, e sim uma sigla estranha, que, para uma criança recém-alfabetizada, era ininteligível.

A maior surpresa, todavia, ainda não havia chegado.

Em meio às orientações sobre a rotina da nova escola, vieram conselhos de ordem geral, aplicáveis à vida cotidiana. De um deles, jamais me esqueci: com ar solene, a professora destacou o quanto era perigoso falar com pessoas estranhas na rua, principalmente para as meninas. Passou, então, a narrar um caso real, ocorrido alguns anos antes: era a história da estudante Mônica Granuzzo, que, segundo nossa mestra, despencara de um edifício porque aceitara o convite de um desconhecido para ir até a casa dele.

O reducionismo da narrativa me legou mais dúvidas do que certezas. Aquele primeiro dia era acompanhado pelos responsáveis, em sua maioria mães dos novos alunos. Minha mãe, já ressabiada com a primeira pergunta que eu fizera, me olhou como se dissesse que não era o momento de novas intervenções. Entendi e nada mais perguntei.

No entanto, nunca mais consegui esquecer a história daquela menina de sobrenome incomum. Mais do que isso, a apressada narrativa me transmitia a nítida impressão de que fora Mônica quem cometera um erro, e, se não quiséssemos ter o mesmo fim trágico, não deveríamos cometê-lo. Mais uma vez, estava diante do espírito do tempo. Em suma: a culpa era da vítima. Pelo menos, assim me parecia, na ingênua percepção dos meus 7 anos de idade.

Decidido a saber mais sobre a trajetória de Mônica Granuzzo, após recorrer sem êxito a alguns adultos, busquei informações na biblioteca da escola. Novamente não tive sucesso. Contudo, a bibliotecária me deu uma dica, que, embora naquele momento de nada tenha adiantado, um pouco mais tarde mudaria minha vida: quando eu crescesse, deveria procurar a seção de consulta a periódicos da

Biblioteca Nacional. Retive mentalmente aquele nome, pois era a única coisa que poderia fazer. Àquela altura eu sequer imaginava que, no futuro, aquele lugar seria tão importante para mim.

    Saltando um pouco no tempo, chegamos a 1992. O primeiro dia de aula na então segunda série do ensino fundamental traria nova surpresa: o mapa-múndi continuava no mesmo lugar, mas o mundo mudara. A URSS se desintegrara em dezembro do ano anterior, e o colorido mapa não trazia mais aquela sigla estranha. Em seu lugar, um país um pouco menor e uma palavra muito mais fácil de ler: Rússia. A geração que ingressou no antigo primário em 1991 foi a última a se espantar com aquele país enorme cujo nome expresso por uma sigla soava esquisito a crianças recém-alfabetizadas.

    A marcha da história seguia adiante.

    Essa, no entanto, seria a surpresa mais suave de 1992. O infortúnio de Daniella Perez ocorreria no final daquele ano e mudaria por completo minha percepção do mundo a minha volta. A violência e a injustiça estavam mais próximas do que pensava: na mesma cidade onde eu vivia, na novela a que eu assistia, nos jornais que eu lia.

    Faziam parte da minha vida.

    Mais uma vez, surgia em minha mente a pergunta que despertara minha atenção na breve narrativa sobre Mônica Granuzzo: como a vítima podia ser culpada? Era completamente contraintuitivo, pelo menos para minha lógica infantil. Os anos se passaram. Debrucei-me sobre o caso de Mônica, pesquisei por anos a fio o caso de Daniella, e muitas outras "Mônicas" e "Daniellas" surgiram no Brasil. A violência contra a mulher continua a ser uma realidade, e a lógica que tinha quando criança em nada se alterou. O processo de culpabilização da vítima permanece contraintuitivo, algo completamente antinatural — pelo menos para o advogado que me tornei.

    O mundo, ao que parece, mudou. A consciência coletiva e mesmo a legislação passaram a ser menos lenientes ante a violência contra a mulher. Um lamentável artifício, porém, se manteve inalterado: em casos que envolvem agressões contra mulheres, a tendência continua a ser julgar o caráter subjetivo das pessoas em vez de se analisar objetivamente os fatos. *Argumentum ad hominem*,[1] diria Aristóteles.

Por vezes, parece que retrocedemos à Antiguidade. Em outras oportunidades, parece que voltamos para a década de 1970, transportados diretamente para a atmosfera do primeiro julgamento do algoz de Ângela Diniz. Em 2020, chegou a ser mencionada a descabida hipótese de existir uma modalidade culposa de estupro.[2] A retórica da defesa de Doca Street sobreviveu ao tempo.

Será que o mundo realmente mudou?

A velocidade com que a geopolítica consegue mudar o mapa-múndi parece não ser a mesma com a qual os costumes da sociedade avançam. Ao menos em relação à sociedade brasileira. Se uma potência do tamanho da extinta União Soviética foi capaz de ruir no longínquo início da década de 1990, o tratamento dado à violência contra a mulher continua sujeito a constantes avanços e recuos.

Como é difícil riscá-la do mapa.

Assim, aqueles dois fatos que tanto me chamaram a atenção no primeiro dia de aula do primário percorreram trajetórias diferentes. Pelo menos em minha vida. O fim da União Soviética se tornou um fato histórico sem maiores consequências para mim, salvo a lembrança de que, quando ingressei na antiga 1ª série (atual 2º ano) do ensino fundamental, me deparei com um mundo que hoje não existe mais. Já a narrativa sobre a violência contra mulher, impregnada pelo espírito daquele tempo, continua mais viva do que nunca.

Pesquisando o tema durante anos, ao final desta jornada chego à única conclusão possível: nada justifica a violência estrutural que as mulheres sofrem, especialmente no Brasil. Não há como legitimar um crime cometido contra a mulher com base em preconceito de gênero, assentado na premissa de que a ação pode ter sido motivada pelo comportamento da vítima. A argumentação não pode comportar essa variável. Isso é uma clara mistura de machismo e misoginia, o que de pior pode existir, e nossa prática jurídica deve banir esse nefasto artifício dos tribunais com a maior rapidez possível.

A culpa nunca é da vítima.

Agradecimentos

Primeiramente, gostaria de agradecer ao Grupo Editorial Record e às executivas Sônia Jardim, Roberta Machado e Rafaella Machado a oportunidade e por sempre acreditarem na seriedade do meu trabalho. Sem dúvida, a Record é a casa editorial onde me sinto acolhido, prestigiado e feliz. Ao final desta jornada, me sinto realizado ao me autoproclamar escritor "aposentado" da Record e, principalmente, agradecido por todo o apoio e incentivo recebidos durante os anos em que me dediquei ao ofício de escrever.

Ao meu editor Rodrigo Lacerda agradeço a parceria e o suporte durante a jornada. Além de mim, só ele pode dimensionar quantos foram os percalços para chegarmos até aqui. Lacerda, que também é autor, tem o traquejo daqueles que escrevem e a sabedoria daqueles que orientam — assim, fez de sua experiência singular algo por demais valioso para este livro. Quanto à equipe liderada por Duda Costa, integrada por Thaís Lima, Caíque Gomes, Marina Albuquerque e Nathalia Necchy, reconheço o trabalho cuidadoso que fez com que este livro se tornasse exatamente o que é. Nesse sentido, devo registrar também a notável revisão realizada por Luciana Aché e Marlon Magno, que, com espírito idealista e senso crítico, me mostraram falhas e apontaram correções essenciais para que o trabalho se tornasse melhor. À designer gráfica Juliana Misumi agradeço pela sensível capa elaborada para este livro.

Ao colega Paulo Cesar de Araújo agradeço por ser esta inspiração que tanto dignifica a cultura brasileira. Se hoje a minha obra chega livre de embaraços aos leitores, muito se deve à sua luta contra todo e qualquer tipo de censura — inclusive a judicial. Seu legado sobreviverá ao tempo, pois, como a sua própria trajetória comprova, não existe derrota definitiva para a liberdade. Duas dessas liberdades — pensar e se expressar livremente — devem muito à sua coragem em nosso país. Também agradeço ao diplomata Gustavo Maultasch, seu livro e sua própria trajetória pessoal mostram que vale a pena ser "contra toda censura".

Não sou jornalista por formação, mas por vocação. Dito isso, devo registrar que em minha jornada literária tive a sorte de ter Elio Gaspari como inspiração e "professor" — algo que se revelou fundamental na forma como eu passei a olhar e interpretar o mundo ao meu redor desde então. Mais do que lições de jornalismo e perspicácia, Gaspari deu-me também sua amizade, pelo que sou muito grato, a ele e à vida, por terem me proporcionado tanto.

Sou grato também a Carlos Andreazza, editor do meu trabalho anterior, cuja influência reconheço na minha forma de analisar criticamente os fatos. Ao jornalista Domingos Meirelles agradeço por compartilhar comigo sua rica experiência profissional e o constante incentivo. À jornalista Malu Gaspar, que sequer conheço pessoalmente, deixo o meu registro de que os seus dois livros publicados bem como sua pujante atividade jornalística são uma fonte constante de inspiração. Aos biógrafos Plínio Fraga e Marcos Neves sou grato por me mostrarem o caminho a trilhar. Ao radialista Roberto Canazio, a voz da rádio carioca na década de 1990, agradeço o valioso depoimento, que me ajudou bastante a reconstituir a atmosfera vívida daquele período.

AGRADECIMENTOS

A Glória e Rodrigo Perez agradeço por terem despendido o seu tempo para conversar comigo, em janeiro de 2022. Estou certo de que, embora por diferentes perspectivas, todos temos um enorme desvelo em relação à memória de Daniella. Um momento que me marcou em nossa conversa ocorreu quando, sentados em um sofá, um pouco distantes, deram as mãos. Naquele momento, Daniella se fez presente, representada por aqueles que tanto a amam. Ainda que o nosso encontro não tenha evoluído para uma entrevista, estejam certos de que a nossa conversa foi muito significativa para mim, tanto a nível pessoal quanto para o desenvolvimento deste trabalho.

Ao juiz José Geraldo e ao servidor da Justiça Evandro Bendito, o meu agradecimento pela disponibilidade e atenção. Ao perito Nelson Massini, meu ex-professor na UERJ, agradeço a distinção com que me recebeu e a valiosa contribuição ao livro. Aos policiais Antônio Serrano e Nélio Machado agradeço por compartilharem comigo suas lembranças sobre o caso e suas vastas experiências na área policial. A Mauro Ricart devo uma verdadeira aula sobre perícia criminal. Contando com uma memória prodigiosa, Ricart deu um depoimento corajoso, reafirmando a tecnicidade não apenas do seu trabalho, mas também de todos os seus colegas do instituto de criminalística Carlos Éboli, do qual foi diretor.

Ao procurador de Justiça Maurício Assayag agradeço a sua cordialidade, presteza e o seu permanente interesse em colaborar com a obra — além da interação em tempo real, sanando minhas dúvidas muitas vezes de forma instantânea, o que auxiliou bastante na elaboração deste livro. Ao desembargador Muiños Piñeiro, entusiasta do trabalho desde que dele soube, agradeço por colaborar em tudo o que esteve ao seu alcance. Devo registrar que, ante um tema que até hoje desperta acirradas disputas narrativas, Muiños consegue se sobrepor às paixões tipicamente humanas, apresentando um olhar sóbrio em relação a tudo aquilo que viveu. Apesar de defender com convicção a posição da acusação, sua abordagem foi a mais imparcial entre aqueles que participaram dos júris.

A Paulo Ramalho agradeço o seu engajamento na obra. Autêntico, fez questão de ler meu livro anterior e participar deste sob uma perspectiva historiográfica, visando à posteridade. Sua abordagem foi muito importante para que eu conseguisse capturar o verdadeiro espírito da década de 1990. Nesse ponto, não poupou ninguém, nem mesmo Guilherme de Pádua. Confesso que, antes de nosso primeiro encontro, estava receoso, muito em função de minhas lembranças acerca de sua veemência em entrevistas às rádios. Ledo engano. Ramalho me recebeu de braços abertos e foi receptivo e paciente em relação às minhas dúvidas até a entrega do original.

A Carlos Eduardo Machado agradeço por ter concordado em me receber, algo que receei que não viesse a acontecer. Tivemos uma conversa franca, em alguns momentos muito dura, porém sempre respeitosa e educada. Filho do tribuno Ronaldo Machado, salta aos olhos a maneira ardorosa e vivaz com a qual defende Paula Thomaz. Seus olhos brilham como se a defesa ainda estivesse por ocorrer, mostrando todo o idealismo que inspirou sua atuação no júri 25 anos atrás. O decurso do tempo não arrefeceu a sua flama. Pelo contrário. Talvez resida nisso uma das maiores belezas da advocacia. Ao seu filho Ignácio Machado, terceira geração de uma família de juristas, agradeço a distinção com a qual sempre me tratou e a interlocução junto a seu pai.

À jornalista Paula Máiran agradeço por ter aceitado conversar comigo, algo que, após nosso primeiro contato, também imaginei que não viesse a ocorrer. Por intermédio da jornalista, consegui entender as razões pelas quais Paula Thomaz não se manifesta publicamente sobre o triste episódio, e gostaria que Paula soubesse que não apenas respeito, mas, sobretudo, compreendo sua decisão. Devo também a Máiran o correto dimensionamento de alguns dos preconceitos da década de 1990, em especial em relação à condição feminina. Sua visão não apenas ressignificou uma parte importante do meu livro, mas, principalmente, me tornou uma pessoa melhor.

Neste ponto, também devo o meu reconhecimento ao repórter Guilherme Genestreti. O jornalista, ao me entrevistar sobre o

AGRADECIMENTOS

livro, abordou de forma franca a delicada questão relacionada aos preconceitos "escancarados" da dédaca de 1990, fornecendo-me a correta dimensão a um tema tão caro para a sociedade atual. Sua reportagem publicada na *Folha de S.Paulo* me levou a uma reflexão profunda e fez com que eu reescrevesse um subcapítulo da obra, inclusive renomeando-o.

Aos advogados Rafael Koatz, André Cyrino e, principalmente, Alice Voronoff, que, assim como eu, são egressos da Faculdade de Direito da UERJ, agradeço o suporte e acolhimento quando este trabalho esteve sob ameaças de censura. É alentador constatar como os ex-alunos da UERJ mantêm laços solidarísticos fortes, mesmo muitos anos após termos deixado a instituição. Defensores intransigentes da liberdade de expressão, o engajamento deles na defesa das liberdades públicas fortalece a esperança de que a Cultura resiste e resistirá, hoje e sempre.

É imperioso registrar, por fim, o nome de algumas pessoas que, de uma forma ou de outra, foram importantes ao longo da elaboração deste trabalho: Luiza Eluf, Françoise Imbroisi, Luiz Alberto Py, Bruno Thys, Leonardo Fonseca, Simone Schreiber, Moacir Pessoa, Mônica Fernandes, Melise Maia, Ítalo Granato, Rafael Sento Sé, Leonêncio Nossa, Thiago Uberreich, Kelly Souza, Glória Carvalho, Marcos Vieira, Walcy Motta e Victor Ribeiro.

Quanto à minha família, permito-me alguns destaques: à minha mãe, Marta, de quem eu herdei a paixão pela leitura, agradeço por ter me dado a vida e por estar presente no momento mais importante desta mesma vida — foi minha professora durante a alfabetização. Ao meu pai, Henrique, agradeço por ter escolhido para mim a melhor mãe que alguém poderia ter. À minha prima-irmã, Paula, cujo afastamento forçado marca nossas trajetórias de vida, agradeço por estar comigo nos momentos difíceis, mesmo separados, sempre estivemos juntos, e tudo por que passamos nos torna ainda mais fortes.

Ao meu avô, Roland, por durante a minha infância ter tido paciência com a criança inquieta e curiosa que eu fui, sempre a atrapalhar suas sestas com minhas "conversinhas" que não o deixavam descansar.

À minha avó, Léa, agradeço por ter, desde cedo, despertado em mim o espírito de justiça. Agradeço, também, por ter me influenciado a ler jornais e revistas e ouvir rádio na frequência AM, hábitos que foram essenciais para que eu pudesse desempenhar o ofício de escrever. De fato, herdei muito da forma de viver da minha avó: o gosto por atividades físicas em geral, e pela natação, em particular; a pontualidade; o hábito de caminhar; o costume de ir a quase todo lugar com roupas de ginástica sem me importar com a opinião alheia; e, principalmente, o amor pelo Botafogo e o horror às confusões do Eurico Miranda e às mentiras do Guilherme de Pádua.[1]

À empresária Helena Barata, mãe dos meus dois irmãos, agradeço por apoiar a cultura em geral, e o meu trabalho, em particular. Se a classe empresária tivesse o seu grau de consciência, a cultura brasileira certamente estaria em outro patamar.

Durante a elaboração da obra, mantive relacionamentos com duas pessoas que acompanharam parcialmente este trabalho. Como hoje elas estão em outros relacionamentos, opto por não divulgar seus nomes, mas deixo registrado que ambas, cada qual a seu modo, foram muito importantes para que eu conseguisse chegar até aqui.

Chego ao final desta jornada exausto — física, emocional e espiritualmente. Ouvi todas as partes envolvidas no processo que se dispuseram a conversar comigo e, no limite de minhas possibilidades, relatei aquilo que me foi dito, independentemente de concordar ou não. Retratei o período de maneira acurada, mas, deixo claro, não tive a pretensão de completude. Estou seguro de que fiz o meu melhor e, hoje, posso seguir minha trajetória com serenidade — certo de que cumpri o papel que a vida reservou a mim.

Agradeço à Força Superior que me impulsionou em meus momentos de dúvida e jamais me deixou esmorecer ante minhas inquietações. Tenho certeza de que nunca estou sozinho e sou muito grato por isso.

Bairro de Fátima, junho de 2022

Bibliografia

AMORIM, P. H. *O quarto Poder*. São Paulo: Hedra, 2015.
ARENDT, H. *A condição humana*. Trad. Roberto Raposo. Rio de Janeiro: Forense Universitária, 2010.
BENDITO, E. *Tribunal do júri*: origem, processo e jurado. Rio de Janeiro: Autografia, 2017.
BERNARDO, A.; LOPES, C. *A seguir, cenas dos próximos capítulos*. São Paulo: Panda Books, 2009.
CASOY, I. *Serial killers*: made in Brasil. Rio de Janeiro: Ediouro, 2009.
CLARK, W.; PRIOLI, G. *O campeão de audiência*. 2. ed. São Paulo: Summus Editorial, 2015.
COLLOR, P. *Passando a limpo*: a trajetória de um farsante. Rio de Janeiro: Record, 1993.
CONY, C. H. *O caso Lou (assim é se lhe parece)*. Rio de Janeiro: Civilização Brasileira, 1975.
COSTA JUNIOR, P. J. *Vida minha*. São Paulo: Jurídica Brasileira, 2000.
EIG, J. *Muhammad Ali*: uma vida. Rio de Janeiro: Record, 2020.
ELUF, L. *A paixão no banco dos réus*: casos passionais e feminicídio: de Pontes Visgueiro a Mizael Bispo de Souza. São Paulo: Saraiva, 2017.
FRANCFORT, E. *Rede Manchete*: aconteceu virou história. São Paulo: Imprensa Oficial, 2008.

FRANCHINI, R. *Richthofen*: o assassinato dos pais de Suzane. São Paulo: Planeta, 2011.

FREITAS, J. (Org.). *Soltando palavras*. Rio de Janeiro: Imprensa Oficial, 2000.

GAIA, L. *Homicídios passionais*: a paixão e a sua motivação para o crime. Marília: Univem, 2010.

GASPARI, E. *A ditadura derrotada*. Rio de Janeiro: Intrínseca, 2014.

_____. *A ditadura acabada*. Rio de Janeiro: Intrínseca, 2016.

GITTA, S. *Por que crianças matam*: a história de Mary Bell. Trad. Erick Ramalho. São Paulo: Vestígio, 2019.

GONÇALVES, J. E.; BARROS, J. A. *Aconteceu na Manchete*: as histórias que ninguém contou. Rio de Janeiro: Desiderato, 2008.

HAMBURGER, E. "A novela e a vida real". In: *Observatório da Imprensa*, n. 342, 2005. Disponível em: <http://observatoriodaimprensa.com.br/armazem--literario/a-novela-e-a-vida-real/>. Acesso em: ago. 2022.

KING, S. *Fall from innocence*: the body. Harlow: Penguin Books, 1994.

LEÃO, D. *Quase tudo*: memórias. São Paulo: Companhia da Letras, 2005.

LEITÃO, L.; SARAPU, P.; CARVALHO, P. *Indefensável*: o goleiro Bruno e a história da morte de Eliza Samúdio. Rio de Janeiro: Record, 2014.

LIRA, R.; VIEIRA, L. G. (Orgs.). *Antônio Evaristo de Moraes Filho, por seus amigos*. Rio de Janeiro: Renovar, 2001.

LOUZEIRO, J. *Aracelli, meu amor*. São Paulo: Prumo, 2012.

_____. *Lúcio Flávio*: passageiro da agonia. Rio de Janeiro: Edições Biblioteca Nacional, 2006.

MAGALHÃES, M. *Sobre lutas e lágrimas*: uma biografia de 2018. Rio de Janeiro: Record, 2019.

MAIA, P. *Que amor é esse? A história real de Guilherme de Pádua*. Belo Horizonte: Solomon Brasil, 2010.

MAULTASCH, G. *Contra toda Censura:* pequeno tratado sobre a liberdade de expressão. São Paulo: Avis Rara, 2022.

MEDINA, C. *Entrevista*: o diálogo possível. São Paulo: Ática, 1995.

MEINEL, V. *Porque Cláudia Lessin vai morrer*. Rio de Janeiro: Codecri, 1978.

MELL, L. *Como os animais salvaram a minha vida*. Rio de Janeiro: Globo Livros, 2018.

MEMÓRIA GLOBO. *Jornal Nacional*: a notícia faz história. Rio de Janeiro: Jorge Zahar, 2004.

MORAES, R. *Prisão em flagrante delito constitucional*. Salvador: Jus Podivm, 2018.

MOREAU, P. (Org.). *Grandes crimes*. São Paulo: Três Estrelas, 2017.

MORETZSOHN, S. *Jornalismo em "tempo real"*. Rio de Janeiro: Editora Revan, 2002.

BIBLIOGRAFIA

_____. *Pensando contra os fatos*. Rio de Janeiro: Editora Revan, 2007.

MOTTA, C. *Até a última página*: uma história do *Jornal do Brasil*. Rio de Janeiro: Objetiva, 2018.

NEVES, M. E. *Anjo ou demônio*: a polêmica trajetória de Renato Gaúcho. Rio de Janeiro: Rotativa, 2013.

NOSSA, L. *Roberto Marinho — O poder está no ar:* do nascimento ao *Jornal Nacional*. Rio de Janeiro: Nova Fronteira, 2019.

PÁDUA, G. de. *A história que o Brasil desconhece*. Belo Horizonte: O Escriba, 1995.

PAGNAN, R. *O pior dos crimes*: a história do assassinato de Isabella Nardoni. Rio de Janeiro: Record, 2018.

PAIVA, M. R. *Feliz ano velho*. 24. ed. São Paulo: Brasiliense, 1983.

PASQUALETTE, B. B. *Me esqueçam*: Figueiredo — A Biografia de uma presidência. 2. ed. Rio de Janeiro: Record, 2020.

PELLEGRINO, L. *Por que Georges Kour foi absolvido*. Rio de Janeiro: Aide, 1991.

PLATÃO, F.; FIORIN, J. *Lições de texto*: leitura e redação. São Paulo: Ática, 2006.

RIBEIRO, B. *Jornal do Brasil:* história e memória. 2. ed. Rio de Janeiro: Record, 2016.

RIECHE, E. *Yara Amaral*: A operária do teatro. Rio de Janeiro: Tinta Negra, 2016.

ROSSI, C. *O que é jornalismo?* São Paulo: Brasiliense, 1988.

SABINO, F. *Zélia, uma paixão*. Rio de Janeiro: Record, 1991.

SANDER, R. *1970*: enquanto o Brasil conquistava o tri. Rio de Janeiro: Maquinária, 2019.

SILVA, A. B. *Mentes perigosas*: o psicopata mora ao lado. São Paulo: Principium, 2018.

SILVA, E. L. *A defesa tem a palavra*: o caso Doca Street e algumas lembranças. Rio de Janeiro: Booklink, 2011.

SMIT, D. *Outlawing irreducible life sentences*: Europe on the brink?. Reino Unido: Federal Sentencing Reporter, 2010.

SOUZA, S. *O crime da novela das oito*. São Paulo: Scritta Editorial, 1993.

SUZUKI, M. (Org.). *O livro das vidas*: obituários do *New York Times*. Trad. Denise Bottmann. São Paulo: Companhia das Letras, 2008.

TRAQUINA, N. *Teorias do Jornalismo*: Por que as notícias são como são. (Vol. 1). Florianópolis: Insular, 2004.

XAVIER, N. *Almanaque da telenovela brasileira*. São Paulo: Panda Books, 2009.

Notas

Prefácio

1. ARENDT, H. *Eichmann em Jerusalém*: um relato sobre a banalidade do mal. São Paulo: Companhia das Letras, 1999.
2. BROWNING, C. *Ordinary Men*: Reserve Police Battalion 101 and the Final Solution in Poland. Nova York: Harper Perennial, 2017; GOLDHAGEN, Daniel. *Hitler's Willing Executioners*: Ordinary Germans and the Holocaust. Nova York: Vintage, 1997.

Prólogo

1. O grupo guerrilheiro Movimento de Liberação Nacional — Tupamaros (MLN-T) foi um movimento armado de orientação marxista-leninista atuante durante as décadas de 1960 e 1970 no Uruguai. Conhecido por suas ações audaciosas (geralmente sequestros de autoridades nacionais ou estrangeiras), o grupo contestou, por meio de uma aguerrida guerrilha urbana, a ditadura militar uruguaia, e foi ferozmente perseguido pelo governo daquele país.
2. *Interview*, n. 157, p. 99, jan. 1993.
3. RIECHE, E. *Yara Amaral*: A Operária do Teatro. Rio de Janeiro: Tinta Negra, 2016. p. 82.

4. RIECHE, E. *Yara Amaral*: A Operária do Teatro. Rio de Janeiro: Ed. Tinta Negra, 2016.
5. *Interview*, ed. 157, p. 98, jan. 1993.

1. Primeiros passos

1. *Corpo a Corpo*, Capa, p. 50, nov. 1992.
2. A grafia correta do nome da atriz é Daniella Ferrante Perez, denominação que perdurou até o seu casamento, quando incorporou o sobrenome do marido e passou a se chamar Daniella Ferrante Perez Gazolla. No período compreendido entre agosto de 1990 até o início de 1992, a atriz era identificada pela mídia como "Daniela Perez", inclusive nos créditos de abertura e término da novela *O Dono do Mundo*. Pesquisas pelo seu nome nos jornais e revistas daquela época obtêm majoritariamente como resultado a grafia do nome Daniela escrita com apenas uma letra "l". Essa dinâmica foi modificada a partir da novela *De Corpo e Alma*, quando o nome da atriz na abertura da trama passou a ser escrito corretamente, com dois "l". Há relatos de que Daniella detestava que escrevessem o seu nome de forma equivocada, suprimindo uma das consoantes "l". Por esse motivo, sempre que, em alguma transcrição realizada nesta obra, o nome da atriz tiver sido escrito de forma errônea, o mesmo virá seguido da expressão "sic", identificando que o equívoco ocorreu na fonte consultada.
3. *Trip*, ed. 180, p. 12, 10 ago. 2009.
4. *Idem*.
5. "Caso Daniella Perez matéria completa — várias reportagens". Disponível em: <https://www.youtube.com/watch?v=O05qSzYt7oM>. Acesso em: 17 abr. 2020.
6. *O Globo*, Rio, p. 10, 13 ago. 1996.
7. SOUZA, S. de. *O crime da novela das oito*. São Paulo: Scritta Editorial, 1993. p. 27.
8. *Folha de S.Paulo*, Cotidiano, p. 3, 30 dez. 1992.
9. PEREZ, G. "Cantorias e outras lembranças". *Daniella Perez*: arquivos de um processo. Disponível em: <http://www.daniellaperez.com.br/?page_id=1090>. Acesso em: 19 abr. 2020. 2020.
10. *Manchete*, n. 2177, p. 18, 25 dez. 1993.
11. *O Globo*, Rio, p. 34, 11 ago. 1996.
12. "Última entrevista de Daniella Perez (áudio)". Disponível em: <https://www.youtube.com/watch?v=zD_g5KuRw8g&t=56s>. Acesso em: 12 fev. 2020.

NOTAS

13. *O Globo*, Rio, p. 34, 11 ago. 1996.
14. "Caso Daniella Perez matéria completa — várias reportagens". Disponível em: <https://www.youtube.com/watch?v=O05qSzYt7oM>. Acesso em: 17 abr. 2020.
15. *Idem*.
16. *Idem*.

2. Saindo do casulo
1. PEREZ, G. "Momentos". *Daniella Perez*: arquivos de um processo. Disponível em: <http://www.daniellaperez.com.br/?page_id=1590>. Acesso em: 12 mai. 2020.
2. *Jornal do Brasil*, TV Programa, p. 6, 2 jan. 1993.
3. "Última entrevista de Daniella Perez (áudio)". Disponível em: <https://www.youtube.com/watch?v=zD_g5KuRw8g&t=56s>. Acesso em: 12 fev. 2020.
4. *Interview*, ed. 157, p. 98, jan. 1993.
5. Proposta pedagógica do Centro Educacional Anísio Teixeira (CEAT). Disponível em: <https://www.ceat.org.br/proposta-pedagogica/>. Acesso em: 20 abr. 2020.
6. *Corpo a Corpo*, ed. 47, p. 50, nov. 1992.
7. *O Dia*, Jornal da Televisão, p. 3, 10 jan. 1993.
8. *Corpo a Corpo*, ed. 47, p. 49, nov. 1992.
9. *Idem*.
10. *O Globo*, Rio, p. 10, 13 ago. 1996.
11. *Idem*.
12. Alfredo Patti do Amaral e Renato Orlando da Costa confessaram a participação na ocultação do corpo da estudante Mônica Granuzzo. À época do crime, chegaram a ficar detidos provisoriamente junto com Ricardo, mas obtiveram um *habeas corpus* cerca de dois meses após terem sido presos. Ao saírem da delegacia onde estavam detidos, foram hostilizados por um grupo de mulheres. Presos novamente 24 horas após a soltura, permaneceram por mais dois meses encarcerados, totalizando quatro meses e doze dias de prisão. Ambos foram condenados em julho de 1988 a um ano e cinco meses de detenção, mas, em função da primariedade e de seus bons antecedentes, a pena acabou suspensa.
13. *O Globo*, Rio, p. 13, 29 out. 2015.
14. *Idem*.
15. *Manchete*, n. 1739, p. 54, 17 ago. 1985.

16. *Jornal do Brasil*, Cidade, p. 1, 25 ago. 1990.
17. *Manchete*, n. 1733, p. 91, 13 jul. 1985.
18. *Manchete*, n. 1737, p. 103, 3 ago. 1985.
19. *Veja*, ed. 877, p. 102, 26 jun. 1985.
20. *Manchete*, n. 1733, p. 94, 13 jul. 1985.
21. *Manchete*, n. 1825, p. 14, 11 abr. 1987.
22. *Veja*, ed. 877, p. 103, 26 jun. 1985.
23. *Manchete*, n. 1734, p. 100, 6 jul. 1985.
24. *Jornal do Brasil*, Cidade, p. 1, 25 ago. 1990.
25. *O Globo*, Rio, p. 22, 25 ago. 1996.
26. *Manchete*, n. 1734, p. 96, 13 jul. 1985.
27. *Manchete*, n. 1739, p. 52, 13 jul. 1985.
28. *O Globo*, Grande Rio, p. 13, 15 ago. 1985.
29. *O Globo*, Grande Rio, p. 14, 27 jun. 1985.
30. "Angela Ro Ro no programa *Linha Direta*". Disponível em: <https://www.youtube.com/watch?v=hbNN4RXxaZQ>. Acesso em: 26 mar. 2020.
31. RO RO, Angela. Mônica. *Minha história*. Rio de Janeiro: Polygram, 1985. 1 disco vinil, lado B, faixa 4 (4:15 min).
32. *O Globo*, Grande Rio, p. 30, 22 set. 1991.
33. *O Globo*, Grande Rio, p. 10, 25 ago. 1990.
34. A progressão de regime consiste no direito de todo condenado a melhorar as condições efetivas de sua pena durante o seu cumprimento. Para tanto, é necessário que determinadas condições sejam satisfeitas, como, por exemplo, a primariedade e o bom comportamento.
35. *IstoÉ*, ed. 2242, p. 61, 31 out. 2012.
36. *O Globo*, Rio, p. 11, 29 jan. 1994.
37. *Idem*.
38. *Idem*.
39. *O Globo*, Rio, p. 13, 29 out. 2015.
40. *IstoÉ*, ed. 2242, p. 61, 31 out. 2012.
41. *Corpo a Corpo*, ed. 47, p. 50, nov. 1992.
42. *Manchete*, n. 2128, p. 14, 16 jan. 1993.
43. *Idem*.
44. *Corpo a Corpo*, ed. 47, p. 50, nov. 1992.
45. *Idem*.

NOTAS

3. Uma vida a dançar

1. *O Globo*, Segundo Caderno, p. 8, 13 ago. 1990.
2. *O Globo*, Jornais de bairro, p. 62, 20 ago. 1991.
3. *O Globo*, Rio, p. 10, 13 ago. 1996.
4. *Jornal do Brasil*, Caderno B, p. 3, 20 ago. 1990.
5. *O Dia*, Jornal da Televisão, p. 4, 10 jan. 1993.
6. *O Globo*, Rio, p. 34, 11 ago. 1996.
7. SOUZA, S. de. *O crime da novela das oito*. São Paulo: Scritta Editorial, 1993. p. 27.
8. *O Globo*, Jornais de bairro, p. 54, 12 ago. 1990.
9. *Jornal do Brasil*, Caderno B, p. 4, 3 ago. 1990.
10. *O Globo*, Segundo Caderno, p. 7, 25 jan. 1991.
11. *Jornal do Brasil*, Domingo, Coluna do Zózimo, p. 30, 5 ago. 1990.
12. *O Globo*, Grande Rio, Coluna do Swann, p. 34, 5 ago. 1990.
13. *Corpo a Corpo*, ed. 47, p. 50, nov. 1992.
14. *O Globo*, Revista da TV, p. 8, 3 jan. 1993.
15. SOUZA, S. de. *O crime da novela das oito*. São Paulo: Scritta Editorial, 1993. p. 27.
16. "Caso Daniella Perez matéria completa — várias reportagens". Disponível em: <https://www.youtube.com/watch?v=O05qSzYt7oM&t=5931s>. Acesso em: 1º fev. 2020.
17. *Corpo a Corpo*, ed. 47, p. 50, nov. 1992.
18. *O Globo*, Segundo Caderno, p. 8, 7 ago. 1990.
19. *Jornal do Brasil*, TV Programa, p. 6, 2 jan. 1993.
20. *O Globo*, Revista da TV, p. 10, 10 jan. 1993.
21. *Idem*.
22. *O Globo*, Revista da TV, p. 13, 17 fev. 1991.
23. DANIELLA Perez — Ela queria viver. *Facebook*, 24 jul. 2019. Disponível em: <https://www.facebook.com/elaqueriaviver/photos/a.427112547639424/924171711266836>. Acesso em: 18 jun. 2022.
24. DANIELLA Perez — Ela queria viver. *Facebook*, 25 set. 2017. Disponível em: <https://www.facebook.com/elaqueriaviver/photos/a.427112547639424/514234002260611>. Acesso em: 18 jun. 2022.
25. *Corpo a Corpo*, ed. 47, p. 50, nov. 1992.
26. *O Globo*, Revista da TV, p. 8, 3 jan. 1993.
27. *Idem*.
28. *Idem*.

29. DANIELLA Perez — Tributo em memória. *Facebook*, 3 nov. 2019. Disponível em: <https://www.facebook.com/daniellapereztributo/photos/a.724101381095770/1265432600295976>. Acesso em: 18 jun. 2022.
30. DANIELLA Perez — Ela queria viver. *Facebook*, 29 nov. 2017. Disponível em: <https://www.facebook.com/elaqueriaviver/photos/a.427092554308090/543352916015386>. Acesso em: 18 jun. 2022.
31. VACILOU Dançou. Jazz Carlota Portella. Disponível em: <http://www.carlotaportella.com.br/vacilou-dancou?page=1>. Acesso em: 3 fev. 2020.
32. *Corpo a Corpo*, ed. 47, p. 50, nov. 1992.
33. *O Globo*, Segundo Caderno, p. 6, 1º dez. 1991.
34. *Jornal do Brasil*, Cidade, p. 24, 30 dez. 1992.
35. *Jornal do Brasil*, TV Programa, p. 6, 2 jan. 1993.

4. A borboleta ganha asas

1. *Jornal do Brasil*, Cidade, p. 17, 3 jan. 1996.
2. *Jornal do Brasil*, TV Programa, p. 5, 30 jun. 1991.
3. *Amiga*, ed. 1176, p. 3, 17 nov. 1992.
4. *O Globo*, Revista da TV, p. 18, 12 ago. 1990.
5. *O Globo*, Segundo Caderno, p. 8, 13 ago. 1990. A novelista manteve a coerência de seu ponto de vista ao longo do tempo. Mais de trinta anos depois de sua fala, Glória veio a público defender a influenciadora digital Jade Picón, que irá atuar em sua próxima trama mesmo sem ter formação de atriz, tal qual ocorrera com Daniella no início de sua carreira. Em https://oglobo.globo.com/cultura/televisao/noticia/2022/07/gloria-perez-defende-escalacao-de-jade-picon-em-novela-nenhuma-arte-tem-uma-unica-porta-de-entrada.ghtml. Acesso em: 25 jul. 2022.
6. *O Globo*, Revista da TV, p. 13, 17 ago. 1991.
7. *Idem*.
8. DANIELLA Perez — Tributo em memória. *Facebook*, 9 jun. 2020, Disponível em: Disponível em: <https://www.facebook.com/daniellapereztributo/photos/a.895161200656453/1471509809688253>. Acesso em: 18 jun. 2022.
9. *Correio Braziliense*, Dois, p. 6, 14 jul. 1990.
10. *Correio Braziliense*, Brasil, p. 10, 3 set. 1990.
11. *O Globo*, Segundo Caderno, p. 1, 13 ago. 1990.
12. *O Globo*, Revista da TV, p. 12, 19 ago. 1990.
13. *O Globo*, Segundo Caderno, p. 8, 13 ago. 1990.
14. *Amiga*, ed. 1056, p. 42, 10 ago. 1990.
15. *Moda Moldes*, ed. 75, p. 4, ano 7, 1992.
16. *Idem*.

NOTAS

17. *Jornal do Brasil*, Caderno B, p. 3, 20 ago. 1990.
18. *O Globo*, Revista da TV, p. 4, 31 mar. 1991.
19. *A Tribuna*, Artes, p. 5, 30 dez. 1992.
20. *Corpo a Corpo*, ed. 47, p. 48, nov. 1992.
21. *Correio de Notícias*, Programe-se, B-5, 30 out. 1990.
22. *O Globo*, Revista da TV, p. 13, 17 fev. 1991.
23. *IstoÉ*, ed. 1214, p. 46, 6 jan. 1993.
24. *Moda Moldes*, ed. 75, p. 4, ano 7, 1992.
25. "Renato Gaúcho no Café". Disponível em: <https://www.youtube.com/watch?v=uJM6tDgS53Q>. Acesso em: 10 fev. 2020.
26. *Jornal dos Sports*, Futebol, p. 3, 5 fev. 1991.
27. "Festa de despedida da Clô no Café". Disponível em: <https://www.youtube.com/watch?v=ulzcr4W4K9s>. Acesso em: 27 mar. 2020.
28. *O Globo*, Segundo Caderno, p. 14, 21 jun. 1991.
29. *Corpo a Corpo*, ed. 47, p. 48, nov. 1992.
30. "Clô arruma as malas". Disponível em: <https://www.youtube.com/watch?v=NRDWUcCsttM>. Acesso em: 27 mar. 2020.
31. *Jornal do Brasil*, Caderno B, p. 3, 20 ago. 1990.
32. *O Globo*, Segundo Caderno, p. 14, 21 jun. 1991.
33. "Última entrevista de Daniella Perez (áudio)". Disponível em: <https://www.youtube.com/watch?v=zD_g5KuRw8g&t=56s>. Acesso em: 12 fev. 2020.

5. Vivendo a mil

1. *O Globo*, Segundo Caderno, p. 8, 13 ago. 1990.
2. *Idem*.
3. *Jornal do Brasil*, Caderno B, p. 3, 20 ago. 1990.
4. *Jornal do Brasil*, TV Programa, p. 4, 29 dez. 1991.
5. *O Globo*, Rio, p. 34, 11 ago. 1996.
6. *O Dia*, Jornal da Televisão, p. 4, 10 jan. 1993.
7. *Tribuna da Imprensa*, Tribuna Bis, p. 3, 16 abr. 1991.
8. *Moda Moldes*, ed. 75, p. 4, ano 7, 1992.
9. *A Tribuna*, Artes, p. 4, 30 dez. 1992.
10. "Daniella Perez no Faustão". Disponível em: <https://www.youtube.com/watch?v=cYN1a1UqtGQ>. Acesso em: 10 fev. 2020.
11. *Corpo a Corpo*, ed. 47, p. 49, nov. 1992.
12. *Moda Moldes*, ed. 75, p. 4, ano 7, 1992.
13. *O Globo*, Revista da TV, p. 13, 17 fev. 1991.
14. *Idem*.

15. Para escrever a trama, o autor teve a colaboração dos escritores Ricardo Linhares, Leonor Bassères, Sérgio Marques e Ângela Carneiro. Disponível em:<https://memoriaglobo.globo.com/entretenimento/novelas/o-dono-do-mundo/noticia/o-dono-do-mundo.ghtml>. Acesso em: 22 abr. 2020.
16. *Jornal do Brasil*, Caderno B, p. 1, 20 mai. 1991.
17. *Folha de S.Paulo*, Televisão, p. 6, 26 mai. 1991.
18. *Contigo*, 1991.
19. *A Tribuna*, Artes, p. 5, 30 dez. 1992.
20. *Idem*.
21. *Contigo*, 1991.
22. *O Globo*, Revista da TV, p. 10, 19 dez. 1991.
23. *Corpo a Corpo*, ed. 47, p. 49, nov. 1992.
24. DANIELLA Perez — Ela queria viver. *Facebook*, 11 ago. 2019. Disponível em: <https://www.facebook.com/elaqueriaviver/photos/a.443472712670074/936289826721691>. Acesso em: 19 jun, 2022.
25. *O Globo*, Revista da TV, p. 13, 9 jun. 1991.
26. *O Globo*, Revista da TV, p. 3, 28 jul. 1991.
27. *Moda Moldes*, ed. 75, p. 4, ano 7, 1992.
28. Revista *Amiga*, Capa, ed. 1113, 13 set. 1991.
29. *O Globo*, Revista da TV, p. 11, 1º dez. 1991.
30. *Jornal do Brasil*, TV Programa, p. 5, 1º dez. 1991.
31. *O Globo*, Revista da TV, p. 11, 1º dez. 1991.
32. "Yara termina namoro com Humberto". Disponível em: <https://www.youtube.com/watch?v=1ZJtBKqRXbc>. Acesso em: 8 abr. 2020.
33. "Fim". Disponível em:<https://www.youtube.com/watch?v=dyQkmYTJ3cA>. Acesso em: 8 abr. 2020.
34. *Amiga*, ed. 1111, p. 56, 30 ago. 1991.
35. *Jornal dos Sports*, Turfe/Variedades, p. 8, 15 dez. 1992.
36. *A Tribuna*, Artes, p. 5, 30 dez. 1992.
37. *Moda Moldes*, ed. 75, p. 4, ano 7, 1992.
38. *Folha de S.Paulo*, TV Folha, p. 5, 20 set. 1992.
39. *Corpo a Corpo*, Capa, p. 50, nov. 1992.
40. *O Globo*, Segundo Caderno, p. 8, 13 ago. 1991.
41. *O Globo*, Segundo Caderno, p. 6, 1 dez. 1991.
42. *O Globo*, Revista da TV, p. 8, 3 jan. 1993.
43. *Idem*.
44. *Corpo a Corpo*, ed. 47, p. 49, nov. 1992.
45. *O Globo*, Revista da TV, p. 4, 6 set. 1992.
46. *O Globo*, Revista da TV, p. 8, 3 jan. 1993.

47. *Idem.*
48. *Jornal do Brasil*, Caderno B, p. 4, 6 nov. 1990.
49. *O Globo*, Segundo Caderno, p. 4, 26 jan. 1991.
50. *O Globo*, Segundo Caderno, p. 14, 21 jun. 1991.
51. *Jornal do Brasil*, TV Programa, p. 5, 29 dez. 1991.
52. *Corpo a Corpo*, ed. 47, p. 49, nov. 1992.

6. Último ato

1. ESPECIAL: os bastidores da novela marcada por um crime que chocou o Brasil. TV História Disponível em: <https://tvhistoria.com.br/especial-bastidores-de-corpo-e-alma/>. Acesso em: 20 jan. 2020.
2. *O Globo*, Capa, p. 1, 2 ago. 1992.
3. *Contigo*, ed. 880, p. 17, 28 jul. 1992.
4. *Manchete*, n. 2114, p. 54, 10 out. 1992.
5. *O Globo*, Capa, p. 1, 3 ago. 1992.
6. *O Globo*, Segundo Caderno, p. 8, 18 jun. 1992.
7. *Contigo*, ed. 880, p. 17, 28 jul. 1992.
8. *O Globo*, Rio, p. 34, 11 ago. 1996.
9. *Idem.*
10. *O Globo*, Revista da TV, p. 4, 6 set. 1992.
11. DANIELLA Perez — Tributo em Memória. *Facebook*, 19 jun. 2020. Disponível em: <https://www.facebook.com/daniellapereztributo/photos/a.1103823126456925/1479779162194651>. Acesso em: 19 jun. 2022.
12. DANIELLA Perez — Tributo em Memória. *Facebook*, 15 out. 2019. Disponível em: <https://www.facebook.com/daniellapereztributo/posts/1245653162273920>. Acesso em: 19 jun. 2022.
13. *Corpo a Corpo*, ed. 47, p. 49, nov. 1992.
14. *O Globo*, Revista da TV, p. 10, 2 ago. 1992.
15. *Jornal do Brasil*, TV Programa, p. 34, 26 set. 1992.
16. *Idem.*
17. *Jornal do Brasil*, Caderno B, p. 1, 10 ago. 1992.
18. *Idem.*
19. *Contigo*, ed. 891, Capa, 13 out. 1992.
20. *Jornal do Brasil*, TV Programa, p. 34, 26 set. 1992.
21. *O Globo*, O País, p. 7, 1º jan. 1993.
22. Em meados da década de 1990, Guilherme de Pádua escreveu um confuso relato autobiográfico em terceira pessoa, no qual narra a sua versão para o crime. A obra acabou proibida pela Justiça a pedido da família da atriz Daniella Perez. Sobre o tema, ver capítulo 13, "O livro proibido".

23. PÁDUA, G. de. *A história que o Brasil desconhece*. Belo Horizonte: O Escriba, 1995. p. 46-47.
24. *O Globo*, Segundo Caderno, p. 4, 13 nov. 1992.
25. PEREZ, G. "O crime". *Daniella Perez*: arquivos de um processo. Disponível em: <http://www.daniellaperez.com.br/?p=2039>. Acesso em: 31 mai. 2020.
26. "Caio vê Yasmin e Bira se beijando". Disponível em: <https://www.youtube.com/watch?v=gH3Jatjxrm8.>. Acesso em: 26 mai. 2020.
27. *Amiga*, ed. 1170, p. 9, 6 out. 1992.
28. *Jornal do Brasil*, TV Programa, p. 34, 26 set. 1992.
29. *Amiga*, ed. 1167, p. 3, 15 set. 1992.
30. *O Estado de S. Paulo*, Cidades, 1, 30 dez. 1992.
31. *Jornal do Brasil*, Caderno B, p. 8, 16 ago. 1992.
32. *Folha de S.Paulo*, Revista da Folha, p. 17, 7 nov. 1993.
33. *Idem*.
34. *Contigo,* ed. 891, Capa, 13 out. 1992.
35. *Idem*, p. 36.
36. "Caso Daniella Perez matéria completa — várias reportagens". Disponível em: <https://www.youtube.com/watch?v=O05qSzYt7oM>. Acesso em: 17 abr. 2020.
37. *Idem*.
38. DANIELLA Perez — Tributo em Memória. *Facebook*, 18 dez. 2020. Disponível em: <https://www.facebook.com/daniellapereztributo/photos/a.724101381095770/1638809689624930>. Acesso em: 21 jun. 2022.
39. *O Globo*, Revista da TV, p. 13, 17 fev. 1991.
40. *Contigo,* Ed. 891, p. 36, 13 out. 1992.
41. *Moda Moldes*, ed. 75, p. 4, ano 7, 1992.
42. *Jornal do Brasil*, Cidade, p. 16, 7 jan. 1993.
43. *Moda Moldes*, ed. 75, p. 4, ano 7, 1992.
44. *O Globo*, Revista da TV, p. 8, 3 jan. 1993.
45. *Interview*, ed. 157, p. 98, jan. 1993.
46. *O Estado de S. Paulo*, Cidades, 1, 30 dez. 1992.
47. *Idem*.
48. *O Globo*, Revista da TV, p. 8, 3 jan. 1993.
49. *Amiga*, ed. 1183, p. 70, 5 jan. 1993.
50. *Interview*, ed. 157, p. 98, jan. 1993.
51. DANIELLA Perez — Tributo em Memória. *Facebook*, 4 abr. 2020. Disponível em: <https://www.facebook.com/daniellapereztributo/photos/a.743640585808516/1414227612083140>. Acesso em: 21 jun. 2022.

NOTAS

52. *Interview*, ed. 157, p. 24, jan. 1993.
53. *Contigo*, ed. 891, p. 37, 13 out. 1992.
54. *O Globo*, Revista da TV, p. 8, 17 fev. 1991.
55. *O Globo*, Grande Rio, p. 12, 7 jan. 1993.
56. *O Estado de S. Paulo*, Cidades, 1, 30 dez. 1992.
57. SOUZA, S. de. *O crime da novela das oito*. São Paulo: Scritta Editorial, 1993. p. 14.
58. *Amiga*, ed. 1235, Caderno especial, n.p., 4 jan. 1994.
59. *Manchete*, n. 2128, p. 12, 16 jan. 1993.
60. *O Globo*, Revista da TV, p. 4, 6 set. 1992.
61. *Idem*.
62. *Interview*, ed. 157, p. 98, jan. 1993.
63. *Folha de S.Paulo*, TV Folha, p. 5, 20 set. 1992.
64. *Jornal do Brasil*, TV Programa, p. 6, 2 jan. 1993.
65. *Moda Moldes*, ed. 75, p. 4, ano 7, 1992.
66. *Interview*, ed. 157, p. 99, jan. 1993.
67. *O Globo*, Segundo Caderno, p. 8, 13 ago. 1990.
68. *Sétimo Céu*, ed. especial, p. 8, jan. 1993.
69. *Corpo a Corpo*, ed. 47, p. 48, nov. 1992.
70. *Amiga*, ed. 1176, p. 3, 17 nov. 1992.
71. *Corpo a Corpo*, ed. 47, p. 48, nov. 1992.
72. *Amiga*, ed. 1176, Capa, 17 nov. 1992.
73. *Moda Moldes*, ed. 75, p. 4, ano 7, 1992.
74. *Veja*, ed. 1274, p. 65, 10 fev. 1993.
75. *Correio de Notícias*, Tevê, Coluna do Nani Marcos, p. 3, 17 dez. 1992.
76. *Idem*.
77. *Corpo a Corpo*, ed. 47, p. 48, nov. 1992.
78. *A Tribuna*, Artes, p. 5, 30 dez. 1992.
79. *Contigo*, ed. 891, p. 36, 13 out. 1992.
80. *Moda Moldes*, ed. 75, p. 4, ano 7, 1992.
81. *Interview*, ed. 157, p. 24, jan. 1993.
82. *O Globo*, Revista da TV, p. 4, 6 set. 1992.
83. *A Tribuna*, Artes, p. 5, 30 dez. 1992.
84. *Idem*.
85. *O Globo*, Revista da TV, p. 12, 20 dez. 1992.
86. *O Estado de S. Paulo*, Cidades, p. 1, 30 dez. 1992.
87. *Amiga*, ed. 1235, Caderno especial, n.p., 4 jan. 1994.
88. "Daniella Perez como Maria, Mãe de Jesus: Especial Roberto Carlos 1992". Disponível em: <https://www.youtube.com/watch?v=t_Edl65wT2E>. Acesso em: 26 mai. 2020.
89. *Manchete*, n. 2128, p. 15, 16 jan. 1993.

90. *O Estado de S. Paulo*, Cidades, p. 1, 30 dez. 1992.
91. *Manchete*, n. 2177, p. 16, 25 dez. 1993.
92. *Idem.*
93. *Interview*, ed. 157, p. 24, jan. 1993.
94. *Idem.*
95. *O Dia*, Polícia, p. 11, 28 jan. 1993.
96. *Amiga*, ed. extra, p. 10, dez. 1992.

7. A pior das tramas

1. *O Dia*, Polícia, p. 11, 7 jan. 1993.
2. *Tribuna da Imprensa*, Nacional, p. 5, 4 jan. 1993.
3. PÁDUA, G. de. *A história que o Brasil desconhece*. Belo Horizonte: O Escriba, 1995. p. 89.
4. SOUZA, S. de. *O crime da novela das oito*. São Paulo: Scritta Editorial, 1993. p. 14.
5. *Jornal do Brasil*, TV Programa, p. 6, 2 jan. 1993.
6. *Folha de S.Paulo*, Cotidiano, p. 1, 31 dez. 1992.
7. PÁDUA, G. de. *A história que o Brasil desconhece*. Belo Horizonte: O Escriba, 1995. p. 100-101.
8. *Idem.* p. 102.
9. *O Globo*, Rio, p. 13, 7 jan. 1993.
10. *Veja*, n. 1270, p. 65, 13 jan. 1993.
11. *Contigo*, n. 904, p. 22, 12 jan. 1993.
12. *O Estado de S. Paulo*, Cidades, p. 1, 30 dez. 1992.
13. *Jornal dos Sports*, Turfe/Variedades, Coluna do Chacrinha, p. 9, 26 nov. 1992.
14. PEREZ, G. "A adulteração da placa". *Daniella Perez*: arquivos de um processo. Disponível em: <http://www.daniellaperez.com.br/?s=placa&submit=>. Acesso em: 17 set. 2019.
15. *Amiga*, ed. extra, p. 8, dez. 1992.
16. *Tribuna da Imprensa*, Nacional, p. 5, 4 jan. 1993.
17. *Idem.*
18. *Contigo*, n. 924, p. 21, 1º jun. 1993.
19. *Pacto Brutal: o assassinato de Daniella Perez*. HBO, 2022.
20. *O Globo*, Rio, p. 27, 23 dez. 2012.
21. *O Globo*, Rio, p. 19, 12 nov. 2015.
22. *Contigo*, n. 905, p. 27, 19 jan. 1993.
23. *Interview*, n. 157, p. 36, jan. 1993.
24. *IstoÉ*, n. 1215, p. 26, 13 jan. 1993.

NOTAS

25. *Contigo*, n. 906, p. 21, 26 jan. 1993.
26. *Idem*.
27. *Veja*, n. 1459, p. 85, 28 ago. 1996.
28. Aqui será apresentada uma visão concisa sobre os momentos cruciais da dinâmica do assassinato da atriz Daniella Perez, respeitando a sequência lógica dos fatos e abordando todos os antecedentes necessários para a correta compreensão daquele momento trágico. A narrativa se baseará, em sua maior parte, na versão que prevaleceu nos julgamentos que condenaram Paula Thomaz e Guilherme de Pádua, aliada a matérias de jornalismo investigativo publicadas ao longo dos anos pela imprensa. Todas as questões ora abordadas, bem como os argumentos das defesas serão analisados em seus pormenores ao longo deste livro.
29. SOUZA, S. *O crime da novela das oito*. Belo Horizonte: Scritta Editorial, 1993. p. 25.
30. Processo nº 0005518-13.1993.8.19.0001 (TJRJ), p. 35-36.
31. *O Globo*, Rio, p. 9, 20 jul. 1993.
32. *O Globo*, p. 19, 12 nov. 2015.
33. SILVA, A. B. *Mentes perigosas*: o psicopata mora ao lado. São Paulo: Principium, 2018. p. 169.
34. *O Globo*, Rio, p. 11, 25 dez. 1993.
35. *O Globo*, Rio, p. 29, 25 ago. 1996.
36. *O Globo*, Rio, p. 9, 1º jan. 1993.
37. PÁDUA, Guilherme. *A história que o Brasil desconhece*. Belo Horizonte: O Escriba, 1995. p. 147, 149, 154-155.
38. *O Globo*, Rio, p. 29, 25 ago. 1996.
39. *O Globo*, Rio, p. 12, 22 jan. 1997; PÁDUA, G. de. *A história que o Brasil desconhece*. Belo Horizonte: O Escriba, 1995. p. 179-180.
40. MOREAU, P. (Org.). *Grandes crimes*. São Paulo: Três Estrelas, 2017. p. 193.
41. PÁDUA, G. de. *A história que o Brasil desconhece*, Belo Horizonte: O Escriba, 1995. p. 265.
42. *O Globo*, Rio, p. 12, 27 ago. 1996.
43. *Manchete*, n. 2312, p. 23, 27 jul. 1996.
44. *O Globo*, Rio, p. 12, 6 jan. 1993.
45. ELUF, L. *A paixão no banco dos réus — Casos passionais e feminicídio*: de Pontes Vergueiro a Mizael Bispo de Souza São Paulo: Saraiva, 2017. p. 120.
46. Processo nº 0005518-13.1993.8.19.0001 (TJRJ), p. 446.
47. *O Dia*, Polícia, p. 7, 4 jan. 1993.
48. Entrevista do desembargador Muiños Piñeiro ao autor deste livro em 27 dez. 2021.

49. SOUZA, S. *O crime da novela das oito*. São Paulo: Scritta Editorial, 1993. p. 45.
50. *Jornal do Brasil*, Cidade, p. 24, 30 dez. 1992.
51. *Jornal do Brasil*, Cidade, p. 13, 5 jan. 1993.
52. *Jornal do Brasil*, Cidade, p. 19, 15 jan. 1993.
53. *Jornal do Brasil*, Cidade, p. 26, 17 jan. 1993.
54. *O Dia*, O Beijo da Traição, p. 3, 4 ago. 1996.
55. *Jornal do Brasil*, Cidade, p. 18, 10 mar. 1993.
56. *O Globo*, Rio, p. 19, 12 nov. 2015.
57. PÁDUA, G. de. *A história que o Brasil desconhece*. Belo Horizonte: O Escriba, 1995. p. 118.
58. *O Globo*, Rio, p. 19, 12 nov. 2015.
59. PÁDUA, G. de. *A história que o Brasil desconhece*. Belo Horizonte: O Escriba, 1995. p. 118.
60. *Jornal do Brasil*, Jornal do Século, p. 183, 7 jan. 2001.
61. *Amiga*, ed. 1235, Caderno especial n.p., 4 jan. 1994.
62. PÁDUA, G. de. *A história que o Brasil desconhece*. Belo Horizonte: O Escriba, 1995. p. 116.
63. *Idem*.
64. *Contigo*, n. 905, p. 23, 19 jan. 1993.
65. *O Globo*, Rio, p. 34, 10 mar. 1996.
66. "Caso Daniella Perez matéria completa — várias reportagens". Disponível em: <https://www.youtube.com/watch?v=O05qSzYt7oM>. Acesso em: 16 abr. 2020.
67. *O Dia*, Polícia, p. 8, 29 jan. 1993.
68. PÁDUA, G. de. *A história que o Brasil desconhece*. Belo Horizonte: O Escriba, 1995. p. 127-128.
69. *Amiga*, ed. extra, p. 6, dez. 1992.
70. Entrevista do desembargador Muiños Piñeiro ao autor deste livro em 27 dez. 2021.
71. *Manchete*, n. 2128, p. 15, 16 jan. 1993.
72. *Folha de S.Paulo*, TV Folha, p. 3, 3 jan. 1993.
73. PEREZ, G. "Reprodução de uma página da agenda de Glória Perez". Daniella Perez: arquivos de um processo. Disponível em: <http://www.daniellaperez.com.br/wp-content/gallery/danda-agendas/agendaaberta.jpg>. Acesso em: 12 out. 2019.
74. PAIVA, M. R. *Feliz ano velho*. 24. ed. São Paulo: Brasiliense, 1983. O relato autobiográfico narra o acidente que o escritor Marcelo Rubens Paiva sofreu poucas horas antes do réveillon de 1979 e, por meio do espirituoso título que inverte a lógica da tradicional saudação, remete ao fato de que tudo havia sido melhor no ano que ia embora.
75. *Sétimo Céu*, ed. especial, p. 7, jan. 1993.

NOTAS

76. *O Globo*, Segundo Caderno, p. 3, 6 jan. 1993.
77. *O Dia*, Polícia, p. 11, 15 jan. 1993.
78. *Jornal do Brasil*, Revista de Domingo, p. 33, 15 jan. 1995.
79. MELL, L. *Como os animais salvaram a minha vida*. Rio de Janeiro: Globo Livros, 2018. p. 36.
80. *Contigo*, n. 947, p. 77, 9 nov. 1993.
81. Memória Globo. "Trilha sonora". Disponível em: <https://memoriaglobo.globo.com/entretenimento/novelas/de-corpo-e-alma/trilha-sonora/>. Acesso em: 12 mai. 2020.
82. *O Dia*, Polícia, p. 11, 12 jan. 1993.
83. ECHEVERRIA, R. *Raimundo Fagner*: quem me levará sou eu. Rio de Janeiro: Agir, 2019. p. 273.
84. *O Dia*, Polícia, p. 11, 12 jan. 1993.
85. *Contigo*, ed. 919, p. 21, 27 abr. 1993.
86. Idem.

8. A repercussão

1. RIECHE, E. *Yara Amaral*: A Operária do Teatro. Rio de Janeiro: Tinta Negra, 2016. p. 460.
2. "Edição do Jornal Nacional de 29 de Dezembro de 1992", 29 dez. 1992. Disponível em: < https://www.youtube.com/watch?v=PpSN5DOOfMY >. Acesso em: 29 dez. 2020.
3. *O Dia*, Polícia, p. 10, 7 jan. 993.
4. *O Globo*, Grande Rio, p. 17, 31 dez. 1992.
5. *O Globo*, Grande Rio, p. 13, 6 jan. 1993.
6. *O Globo*, Grande Rio, p. 15, 19 jan. 1993.
7. *O Globo*, Grande Rio, p. 13, 7 jan. 1993.
8. XAVIER, N. *Almanaque da telenovela brasileira*. São Paulo: Panda Books, 2007. p. 238.
9. *O Globo*, Grande Rio, p. 14, 20 jan. 1993.
10. Memória Globo. "Curiosidades". Disponível em: <https://memoriaglobo.globo.com/entretenimento/novelas/de-corpo-e-alma/curiosidades/>. Acesso em: 29 mai. 2020.
11. *Contigo*, n. 905, p. 28, 19 jan. 1993.
12. *O Estado de S. Paulo*, Cidades, 18, 7 jan. 1993.
13. *Jornal do Brasil*, Televisão, p. 5, 5 mar. 1993.
14. *O Globo*, Grande Rio, p. 8, 20 fev. 1993.
15. *Jornal do Brasil*, TV, p. 30, 5 mar. 1993; *O Globo*, Grande Rio, p. 8, 20 fev. 1993.
16. *Manchete*, n. 2128, Capa, 16 jan. 1993.
17. *Interview*, n. 157, p. 36, jan. 1993.

18. *Sétimo Céu*, ed. especial, Capa, jan. 1993.
19. *Sétimo Céu*, ed. especial, última página, jan. 1993.
20. *O Dia*, Capa, p. 11, 13 jan. 1993.
21. *Jornal do Brasil*, Internacional, p. 9, 4 jan. 1993.
22. *Jornal do Brasil*, TV Programa, p. 32, 9 jan. 1993.
23. "'O tempo não apaga nada', diz Glória Perez após 30 anos sem a filha". Disponível em: <https://www1.folha.uol.com.br/colunas/monicabergamo/2022/07/o-tempo-nao-apaga-nada-diz-gloria-perez-apos-30-anos-sem-a-filha.shtml>. Acesso em: 23 Jul. 2022.
24. *IstoÉ*, n. 1215, p. 24-25, 13 jan. 1993.
25. *O Globo*, Grande Rio, p. 7, 2 jan. 1993.
26. *Jornal do Brasil*, Cidade, p. 24, 10 jan. 1993.
27. *Idem.*
28. *Idem.*
29. *Idem.*
30. *Jornal do Brasil*, Opinião, p. 11, 16 jan. 1993.
31. *Contigo,* n. 920, p. 21, 4 mai. 1993.
32. *Folha de S.Paulo*, Ilustrada, p. 3, 5 jun. 1993.
33. *Idem.*
34. *Idem.*
35. RIECHE, E. *Yara Amaral:* A operária do teatro. Rio de Janeiro: Tinta Negra, 2016. p. 618.
36. *Jornal do Brasil*, Cidade, p. 19, 31 dez. 1992.
37. *O Fluminense*, Polícia, p. 7, 22 jan. 1993.
38. *Jornal do Brasil*, Cidade, p. 14, 6 jan. 1993.
39. "Caso Daniella Perez matéria completa — várias reportagens". Disponível em: <https://www.youtube.com/watch?v=O05qSzYt7oM>. Acesso em: 16 abr. 2020.
40. Entrevista do economista Leonardo Fonseca ao autor deste livro em 20 abr. 2022.
41. *O Globo*, Grande Rio, p. 4, 4 jan. 1993.
42. *O Dia*, Polícia, p. 7, 4 jan. 1993.
43. *Veja*, n. 1270, p. 65, 13 jan. 1993.
44. *Amiga*, n. 1184, p. 20, 12 jan. 1993.
45. *Idem*, p. 25.
46. *Manchete*, n. 2127, p. 22, 9 jan. 1993.
47. *O Globo*, Grande Rio, p. 20, 3 jan. 1993.
48. *Interview*, n. 157, p. 36, jan. 1993.
49. *Jornal do Brasil*, Cidade, p. 18, 31 dez. 1992.

NOTAS

50. *O Dia*, Polícia, p. 8, 19 jan. 1993.
51. SOUZA, S. *O crime da novela das oito*. São Paulo: Scritta Editorial, 1993. p. 42.
52. *O Globo*, Capa, p. 1 30 dez. 1992.
53. *O Globo*, Capa, p. 1, 31 dez. 1992.
54. *Folha de S.Paulo*, Cotidiano, p. 1, 30 dez. 1992.
55. *Contigo*, n. 905, p. 25-26, 19 jan. 1993.
56. *Jornal do Brasil*, Cidade, p. 28, 25 ago. 1996.
57. *O Globo*, Grande Rio, p. 4, 4 jan. 1993.
58. SOUZA, S. *O crime da novela das oito*. São Paulo: Scritta Editorial, 1993. p. 40.
59. *Jornal do Brasil*, Opinião, p. 11, 13 jan. 1993.
60. *O Dia*, Polícia, p. 9, 18 jan. 1993.
61. LEÃO, D. *Quase tudo*: memórias. São Paulo: Companhia da Letras, 2005. p. 211.
62. *Trip*, n. 180, p. 16, 10 ago. 2019.
63. MOTTA, C. *Até a última página*: uma história do *Jornal do Brasil*. Rio de Janeiro: Objetiva, 2018. p. 405.
64. *Jornal do Brasil*, Política e Governo, p. 8, 10 jan. 1993.
65. SOUZA, S. *O crime da novela das oito*. São Paulo: Scritta Editorial, 1993. p. 109.
66. CRFB/1988, art. 5º, XLVII, "a" c/c Art. 84, XIX.
67. *O Dia*, Capa, p. 1, 13 jan. 1993.
68. *Amiga*, n. 1186, p. 11, 26 jan. 1993.
69. *Manchete*, n. 2131, Capa, 6 fev. 1993.
70. *Manchete*, n. 2131, p. 11, 6 fev. 1993.
71. *O Globo*, O País, p. 3, 11 jan. 1993.
72. *Jornal do Brasil*, TV Programa, p. 32, 9 jan. 1993.
73. *Contigo*, n. 911, p. 26, 2 mar. 1993.
74. *O Globo*, Capa, p. 1, 9 jan. 1993.
75. *O Dia*, Polícia, p. 8, 5 jan. 1993.
76. *Tribuna da Imprensa*, Nacional, p. 2, 8 jan. 1993.
77. *Amiga*, ed 1235, Caderno especial, n.p., 4 jan. 1994.
78. *O Globo*, Grande Rio, p. 26, 7 fev. 1993.
79. *Jornal do Brasil*, Niterói, p. 2, 15 abr. 2006.
80. Depoimento do delegado Antônio Serrano ao autor deste livro em 30 mar. 2022.
81. *O Globo*, O País, p. 3, 11 jan. 1993.
82. *O Globo*, O País, Capa, p. 1, 14 jan. 1993.
83. *Guia Astral*, n. 83, p. 63, mar. 1993.

84. *Astral Dia-a-Dia*, n. 46, p. 45, jan. 1993.
85. *Guia Astral*, n. 83, p. 63, mar. 1993.
86. *Idem.*
87. *Meu Amor*, n. 7, Capa, dez. 1992.
88. *Jornal do Brasil*, Caderno B, p. 1, 2 fev. 1993.
89. *Jornal do Brasil*, 1º Caderno, p. 26, 7 fev. 1993.
90. *Jornal do Brasil*, Caderno B, p. 3, 7 fev. 1993.
91. *Folha de S.Paulo*, Ilustrada, p. 4, 12 fev. 1993.
92. *Jornal do Brasil*, Caderno B, p. 1, 2 fev. 1993.
93. *Idem.*
94. *O Fluminense*, TV, p. 6, 22 jun. 1990.
95. *Jornal do Brasil*, Cidade, p. 5, 6 jun. 1990.
96. Memória Globo. "Minisséries: 'Desejo'". Disponível em: <https://memoriaglobo.globo.com/entretenimento/miniseries/desejo/>. Acesso em: 4 fev. 2020.
97. *O Globo*, Jornais de Bairro (zona oeste), p. 30, 20 mai. 1990.
98. *Jornal do Brasil*, Caderno B, p. 1, 2 fev. 1993.
99. *Jornal do Brasil*, Caderno B, p. 3, 7 fev. 1993.
100. *Jornal do Brasil*, Caderno B, p. 1, 2 fev. 1993.
101. *O Globo*, Segundo Caderno, p. 8, 21 fev. 1993.
102. *Jornal do Brasil*, Ideias e Livros, p. 4, 20 mar. 1993.
103. *Idem.*
104. *Folha de S.Paulo*, Ilustrada, p. 4, 12 fev. 1993.
105. *Jornal do Brasil*, Cidade, p. 16, 7 jan. 1993.
106. *Idem.*
107. *Jornal do Brasil*, TV, p. 26, 20 fev. 1993.
108. *Jornal do Brasil*, TV, p. 4, 20 fev. 1993.
109. *Jornal do Brasil*, Ciência/Ecologia, p. 6, 24 fev. 1993.
110. *O Globo*, Rio, p. 5, 28 fev. 2006.
111. *Jornal do Brasil*, Revista de Domingo, n. 976, p. 33, 15 jan. 1995.
112. *Jornal do Brasil*, Cidade, p. 20, 19 jun. 1993.
113. *O Globo*, Segundo Caderno, p. 1, 27 jul. 2014.
114. *Jornal do Brasil*, Cidade, p. 13, 14 ago. 1993.

9. O desvendar de um crime

1. *O Dia*, Polícia, p. 23, 18 ago. 1996.
2. *Jornal do Brasil*, Cidade, p. 31, 14 jul. 1996.
3. Processo nº 0005518-13.1993.8.19.0001 (TJRJ), p. 440.

NOTAS

4. *Manchete*, n. 2129, p. 13, 23 jan. 1993.
5. *Jornal do Brasil*, Cidade, p. 16, 28 jan. 1993.
6. *O Dia*, Polícia, p. 23, 18 ago. 1996.
7. Depoimento do delegado Antônio Serrano ao autor deste livro em 30 mar. 2022.
8. *Veja*, n. 1270, p. 65, 13 jan. 1993.
9. *O Globo*, Rio, p. 13, 22 jan. 1997.
10. *O Globo*, Grande Rio, p. 11, 6 jan. 1993.
11. PÁDUA, G. de. *A história que o Brasil desconhece*. Belo Horizonte: O Escriba, 1995. p. 132.
12. *Amiga*, n. 1271, Caderno especial, n.p., 13 set. 1994.
13. PÁDUA, G. de. *A história que o Brasil desconhece*. Belo Horizonte: O Escriba, 1995. p. 132.
14. *O Dia*, Polícia, p. 8, 6 jan. 1993.
15. *O Estado de S. Paulo*, Cidades, p. 1, 30 dez. 1992.
16. Processo nº 0005518-13.1993.8.19.0001 (TJRJ), p. 113.
17. *Amiga*, n. 1188, p. 9, 9 fev. 1993.
18. Processo nº 0005518-13.1993.8.19.0001 (TJRJ), p. 126-127.
19. *Idem*, p. 128-129.
20. *Idem*, p. 302.
21. *Idem*, p. 19.
22. *O Globo*, Grande Rio, p. 11, 5 jan. 1993.
23. Processo nº 0005518-13.1993.8.19.0001 (TJRJ), p. 456.
24. *O Globo*, Grande Rio, p. 7, 2 jan. 1993.
25. *Amiga*, n. 1235, Caderno especial, n.p., 4 jan. 1994.
26. *O Globo*, Rio, p. 10, 26 ago. 1996.
27. *O Globo*, Grande Rio, p. 11, 6 jan. 1993.
28. *O Globo*, Rio, p. 10, 26 ago. 1996.
29. *O Dia*, Polícia, p. 16, 24 jan. 1993.
30. *Amiga*, n. 1271, Caderno especial, n.p., 13 set. 1994.
31. Processo nº 0005518-13.1993.8.19.0001 (TJRJ), p. 453.
32. *O Dia*, Polícia, p. 8, 29 jan. 1993.
33. Processo nº 0005518-13.1993.8.19.0001 (TJRJ), p. 302.
34. *O Globo*, Grande Rio, p. 11, 22 jan. 1993.
35. *Manchete*, n. 2128, p. 97, 16 jan. 1993; depoimento do delegado Antônio Serrano ao autor deste livro em 30 mar. 2022.
36. *Jornal do Brasil*, Cidade, p. 24, 30 dez. 1992.
37. PÁDUA, G. de. *A história que o Brasil desconhece*. Belo Horizonte: O Escriba, 1995. p. 122.

38. *Veja*, n. 1270, p. 65, 13 jan. 1993.
39. PEREZ, G. de. "O exibicionismo do psicopata". *Daniella Perez*: arquivos de um processo. Disponível em: < http://www.daniellaperez.com.br/?page_id=1320>. Acesso em: 6 jul. 2022.
40. PÁDUA, G. de. *A história que o Brasil desconhece*. Belo Horizonte: O Escriba, 1995. p. 267.
41. SOUZA, S. *O crime da novela das oito*. São Paulo: Scritta Editorial, 1993. p. 57.
42. "Guilherme de Pádua — Entrevista Completa, resposta de Glória Perez e muito mais". Disponível em: <https://www.youtube.com/watch?v=V8udBW_oIcw>. Acesso em: 6 nov. 2019.
43. PÁDUA, G. de. *A história que o Brasil desconhece*. Belo Horizonte: O Escriba, 1995. p. 142.
44. *Veja*, ed. 1270, p. 64, 13 jan. 1993.
45. PÁDUA, G. de. *A história que o Brasil desconhece*. Belo Horizonte: O Escriba, 1995. p. 133.
46. Depoimento do delegado Antônio Serrano ao autor deste livro em 30 mar. 2022.
47. MOREAU, P. (Org.). *Grandes crimes*. São Paulo: Três Estrelas, 2017. p. 195.
48. Para os exatos termos da confissão inicial de Guilherme de Pádua, ver Processo nº 0005518-13.1993.8.19.0001 (TJRJ), p. 15-20.
49. PÁDUA, G. de. *A história que o Brasil desconhece*. Belo Horizonte: O Escriba, 1995. p. 137.
50. Idem, p. 140.
51. Processo nº 0005518-13.1993.8.19.0001 (TJRJ), p. 12.
52. *Idem*.
53. *Manchete*, n. 2129, p. 12, 23 jan. 1993.
54. Processo nº 0005518-13.1993.8.19.0001 (TJRJ), p. 250-253.
55. *Idem*, p. 280-281.
56. *Idem*, p. 285.
57. "Caso Daniella Perez matéria completa — várias reportagens". Disponível em: <https://www.youtube.com/watch?v=O05qSzYt7oM>. Acesso em: 14 abr. 2020.
58. DE PÁDUA, Guilherme de. *A história que o Brasil desconhece*. Belo Horizonte: O Escriba, 1995. p. 180.
59. *O Globo*, Rio, p. 16, 12 mai. 1997.
60. Entrevista do detetive Nélio Machado ao autor deste livro em 27 abr. 2022.
61. Processo nº 0005518-13.1993.8.19.0001 (TJRJ), p. 2075.
62. *O Globo*, Grande Rio, p. 15, 31 dez. 1992.
63. PÁDUA, G. de. *A história que o Brasil desconhece*. Belo Horizonte: O Escriba, 1995. p. 147.

NOTAS

64. *Idem*, p. 149.
65. Processo nº 0005518-13.1993.8.19.0001 (TJRJ), p. 38, 40.
66. *Idem*, p. 78.
67. *Idem*, p. 36-37, 39, 41.
68. *O Globo*, Grande Rio, p. 9, 2 jan. 1993.
69. *Contigo*, n. 914, p. 22-23, 23 mar. 1993.
70. Processo nº 0005518-13.1993.8.19.0001 (TJRJ), p. 448.
71. *Contigo*, n. 928, p. 24, 6 jul. 1993.
72. Processo nº 0005518-13.1993.8.19.0001 (TJR), p. 1940-1942.
73. *Idem*, p. 446.
74. *O Globo*, Grande Rio, p. 19, 3 jan. 1993.
75. *O Dia*, Polícia, p. 16, 3 jan. 1993.
76. *Contigo*, n. 928, p. 24, 6 jul. 1993.
77. *O Dia*, Polícia, p. 8, 6 jan. 1993.
78. *Contigo*, n. 928, p. 24, 6 jul. 1993.
79. PEREZ, G. "Premeditação: o álibi do BarraShopping". *Daniella Perez*: arquivos de um processo. Disponível em: <http://www.daniellaperez.com.br/?p=1565>. Acesso em: 3 nov. 2019.
80. PÁDUA, G. de. *A história que o Brasil desconhece*. Belo Horizonte: O Escriba, 1995. p. 132.
81. PEREZ, G. "Premeditação: o álibi do BarraShopping". *Daniella Perez*: arquivos de um processo. Disponível em: <http://www.daniellaperez.com.br/?p=1565>. Acesso em: 3 nov. 2019; PÁDUA, Guilherme. *A história que o Brasil desconhece*. Belo Horizonte: O Escriba, 1995. p. 122 e 132.
82. *Folha de S.Paulo*, Cotidiano, p. 3, 31 dez. 1992.
83. Processo nº 0005518-13.1993.8.19.0001 (TJRJ), p. 128-129.
84. *Idem*, p. 300.
85. *O Globo*, Grande Rio, p. 14, 16 jan. 1993.
86. Processo nº 0005518-13.1993.8.19.0001 (TJRJ), p. 301.
87. *O Globo*, Grande Rio, p. 16, 20 jan. 1993.
88. *Jornal do Brasil*, Cidades, p. 17, 19 jan. 1993.
89. Processo nº 0005518-13.1993.8.19.0001 (TJRJ), p. 19.
90. PEREZ, G. "A adulteração da placa". *Daniella Perez*: arquivos de um processo. Disponível em: <http://www.daniellaperez.com.br/?p=177>. Acesso em: 4 ago. 2019.
91. *Manchete*, n. 2129, p. 12, 23 jan. 1993.
92. Processo nº 0005518-13.1993.8.19.0001 (TJRJ), p. 1726.
93. *Idem*, p. 1727.

94. *Idem*, p. 1726.
95. *Folha de S.Paulo*, Cotidiano, p. 3, 31 dez. 1992.
96. Processo nº 0005518-13.1993.8.19.0001 (TJRJ), p. 128-129.
97. *Tribuna da Imprensa*, Rio, p. 2, 09-10 jan. 1993.
98. Depoimento do delegado Antônio Serrano ao autor deste livro em 30 mar. 2022.
99. Processo nº 0005518-13.1993.8.19.0001 (TJRJ), p. 130.
100. *Idem*, p. 2093.
101. *Amiga*, ed. 1235, caderno especial (sem página), 4 jan. 1994.
102. *O Dia*, sem caderno, p. 14, 23 jan. 1997.
103. PEREZ, G. "Antonio Clarete: a lavagem do carro". Daniella Perez: arquivos de um processo. Disponível em: <http://www.daniellaperez.com.br/?p=255>. Acesso em: 20 jan. 2022.
104. Entrevista do perito Mauro Ricart ao autor deste livro em 25 abr. 2022.
105. MOREAU, P. (Org.). *Grandes Crimes*. São Paulo: Três Estrelas, 2017, p. 194.
106. Processo nº 0005518-13.1993.8.19.0001 (TJRJ), p. 157.
107. *O Globo*, Rio, p. 16, 9 mar. 1994.
108. *Jornal do Brasil*, Cidade, p. 26, 17 jan. 1993.
109. Processo nº 0005518-13.1993.8.19.0001 (TJRJ), p. 446.
110. *Manchete*, n. 2129, p. 13, 23 jan. 1993.
111. Processo nº 0005518-13.1993.8.19.0001 (TJRJ), p. 455.
112. *Contigo*, n. 906, p. 25, 26 jan. 1993.
113. *Contigo*, n. 906, p. 25, 26 jan. 1993; *O Globo*, Rio, p. 15, 21 jan. 1993.
114. Processo nº 0005518-13.1993.8.19.0001 (TJRJ), p. 725-733.
115. *Idem*, p. 815-819.
116. *O Globo*, Rio, p. 14, 27 ago. 1993.
117. *Manchete*, n. 2172, p. 92, 20 set. 1993.
118. PÁDUA, G. de. *A história que o Brasil desconhece*. Belo Horizonte: O Escriba, 1995. p. 129.
119. *Jornal do Brasil*, Cidade, p. 25, 15 mai. 1997.
120. *O Globo*, Rio, p. 16, 9 mar. 1994.
121. SOUZA, S. *O crime da novela das oito*. São Paulo: Scritta Editorial, 1993. p. 87.
122. O *Sem Censura* é um programa de entrevistas exibido desde 1985, considerado um dos mais tradicionais da grade jornalística brasileira. Veiculado pela TV Brasil, aborda uma gama de assuntos de interesse público, sempre com conteúdo informativo e fomentando o debate franco e a multiplicidade de pontos de vista.
123. "Caso Daniella Perez matéria completa — várias reportagens". Disponível em: <https://www.youtube.com/watch?v=O05qSzYt7oM>. Acesso em: 17 abr. 2020.

NOTAS

124. *Jornal do Brasil*, Cidade, p. 7, 20 jun. 1986.
125. *O Globo*, Grande Rio, p. 15, 18 dez. 1986.
126. *Idem*.
127. *Folha de S.Paulo*, Cotidiano, 23 ago. 1996. Disponível em: <https://www1.folha.uol.com.br/fsp/1996/8/23/cotidiano/37.html>. Acesso em: 23 dez. 2020.
128. *Veja*, n. 1459, p. 84, 28 ago. 1996.
129. Processo nº 0005518-13.1993.8.19.0001 (TJRJ), p. 456.
130. *Folha de S.Paulo*, Cotidiano, 23 ago. 1996. Disponível em: <https://www1.folha.uol.com.br/fsp/1996/8/23/cotidiano/37.html>. Acesso em: 23 dez. 2020.
131. *Manchete*, n. 2128, p. 15, 16 jan. 1993.
132. "Caso Daniella Perez matéria completa — várias reportagens". Disponível em: <https://www.youtube.com/watch?v=O05qSzYt7oM.>. Acesso em: 17 abr. 2020.

10. Os acusados

1. *O Globo*, Rio, p. 16, 16 ago. 1996.
2. *O Globo*, Grande Rio, p. 20, 10 jan. 1993.
3. *Jornal do Brasil*, Cidade, p. 28, 25 ago. 1996.
4. SOUZA, S. *O crime da novela das oito*. São Paulo: Scritta Editorial, 1993. p. 32.
5. *Amiga*, n. 1187, p. 6, 2 fev. 1993.
6. *Manchete*, n. 2177, p. 16, 25 dez. 1993.
7. *Contigo*, n. 926, p. 19, 15 jun. 1993.
8. *Contigo*, n. 904, p. 22, 12 jan. 1993.
9. *Folha de S.Paulo*, Cotidiano, p. C7, 15 out. 2006.
10. *Idem*.
11. *O Globo*, Grande Rio, p. 20, 10 jan. 1993.
12. *Astral Dia-a-Dia*, n. 46, p. 45, jan. 1993.
13. *O Globo*, Grande Rio, p. 20, 10 jan. 1993.
14. *Jornal do Brasil*, Revista de Domingo, n. 1047, p. 4, 26 mai. 1996.
15. *O Globo*, Grande Rio, p. 20, 3 jan. 1993.
16. Processo nº 0005518-13.1993.8.19.0001 (TJRJ), p. 453.
17. *O Globo*, Rio, p. 20, 10 jan. 1993.
18. *Manchete*, n. 2128, p. 94, 16 jan. 1993.
19. *Contigo*, n. 903, Encarte especial, n.p., 5 jan. 1993.
20. *Jornal do Brasil*, Cidade, p. 29, 25 ago. 1996.
21. *O Globo*, Grande Rio, p. 10, 1º jul. 1991.
22. *Veja*, n. 1270, p. 64, 13 jan. 1993.

23. PEREZ, G. "O exibicionismo do psicopata". *Daniella Perez*: arquivos de um processo. Disponível em: <http://www.daniellaperez.com.br/?page_id=1320>. Acesso em: 28 mai. 2020.
24. PÁDUA, G. de. *A história que o Brasil desconhece*. Belo Horizonte: O Escriba, 1995. p. 202-203.
25. *Manchete*, n. 2128, p. 96, 16 jan. 1993.
26. *Jornal do Brasil*, Cidade, p. 28, 25 ago. 1996.
27. *O Dia*, Polícia, p. 15, 3 jan. 1993.
28. *Jornal do Brasil*, Cidade, p. 28, 25 ago. 1996.
29. Processo nº 0005518-13.1993.8.19.0001 (TJRJ), p. 104.
30. *Jornal do Brasil*, Cidade, p. 28, 25 ago. 1996.
31. *Jornal do Brasil*, Cidade, p. 12, 1º jan. 1993.
32. SOUZA, S. *O crime da novela das oito*. São Paulo: Scritta Editorial, 1993. p. 35.
33. *O Globo*, Grande Rio, p. 17, 9 jan. 1993.
34. *Idem*.
35. *Idem*.
36. *Jornal do Brasil*, Cidade, p. 28, 25 ago. 1996.
37. *O Globo*, Grande Rio, p. 10, 23 jan. 1993.
38. Entrevista do advogado Carlos Eduardo Machado ao autor deste livro em 24 fev. 2022.
39. *Amiga*, n. 1189, p. 8, 16 fev. 1993.
40. *Veja*, n. 1270, p. 62, 13 jan. 1993.
41. *Idem*.
42. *O Dia*, Polícia, p. 9, 5 fev. 1993.
43. *O Globo*, Grande Rio, p. 15, 21 jan. 1993.
44. *O Dia*, Polícia, p. 10, 20 jan. 1993.
45. *O Dia*, Polícia, p. 11, 15 jan. 1993.
46. *Veja*, n. 1270, p. 62, 13 jan. 1993.
47. *O Globo*, Grande Rio, p. 15, 31 dez. 1992.
48. *Veja*, n. 1270, p. 64, 13 jan. 1993.
49. Processo nº 0005518-13.1993.8.19.0001 (TJRJ), p. 453.
50. *Idem*.
51. *Contigo*, n. 904, p. 26, 12 jan. 1993.
52. *Idem*.
53. *Tribuna da Imprensa*, Rio, p. 6, 2-3 jan. 1993.
54. *Contigo*, n. 913, p. 20, 16 mar. 1993.
55. *Manchete*, n. 2128, p. 97, 16 jan. 1993.
56. *Contigo*, n. 905, p. 26, 19 jan. 1993.

NOTAS

57. *O Globo*, Grande Rio, p. 17, 31 dez. 1992.
58. *Idem.*
59. MOREAU, P. (Org.). *Grandes Crimes.* São Paulo: Três Estrelas, 2017. p. 191.
60. *Veja*, n. 1270, p. 65, 13 jan. 1993.
61. "A história de resiliência de Raul Gazolla". Disponível em: <https://www.youtube.com/watch?v=ZyfPPsOYSq4>. Acesso em: 14 fev. 2022.
62. *O Estado de S. Paulo*, Cidades, C8, 25 ago. 1996.
63. PÁDUA, G. de. *A história que o Brasil desconhece.* Belo Horizonte: O Escriba, 1995. p. 55.
64. *O Estado de S. Paulo*, Cidades, p. 19, 31 dez. 1992.
65. PÁDUA, G. de. *A história que o Brasil desconhece.* Belo Horizonte: O Escriba, 1995. p. 40.
66. *O Globo*, Grande Rio, p. 12, 11 jan. 1993.
67. PÁDUA, G. de. *A história que o Brasil desconhece.* Belo Horizonte: O Escriba, 1995. p. 39.
68. *Jornal do Brasil*, Cidade, p. 12, 4 jan. 1993.
69. PÁDUA, G. de. *A história que o Brasil desconhece.* Belo Horizonte: O Escriba, 1995. p. 77-78.
70. ELUF, L. *A paixão no banco dos réus — Casos passionais e feminicídio*: de Pontes Vergueiro a Mizael Bispo de Souza. São Paulo: Saraiva, 2017. p. 118.
71. Depoimento da jornalista Françoise Imbroisi ao autor deste livro em 4 nov. 2021.
72. *Veja*, n. 1270, p. 5, 13 jan. 1993.
73. *Interview*, n. 157, p. 36, jan. 1993.
74. *Manchete*, n. 2136, p. 74, 13 mar. 1993.
75. "Glória Perez no Jô Soares Onze e Meia (SBT) 1993". Disponível em: <https://www.youtube.com/watch?v=RZZ92ZBGlG0>. Acesso em: 20 nov. 2019.
76. PÁDUA, G. de. *A história que o Brasil desconhece.* Belo Horizonte: O Escriba, 1995. p. 85.
77. *O Estado de S. Paulo*, Cidades, p. 11, 2 jan. 1993.
78. *O Dia*, Polícia, p. 10, 1º jan. 1993.
79. *Manchete*, n. 2136, p. 76, 13 jan. 1993.
80. *Idem.*
81. PÁDUA, G. de. *A história que o Brasil desconhece.* Belo Horizonte: O Escriba, 1995. p. 75.
82. *Idem.*
83. *Idem*, p. 85.
84. *Idem*, p. 85-86.
85. *O Dia*, Polícia, p. 10, 1º jan. 1993.

86. *Manchete*, n. 2128, p. 97, 16 jan. 1993.
87. PÁDUA, G. de. *A história que o Brasil desconhece*. Belo Horizonte: O Escriba, 1995. p. 75.
88. *Veja*, n. 1270, p. 60-61, 13 jan. 1993.
89. *Contigo*, n. 914, p. 21, 23 mar. 1993.
90. *O Estado de S. Paulo*, Cidades, p. 15, 2 jan. 1993.
91. PEREZ, G. "Por que a polícia falou de magia negra?" *Daniella Perez*: arquivos de um processo. Disponível em: <http://http://www.daniellaperez.com.br/?p=930>. Acesso em: 11 ago. 2019.
92. *O Globo*, Grande Rio, p. 7, 2 jan. 1993.
93. *Jornal do Brasil*, Cidades, p. 12, 1º jan. 1993.
94. *Astral Dia-a-Dia*, n. 46, p. 45, jan. 1993.
95. *Contigo*, n. 904, p. 24, 12 jan. 1993.
96. *Folha Universal*, n. 169, p. 8, 2-8 jul. 1995.
97. PEREZ, G. "Por que a polícia falou de magia negra?" *Daniella Perez*: arquivos de um processo. Disponível em: <http://www.daniellaperez.com.br/?p=930>. Acesso em: 29 jul. 2022.
98. Processo nº 0005518-13.1993.8.19.0001 (TJRJ), p. 40-41.
99. *O Globo*, Grande Rio, p. 20, 3 jan. 1993.
100. Processo nº 0005518-13.1993.8.19.0001 (TJRJ), p. 453.
101. *Manchete*, n. 2312, p. 23, 27 jul. 1996.
102. Processo nº 0005518-13.1993.8.19.0001 (TJRJ), p. 300.
103. *O Globo*, Grande Rio, p. 20, 3 jan. 1993.
104. *Idem*.
105. *Contigo*, n. 904, p. 24, 12 jan. 1993.
106. *O Globo*, Rio, p. 25, 28 jul. 1996.
107. *Contigo*, n. 904, p. 22, 12 jan. 1993.
108. *Idem*.
109. *Manchete*, n. 2128, p. 96, 16 jan. 1993.
110. *Jornal do Brasil*, Cidades, p. 12, 2 jan. 1993.
111. *O Globo*, Rio, p. 25, 28 jul. 1996.
112. PEREZ, G. "Por que a polícia falou de magia negra?" *Daniella Perez*: arquivos de um processo. Disponível em: <http://www.daniellaperez.com.br/?p=930>. Acesso em: 11 ago. 2019.
113. MOREAU, P. (Org.). *Grandes crimes*. São Paulo: Três Estrelas, 2017. p. 193.
114. *Contigo*, n. 914, p. 21, 23 mar. 1993.
115. *Contigo*, n. 918, p. 23, 20 abr. 1993.
116. *Manchete*, n. 2158, p. 92, 14 ago. 1993.
117. *Astral Dia-a-Dia*, n. 46, p. 45, jan. 1993.

NOTAS

118. *Contigo*, n. 906, p. 23, 26 jan. 1993.
119. *Contigo*, n. 913, p. 23, 16 mar. 1993.
120. *Manchete*, n. 2312, p. 23, 27 jul. 1996.
121. Entrevista do advogado Paulo Ramalho ao autor deste livro em 23 jul. 2022.
122. *O Globo*, Rio, p. 25, 28 jul. 1996.
123. Processo nº 0005518-13.1993.8.19.0001, folha não identificada.
124. *O Globo*, Rio, p. 25, 28 jul. 1996.
125. *Interview*, n. 157, p. 36, jan. 1993.
126. *O Globo*, Grande Rio, p. 17, 9 jan. 1993.
127. PÁDUA, G. de. *A história que o Brasil desconhece*. Belo Horizonte: O Escriba, 1995. p. 76.
128. *O Estado de S. Paulo*, Cidades, C8, 25 ago. 1996.
129. PÁDUA, Guilherme de. *A história que o Brasil desconhece*. Belo Horizonte: O Escriba, 1995. p. 76.
130. *O Estado de S. Paulo*, Cidades, C8, 25 ago. 1996.
131. *Jornal do Brasil*, Cidade, p. 17, 2 fev. 1993.
132. *O Globo*, Grande Rio, p. 26, 7 fev. 1993.
133. *Idem*.
134. *O Globo*, Grande Rio, p. 26, 8 fev. 1993.
135. *O Estado de S. Paulo*, Cidades, C8, 25 ago. 1996.
136. Processo nº 0005518-13.1993.8.19.0001 (TJRJ), p. 302.
137. *O Globo*, Grande Rio, p. 10, 1º jul. 1991.
138. *Jornal do Brasil*, Cidade, p. 18, 31 dez. 1992.
139. *Veja*, n. 1270, p. 65, 13 jan. 1993.
140. *O Globo*, Grande Rio, p. 15, 21 jan. 1993; *O Globo*, Grande Rio, p. 11, 26 jan. 1993.
141. *Amiga*, n. 1187, p. 6, 2 fev. 1993.
142. *O Globo*, Grande Rio, p. 12, 25 jan. 1993.
143. *Idem*.
144. *Jornal do Brasil*, Cidade, p. 17, 16 jan. 1993.
145. *O Dia*, Polícia, p. 8, 3 fev. 1993.
146. *Idem*.
147. *O Globo*, Grande Rio, p. 11, 3 fev. 1993.
148. *Contigo*, n. 905, p. 22, 19 jan. 1993.
149. *Amiga*, ed. 1235, Caderno especial, n.p., 4 jan. 1994.
150. *O Dia*, Polícia, p. 8, 9 jan. 1993.
151. *Amiga*, ed. 1235, Caderno especial, n.p., 4 jan. 1994.
152. *O Globo*, Rio, p. 14, 22 jul. 1993.

153. *Jornal do Commercio*, O País, p. 14, 8 jan. 1994.
154. "Caso Daniella Perez matéria completa — várias reportagens". Disponível em: <https://www.youtube.com/watch?v=O05qSzYt7oM>. Acesso em: 14 abr. 2020.
155. *Contigo*, n. 945, p. 22, 26 out. 1993.
156. *Tribuna da Imprensa*, Nacional, p. 5, 4 jan. 1993.
157. *Idem*.
158. *Contigo*, n. 946, p. 23, 2 nov. 1993.
159. *Idem*, p. 22.
160. *Contigo*, n. 928, p. 21, 6 jul. 1993.
161. *O Estado de S. Paulo*, Cidades, 18, 7 jan. 1993.
162. *Jornal do Brasil*, Cidade, p. 26, 17 jan. 1993.
163. *O Globo*, Grande Rio, p. 11, 3 fev. 1993.
164. *O Globo*, Grande Rio, p. 15, 21 jan. 1993.
165. *O Fluminense*, Polícia, p. 8, 3 fev. 1993.

11. Uma longa jornada por justiça

1. "Glória Perez no Jô Soares Onze e Meia (SBT) 1993". Disponível em: <https://www.youtube.com/watch?v=RZZ92ZBGlG0>. Acesso em: 20 nov. 2019.
2. *O Globo*, O País, p. 3, 24 fev. 2006.
3. RIOS, T. "'Nossa leis são muito condescendentes com o crime', diz Glória Perez". *O Globo*. Disponível em: <https://oglobo.globo.com/rio/bairros/nossa-leis-sao-muito-condescendentes-com-crime-diz-gloria-perez-1-25447182>. Acesso em: 2 abr. 2022.
4. *O Globo*, Grande Rio, p. 11, 10 mar. 1993.
5. PEREZ, G. "A emenda popular". *Daniella Perez*: arquivos de um processo. Disponível em: <http://www.daniellaperez.com.br/?page_id=591&cpage=1>. Acesso em: 11 nov. 2019.
6. *Contigo*, n. 930, p. 18, 13 jan. 1993.
7. *Contigo*, n. 934, p. 22, 10 ago. 1993.
8. *Folha de S.Paulo*, Opinião, p. 2, 7 jul. 1993.
9. *Folha de S.Paulo*, Ilustrada, p. 27, 18 jul. 2022.
10. ELUF, L. *A paixão no banco dos réus — Casos passionais e feminicídio*: de Pontes Vergueiro a Mizael Bispo de Souza. São Paulo: Saraiva, 2017, p. 123.
11. PEREZ, G. "A emenda popular". *Daniella Perez*: arquivos de um processo. Disponível em: <http://www.daniellaperez.com.br/?page_id=591&cpage=1>. Acesso em: 11 nov. 2019.

NOTAS

12. *Caras*, n. 147, Caderno especial, n.p., 30 ago. 1996.
13. *Veja*, n. 1274, p. 64, 10 fev. 1993.
14. *O Estado de S. Paulo*, Cidades, p. 19, 4 ago. 1993.
15. *Veja*, n. 1274, p. 64, 10 fev. 1993.
16. MOREAU, P. (Org.). *Grandes crimes*. São Paulo: Três Estrelas, 2017. p. 196.
17. *Jornal do Brasil*, Cidade, p. 28, 15 ago. 1993.
18. PEREZ, G. "A emboscada e o soco". *Daniella Perez*: arquivos de um processo. Disponível em: <http://www.daniellaperez.com.br/?p=85>. Acesso em: 31 mai. 2020.
19. *Idem*.
20. *Contigo*, n. 935, p. 25, 17 ago. 1993.
21. *Jornal do Brasil*, Cidade, p. 20, 27 mai. 1993.
22. *O Globo*, Rio, p. 15, 4 ago. 1993.
23. *Tribuna da Imprensa*, Nacional, p. 5, 3 fev. 1993.
24. *O Dia*, Polícia, p. 8, 3 fev. 1993.
25. *Contigo*, n. 928, p. 22, 6 jul. 1993.
26. *O Fluminense*, Polícia, p. 8, 3 fev. 1993.
27. *O Fluminense*, Polícia, p. 8, 4 fev. 1993.
28. *O Fluminense*, Polícia, p. 8, 3 fev. 1993.
29. *Tribuna da Imprensa*, Internacional, p. 9, 4 fev. 1993.
30. *Jornal do Brasil*, Cidade, p. 16, 7 jan. 1993.
31. *Jornal do Brasil*, Cidade, p. 28, 15 ago. 1996.
32. Processo nº 0005518-13.1993.8.19.0001, p. 140.
33. *O Estado de S. Paulo*, Cidades, 18, 7/1/1993.
34. *O Fluminense*, Polícia, p. 8, 25 fev. 1993.
35. Entrevista do advogado Paulo Ramalho ao autor deste livro em 30 jan. 2022.
36. *Jornal do Brasil*, Cidade, p. 20, 27 mai. 1993.
37. *Idem*.
38. *Idem*.
39. *Pacto Brutal: o assassinato de Daniella Perez*, HBO, 2022.
40. *Jornal do Brasil*, Cidade, p. 17, 5 nov. 1993.
41. PÁDUA, G. de. *A história que o Brasil desconhece*. Belo Horizonte: O Escriba, 1995. p. 206.
42. Processo nº 0005518-13.1993.8.19.0001 (TJRJ), p. 35.
43. *Idem*, p. 113.
44. *O Dia*, Polícia, p. 10, 7 jan. 1993.
45. Entrevista do advogado Paulo Ramalho ao autor deste livro em 30 jan. 2022.
46. *A Tribuna*, Polícia, p. 9, 6 jan. 1993.

47. *O Globo*, Grande Rio, p. 13, 6 jan. 1993.
48. *O Dia*, Polícia, p. 10, 1º jan. 1993.
49. Processo nº 0005518-13.1993.8.19.0001 (TJRJ), p. 49-50.
50. *Jornal do Brasil*, Cidade, p. 15, 29 mai. 1993.
51. *Idem*.
52. Entrevista do desembargador Muiños Piñeiro ao autor deste livro em 27 dez. 2021.
53. *Jornal do Brasil*, Cidade, p. 15, 29 mai. 1993.
54. *Jornal do Brasil*, Cidade, p. 24, 30 dez. 1992.
55. *O Globo*, Grande Rio, p. 17, 30 dez. 1992.
56. *O Dia*, Polícia, p. 8, 5 jan. 1993.
57. *Manchete*, n. 2129, p. 12, 16 jan. 1993.
58. *O Fluminense*, Nacional/Geral, p. 7, 31 dez. 1992.
59. *O Globo*, Grande Rio, p. 10, 15 jan. 1993.
60. *Idem*.
61. *O Globo*, Grande Rio, p. 16, 31 dez. 1992.
62. ELUF, L. *A paixão no banco dos réus — Casos passionais e feminicídio*: de Pontes Vergueiro a Mizael Bispo de Souza, São Paulo: Saraiva, 2017. p. 93.
63. *Idem*, p. 92.
64. *Idem*, p. 95.
65. SILVA, E. L. *A defesa tem a palavra*: o caso Doca Street e algumas lembranças, Rio de Janeiro: Booklink, 2011. p. 208, 223 e 226.
66. *Idem*, p. 225.
67. Disponível em: https://www.youtube.com/watch?v=HZvwPzXBiaQ. Acesso em: 2 jan. 2020.
68. *Veja*, n. 581, p. 113, 24 out. 1979.
69. *Jornal dos Sports*, sem caderno (Coluna Na Jogada), p. 6, 3 fev. 1977.
70. Podcast *Praia dos Ossos*. "O crime da Praia dos Ossos". Disponível em: <https://open.spotify.com/episode/6MQlVJa59hnOoOx043WYz9>. Acesso em: 28 dez. 2020.
71. *Veja*, n. 581, Capa, p. 1, 24 out. 1979.
72. *Idem*, p. 115.
73. Disponível em: <https://www.youtube.com/watch?v=HZvwPzXBiaQ>. Acesso em: 2 jan. 2020.
74. *Veja*, n. 581, Capa, p. 1, 24 out. 1979.
75. Disponível em: <https://www.youtube.com/watch?v=HZvwPzXBiaQ>. Acesso em: 2 jan. 2020.
76. O conselho de sentença é um órgão formado para decidir de maneira soberana casos levados ao tribunal do júri, apreciando a matéria de fato submetida ao

NOTAS

tribunal. O conselho é composto por sete cidadãos pertencentes à comunidade onde o delito foi cometido, escolhidos de forma aleatória. A presidência do conselho é exercida por um magistrado a quem cabe lavrar a decisão final.
77. *O Globo*, Grande Rio, p. 13, 16 jan. 1993.
78. *O Estado de S. Paulo*, Cidades, C8, 25 ago. 1996.
79. *Jornal do Brasil*, Cidade, p. 28, 25 ago. 1996.

12. Tortuosa espera

1. *O Globo*, Grande Rio, p. 9, 18 jan. 1993.
2. Processo nº 0005518-13.1993.8.19.0001 (TJRJ), p. 231-234.
3. *O Fluminense*, Nacional, p. 7, 14 jan. 1993.
4. *O Globo*, Grande Rio, p. 11, 26 jan. 1993.
5. *O Dia*, Capa, p. 1, 9 fev. 1993.
6. *O Dia*, Polícia, p. 10, 9 fev. 1993.
7. *Folha de S.Paulo*, Cotidiano, p. C7, 15 out. 2006.
8. *O Globo*, Grande Rio, p. 14, 16 jan. 1993.
9. *Folha de S.Paulo*, Cotidiano, p. 3, 16 jan. 1993.
10. *O Dia*, Polícia, p. 10, 16 jan. 1993.
11. *Folha de S.Paulo*, Cotidiano, p. 3, 16 jan. 1993.
12. *O Estado de S. Paulo*, Cidades, 2, 16 jan. 1993.
13. *Folha de S.Paulo*, Cotidiano, p. 3, 16 jan. 1993.
14. *Manchete*, n. 2129, p. 8, 23 jan. 1993.
15. *Manchete*, n. 1818, p. 105, 21 fev. 1987.
16. *Manchete*, n. 2129, p. 8, 23 jan. 1993.
17. *O Globo*, Grande Rio, p. 14, 27 jan. 1985.
18. *O Dia*, Polícia, p. 10, 16 jan. 1993.
19. *Manchete*, n. 1785, p. 102, 5 jul. 1986.
20. *O Globo*, Grande Rio, p. 12, 29 jan. 1993.
21. *Jornal do Brasil*, Capa, p. 1, 29 jan. 1993.
22. *O Globo*, Grande Rio, p. 19, 3 jan. 1993.
23. *O Globo*, p. 12, 29 jan. 1993.
24. *O Globo*, p. 12, 8 jan. 1993.
25. *O Globo*, p. 12, 29 jan. 1993.
26. *Folha de S.Paulo*, Cotidiano, p. 3, 29 jan. 1993.
27. *O Fluminense*, Nacional/Geral, p. 7, 15 jan. 1993.
28. Na ocasião da entrevista concedida, Carlos Eduardo Machado forneceu ao autor deste livro uma cópia da peça processual em que constam as referidas alegações — a saber: Processo nº 0005518-13.1993.8.19.0001 (TJRJ), p. 934-936 e 945-948.
29. Processo nº 0005518-13.1993.8.19.0001 (TJRJ), p. 1976-1978.

30. *Idem*, p. 1971.
31. *Jornal do Brasil*, Cidade, p. 24, 30 dez. 1992.
32. *Jornal do Brasil*, Cidade, 4 jan. 1993.
33. *O Dia*, Polícia, p. 26, 31 jan. 1993.
34. *O Globo*, Grande Rio, p. 8, 8 mai. 1993.
35. *O Globo*, Rio, p. 14, 10 dez. 1993.
36. "Caso Daniella Perez matéria completa — várias reportagens". Disponível em: <https://www.youtube.com/watch?v=O05qSzYt7oM> Acesso em: 13 abr. 2020.
37. *O Estado de S. Paulo*, Cidades, C8, 25 ago. 1996.
38. *O Dia*, Polícia, p. 23, 18 ago. 1996.
39. *Jornal do Brasil*, Cidade, p. 31, 14 jul. 1996.
40. Entrevista do ex-ministro da Marinha Alfredo Karam ao autor deste livro em 6 jul. 2016.
41. *Jornal do Brasil*, Cidade, p. 18, 10 mar. 1993.
42. *Idem*.
43. *O Globo*, Grande Rio, p. 11, 10 mar. 1993.
44. *Jornal do Brasil*, Cidade, p. 18, 10 mar. 1993.
45. *O Globo*, Rio, p. 15, 28 ago. 1993.
46. *IstoÉ*, n. 1215, p. 24, 13 jan. 1993.
47. *O Globo*, Rio, p. 9, 20 jul. 1993.
48. *Jornal do Brasil*, Cidade, p. 21, 2 jun. 1993.
49. *Jornal do Brasil*, Capa, p. 1, 2 jun. 1993; *O Globo*, Capa, p. 1, 2 jun. 1993.
50. *O Globo*, Rio, p. 14, 28 ago. 1993.
51. *O Globo*, Rio, p. 13, 18 jul. 1993.
52. *O Globo*, Rio, p. 14, 28 ago. 1993.
53. *O Globo*, Rio, p. 9, 20 jul. 1993.
54. *O Globo*, Rio, p. 14, 27 ago. 1993.
55. *Folha de S.Paulo*, Cotidiano, p. 5, 26 ago. 1993.
56. *Jornal do Brasil*, Cidade, p. 18, 28 ago. 1993.
57. *O Dia*, Polícia, p. 8, 28 ago. 1993.
58. *Amiga*, n. 1271, Caderno especial, n.p., 13 set. 1994.
59. *Contigo*, n. 909, p. 21, 16 fev. 1993.
60. *O Globo*, Rio, p. 15, 28 ago. 1993.
61. *Amiga*, n. 1185, p. 11, 19 jan. 1993.
62. *O Globo*, Rio, p. 14, 27 ago. 1993.
63. *O Globo*, Rio, p. 11, 26 set. 1994.
64. *O Globo*, Rio, p. 14, 27 ago. 1993.
65. *Manchete*, n. 2316, p. 12, 24 ago. 1996.

NOTAS

66. *O Globo*, Rio, p. 14, 27 ago. 1993.
67. *Jornal do Brasil*, Cidade, p. 22, 24 ago. 1996.
68. *O Dia*, Polícia, p. 18-19, 12 mai. 1996.
69. *O Globo*, Rio, p. 14, 27 ago. 1993.
70. *O Globo*, Rio, p. 11, 26 set. 1994.
71. *Jornal do Brasil*, Cidade, p. 16, 27 jan. 1997.
72. *Amiga*, n. 1271, Caderno especial, n.p., 13 set. 1994.
73. *O Globo*, Rio, p. 29, 25 ago. 1996.
74. *Manchete*, n. 2172, p. 92, 20 set. 1993.
75. *Manchete*, n. 2180, p. 49, 15 jan. 1994.
76. *O Globo*, Rio, p. 19, 12 nov. 1993.
77. *O Globo*, Rio, p. 20, 29 nov. 1994.
78. CONY, C. H. *O caso Lou (Assim é se lhe parece)*. Rio de Janeiro: Civilização Brasileira, 1975. p. 87.
79. Idem.
80. Idem, p. 13.
81. Idem, p. 95.
82. Idem, p. 96.
83. *O Globo*, Rio, p. 12, 14 ago. 1996.
84. Idem.
85. *O Estado de S. Paulo*, Cidades, C8, 15 jan. 1997.
86. CONY, C. H. *O caso Lou (Assim é se lhe parece)*. Rio de Janeiro: Civilização Brasileira, 1975. p. 161; *Jornal do Brasil*, Cidades, p. 12, 1º jan. 1993.
87. *Veja*, p. 69, n. 1274, 10 fev. 1993.
88. *Folha de S.Paulo*, Cotidiano, p. C7, 15 out. 2006.
89. O *Documento Especial* foi um programa jornalístico exibido inicialmente pela TV Manchete e posteriormente pelo SBT. A cada episódio, o programa realizava uma grande reportagem de cerca de trinta minutos sobre algum tema predeterminado. A atração apresentava cenas consideradas fortes e também buscava temas atuais que não fossem explorados pela televisão brasileira, como o programa *Muito Feminina* (que abordava a homossexualidade feminina) e *Vida de Gordo* (que abordava os preconceitos que pessoas acima do peso sofriam em seus cotidianos).
90. *Contigo*, n. 924, p. 21, 1º jun. 1993.
91. *Contigo*, n. 919, Capa, 27 abr. 1993.
92. *Amiga*, n. 1206, p. 6, 15 jun. 1993.
93. *O Globo*, Capa, p. 1, 14 mai. 1993.
94. *Manchete*, n. 2146, p. 98, 22 mai. 1993.
95. *O Globo*, Rio, p. 12, 14 mai. 1993.

96. *Amiga*, n. 1229, p. 8, 23 nov. 1993.
97. *O Globo*, Grande Rio, p. 11, 22 jan. 1993.
98. *Jornal do Brasil*, Cidade, p. 14, 12 jan. 1994.
99. *O Globo*, Rio, p. 10, 8 set. 1995.
100. MAIA, P. *Que amor é esse?* A História Real de Guilherme de Pádua. Belo Horizonte: Solomon Brasil, 2020. p. 175-184.
101. *Extra*, Geral, p. 8, 24 ago. 1999.
102. *Folha de S.Paulo*, Cotidiano, p. C7, 15 out. 2006.
103. *Amiga*, n. 1271, Caderno especial, n.p., 13 set. 1994.
104. *Folha de S.Paulo*, Cotidiano, p. C7, 15 out. 2006.
105. MAIA, P. *Que amor é esse?* A História Real de Guilherme de Pádua. Belo Horizonte: Solomon Brasil, 2010. p. 144.
106. *Idem*, p. 137.
107. *Amiga*, ed. 1235, Caderno especial, n.p., 4 jan. 1994.
108. *Extra*, Geral, p. 7, 13 ago. 2009.
109. RAUL GAZOLLA conta que amigo planejou morte do assassino de Daniella Perez. *Folha de S.Paulo*. Disponível em: <https://f5.folha.uol.com.br/celebridades/2021/01/raul-gazolla-conta-que-amigo-planejou-morte-do-assassino-de-daniella-perez.shtml>. Acesso em: 27 jan. 2021.
110. *O Globo*, Capa, p. 1, 6 jan. 1993.
111. *Jornal do Brasil*, Cidade, p. 17, 26 mai. 1993.
112. *Jornal do Brasil*, Cidade, p. 11, 31 mai. 1993.
113. *Jornal do Brasil*, Cidade, p. 17, 26 mai. 1993.
114. *O Globo*, Rio, p. 13, 4 jun. 1993.
115. *Jornal do Brasil*, Cidade, p. 21, 2 jun. 1993.
116. *Jornal do Brasil*, Cidade, p. 16, 5 jun. 1993.
117. *Amiga*, n. 1206, p. 6, 15 jun. 1993.
118. *O Globo*, Rio, p. 14, 28 ago. 1993.
119. *Jornal do Brasil*, Cidade, p. 16, 23 jun. 1993.
120. SOUZA, S. *O crime da novela das oito*. São Paulo: Scritta Editorial, 1993. p. 77.
121. *Folha de S.Paulo*, São Paulo, p. 3, 25 jan. 1997.
122. *Extra*, Geral, p. 3, 23 ago. 2000.
123. FREITAS, J. (Org.). *Soltando palavras*. Rio de Janeiro: Imprensa Oficial, 2000. p. 8.
124. *Idem*, p. 90.
125. *Idem*, p. 8.
126. *Extra*, Geral, p. 3, 23 ago. 2000.
127. FREITAS, J. (Org.). *Soltando palavras*. Rio de Janeiro: Imprensa Oficial, 2000. p. 8.

NOTAS

128. *Extra*, Capa, p. 1, 23 ago. 2000.
129. *Veja*, n. 1496, p. 112-113, 21 mai. 1997.
130. *Extra*, Geral, p. 8, 12 out. 1998.
131. *Idem*.
132. *O Globo*, Rio, p. 27, 23 dez. 2012.
133. *Jornal do Brasil*, Cidade, p. 24, 6 out. 1998.
134. *O Globo*, Rio, p. 13, 9 set. 1995.
135. *O Globo*, Rio, p. 28, 25 ago. 1996.
136. *Extra*, Geral, p. 8, 12 out. 1998.
137. *O Dia*, Polícia, p. 18-19, 12 mai. 1996.
138. Daniella Perez: arquivos de um processo. "Comportamento na prisão — Paula Thomaz". Disponível em: <http://www.daniellaperez.com.br/?p=410>. Acesso em: 1 jun. 2020.
139. *Amiga*, n. 1271, Caderno especial, n.p., 13 set. 1994.
140. *Extra*, Geral, p. 3, 16 out. 1998.
141. *O Globo*, Rio, p. 10, 8 set. 1995.
142. *Contigo*, n. 1042, p. 82, 5 set. 1995.
143. *O Globo*, Rio, p. 10, 1º set. 1995; *Folha de S.Paulo*, São Paulo, p. 4, 1º set. 1995.
144. *Extra*, Geral, p. 3, 15 out. 1998.
145. *Contigo*, n. 944, p. 40, 19 out. 1993.
146. *Extra*, Geral, p. 3, 15 out. 1998.
147. *O Dia*, Polícia, p. 18-19, 12 mai. 1996.
148. *Extra*, Geral, p. 3, 16 mai. 1998.
149. *Folha de S.Paulo*, São Paulo, p. 4, 1º set. 1995.
150. *O Globo*, Rio, p. 10, 8 set. 1995.
151. *Folha Universal*, sem caderno, p. 8, 2-8 jul. 1995.
152. A *Folha Universal* é um jornal de circulação nacional publicado pela Igreja Universal do Reino de Deus.
153. *Folha Universal*, Capa, p. 1, 5-11 mai. 1996.
154. *Folha Universal*, p. 1B, 5-11 mai. 1996.
155. *O Globo*, Rio, p. 9, 7 fev. 1996.
156. *Folha Universal*, sem caderno, p. 8, 2-8 jul. 1995.
157. *Folha Universal*, Capa, p. 1, 5-11 mai. 1996.
158. *Folha Universal*, Geral, p. 6, 3 mar. 1996.
159. *Amiga*, n. 1271, Caderno especial, n.p., 13 set. 1994.
160. *O Globo*, Rio, p. 18, 6 jul. 1995.
161. A expressão "filho órfão de pai vivo" foi utilizada pelo presidente João Figueiredo em seu discurso na cerimônia que marcou o envio da Lei de Anistia ao Congresso Nacional e remetia ao fato de seu pai ter sido exilado

durante o Estado Novo, por divergir politicamente do então presidente Getúlio Vargas.

162. *Veja*, n. 598, p. 14, 20 fev. 1980.
163. *O Globo*, Rio, p. 15, 30 nov. 1994.
164. *Tribuna da Imprensa*, Nacional, p. 6, 16 dez. 1994.
165. *O Dia*, Polícia, p. 18-19, 12 mai. 1996.
166. Processo nº 0005518-13.1993.8.19.0001 (TJRJ), p. 1823.
167. *Idem*, p. 2066-2067.
168. *Manchete*, n. 2316, p. 13, 24 ago. 1996.
169. *O Globo*, Rio, p. 28, 25 ago. 1996.
170. *Idem*.
171. *Jornal do Brasil*, Cidade, p. 22, 24 ago. 1996.
172. *O Globo*, Rio, p. 28, 25 ago. 1996.
173. *Jornal do Brasil*, Cidade, p. 22, 24 ago. 1996.
174. Idem.
175. RIGITANO, C. "Caso Daniella Perez: Pais acreditam que a filha é inocente, mas afirmam que podem ter falhado na educação dela. 'Não sei onde erramos', diz mãe de Paula". *Folha de S.Paulo*, Cotidiano, 14 mai. 1997. Disponível em: <https://www1.folha.uol.com.br/fsp/cotidian/ff140519.htm>. Acesso em: 23 dez. 2020.
176. *Tribuna da Imprensa*, Nacional, p. 5, 23-24 jan. 1993; *O Globo*, Grande Rio, p. 14, 16 jan. 1993.
177. *O Dia*, Polícia, p. 9, 12 ago. 1996.
178. *O Globo*, Grande Rio, p. 12, 5 jan. 1993.
179. *O Dia*, Polícia, p. 12, 13 jan. 1993.
180. *Jornal do Brasil*, Cidade, p. 17, 7 jan. 1993.
181. *O Globo*, Rio, p. 28, 25 ago. 1996.
182. *Manchete*, n. 2316, p. 12, 24 ago. 1996.
183. *O Dia*, Polícia, p. 18-19, 12 mai. 1996.
184. *O Globo*, Rio, p. 11, 27 set. 1994.
185. *Amiga*, n. 1185, p. 11, 19 jan. 1993.
186. *O Globo*, Rio, p. 14, 27 ago. 1993.
187. *Jornal do Brasil*, Cidade, p. 17, 26 ago. 1993.
188. *Jornal do Brasil*, Cidade, p. 14, 27 ago. 1993.
189. *O Dia*, Polícia, p. 8, 28 ago. 1993.
190. *O Dia*, Polícia, p. 11, 12 jan. 1993.
191. *O Dia*, Capa, p. 1, 14 jan. 1993.
192. *O Globo*, Grande Rio, p. 26, 7 fev. 1993.
193. *Folha Universal*, Capa, p. 1, 5 mai. 1996 e 11 mai. 1996.

NOTAS

194. MORETZSOHN, S. *Pensando contra os fatos*. Rio de Janeiro: Editora Revan, 2007. p. 174.
195. SAMPAIO, P. "Ela não era aquele demônio, diz repórter que dormiu na cela de Paula Thomaz". *TAB Uol*. Disponível em: <https://tab.uol.com.br/colunas/paulo-sampaio/2021/01/31/ela-nao-era-aquele-demonio-diz-reporter-que-dormiu-na-cela-de-paula-thomaz.htm>. Acesso em: 6 fev. 2022.
196. MORETZSOHN, S. *Pensando contra os fatos*. Rio de janeiro: Editora Revan, 2007. p. 175.
197. SAMPAIO, P. "Ela não era aquele demônio, diz repórter que dormiu na cela de Paula Thomaz". *TAB Uol*. Disponível em: <https://tab.uol.com.br/colunas/paulo-sampaio/2021/01/31/ela-nao-era-aquele-demonio-diz-reporter-que-dormiu-na-cela-de-paula-thomaz.htm>. Acesso em: 6 fev. 2022.
198. *Folha de S.Paulo*, São Paulo, p. 4, 25 jan. 1997.
199. *Amiga*, n. 1271, Caderno especial, n.p., 13 set. 1994.
200. *Jornal do Brasil*, Cidade, p. 15, 26 ago. 1993.
201. *O Globo*, Rio, p. 29, 25 ago. 1996.
202. *Amiga*, n. 1271, Caderno especial, n.p., 13 set. 1994.
203. *O Estado de S. Paulo*, Cidades, C8, 25 ago. 1996.
204. *Idem*.
205. *Amiga*, n. 1271, Caderno especial, n.p., 13 set. 1994.
206. *Idem*.
207. *Idem*.
208. "Fantástico — Caso Daniella Perez". Disponível em: <https://www.youtube.com/watch?v=hNJF7zMb1as&t=190s>. Acesso em: 1º jun. 2020.
209. *Folha de S.Paulo*, São Paulo, p. 4, 25 jan. 1997.
210. *Jornal do Brasil*, Cidade, p. 18, 25 jan. 1997.
211. *Folha Universal*, n. 169, p. 1, 2-8 jul. 1995.
212. *Idem*, p. 8, 2 jul. 1995 e 8 jul. 1995.
213. *Amiga*, n. 1271, Caderno especial, n.p., 13 set. 1994.
214. *Contigo*, n. 1116, p. 78, 4 fev. 1997.
215. *O Globo*, Rio, p. 22, 25 ago. 1996.
216. *O Globo*, Rio, p. 12, 2 ago. 1996.
217. MAGALHÃES, M. *Sobre lutas e lágrimas*: uma biografia de 2018. Rio de Janeiro: Record, 2019. p. 60.
218. *O Globo*, Rio, p. 13, 14 ago. 1996.
219. *O Estado de S. Paulo*, Cidades, 18, 7/1/1993.
220. *Contigo*, n. 916, p. 20, 6 abr. 1993.
221. *Folha de S.Paulo*, São Paulo, p. 5, 28 ago. 1996.
222. *O Globo*, Rio, p. 20, 10 ago. 1996.
223. *Veja*, n. 1459, p. 89, 28 ago. 1996.
224. *O Globo*, Rio, p. 21, 22 ago. 1996.

225. *Jornal do Brasil*, Cidade, p. 24, 1º out. 1994.
226. *O Dia*, Polícia, p. 10, 9 fev. 1993.
227. *O Globo*, Rio, p. 17, 7 ago. 1996.
228. *O Dia*, Polícia, p. 9, 12 ago. 1996.
229. Entrevista do desembargador Muiños Piñeiro ao autor deste livro em 27 dez. 2021.
230. *O Globo*, Rio, p. 12, 2 ago. 1996.

13. O livro proibido

1. *Manchete*, n. 2273, p. 55, 21 out. 1995.
2. *O Globo*, Rio, p. 11, 26 set. 1994.
3. MAIA, P. *Que amor é esse?* A história real de Guilherme de Pádua. Belo Horizonte: Solomon Brasil, 2010. p. 73.
4. PÁDUA, G. de. *A história que o Brasil desconhece*. Belo Horizonte: O Escriba, 1995, p. 159.
5. *Amiga*, n. 1274, p. 4, 4 out. 1994.
6. *Contigo*, n. 945, p. 20, 26 out. 1993.
7. *Amiga*, n. 1271, Caderno especial, np., 13 set. 1994.
8. PÁDUA, G. de. A história que o Brasil desconhece. Belo Horizonte: O Escriba, 1995. p. 30-36.
9. SERENY, G. *Por que crianças matam*: a história de Mary Bell. Trad. Erick Ramalho. São Paulo: Vestígio, 2019. p. 13.
10. Entrevista do escritor Paulo Cesar de Araújo ao autor deste livro em 18 abr. 2022.
11. O programa *TV Pirata* foi uma atração humorística apresentada pela Rede Globo do final da década de 1980 até o início dos anos 1990. Trazendo uma nova proposta de humor, bastante inovadora para a época em que foi lançada, se notabilizou por satirizar a programação televisiva, tendo como principal alvo a própria Globo. Também abordava as mazelas brasileiras, usando o humor como pano de fundo para a crítica social por meio de esquetes cômicas e vinhetas que rapidamente caíam no gosto popular. Coincidentemente, o programa deixou de ir ao ar em dezembro de 1992, exatas três semanas antes do crime que vitimou a atriz Daniella Perez.
12. *Amiga*, n. 1185, p. 16, 19 jan. 1993.
13. *O Globo*, Rio, p. 17, 19 ago. 1995.
14. *Manchete*, n. 2273, p. 55, 21 out. 1995.
15. EIG, J. *Muhammad Ali*: uma vida. Rio de Janeiro: Record, 2020. p. 501.

NOTAS

16. "LIVRO de O. J. Simpson é aparente confissão, diz 'Newsweek'". *O Globo*. Disponível em: <https://oglobo.globo.com/cultura/livro-de-oj-simpson-aparente-confissao-diz-newsweek-4240956>. Acesso em: 14 abr. 2020.
17. *O Globo*, Esportes, p. 38, 26 fev. 2017.
18. *O Estado de S. Paulo*, Cidades/Metrópole, C6, 1º set. 1996.
19. CAPRIGLIONE, L. "'Doca Street usa livro para lucrar à custa de minha mãe'". Filha de Ângela Diniz protesta contra 'Mea Culpa', obra lançada pelo assassino da mãe". *Folha de S.Paulo*, Cotidiano, 6 set. 2006. Disponível em: <https://www1.folha.uol.com.br/fsp/cotidian/ff0609200612.htm>. Acesso em: 23 dez. 2020.
20. *Idem*.
21. *O Globo*, Opinião, p. 6, 29 set. 1994.
22. "ARTISTAS globais criticam 'O Globo' por texto sobre Daniella Perez". *Folha de S.Paulo*, Brasil, 30 set. 1994. Disponível em: <https://www1.folha.uol.com.br/fsp/1994/9/30/brasil/18.html>. Acesso em: 23 dez. 2020.
23. *O Globo*, Opinião, p. 6, 29 set. 1994.
24. *Idem*.
25. "ARTISTAS globais criticam 'O Globo' por texto sobre Daniella Perez". *Folha de S.Paulo*, Brasil, 30 set. 1994. Disponível em: <https://www1.folha.uol.com.br/fsp/1994/9/30/brasil/18.html>. Acesso em: 23 dez. 2020.
26. *O Globo*, Opinião, p. 6, 29 set. 1994.
27. *Jornal do Brasil*, Cidade, p. 31, 14 jul. 1996.

14. O julgamento

1. *O Globo*, Segundo Caderno, p. 3, 6 jan. 1993.
2. *O Globo*, Segundo Caderno, Rio, p. 32, 10 mar. 1996.
3. *Jornal do Brasil*, Cidade, p. 14, 6 jan. 1993.
4. *Jornal do Brasil*, Cidade, p. 30, 25 ago. 1996.
5. *Manchete*, n. 2312, p. 21, 27 jul. 1996.
6. *Idem*, p. 23.
7. *Idem*, p. 21.
8. *Idem*, p. 22.
9. *Manchete*, n. 2163, p. 56, 18 set. 1993.
10. *Interview*, n. 157, p. 38, jan. 1993.
11. Processo nº 0005518-13.1993.8.19.0001 (TJRJ), p. 172.
12. *Idem*, p. 199.
13. *Jornal do Brasil*, Cidade, p. 26, 17 jan. 1993.
14. "Guilherme de Pádua revela detalhes do dia do assassinato de Daniella Perez". Disponível em: <https://www.youtube.com/watch?v=EtnuyN7F5Xg>. Acesso em: 11 out. 2021.

15. *Interview*, n. 157, p. 38, jan. 1993.
16. Entrevista do desembargador Muiños Piñeiro ao autor deste livro em 27 dez. 2021.
17. MOREAU, P. (Org.). *Grandes crimes*. São Paulo: Três Estrelas, 2017, p. 195.
18. *Jornal do Brasil*, Cidade, p. 28, 25 jan. 1997.
19. "Caso Daniella Perez matéria completa — várias reportagens". Disponível em: <https://www.youtube.com/watch?v=O05qSzYt7oM>. Acesso em: 17 abr. 2020.
20. *O Dia*, Polícia, p. 18, 10 jan. 1993.
21. DE PÁDUA, G. de. *A história que o Brasil desconhece*. Belo Horizonte: O Escriba, 1995. p. 137.
22. Processo nº 0005518-13.1993.8.19.0001 (TJRJ), p. 19.
23. *Jornal do Brasil*, Cidade, p. 18, 31 dez. 1992.
24. *Jornal do Brasil*, Cidade, p. 24, 30 dez. 1992.
25. *Amiga*, n. 1184, p. 19, 12 jan. 1993.
26. *O Globo*, Rio, p. 14, 28 ago. 1993.
27. *O Globo*, Rio, p. 29, 25 ago. 1996.
28. *Folha de S.Paulo*, São Paulo, p. 4, 25 jan. 1997.
29. *O Fluminense*, Nacional/Geral, p. 7, 12 nov. 1993.
30. *Amiga*, n. 1271, Caderno especial, n.p., 13 set. 1994.
31. *Folha Universal*, n. 169, p. 8, 2-8 jul. 1995.
32. Processo nº 0005518-13.1993.8.19.0001 (TJRJ), p. 18.
33. *Amiga*, n. 1271, Caderno especial, n.p., 13 set. 1994.
34. *Contigo*, n. 938, p. 25, 7 set. 1993.
35. Processo nº 0005518-13.1993.8.19.0001 (TJRJ), p. 1715.
36. *Idem*, p. 1716.
37. *Idem*, p. 1718.
38. *Idem*.
39. *Idem*, p. 1720.
40. *Idem*.
41. PÁDUA, G. de. *A história que o Brasil desconhece*. Belo Horizonte: O Escriba, 1995. p. 111.
42. *Amiga*, n. 1229, p. 8, 23 nov. 1993.
43. *Amiga*, n. 1271, Caderno especial, n.p., 13 set. 1994.
44. PÁDUA, G. de. *A história que o Brasil desconhece*. Belo Horizonte: O Escriba, 1995. p. 105.
45. *O Fluminense*, Nacional/Geral, p. 7, 15 jan. 1993.
46. Processo nº 0005518-13.1993.8.19.0001 (TJRJ), p. 57.

NOTAS

47. *Veja*, n. 1459, p. 87, 28 ago. 1996.
48. *O Globo*, Grande Rio, p. 17, 30 dez. 1992.
49. *Idem.*
50. *Jornal do Brasil*, Cidade, p. 24, 30 dez. 1992.
51. Processo nº 0005518-13.1993.8.19.0001 (TJRJ), p. 15-16.
52. Entrevista do advogado Paulo Ramalho ao autor deste livro em 30 jan. 2022.
53. PÁDUA, G. de. *A história que o Brasil desconhece*. Belo Horizonte: O Escriba, 1995. p. 137.
54. *Amiga*, n. 1271, Caderno especial, n.p., 13 set. 1994.
55. *Idem.*
56. *Contigo*, n. 938, p. 25, 7 set. 1993.
57. *Jornal do Brasil*, Cidade, p. 18, 28 ago. 1993.
58. *Idem.*
59. *Folha Universal*, sem caderno, p. 8, 2-8 jul. 1995.
60. PÁDUA, G. de. *A história que o Brasil desconhece*. Belo Horizonte: O Escriba, 1995. p. 263.
61. A menção à frase "não tinha controle sobre os próprios atos, pois estava insegura e temia perdê-lo" contida na declaração de Léa Braga é uma citação literal do livro de Guilherme, da qual a minha avó tomou nota; PÁDUA, G. de. *A história que o Brasil desconhece*. Belo Horizonte: O Escriba, 1995. p. 224.
62. *Idem*, p. 177.
63. *O Globo*, Rio, p. 11, 26 jan. 1994.
64. Processo nº 0005518-13.1993.8.19.0001 (TJRJ), p. 51, 453.
65. *O Globo*, Rio, p. 11, 26 jan. 1994.
66. *Jornal do Commercio*, O País, p. A-2, 25-26 ago. 1996.
67. *Jornal do Brasil*, Cidade, p. 20, 12 nov. 1993.
68. *Contigo*, n. 946, p. 25, 2 nov. 1993.
69. *O Dia*, Polícia, p. 7, 1º fev. 1993.
70. Entrevista do advogado Carlos Eduardo Machado ao autor deste livro em 24 fev. 2022.
71. *Manchete*, n. 2316, p. 12, 24 ago. 1996.
72. *Idem.*
73. *O Estado de S. Paulo*, Cidades, C9, 25 ago. 1996.
74. BENDITO, E. *Tribunal do Júri*: Origem, Processo e Jurado. Rio de Janeiro: Autografia, 2017. p. 24.
75. *Idem*, p. 27-28.
76. *Folha de S.Paulo*, São Paulo, p. 2, 25 jan. 1997.
77. *Veja*, n. 1459, p. 87, 28 ago. 1996.

78. *Idem*, p. 86.
79. *O Globo*, Rio, p. 13, 22 jan. 1997.
80. "O julgamento". Podcast *Praia dos Ossos*. Disponível em: <https://open.spotify.com/episode/3vEniCrUDCo7NM89KNi3gX>. Acesso em: 23 fev. 2021.
81. *O Globo*, Rio, p. 35, 4 ago. 1996.
82. Até os veículos de comunicação da Igreja Universal do Reino de Deus — *Folha Universal* e revista *Plenitude* — solicitaram o credenciamento para cobrir o julgamento, provavelmente em função da conversão de Guilherme à fé evangélica durante o período em que esteve preso; *O Globo*, Segundo Caderno, Coluna do Zózimo, p. 3, 11 ago. 1996.
83. *O Globo*, Rio, p. 11, 27 jan. 1997.
84. *Amiga*, n. 1189, p. 8, 16 fev. 1993.
85. *Folha de S.Paulo*, Ilustrada, p. 27, 18 jul. 2022.
86. *O Fluminense*, Polícia/Geral, p. 8, 31 jan. 1993.
87. *Veja*, n. 1480, p. 90, 29 jan. 1997.
88. *Veja*, n. 1459, p. 89, 28 ago. 1996.
89. Dana de Teffé era uma cidadã tcheca que desaparecera misteriosamente no Brasil. O advogado Leopoldo Heitor chegou a ser julgado duas vezes pelo suposto assassinato de Dana de Teffé, mas acabou absolvido no segundo julgamento do caso. Os restos mortais de Dana de Teffé jamais foram localizados.
90. *Jornal do Brasil*, Cidade, p. 45, 22 jun. 1997.
91. PÁDUA, G. de. *A história que o Brasil desconhece*. Belo Horizonte: O Escriba, 1995. p. 209.
92. *O Dia*, Polícia, p. 16, 24 jan. 1993.
93. *O Dia*, sem caderno, p. 15, 23 jan. 1993.
94. *O Globo*, Rio, p. 15, 22 jan. 1997.
95. *Jornal do Brasil*, Caderno B, p. 8, 28 ago. 1996.
96. *O Estado de S. Paulo*, Cidades, C7, 23 jan. 1997.
97. Processo nº 0005518-13.1993.8.19.0001 (TJRJ), p. 1742-1743.
98. *O Globo*, Rio, p. 12, 23 jan. 1997.
99. *Folha de S.Paulo*, São Paulo, p. 6, 23 jan. 1997.
100. *O Dia*, Especial, p. 1, 23 jan. 1997.
101. *O Globo*, Rio, p. 14, 23 jan. 1997.
102. *Idem*.
103. *Estado de S. Paulo*, cidades, C4, 26 jan. 1997.
104. *O Globo*, Rio, p. 18, 15 jan. 1997.
105. *O Dia*, Especial, p. 1, 23 jan. 1997.

NOTAS

106. *Veja*, n. 1480, p. 91, 29 jan. 1997.
107. O perito Mauro Ricart esclareceu, em depoimento a este livro, em 25 abr. 2022, que estava no hospital no momento do julgamento, mas que se fosse necessário compareceria em juízo para prestar o seu depoimento.
108. *O Globo*, Rio, p. 13, 24 jan. 1997.
109. *O Estado de S. Paulo*, Cidades, C6, 26 jan. 1997.
110. *Idem*.
111. *O Estado de S. Paulo*, Cidades, C8, 23 jan. 1997.
112. *Folha Universal*, sem caderno, p. 8, 2-8 jul. 1995.
113. *O Estado de S. Paulo*, Cidades, C8, 23 jan. 1997.
114. *O Dia*, sem caderno, p. 10, 24 jan. 1997.
115. *O Globo*, Rio, p. 13, 24 jan. 1997.
116. *Contigo*, n. 1116, p. 78, 4 fev. 1997.
117. *O Estado de S. Paulo*, Cidades, C5, 25 jan. 1997.
118. LEITÃO, L.; SARAPU, P.; CARVALHO, P. *Indefensável*: o goleiro Bruno e a história da morte de Eliza Samúdio. Rio de Janeiro: Record, 2014.
119. *Contigo*, n. 905, p. 26, 19 jan. 1993.
120. *Contigo*, n. 956, p. 19, 11 jan. 1994.
121. *O Dia*, sem caderno, p. 14, 25 jan. 1997.
122. *Jornal do Brasil*, Capa, p. 1, 25 jan. 1997.
123. Processo nº 0005518-13.1993.8.19.0001 (TJRJ), p. 1739.
124. *O Globo*, Rio, p. 15, 24 jan. 1997.
125. *O Dia*, sem caderno, p. 15, 25 jan. 1997.
126. *O Globo*, Rio, p. 28, 26 jan. 1997.
127. *Jornal do Brasil*, Cidade, p. 21, 23 jan. 1997.
128. *Folha de S.Paulo*, São Paulo, p. 4, 25 jan. 1997.
129. *O Globo*, Rio, p. 22, 26 jan. 1997.
130. *Folha de S.Paulo*, Capa, p. 1, 25 jan. 1997.
131. *O Dia*, sem caderno, p. 26, 26 jan. 1997.
132. *Jornal do Brasil*, Cidade, p. 22, 23 jan. 1997.
133. *Idem*.
134. *O Dia*, Polícia, p. 8, 29 jan. 1993.
135. *O Globo*, Grande Rio, p. 11, 3 fev. 1993.
136. Entrevista do advogado Paulo Ramalho ao autor deste livro em 30 jan. 2022.
137. Entrevista do radialista Roberto Canazio ao autor deste livro em 8 fev. 2022.
138. Entrevista do advogado Paulo Ramalho ao autor deste livro em 30 jan. 2022.
139. *Jornal do Brasil*, Cidade, p. 28, 25 jan. 1997.
140. *O Dia*, sem caderno, p. 14, 25 jan. 1997.
141. *Contigo*, n. 1116, p. 78, 4 fev. 1997.

142. *O Dia*, sem caderno, p. 10, 24 jan. 1997.
143. *O Dia*, sem caderno, p. 14, 25 jan. 1997.
144. *Jornal do Brasil*, Cidade, p. 22, 26 jan. 1997.
145. *O Globo*, Rio, p. 28, 26 jan. 1997.
146. *O Dia*, sem caderno, p. 30, 26 jan. 1997.
147. *Jornal do Brasil*, Cidade, p. 17, 5 nov. 1993.
148. *Contigo*, n. 923, p. 26, 25 mai. 1993.
149. *O Dia*, sem caderno, p. 30, 26 jan. 1997.
150. *Jornal do Brasil*, Capa, p. 1, 26 jan. 1997.
151. *O Globo*, Rio, p. 22, 28 jan. 1997.
152. *O Estado de S. Paulo*, Cidades, C4, 26 jan. 1997.
153. *O Globo*, Rio, p. 15, 24 jan. 1997.
154. *O Globo*, Rio, p. 12, 23 jan. 1997.
155. *O Globo*, Rio, p. 25, 26 jan. 1997.
156. *O Globo*, Rio, p. 10, 27 jan. 1997.
157. *Folha de S.Paulo*, São Paulo, p. 5, 14 mai. 1997.
158. RIGITANO, C. "Caso Daniella Perez: Pais acreditam que a filha é inocente, mas afirmam que podem ter falhado na educação dela. 'Não sei onde erramos', diz mãe de Paula". *Folha de S.Paulo*, Cotidiano, 14 mai. 1997 Disponível em: <https://www1.folha.uol.com.br/fsp/cotidian/ff140519.htm>. Acesso em: 23 dez. 2020.
159. *Folha de S.Paulo*, São Paulo, p. 5, 14 mai. 1997.
160. *O Globo*, Rio, p. 29, 25 ago. 1996.
161. *Idem*, p. 28.
162. *O Globo*, Rio, p. 22, 11 mai. 1997.
163. *O Globo*, Rio, p. 15, 8 mai. 1997.
164. *Idem*.
165. *O Estado de S. Paulo*, Cidades, C8, 15 mai. 1997.
166. *Idem*.
167. *Jornal do Brasil*, Cidade, p. 25, 15 mai. 1997.
168. *O Estado de S. Paulo*, Cidades, C8, 15 mai. 1997.
169. *O Globo*, Rio, p. 19, 12 nov. 1993.
170. *O Estado de S. Paulo*, Cidades, C1, 15 mai. 1997.
171. *Jornal do Brasil*, Cidade, p. 25, 15 mai. 1997.
172. *Folha de S.Paulo*, Cotidiano, p. 7, 15 mai. 1997.
173. *O Globo*, Rio, p. 21, 15 mai. 1997.
174. *O Globo*, Rio, p. 15, 16 mai. 1997.
175. *Jornal do Brasil*, Cidade, p. 28, 16 mai. 1997.
176. *O Globo*, Rio, p. 15, 16 mai. 1997.

NOTAS

177. *Idem*, p. 15.
178. MOREIRA, M. "Caso Daniella Perez: defesa de Paula Thomaz convocou para júri de 4ª jornalista que fez reportagem com ré na prisão. Testemunha ignora razão de ser chamada". *Folha de S.Paulo*, Cotidiano, 11 mai. 1997. Disponível em: <https://www1.folha.uol.com.br/fsp/cotidian/ff110529.htm>. Acesso em: 23 dez. 2020.
179. SAMPAIO, P. "Ela não era aquele demônio, diz repórter que dormiu na cela de Paula Thomaz". *TAB Uol*. 31 jan. 2021 Disponível em: <https://tab.uol.com.br/colunas/paulo-sampaio/2021/01/31/ela-nao-era-aquele-demonio--diz-reporter-que-dormiu-na-cela-de-paula-thomaz.htm>. Acesso em: 6 fev. 2022.
180. TORRES, S. "Caso Daniella Perez: Acusada é retirada com falta de ar do plenário; para acusação, a crise foi orientada pela defesa. Paula nega por 70 minutos morte de Daniella". *Folha de S.Paulo*, Cotidiano, 17 mai. 1997. Disponível em: <https://www1.folha.uol.com.br/fsp/cotidian/ff150501.htm>. Acesso em: 23 dez. 2020.
181. CASO DANIELLA PEREZ: Acusação chama Paula de "psicopata", cita ligação com o demônio e diz que mãe dela é "megera". *Folha de S.Paulo*, Cotidiano, 17 mai. 1997. Disponível em: <https://www1.folha.uol.com.br/fsp/cotidian/ff170513.htm>. Acesso em: 23 dez. 2020.
182. A ACUSAÇÃO de Assayag. *Folha de S.Paulo*, Cotidiano, 17 mai. 1997. Disponível em: <https://www1.folha.uol.com.br/fsp/cotidian/ff170515.htm>. Acesso em: 23 dez. 2020.
183. CASO DANIELLA PEREZ: Acusação chama Paula de "psicopata", cita ligação com o demônio e diz que mãe dela é "megera". Com tática agressiva, promotor ofende ré. *Folha de S.Paulo*, Cotidiano, 17 mai. 1997. Disponível em: <https://www1.folha.uol.com.br/fsp/cotidian/ff170513.htm>. Acesso em: 23 dez. 2020.
184. "Julgamento de Paula Thomaz — Arthur Lavigne — Parte 6". Disponível em: <https://www.youtube.com/watch?v=Yy3eC12oYuM>. Acesso em: 27 jul. 2022.
185. *O Dia*, sem caderno, p. 12, 16 mai. 1997. À revista *Contigo*, a novelista detalhara o real conteúdo do termo: "[Paula era] viciada em leopardos [strippers], passava a noite no espetáculo da Galeria Alaska, onde era chamada, segundo o produtor de um show, de 'carne de leopardo'. Passou por quase todos eles". *Contigo*, n. 928, p. 22, 6 jul. 1993.
186. *O Estado de S. Paulo*, Cidades, C8, 25 ago. 1996.
187. *O Globo*, Rio, p. 12, 17 mai. 1997.

15. (Des)Caminhos para a liberdade

1. *Jornal do Brasil*, Cidade, p. 20, 16 out. 1999.
2. *Jornal do Brasil*, Cidade, p. 20, 15 out. 1999.
3. *Manchete*, n. 2480, p. 12, 23 out. 1999.
4. *Jornal do Brasil*, Opinião, p. 8, 16 out. 1999.
5. *O Globo*, Opinião, p. 6, 16 out. 1999.
6. *Extra*, Geral, p. 3, 8 nov. 2001.
7. *Extra*, Geral, p. 8, 9 out. 1998.
8. *Extra*, Geral, p. 8, 12 out. 1998.
9. *Extra*, Geral, p. 3, 16 out. 1998.
10. Expressão utilizada pelo jornalista Elio Gaspari para designar uma decisão, tomada geralmente em âmbito jurídico ou político, que dificilmente consegue ser compreendida pelo senso comum.
11. *Extra*, Geral, p. 3, 16 out. 1998.
12. *Jornal do Brasil*, Opinião, p. 8, 17 out. 1998.
13. *Extra*, Geral, p. 9, 29 out. 1998.
14. *O Globo*, Rio, p. 17, 29 out. 1998.
15. *Extra*, Geral, p. 3, 30 out. 1998.
16. *O Globo*, Rio, p. 17, 29 out. 1998.
17. *Extra*, Geral, p. 9, 3 nov. 1998.
18. *Extra*, Geral, p. 3, 2 nov. 1998.
19. *Jornal do Brasil*, Brasil, p. 6, 30 out. 1998.
20. *Jornal do Brasil*, Cidade, p. 22, 1º mai. 1999.
21. *O Globo*, Rio, p. 22, 18 out. 1998.
22. Entrevista do advogado Carlos Eduardo Machado ao autor deste livro em 24 fev. 2022.
23. *Manchete*, n. 2483, p. 86, 13 nov. 1999.
24. *Extra*, Geral, p. 9, 20 abr. 2002.
25. *Idem*.
26. *O Globo*, Rio, p. 12, 2 nov. 2001.
27. *Extra*, Capa, p. 1, 25 jan. 2002.
28. *Jornal do Brasil*, Opinião, p. 6, 28 jan. 2002.

16. A justiça possível

1. *Jornal do Brasil*, País, p. A9, 18 mai. 2008.
2. *O Globo*, O País, p. 12, 28 jul. 1985.
3. *O Globo*, Rio, p. 13, 21 jan. 1997.

NOTAS

4. LOUZEIRO, J. *Aracelli, meu amor*. São Paulo: Prumo, 2012.
5. *O Globo*, Rio, p. 27, 23 dez. 2012.
6. "[Parte 1] Entrevista de Guilherme de Pádua ao Ratinho no SBT". Disponível em: <https://www.youtube.com/watch?v=p7269YQmRXk>. Acesso em: 8/11/2019.
7. DEARO, T. "Revista Viver Brasil — Entrevista com Guilherme de Pádua dezoito anos após o crime que matou Daniela Perez". *Portal Padom*. Disponível em: <https://portalpadom.com.br/revista-viver-brasil-entrevista-com-guilherme-de-padua-dezoito-anos-apos-o-crime-que-matou-daniela-perez-assista/>. Acesso em: 26 abr. 2020.
8. *Trip*, n. 180, p. 17, 10 ago. 2019.
9. "TV Fama: Assassina de Daniela Perez vive em bairro de luxo no Rio". Disponível em: <https://www.youtube.com/watch?v=6t1zw0AqU-s&t=143s>. Acesso em: 18 set. 2019.
10. SMIT, D. *Outlawing Irreducible Life Sentences*: Europe on the brink? Reino Unido: Federal Sentencing Reporter, 2010. p. 40-41.
11. 25 ANOS de prisão. A história da pena máxima em Portugal. *Observador*. Disponível em: <https://observador.pt/2018/3/8/25-anos-de-prisao-a-historia-da-pena-maxima-em-portugal/>. Acesso em: 18 set. 2019.
12. FISHER, M. "A Different Justice: Why Anders Breivik Only Got 21 Years for Killing 77 People". *The Atlantic*. Disponível em: <https://www.theatlantic.com/international/archive/2012/08/a-different-justice-why-anders-breivik-only-got-21-years-for-killing-77-people/261532/>. Acesso em: 18 set. 2019.
13. *Idem*.
14. *O Globo*, Rio, p. 9, 27 jan. 1997.
15. *O Globo*, Capa, p. 1, 17 mai. 1997.
16. *Idem*, p. 14.
17. *O Globo*, Capa, p. 32, 18 mai. 1997.
18. *O Globo*, Rio, p. 24, 7 out. 1998.
19. Processo nº 0005518-13.1993.8.19.0001 (TJRJ), p. 2096-2097.
20. *O Globo*, Rio, p. 24, 7 out. 1998 e *Extra*, Geral, p. 3, 7 out. 1998.
21. Depoimento do delegado Antônio Serrano ao autor deste livro em 30 mar. 2022.
22. *Jornal do Brasil*, Cidade, p. 18, 13 jan. 1993.
23. *O Globo*, Grande Rio, p. 12, 13 jan. 1993.
24. *O Dia*, Polícia, p. 15, 3 jan. 1993.
25. *Folha de S.Paulo*, Brasil, p. 3, 3 jan. 1993.
26. *O Estado de S. Paulo*, Cidades, 1, 4 jan. 1993.

27. *Contigo*, n. 945, p. 21, 26 out. 1993.
28. *O Estado de S. Paulo*, Cidades, C8, 25 ago. 1996.
29. MAIA, P. *Que amor é esse?* A história real de Guilherme de Pádua. Belo Horizonte: Solomon Brasil, 2010. p. 116.
30. RAMBALDO, T. "Daniella, filha de Glória Perez, envia carta psicografada e revela novo assassino de seu crime". O TV Foco, 8 out. 2019. Disponível em: <https://www.otvfoco.com.br/daniella-filha-de-gloria-perez-envia-carta-psicografada-e-revela-novo-assassino-de-seu-crime/>. Acesso em: 18 nov. 2019.
31. *Folha de S.Paulo*, São Paulo, p. 3, 5 mar. 1993.
32. *Contigo*, n. 912, p. 24, 9 mar. 1993.

17. Feminicídio às avessas

1. *O Globo*, Grande Rio, p. 11, 3 fev. 1993.
2. *O Fluminense*, Nacional/Geral, p. 7, 3 fev. 1993.
3. *O Globo*, Rio, p. 29, 25 ago. 1996.
4. *Amiga*, n. 1368, p. 13, 22 jul. 1996.
5. *Contigo*, n. 946, p. 22, 2 nov. 1993.
6. *O Estado de S. Paulo*, Cidades, C8, 25 ago. 1996.
7. O feminicídio é um assassinato cuja principal motivação é o gênero. O delito é enquadrado como um crime de ódio, não podendo ser confundido com outros tipos de homicídio. A vítima é morta justamente pelo fato de ser mulher, traço que ao mesmo tempo distingue e rotula a ação criminosa. A natureza misógina do delito, em vez de relativizar a conduta, a torna mais reprovável. Em que pese o grave histórico brasileiro de violência contra a mulher, apenas em 2015 o feminicídio passou a ser considerado uma qualificadora do crime de homicídio, tornando a pena deste delito mais gravosa caso seja configurada tal condição.
8. *O Dia*, sem caderno, p. 26, 26 jan. 1997.
9. *Contigo*, n. 1116, p. 78, 4 fev. 1997.
10. MATIAS, Karina. "'O tempo não apaga nada', diz Gloria Perez após 30 anos sem a filha". *Folha de S.Paulo*, Coluna de Mônica Bergamo, 19 jul. 2022. Disponível em: <https://www1.folha.uol.com.br/colunas/monicabergamo/2022/07/o-tempo-nao-apaga-nada-diz-gloria-perez-apos-30-anos-sem-a-filha.shtml>. Acesso em: 22 jul. 2022.
11. PEREZ, G. "Afinal, por que esse capítulo?" *Daniella Perez*: arquivos de um processo. Disponível em: <http://www.daniellaperez.com.br/?page_id=1052>. Acesso em: 2 fev. 2020.

NOTAS

12. *O Globo*, Rio, p. 19, 6 out. 1998.
13. *O Globo*, Rio, p. 23, 11 out. 1998.
14. *O Fluminense*, Nacional, p. 9, 14 out. 1998.
15. *O Globo*, Rio, p. 24, 7 out. 1998.
16. *Jornal do Brasil*, Opinião, p. 8, 17 out. 1998.
17. "Caso Daniella Perez matéria completa — várias reportagens". Disponível em: <https://www.youtube.com/watch?v=O05qSzYt7oM&t=5958s>. Acesso em: 16 mai. 2020.
18. LOPES, J.; ARAÚJO, L. E. "Paixão condenada". *IstoÉ Gente*, 3 jun. 2002. Disponível em: <https://www.terra.com.br/istoegente/148/reportagens/capa_paixao_condenada.htm>. Acesso em: 22 set. 2019.
19. *Idem*.
20. *Idem*.
21. ELUF, L. *A paixão no banco dos réus — Casos passionais e feminicídio*: de Pontes Vergueiro a Mizael Bispo de Souza. São Paulo: Saraiva, 2017. p. 230.
22. *Idem*, p. 229.
23. *Contigo*, n. 905, p. 26, 19 jan. 1993.
24. LOPES, J.; ARAÚJO, L. E. "Paixão condenada". *IstoÉ Gente*, 3 jun. 2002. Disponível em: <https://www.terra.com.br/istoegente/148/reportagens/capa_paixao_condenada.htm>. Acesso em: 22 set. 2019.

18. Concordamos em discordar

1. O denominado direito ao esquecimento é a pretensão de determinada pessoa de impedir que algum fato desabonador de seu passado, ainda que verídico e cujas informações a respeito tenham sido obtidas por meio lícito, seja divulgado ao público. Em 2021, julgando o caso "Aída Curi", o STF rechaçou a existência desse direito no ordenamento jurídico brasileiro.
2. Entrevista do advogado Carlos Eduardo Machado ao autor deste livro em 24 fev. 2022.
3. *O Globo*, Segundo Caderno, p. 4, 4 out. 2021.
4. *O Globo*, Segundo Caderno, p. 3, 2 nov. 2021.
5. GLORIA Perez relembra assassinato da filha, 29 anos atrás: "O tempo não ameniza a dor". Gshow, 28 dez. 2021. Disponível em: <https://gshow.globo.com/tudo-mais/tv-e-famosos/noticia/gloria-perez-relembra-assassinato--da-filha-29-anos-atras-o-tempo-nao-ameniza-a-dor.ghtml>. Acesso em: 21 fev. 2021.

6. MATIAS, K. "'O tempo não apaga nada', diz Gloria Perez após 30 anos sem a filha". *Folha de S.Paulo*, Coluna de Mônica Bergamo, 19 jul. 2022. Disponível em: <https://www1.folha.uol.com.br/colunas/monicabergamo/2022/07/o-tempo-nao-apaga-nada-diz-gloria-perez-apos-30-anos-sem-a-filha.shtml>. Acesso em: 23 jul. 2022.
7. *O Globo*, Segundo Caderno, p. 3, 20 jul. 2022.
8. *Folha de S.Paulo*, São Paulo, 17 mai. 1997.
9. "Parte 3: Entrevista de Guilherme de Pádua ao Ratinho no SBT". Disponível em: <https://www.youtube.com/watch?v=7MerqJ2h0Sk&t=304s>. Acesso em: 8 nov. 2019.
10. MOREAU, P. (Org.). *Grandes Crimes*. São Paulo: Três Estrelas, 2017. p. 43.
11. EXTRA. "Raul Gazolla diz que não perdoa assassinos de Daniela Perez: 'Deveriam estar presos'". *O Globo*, 14 fev. 2022. Disponível em: <https://oglobo.globo.com/cultura/revista-da-tv/raul-gazolla-diz-que-nao-perdoa-assassinos-de-daniela-perez-deveriam-estar-presos-1-25394141>. Acesso em: 24 jul. 2022.
12. *O Globo*, Segundo Caderno, p. 3, 2 nov. 2021.
13. Entrevista do advogado Paulo Ramalho ao autor deste livro em 23 jul. 2022.
14. MORATELLI, V. "Por que a Globo não quis série sobre assassinato de filha de Glória Perez". *Veja*, 9 mai. 2022. Disponível em: <https://veja.abril.com.br/coluna/veja-gente/por-que-a-globo-nao-quis-serie-sobre-assassinato-de-filha-de-gloria-perez/>. Acesso em: 19 jul. 2022.
15. *Folha de S.Paulo*, Ilustrada, p. 27, 18 jul. 2022.
16. CASO Daniella Perez: série sobre assassinato da atriz tem data de estreia. *Veja Rio*, 6 jul. 2022. Disponível em: <https://vejario.abril.com.br/beira-mar/caso-daniella-perez-serie-assassinato/>. Acesso em: 19 jul. 2022.
17. PRINCÍPIOS editoriais do Grupo Globo. G1. Disponível em: <https://g1.globo.com/principios-editoriais-do-grupo-globo.html#isencao/>. Acesso em: 19 jul. 2022.
18. MATIAS, K. "'O tempo não apaga nada', diz Gloria Perez após 30 anos sem a filha". *Folha de S.Paulo*, Coluna de Mônica Bergamo, 19 jul. 2022. Disponível em: <https://www1.folha.uol.com.br/colunas/monicabergamo/2022/07/o-tempo-nao-apaga-nada-diz-gloria-perez-apos-30-anos-sem-a-filha.shtml>. Acesso em: 23 Jul. 2022. É justo registrar no ponto que a defesa de Paula Thomaz recorreu da sentença que a condenou, consignando expressamente o pedido de anulação do julgamento com base na "condenação manifestamente contrária à prova dos autos". Processo nº 0005518-13.1993.8.19.0001 (TJRJ), p. 1991-1992.

NOTAS

19. GLÓRIA Perez se manifesta sobre "versões fantasiosas" de assassinos de Daniella Perez. *O Globo*, 25 jul. 2022. Em <https://oglobo.globo.com/cultura/noticia/2022/07/gloria-perez-se-manifesta-sobre-versoes-fantasiosas-de-assassinos-de-daniella-perez.ghtml>. Acesso em: 27 jul. 2022.
20. NICOCELI, A. "É um crime que marcou toda uma geração, diz à CNN diretora de série sobre Daniella Perez". CNN Brasil, 19 jul. 2022. Disponível em: <https://www.cnnbrasil.com.br/entretenimento/pacto-brutal-hbo-e-um-crime-que-marcou-toda-uma-geracao-diz-diretora-da-serie-sobre-daniella-perez/>. Acesso em: 19 jul. 2022.
21. *O Globo*, Rio, p. 22, 25 ago. 1996.
22. *O Globo*, Rio, p. 19, 12 nov. 2015.
23. *O Globo*, Rio, p. 25, 28 jul. 1996.
24. *O Globo*, Rio, p. 14, 9 jan. 1993.
25. *O Globo*, Rio, p. 34, 10 mar. 1996.
26. *O Globo*, Rio, p. 25, 28 jul. 1996.
27. *Folha de S.Paulo*, São Paulo, p. 5, 28 ago. 1996.
28. *O Dia*, Polícia, p. 9, 10 jan. 1993.
29. Para a composição do júri, entrevista do advogado Ignácio Machado a este autor; ESCÓSSIA, F. "Caso Daniella Perez 2: Segundo funcionários do tribunal, juradas são consideradas mais benevolentes. Júri tem 4 mulheres e 3 homens". *Folha de S.Paulo*, Cotidiano, 15 mai. 1997. Disponível em: <https://www1.folha.uol.com.br/fsp/cotidiano/ff150505.htm>. Acesso em: 1º ago. 2021. Para o correto dimensionamento do fato, conversa com a jornalista Paula Máiran em março de 2022.
30. *Amiga*, n. 1184, p. 15, 12 jan. 1993.
31. Entrevista da professora Simone Schreiber ao autor deste livro em 31 mar. 2022.
32. SCHREIBER, S. *A publicidade opressiva de julgamentos criminais*. Rio de Janeiro: Renovar, 2008. p. 380.
33. Entrevista do advogado Carlos Eduardo Machado ao autor deste livro em 24 fev. 2022.
34. Processo nº 0005518-13.1993.8.19.0001 (TJR), p. 1971.
35. MORETZSOHN, S. *Jornalismo em "tempo real"*. Rio de Janeiro: Editora Revan, 2002. p. 79.
36. MORETZSOHN, S. *Pensando contra os fatos*. Rio de Janeiro: Editora Revan, 2007, p. 143.
37. Entrevista do desembargador Muiños Piñeiro ao autor deste livro em 27 dez. 2021.
38. *O Globo*, Rio, p. 12, 2 ago. 1996.

39. *O Globo*, Grande Rio, p. 18, 30 dez. 1992.
40. SILVA, A. B. *Mentes perigosas*: o psicopata mora ao lado. São Paulo: Principium, 2018. p. 169.
41. *O Globo*, Segundo Caderno, p. 3, 20 jul. 2022.
42. *Jornal do Brasil*, Cidade, p. 24, 30 dez. 1992.
43. *O Globo*, Capa, p. 1, 31 dez. 1992.
44. *Folha de S.Paulo*, Cotidiano, p. 3, 31 dez. 1992; *O Estado de S. Paulo*, Cidades, 15, 31 dez. 1992.
45. *O Globo*, Rio, p. 29, 25 set. 1994.
46. Entrevista do radialista Roberto Canazio ao autor deste livro em 8 fev. 2022.
47. *Idem*.
48. *O Globo*, Grande Rio, p. 26, 7 fev. 1993.
49. CONY, C. H. *O caso Lou (assim é se lhe parece)*. Rio de Janeiro: Civilização Brasileira, 1975. p. 150.
50. *Manchete*, n. 2128, p. 96, 16 jan. 1993.
51. *O Estado de S. Paulo*, Cidades, C6, 25 ago. 1996.
52. *O Globo*, Rio, p. 12, 22 jan. 1997.
53. *O Globo*, Rio, p. 29, 25 ago. 1996.
54. CONY, C. H. *O caso Lou (assim é se lhe parece)*. Rio de Janeiro: Civilização Brasileira, 1975. p. 150.
55. *O Globo*, Rio, p. 29, 25 ago. 1996.
56. *O Globo*, Rio, p. 34, 10 mar. 1996.
57. *Folha de S.Paulo*, São Paulo, 17 mai. 1997.
58. *O Fluminense*, Cidades, p. 7, 17 mai. 1997.
59. *O Dia*, sem caderno, p. 12, 17 mai. 1997.
60. *O Globo*, Rio, p. 32, 18 mai. 1997.
61. LIRA, R.; VIEIRA, L. G. (Orgs.). *Antônio Evaristo de Moraes Filho, por seus amigos*. Rio de Janeiro: Renovar, 2001. p. 210.
62. Depoimento do procurador Maurício Assayag ao autor deste livro em 11 fev. 2022.
63. Por decisão editorial, optou-se por não identificar o sexo do(a) jurado(a) em questão.
64. ELUF, L. *A paixão no banco dos réus — Casos passionais e feminicídio*: de Pontes Vergueiro a Mizael Bispo de Souza, São Paulo: Saraiva, 2017. p. 179.
65. *Justice est faite* [A Justiça como é feita, em tradução livre] é um drama francês produzido na década de 1950 que discute a questão da eutanásia associada à ausência de confissão da acusada pelo ato fatal e misericordioso. Dirigido pelo aclamado diretor André Cayatte, a produção foi vencedora de expressivos prêmios internacionais, como o Leão de Ouro no Festival de Veneza.

66. CONY, C. H. "A justiça como é feita". *Folha de S.Paulo*, Opinião, 5 mar. 2009. Disponível em: <https://www1.folha.uol.com.br/fsp/opiniao/fz0503200905.htm>. Acesso em: 23 dez. 2020.
67. GRILLO, C.; TORRES, S. "Tribunal pode ter 'guerra' entre legistas". *Folha de S.Paulo*, Cotidiano, 28 ago. 1996. Disponível em: <https://www1.folha.uol.com.br/fsp/1996/8/28/cotidiano/20.html>. Acesso em: 14 fev. 2022.
68. *O Dia*, Especial, p. 1, 23 jan. 1997.
69. Processo nº 0005518-13.1993.8.19.0001 (TJRJ), p. 175.
70. *O Globo*, Rio, p. 12, 27 ago. 1996.
71. *Folha de S.Paulo*, São Paulo, p. 4, 28 ago. 1996.
72. *O Dia*, Especial, p. 1, 23 jan. 1997.
73. MOREAU, P. (Org.). *Grandes Crimes*. São Paulo: Três Estrelas, 2017. p. 193.
74. Depoimento do procurador Maurício Assayag ao autor deste livro em 11 fev. 2022.
75. GRILLO, C.; TORRES, S. "Tribunal pode ter 'guerra' entre legistas". *Folha de S.Paulo*, Cotidiano, 28 ago. 1996. Disponível em: <https://www1.folha.uol.com.br/fsp/1996/8/28/cotidiano/20.html>. Acesso em: 14 fev. 2022.
76. AS ANÁLISES dos legistas sobre a morte de Daniella Perez. *Folha de S.Paulo*, Cotidiano, 28 ago. 1996. Disponível em: <https://www1.folha.uol.com.br/fsp/1996/8/28/cotidiano/22.html>. Acesso em: 14 fev. 2022.
77. PÁDUA, G. de. *A história que o Brasil desconhece*. Belo Horizonte: O Escriba, 1995. p. 265.

19. O que a vida fez das nossas vidas?

1. *Extra*, Capa, p. 1, 23 mar. 2000.
2. *Caras*, ed. 333, n.p., 24 mar. 2000.
3. *Jornal do Brasil*, Cidade, p. 21, 29 mar. 2000.
4. *Jornal do Brasil*, Cidade, p. 20, 28 mar. 2000.
5. *O Globo*, Opinião, p. 7, 29 mar. 2000.
6. CASO Daniella Perez: Paula Thomaz causa conflito em campus. Estudantes se dividem sobre presença da ex-detenta em universidade e entram em confronto. *Folha de S.Paulo*, Cotidiano, 29 mar. 2000. Disponível em: <https://www1.folha.uol.com.br/fsp/cotidiano/ff2903200021.htm>. Acesso em: 3 jul. 2022.
7. *Extra*, Geral, p. 3, 29 mar. 2000.
8. *O Globo*, Rio, p. 19, 28 mar. 2000.

9. GIGLIOTTI, M. "Caloura da discórdia". *Época*, Sociedade, 13 dez. 2010. Disponível em: <http://revistaepoca.globo.com/Revista/Epoca/0,EMI160343-15228,00-CALOURA+DA+DISCORDIA.html>. Acesso em: 3 jul. 2022.
10. *Jornal do Brasil*, Cidade, p. 21, 29 mar. 2000.
11. *Idem.*
12. *O Globo*, Rio, p. 19, 29 mar. 2000.
13. *Extra*, Geral, p. 3, 29 mar. 2000.
14. *Jornal do Brasil*, Cidade, p. 20, 28 mar. 2000; *Jornal do Brasil*, Cidade, p. 21, 29 mar. 2000.
15. *Jornal do Brasil*, Cidade, p. 20, 28 mar. 2000.
16. *Extra*, Geral, p. 5, 18 jan. 2002.
17. *O Globo*, Rio, p. 27, 23 dez. 2012.
18. *O Dia*, Polícia, p. 18-19, 12 mai. 1996.
19. A revista *IstoÉ*, além de abordar a vida atual de Guilherme de Pádua, também publicou matéria contando como viviam os estudantes de Brasília que incendiaram um índio pataxó na década de 1990 e localizou o condenado pelo assassinato da estudante Mônica Granuzzo — crime de grande repercussão na década de 1980.
20. *IstoÉ*, n. 2242, Capa, 31 out. 2012.
21. *Idem*, p. 58.
22. *Caras,* ed. 333, sem página, 24 mar. 2000.
23. *IstoÉ*, n. 2242, p. 58, 31 out. 2012.
24. *O Globo*, Rio, p. 27, 23 dez. 2012.
25. *IstoÉ*, n. 2242, p. 57, 31 out. 2012.
26. "Guilherme de Pádua — Entrevista Completa, resposta de Glória Perez e muito mais". Disponível em: <https://www.youtube.com/watch?v=V8udBW_oIcw>. Acesso em: 6 nov. 2019.
27. *Folha de S.Paulo*, Cotidiano, p. C7, 15 out. 2006.
28. *O Globo*, Rio, p. 19, 12 nov. 2015.
29. Além das tentativas de entrevista feitas pela TV Record, *Folha de S.Paulo* e *O Globo*, este autor também franqueou espaço para um depoimento de Paula Thomaz para este livro, sem, contudo, obter qualquer resposta.
30. STJ, REsp 1.736.803/RJ.
31. *Caras*, ed. 333, n.p., 24 mar. 2000.
32. *Manchete*, n. 2507, p. 8, 6 mai. 2000.
33. *Folha de S.Paulo*, Capa, p. 1, 15 out. 2006.
34. *Folha de S.Paulo*, Cotidiano, p. C7, 15 out. 2006.
35. *Idem.*
36. *Jornal do Brasil*, País, p. A6, 17 out. 2006.

NOTAS

37. *Folha de S.Paulo*, Cotidiano, p. C7, 15 out. 2006.
38. *Extra*, Retratos da vida, p. 10, 9 abr. 2010.
39. RATINHO tem sua melhor audiência com entrevista de Guilherme de Pádua. *Folha de S.Paulo*, Ilustrada, 8 abr. 2010. Disponível em: <https://m.folha.uol.com.br/ilustrada/2010/04/718312-ratinho-tem-sua-melhor-audiencia-com-entrevista-de-guilherme-de-padua.shtml>. Acesso em: 8 nov. 2019.
40. "Parte 1: Entrevista de Guilherme de Pádua ao Ratinho no SBT". Disponível em: <https://www.youtube.com/watch?v=p7269YQmRXk>. Acesso em: 8 nov. 2019.
41. *Amiga*, n. 1271, Caderno especial, n.p., 13 set. 1994.
42. "Parte 3: Entrevista de Guilherme de Pádua ao Ratinho no SBT". Disponível em: <https://www.youtube.com/watch?v=7MerqJ2h0Sk&t=304s>. Acesso em: 8 nov. 2019.
43. *Idem*.
44. *Idem*.
45. "Parte 2: Entrevista de Guilherme de Pádua ao Ratinho no SBT". Disponível em: <https://www.youtube.com/watch?v=DnSbGo_JdSs>. Acesso em: 8 nov. 2019.
46. *Folha de S.Paulo*, Cotidiano, p. C7, 15 out. 2006.
47. "Parte 3: Entrevista de Guilherme de Pádua ao Ratinho no SBT". Disponível em: <https://www.youtube.com/watch?v=7MerqJ2h0Sk&t=304s>. Acesso em: 8 nov. 2019.
48. Disponível em: https://www.youtube.com/watch?v=-hHBzxGMOr0&t=9s. Acesso em: 8/11/2019.
49. "Parte 3: Entrevista de Guilherme de Pádua ao Ratinho no SBT". Disponível em: <https://www.youtube.com/watch?v=7MerqJ2h0Sk&t=443s>. Acesso em: 7 nov. 2019.
50. RAMALHO, A. "Guilherme de Pádua fatura R$ 18 mil por entrevista à Record". Blog Anna Ramalho. Disponível em: <https://www.annaramalho.com.br/guilherme-de-padua-fatura-r-18-mil-por-entrevista-a-record/>. Acesso em: 7 nov. 2019.
51. "Guilherme de Pádua — Entrevista Completa, resposta de Glória Perez e muito mais". Disponível em: <https://www.youtube.com/watch?v=V8udBW_oIcw&t=1763s>. Acesso em: 9 nov. 2019.
52. *O Globo*, Rio, p. 28, 25 set. 1994; *Manchete*, n. 2217, p. 86, 1º out. 1994.
53. "Guilherme de Pádua — Entrevista Completa, resposta de Glória Perez e muito mais". Disponível em: <https://www.youtube.com/watch?v=V8udBW_oIcw&t=1763s>. Acesso em: 9 nov. 2019.

54. RAMALHO, A. "Guilherme de Pádua fatura R$ 18 mil por entrevista à Record". Blog Anna Ramalho. Disponível em: <https://www.annaramalho.com.br/guilherme-de-padua-fatura-r-18-mil-por-entrevista-a-record/>. Acesso em: 7 nov. 2019.

20. Filho não se conjuga no passado

1. GLÓRIA Perez lembra morte da filha, Daniella: "filho não se conjuga no passado". *Extra*, 29 set. 2017. Disponível em: <https://extra.globo.com/famosos/gloria-perez-lembra-morte-da-filha-daniella-filho-nao-se-conjuga-no-passado-22234984.html>. Acesso em: 28 abr. 2020.
2. *Veja*, n. 1274, p. 69, 10 fev. 1993.
3. Entrevista do desembargador Muiños Piñeiro ao autor deste livro em 27 dez. 2021.
4. *O Globo*, Rio, p. 16, 18 dez. 2012.
5. *Trip*, n. 180, p. 17, 10 ago. 2019.
6. "Guilherme de Pádua — Entrevista Completa, resposta de Glória Perez e muito mais". Disponível em: <https://www.youtube.com/watch?v=V8udBW_oIcw>. Acesso em: 6 nov. 2019.
7. PÁDUA, G. de. *A história que o Brasil desconhece*. Belo Horizonte: O Escriba, 1995. p. 111.
8. *Contigo*, n. 948, p. 22, 16 nov. 1993.
9. *Folha de S.Paulo*, Cotidiano, p. C7, 15 out. 2006.
10. *O Globo*, Rio, p. 19, 12 nov. 2015.
11. RAMALHO, A. "Padrasto quer adotar filho de Paula Tomaz e Guilherme de Pádua". *Blog Anna Ramalho*. Disponível em: <https://www.annaramalho.com.br/padrasto-quer-adotar-filho-de-paula-tomaz-e-guilherme-de-padua/>. Acesso em: 7 nov. 2019.
12. *O Globo*, Rio, p. 15, 28 ago. 1993.
13. *O Globo*, Revista da TV, p. 20, 14 set. 1997.
14. *IstoÉ*, n. 2242, p. 58, 31 out. 2012.
15. *Extra*, Retratos da vida, p. 10, 9 abr. 2010.
16. *Manchete*, n. 2327, p. 61, 9 nov. 1996.
17. *Folha de S.Paulo*, Cotidiano, p. C7, 15 out. 2006.
18. *O Globo*, Rio, p. 12, 2 nov. 2001.
19. *Manchete*, n. 2177, p. 19, 25 dez. 1993.
20. *Amiga*, n. 1235, Caderno especial, n.p., 4 jan. 1994.
21. ELUF, L. *A paixão no banco dos réus — Casos passionais e feminicídio*: de Pontes Vergueiro a Mizael Bispo de Souza. São Paulo: Saraiva, 2017. p. 124.

NOTAS

22. *Jornal do Brasil*, Cidade, p. 12, 1 jan. 1993.
23. *Amiga*, ed. 1235, Caderno especial, n.p., 4 jan. 1994.
24. BUARQUE, C.; MILTINHO. Angélica. *Almanaque*. Rio de Janeiro: Ariola/Philips, 1981. 1 disco vinil, lado B, faixa 1 (3 min).
25. GASPARI, E. *A ditadura derrotada*. Rio de Janeiro: Intrínseca, 2014. p. 416.
26. GREEN, J. *Apesar de vocês*: oposição à ditadura brasileira nos Estados Unidos 1964-1985. Trad. S. Duarte. São Paulo: Companhia das Letras, 2009. p. 427.
27. HAMBURGER, E. "A novela e a vida real". *Observatório da Imprensa*, n. 342, 16 ago. 2005. Disponível em: <http://observatoriodaimprensa.com.br/armazem-literario/a-novela-e-a-vida-real/>. Acesso em: 3 jul. 2022.
28. *O Globo*, Rio, p. 22, 25 ago. 1996.
29. *Amiga*, n. 1240, p. 7, 8 mar. 1994.
30. *O Globo*, Rio, p. 19, 12 nov. 2015.
31. Memória Globo. "De Corpo e Alma". Disponível em: <https://memoriaglobo.globo.com/entretenimento/novelas/de-corpo-e-alma/noticia/de-corpo-e-alma.ghtml>. Acesso em: 6 jun. 2020.

Epílogo

1. *Argumentum ad hominem*, em tradução literal, significa "argumento contra o homem". É uma expressão proveniente do latim que designa a ideia de refutar uma proposição atacando a pessoa que expõe o argumento, e não o fato discutido ou analisado. Consiste em uma forma de argumentação ligada à estrutura da interação, e expressa um modo de se contrapor ao discurso essencialmente ligado à pessoa do interlocutor/debatedor.
2. MENDONÇA, A. "'Estupro culposo'; entenda o termo utilizado na repercussão do caso Mari Ferrer". *Estado de Minas*, 3 nov. 2020. Disponível em: <https://www.em.com.br/app/noticia/nacional/2020/11/03/interna_nacional,1200822/estupro-culposo-entenda-o-termo-utilizado-no-caso-mari-ferrer.shtml>. Acesso em: 4 dez. 2020.

Agradecimentos

1. Por "confusões do Eurico Miranda", entenda-se a polêmica do jogo entre Botafogo e Vasco pela 2ª fase do Campeonato Brasileiro de 1994 e, principalmente, a final do Campeonato Carioca de 1990. Por "mentiras do Guilherme de Pádua", entenda-se a sua constante troca de versões sobre o caso, principalmente ao longo de 1993.

Este livro foi composto na tipografia Elegante
Garamond BT, em corpo 12/15,5, e impresso em
papel off-white no Sistema Cameron da
Divisão Gráfica da Distribuidora Record.